52 WEEK-ENDS DE RÊVE

NATIONAL GEOGRAPHIC

52 WEEK-ENDS DE RÊVE

TEXTES
Elena Luraghi
Cinzia Rando

COORDINATION ÉDITORIALE
Laura Accomazzo

CONCEPTION GRAPHIQUE
Maria Cucchi

CARTOGRAPHIE
Geo4Map S.r.l. Novara

SOMMAIRE

INTRODUCTION

Formalisme et rigueur, ou jeunesse et détente ? Ni l'un ni l'autre, ou peut-être les deux. Ce guide consacré à « 52 week-ends de rêve » – un chapitre pour chacune des fins de semaine de l'année – est une invitation au voyage et aux découvertes : villes et routes touristiques, côtes et îles enchanteresses, régions d'Europe et de pays voisins, où vous pourrez passer de brefs séjours riches d'émotions. Les villes italiennes proposées – Rome et Venise, Florence ou Milan – rivalisent d'attrait avec d'autres villes européennes – Londres et Moscou, Paris, Barcelone ou Berlin – ou de celles du Moyen-Orient comme Jérusalem et Le Caire. Mais on y trouvera aussi des routes touristiques, de la route romantique, en Allemagne, à la Côte amalfitaine et des châteaux écossais aux merveilles de l'Andalousie, ainsi que le tour des grandes abbayes baroques qui jalonnent la vallée du Danube et même une incursion dans les neiges de la Laponie finlandaise.

Le choix des destinations se veut classique, avec de grandes capitales et des villes d'art célèbres, mais aussi des circuits à thèmes multiples. Pourquoi ce parti pris ? Parce que, avant de chercher l'inédit, il faut d'abord connaître le Beau. Et pour le goûter, il suffira de suivre les indications de parcours qui ouvrent chaque chapitre de l'ouvrage : ils vous conduiront à la découverte des monuments les plus connus, les incontournables à ne manquer sous aucun prétexte ; des quartiers historiques, mais aussi jeunes et tendance ; des musées (quelquefois très secrets), des restaurants fins, parfois étoilés au Michelin, des B&B romantiques ou des hôtels design.

Cet ouvrage met volontairement l'accent sur le caractère artistique et culturel des grands sites historiques, sans oublier pour autant les créations de l'architecture contemporaine, qui valorisent le patrimoine urbain de nombreuses villes d'Europe et du bassin méditerranéen. Quand elles valent le détour, des excursions à proximité des grands centres urbains sont aussi mentionnées : le palais royal de l'Escurial, pour les amateurs de Madrid, les monastères de l'Anneau d'Or pour les visiteurs de Moscou, ou les rives du lac de Côme, pour les admirateurs de Milan. Cela reflète le côté rigoureux de notre guide.

Et pour se détendre, nous vous faisons quelques propositions : des adresses pour massages et remises en forme dans les meilleurs spas, sur les bords de la mer Morte ; la découverte des ateliers de jeunes créateurs ; des suggestions de sorties dans les quartiers les plus branchés des capitales, vouées depuis toujours aux fêtes nocturnes ; des visites de caves dans les grandes régions viticoles ; des activités sportives et de plein air aussi variées que les excursions en traîneau dans les neiges de Laponie, les randonnées à bicyclette parmi les châteaux de la Loire, les plongées féeriques dans les eaux de la mer Rouge, ou les longues descentes sur les 445 km de pistes de Megève, devant les panoramas somptueux du massif du Mont-Blanc. Et voici encore le délicieux « train vert » qui relie Dublin à la mer par toute une série de villages pittoresques ; les grands festivals d'Édimbourg et de Berlin ; les marchés aux puces de Londres, d'Amsterdam, de Paris et de Rome ; les croisières et les régates entre les îles de l'archipel de Stockholm.

Le guide s'ouvre avec Lisbonne, la capitale la plus occidentale de l'Europe, et se termine avec Marrakech, la destination africaine la plus appréciée des Européens – idéale pour un week-end. Entre le premier et le dernier chapitre, tout un monde s'offre à vous. Un monde à portée d'ailes ou de roues, égrené en 52 étapes. De rêve, naturellement…

COMMENT UTILISER LE GUIDE?

– Chaque chapitre s'ouvre par une brève introduction qui met en lumière les caractères distinctifs de la ville ou de l'itinéraire proposé, en signalant les monuments, les quartiers et les principaux points d'intérêt, ainsi que les haltes à ne pas manquer.

*– Le paragraphe **Comment se déplacer** donne ensuite toutes les indications utiles pour utiliser les ressources dont on dispose localement, afin de profiter au mieux de la région ou de la ville explorée.*

*– Suivent les entrées sur les **lieux d'intérêt touristique majeur**, consacrées aux palais, églises, musées, rues, localités et excursions incontournables.*

Pour les musées figurent les horaires de visite en vigueur au moment de l'impression du livre. Ces horaires peuvent changer : nous vous conseillons donc de vérifier ces éléments, en consultant les sites Internet également indiqués.

*– Les **encadrés**, répartis çà et là entre les lieux à visiter, fournissent des informations pour les fêtes et les manifestations, le shopping, la gastronomie et les vins, l'artisanat, le sport et les excursions spectaculaires, les soins de remise en forme, les circuits les plus curieux et insolites.*

*– Des **plans** de ville et des **cartes** routières accompagnent chaque destination. Pour les itinéraires à suivre, le parcours est toujours signalé par un tracé rouge ; et les lieux où il faut s'arrêter pour visiter sont marqués par une étoile.*

*– Des **photographies** enrichissent les informations contenues dans les textes, en illustrant les monuments les plus célèbres, les plus beaux panoramas, les particularités de la ville ou de la région.*

– Chaque chapitre se conclut par trois rubriques :
***Où manger**, **Où dormir**, **Sorties et divertissements**.*
Pour les restaurants et les hôtels, nous avons sélectionné dans chaque rubrique des établissements de charme, romantiques, traditionnels, design ou tendance, selon une gamme de tarifs très large. Les diverses références sont ainsi précédées d'un certain nombre de symboles de l'euro, qu'il convient de décrypter de la manière suivante :

Restaurants (par pers.)	***Hôtels (chambre double)***
€ moins de 20 euros	*€ jusqu'à 50 euros*
€€ entre 20 et 50 euros	*€€ de 50 à 80 euros*
€€€ plus de 50 euros	*€€€ de 80 à 120 euros*
	€€€€ de 120 à 200 euros
	€€€€€ plus de 200 euros

Légendes

- Itinéraire
- Localité mentionnée dans le texte
- Localité, monument ou site revêtant un intérêt particulier
- Autre localité
- Aéroport
- Église, abbaye
- Château, tour
- Funiculaire
- Ruine
- Sommet
- Col

INFORMATIONS UTILES

	Art et culture	Paysage	Excursions	Gastronomie	Soirées	Shopping	Rapport qualité-prix
Lisbonne, Sintra et Évora	•••	••	•••	••	••	••	•••
Andalousie	•••	•••	•••	••	•	••	••
Formentera	•	•••	••	•	••	•	••
Barcelone	•••	••	••	•••	•••	••	••
Madrid	•••	•	•	•••	•••	••	••
La Côte d'Azur	••	•••	•••	•••	•••	••	•
Parfums de Provence	•••	•••	•••	•••	•	•••	••
Haute-Savoie et mont Blanc	••	•••	•••	•••	•	•	••
Les châteaux de la Loire	•••	•••	•••	••	•	•	••
Paris	•••	•	••	•••	•••	•••	••
Bretagne, Côte d'Émeraude	••	•••	••	•••	•	•	••
Les Flandres	•••	••	•	••	••	•••	••
Amsterdam	•••	•••	••	••	•••	••	•
Dublin	••	••	••	••	••	••	••
Édimbourg et St. Andrews	••	••	•••	••	••	•••	••
Les Borders, en Écosse	••	•••	•••	••	•	••	••
Londres	•••	••	•	••	•••	•••	•
Laponie	••	•••	•••	••	•	•	••
Stockholm	••	•••	••	•••	••	••	••
Copenhague	•••	•	•	•••	••	•••	••
Saint-Pétersbourg	•••	•••	•••	••	••	••	••
Moscou et l'Anneau d'or	•••	•	•••	••	•••	••	•
Berlin	•••	•	••	•••	•••	••	•••
Munich	•••	•	••	••	••	••	••
La route romantique allemande	••	•••	•••	•	•	•	•••
La route allemande des Alpes	••	•••	•••	••	••	•	••

	Art et culture	*Paysage*	*Excursions*	*Gastronomie*	*Soirées*	*Shopping*	*Rapport qualité-prix*
Cracovie	••	•	••	••	••	••	•••
Prague	•••	••	••	••	••	••	••
Budapest	••	••	••	••	••	••	•••
Vienne	•••	••	•	•••	•••	•••	••
Baroque sur le Danube	•••	•••	••	••	•	•	••
Le Glacier Express	••	•••	•••	••	•	•	•
Genève et son lac	••	••	••	••	•	•••	•
Turin, ville royale	•••	••	••	••	••	••	••
Milan et le lac de Côme	•••	•	•••	•••	•••	•••	•
Les Dolomites du Val Gardena	••	•••	•••	•••	••	••	•••
Venise et la Brenta	•••	•••	•••	••	•	•••	•
Tigullio et Cinque Terre	••	•••	•••	••	••	••	•
Florence et le Chianti	•••	•••	•••	•••	••	•••	••
Rome, Tivoli et Ostie	•••	••	••	•••	•••	••	••
La Côte amalfitaine et Pompéi	•••	•••	•••	••	•••	••	••
Sicile de l'Etna à la mer	••	•••	•••	••	••	•	••
Dubrovnik et les îles dalmates	••	•••	•••	•	•	•	••
Athènes et les îles du golfe Saronique	•••	•	•••	••	•••	••	••
L'archipel des Cyclades	••	•••	•••	••	••	•	••
Istanbul	•••	•••	•	••	••	•••	••
Jérusalem et Bethléem	•••	•	••	••	••	•	••
Pétra et la mer Morte	•••	•••	••	••	•	•	••
Charm el-Cheikh et Sainte-Catherine	•	•••	•••	•	••	•	•••
Le Caire et les pyramides de Gizeh	•••	•	•••	••	••	••	••
L'île de Djerba	••	•••	•	•	•	••	•••
Marrakech	••	•••	•••	••	••	•••	••

Lisbonne
BAIRRO DA BOAVISTA
MONSANTO
Parque Florestal de Monsanto
Av. C. Gulbenkian
Av. de Berna
SALDANHA
Av. A.A. De Aguiar
Avenida da República
Av. Fontes Pereira de Melo
Est. Campolide
Parque Eduardo VII
CAMPOLIDE
ESTEFÂNIA
PICHELEIRA
ALTO DO PINA
MADRE DE DEUS
Rua G. Pais
Av. Infante Dom Henrique
Av. Almirante Reis
BAIRRO LOPES
Museu Nacional do Azulejo
Av. E. Duarte Pacheco
RATO
Av. da Liberdade
IC17
C.R.I.L.
A5
IC15
Estrada dos Marcos
CAMPO DE OURIQUE
Largo do Rato
Jardim Botânico
Teatro Eden
ROSSIO
GRAÇA
Igreja de São Vicente
Castelo de São Jorge
CAMINHOS DE FERRO
ESTRELA
BAIRRO ALTO
Est. Rossio
Igreja de São Roque
CHIADO
MOURARIA
ALFAMA
Est. S. Apolónia
Museu Militar
CASELAS
BAIRRO DO ALTO DA AJUDA
TAPADA DA AJUDA
Av. de Ceuta
Av. Infante Santo
Av. Dom Carlos I
Santa Catarina
BAIXA
Casa do Fado
Av. Inf. D. Henrique
Av. das Descobertas
CARAMÃO
LAPA
Est. Alcântara
Av. Vinte e Quatro de Julho
PRAÇA DO COMÉRCIO
Catedral S. Maria Maior
AJUDA
Calçada da Ajuda
SANTO AMARO
ALCÂNTARA
IP7
A2
Est. Cais do Sodré
MUDE
Teatro de São Carlos - Museu do Chiado
RESTELO
BELÉM
Jardim Tropical
Palácio Nacional de Belém
Museu Nacional de Arte Antiga
Museu do Oriente
Gare marítima de Rocha
Igreja e Museu do Carmo
Av. do Restelo
PEDROUÇOS
Rua da Junqueira
Gare marítima de Alcântara
Tage
Centro Cultural de Belém
Avenida da India
Museu Nacional dos Coches
6
Torre de Belém
Mosteiro dos Jerónimos
Ponte 25 de Abril
E90
0
1 km
0
0,5 mile

10-11 - Vue du quartier de l'Alfama.

11 en bas - La tour de Belém, symbole de la capitale du Portugal, Lisbonne.

Lisbonne - *Portugal*

Lisbonne est une ville de symboles. Le fado, chant imprégné de mélancolie qui rappelle les colonies et les anciens esclaves noirs, le Tage (ou Tejo), si large qu'on dirait une petite mer, le pittoresque tram 28 et les azulejos, ces carreaux de faïence émaillée bleue décorant les anciens palais et couvents, qui ont donné naissance à une industrie céramique unique. On y ajoutera Fernando Pessoa, les boîtes du Bairro Alto, les bars disco des Docas (les anciens docks qu'un programme de réhabilitation a transformés en temple des divertissements nocturnes), et les créations des grands architectes, sans oublier les nombreux musées qu'il serait dommage de manquer.

Le **tram 28** part de **Martim Moniz**, se faufile dans des ruelles minuscules en frôlant les murs des maisons, traverse le quartier de **Graça** et dépose finalement les touristes au pied de ce qui reste du **château São Jorge**, citadelle fortifiée par les Maures au IXe siècle, aujourd'hui jardin public offrant le plus beau point de vue sur la ville *(tél. 21 880 0620, horaires variables)*. De là, on embrasse d'un regard l'estuaire du **Tage**, la **Mouraria** quartier symbole de la Lisbonne multiethnique, l'**Alfama** (la Lisbonne arabe, réhabilitée ces dernières années) et, au loin, le quartier du **Chiado**, détruit par un incendie en 1988 et remodelé par le grand architecte portugais Álvaro Siza. Aux confins de la Baixa se trouve un bar historique : le **Café a Brasileira** *(rua Garrett 120, tél. 21 346 9541)*, prisé par Fernando Pessoa, le plus grand poète portugais – le café est inoubliable. Puis on déambulera sur les places du quartier central de **Baixa**, de la **praça do Comércio** où s'amarraient jadis les navires, remodelée après le séisme de 1755, entourée de portiques et ouverte sur le fleuve, au **Rossio** (nom officiel : **praça Dom Pedro IV**, qui est représenté par la statue située au centre de la place). Les pâtisseries et les bars où les Lisboètes viennent boire la *ginjinha*, liqueur sucrée à base de cerise, y sont nombreux. De là, on atteindra à pied – ou avec l'ascenseur de Santa Justa – le **Bairro Alto**.
Pour les autres monuments, il faudra se rendre à **Belém** où l'on visite le **monastère des Hiéronymites**, chef-d'œuvre de style manuélin qui abrite le tombeau de Vasco de Gama, et la **tour de Belém**, dédiée aux grandes expéditions maritimes dont Lisbonne a été, pendant des siècles, l'une des protagonistes. De l'autre côté de la ville, le **parc des Nations** est le quartier où s'est tenue l'**Expo** de 1998 : on y visite aujourd'hui l'**Océanorium**, un des plus grands aquariums du monde, relié par téléphérique à la **tour Vasco de Gama, le pavillon de la Science et de la Technique** et celui **du Portugal** (œuvre d'Álvaro Siza), ainsi que des jardins, des fontaines et des aires de jeux pour les enfants. L'entrée du parc est éblouissante : la **gare d'Orient**, conçue par l'architecte espagnol Santiago Calatrava, est décorée de panneaux en céramique signés d'artistes du monde entier tel l'Autrichien Hundertwasser *(horaires variables)*.

Comment se déplacer : *Un métro dessert Lisbonne (www.metrolisboa.pt), mais on se déplace aussi en tram (surtout pour rejoindre Belém), à pied et avec des funiculaires dont l'ascenseur de Santa Justa qui relie la partie basse de la ville au Bairro Alto depuis 1902. La Lisboa Card est un moyen commode pour voyager sur tous les transports publics et visiter les musées (www.visitlisboa.com).*

À voir

LA TOUR DE BELÉM

L'un des symboles de Lisbonne est cette tour de style manuélin, érigée au XVIe siècle sur ordre du roi Manuel Ier qui souhaitait un phare d'alerte et de défense à l'embouchure du Tage. Elle est dotée d'un pont-levis, d'une cour, d'une terrasse panoramique, d'une citerne et d'une magnifique loggia ornée d'arcades. L'Unesco l'a inscrite sur la liste du patrimoine de l'humanité, avec le monastère des Hiéronymites voisin *(av. Brasilia, www.torrebelem.pt; horaires : 10 h-17 h 30 [18 h 30 en été])*.

LE MONASTÈRE DES HIÉRONYMITES (MOSTEIRO DOS JERÓNIMOS)
Ce chef-d'œuvre de l'art manuélin (XVIe siècle) abrite l'**église Santa Maria** de style gothique, où se trouve le tombeau de Vasco de Gama, et deux portails importants dont l'un est de Diogo Boitaca, également auteur du **cloître** de plan carré, orné de fenêtres jumelées et d'arcs reposant sur de fines colonnettes. Le poète Luís de Camões y est enterré *(praça do Imperio, www.mosteirojeronimos.pt ; horaires : 10 h-17 h 30 [18 h 30 en été], fermé le lundi)*.

L'ÉGLISE DES CARMES
L'église des Carmes, la plus importante de la ville, édifiée au XIVe siècle, n'a jamais été reconstruite après le séisme de 1755. Elle a conservé son portail gothique, ses piliers et ses colonnes qui divisaient les nefs, et son abside, désormais à ciel ouvert. Elle abrite le **Musée archéologique** *(largo do Carmo, www.museuarqueologicodocarmo.pt ; horaires : 10 h-18 h, 19 h en été, fermé le dim.)*.

L'ÉGLISE SAINT-ROCH
Édifiée au XVIe siècle par les jésuites, l'église est un chef-d'œuvre baroque de marbres et d'azulejos. On ne manquera pas la **chapelle Saint-Jean-Baptiste**, œuvre de Salvi et Vanvitelli (XVIIIe siècle) réalisée à Rome et remontée sur place. On visitera aussi le **musée d'Art sacré**, avec ses collections d'ornements sacrés et d'œuvres d'art orientales *(largo Trindade Coelho ; horaires variables)*.

LA CATHÉDRALE SAINTE-MARIE-MAJEURE
Le siège du cardinal patriarche – appelé pour cette raison **Sé Patriarcal** – est de style roman et gothique ; il a été reconstruit après le tremblement de terre de 1755. On ne manquera pas le **cloître** gothique du XIVe siècle et l'**ostensoir** du XVIIIe, en or incrusté de pierres précieuses, attribué à Joaquim Caetano da Carvalho *(largo da Sé ; horaires : 9 h-17 h, du mardi au samedi)*.

LE CENTRE CULTUREL DE BELÉM (CCB)
Réalisé sur les plans de Manuel Salgado et de Vittorio Gregotti, ce complexe culturel est dédié à la culture, aux beaux-arts et à la musique. Il propose en alternance des représentations théâtrales, des concerts et des expositions. Il inclut le **Museo Colecção Berardo Arte moderna e contemporânea**, créé pour accueillir la collection Berardo : plus de 800 œuvres de Picasso à Warhol en passant par Dalí, Magritte et bien d'autres *(praça do Império,*

www.ccb.pt; horaires du musée : 10 h-19 h, samedi jusqu'à 22 h).

MUSÉE NATIONAL DE L'AZULEJO

À l'intérieur du **couvent Madre de Deus** (couvent de la Mère de Dieu), ce musée présente la plus grande collection au monde d'azulejos anciens et modernes, qui couvre l'histoire du Portugal du XVIe siècle à nos jours. Un panneau de 36 m de long présente, par exemple, une vue de Lisbonne avant le séisme de 1755. Les cloîtres du couvent, de style manuélin, sont eux-mêmes décorés de ces précieuses céramiques *(rua da Madre de Deus 4, www.mnazulejo.imc-ip.pt; horaires : 10 h-18 h, fermé le lundi).*

LE MUSÉE DU FADO

Dans la capitale du fado, la grande dame s'appelait Amália Rodrigues (décédée en 1999, mais toujours vénérée à l'instar d'une icône nationale), ce genre musical ne pouvait pas ne pas avoir de musée. Situé à Alfama, il raconte son histoire par les médias. On y trouve une école et un centre de documentation *(largo do Chafariz de Dentro 1, www.museudofado.pt; horaires : 10 h-18 h, du mardi au dimanche).*

LE MUSÉE CALOUSTE GULBENKIAN

Né en 1869, à Istanbul, dans une famille arménienne, Calouste Sarkis Gulbenkian a été l'un des plus grands collectionneurs du XXe siècle : antiquités égyptiennes, arts gréco-romains et chefs-d'œuvre des maîtres européens et de l'art islamique. À côté des récipients en albâtre datant de trois millénaires, de vases attiques et de lampes de mosquée syriennes des XVIe et XVIIe siècles, on admirera des tapisseries de soie et des tableaux de Ghirlandaio, Rembrandt, Rubens, Fragonard, Renoir, Monet... sans oublier des porcelaines de Sèvres et des bijoux signés René Lalique *(av. de Berna 45/a, www.gulbenkian.pt et www.museu.gulbenkian.pt; horaires 10 h-17 h 45, fermé le lundi).*

LE PALAIS DE BELÉM

La résidence officielle du président de la République s'enorgueillit d'un musée présentant des expositions permanentes et temporaires de mobiliers anciens, de tableaux et de joyaux. De merveilleux jardins entourent le palais qui se visite tous les samedis *(praça Afonso de Albuquerque 17, www.museu.presidencia.pt; horaires variables).*

LE MUSÉE DE L'ORIENT

Cette institution retrace l'histoire de la colonisation portugaise en Asie. Elle abrite des milliers d'œuvres ayant échappé à la Révolution culturelle maoïste, et des objets anciens rapportés par les Portugais : timbres, statues, objets cérémoniels, laques, tableaux, instruments de musique, livres, etc. *(av. Brasilia, Doca de Alcântara [Norte], www.museudooriente.pt; horaires : 10 h-18 h du mardi au dimanche, le vendredi jusqu'à 22 h).*

LE MUDE

Les passionnés ne manqueront pas le **musée de la Mode et du Design**, rouvert en 2009 à Baixa. Sur huit niveaux, il présente des pièces des XXe et XXIe siècles et dispose d'une cafétéria et d'une librairie *(rua Augusta 24, www.mude.pt; horaires variables, fermé le lundi).*

LE MUSÉE NATIONAL D'ART ANCIEN

Considéré comme le plus important musée du pays, il est installé dans un palais du XVIIe siècle, il présente des collections de tableaux portugais du XVe au XIXe siècle, mais aussi des grands maîtres européens – de la *Tentation de saint Antoine* (Jérôme Bosch) au *Saint Jérôme en prière* de Dürer et des tapisseries de Bruxelles (XVIe siècle) aux œuvres de Piero della Francesca et de Tiepolo *(rua das Janelas Verdes; horaires : 10 h-18 h, lundi de 14 h à 18 h).*

12-13 - Le cloître du monastère des Hiéronymites.

13 en haut - Les colonnes gothiques de l'église des carmes.

13 en bas - Le couvent Madre de Deus dans le musée national de l'Azulejo.

Où dormir

€€€€ Altis Belém Hotel & Spa (design). Nouvel hôtel au chic sobre, au bord du Tage. Les salles de bains sont placées dans un cube de verre. Le spa est sublime : intérieur en bambou, jardin thermal, massages selon diverses techniques en usage dans le monde *(Doca do Bom Sucesso, tél. 291 724 317, www.altisbelem.com)*.

€€€€ Hotel Heritage As Janelas Verdes (hôtel-boutique). Dans le salon, une cheminée, un vieux piano, des livres et des tableaux. Dans les chambres règne l'atmosphère romantique des temps anciens et, dans le jardin aux murs recouverts de lierre, de petites tables en fer forgé vous attendent pour le petit-déjeuner *(rua Janelas Verdes, 47, tél. 213 968 143, www.asjanelasverdes.com)*.

€€ Residencial Alegria (romantique). Des chambres de charme et très lumineuses dans un ancien palais (toutes d'une couleur différente) ; fruits frais tous les jours. Parfait pour une fugue romantique *(praça de Alegria 12, tél. 213 220 670, www.alegrianet.com)*.

Où manger

€€€ Pap'açorda (traditionnel). Adresse historique dans le quartier du Bairro Alto, où il est difficile de manger sans avoir réservé sa place à l'avance. Rien que pour goûter à la spécialité de la maison qui porte le nom de l'établissement : un plat à base de pancotto, de langouste et de coriandre *(rua da Atalaia 57-59, tél. 213 464 811)*.

€€ Clube de Fado (avec musique). Pour dîner avec un fond sonore de fado, vous pourrez aller dans ce restaurant du quartier de l'Alfama. Le propriétaire, Mário Pacheco, est interprète et compositeur. La morue à la portugaise *(bacalao)* y est excellente *(rua S. João da praça 94, tél. 218 852 704, www.clube-de-fado.com)*.

€€ Bica do Sapato (fashion). Le restaurant-café-bar à sushis Bica do Sapato est toujours « in ». C'est un ancien entrepôt au bord du Tage, où se retrouve l'élite lisboète *(av. Infante D. Henrique, Armazém B, Cais da Pedra Santa Apolónia, tél. 218 810 320)*.

Sorties et divertissements

Lux Frágil. En service depuis des années, cette discothèque reste l'une des plus en vogue de la ville. Elle se trouve, bien sûr, dans la zone des docks, où la vie nocturne bat son plein. *(av. Infante D. Henrique, Armazém A. Cais da Pedra a Sta. Apolónia, www.luxfragil.com)*.

Kapital. Le club le plus privé de Lisbonne. Sélection à l'entrée, avec beaucoup de VIP (qui filent directement dans le « privé » du premier étage) *(av. 24 de Julho 68)*.

Estado Liquido. La soirée commence au bar, se poursuit au restaurant de sushis et se termine en dansant sur les arrangements des plus célèbres DJ du moment. Tout se trouve sous le même toit *(Largo dos Santos 5a)*.

Pour d'autres informations :
Office du tourisme du Portugal
www.visitportugal.com et www.visitlisboa.com

Excursions à Sintra et à Évora

En prenant le train au départ de la **gare centrale du Rossio** (www.cp.pt), *ou la voiture, on atteint (à 30 km de Lisbonne) une des villes les plus célèbres du Portugal :* **Sintra**, *inscrite au patrimoine mondial de l'Unesco. « Paradis terrestre » selon lord Byron, elle mérite sans hésitation le déplacement. Le monument majeur est le* ***palais national de Sintra*** (Largo Rainha Dona Amélia, www.pnsintra.imc-ip.pt ; horaires : 9 h 30-17 h 30, fermé le mercredi), *visité chaque année par plus de 400 000 touristes. D'origine mauresque, il domine la ville avec ses énormes cheminées de forme conique. Riche en éléments architecturaux de style manuélin et en collections de céramiques, tableaux, tissus et mobiliers anciens. Dans les environs de Sintra, on pourra faire un détour par le* ***palais national de Pena*** (Estrada da Pena, www.parquesdesintra.pt ; horaires variables pour le palais et pour le parc), *un véritable château de conte de fées, qui peut faire sourire tant son architecture est extravagante. Désiré par Ferdinand de Saxe, époux de la reine Marie II, et conçu par l'architecte prussien Ludwig von Eschewege, qui le construisit en 1840, il mêle fioritures en pierre, petites salles de style éclectique et une chapelle recouverte d'azulejos.*

Plus éloignée (à 130 km de Lisbonne, par les autoroutes A2 et A6), ***Évora*** *peut être aussi un but d'excursion. Édifiée par les Romains puis par les Maures, l'ancienne capitale de l'Alentejo est classée au patrimoine mondial de l'Unesco. Cette cité harmonieuse offre de nombreuses visites. Cela va de la* ***Sé*** *(cathédrale médiévale aux tours asymétriques), avec son* ***musée d'Art sacré*** *en annexe, au* ***temple romain*** *d'époque augustéenne dont les élégantes colonnes corinthiennes sont devenues le symbole de la ville, de l'***église Saint-François**, *édifiée par les rois João II et Manuel Ier (ne pas manquer la* ***chapelle des Ossements***, *aux murs recouverts d'ossements humains) au* ***couvent Dos Lóios***, *transformé aujourd'hui en* pousada *(résidence de charme dans un bâtiment historique), la meilleure adresse pour dormir à Évora* (www.pousadas.pt). (Pour visiter Évora : www.ovpm.org/fr/portugal/evora et www.portugal-info.net.)

Shopping

De nombreuses boutiques diffusent la marque ***Ana Salazar Moda***, *du nom de la styliste portugaise qui a révolutionné le prêt-à-porter pour hommes et pour femmes. Pour l'art contemporain, on ira chez* ***Vera Cortês***, *une galerie consacrée aux jeunes artistes d'avant-garde* (av. 24 de Julho 54, au premier étage ; www.veracortes.com). *Pour des achats plus traditionnels, entre azulejos anciens et pièces modernes peintes à la main, on pourra aller à la* ***Fábrica Sant'Anna***, *fondée en 1724* (rua do Alecrim 95 ou Calçada da Boa-Hora 96, www.fabrica-santanna.com). *Pour les gourmands, les* ***pastéis de Belém*** *sont incontournables. Ils sont fabriqués selon une recette dont le secret est bien gardé et ne peuvent être achetés que dans la pâtisserie voisine du monastère des Hiéronymites* (rua de Belém 84, www.pasteisdebelem.pt).

14-15 - Le palais national, à Sintra.

15 - Ruelle du centre historique de Lisbonne.

Andalousie - *Espagne*

La découverte de l'Andalousie commence toujours par Séville, la ville de Carmen et du flamenco qui abrite aussi la plus belle cathédrale d'Espagne. Mais l'Andalousie, la plus célèbre des régions hispaniques – avec son paysage embrassé par la Méditerranée, léché par les brises de l'Atlantique, et sa pointe à un souffle de l'Afrique –, a bien d'autres trésors à faire découvrir. Grenade, ville de montagne, avec l'Alhambra, sa forteresse mauresque décorée comme une broderie, fascine toujours les visiteurs. Cordoue et son sanctuaire où coexistent deux religions : l'islam et le christianisme ; une église a été construite au sein de la Grande Mosquée. Málaga, la sixième plus grande ville d'Espagne, est le point de départ pour les localités balnéaires de la côte, mais elle est aussi le berceau du plus grand artiste espagnol du XXe siècle, Pablo Picasso.

Comment se déplacer : *Il est recommandé de louer une voiture pour parcourir l'Andalousie.*
En partant de Séville, on atteint Grenade en 3 heures de voiture (260 km), par l'autoroute A 92.
Cordoue est à moins de 2 heures (144 km, par l'A4).
Málaga est à 2 heures et demie (220 km par l'A 92 et l'A 45, toujours au départ de Séville).

16-17 - La plaza de España à Séville, inaugurée en 1929.

17 en bas - Un spectacle de flamenco dans le quartier de Triana, à Séville.

SÉVILLE

Selon Alexandre Dumas : « Grenade a son Alhambra, Cordoue sa mosquée, et Séville a la Giralda. » Le clocher de la cathédrale (l'ancien minaret de la mosquée), symbole de pierre de cette ville de 700 000 habitants, rivalise en notoriété avec Dom Juan, la *Carmen* de Mérimée et le flamenco (ne pas manquer la Biennale, entre septembre et octobre *www.bienal-flamenco.org*). La danse la plus sensuelle d'Espagne a son bastion à **Triana**, le quartier où cet art est officiellement né, au milieu du XIXe siècle. Ces rues à l'atmosphère fanée ont donné naissance à des guitaristes comme Raimundo Amador et à toute une génération de jeunes artistes qui se sont produits durant des années dans les boîtes du bord du fleuve, le **Guadalquivir**, qui divise la ville et la relie à la mer (c'est le seul fleuve d'Espagne assurant le trafic fluvial) : d'un côté, le barrio du flamenco, de l'autre, le centre historique et son atmosphère orientale. De nombreux ponts relient ces deux mondes : le **San Telmo** et l'**Isabel II**, historiques ; l'**Alamillo**, moderne, conçu par Santiago Calatrava pour l'« Expo » de 1992 qui a donné un souffle nouveau à la ville. La citadelle se trouve dans le quartier de la **Cartuja**, entre le canal du même nom et le fleuve. Les autres nouveautés sont la gare ferroviaire **Santa Justa**, métaphore architecturale du mouvement, signée par Cruz & Ortiz, et le **terminal aéroportuaire** dû à Rafael Moneo, le **Metropol Parasol**, extravagance architecturale imaginée par l'architecte allemand Jürgen Mayer, qui réunit par des toits ondulés six édifices en forme de parasol et des espaces ouverts. Un vent de modernité souffle sur cette ville au charme ancien. Du quartier juif de **Santa Cruz** au complexe des **Reales Alcázares**, de la **plaza de España** à la **plaza de San Francisco**, et de la **tour de l'Or** au **Museo de Bellas Artes** à travers les quartiers de **Santa Cruz, El Arenal, Centro** et **La Macarena** (où palpite l'âme populaire de Séville), on a vraiment l'impression de plonger dans le passé. Tout arrache ici un sourire d'étonnement admiratif, tout séduit dans un tournoiement grisant de perspectives andalouses, de détails orientaux et d'architectures mauresque, gothique et Renaissance. Deux conseils à suivre pour ceux qui projettent le voyage : se rendre à deux pas du **Museo del Baile Flamenco**, dans la boutique de Pilar Vera *(www.pilarvera.com)*, icône de la mode flamenca revue dans un esprit moderne, et jeter un œil sur le calendrier des événements. Outre la Biennale du flamenco déjà citée, les manifestations à ne pas manquer sont les processions de la Semaine Sainte, à Pâques *(www.semana-santa.org)*, et la Feria : fête de printemps pendant laquelle la ville se déchaîne à la lueur des lampions, dans des bals en costumes traditionnels, et des défilés de chevaux et de carrosses. Un événement qui se répète depuis 1864...

Flamenco ou **cathédrale** ? Après la découverte de **Triana**, la visite de la ville peut débuter par celle de la plus grande

18 - Le Guadalquivir divise Séville en deux.

cathédrale d'Espagne, inscrite par l'Unesco au patrimoine de l'humanité. Tout semble fait ici pour impressionner : sa longueur (142 m) et la hauteur de sa nef (jusqu'à 56 m), le tombeau de Christophe Colomb, les chapelles qui ont été financées avec l'or rapporté des Amériques (les plus belles étant la **Mayor** et la **Real**), les 117 stalles gothiques et le **trésor** avec les toiles de Murillo (né à Séville à l'aube de l'année 1618) et de Goya. Depuis l'église, on accède au **Patio de los Naranjos** et à la **Giralda** : le minaret de l'ancienne mosquée, de 96 m de hauteur, érigé au XIIe siècle et remanié au XVIe est le symbole de la cité *(Avenidad de la Constitución s/n, www.catedraldesevilla.es ; horaires : en hiver : 11 h-17 h 30 du lundi au samedi, le dimanche de 14 h 30 à 18 h 30 ; en été, 9 h 30-16 h 30 du lundi au samedi, le dimanche de 14 h 30 à 18 h 30)*. Outre la cathédrale et la Giralda, notons les **Reales Alcázares**, les résidences royales, à l'origine palais arabes édifiés en plusieurs phases jusqu'au XIIe siècle, puis agrandis et remaniés aux XVe et XVIe siècles par les Rois Catholiques. L'ensemble se compose de plusieurs édifices : le **Cuarto del Almirante** où l'on planifiait les voyages vers le Nouveau Monde ; le **palais royal don Pedro** en style mudéjar, décoré de stucs et d'azulejos ; le **palais de Charles-Quint** (de style gothique), avec une salle présentant un ensemble de tapisseries flamandes qui racontent la conquête de Tunis (1535) et naturellement les **jardins**, obligatoires comme dans toute « citadelle » maure *(Patio de Banderas s/n, www.patronato-alcazarsevilla.es ; horaires : 9 h 30-17 h, en été jusqu'à 19 h)*. Il ne faut pas manquer d'aller visiter le **Museo de Bellas Artes** – l'une des plus grandes pinacothèques d'Espagne – installé depuis 1835 dans le **Convento de la Merced**. Il offre un vaste panorama de l'art espagnol, de la *Vierge à l'Enfant* dite aussi *Vierge à la serviette* de Murillo (1666), l'une de ses œuvres les plus connues, au *Cycle des Carro* de Domingo Martinez, et du *Portrait de Jorge Manuel* par le Greco (1600) au *Triomphe de saint Thomas d'Aquin* (1631), chef-d'œuvre de Zurbarán *(plaza Museo 9, www.museosdeandalucia.es ; horaires : 9 h-20 h 30 du mardi au samedi, le dimanche jusqu'à 14 h 30)*. La **plaza de España** fait elle aussi partie de l'histoire de la cité : réalisée par Aníbal Gonzáles pour le pavillon espagnol de l'Exposition Ibéroaméricaine de 1929, elle s'inspire de l'architecture Renaissance locale. Malgré son nom, ce n'est pas une place, mais un palais en hémicycle flanqué de deux tours et d'un canal, décoré d'une galerie à arcades et d'azulejos. Il est bâti dans le **Parque Maria Luisa** (sœur d'Isabelle II), riche en fontaines et planté de cèdres, de magnolias et d'orangers. La **place** – la vraie – **San Francisco** est la *plaza mayor* des autres villes espagnoles. Elle est encadrée par l'ancienne **Audiencia**, jadis tribunal et banque aujourd'hui, et par l'**Ayuntamiento** (la mairie), bâtiment du XVIe siècle. Ces bâtiments séduisants ont une digne rivale dans la **Casa de Pilatos**, palais Renaissance sur la place du même nom, avec patio et décor d'azulejos,

19 EN HAUT - LA CATHÉDRALE DE SÉVILLE AVEC LA TOUR (ANCIEN MINARET) DE LA GIRALDA.

19 EN BAS - L'INTÉRIEUR DE LA CATHÉDRALE DE SÉVILLE, DE STYLE GOTHIQUE.

portail en marbre de Carrare, arcades, fresques et coupole au-dessus du grand escalier : cet édifice est la plus belle demeure nobiliaire de Séville *(plaza de Pilatos 1, www.fundacionmedinaceli.org/monumentos/pilatos ; horaires : 9 h-18 h, jusqu'à 19 h en été)*. À voir également la **tour de l'Or,** située dans le secteur du Vieux-Port, et dont la construction remonte au XIIIe siècle (mais la partie supérieure date du XVIIIe), quand elle faisait partie du système défensif des rois almohades. Elle abrite aujourd'hui le **Museo Marítimo** qui expose documents, tableaux, armes et vestiges divers sur l'histoire navale de la ville *(paseo Cristóbal Colón s/n, tél. 954 222 419 ; horaires : 9 h 30-17 h 30 du mardi au vendredi, 10 h 30-13 h 30 le samedi et le dimanche)*. Toutefois, étant donné que la découverte de Séville équivaut aussi à celle du flamenco, vous consacrerez votre ultime visite au **Museo del Baile Flamenco**. Ce musée est bien plus qu'un espace d'exposition, il permet d'accéder à la danse comme à la musique, avec des leçons pour tous niveaux, des spectacles, des documents audiovisuels, des boutiques d'accessoires et de vêtements. Au deuxième étage, vous apprendrez comment le flamenco a su inspirer les autres arts, de la peinture au cinéma en passant par la mode *(C/Manuel Rojas Marcos 3, www.museoflamenco.com ; horaires : 9 h-18 h, jusqu'à 19 h en été)*. *Pour d'autres informations : www.turismo.sevilla.org*

20-21 - Vue de l'Alhambra de Grenade.

20 en bas - L'Albaicín, où se sont retirés les Maures de Grenade après la reconquête de la ville par les Rois Catholiques en 1492.

21 en haut - Un des nombreux bassins de l'Alhambra.

21 en bas - La cour des Lions dans le palais de l'Alhambra.

GRENADE

La forteresse de l'**Alhambra** témoigne de la brillante civilisation arabo-musulmane *(www.alhambra.org; horaires variables)*. Cette citadelle construite aux XIIIe et XIVe siècles est inscrite au patrimoine mondial de l'Unesco et constitue le chef-d'œuvre majeur de l'art islamique sur le sol espagnol. L'alhambra se compose de l'**Alcazaba**, la forteresse, et sa **tour de la Voile** qui offre une vue magnifique sur la ville; du **palais de Charles Quint,** édifice Renaissance du XVIe siècle conçu par Pedro Machuca autour d'un magnifique patio et de l'**Alcázar**, la résidence des souverains musulmans, qui englobe des bâtiments de différentes époques, aux murs couverts de fines mosaïques, des jardins, des fontaines et des palais. On y visite le **Mexuar,** l'ancienne salle du Conseil, orientée vers La Mecque, le **Quarto de Comares**, résidence officielle des sultans, la **cour des Lions** (ou de **Mohammed V**), avec les célèbres galeries décorées de stalactites et leurs plafonds ornés de stucs. Sans oublier la **Médina** avec ses bains publics, ses silos, ses citernes et ses maisons de fonctionnaires, et les jardins du **Generalife**, palais du XIIIe siècle.
On retrouve d'autres souvenirs de l'art islamique dans l'**Albaicín**, le quartier où se sont installés les Maures restés sur place après la reconquête de Grenade (1492), avec son dédale de ruelles entre les maisons blanchies au lait de chaux.
La **cathédrale**, conçue et réalisée par Diego de Siloé (1528-1563) sur ordre de Charles Quint, ne sera terminée qu'en 1703. Derrière sa façade Renaissance, l'intérieur à cinq nefs abrite les statues de Ferdinand et Isabelle, les Rois Catholiques, enterrés dans la **Capilla Real** (1506-1521) commanditée par Ferdinand *(www.capillarealgranada.com; horaires variables)*. On n'oubliera pas non plus de se rendre au nouveau **Parque de las Ciencias** *(www.parqueciencias.com; horaires variables)*, qui offre une exposition permanente des grandes découvertes sur une superficie de 70 000 m², ainsi que le **Planétarium** et la **salle de la Biosphère**, où sont expliqués les secrets de l'ADN et l'origine de la planète (le tout étant repris en « version enfant » dans la salle Esplora).
Pour d'autres informations : www.turgranada.es

CORDOUE

Si le joyau de Grenade est l'Alhambra, pour Cordoue, c'est la **Mezquita**, la Grande Mosquée (l'une des plus belles jamais réalisées) reconvertie en église au XIIIe siècle, que l'Unesco a inscrite au patrimoine mondial de l'humanité. Des colonnes sublimes, des portes au raffinement incomparable, un **patio de los Naranjos** unique où l'on procédait aux ablutions rituelles avant la prière. Divisée en 19 travées que séparent 850 colonnes de marbre et de granit, la Mezquita a conservé sa **qibla** (le mur qui indique la direction de La Mecque), son **mirhab** (niche revêtue de mosaïques, qui désigne aux fidèles le mur de la qibla). Quant au **trésor,** il garde un processionnel du XVIe siècle en or et argent, utilisé pour la procession du *Corpus Domini (www.mezquitadecordoba.org; horaires variables)*. Dans la ville natale de Manolete, le plus illustre torero de l'histoire, il faudra voir aussi, au détour des ruelles et des palais baroques, le **pont romain** de 330 m sur le Guadalquivir, avec ses 16 arches. On admire aussi sur le fleuve, depuis 2007, la gigantesque silhouette de l'*Hombre Rio,* sculpture de Rafael Cornejo et Francisco Marcos, qui « flotte » sur l'eau. À ne pas manquer non plus, les **Bains maures**, le **Musée archéologique** installé dans un palais Renaissance de la plaza Jerónimo Páez, riche en statues romaines et en mosaïques, et l'**Alcázar** des rois chrétiens, mi-forteresse, mi-palais, avec ses patios et ses fontaines à l'ombre de l'enceinte fortifiée. Elle n'est pas aussi spectaculaire que celle de l'Alhambra, mais elle vaut le détour (*www.turismodecordoba.org*).

MÁLAGA

En 1881 est né à Málaga l'un des plus grands génies artistiques du XXe siècle. La **maison natale de Pablo Picasso** est devenue un centre d'exposition et de recherches et est ouverte au public *(www.andalucia.com/province/museums/casanatal; horaires : 9 h 30-20 h)*. Elle donne sur la **plaza de la Merced** que l'artiste a traitée dans plusieurs de ses toiles, avec le marché public, les bourgeois assis aux tables des cafés, le monument au général **Torrijos** et les vols de colombes. De la même façon, l'**Arena de la Malagueta** (la **plaza de Toros**), édifice rouge brique inauguré en 1876 près de la mer, apparaît dans ses premières peintures à l'huile. Des œuvres comme *El Picador amarillo* et les croquis de scènes taurines sont les souvenirs d'un jeune peintre qui allait admirer les plus célèbres toreros de son époque. La découverte de la Málaga de Picasso se conclut au **musée** installé dans le **Palacio de los Condes de Buonavista**, au 8 de la calle San Augustin, quartier juif sous la domination arabe. On peut y voir 233 œuvres : des portraits, des nus et une *Baigneuse* de 1971. La bibliothèque compte plus de 6 000 ouvrages, dans toutes les langues, consacrés à l'artiste *(www.museopicassomalaga.org; horaires : 10 h-20 h, jusqu'à 21 h vendredi et samedi)*. L'histoire de Málaga ne se résume pas à celle de son enfant le plus illustre. Émirat arabe conquis par les chrétiens à la fin du XVe siècle, Málaga a prospéré à l'ombre du **Castillo de Gibralfaro** qui fut construit par l'émir de Cordoue au XIVe siècle, de l'**Alcazaba**, palais forteresse des gouverneurs, avec ses jardins et ses salles protégées de la chaleur. Sans oublier la cathédrale, de style gothique tardif, que les habitants de Málaga surnomment **La Manquita** (la Manchote) parce qu'une de ses deux tours n'a jamais été achevée. La promenade sur l'**Alameda Principal**, élégante avenue construite à la fin du XVIIIe siècle sur les bancs de sable de l'estuaire du Guadalmedina, est ponctuée d'arbres importés d'Amérique pour donner de l'ombre aux façades des palais nobiliaires, ainsi que sur celle du **paseo del Parque**, qui se prolonge jusqu'à la **plaza de Toros**. Entre palmiers et anciens palais, à l'ombre de la garde vigilante des

murailles ocre de l'Alcazaba, on chemine jusqu'à la plage. De là, par temps clair, on peut même voir la côte de l'Afrique (*www.malagaturismo.com*).

Où dormir

€€€€€ Hotel Alfonso XIII (Séville). L'idéal pour ceux qui cherchent des chambres au parfum d'histoire. Transformé en hôtel dans les années 20, cet établissement est décoré de stucs, d'arcs mauresques et de sols de marbre. La cuisine y est par ailleurs excellente (*San Fernando 2, tél. 954 917 000, www.hotel-alfonsoxiii-sevilla.com*).

€€€€€ Hospes Palacio de Los Patos (Grenade). Un cinq-étoiles dans un palais du XIXe siècle, avec jardin, fontaines mauresques et restaurant andalou. Les 42 chambres ont un décor moderne, à part la suite « présidentielle ». Le spa vaut la peine d'être essayé (C/*Solarillo de Gracia 1, tél. 958 535 790, www.hospes.com*).

€€€ Posada del Patio (Málaga). Un nouvel entrant dans le top de l'hôtellerie andalouse. Piscine sur le toit avec vue sur le centre-ville (*pasillo de Santa Isabel 7, tél. 951 001 020, www.vinccihoteles.com*).

Où manger

€€€ Restaurante Becerríta (Séville). Les petites salles sont décorées à l'andalouse. Carte de cuisine régionale créative. Mais vous pouvez aussi essayer les tapas (mousse d'asperge, salade de mer, jambon ibérique) qui coûtent moins cher et qui sont délicieuses (C/*Recadero 9 [Puerta Carmona], tél. 954 412 057, www.becerrita.com*).

€€ Taberna del Alabardero (Séville). Demeure seigneuriale et carte raffinée. Déguster les crêpes garnies de crustacés. Le chef, D. Juan Manuel, vous conseillera selon le poisson du jour (et votre budget) (*Zaragoza 20, tél. 954 502 721, www.tabernadelalabardero.es*).

€€ Bodegas Campos (Cordoue). Ne vous laissez pas leurrer par le nom. La « taverne » en question est très chic, avec des plats traditionnels servis dans une cave du XXe siècle. À essayer, la salade de morue à l'orange et le porc braisé accompagné de légumes du jardin (*C/Lineros 32, tél. 957 497 500, www.bodegascampos.org*).

Sorties et divertissements

Tablao El Arenal (Séville). Établissement culte depuis plus de trente ans pour les passionnés de flamenco : fondé par la *bailaor* Curro Vélez, il marie brillamment spectacle et gastronomie (*C/Rodo 7, www.tablaoelarenal.com*).

Agua & Salud (Séville). Comme on dit ici, *« el primer balneario urbano de Sevilla »* : une oasis de la remise en forme avec méga spa, fangothérapie, algothérapie, géothérapie, thermes avec piscine écologique et douche « bourrasque de neige ». Pour les bons vivants, il y a la formule « luxury VIP » : 3 heures de cajoleries et de soins thermaux (*C/Virgen del Robledo, 1. Bajo Izq., www.aguaysalud.com*).

Zambra La Rocio (Grenade). Sur le chemin du Sacromonte, une *cueva* (une grotte) où l'on donne des spectacles de flamenco. Établissement authentique, au livre d'or rempli de noms illustres, de Bill Clinton aux rois d'Espagne (*camino del Sacromonte 70, www.granadainfo.com/rocio*).

Pour d'autres informations : Office du tourisme espagnol, www.spain.info

22 EN HAUT - VUE DU CENTRE DE CORDOUE.

22 EN BAS - L'ÉGLISE-MOSQUÉE DE LA MEZQUITA, À CORDOUE.

23 EN HAUT - VUE DE MÁLAGA, AVEC L'ALCAZABA.

23 EN BAS - LA PLACE DU PALAIS ÉPISCOPAL DANS LE CENTRE HISTORIQUE DE MÁLAGA.

Formentera - *Espagne*

La plus petite des îles Baléares n'est accessible que par la mer, puisque sa taille ne lui permet pas d'accueillir un aérodrome. Après avoir atterri à Ibiza, la destination des noctambules, on atteindra Formentera – écologiste et paisible – à l'issue d'une traversée de 30 à 60 minutes, selon les circonstances. Dès que l'on voit, depuis le bateau, se profiler à l'horizon le parc naturel de l'**îlot d'Espalmador** qui est le point le plus au nord de Formentera, on s'aperçoit que le paradis hippy des Baléares est un espace quasi tropical en pleine mer Méditerranée : des plages bordées de dunes blanches au sable fin, des eaux couleur cobalt et des couchers de soleil flamboyants.

De fortes traditions rurales coexistent aujourd'hui avec un nouveau style de tourisme « hippy chic » où nature et sport à impact zéro sur l'environnement sont de règle. L'office de tourisme local propose les activités les plus diverses et toujours renouvelées : **voile, windsurfing, kayak et plongée**, mais aussi des randonnées d'**observation ornithologique** entre réserves et oasis naturelles, ainsi que des parcours de **marche d'orientation**, mode importée d'Europe du Nord et qui consiste à marcher à un rythme soutenu, en s'aidant de bâtons spécialement conçus. À quoi s'ajoutent **vingt itinéraires verts** sur des routes secondaires et sentiers à parcourir à pied ou à bicyclette *(www.ibizacicloturismo.com)*, afin de découvrir les coins les plus sauvages de l'île : des récifs impressionnants, des **phares** isolés et d'anciennes **tours de guet**.

Les amateurs de balade romantique ne manqueront pas de monter à pied, au soleil couchant, jusqu'à **La Mola** en suivant l'antique **Camino Romano** qui conduit d'Es Caló à Es Mirador – d'où l'on peut admirer les hameaux aux murs blanchis à la chaux, les cales de pêcheurs, les figuiers centenaires et les sabines maritimes, une variété de genévriers qui poussent en abondance parce qu'ils apprécient les terrains secs et rocheux.

On respire encore l'atmosphère hippy des origines à **Punta Pedrera**, lieu de légendes et de mythes, rendez-vous des adeptes du New Age depuis les années 60, qui s'y retrouvent pour se consacrer au yoga et à la méditation. Les amoureux de couchers de soleil préfèrent en revanche **Punta de la Gavina**, – gardée par une tour du XVIIIe siècle.

Toutefois, même si les années 60 appartiennent au passé, le magnétisme de **Formentera** – restée à l'écart des séductions des hôtels de grand luxe et des discothèques branchées – demeure inchangé et il conduit à désirer que les vacances sur l'île ne finissent jamais...

24-25 - Vue aérienne de Formentera.

25 en bas - Une tour de guet antique de la plus petite île de l'archipel des Baléares.

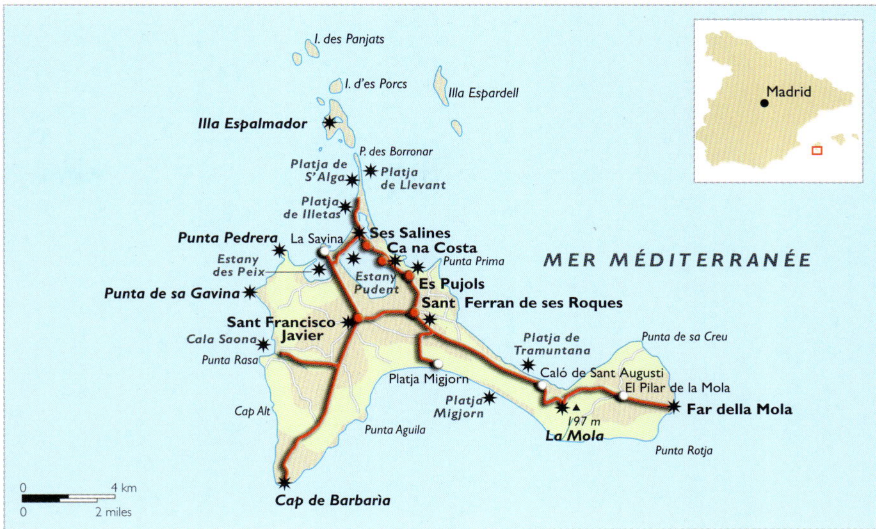

Comment se déplacer : *Si l'on veut profiter de Formentera, l'idéal est de se déplacer à* ***bicyclette*** *: un vaste réseau de pistes balisées suit le tracé des routes principales. L'autre solution, pour les moins courageux, est le* **scooter**, *qui permet d'atteindre rapidement toutes les plages ou les villages de l'île. Formentera est par ailleurs bien desservie par une ligne d'****autocars*** *réguliers, avec des arrêts dans les principales localités : El Pilar, Ca Marí, Es Caló, Sant Ferran, Platja des Illetas, Es Pujols, Sa Roquetta, Sant Francesc Xavier et La Savina. Un autre moyen de déplacement autour de l'île est, évidemment, le* ***bateau****. C'est la solution la plus onéreuse – mais aussi le meilleur moyen pour admirer tranquillement Formentera depuis la mer et pour aller se baigner loin des plages surpeuplées. On peut en louer à* ***La Savina****, le port principal, où accostent les ferries en provenance d'Ibiza. Mais si l'on veut ressentir encore plus l'atmosphère de cette île, il est conseillé de marcher.*

LES LAGUNES PROTÉGÉES D'ESTANY PUDENT

Dame Nature a fait don à Formentera d'une nature exceptionnelle qui comprend les marais protégés de la **réserve naturelle de Ses Salines**, au nord de l'île, le long de la route qui va de La Savina à Es Pujols. Les hôtes habituels de ces eaux saumâtres sont des hérons et des canards, mais on y voit aussi en été des flamants et autres oiseaux migrateurs. Les amateurs de balades ornithologiques pourront suivre les itinéraires à thème que l'office du tourisme a organisés *(www.formenterabirding.com)*. Les deux petites lagunes d'**Estany Pudent** et d'*Estany des Peix* – qui ont fourni du sel jusqu'en 1955 – font partie de la même zone qui communique avec la mer par un petit cours d'eau. Il y règne une végétation aussi variée que parfumée, avec des espèces dunaires comme l'oyat *(Ammophila arenaria)*, le panicaut maritime et le lys de mer, ainsi que la sabine, le romarin, le thym et le lentisque. Contempler les couchers de soleil depuis les plages de la réserve est un des grands plaisirs de la journée.

CA NA COSTA

Au voisinage immédiat d'Estany Pudent, le site mégalithique de Ca na Costa (2000-1600 av. J.-C.) se compose d'un grand dolmen dont les sept blocs de calcaire verticaux sont distribués selon une géométrie étonnante. L'ensemble est appelé Es Rellotge (l'horloge, en catalan), parce que la structure ressemble un peu à un cadran solaire.

ES PUJOLS

Petit et sans prétentions particulières, Es Pujols est le principal lieu de villégiature de l'île, où chaque soir se réunit la *movida* dans les restaurants, bars et boîtes de nuit du petit port et du front de mer. Au nombre des plus fréquentés figurent l'**Indian Café** et le **Bananas** *(www.bananasformentera.com)*, ouvert jusque tard dans la nuit et qui accueille tous ceux qui ont quitté la plage après avoir admiré le coucher de soleil au **Big Sur** *(voir Sorties et divertissements)*.

26 - Les eaux transparentes de la platja des Illetas.

27 en haut - Le phare isolé de La Mola, bâti au XIXe siècle.

SANT FRANCESC XAVIER

À 3 km au sud du port de La Savina se trouve la petite « capitale » de l'île, plongée avec ses maisons blanchies à la chaux dans une atmosphère solaire et méditerranéenne. Elle abrite les plus grands édifices anciens de l'île : l'**église fortifiée Saint-François**, de 1738, dont l'épaisseur des murs rappelle ses fonctions défensives, et la chapelle de **Sa Tanca Vell** (1362), toute proche, sans fenêtres et avec sa voûte en berceau, qui accueillait la population en cas d'incursion des pirates. La place principale est ornée d'une sculpture du célèbre artiste majorquin Miquel Barceló ; le petit **Musée ethnographique** *(horaires : 10h-14h, du lundi au samedi)* raconte la vie, les mœurs et les coutumes des habitants de l'île avant l'arrivée du tourisme.

SANT FERRAN

À environ 3 km à l'est de Sant Francesc, ce petit village est un concentré de culture hippy. Dans le mythique **Fonda Pepe,** un petit bar restaurant (aujourd'hui aussi auberge, avec quelques chambres à petit prix) à la réputation légendaire, se retrouvaient pour jouer et boire un verre les protagonistes de la scène musicale internationale des années 60 : de Bob Dylan aux Pink Floyd, qui séjournèrent dans l'île à l'époque où ils composaient la musique du film *More*, et de Joni Mitchell à King Crimson, auteur du célèbre *Formentera Lady*.

LE CAP DE BARBARÍA

Le charme de Formentera vient aussi de ses phares qui illuminent quelques-uns des paysages les plus grandioses de Méditerranée. Ainsi celui du cap de Barbaría, le point le plus méridional de l'île, que l'on atteint par la route qui part de Sant Francesc vers le sud, dans un secteur sauvage battu par les vents qui tordent les troncs des pins en formes bizarres. De son faisceau lumineux, le phare éclaire le passage des bateaux entre les rochers et les récifs que l'on voit poindre à l'horizon. À proximité, la **torre des Garroveret** est une tour de guet massive (XVIIIe siècle) qui a longtemps servi de poste d'observation pour protéger l'île contre les envahisseurs.

LES PLAGES

À Formentera, les plages à l'aspect tropical et à l'eau cristalline ne sont pas des exceptions. Leur accès est libre et il suffit de quelques jours pour se rendre sur les plus belles. À commencer par la **platja des Illetas**, au nord, une très fine langue de terre échappée à la mer et proche de l'îlot d'Espalmador. En arrivant d'Ibiza au port de La Savina, on découvre cette langue de sable qui, par endroits, ne fait que quelques mètres de large. Il suffit d'ailleurs de traverser la route pour passer sur la plage de l'autre côté : la **platja de Llevant**. Les deux plages sont si proches l'une de l'autre qu'elles ont été surnommées « les jumelles ». Quand l'une est parfois battue par le vent, en cas de mer agitée, le calme plat règne sur sa voisine. On ne risque pas de se retrouver seul : les kiosques, gargotes et services touristiques sont nombreux, en particulier les loueurs de bateaux et de matériel pour les amateurs de voile et de surf qui trouveront des vents favorables. À 150 m seulement de distance se détache l'**îlot d'Espalmador**, long de 3 km et accessible aux nageurs même peu entraînés. À certains moments de la journée, à marée basse, il n'est même pas besoin de nager ; on l'atteint en marchant avec de l'eau jusqu'aux épaules (mais il existe aussi un service de bateau depuis La Savina). Une fois arrivé sur place, on peut aller prendre le soleil sur la vaste **platja de S'Alga**, une grande anse naturelle à l'extrémité sud de l'îlot. On

27 en bas - Le sable fin et blanc de la platja des Illetas.

peut aussi s'accorder un bain salutaire de boue chaude dans la mare thermale sulfureuse qui se trouve au centre de l'île. Le seul monument d'Espalmador est la **tour Sa Guardiola** (XVIIIe siècle).
En descendant de la platja des Illetas vers le sud-ouest, entre punta Rasa et Caló d'en Trull, on rencontre, près du village homonyme, **Cala Saona**, une petite plage de sable soyeux et clair enchâssée entre pinède et récifs rougeâtres. L'endroit est tranquille et la mer digne des Caraïbes, avec des fonds sableux en pente douce, parfaits pour nager comme pour faire trempette. Entre le cap de Barbária et le Far della Mola, à l'extrême sud de Formentera, s'étend sur 6 km la **platja Migjorn**, l'une des plus tranquilles de l'île, un temps domaine des Pink Floyd qui y auraient composé *The Dark Side of the Moon*. C'est une longue bande de sable couleur d'or, entourée de dunes, que l'on atteint en traversant des champs de blé délimités par des murets de pierres sèches. Vous profiterez du silence et de la paix, comme dans la partie centrale de l'île – la plus éloignée des restaurants et des *resorts* construits sur les rivages. Sur le côté opposé, à la **platja de Tramuntana**, le blanc du sable se reflète dans le turquoise de la mer, sur fond de minuscules hameaux de pêcheurs. L'itinéraire des plages de Formentera ne prendra fin qu'au **phare de La Mola** (XVIIIe siècle), dominant des récifs impressionnants sur le point le plus isolé de l'île, qui a inspiré Jules Verne pour son roman *Le Phare du bout du monde*. On peut de là, en un quart d'heure à pied, atteindre la **plage** homonyme – l'une des mieux préservées de Formentera. Le sentier dans les rochers est tortueux et malaisé, mais le but en vaut la peine.

Écoles de voile, de windsurf et de plongée
Vellmari. *Port La Savina, tél. 971 32 2105; www.vellmari.com*
Blue Adventure. *Port La Savina, C/Almadraba 67, tél. 971 321168*

LES MOULINS À VENT DE FORMENTERA

Depuis la période romaine, Formentera a la réputation d'être une terre à blé et la farine constituait l'élément de base de son économie. Les habitants ont construit

au fil des siècles sept moulins dont cinq sont encore visibles. Deux datant du XVIIIe siècle se trouvent à Sant Francesc Xavier, un autre à Sant Ferran et deux plus récents à La Mola. Ils ont la même structure à trois étages : à l'étage le plus haut on actionnait la pierre à moudre, celui du milieu permettait de conserver la farine et, enfin, le rez-de-chaussée servait de magasin.

Où dormir

€€€€ La Masia (oriental). Un mélange minimaliste arabo-asiatique, 8 chambres de style ethno chic. Tennis et piscine (*carretera La Mola, tél. 3462 632 4318, www.lamasiaformentera.com*).

€€€ Gecko Beach Club (naturel). Pour ceux qui aiment vivre les pieds dans le sable et faire la sieste à l'ombre des pins maritimes, 27 grandes chambres avec terrasse sur la mer, cours de yoga et délicate cuisine méditerranéenne. Dans le secteur tranquille de Ca Marì, face aux eaux turquoise de la platja Migjorn (*platja Migjorn, tél. 971 328 024, www.geckobeachclub.com*).

€€€ Hotel Cala Saona (à la plage). Dans le cadre splendide de Cala Saona, une des plages les plus sauvages de Formentera, voici un hôtel avec piscine, terrain de tennis et vaste jardin (*platja Cala Saona, tél. 972 322 030, www.hotelcalasaona.com*).

Où manger

€€€ Juan y Andrea (poisson frais). Carte de poissons fraîchement pêchés, fruits de mer et paella de langouste, sur la plage des Illetas. On sert aussi en bateau. Les serveurs, en tenue immaculée, marchent pieds nus sur le sable (*platja des Illetas, tél. 971 187 130; www.juanyandrea.com*).

€€ Pequeña Isla (traditionnel). Au cœur de Pilar de La Mola, un des endroits les plus tranquilles de l'île, cet établissement est parfait pour goûter les spécialités de poisson, la paella et la cuisine traditionnelle (*av. El Pilar 101, El Pilar de la Mola, tél. 971 327 068; www.pequenaisla.com*).

€€ Bar ristorante Tanga (à la plage). Sur la plage de Llevant, un *chiringuito* (restaurant de poisson installé sur la plage) spécialisé dans la paella, les fruits de mer et des recettes insulaires comme la *caldereta de langosta* et la *brandada de bacalao* (*platja de Llevant, tél. 971 187 905; www.restaurantetanga.com*).

€ Fonda Pepe (ambiance). Très hippy et un peu rétro, idéal pour manger la paella et boire un verre en retrouvant l'ambiance rock des années 60 (*C/ Major 68, Sant Ferran, tél. 971 328 033*).

Sorties et divertissements

Pachanka. Dans le centre du village touristique de Pujols, c'est la meilleure adresse pour danser jusqu'à l'aube et vivre intensément les nuits magiques de Formentera (*C/ Roca Plana, Es Pujols, tél. 971 328 065*).

Xueno. Ce club très à la mode possède style, élégance, organisation et DJ de haut niveau (*Es Pujols, tél. 971 329 160; www.xueno.com*).

Big Sur. Le bar le plus cool de Formentera, fréquenté par des VIP, des modèles et des footballeurs, qui a emprunté son nom au titre d'un livre de l'écrivain américain Jack Kerouac. On y vient au coucher du soleil et l'on y reste tard dans la nuit, pour danser sur le sable (*carretera La Savina-Es Pujols*).

Pour d'autres informations :
Office de tourisme de Formentera, www.espagnemania.com/formentera/formentera-tourisme.htm

28 - Un moulin de la fin du XIXe s ècle à La Mola.

29 - L'atelier de guitares de Sant Ferran.

Shopping

Si l'on veut rapporter un souvenir de Formentera, on se fiera à la solide tradition de l'artisanat local, pimenté des touches de la culture hippy des années 60. Au populaire ***marché de La Mola****, sur la petite place aux mille couleurs, les hippies et les artisans proposent bijoux, peintures, céramiques et vêtements, tous fabriqués à la main. Si ce n'est pas jour de marché, faites une visite au célèbre* ***orfèvre Enric Majoral*** *qui élabore des colliers avec les matériaux les plus divers* (Avdga Mola; www.majoral.com). *Pour les céramiques peintes à la main, la meilleure adresse est* ***Cèramica Pictorica*** (La Mola). *À Sant Ferran se trouve enfin le plus célèbre atelier de guitares du monde,* ***Formentera Guitars****, qui fournit depuis 1988, date de son inauguration, les rockstars de renommée internationale* (carre Sant Jaume 17, Sant Ferran; www.formentera-guitars.com).

Barcelone - *Espagne*

Les jeux Olympiques de 1992 ont changé Barcelone. Pour cet événement, elle avait fait peau neuve et ce lifting architectural lui a tellement bien réussi qu'on a renouvelé l'opération avec des projets de réhabilitation à l'occasion du Forum de las Culturas, *en 2004 : 141 jours de rencontres, de colloques et de débats qui ont redonné une impulsion nouvelle à la ville – au point que Paul Goldberger, critique d'art et lauréat du prix Pulitzer, a qualifié la cité d'une des « cinquante merveilles du monde moderne ». Peu après, Barcelone a été couronnée par l'Institut royal des architectes britanniques, et le gouvernement de Tony Blair l'a prise comme modèle pour réhabiliter des villes d'outre-Manche. Au cours des dernières années, Barcelone s'est encore agrandie et elle s'enorgueillit aujourd'hui d'architectures ultramodernes comme la tour Agbar : les architectes Jean Nouvel et Fermin Vazquez ont habillé ce phare contemporain (142 m de hauteur) de panneaux qui changent de couleur à chaque heure du jour et de la nuit.*

Toute visite de Barcelone doit débuter dans le **Barri Gòtic,** le quartier gothique où surgit l'imposante masse de la **cathédrale** du XIIIe siècle, à deux pas de la **plaça de Sant Jaume**, le centre historique avec le **Palau de la Generalitat** (siège du gouvernement autonome de Catalogne) et la **Casa de la Ciutat** : l'hôtel de ville gothique (ou **Ajuntament**) dont les salons sont décorés de fresques et d'œuvres de Frederic Marès et de Miró (*visites guidées selon des horaires variables ; www.bcn.cat*). Une promenade à travers un dédale de ruelles médiévales débouche sur la **Rambla**, l'avenue la plus connue, réalisée pour l'essentiel au XIXe siècle et bordée d'édifices comme le **Mercat de la Boqueria**. La **plaça de Catalunya** marque la frontière entre la Barcelone médiévale et la Barcelone moderniste de Lluís Domènech i Montaner, Josep Puig i Cadafalch et surtout Antoni Gaudí, l'architecte de la **Sagrada Familia**, sanctuaire consacré comme basilique le 7 novembre 2010 par le pape Benoît XVI. À l'extrémité sud de la Rambla, dans les années 90, le vieux port vétuste est devenu le **port Vell** (*www.marinaportvell.com*) : boîtes de nuit, cinéma Imax au bord de la mer, pubs, quais pour les plaisanciers, un grand **Aquarium** à la place des anciens docks et gares de chemin de fer, et le **Maremagnum** (*www.maremagnum.es*), vaste centre commercial avec ses restaurants et ses boutiques. Non loin de là, les arsenaux et chantiers navals des **Drassanes,** le **Museu Marítim** (*av. de les Drassanes s/n, ouvert de 10 h à 20 h, www.mmb.cat*) et, le long de la côte, 4 km de plage ont surgi du néant, pour la baignade et le bronzage.

Comment se déplacer en ville :

Pour les lieux non desservis par les lignes « L » du métro (www.tmb.cat/ca/home.jsp), on peut prendre les Ferrocarils (FGC) gérés par le gouvernement régional (www.fgc.cat) et le tram (www.trambcn.com). Parmi les agences de location de vélo, on peut citer : Bike Rental (www.bikerentalbarcelona.com), Barcelona By Bike (www.barcelonabybike.com) ou Barcelona Biking (www.barcelonabiking.com). On pourra aussi recourir aux vélos-taxis de Trixi (www.trixi.com/barcelona).

À voir

LA CATHÉDRALE BASILIQUE

La **Seu** a été construite dans le Barri Gòtic à partir de 1298, en style gothique catalan. On y admirera la **crypte** du XIVe siècle, le **chœur** avec ses bas-reliefs en marbre, les **chapelles** adjacentes à la nef et le **cloître** attenant avec ses voûtes d'arêtes décorées par des sculpteurs catalans et par Giuliano Fiorentino. Le **Museu de la Catedral** abrite des œuvres comme la Pietà de Bermejo (1490) et de peintres catalans et espagnols (*plaça de la Seu s/n, www.catedralbcn.org ; horaires variables*).

SANTA MARIA DEL MAR

La sobre façade de cette église, autre chef-d'œuvre du gothique catalan, est encadrée de tours octogonales et son portail est décoré de statues et de reliefs. À l'intérieur, belle rosace et verrières ogivales (*plaça de Santa Maria 1, tél. 933 102 390, horaires variables*).

30 - Les flèches gothiques de la cathédrale.

30-31 - La ville à l'horizon avec la Sagrada Familia et la tour Agbar.

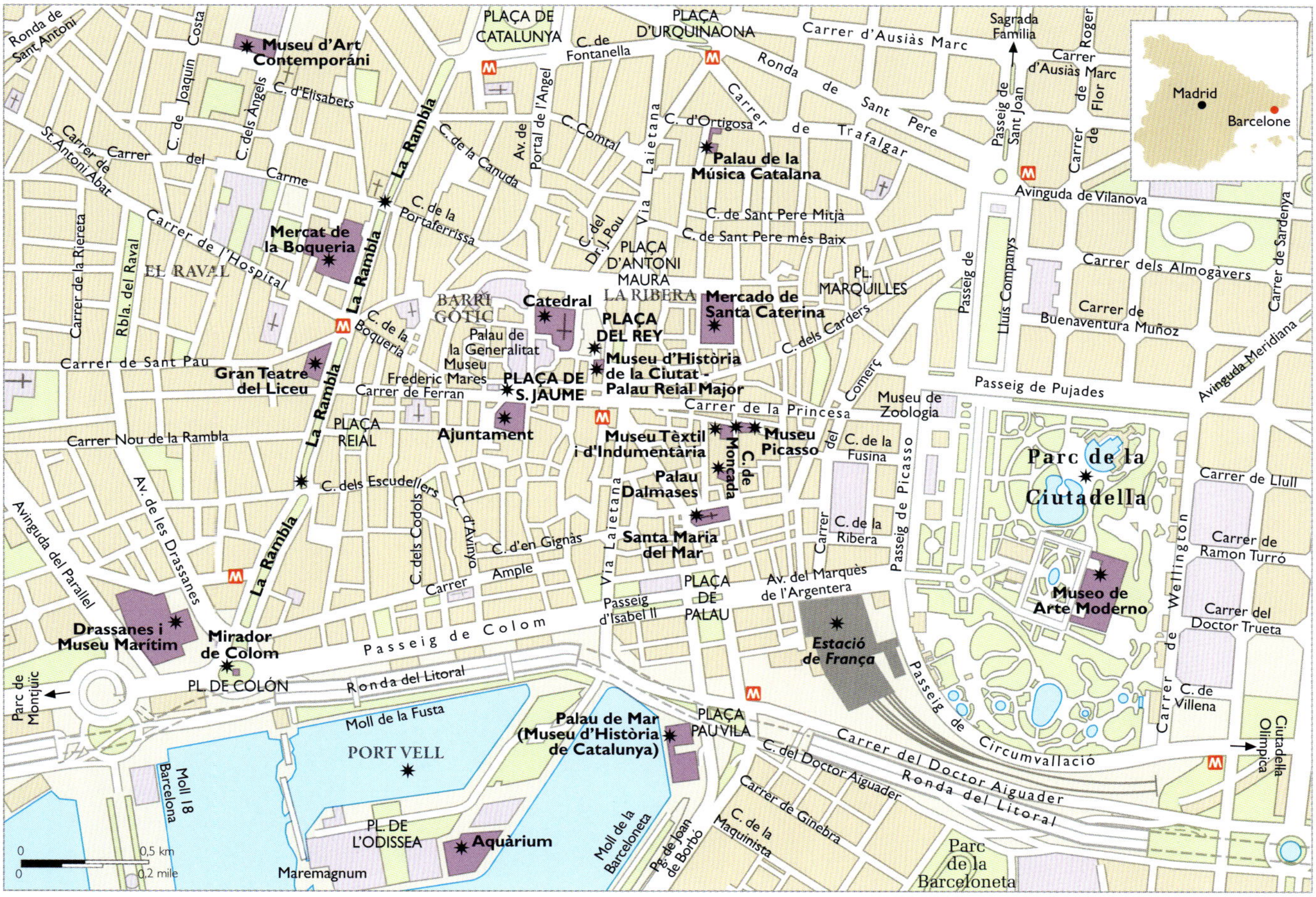

Ronda de Sant Antoni
Museu d'Art Contemporáni
C. de Joaquín Costa
C. dels Àngels
C. d'Elisabets
PLAÇA DE CATALUNYA
C. de Fontanella
PLAÇA D'URQUINAONA
Carrer d'Ausiàs Marc
Sagrada Família
Carrer d'Ausiàs Marc
Carrer de Roger de Flor
Madrid
Barcelone
Ronda de Sant Pere
Carrer de Trafalgar
Carrer de Sant Antoni Abat
Carrer del Carme
La Rambla
C. de la Canuda
Av. de Portal de l'Àngel
C. Comtal
Via Laietana
C. d'Ortigosa
Palau de la Música Catalana
Passeig de Sant Joan
Avinguda de Vilanova
Carrer de l'Hospital
C. de la Portaferrissa
Mercat de la Boqueria
C. del Dr. J. Pou
C. de Sant Pere Mitjà
C. de Sant Pere més Baix
Carrer de la Riereta
Rbla. del Raval
EL RAVAL
PLAÇA D'ANTONI MAURA
PL. MARQUILLES
Carrer dels Almogàvers
Carrer de Sardenya
BARRI GÒTIC
Catedral
LA RIBERA
Mercado de Santa Caterina
Passeig de Lluís Companys
Carrer de Buenaventura Muñoz
C. de la Boqueria
Palau de la Generalitat
PLAÇA DEL REY
C. dels Carders
Avinguda Meridiana
Carrer de Sant Pau
Gran Teatre del Liceu
Museu Frederic Mares
Museu d'História de la Ciutat - Palau Reial Major
Carrer de Ferran
PLAÇA DE S. JAUME
C. del Comerç
Museu de Zoología
Passeig de Pujades
Carrer de la Princesa
PLAÇA REIAL
Ajuntament
Museu Tèxtil i d'Indumentària
Museu Picasso
C. de la Fusina
Parc de la Ciutadella
Carrer Nou de la Rambla
C. de Montcada
Carrer de Llull
C. dels Escudellers
Palau Dalmases
Passeig de Picasso
Carrer del Comerç
Av. de les Drassanes
C. dels Còdols
C. d'Avinyó
C. de la Ribera
Carrer de Ramon Turró
Avinguda del Paral·lel
C. d'en Gignàs
Santa Maria del Mar
Carrer Ample
PLAÇA DE PALAU
Av. del Marquès de l'Argentera
Museo de Arte Moderno
Carrer de Wellington
Carrer del Doctor Trueta
Drassanes i Museu Marítim
Mirador de Colom
Passeig de Colom
Passeig d'Isabel II
Estació de França
Parc de Montjuïc
PL. DE COLÓN
Ronda del Litoral
C. de Villena
Moll de la Fusta
Palau de Mar (Museu d'Història de Catalunya)
PLAÇA PAUVILA
Passeig de Circumvallació
Ciutadella Olímpica
PORT VELL
Carrer del Doctor Aiguader
C. del Doctor Aiguader
Ronda del Litoral
Moll 18 Barcelona
Carrer de Ginebra
PL. DE L'ODISSEA
Aquàrium
Moll de la Barceloneta
Pg. de Joan de Borbó
C. de la Maquinista
Parc de la Barceloneta
Maremagnum
0 0,5 km
0 0,2 mile

Shopping

Tradition ou modernité ? À Barcelone, il n'y a que l'embarras du choix : cela va des couteaux de la ***Ganiveteria Josep Roca****, institution locale depuis 1911* (plaça del Pi 3 ; www.ganiveteriaroca.cat) *aux masques et accessoires d'* ***El Ingenio****, appréciés par Salvador Dalí* (C/ Rauric 6 ; www.el-ingenio.com), *en passant par les vêtements colorés de* ***Custo Barcelona*** *: on trouve ceux-ci dans de nombreuses villes d'Europe, mais en acquérir dans la ville même où la fortune des frères Dalmau a commencé est tout autre chose* (différentes boutiques, www.custo-barcelona.com/it/stores). *Après le classique chapelier des toreros* (***Sombreria Obach***, C/ Call 2, tél. 93 3184094), *on ira chez Hofmann pour une pause gourmande : les croissants et les tartes au citron de cette pâtisserie sont irrésistibles* (Flassaders 44 ; www.hofmann-bcn.com). *On ne saurait manquer le* ***marché aux fruits Santa Caterina****, ne serait-ce que pour l'admirer (il semble jailli d'un rêve de Gaudí) ou manger dans son restaurant* (av. Francesc Cambó 16, www.mercatsantacaterina.net; horaires variables, à partir de 8 h du matin). *Enfin, pour les amateurs de thé, un magasin sur le carrer de l'Argenteria,* ***Sans & Sans****, qui existe depuis des générations et propose plus de trois cents variétés* (autre boutique dans av. Diagonal 520 ; www.sansisans-finetea.com).

LE MNAC

Né à l'occasion de l'Exposition de 1929, partiellement restauré dans les années 90 et aménagé par Gae Aulenti, le Museu Nacional d'Arte de Catalunya s'enorgueillit de la plus vaste collection mondiale de fresques médiévales. En outre, à côté des œuvres d'art romanes, gothiques, Renaissance et baroques, et des fonds de photographie et de numismatique, on y admire la collection Thyssen-Bornemisza (*Palau Nacional, parc de Montjuïc, www.mnac.es ; horaires : 10 h-19 h du mardi au samedi, 10 h-14 h 30 le dimanche*).

LE MACBA

Le Museu d'Art Contemporani de Barcelona, conçu par l'architecte Richard Meier, a redonné vie au quartier du Raval, en le transformant en cœur culturel et artistique de Barcelone. Il abrite des œuvres

d'artistes catalans, espagnols et étrangers, comme les dessins collages d'Aspen, les toiles de Basquiat (de l'*Autoportrait* au *Roi zoulou*), deux *Sans titre* de Calder, des travaux tridimensionnels de Duchamp, etc. (*plaça dels Angels 1, www.macba.es, horaires variables*).

LA CARRER DE MONTCADA

Grâce aux remarquables palais qui la bordent, cette avenue élégante, au cœur de La Ribera, a été déclarée monument national en 1947. Les édifices les plus importants sont le **Palau Dalmases**, construction baroque du XVIIe siècle (*www.palaudalmases.com*), et le **Palau del Marquès de Lió**, gothique, qui abrite l'administration du **Museu Tèxtil i d'Indumentària** (transféré aujourd'hui au **Palau de Pedralbes**, *av. Diagonal 686*), ensemble de 3 000 pièces de 1500 à nos jours, avec des poupées, des éventails, des tapisseries et des broderies (*www.dhub-bcn.cat; horaires : 11 h-19 h, du mardi au dimanche*). L'attraction de l'avenue reste le **musée Picasso**, et ses 4 000 œuvres réparties dans cinq palais : dessins, céramiques, peintures à l'huile (dont *Margot* et *Le Baiser*, de la période bleue), aquarelles et sculptures (*Montcada 15-23, www.museupicasso.bcn.es; horaires : 10 h-20 h, fermé le lundi*).

LA FUNDACIÓN JOAN MIRÓ

Ce musée, consacré au plus grand peintre catalan, abrite 14 000 pièces. Peintures, tissus, céramiques et sculptures sont présentés avec art dans le bâtiment (conçu dans les années 70) et dans le jardin attenant, à côté d'œuvres d'artistes comme Duchamp et Calder (*parc de Montjuïc s/n, www.fundaciomiro-bcn.org; horaires : 10 h-19 h, du mardi au samedi, jusqu'à 20 h en été; 10 h-21 h 30 le jeudi; 10 h-14 h 30 le dimanche; fermé le lundi*).

LE GRAN TEATRE DE LICEU

Après l'incendie de 1994, l'opéra de Barcelone a été reconstruit à l'identique. On admirera, derrière la façade, les intérieurs richement décorés de la **salle des Miroirs** (épargnée par les flammes), du vestibule bordé de colonnes et l'imposant escalier de marbre. La saison de ballets, de concerts et de récitals est toujours intéressante, mais pour découvrir les merveilles du Liceu, il existe des visites guidées qui conduisent aussi au **Cercle del Liceu**, un club privé considéré comme l'une des expressions majeures de l'Art nouveau catalan (*La Rambla 51-59, www.liceubarcelona.com, horaires variables*).

L'AQUARIUM

11 000 animaux de 450 espèces différentes nagent dans les 35 bassins de l'Aquarium, l'un des plus grands d'Europe, avec des expositions permanentes sur la « Planète Eau », un tunnel sous-marin de 80 m et le bassin des requins – où l'on organise aussi des visites guidées pour plongeurs expérimentés (*Moll d'Espanya del Port Vell, www.aquariumbcn.com; horaires : 9 h 30-21 h, 21 h 30 le week-end et 23 h en juillet et en août*).

LE MUSEU D'HISTÒRIA DE BARCELONA

Les deux mille ans d'histoire de la ville sont présentés dans ce musée, réparti dans différentes structures, chacune d'elles ayant été choisie en rapport avec la période qui y est exposée. Les incontournables sont les 4 000 m² de la zone archéologique du **Monumental** – où le musée a été fondé en 1943 avec des vestiges allant de l'époque romaine au Moyen Âge (*plaça del Rei, s/n*), le **monastère de Pedralbes** (*Baixada del Monastir, 9*), un joyau du gothique catalan, riche en témoignages sur la vie des moniales, la maison coloniale de **Villa Juana** où le poète Verdaguer est mort en 1902; enfin, le **Refuge 307**, 400 m de tunnels aménagés par les habitants pour se protéger des bombardements franquistes (*Nou de la Rambla, 169; www.museuhistoria.bcn.es; horaires variables*).

LE MIRADOR DE COLOM

La statue de bronze en hommage à Christophe Colomb qui avait choisi Barcelone pour débarquer à son retour d'Amérique est juchée au sommet d'une colonne érigée à la fin du XIXe siècle. Elle se trouve plaça del Portal de la Pau, face au port et à l'aquarium; un ascenseur permet d'accéder au sommet d'où l'on a une vue sur toute la cité.

32-33 - Les immenses fontaines devant le musée national d'Art de la Catalogne.

33 en haut - La Fondation Miró.

33 en bas - Le MACBA, musée des Arts contemporains, réalisé par Richard Meier.

Le grand circuit du modernisme

Le modernisme catalan renvoie surtout à Antoni Gaudí. Ses œuvres occultent souvent celles d'autres artistes tels que Josep Puig i Cadafalch et Lluís Domènech i Montaner. Ce mouvement architectural unique a doté la ville de chefs-d'œuvre que l'Unesco a inscrits au patrimoine de l'humanité. C'est le cas de la ***maison Milà****, dite aussi* ***La Pedrera*** (passeig de Gràcia 92 ; horaires variables), *avec sa forêt de cheminées qui semblent autant de sculptures surplombant une façade en pierre brute tout en sinuosités. On admire dans la* ***maison Battlò*** *la façade revêtue de céramiques bleues, l'étage noble, l'attique, le grand escalier et le toit avec ses inévitables cheminées* (passeig de Gràcia 43, www.casabattlo.es ; horaires : 9 h-20 h). *La* ***Sagrada Familia****, église consacrée quatre-vingts ans après la mort de son créateur, mais toujours inachevée, est un triomphe d'arcatures, de nefs et de tours, semblables à celles de quelque château de sable conçu en mélangeant plusieurs styles (gothique-catalan, baroque, Art nouveau). Le musée et les expositions contemporaines côtoient les célébrations liturgiques* (Pel Carrer Sardenya, www.sagradafamilia.cat ; horaires variables). *À ne pas manquer non plus, le* ***parc Güell****, ouvert au public toute l'année* (C/ Olot s/n ; horaires : de 10 h au coucher du soleil)*, et ses bancs en céramiques de couleurs, ses sculptures animalières, la salle des Cent Colonnes inspirée des temples grecs et surmontée d'une terrasse, et la* ***maison-musée*** *de l'artiste* (carretera del Carmel ; horaires : 10 h-18 h, en été jusqu'à 20 h). *Entre-temps, on peut se contenter d'autres exemples de modernisme catalan comme le* ***Mercat de la Boqueria****, célèbre marché alimentaire sur la Rambla* (plaça de la Boqueria, www.boqueria.info ; horaires variables)*, le* ***Palau de la Música Catalana*** (voir « Sorties et divertissements ») *et le nouveau* ***Museu del Modernismo****, inauguré en 2010 dans une ancienne usine textile (architecte : Enric Sagnier). Il possède une collection de 350 œuvres des représentants les plus importants de ce mouvement, y compris de Gaudí* (C/ Balmes 48, www.mmcat.cat ; horaires : 10 h-20 h, le dimanche 10 h-14 h).

Où dormir

€€€€€ W Barcelona (grand luxe). Admirez d'abord le bâtiment conçu par Ricardo Bofill, puis jouissez du panorama depuis les terrasses des chambres. Vous y retrouverez le spa Bliss®, habituel dans tous les hôtels de la chaîne *(plaça de la Rosa del Vents 1, tél. 932 952 800, www.w-barcelona.com)*.

€€€ Hotel Emma (design). La nouvelle unité du groupe Room Mate propose des chambres design qui ressemblent à celles de Lucio Fontana, mais en plus reposant. Le petit-déjeuner est servi jusqu'à midi *(carrer Rosselló 205, tél. 932 385 606, www.room-matehotels.com)*

€€€ Hotel Banys Orientals (charme). On peut dormir dans une des 43 chambres au décor contemporain chic, à moins que l'on ne réserve une des suites – plus chères – qui se trouvent dans un immeuble un peu plus loin. Le choix sera excellent dans les deux cas *(C/ Argenteria 37, tél. 932 688 460, www.hotelbanysorientals.com)*.

Où manger

€€€ Restaurant Abac (haut de gamme). Pour ceux qui veulent bien manger et qui n'ont pas de problèmes de budget, c'est la bonne adresse : deux étoiles au

Michelin et des plats catalans de saison, cuisinés avec art par le chef Jordi Cruz (*av. Tibidabo 1, tél. 933 196 600, www.abacbarcelona.com*).

€€ Santa (tendance). Après le succès de son bar à tapas Santa Maria, le chef Paco Guzmán a ouvert ce local, devenu le point de rencontre de la Barcelone branchée (*av. Meridiana 2, tél. 933 097 078*).

€ La Isabela (tapas). Il est agréable à Barcelone de prendre l'apéritif sur le toit. On dégustera ici d'excellents cocktails sur fond de musique *lounge* accompagnés de tapas. Autre solution, descendre au restaurant de l'hôtel. Mais ce n'est pas la même chose (*Hotel 1898, La Rambla 109, tél. 935 529 552, www.hotel1898.com*).

Sorties et divertissements

Champagne Bar. Pour les amateurs de petites bulles, un bar avec 40 variétés de champagne à siroter dans la salle garnie de miroirs. C'est la dernière nouveauté de l'Hotel Arts (*Marina 19-21, www.hotelartsbarcelona.com*).

Le Palau de la Música. Le soir venu, c'est le lieu préféré des mélomanes. Datant de plus d'un siècle, il possède une acoustique extraordinaire. Dans la journée, des circuits organisés proposent une découverte guidée du palais (conçu par un génie moderniste, Lluís Domènech i Montaner). Un conseil : ne pas perdre le groupe ! (*C/ Sant Pere Més Alt s/n, www.palaumusica.org*).

Les bars des musées. Chaque musée a son café, mais ceux que nous vous conseillons sont particuliers.
Le premier est le **Café d'Estiu**, dans le **musée Frederic Marès** (*plaça de Sant Lu 5, www.cafedestiu.com*), une délicieuse terrasse-jardin, au cœur du Barri Gòtic.
Le second est un établissement séparé du jardin par une grande verrière, dans les espaces du **Museu Marítim**, sur le front de mer (*av. de les Drassanes s/n; www.mmb.cat*).

Pour d'autres informations : Office du tourisme espagnol, www.spain.info et www.barcelonaturisme.com

34 - Maison Milà ou La Pedrera, d'Antoni Gaudí.

35 en haut - Un détail des sculptures de la Sagrada Familia.

35 en bas - Le marché de Santa Caterina.

Madrid - *Espagne*

Pour la première visite à Madrid, il faut déambuler sur la Gran Vían, visiter le Prado, manger tortillas et tapas, et se plonger dans la re-movida *– version actualisée de cette explosion de vie nocturne née à la fin des années 70, en réaction à quatre décennies obscurantistes de régime franquiste. Si l'on connaît déjà la capitale espagnole, on se consacrera aux nouveautés comme Triball, le quartier à la mode, avec ses boutiques de jeunes stylistes ou bien cette nouvelle ville qui naît au-delà du périphérique, un ensemble de 110 000 m², avec ses cafés, ses restaurants, ses piscines et même une plage.*

La journée d'un Madrilène commence par un petit-déjeuner à base de *chocolate y churros* (chocolat et beignets) et s'achève avec la *re-movida* : on dîne vers 22 heures, on «*toma una copa*» (boit un verre) et on fréquente une discothèque de la **Chueca** – l'ancien secteur mal famé du centre, dont la communauté homosexuelle a fait une enclave de boîtes à la mode (d'ailleurs, pas nécessairement *gay friendly*). La capitale déborde aussi d'énergie pendant la journée. Il y a tant à voir : musées, places, avenues, édifices, quartiers... Madrid n'a pas un visage unique : il n'y a pas eu ici de baron Haussmann, comme à Paris, pour raser des quartiers afin de créer de grands boulevards. Madrid est une mosaïque de bourgs agglutinés l'un à l'autre. On passe en un instant du Moyen Âge à un quartier d'immigrés, des grands musées du centre comme le **Prado**, le **Thyssen-Bornemisza**, au **Reina Sofía**, à la périphérie sud. Là apparaît la ville de l'avenir, **Madrid Río**, un parc planté de pins et de peupliers, avec des aires de jeu, des pistes cyclables, des cafés et des restaurants, et même une plage sur les rives du **Manzanares**. Au nord a surgi le **Mirador**, extravagant ensemble pour appartements de luxe qui paraît sorti d'un tableau de Mondrian, et le centre financier des **Cuatro Torres** (*www.torresmadrid.com*) : quatre gratte-ciel sur le paseo de la Castellana, signés par César Pelli, Carvajal Rubio & Alvarez-Sala et Norman Foster. Dans le centre, on a restauré depuis peu le vieux **marché San Miguel** *(plaza de San Miguel, www.mercadodesanmiguel.es; horaires: 10h-24h, et jusqu'à 2h du matin le jeudi, le vendredi et le samedi)*, temple de la gastronomie chic – du jambon ibérique aux huîtres au champagne – dans un bâtiment de verre et d'acier datant de 1916, derrière la **plaza Mayor**. Non loin de là, la **Puerta del Sol** (une place, en réalité), est le point à partir duquel sont calculées toutes les distances du réseau routier espagnol. C'est aussi le cœur de la ville, vers lequel convergent tous les grands axes, la **calle del Arenal**, en direction du **Palacio Real**, aujourd'hui musée et siège officiel des cérémonies d'État (la famille royale vit dans une autre résidence, la **Zarzuela**, en périphérie), la **carrera de San Jerónimo**, qui arrive jusqu'au paseo del Prado, la **Gran Vía**, artère d'environ 2 km de long, inaugurée en 1918, où voisinent hôtels, banques, édifices modernistes – mais aussi le premier gratte-ciel de Madrid (de la **Compañía Telefónica**), de style néobaroque, le **Palacio de Prensa** (de style Liberty) et le **Cine Callao**.
À l'extrémité de la rue s'ouvre la grande **plaza de España** (avec ses bâtiments modernistes et le monument dédié à **Cervantès**), frontière entre la Gran Vía et le **Teatro Real** *(www.teatro-real.com)* réalisé au XIXe siècle et considéré comme l'un des meilleurs d'Europe, et la belle **plaza de Oriente**. Du côté opposé à la Gran Vía, au-delà de la **calle de Alcalá**, on visite le **Museo Arqueológico Nacional** *(calle Serrano 13, www.man.mcu.es; horaires : 9h30-20h, le dimanche jusqu'à 15h)* avec ses collections du paléolithique à l'Égypte ancienne et de l'Espagne romaine à celle des Wisigoths (plus celles de monnaies andalouses et hispano-américaines), et celui des **Artes Decorativas**, fondé en 1912, avec un fonds de 12 000 pièces (verrerie, céramiques et tissus) dont beaucoup provenant de Chine *(calle Montalbán 12, http://mnartesdecorativas.mcu.es; horaires : 9h30-15h du mardi au samedi, 10h-15h le dimanche)*.

Comment se déplacer en ville : *Avec ses 12 lignes, le métro de Madrid est l'un des plus étendus du monde (www.metromadrid.es). Pour se déplacer et visiter les musées, il est conseillé de se procurer une Madrid Card (www.madridcard.com) pour 24, 48 ou 72 heures.*

À voir

LA PLAZA MAYOR

Ce n'est plus celle des origines, mais le résultat du remaniement opéré par l'architecte Juan de Villanueva (qui réalisa aussi le musée du Prado), à la fin du XVIIIe siècle, après un incendie. Ce quadrilatère doté de portiques a gardé tout son charme. Au centre se dresse la **statue équestre de Philippe III** (XVIIe siècle), commencée par Giambologna et achevée par Pietro Tacca. De nombreux palais l'entourent, mais le plus intéressant est la **Casa de la Panadería** – l'ancienne «maison du Pain» avec les fresques de Carlos Franco sur la façade.

36-37 - La plaza Mayor et la Casa de la Panadería.

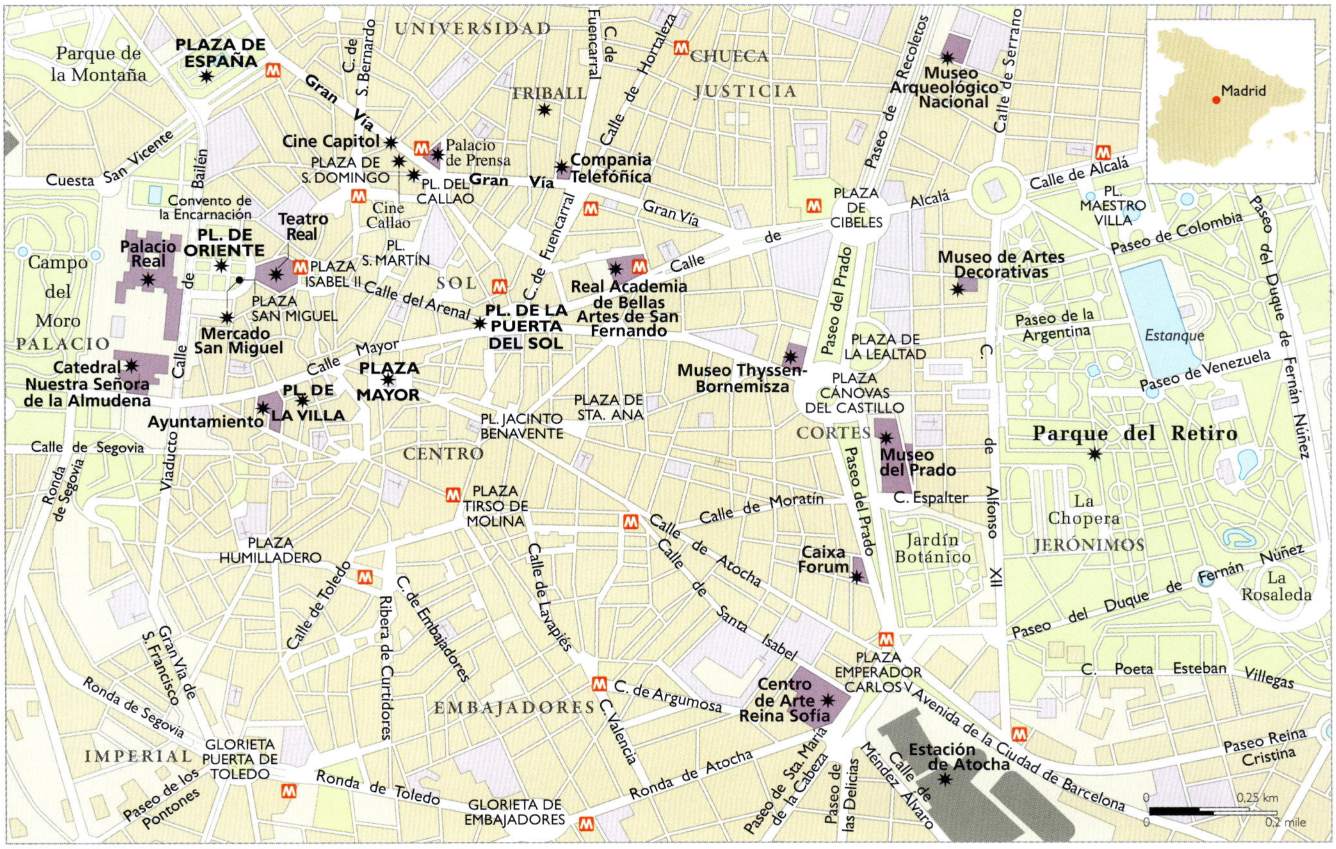

UNIVERSIDAD
PLAZA DE ESPAÑA
Parque de la Montaña
C. de S. Bernardo
Gran Vía
CHUECA
JUSTICIA
TRIBALL
C. de Fuencarral
Calle de Hortaleza
Paseo de Recoletos
Museo Arqueológico Nacional
Calle de Serrano
Cine Capitol
Palacio de Prensa
PLAZA DE S. DOMINGO
PL. DEL CALLAO
Gran Vía
Compania Telefónica
Cuesta San Vicente
Bailén
Convento de la Encarnación
Cine Callao
Gran Vía
PLAZA DE CIBELES
Alcalá
Calle de Alcalá
PL. MAESTRO VILLA
Paseo de Colombia
Paseo del Duque de Fernán Núñez
Campo del Moro
Palacio Real
PL. DE ORIENTE
Teatro Real
PLAZA ISABEL II
PL. S. MARTÍN
SOL
C. de Fuencarral
Calle de
Real Academia de Bellas Artes de San Fernando
Museo de Artes Decorativas
PALACIO
PLAZA SAN MIGUEL
Calle del Arenal
PL. DE LA PUERTA DEL SOL
Paseo del Prado
PLAZA DE LA LEALTAD
Paseo de la Argentina
Estanque
Mercado San Miguel
Calle Mayor
PLAZA MAYOR
Museo Thyssen-Bornemisza
PLAZA CÁNOVAS DEL CASTILLO
Paseo de Venezuela
Catedral Nuestra Señora de la Almudena
PL. DE LA VILLA
Ayuntamiento
PLAZA DE STA. ANA
PL. JACINTO BENAVENTE
CORTES
Museo del Prado
C. Espalter
Parque del Retiro
Calle de Segovia
Viaducto
CENTRO
Ronda de Segovia
PLAZA TIRSO DE MOLINA
Calle de Moratín
C. de Alfonso XII
La Chopera
JERÓNIMOS
PLAZA HUMILLADERO
Calle de Lavapiés
Calle de Atocha
Caixa Forum
Jardín Botánico
Calle de Toledo
Ribera de Curtidores
C. de Embajadores
Calle de Santa Isabel
Paseo del Duque de Fernán Núñez
La Rosaleda
Gran Vía de S. Francisco
C. Poeta Esteban Villegas
PLAZA EMPERADOR CARLOS V
Avenida de la Ciudad de Barcelona
C. de Argumosa
Centro de Arte Reina Sofía
Ronda de Segovia
EMBAJADORES
C. Valencia
GLORIETA PUERTA DE TOLEDO
IMPERIAL
Estación de Atocha
Paseo Reina Cristina
Paseo de los Pontones
Ronda de Toledo
Ronda de Atocha
Paseo de Sta. María de la Cabeza
Paseo de las Delicias
C. Méndez Álvaro
GLORIETA DE EMBAJADORES
0 0,25 km
0 0,2 mile
Madrid

LA PLAZA DE LA VILLA

Symbole architectural du Madrid des Habsbourg, maîtres de l'Espagne aux XVIe et XVIIe siècles, la plaza de la Villa est le grand salon à ciel ouvert de la capitale. Là se dresse l'**Ayuntamiento**, l'hôtel de ville avec ses tours. Une de ses salles est décorée d'une fresque de Goya, l'**Allégorie de Madrid** *(www.esmadrid.com/en/portal; visites guidées à horaires variables)*. En face, la **Torre de los Lujanes** est le seul vestige d'un palais homonyme de style mudéjar ; au centre de la place est érigée la statue de l'amiral **Álvaro de Bazán**, le héros de la célèbre bataille de Lépante, en 1571.

LE PALACIO REAL

Résidence du roi jusqu'en 1931, le Palais royal, d'un sobre néoclassicisme, a été conçu et commencé par Filippo Juvarra, et achevé par G.B. Sacchetti. On y visite le **Salón de Alabarderos**, avec sa voûte peinte à fresque par Tiepolo et des tableaux de Luca Giordano, le **Salón de Columnas**, peint par Corrado Giaquinto et celui du **Trône** avec l'*Allégorie à la grandeur de la monarchie espagnole*, autre œuvre de Tiepolo, éclairée par des lustres en cristal de Venise. La visite se poursuit par les **appartements de Charles III**, où est installée une **pharmacie** riche en vases de majolique, et la **Real Armería** qui possède l'une des collections d'armes les plus importantes du monde. Le palais est entouré des jardins du **Campo del Moro**, aménagés au milieu du XIXe siècle sur le modèle des jardins à l'anglaise ; face à son entrée se dresse la **cathédrale de la Almudena** – conçue à la fin du XVIIe siècle, réalisée à la fin du XIXe et consacrée en 1993 par Jean-Paul II *(calle Bailén s/n, www.patrimonionacional.es; horaires du musée : 9 h 30-17 h et 9 h-14 h le dimanche [en hiver]; 9 h-18 h et 9 h-15 h le dimanche [en été]. Horaires du Campo del Moro : 10 h-18 h et 9 h-18 h le dimanche [en hiver]; 10 h-20 h [en été])*.

MUSEO DE LA REAL ACADEMIA DE BELLES ARTES DE SAN FERNANDO

Cette collection permanente comprend des œuvres de peintres italiens, espagnols et flamands des XVIe et XVIIe siècles. On y trouve aussi treize chefs-d'œuvre de Goya dont un *Autoportrait*, *L'Enterrement de la sardine* et *La Corrida de taureaux*. Mais on peut aussi y admirer des œuvres de Bellini et d'Arcimboldo, du Corrège et de Rubens, de Ribera, de Vélasquez et de Picasso... *(c/Alcalá 13, www.rabasf.insde.es; horaires : 9 h-15 h du mardi au samedi, jusqu'à 14 h 30 le dimanche)*.

LA ESTACIÓN DE ATOCHA

La gare d'Atocha, première gare ferroviaire de Madrid, sur la plaza del Emperador Carlos V, a été réalisée à la fin du XIXe siècle selon les plans d'Alberto de Palacio. Elle a été agrandie et restaurée en 1992 par Rafael Moneo, et mérite un détour même si on n'a pas de train à prendre. Près des quais, on trouve des bars, des boutiques, une discothèque et 4 000 m² de jardin tropical *(www.laestaciondetren.net)*.

LE PARQUE DEL BUEN RETIRO

Le parc du Retiro est le plus important de Madrid. Il occupe 143 ha à l'est du musée du Prado. Réalisé en plusieurs phases, c'est un des lieux favoris des Madrilènes qui viennent y chercher la fraîcheur des arbres, des fontaines, des petits lacs au milieu d'une roseraie et de portiques. On y trouve aussi les palais de **Velázquez** et de **Cristal,** un pavillon de fer et de verre construit en 1887 et entouré d'un beau jardin qui voulait rivaliser avec les jardins anglais d'alors – mais aussi le *Bois des absents*, monument en hommage aux 191 victimes des attentats de 2004 *(plaza de la Independencia s/n c/Alfonso XII, tél. 91 5588790, horaires 6 h-22 h [jusqu'à minuit en été])*.

MUSEO LÁZARO GALDIANO
Écrivain, éditeur et personnage marquant de la culture espagnole au tournant du XXe siècle, José Lázaro Galdiano a légué à l'État sa collection d'œuvres d'art, conservée dans cette maison qu'il avait fait construire pour son épouse Doña Paula Florindo. Elle comprend des émaux et des ivoires du VIe siècle, des Limoges, des sculptures et quelque 750 toiles des plus grands artistes internationaux du XVIe au XIXe siècle, avec entre autres des chefs-d'œuvre signés Vélasquez *(Portrait de Matilde Cobos)*, le Greco *(Saint François d'Assise)*, Zurbarán *(Saint Jacques d'Alcalá)*, Bosch *(Saint Jean Baptiste en méditation)*, Goya *(Le Sabbat) (calle Serrano 122, www.flg.es; horaires : 10 h-16 h 30, fermeture le mardi)*.

LA PLAZA DE TOROS DE LAS VENTAS
Inaugurée en 1931, l'arène s'anime pendant la *Feria de San Isidro* (fête du saint patron de Madrid) qui attire les plus grands toreros d'Espagne, chaque année, entre mai et juin. Mais il faut surtout voir son **Musée taurin** qui expose des objets sur la tauromachie à travers les siècles : affiches, tableaux, photos – et un chef-d'œuvre : *La Tauromachie* de Goya *(calle de Alcalá 237, www.las-ventas.com; horaires variables)*.

L'AUDITORIO NACIONAL DE MÚSICA
Inauguré en 1988, l'Auditorium national de musique est le siège de l'Orchestre national d'Espagne et l'un des lieux majeurs de la saison musicale. La grande salle symphonique peut accueillir plus de 2 300 spectateurs *(Príncipe de Vergara 146, www.auditorionacionaol.mcu.es)*.

MUSEO DE AMÉRICA
Le musée de l'Amérique témoigne des rapports étroits que nourrit la péninsule Ibérique avec le Nouveau Monde. Il a été créé par Charles III pour accueillir les trésors des colonies espagnoles. On y admire des pièces d'art précolombien, des codex mayas et aztèques, des masques et des œuvres d'art populaire d'Amérique centrale et du Sud *(avenida Reyes Católicos 6, http://museodeamerica.mcu.es; horaires : 9 h 30-18 h 30 du mardi au samedi, 10 h-15 h le dimanche)*.

38 EN HAUT - L'ENTRÉE DU MUSÉE DU PRADO.

38 EN BAS - LE CENTRE CULTUREL CAIXA FORUM.

39 - *GUERNICA*, LA PLUS CÉLÈBRE ŒUVRE PICTURALE DE PICASSO, AU MUSÉE REINA SOFIA.

Les musées revus par la modernité

À Madrid, la culture s'est refait une jeunesse grâce à l'intervention des plus grands architectes contemporains. Au ***Caixa Forum****, espace culturel voué à l'art, à la musique et à la poésie, dans l'ancienne centrale électrique conçue en 1899 par Jesús Carrasco, réaménagée par les architectes suisses Herzog & De Meuron, la façade en brique est désormais agrémentée d'un jardin vertical signé Patrick Blanc* (paseo del Prado 36, tél. 913 307 300, horaires variables). *Le* ***musée Thyssen-Bornemisza*** *expose des chefs-d'œuvre du XIIIe au XXe siècle, comme* La Place Saint-Marc *de Canaletto, le* Portrait de George Dyer dans un miroir *de Bacon ou* Mata Mua *de Gauguin, sans oublier des œuvres de Dürer, Carpaccio, Van Gogh, Cézanne et autres* (Palacio de Villahermosa, paseo del Prado 8, www.museothyssen.org; horaires : 10h-19h tous les jours, sauf le lundi). *L'architecte Josep Bohigas y a ajouté des volumes blancs et linéaires divisés en salles d'exposition, en espaces pour expositions temporaires et une cafétéria. Le* ***Centro de Arte Reina Sofia*** (Santa Isabel 52, www.museoreinasofia.es; horaires : 10 h-21 h du lundi au samedi, jusqu'à 14 h 30 le dimanche, fermeture le mardi) *a été agrandi avec une aile rouge feu, réalisée par l'architecte français Jean Nouvel, ce qui a porté la surface d'exposition de 51 300 à plus de 84 000 m². Le musée comprend une section 1900-1945 avec des œuvres de Miró, Braque, Dalí et Picasso (dont* Guernica*), une section 1956-1968 qui accueille des photographies de Brassaï et des travaux de Saura, Guerrero et Fontana (et de nouveau Miró et Picasso), centrés sur la guerre civile espagnole, la guerre froide et l'Holocauste. Le* ***Museo Nacional del Prado*** *a lui aussi changé d'aspect : Rafael Moneo a flanqué le bâtiment néoclassique d'origine d'un édifice ultramoderne en forme de cube, qui englobe le cloître de Los Jerónimos – démonté et remonté pierre par pierre à l'intérieur – avec une façade à colonnade, un revêtement de pierre rouge et, au-dessus du portail, une sculpture en bronze de Cristina Iglesias. L'intervention de Moneo a augmenté de 50% la surface d'exposition des œuvres; tant de sculptures et de toiles extraordinaires qu'une journée entière ne suffit pas pour les voir toutes. Mais on peut se rabattre sur trois itinéraires (de 1 à 3 heures) pour ne pas manquer les incontournables :* L'Annonciation *(Fra Angelico),* Le Jardin des délices *(Bosch), le* Triomphe de la mort *(Bruegel l'Ancien),* Les Ménines *(Vélasquez), l'*Autoportrait *de Dürer,* Les Trois Grâces *(Rubens), le* Portrait de Charles Quint *(Titien), le* Cavalier avec la main sur le cœur *(le Greco),* Tres de Mayo *(Goya), etc.* (calle Ruiz de Alarcón 23, www.museodelprado.es; horaires : tous les jours sauf le lundi, de 9 h à 20 h). *S'il vous reste du temps, allez au* ***Matadero****, un centre culturel qui présente des expositions d'avant-garde dans les anciens abattoirs* (paseo de la Chopera 14, www.mataderomadrid.com; horaires variables). *C'est à la périphérie, mais cela vaut la peine.*

LE MONASTÈRE DEL ESCORIAL
Édifié en accomplissement d'un vœu de Philippe II, l'Escurial, palais et monastère, est le sanctuaire de l'histoire et de la culture espagnoles aux XVIe et XVIIe siècles (l'Unesco l'a inscrit sur la liste du patrimoine de l'humanité). Les plus grands artistes de l'époque ont participé à sa réalisation, du Titien au Greco et de Vélasquez à Luca Giordano. On visite la **bibliothèque**, ses fresques, ses bois précieux et sa collection de 40 000 volumes, la **basilique** où se trouvent les groupes sculptés de Leone et Pompeo Leoni, et un *Crucifix* de Benvenuto Cellini, les **musées** avec des tapisseries du XVIe siècle et le *Martyre de saint Maurice* du Greco, et le **palais**, riche en mobilier. L'Escurial se trouve à une cinquantaine de kilomètres de Madrid. On y parvient avec les autobus 661 et 664, en train, au départ de la gare d'Atocha et en voiture, par l'autoroute A 6 (*calle de Juan de Borbón y Battemberg s/n, San Lorenzo de El Escorial, www.patrimonionacional.es; horaires variables*).

Où dormir

€€€€€ Ritz Madrid (top). Depuis son inauguration, en 1910, c'est le symbole de la capitale. Derrière sa façade baroque, au-delà des grandes verrières et sous la coupole sont passées nombre de célébrités (*plaza de la Lealtad 5, tél. 917 016 767, www.ritzmadrid.com*).

€€€€ Hotel Mercure Madrid Santo Domingo (éco-art). Nouveau venu dans l'hôtellerie madrilène, l'hôtel propose 80 chambres peintes par des artistes, une piscine sur le toit, un hall décoré de voûtes de porcelaine et de feuilles d'or... et des fresques dans le parking souterrain. Autres douceurs : un jardin vertical bruissant de cascatelles et une coupole éclairée (*calle San Bernardo 1, tél. 915 479 800, www.hotelsantodomingo.es*).

€€€ Hotel Abalú (hôtel-boutique). Chambres design (toutes différentes, certaines avec hydromassage) derrière la Gran Vía. TV avec grand écran, *beauty bar* au rez-de-chaussée, spa *in-room* (*calle Pez 19, tél. 915 314 744, www.hotelabalu.com*).

Où manger

€€€ Santceloni (Michelin). Design intérieur signé Pascua Ortega pour ce restaurant aménagé dans une ancienne

Shopping

El Rastro *est le marché aux puces le plus populaire d'Espagne (près de la plaza de Cascorro et de la calle de la Ribera de Curtidores) : depuis plus d'un siècle, ses étals vendent de tout, y compris des antiquités. L'ambiance vaut la promenade. En 2000, El Rastro a été proclamé «patrimoine culturel du peuple de Madrid»* (www.elrastro.org, dimanche et jours fériés, de 9h à 15h). *La mode «branchée» se dévoile à* ***Triball****, nouveau quartier derrière la Gran Vía, et ses nombreuses échoppes et boîtes de nuit. Les boutiques à ne pas manquer sont* ***Dolores Promesas*** (calle Desengaño 22, www.dolorespromesas.com), *avec ses vêtements sympathiques,* ***Lolita Flores****, pour les accessoires et les vêtements inspirés par le flamenco* (calle Marqués de Pico Velasco 46A, www.latiendadelolita.es) *et* ***La Maison de la lanterne rouge*** (calle Corredera Baja de San Pablo 45, www.lamaison.es), *pour les habits, les bijoux et les objets de style oriental. Les offres de* ***Consentido*** *prennent toutes les formes : lounge bar, galerie d'art et boutique* erótica *(l'équivalent d'un sex-shop), le tout dans le même bâtiment* (calle del Barco 32, www.consentido.org). *Pour un shopping personnalisé, on consultera* ***Shopin****, spécialisée dans la mode et les objets pour la maison* (calle Rafael Calvo 9, www.shopin.es). *Enfin, flânez* ***calle Serrano****, la rue des grands couturiers, ressuscitée en 2010 après une restauration qui a coûté 110 millions d'euros.*

cave. Décor et carte sophistiqués : huîtres, tartare de thon, consommé d'oignons à la truffe noire, marée du jour… (*paseo de la Castellana 57, tél. 912 108 840, www.restaurantesantceloni.com*).

€€ Chiky (espagnol). Ici, on mange espagnol – des tapas à la paella, de l'*asado* (rôti) aux brochettes de viande et de la *tortilla* à la tarte au *dulce de leche*. Piano-bar le soir, pendant le week-end (*calle Mayor 24, tél. 91 3662457, www.chiky.es*).

€ Fast Good (nouveauté). Cuisine à bas prix selon le concept *Fast Good* inventé par NH Hotels, de concert avec Ferran Adriá, le chef le plus connu d'Espagne. L'évolution chic du fast-food, des hamburgers (avec de la viande de première qualité) aux salades et aux tartes de chocolat (*calle Padre Damián 23, tél. 913 430 655, www.nh-hotels.com/site/fastgood/en/home*).

Sorties et divertissements

Cafe de Chinitas. Un des nombreux établissements madrilènes qui proposent le dîner (cuisine méditerranéenne) avec spectacle de flamenco. Un peu touristique, comme tous les établissements de ce genre – mais il faut l'essayer au moins une fois (*Torija 7, www.chinitas.com*).

Del Diego. Mille cristaux créent l'atmosphère. À cette adresse historique, présente au *top ten* des bars les plus fréquentés de la ville depuis des années, défilent les stars du cinéma espagnol – mais pas seulement. Il est conseillé d'y aller très tôt ou très tard pour éviter la foule (*calle de la Reina 12, tél. 915 233 106*).

Palacio Gaviria. Dans *la ciudad más noctámbula de Europa*, on ne peut pas manquer ce palais proche de la Puerta del Sol : un joyau architectural du milieu du XIXe siècle. Restauration signée Mario Sandoval (1 étoile au Michelin). Y sont organisés des soirées à thème et des spectacles de cabaret ; disco-club (*calle Arenal 9, www.palaciogaviria.com*).

Pour d'autres informations :
Office du tourisme, www.spain.info/fr et www.esmadrid.com

40-41 - L'Escurial, à 50 km de Madrid.

41 - Détail des fresques de l'Escurial.

La Côte d'Azur - *France*

Menton et Saint-Tropez, Saint-Trop' pour les habitués et les habitants, sont distants de 144 km. Ramatuelle, 10 km plus loin, est une délicieuse bourgade accrochée aux collines qui surplombent la mer Méditerranée. L'atmosphère de ce village fortifié contraste avec les lumières et le glamour de la Côte d'Azur, la riviera la plus chic d'Europe, avec ses promenades le long des plages, les yachts de milliardaires amarrés dans les ports de plaisance, les palaces de luxe et les vedettes de cinéma qui continuent à s'y presser.

La Côte d'Azur commence à **Menton**, une ville aux maisons couleurs pastel contrastant avec le vert des jardins. Cette station balnéaire est réputée pour la douceur de son climat. On se rend ensuite à **Monte-Carlo** pour son atmosphère *jet-set*, son **casino** et son **Musée océanographique**, l'un des plus beaux du continent. À **Nice**, on se promène dans les rues du **vieux Nice**, non sans avoir préalablement fait une halte dans le bourg médiéval et pittoresque d'**Èze**. Nice est renommée aussi pour son **carnaval** et sa célèbre bataille de fleurs, ses musées et, naturellement, la **Promenade des Anglais**, avenue de 5 km datant du XIXe siècle et qui borde le front de mer, en séparant la plage de la ville et de sa succession de palaces, dont le **Negresco,** un des plus célèbres de la Côte (*www.hotel-negresco-nice.com*). **Cagnes-sur-Mer**, l'étape suivante, mérite une halte pour la **maison-musée de**

42-43 - Les gratte-ciel de la principauté de Monaco.

43 en bas - Le centre historique de Menton, à la frontière franco-italienne.

Renoir (*chemin des Collettes; horaires variables, fermé le mardi; www.cagnes-tourisme.com*), où l'artiste a passé les onze dernières années de sa vie. Ne pas manquer non plus le **musée Fernand-Léger** près de **Biot**, qui existe depuis un demi-siècle et renferme 348 œuvres du peintre (*chemin du Val-de-Pome; horaires : 10 h-18 h [17 h en hiver], fermé le mardi; www.musee-fernandleger.fr*).
De nombreux ateliers d'artistes émaillent la route d'**Antibes** à **Cannes**. Festival du cinéma mis à part, Cannes offre l'enchantement de sa Croisette et de ses **plages** : les plus recherchées sont celles du **3.14** (nom de l'hôtel) et du **Carlton**, où se sont fait bronzer d'innombrables célébrités du Septième Art. Pour s'éloigner des mondanités, on prendra un bateau pour se rendre dans les **îles de Lérins,** dont la plus grande – **Sainte-Marguerite** – est une réserve biologique domaniale. On peut les rejoindre aussi depuis Nice. Le front de mer à **Saint-Raphaël** est très couru en été, mais moins prétentieux que la Croisette cannoise. On pourra aussi se rendre sur les plages de **Saint-Tropez**, et essayer les restaurants et les lounge-clubs : la **plage de Pampelonne**, avec les yachts ancrés au large, et le club des **Caves du Roy** dans l'hôtel Byblos (*avenue Paul-Signac, www.byblos.com*) sont toujours à la mode. Mais le bon plan est de partir à la mi-journée pour découvrir **Ramatuelle**, le bourg voisin, avec ses ruelles étroites et ses maisons de pierre, au milieu des vignobles, à quelques minutes de la mer et à des années-lumière des paillettes de Saint-Trop'.
Ce sera le dernier cadeau de ce bref tour sur la Côte d'Azur.

Comment se déplacer : *La voiture est le meilleur moyen pour découvrir les charmes de la Côte d'Azur. On emprunte l'autoroute A 8 pour les parcours de liaison, ou bien on choisit la route côtière qui relie les principaux sites de la frontière italienne à Saint-Tropez.*

MENTON

Une promenade **rue Saint-Michel** est obligatoire. Cette rue piétonne commerciale débouche sur la **place aux Herbes** et ses demeures datant de la Belle Époque. On passera ensuite par le **parvis Saint-Michel**, aux galets gris et blancs, pour aller visiter la **basilique Saint-Michel-Archange**, la plus belle église baroque de la région, à la façade pastel, qui abrite un somptueux buffet d'orgue du XVIIe siècle (*horaires variables; le mardi, à 14 h 30, visite guidée assurée par le service du patrimoine de la ville de Menton; www.tourisme-menton.fr/basilique-saint-michel-archange.html*). Le **musée des Beaux-Arts** (*palais Carnolès, 3, avenue de la Madone, tél. 04 93 35 49 71; horaires : 10 h-12 h et 14 h-18 h, fermé le mardi*) expose des collections d'art ancien et contemporain dans l'ancienne résidence estivale des princes de Monaco. Ne pas manquer le **musée Jean-Cocteau** dans un ancien bastion du vieux port (*Bastion du Vieux Port, quai Napoléon-III; horaires : 10 h-12 h et 14 h-18 h, fermé le mardi*). Les tapisseries et les mosaïques exposées, ainsi que les fresques de la salle des mariages de **l'hôtel de ville** (*place Ardoïno, tél. 04 92 10 50 00, horaires variables*) témoignent de son génie artistique. Entre février et mars, **la fête du citron** accueille chaque année 230 000 visiteurs sur le front de mer pour admirer les danses et les chars – tous réalisés avec ce fruit, qui est une des gloires de la région (*www.fete-du-citron.com*).

44 - Le casino de Monte-Carlo, conçu par Charles Garnier au XIXe siècle.

MONACO

La principauté de Monaco – dont Monte-Carlo n'est qu'un de ses quartiers – mérite un détour pour d'autres curiosités que les boutiques de luxe et restaurants étoilés pour la *jet-set*. Le **Musée océanographique**, possède un aquarium avec une collection de plus de 6 000 poissons, éponges et coraux. Il a été aménagé, ainsi que son bassin aux requins, dans un complexe spectaculaire de 6 000 m² donnant sur la mer (*av. Saint-Martin; horaires : 9 h 30-19 h [19 h 30 en juillet et août], 10 h-18 h en hiver; www.oceano.org*). Le **Jardin exotique** foisonne de plantes tropicales et offre des vues panoramiques sur la principauté (*62, boulevard du Jardin-exotique; horaires : 9 h-18 h; www.jardin-exotique.mc*). Il faut aussi voir le **casino**, créé par Charles Garnier en 1878, qui accueille chaque année un **Festival de jazz** (*place du Casino, www.casinomontecarlo.com*) et le **Grimaldi Forum**, centre de congrès, d'expositions et de concerts (*10, av. Princesse-Grace; horaires variables; www.grimaldiforum.com*).

NICE

La visite de la ville commence toujours par le **vieux Nice**, animé par le marché aux fleurs et aux primeurs du **cours Saleya**, les échoppes d'artisan et les restaurants qui bordent les ruelles et les places dans un tourbillon de parfums et un continuel va-et-vient de chalands. La vieille ville a été bâtie à l'écart de la mer et du **château**, construit à 92 m d'altitude, sur une colline offrant à la fois de belles promenades et une vue magnifique sur le port, dont la partie la plus ancienne (1750) a été réalisée sur ordre de Charles-Emmanuel III de Savoie. Elle est située entre deux **places** extraordinaires : au nord, la place **Garibaldi**, conçue au XVIIIe siècle en style piémontais, où se dresse la statue du fils le plus célèbre de la cité, et, à l'ouest, la place **Masséna,** quadrilatère encadré d'élégants bâtiments du XIXe siècle, devenue le cœur de la ville. Ne pas manquer plusieurs musées, tels que le **musée d'Art moderne et d'Art contemporain** (MAMAC), derrière la place, avec – entre autres – des œuvres de Niki de Saint Phalle et le *Mur de feu* (1961) d'Yves Klein (*Promenade des Arts; horaires : 10 h-18 h, fermé le lundi; www.mamac-nice.org*), le **musée des Arts asiatiques** et ses collections japonaise, chinoise, indienne et malaise, anciennes et modernes, dans un édifice conçu par Kenzo Tange (*405, Promenade des Anglais; horaires : 10 h-18 h, jusqu'à 17 h en hiver, fermé le mardi; www.arts-asiatiques.com*). La vocation artistique et culturelle de Nice est renforcée par le **musée des Beaux-Arts,** installé dans le palais bâti en 1878 pour la princesse ukrainienne Élisabeth Kotchoubey. Il abrite des collections de tableaux du XVIe au XXe siècle (Sisley et Bonnard, entre autres) et des œuvres de Rodin (*33, av. des Baumettes; horaires : 10 h-18 h, fermé le lundi; www.musee-beaux-arts-nice.org*). Quant au **musée Masséna**, récemment restauré, il conserve environ 15 000 pièces – mobilier et sculptures – témoignant de l'histoire de Nice, de Napoléon aux années 30 (*65, rue de France, tél. 04 93 91 19 10; 10 h-18 h, fermé le mardi*).

45 - Le port de Nice est un des plus beaux de la Méditerranée.

Le **musée Matisse** occupe une villa génoise du XVIIe siècle, et expose les œuvres peintes par l'artiste lors de ses différents séjours, de 1917 à sa mort en 1954 (*164, av. des Arènes-de-Cimiez; horaires : 10h-18h, fermé le mardi; www.musee-matisse-nice-org*). On n'oubliera pas le **musée national Marc-Chagall**, pour ses 17 toiles illustrant la Bible (*16, av. du Docteur-Ménard; horaires : 10h-18h [17h en hiver], fermé le mardi; www.musee-chagall.fr*).

ANTIBES

Le port de plaisance, le **fort Carré** du XVIe siècle, la **promenade Amiral-de-Grasse** et ses magnifiques perspectives sur la côte et les ruelles anciennes valent le détour, mais le véritable joyau d'Antibes est le **musée Picasso**, un des plus importants dédiés à l'artiste qui s'était installé dans la région en 1946. Dans le cadre du **château Grimaldi** (XIVe siècle), il expose 23 toiles et 44 dessins que le peintre a offerts à la ville (*www.antibes-juanlespins.com/fr/culture/musees/picasso; horaires variables*).

CANNES

Dans le labyrinthe des ruelles situées derrière la **Croisette** – le célèbre front de mer, avec le **palais des Festivals et des Congrès**, où se tient chaque année le Festival du cinéma et qui abrite le Casino –, les touristes fréquentent le soir les restaurants et les clubs à la mode. Le choix est large mais les modes changent vite. Alors, pour aller au plus sûr, on réservera au **White Palm** (*2, boulevard Jean-Hilbert; www.1835-hotel.com*) : outre des thermes réputés, l'établissement dispose d'une fabuleuse terrasse en teck, avec vue sur la mer et le vieux **port**, où l'on voit les touristes se pressant autour des terrasses des restaurants et près des yachts.

Les thermes de Monte-Carlo et de Cannes

*Eau minérale et traitements de fitness à l'enseigne du luxe sont à l'ordre du jour dans les deux nouveaux centres de soins de Monte-Carlo et de Cannes. Les **Thermes marins de Monte-Carlo*** (2, avenue de Monte-Carlo, www.thermesmarinsmontecarlo.com) *se déploient sur 6 600 m² et 4 niveaux, avec piscine d'eau de mer chauffée, bain turc, 37 cabines pour massages – le tout avec vue sur la mer. Les **Thermes marins de Cannes**, temple du bien-être à 10 m de la mer et rattaché au White Palm Hotel, proposent des traitements de beauté et de thalassothérapie dans une atmosphère et un décor luxueux* (47, rue Georges-Clemenceau, www.lesthermesmarins-cannes.com).

46 - Le petit port romantique de Saint-Tropez.

SAINT-TROPEZ

VIP et célébrités sont ici chez eux – mais le temps a passé depuis que le film *Et Dieu créa la femme* (1956) consacra Brigitte Bardot comme sex-symbol mondial et lança ce « petit village de pêcheurs » comme la destination reine de la Côte d'Azur. Mondanités mises à part, la bourgade est délicieuse. Ne pas manquer une promenade sur le port fourmillant de vie et saturé de yachts, la **chapelle de l'Annonciade**, construite au XVIe siècle et transformée en musée en 1937, avec des œuvres de Signac, Utrillo, Braque et Matisse (*Le Port; horaires variables; www.saint-tropez.tv/html/annonciade*) et le cœur XVIe siècle de la citadelle, dominée par un puissant bastion à trois tours. Tout le reste est – au mieux – glamour.

Où dormir

€€€€€ Hôtel Hermitage (Monte-Carlo). Au cœur de la principauté de Monaco, l'établissement propose des suites et des chambres récemment restaurées et un jardin d'hiver signé Gustave Eiffel, du tout début du XXe siècle – date de la construction de l'hôtel (*square Beaumarchais; www.hotelhermitagemontecarlo.com; tél. 07 98 06 40 00*).

€€€€€ La Réserve (Ramatuelle). Dans cet hôtel, un peu résidence et un peu spa, les vacances sont avant tout une philosophie de vie. Ce frère cadet du spa homonyme de Genève propose 16 suites et 7 chambres doubles de style design, avec des terrasses donnant sur la mer (*chemin de la Quessine, tél. 04 94 44 94 44; www.lareserve-ramatuelle.com*).

€€€€ Boscolo Exedra (Nice). Un bar futuriste, deux restaurants, La Pescheria et L'Atmosfera, un spa avec piscine et hammam. Après sa restauration, l'hôtel brille de tout son luxe : charme Belle Époque à l'extérieur, intérieur luxueux et contemporain réalisé par des architectes et stylistes tels que Maurizio Papiri, Massimo Iosa Ghini, Sergio Minorello et Simone Micheli (*12, bd Victor-Hugo, tél. 04 97 03 89 89; www.boscolohotels.com*).

€€€ Hôtel 3.14 (Cannes). S'il est vrai que chaque hôtel est un monde, le 3.14, palace de Cannes à cinq étages intégrant dans son appellation le facteur indispensable au calcul d'une circonférence, a pris l'affaire très au sérieux. Cette circonférence est ici celle du globe terrestre et les chambres sont aménagées selon les principes esthétiques et culturels des cinq continents (*5, rue Einesy, tél. 04 92 99 72 00; www.hotel314cannes.com*).

Où manger

€€€ Le César (Antibes). Olivier Condat, chef étoilé de cet illustre restaurant sur la plage de Keller (un peu en dehors d'Antibes), prépare des plats de poisson et des menus méditerranéens comme le saint-pierre aux légumes et un excellent loup de mer en croûte de sel (*chemin de* *la Garoupe, Antibes, tél. 04 93 61 28 23 et 33 74, www.plagekeller.com).*

€€€ Moulin de Mougins (Mougins). Dans le village médiéval de Mougins, dans l'arrière-pays cannois, cet ancien moulin à huile du XVIe siècle expose des œuvres d'artistes contemporains et propose des plats méditerranéens. Il dispose également de quelques suites où passer la nuit (*Notre-Dame-de-Vie, par Mougins, tél. 04 93 75 78 24; www.moulindemougins.com).*

€€ Astoux & Brun (Cannes). On sert ici, depuis des générations, des plats de la mer tels que crustacés, oursins, huîtres, moules et autres fruits de mer. Végétariens et non-amateurs de poissons sont priés de s'abstenir (*angle de la rue Félix-Faure et de la rue Louis-Blanc, tél. 04 87; www.astouxbrun.com).*

Sorties et divertissements

Buddha Bar (Monte-Carlo). L'énième restaurant-bar-lounge de la célèbre chaîne a été inauguré en 2010. À l'intérieur, comme il est de tradition, un aménagement de style oriental chic et un excellent choix de DJ (*place du Casino, www.buddhabarmontecarlo.com).*

Nikki Club (Saint-Tropez). Dans la chaîne de même nom des établissements de plage dispersés sur la planète, celui de Saint-Tropez est une adresse historique : dans ce *fun beach club* à l'enseigne du luxe, on a vu passer – entre autres – le prince Albert de Monaco, en voisin, George Michael, Bono et bien d'autres encore… (*route de l'Épi, Ramatuelle-Saint-Tropez, www.nikkibeach.com).*

La Rose des vents (Monaco). Une autre plage très en vogue chez les célébrités se trouve à Monaco. C'est le rendez-vous des VIP (de Hugh Grant à Monica Bellucci) et des amateurs de bonne chère. Son restaurant La Rose des vents prépare d'excellents menus de poisson aux fruits et légumes de saison (*plage du Larvotto, www.larosedesventsmonaco.com).*

Pour d'autres informations : www.atout-france.fr et www.franceguide.com

47 EN HAUT - LE JARDIN D'HIVER DE L'HÔTEL HERMITAGE À MONTE-CARLO.

47 EN BAS - UNE PLAGE TRÈS APPRÉCIÉE À ANTIBES.

Shopping

L'huile d'olive extra-vierge est une des spécialités de Nice. On l'achète chez **Nicolas Alziari** (14, rue Saint-François-de-Paule, www.alziari.com) *ou* ***À l'olivier*** (7, rue Saint-François-de-Paule, www.alolivier.com). *Toujours à Nice, il faut faire un tour par le* ***marché aux fleurs****, qui se tient tous les jours sauf le lundi, cours Saleya* (6 h-17 h 30), *et la boutique des* ***Parfums Molinard****, succursale locale du célèbre parfumeur de Grasse* (20, rue Saint-François-de-Paule, www.molinard.com). *À Cannes, le* ***marché Forville*** (en bordure du quartier du Suquet, tous les jours sauf le lundi, de 7 h à 13 h) *est une véritable institution : on y vient de toute la région pour acheter des délices gastronomiques, des vins aux fromages. À Saint-Tropez, il ne faut pas rater les «tropéziennes», incontournables sandales de l'***Atelier Rondini** (16, rue Georges-Clemenceau, www.rondini.fr). *Dans la bourgade voisine, Ramatuelle, Sitor Senghor (un fils d'ambassadeur) a ouvert une galerie d'art et trois ateliers de meubles, tissus et objets précieux – au total quatre espaces enchanteurs* (**Alm37, Alm10.2, Alm25 et Alm10.1**) *dans les maisons de pierre du vieux village* (www.alm-ramatuelle.com).

Parfums de Provence - *France*

En quittant la Côte d'Azur, Grasse est la première étape pour découvrir un des symboles de la Provence : les parfums. Surgissent alors les champs de lavande immortalisés par Cézanne et Van Gogh, les villages en pierre et la réserve naturelle exceptionnelle qu'est la Camargue. La Provence est fière de son histoire, mais elle est aussi tournée vers l'avenir – à commencer par la rénovation du port de Marseille.

En partant de **Grasse**, la première grande étape est **Marseille** : une ville construite autour de son port, célèbre pour ses restaurants de bouillabaisse et de couscous, tandis que des architectures futuristes sont en train d'émerger. En quelques kilomètres on atteint **Aix-en-Provence**, au pied de la **montagne Sainte-Victoire**, immortalisée par Cézanne, lui-même né à Aix en 1839. **Salon-de-Provence** doit sa célébrité à Nostradamus (de son vrai nom Michel de Nostre-Dame), natif de Saint-Rémy, qui vécut et mourut à Salon (1503-1566), liant à jamais le nom de cette ville à ses énigmatiques et mystérieuses prophéties. **Avignon** a été la cité des Papes et est resté celle des artistes. Les premiers ont laissé en héritage leur somptueux **palais**, les seconds maintiennent brillamment la réputation des lieux, avec un festival qui depuis plus d'un demi-siècle est un des grands événements théâtraux d'Europe. **Arles** se partage de même entre deux identités : l'antique âme romaine attestée par le **théâtre** et les arènes construits aux Ier et IIe siècles, et l'esprit gitan qui préfigure l'arrivée en **Camargue**, la plus grande réserve naturelle et la plus grande zone humide d'Europe, royaume des chevaux, des taureaux et des flamants roses.

Shopping

Visiter les parfumeries de ***Grasse*** *est un moment de plaisir incomparable. Deux d'entre elles organisent des visites guidées de leur distillerie et de leur musée :* ***Molinard*** (60, bd Victor-Hugo, www.molinard.com) *et* ***Fragonard*** (20, bd Fragonard, www.fragonard.com). *Ce dernier propose deux points de vente :* ***Fragonard Confidentiel*** *est la boutique de luxe* (3, rue J.-Ossola), *tandis que* ***Fragonard Maison*** (2, rue Amiral-de-Grasse) *concerne la décoration. On achètera des savons parfumés chez* ***Marius Fabre****, à Salon-de-Provence* (148, avenue Paul-Bourret, www.marius-fabre.fr).

Comment se déplacer : *À partir de Grasse, on prend l'autoroute A8 qui conduit à Marseille et à Aix-en-Provence. Cet axe permet d'accéder aux routes qui mènent aux diverses localités de la région.*

GRASSE

La capitale européenne des parfums se trouve dans les hauteurs à quelques kilomètres de Cannes. Grasse abrite les ateliers des plus grandes parfumeries de France. L'histoire du parfum est racontée dans chacun de ces ateliers ainsi que dans le **musée international de la Parfumerie** (*2, boulevard du Jeu-de-Ballon, www.museesdegrasse.com ; horaires : 10h-19h en été, 11h-18h en hiver*). Une promenade en ville permettra de découvrir la **cathédrale Notre-Dame-du-Puy** (XIIIe siècle, mais remaniée au XVIIe), qui garde jalousement trois toiles de Rubens dont une célèbre *Crucifixion* (*rue Gazan-place Godeau, www.grasse.fr; horaires variables*). La **place aux Aires** est un bel espace dominé par la façade de l'**hôtel Isnard** (1781) ; tous les matins – sauf le lundi – s'y tient le **marché aux fleurs** et aux produits régionaux.

MARSEILLE

Une ville et son **port**. Le front de mer de Marseille est le plus grand de France et de la Méditerranée – le quatrième d'Europe. Un programme de rajeunissement architectural (**Euro-Méditerranée**, *www.euromediterranee.fr*) est en train de le transformer en petit bijou de jetées et de quais qu'un groupe d'architectes (dont Jean Nouvel) a équipés pour accueillir centres commerciaux, hôtels et espaces culturels, dominés par une tour de 148 m de hauteur, conçue par Zaha Hadid. D'autres nouveautés surgiront en 2013, lorsque la cité phocéenne deviendra capitale européenne de la culture

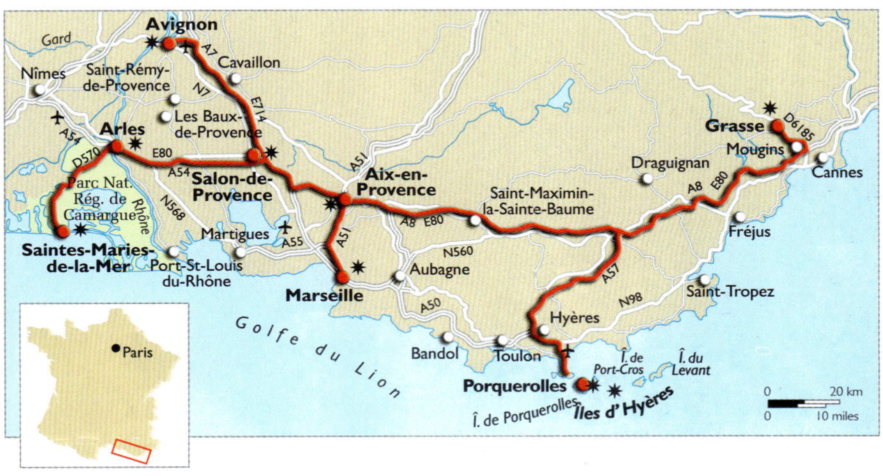

48 - Le phare fait face au port de Marseille.

49 - Vue de Grasse, capitale des parfums.

50 EN HAUT - LES TOITS ET LA CATHÉDRALE D'AIX-EN-PROVENCE.

50 EN BAS - L'ATELIER DE CÉZANNE À AIX-EN-PROVENCE.

(*www.marseille2013.org et www.marseille-provence2013.fr*). Dans le secteur du **Vieux-Port**, mosaïque de maisons colorées sur les quais voulus par Louis XII et Louis XIII, une œuvre dédiée à la Méditerranée sera signée Stefano Boeri. Sur la colline qui surplombe le Vieux-Port, le quartier du **Panier** est un labyrinthe de ruelles anciennes : un souvenir de la vieille Marseille et son atmosphère que Jean-Claude Izzo a si bien décrite dans ses romans. Il est dominé par la **Vieille-Charité**, un ancien hospice du XVIIe siècle, aujourd'hui centre d'expositions et siège de deux **musées** : le **Musée archéologique de la Méditerranée** qui possède des antiquités d'Égypte, du Moyen-Orient, de Grande-Grèce et de l'Empire romain ; et le **musée des Arts africains, océaniens et des Amériques**, riche en masques et en objets rituels (*2, rue de la Charité, www.vieille-charite-marseille.org; horaires variables*). On se promènera sur la **corniche du Président-Kennedy**, 5 km de front de mer bordés d'élégantes villas du XIXe siècle, avant d'aller à la **Maison du pastis**, lieu historique de vente et de dégustation qui propose 75 sortes de pastis et d'absinthe (*108, rue du Port, www.lamaisondupastis.com*) ou bien à la **Friche de la Belle de Mai**, ancienne manufacture de tabac transformée en lieu de spectacles, cabaret, expositions et concerts, très en vogue auprès des amateurs d'art et de vie nocturne (*41, rue Jobin et 12, rue François-Simon, wwww.lafriche.org; horaires variables*).

AIX-EN-PROVENCE

Le **cours Mirabeau**, magnifique allée de platanes bordée de boutiques et de **cafés** (celui **des Deux Garçons**, ouvert en 1792 est célèbre pour avoir été fréquenté un temps par Zola et Cézanne), annonce l'entrée dans la vieille ville. Celle-ci offre aux regards les mosaïques de pierre de ses places et de ses monuments. La **place d'Albertas** (XVIIIe siècle) encadrée d'élégants palais ; la **place de l'Hôtel-**

51 - Le pont médiéval Saint-Bénezet, à Avignon.

de-Ville, que domine la **tour de l'Horloge** (XVIe siècle) ; le **cloître et la cathédrale Saint-Sauveur** (*34, place des Martyrs-de-la-Résistance, www.cathedrale-aix.net ; horaires variables en fonction des messes*) qui conserve le triptyque du *Buisson ardent* de Nicolas Froment (1476), considéré comme un des chefs-d'œuvre du XVe siècle. Le **quartier Mazarin**, voulu au XVIIe siècle par Michele Mazzarino, frère de l'illustre cardinal, est un autre sujet d'orgueil de la ville. Mais la place d'honneur revient assurément à **Cézanne**. Les lieux rattachés au grand artiste sont au nombre de trois : son **atelier des Lauves** (*9, avenue Paul-Cézanne ; www.atelier-cezanne.com ; horaires 10h-12h et 14h-17h, jusqu'à 18h en été*) ; sa maison – aujourd'hui musée – du **Jas-de-Bouffan** où il vécut jusqu'en 1899 (*17, route de Galice, www.cezanne-en-provence.com ; horaires variables*) et l'habitation de Bibémus (*3090, chemin de Bibémus, horaires variables*). (*Billets et autres informations à l'office du tourisme d'Aix, 2, place du Général-de-Gaulle, www.aixenprovencetourisme.com.*)

SALON-DE-PROVENCE

C'est ici, à mi-chemin entre Aix et Avignon qu'a vécu l'une des figures les plus énigmatiques de l'histoire : Nostradamus, à la fois savant, pharmacien, médecin et astrologue. C'est dans sa **maison devenue musée** (*rue Nostradamus, tél. 04 90 56 64 31, horaires 9h-12h et 14h-18h, samedi et dimanche 14h-18h*) qu'il a rédigé en 1555 ses centuries aux prédictions pour la plupart catastrophiques. Dans la cour du **château de l'Emperi**, par ailleurs cadre de concerts, à côté du **musée d'Art et d'Histoire militaires**, on peut admirer un **jardin de simples**, avec les herbes médicinales connues au temps de Nostradamus (*montée du Puech, www.emperi-museum.org ; horaires 10h-12h et 14h-18h, fermeture le mardi*). Et l'on vend à la **chocolaterie Le Nostradamus** (*122, avenue du 22-Août-1944*) des chocolats dédiés au souvenir de l'astrologue.

AVIGNON

Le **palais des Papes** est le monument majeur. Plus de 15 000 m² de salles et de cours qui ont accueilli pendant soixante-huit ans, au XIVe siècle, neuf souverains pontifes et leur cour (de Clément V à Grégoire XI). Siège du festival d'Avignon, créé par Jean Vilar en 1947, l'ancienne résidence pontificale se divise entre Palais neuf et Palais vieux, réalisés à deux époques différentes. Elle englobe aussi le **pont Saint-Bénezet** (long de 920 m à l'origine et porté par 22 arches), des chapelles privées des papes, des cloîtres, les **chambres du Pape et du Cerf** ornées de fresques. Le palais accueille chaque année 650 000 visiteurs (*1, rue Gérard-Philipe – place du Palais, www.palais-des-papes.com ; horaires variables*). On n'oubliera pas les **bastions** de l'enceinte fortifiée de plus de 4 km de long construite au XIVe siècle, la **cathédrale Notre-Dame-des-Doms** du XIIe siècle, mais plusieurs fois remaniée, avec sa coupole romane, les tombeaux de plusieurs papes et les fresques de Simone Martini (*place du Palais, www.cathedrale-avignon.fr ; horaires variables*), les **Halles** (*place Pie, www.avignon-leshalles.com, tous les matins jusqu'à 13h30 sauf le lundi, jusqu'à 14h le week-end*), avec le jardin vertical de Patrick Blanc et – à des dates déterminées –, les cours de cuisine donnés par de grands chefs de la région.

ARLES

Si Aix-en-Provence est liée à Cézanne, Arles est rattachée à Van Gogh : le peintre hollandais s'y installa en 1888 et y peignit ses plus belles toiles, avant de se donner la mort, deux ans plus tard, à l'âge de trente-sept ans. Son souvenir est rappelé par la **Fondation Van-Gogh**, au palais Luppé, qui doit déménager en 2012 à l'hôtel Léautaud de Donines (*35, rue du Dr-Fanton*), plus apte à accueillir la collection des 200 œuvres que de grands artistes contemporains ont réalisées en son hommage, de Cocteau à Lichtenstein (*www.fondationvangogharles-blog.com*). Flâner dans Arles revient à retrouver les perspectives immortalisées par le peintre, du **pont de Langlois** au Café de la place du Forum (là où se trouvait jadis le **forum romain**). On ira chercher l'âme de la ville antique à l'**amphithéâtre**, lieu des corridas depuis le XIXe siècle (*1, rond-point des Arènes, www.arene-arles.com ; horaires variables*), au **théâtre antique** (*8, rue de la Calade, tél. 04 90 18 41 20; horaires variables*), aux **thermes de Constantin** (*rue du Grand-Prieuré, tél. 04 90 49 35 40; horaires variables*) et sur **Les Alyscamps**, une des plus importantes nécropoles antiques du monde occidental (*av. des Alyscamps, tél. 04 90 49 36 74, horaires variables*), immortalisée par les tableaux de Van Gogh et de Gauguin. *Pour d'autres informations, consulter le site www.arles-guide.com*

LA CAMARGUE

On les appelle des camarguais : ce sont les célèbres chevaux de Camargue à la robe gris-blanc, qui partagent avec les taureaux de combat et 300 espèces d'oiseaux (dont maints hérons et flamants roses) les quelque 100 000 ha du **parc naturel régional du delta du Rhône** : étangs et bras morts, cannaies et roselières, lagunes et grèves, entre Arles et les deux bras du Rhône (*www.parc-camargue.fr*). Cet univers naturel et plein de poésie – à découvrir en voiture, à bicyclette, à cheval ou en *house-boat* – a sa capitale, les **Saintes-Maries-de-la-Mer**. Chaque année, les 24 et 25 mai, y a lieu le pèlerinage traditionnel des Gitans qui viennent de toute l'Europe pour y célébrer leur patronne, sainte Sara, avec des danses, des chants et des courses à cheval. Le bourg, avec ses petites rues pavées, est serré contre l'**église-forteresse des Saintes**, construite au Moyen Âge et visible à 10 km à la ronde ; dans sa crypte est conservée la statue de sainte Sara, que les Gitans portent en procession, couverte de bijoux, le 24 mai. On ne manquera pas non plus la Feria – festival annuel des arts équestres, avec cavalcades et corridas (*Office du tourisme, 5, avenue Van-Gogh, Saintes-Maries-de-la-Mer, www.saintesmaries.com*).

Où dormir

€€€€€ Relais & Châteaux Villa Gallici (Aix-en-Provence). Du charme à revendre et un service à la hauteur des attentes dans cette bastide de la chaîne Relais & Châteaux, avec restaurant étoilé, parc et piscine, et où les suites rappellent les chambres d'un château (*18, avenue de la Violette, tél. 04 42 23 29 23, www.villagallici.com*).

€€€ Mas de la Chapelle (Arles). Murs anciens en pierre, petites cheminées et mobilier provençal donnent du charme à cette maison aux portes d'Arles. Le salon est aménagé dans une chapelle du XVIe siècle (*Petite route de Tarascon, tél. 04 90 93 00 45; www.masdelachapelle.fr*).

€€€ Le Ryad (Marseille). Un hôtel-boutique de style marocain, avec un salon de thé et une table d'hôtes, pour la cuisine traditionnelle (*16, rue Sénac-de-Meilhan, tél. 04 91 47 74 54, www.leryad.fr*).

Les îles d'Hyères

Elles s'appellent Porquerolles, Port-Cros et l'île du Levant. Ce sont les îles d'Or, trois joyaux situés à une demi-heure de la côte et de la petite ville de ***Hyères****, où la nature règne en maître. Classées parc naturel régional, elles sont interdites aux voitures et on s'y déplace à pied, en bateau ou à vélo, grâce à un réseau de sentiers. À* ***Porquerolles****, on se fait bronzer sur les plages de la côte septentrionale (les plus belles) ; à* ***Port-Cros****, on admire la faune (poissons, tortues et 114 espèces d'oiseaux). Enfin, sur l'****île du Levant*** *on baigne dans la nature : partout des plantes, des fleurs, des plages, des baies enchanteresses, des hôtels de charme et des restaurants de cuisine provençale – qui ne feront pas regretter le luxe de la côte.* (On gagne les îles en bateau depuis Hyères. Parmi les compagnies assurant la desserte, on peut citer les TLV-TLM, www.tlv-tlm.com, ou la Compagnie des Îles d'Or www.vedettesilesdor.fr [à partir du Lavandou]).

52 EN HAUT - L'ARÈNE D'ARLES.

52 EN BAS - L'ESPACE VAN GOGH À ARLES.

53 EN HAUT - L'ÉGLISE DES SAINTES-MARIES-DE-LA-MER.

53 EN BAS - LES CÉLÈBRES CHEVAUX CAMARGUAIS.

Où manger

€€€ Le Clos de la Violette (Aix-en-Provence). La cuisine de Jean-Marc Banzo, étoilé au Michelin, est un enchantement. Il faut essayer la charlotte à la truffe noire et les champignons grillés avec du jambon serrano (*10, avenue de la Violette, tél. 04 42 23 30 71, www.closdelaviolette.com*).

€€€ Christian Étienne (Avignon). Si l'on aime l'histoire en plus de la bonne chère, on mange ici des plats de tradition provençale dans une résidence papale du XVe siècle, ornée de fresques murales (*10, rue de Mons, tél. 04 90 86 16 50; www.christian-etienne.fr*).

€€ Le 29 (Marseille). Excellente carte des vins et plats provençaux sous influence normande, pour une addition acceptable. Le chef a été l'élève d'Alain Ducasse (*29, place aux Huiles, tél. 04 91 33 26 44, www.29placeauxhuiles.com*).

Sorties et divertissements

Festival d'Avignon. C'est l'un des festivals de théâtre les plus importants de France et d'Europe. La première édition (du 4 au 10 septembre 1947) a été organisée par le metteur en scène Jean Vilar. Les spectacles se déroulent chaque été, pendant trois semaines, dans la cour d'honneur du palais des Papes et dans de nombreux autres lieux de la ville (*Cloître St-Louis, 20, rue du Portail-Boquier; www.festival-avignon.com*).

Les fêtes d'Arles. Chaque année, du début du mois de juin au début du mois de juillet, se déroulent les célébrations de cette kermesse dédiée aux amateurs de traditions. Défilés costumés, élection de la reine d'Arles, retraites aux flambeaux et « courses de satin » avec les chevaux de Camargue (*Comité des fêtes d'Arles, www.comitedesfetes-arles.com et www.festivarles.com*).

Festival d'Aix-en-Provence. Au mois de juillet, le palais de l'Archevêché et d'autres lieux de plus en plus nombreux accueillent un festival de musique et d'opéra qui a été créé en 1948 par la comtesse Pastré et Gabriel Dussurget (*28, place des Martyrs-de-la-Résistance, www.festival-aix.com*).

Pour d'autres informations : www.atout-france.com et www.franceguide.com

Haute-Savoie et mont Blanc - *France*

La Haute-Savoie autour du **mont Blanc** – le sommet le plus élevé d'Europe – est l'une des régions les plus visitées au monde, le rêve des alpinistes, des skieurs et des amateurs de nature. Des paysages sublimes, ponctués de petites villes de montagne, de cités thermales et de villages d'où l'on part en été pour de merveilleuses randonnées et, en hiver, des descentes à skis. Le soir venu, on se retrouve devant la cheminée d'un chalet ou dans un restaurant.

Pour commencer ce périple, rien de mieux que de se retrouver à **Chamonix**, célèbre pour ses alpinistes. Cette station est située au pied de l'aiguille du Midi et du **Montenvers**. En se dirigeant vers la frontière suisse, on traverse les villages d'**Argentière** et du Tour, avec leurs chalets de bois et de pierre. En descendant la vallée de l'Arve, on passe par les villages des **Houches** et de **Servoz**, lieux de villégiature de style traditionnel, parfaits pour des séjours familiaux. Il faudra continuer et monter un peu sur la rive droite de l'Arve pour aller jusqu'au **plateau d'Assy**, connu des amateurs d'art contemporain pour l'église Notre-Dame-de-Toute-Grâce décorée d'œuvres de Matisse, Chagall, Léger... **Saint-Gervais-les-Bains** est célèbre pour ses cures thermales. Ensuite on rejoint **Megève,** la romantique station qui s'est créée sous l'impulsion de la baronne de Rothschild au début du XXe siècle, un lieu de villégiature aussi huppé que charmant.

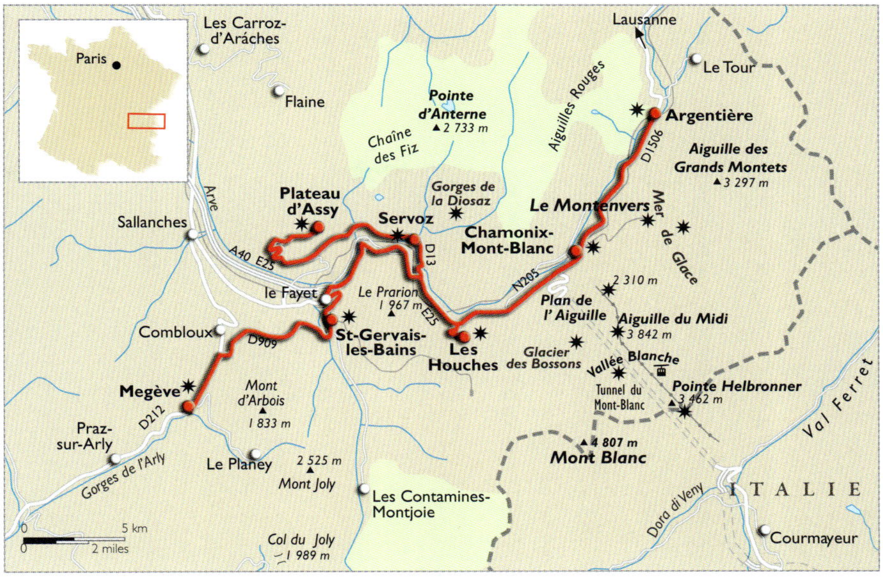

Comment se déplacer : *De Chamonix, on emprunte un train jusqu'à Saint-Gervais-Le-Fayet, puis la ligne Saint-Gervais-Martigny (Suisse) qui dessert tous les villages de la vallée de Chamonix (et au-delà). En autocar ou en taxi, on compte 13 km du Fayet à Megève (D 1212) et 23 km du Fayet à Chamonix, par la D 1205 et l'E 25. À 5 km au nord-est de Chamonix, on grimpe au sommet du Montenvers par un chemin de fer à crémaillère. De Chamonix, on prend la D1506 sur 8 km, pour gagner Argentière. De Chamonix toujours, mais en empruntant l'E 25 sur 8 km, on arrive à la station des Houches. À 8 km de là, sur la D 13, on atteint Servoz. En continuant sur la même route, on rejoint en 8 km le plateau d'Assy. On prendra ensuite la D 902 jusqu'à Saint-Gervais-les-Bains (11 km), puis la D 909 pour aller à Megève (10 km).*

LE MONT BLANC

Le massif du Mont-Blanc apparaît dans toute sa majesté que ce soit sur son versant italien ou français. Le mont Blanc, point culminant des Alpes et d'Europe occidentale (4 807 m), est une gigantesque masse de granit recouverte par endroits de glace, dont le sommet fut atteint le 8 août 1786. Son versant savoyard, face nord, s'offre aux regards sous un long manteau de glace et de neige qui descend sur 3 600 m de dénivelé jusqu'à Chamonix, avec le glacier des Bossons. Un peu plus en amont, le massif abrite aussi le plus long glacier de France, la mer de Glace.

CHAMONIX

À 1 037 m d'altitude, situé dans l'écrin somptueux qu'est le massif du Mont-Blanc, Chamonix s'inscrit dans un des paysages les plus célèbres des Alpes. La toute première édition des jeux Olympiques d'hiver y a été organisée en 1924. La station est toujours un centre réputé pour la descente, le fond, le bobsleigh et le patinage.
Le centre historique – piétonnier – est délimité par les **rues Docteur-Paccard et Joseph-Vallot et l'avenue Michel-Croz**, sur laquelle se dresse le monument dédié à **Michel-Gabriel Paccard et Jacques Balmat,** les premiers vainqueurs du mont Blanc, en 1786 : dans ce triangle, on ne compte plus les boutiques gastronomiques et les magasins d'articles de sport, les pâtisseries, les cafés et les restaurants. Non loin de là, l'**église Saint-Michel** (XVIIIe siècle) s'élève à côté de la **Maison de la Montagne**, siège de la prestigieuse Compagnie des guides de Chamonix, qui propose ses services aux alpinistes, mais aussi aux excursionnistes désireux d'aller admirer en altitude l'edelweiss et la renoncule des glaciers. À la belle saison, en jouissant d'une forme physique normale, on pourra s'aventurer pour découvrir – à basse altitude – les gentianes et les renoncules jaunes.
Une faune nombreuse vit à l'écart, mais on pourra voir chevreuils, chamois, bouquetins, marmottes et aigles royaux.

54-55 - Les cimes enneigées vues depuis Chamonix.

55 en bas - Le massif des Arves, en Haute-Savoie.

LE MONTENVERS ET LA MER DE GLACE

De la gare de Chamonix part toutes les demi-heures le **petit train à crémaillère**, mis en service en 1908, qui monte en une vingtaine de minutes jusqu'au belvédère du **Montenvers**, près de la **mer de Glace**. Sur le parcours – 5 km de longueur pour 871 m de dénivelé –, on affronte des pentes qui peuvent atteindre 22 %. Ce minuscule convoi de deux wagons en bois est resté le même qu'à l'origine et l'on ressent toujours le même choc en découvrant le plus vaste glacier de France (40 km², pour une longueur maximale de 7 km). Arrivé à la gare, en face du Grand Hôtel du Montenvers, construit en 1880 et qui a vu séjourner des hôtes aussi illustres que Goethe, Hugo et Napoléon III accompagné de son épouse Eugénie de Montijo, on s'arrêtera au premier point de vue pour admirer le panorama grandiose encadré, à gauche par les Drus (3 754 m) et, à droite par les Grandes Jorasses (4 208 m). On pourra aussi visiter un petit **musée de la Faune alpine** et une Galerie de cristaux. De là, un parcours d'une trentaine de minutes combinant télécabine et sentier assez malaisé permet d'accéder au glacier pour visiter la **grotte de glace** : chaque année, une équipe de volontaires creuse au cœur de la glace un appartement complet avec salon, chambres et cuisine.

ARGENTIÈRE

Le bourg d'**Argentière** (1 252 m), en amont de la vallée de Chamonix, est situé au pied de l'Aiguille verte (4 000 m), entre la mer de Glace et le glacier d'Argentière, au-dessous de celui du Tour (qui rejoint ceux du Valais suisse). On skie aux **Grands Montets** hiver comme été (sur le glacier), sur des pistes longues et très variées, assez difficiles dans l'ensemble. Entre Chamonix et Argentière, un autre domaine skiable s'étend face au massif du Mont-Blanc sur lequel on a une vue magnifique, sur le versant du massif des Aiguilles-Rouges. Pour y accéder, on prend le téléphérique au village des **Praz** (1 060 m) afin de monter d'abord à la **Flégère** (1 877 m), puis à l'**Index** (2 385 m). Argentière est

La traversée du massif, de Courmayeur à Chamonix

Le téléphérique remonte aux années 1960 et a été construit en recourant à des solutions techniques uniques. Fonctionnant toute l'année, sauf conditions atmosphériques dangereuses (tempêtes de neige ou bourrasques de vent), il permet de dominer les Alpes en jouissant d'un panorama d'une indescriptible beauté. Des émotions garanties – mais qui restent interdites à ceux qui souffrent de problèmes cardiaques, respiratoires ou sont sujets au vertige ! Les touristes doivent s'équiper sérieusement : tête chaudement protégée même en été, lunettes de soleil et crème de protection efficace. Divisé en six tronçons, le téléphérique va de La Palud, un peu au-dessus de Courmayeur, jusqu'à Chamonix. La première section conduit jusqu'au refuge du mont Fréty (2 173 m) où se trouve le Jardin botanique alpin Saussurea (www.saussurea.net), *le plus haut d'Europe, qui rassemble des espèces du monde entier, mais tire son nom d'une plante très rare poussant dans les pâturages caillouteux, la* Saussurea alpina, *dédiée à Horace Bénédict de Saussure (1740-1799), physicien et naturaliste suisse, auteur de la deuxième ascension du mont Blanc en 1787, avec le guide chamoniard, Jacques Balmat (1762-1834). De là partent, en été, plusieurs itinéraires de randonnée, de difficultés variables. Le deuxième tronçon du téléphérique monte jusqu'au refuge Torino (à 3 375 m d'altitude), le troisième, jusqu'à la pointe Helbronner (à 3 462 m). De la « terrasse des Glaciers », on jouit d'un incroyable panorama sur la Dent du Géant, l'aiguille du Midi, le mont Maudit et le mont Blanc. À l'horizon pointent plusieurs « 4 000 » : le Grand Paradis, le mont Rose, le Cervin, le Weisshorn, la Jungfrau. La quatrième section est la plus spectaculaire : 5 km d'un parcours funambulesque conduisent jusqu'à l'aiguille du Midi (3 842 m), en France, le paradis du ski hors piste. Attention : il faut être très bon skieur, en bonne forme physique et très bien équipé, de préférence accompagné par un guide certifié de haute montagne, pour se lancer dans l'une des plus belles descentes, celle de la Vallée Blanche, qui conduit de l'arrivée du téléphérique à Chamonix ! Ce parcours de ski hors piste, ni balisé ni sécurisé, est long d'environ 20 km et s'achève au bout de la mer de Glace. Lorsque les conditions d'enneigement sont très bonnes, on peut même parfois atteindre en skis le centre de Chamonix ! Sinon, on emprunte le petit train du Montenvers pour redescendre dans la vallée. Si l'on redescend en téléphérique, le cinquième tronçon vous déposera au plan de l'Aiguille (2 317 m) et le sixième à Chamonix* (www.compagniedumont-blanc.fr). *Vérifiez les conditions atmosphériques avant de partir* (www.guides-du-montblanc.com/fr).

56 - Le petit train à crémaillère conduit au belvédère du Montenvers (1 913 m), en face de la mer de Glace.

57 - Gourmandises savoyardes.

La cuisine savoyarde

La région possède une riche tradition gastronomique mêlant le répertoire montagnard et la tradition fastueuse de la maison de Savoie – aujourd'hui ressuscitée et revisitée par la cuisine créative de nombreux établissements étoilés au Michelin. Cela vaut quand même la peine d'essayer les plats simples et roboratifs de la région : les soupes, qu'elles soient aux topinambours, à l'oignon ou au potiron (ces dernières ne sont pas exclusivement savoyardes) ; la quiche aux asperges, la crêpe au fromage et le soufflé. On essaiera aussi la croûte au beaufort, la péla, la fondue et le gratin (savoyard ou dauphinois). Le tout arrosé de vin blanc (apremont, chignin) ou de vin rouge (gamay de chautagne, mondeuse). En peu de temps, vous aurez regagné les calories dépensées sur les pistes ou sur les sentiers !

largement pourvue d'hôtels. On séjourne aussi dans les nombreux chalets des alentours. Dans le village même, on trouve une petite église du XVIIIe siècle dont le clocher très caractéristique combine joliment bulbe, lanterne et flèche en métal oxydé. De nombreux et sympathiques restaurants y servent de la cuisine locale.

LES HOUCHES ET SERVOZ

Ces authentiques villages alpins se trouvent dans le bas de la vallée de Chamonix. Aux **Houches**, station à caractère familial, on peut vivre la montagne de façon traditionnelle et détendue, que ce soit pour un séjour sportif – on peut y faire la mythique « piste Verte » de la Coupe du monde 1972 – ou des promenades tranquilles. En aval des Houches, sur la rive droite de l'Arve, Servoz enchante par son authenticité architecturale et son cadre naturel. On ne manquera pas de visiter les **gorges de la Diosaz** *(181, allée des Gorges, www.gorgesdeladiosaz.com ; horaires : 9h-18h en juillet et août, 9h30-17 h en juin et septembre)*, site naturel qui emprunte sept cascades successives.

LE PLATEAU D'ASSY

À 1 032 m d'altitude, au pied de la chaîne des Fiz et face au mont Blanc, le village d'Assy offre des panoramas sur le massif et la vallée de l'Arve, et jouit d'un excellent climat qui en fait une station de cure et de remise en forme appréciée depuis longtemps (sanatorium du plateau d'Assy).

Au centre du village se dresse l'église de Notre-Dame-de-Toute-Grâce, inspirée de l'architecture traditionnelle et construite avec les matériaux de la vallée. Commencée en 1937 par l'architecte Maurice Novarina à l'initiative du chanoine Jean Devémy, elle abrite les œuvres de plusieurs artistes réunis par la volonté du père dominicain Marie-Alain Couturier : Fernand Léger pour la façade en mosaïque, qui illustre les *Litanies de la Vierge*, Pierre Bonnard a signé le retable de saint François de Sales, sur la droite, Henri Matisse, celui de saint Dominique, à gauche (céramique). Georges Braque a créé la porte du tabernacle en bronze sculpté, Jean Lurçat est l'auteur des tapisseries du chœur, Marc Chagall, celui des vitraux et de céramiques ornant les fonts baptismaux et Georges Rouault et Jean Bazaine des vitraux.
Le pays est aussi apprécié des sportifs, en particulier des adeptes du parapente.

SAINT-GERVAIS-LES-BAINS

Localité née du tourisme thermal depuis plus de deux siècles, Saint-Gervais est fractionnée en plusieurs bourgs. Le premier est le terminus ferroviaire du **Fayet**, où se trouvent les **thermes de Saint-Gervais-les-Bains** *(355, allée du Docteur-Lépinay, www.spa-thermal-mont-blanc.com)*, lieu idéal pour se régénérer. On rejoint ensuite **Saint-Gervais Centre**, et sa zone piétonnière très agréable pour la promenade. Plus haut, le village de **Saint-Nicolas-de-Véroce** possède une église baroque, très bien restaurée. Plus haut enfin par le téléphérique, **Le Bettex** est le point de départ pour le vaste domaine skiable de **Prarion-Bellevue**.

MEGÈVE

Destination privilégiée des riches amateurs de **sports d'hiver** venus du monde entier, mais aussi de ceux qui aiment la montagne sans être des accros de sport et qui recherchent une villégiature de grande qualité dans un style savoyard typique. « Découverte » dans les années 1920 par la baronne Noémie de Rothschild, Megève garde une allure aristocratique. Son centre historique piétonnier regorge de boutiques élégantes et est baigné d'une magie qui n'a guère d'équivalent dans toutes les Alpes. On y admire une tour médiévale et une église adossée à un ensemble bénédictin, de nombreuses belles maisons et le **musée du Haut Val d'Arly**, qui expose l'histoire et les traditions locales *(88, ruelle du Vieux-Marché, www.museehautvaldarly.free.fr; horaires : 14 h 30-18 h, du lundi au samedi, de fin décembre à fin avril et de début juin à fin septembre)*. En dehors de l'agglomération, on peut admirer de précieuses statues sur une **via Crucis**, ou chemin du Calvaire, datant du XIXe siècle. Le vendredi matin, ne manquez pas le petit marché sur la place du village, où l'on peut acheter fromages, viande séchée ou fumée, confitures et miel – le tout de production locale. On rejoint le vaste domaine skiable et les chemins de randonnée par la **télécabine du Jaillet** (1 570 m) qui permet d'atteindre ensuite les belvédères de **la Croix des Salles** (1 705 m) et de **Rochebrune** (1 754 m), avec le mont Blanc pour toile de fond grandiose.

Où dormir

€€€€€ Les Fermes de Marie (Megève). Pas trop loin du centre historique, un élégant et vaste chalet meublé de bois et de tissus précieux, avec une cheminée où crépite un feu qui réchauffe en hiver. Le spa est très apprécié et propose divers traitements de remise en forme. L'adresse incontournable de Megève *(chemin de Riante-Colline, tél. 04 50 93 03 10, www.fermesdemarie.com)*.

€€€€ Le Jeu de paume (Chamonix). Un chalet de charme au pied du mont Blanc, avec 23 chambres meublées de bois clair et d'accueillants espaces communs. Un peu à l'écart de l'agglomération, pour les amateurs de tranquillité *(705, route du Chapeau, au Lavancher, tél. 04 50 54 03 76; www.jeudepaumechamonix.com).*

€€ Les Dômes de Miage (Saint-Gervais-les-Bains). Un petit deux-étoiles simple et accueillant, avec 7 chambres meublées en style savoyard. Terrasse orientée au sud *(161, route des Contamines, tél. 04 50 93 55 62; www.hotel-miage.com).*

Où manger

€€€ L'Impossible (Chamonix). Restaurant italien de cuisine naturelle et biologique. Un excellent choix et pas seulement pour un public végétarien *(route des Pèlerins, tél. 04 50 53 20 36; www.restaurant-impossible.com).*

€€ La Féline blanche (Saint-Gervais-les-Bains). Style minimaliste et mobilier blanc et noir pour la table d'hôtes très accueillante de cet hôtel (10 chambres). Cuisine bourgeoise soignée, en parfait accord avec les vins proposés *(138, rue du Mont-Blanc, tél. 04 50 96 58 70; www.lafelineblanche.com)*

€€ Bistrot « Flocons Village » (Megève). Dans le centre de Megève, rattaché à son grand frère « Flocons de sel » (2 étoiles au Michelin, membre de la chaîne Relais & Châteaux), cet établissement propose une carte régionale, simple et savoureuse, dans une ambiance montagnarde accueillante et à des prix accessibles *(74, rue Saint-François, tél. 04 50 78 35 01; www.floconsdesel.com).*

Sorties et divertissements

Casino de Megève. Roulette, black jack, poker et nombreuses machines à sous *(199, rue Charles-Feige, tél. 04 50 93 01 83; www.casino-megeve.com).*

Le Garage (Chamonix). La plus grande discothèque de Chamonix, référence des nuits mondaines depuis des années *(213, avenue de l'Aiguille-du-Midi, tél. 06 72 43 92 83; www.nightclublegarage.com).*

La Cantina (Chamonix). Rendez-vous de l'après-ski depuis vingt ans : dîner, après-dîner, musique live et *DJ-set (37, impasse des Rhododendrons, tél. 04 50 53 83 80; www.cantina.fr).*

Pour d'autres informations : www.atout-france.fr, www.franceguide.com et www.megeve.com

58-59 - Chapelle et oratoire dans la zone du calvaire à l'est de Megève.

58 - Le centre de Megève.

Le sport à Megève

En hiver, 445 km de pistes de descente sont accessibles avec le forfait « Évasion Mont Blanc » (www.evasionmontblanc.com), *ainsi que 48 km de pistes de fond et 50 km de parcours à pied, de randonnées en raquettes ou en traîneau à chiens* (mont du Villard Nord; www.montduvillardnord.com). *En été, on pratique promenades et randonnées, parcours en VTT, rafting et canyoning* (Bureau des guides, www.guides-megeve.com). *On vole ici en toutes saisons et par tous les moyens, aux abords du massif du Mont-Blanc, et l'on n'a que l'embarras du choix entre l'avion de tourisme* (Aérocime, www.aerocime.com), *l'hélicoptère* (Mont-Blanc Hélicoptères, www.mbh.fr), *le parapente biplace* (Megève Parapente, www.megeve.com) *ou la montgolfière* (Alpes Montgolfière, www.alpes-montgolfiere.fr).

Les châteaux de la Loire - *France*

La vallée de la Loire constitue le plus vaste territoire français inscrit au patrimoine mondial de l'Unesco. Depuis des décennies, cette destination romantique attire des touristes cultivés qui aiment se perdre dans ces campagnes bien entretenues, ces vignobles et ces vastes forêts, pour être surpris par l'apparition d'une tour médiévale, d'un château Renaissance ou de jardins somptueux. À l'automne, quand les roses fleurissent pour la seconde fois, que les allées des manoirs rougeoient et que le vin nouveau coule dans les verres, cet itinéraire se parera de nuances inédites. Il va sans dire que pour effectuer ce voyage il n'est pas question de se presser, seul l'amour de l'histoire et de la bonne chère doit vous guider.

L'itinéraire proposé fait environ 200 km. Il part d'Angers pour longer le fleuve jusqu'à la proximité de Chambord. Chemin faisant, on visitera 7 des 300 châteaux de la région : ce sont les incontournables – mais les autres, qui pourront faire l'objet d'une seconde excursion, sont aussi très intéressants. La première étape commence devant le massif **château fort d'Angers** (XIIIe siècle) aux murailles renforcées de puissantes tours et se poursuit en direction de **Saumur**, où l'on conserve la tradition de l'art équestre à la française. En continuant vers l'est, on voit peu à peu se dessiner, dans les eaux de l'Indre, affluent de la Loire, les toits pointus du **château d'Ussé**, tout droit sorti d'un conte de fées. Le dernier des châteaux Renaissance construits sur la Loire – celui de **Villandry** – mérite la visite pour ses jardins en terrasse à la française. On ne manquera pas non plus de s'arrêter au **château d'Amboise** et au **Clos-Lucé** où Léonard de Vinci, invité par François Ier, termina sa vie. La halte suivante se fera sous des auspices féminins, à **Chenonceaux** – le château le plus visité après Versailles –, lieu autant aimé par Diane de Poitiers que par Catherine de Médicis. Résidence de dix reines et de sept rois de France, le **château de Blois** est une harmonieuse synthèse de différents styles, gothique, Renaissance et classique. Ce sera l'avant-dernière étape avant le **château de Chambord** construit pour François Ier, le plus grand et le plus prestigieux édifice de la Renaissance française.

(Des pass « Châteaux de la Loire » permettant de visiter des monuments à prix réduit sont disponibles dans les offices de tourisme.)

Comment se déplacer : *L'itinéraire longe la Loire d'Angers à Chambord, avec des arrêts intermédiaires aux châteaux de Saumur, Ussé, Villandry, Amboise, Chenonceaux et Blois. On a privilégié les routes touristiques, mais il existe des solutions plus rapides : pour le retour, on peut parcourir les 210 km en moins de 2 heures par les autoroutes A 10, A 11 et A 85; on peut aussi, à peu près dans le même temps, remonter jusqu'à Paris. D'Angers, on prend la D 952 en direction de Saumur (48 km). On suivra ensuite la D 947 jusqu'à Candes-Saint-Martin, avant de prendre la D 7 jusqu'à Rigny-Ussé (33 km) où surgit le château du même nom ; 20 km plus loin, on atteint Villandry. On quittera la D 7 après avoir traversé Tours, afin d'emprunter la D 751 pour aller à Amboise (41 km), après quoi, la D 31 puis la D 40 mèneront jusqu'à Chenonceaux (14 km). Revenu à Amboise, on reprend la D 751 sur 20 km environ, jusqu'à Chaumont-*

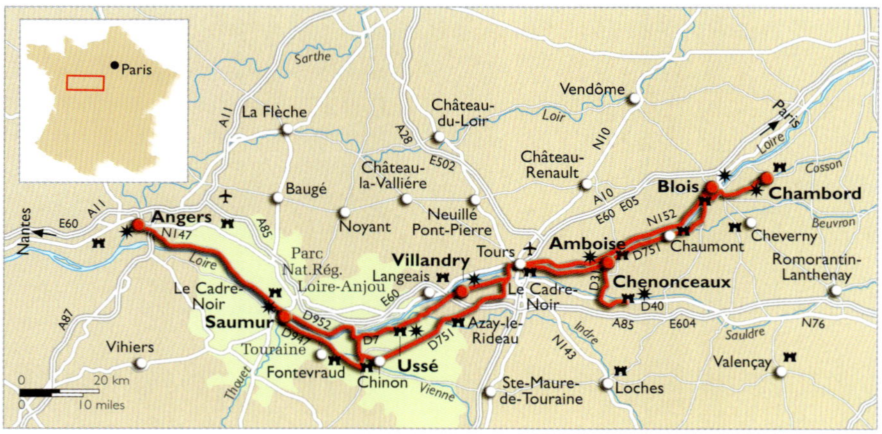

sur-Loire, puis on emprunte la N 152 pour atteindre Blois (35 km). L'objectif final vers l'est, par la D 72, est Chambord (16 km).

LE CHÂTEAU D'ANGERS

L'ancienne capitale du duché d'Anjou s'étend sur les deux rives de la Maine. Son ancien château fort est impressionnant, avec ses 17 tours cylindriques dont la plus haute atteint 40 m. Cette forteresse médiévale, construite sous la régente Blanche de Castille (1230-1234) puis sous son fils Louis IX (1234-1242), présente aujourd'hui de magnifiques jardins dans les anciennes douves. Les tours qui inspirent encore tant de respect étaient jadis plus hautes ; lors des guerres de Religion, quand Henri III donna l'ordre de les démolir, le gouverneur de la place obtint de les araser seulement pour y installer des terrasses d'artillerie. La visite permettra d'admirer une splendide **collection de tapisseries** du XIVe au XVIIe siècle, dont les 70 scènes – sur 90 à l'origine – de ***L'Apocalypse*** sont des chefs-d'œuvre exécutés en 1373 dans les ateliers parisiens de Nicolas Bataille, d'après des cartons du peintre attitré de Charles V, Hennequin de Bruges. Dans la **cathédrale Saint-Maurice**, en ville, on s'attardera devant les vitraux du XIIe siècle. Au pied du château, on peut faire une agréable promenade le long de la rive de la Maine (*Château d'Angers – 2, promenade du Bout-du-Monde ; www.angers.monuments-nationaux.fr ; horaires : 9 h 30-18 h 30 de mai à septembre, 10 h-17 h 30 d'octobre à avril. Le Logis royal est fermé pour restauration, à la suite de l'incendie survenu en janvier 2009*).

60-61 EN HAUT - LES TOURS CYLINDRIQUES DU CHÂTEAU FORT D'ANGERS.

61 EN BAS - DÉTAIL D'UNE DES TAPISSERIES DE *L'APOCALYPSE* DANS LE CHÂTEAU D'ANGERS.

Suivre la Loire à bicyclette

Si l'on a du temps pour découvrir paysages et châteaux au rythme d'un deux-roues, il existe un itinéraire (800 km) constitué de routes peu fréquentées et de pistes cyclables qui côtoient le dernier fleuve sauvage d'Europe en reliant Cuffy (dans le Cher, près de Sancerre) à Saint-Brévin-les-Pins, via Orléans, Amboise, Tours, Chaumont-sur-Loire, Rigny-Ussé, Saumur, Angers, etc. (www.loireavelo.fr).

LE CHÂTEAU DE SAUMUR

«Grand foyer du protestantisme» depuis que Duplessis-Mornay, gouverneur de la ville, y fonda l'Académie protestante (1599) pour la formation des futurs pasteurs, cet ancien manoir du XIe siècle conserve les traces de ses remaniements successifs, entre la fin du XIVe siècle et le début du XVe, antérieurs aux fortifications ajoutées au XVIIe siècle. À la fois résidence du gouverneur et forteresse, puis réserve de munitions et prison, cet édifice accueille un **musée des Arts décoratifs et du Harnachement** exposant des sculptures médiévales, des mobiliers, des émaux de Limoges et des céramiques françaises des XVIIe et XVIIIe siècles, qui en font l'une des collections les plus précieuses de France. Sa notoriété est aussi due à la très célèbre **École de cavalerie** (le Cadre noir), issue de l'Académie d'équitation. Le **musée de la Cavalerie** abrite la plus grande collection d'Europe d'équipements équestres. Du haut des tours, on jouit d'un splendide panorama sur la ville et sur la vallée de la Loire. (*Château-musée de Saumur, www.ville-saumur.fr; horaires : 10h-13h et 14h-17h30, du mardi au dimanche, au printemps et en automne; 10h-18h en été.*)

LE CHÂTEAU D'USSÉ

Il semblerait que le décor de *La Belle au bois dormant*, célèbre conte de Charles Perrault, ait été inspiré par la silhouette de ce château qui surplombe le cours de l'Indre et qui s'impose par ses tours fortifiées et la multitude de ses toits, clochetons, lanterneaux, lucarnes et cheminées. À 200 m de distance, on jouira au mieux de la magie de cet ensemble où contrastent le style militaire sévère des façades extérieures datant du XVe siècle et les styles gothique et Renaissance, plus harmonieux, des corps de logis qui donnent sur la cour intérieure. À l'intérieur, un **grand escalier** spectaculaire (XIIe siècle) permet d'accéder aux pièces supérieures. On visitera l'intéressante **chambre du Roi**, qui a gardé son mobilier et ses tapisseries d'origine. Dans la **chapelle**, située à l'écart dans le parc et de pur style Renaissance, on admirera la décoration et les belles stalles sculptées du chœur (XVIe siècle). Un temps, Chateaubriand y a séjourné. (*Château d'Ussé, Rigny-Ussé, www.chateaudusse.fr; horaires variables selon la saison.*)

LE CHÂTEAU DE VILLANDRY

Ce château de style Renaissance a été construit par Jean Le Breton, ministre des Finances de François Ier. C'est l'un des plus originaux de Touraine pour la disposition de son esplanade, de ses fossés et de ses terrasses, mais surtout pour ses magnifiques jardins à la française (XVIe siècle) qui en font un site unique.

Restaurés en 1906, ils se composent de trois terrasses étagées. La plus haute est le **jardin d'eau**, avec ses fontaines, ses petits canaux et ses jeux d'eau ; en contrebas, un **jardin d'ornement** évoque dans chaque parterre les symboles et les vicissitudes de l'amour; plus bas encore s'étend le jardin potager. À l'intérieur, on pourra visiter la **salle à manger** avec les boiseries du XVIIIe siècle et l'escalier d'honneur. Tableaux et mobiliers du XVIe au XVIIIe siècle proviennent d'Espagne et d'Italie. (*Château et jardins de Villandry, www.chateauvillandry.com ; horaires variables.)*

LE CHÂTEAU D'AMBOISE

En 1491, le roi Charles VIII, né et élevé à Amboise, décida de transformer l'ancienne forteresse médiévale en une luxueuse résidence royale, qui accueillerait un cénacle d'artistes et de poètes. De son expédition militaire en Italie, le roi était revenu avec un riche butin d'objets d'art et une cohorte d'érudits, d'architectes et d'artistes pour donner vie à son projet. Mais il mourut trois ans plus tard. Sa jeune épouse, Anne de Bretagne, achèvera son œuvre. François Ier donnera au château sa magnifique allure et y organisera tournois, bals masqués et combats d'animaux sauvages. Son amour pour l'art le conduira aussi à y accueillir des personnalités de premier plan, dont Léonard de Vinci, qui passera au **manoir du Clos-Lucé** les trois dernières années de sa vie : le lieu a gardé le mobilier et des souvenirs de ce séjour. Il y conçut des projets pharaoniques, comme celui d'une voie d'eau reliant toutes les résidences du roi situées sur les rives de la Loire et de ses affluents. À l'intérieur du château, on peut admirer la **salle du Conseil**, la **chambre Henri II** et l'**antichambre de la cordelière**, ainsi que la **chapelle Saint-Hubert**, petit joyau d'architecture gothique, un temps oratoire de la reine. Dans les souterrains sont exposés des croquis des projets de Léonard de Vinci, qui témoignent de son inventivité et de son esprit universel. (*Château d'Amboise, www.chateau-amboise.com ; horaires variables selon la saison.)*

62 EN HAUT - VUE DU CHÂTEAU DE SAUMUR.

62 EN BAS - LE CHÂTEAU D'USSÉ DOMINANT L'INDRE.

63 EN HAUT - LES JARDINS DU CHÂTEAU DE VILLANDRY.

63 EN BAS - LE CHÂTEAU D'AMBOISE, DE CHARLES VIII.

LE CHÂTEAU DE CHENONCEAUX

Construit sur le Cher dans les eaux duquel il se reflète, le château de style Renaissance de Chenonceaux possède une grâce qu'il doit en grande partie aux femmes qui ont présidé à sa construction. Il a été édifié en 1512 sur les indications de Katherine Briçonnet, épouse d'un receveur général des Finances durant le règne des rois Charles VIII à François Ier, qui a décidé de la disposition des lieux, de la structure et des proportions. Diane de Poitiers, favorite d'Henri II, le recevra des mains du roi en 1547 et y fera ajouter des jardins ainsi qu'un pont enjambant le Cher. À la mort d'Henri II (1559), sa veuve Catherine de Médicis récupère le château, fait tracer le parc et bâtir, sur le pont de Diane, deux étages de galerie. Ses réceptions et ses fêtes sont insurpassables. Tout cela prend fin avec l'arrivée de Louise de Lorraine, bru de Catherine de Médicis et veuve d'Henri III, qui transforme les lieux en retraite pieuse. Au XVIIIe siècle, la seconde femme du fermier général Dupin, Louise, y tient un salon littéraire où elle reçoit les grands noms des Lumières, de Fontenelle à Buffon en passant par Montesquieu, Voltaire, et Marivaux; elle y fait venir Rousseau – qui lui dédiera *Émile* – comme précepteur de son fils.

On accède au château par une allée de platanes, à droite de laquelle se trouvent les **écuries royales**, conçues par Philibert Delorme, architecte de Diane de Poitiers. Le parvis, bordé d'un fossé, est entouré de jardins à la française. Le corps central de l'édifice est de forme rectangulaire, avec des tourelles d'angle, deux étages de fenêtres à meneaux et des mansardes Renaissance. On visitera la **salle des Gardes**, ornée de tapisseries flamandes du XVIe siècle, la **chambre de François Ier** (avec un portrait de Diane de Poitiers par le Primatice), le **salon Louis XIV** (où est accroché *L'Enfant Jésus et Saint Jean-Baptiste*, de Rubens). Les collections du « château des Dames » – mobilier Renaissance, tapisseries – ne sont pas moins précieuses, pour ne rien dire des chefs-d'œuvre du Corrège, de Rubens et du Tintoret. (*Château de Chenonceaux, www.chenonceau.com; horaires variables.)*

LE CHÂTEAU DE BLOIS

Sur la rive droite de la Loire, la (future) résidence royale de Blois appartenait au milieu du XIVe siècle au comte de Châtillon. Louis d'Orléans (frère du roi Charles VI), qui était l'amant de la femme du comte, en fait l'acquisition à la mort de celui-ci. La résidence fut ensuite remaniée et enrichie par Charles d'Orléans (fils de Louis), puis par Louis XII (fils de Charles d'Orléans) et son successeur François Ier. Des artistes italiens y travaillèrent à partir de 1515. Le château accueillit à deux reprises les états généraux sous Henri III; ce dernier y fit assassiner les Guise, chefs de la Sainte Ligue.

La visite commence par la **cour intérieure** qui donne une belle vision d'ensemble du château, fermé par l'**aile Gaston d'Orléans**, dont le grand escalier est surmonté d'une coupole. À l'intérieur, on verra la **chambre du Roi** et la **salle des Gardes**, avec leurs magnifiques cheminées, et les **appartements de Catherine de Médicis** qui vécut dans cette prison dorée jusqu'à sa mort, en 1589 : certains des 237 panneaux ornementaux de bois sculpté s'ouvrent en actionnant une

pédale cachée et dissimulent des placards où la reine mère conservait des documents secrets, ses joyaux... et des poisons. Au premier étage de l'aile Louis XII, le **musée des Beaux-Arts,** expose une magnifique collection de tableaux des écoles italienne (XVIe siècle), flamande (XVIIe siècle) et française (XVIe-XIXe siècle). Au rez-de-chaussée de l'aile François Ier, un petit **Musée archéologique** présente des pièces d'époque carolingienne et médiévale. (*Château royal de Blois; www.chateaudeblois.fr; horaires variables.)* À Blois, on peut visiter la **Maison de la magie Robert-Houdin** *(place du Château; www.maisondelamagie.fr; horaires : 10 h-12 h 30 et 14 h-18 h 30, spectacle à 11 h 15, 15 h 15 et 17 h 15)* qui célèbre les illusionnistes, en particulier Jean Eugène Robert-Houdin, enfant du pays (1805-1871), qui fut inventeur et prestidigitateur.

64 - Vue du château de Chenonceaux (en haut) et la chambre de Catherine de Médicis (en bas).

65 en haut - Vue de Blois et de la Loire.

65 en bas - Une galerie du château de Blois.

Les vins de Loire

Cette région abrite les sanctuaires des « dives bouteilles » – pour parodier Rabelais – et des grands vins; les caves sont les étapes d'un circuit parallèle à celui des châteaux, qui fait la gloire de la région. On peut partir de **Vouvray** *où le vin, tranquille et pétillant, « réjouit les cœurs » et continuer par* **Montlouis** *et* **Saint-Martin-le-Beau**, *non loin d'Amboise, où les raisins ont un fruité caractéristique et donnent des vins blancs capiteux. Vous dégusterez les vins rouges délicats et légers du cépage « breton » (ou « berton »), un cabernet-franc, à* **Bourgueil** *et* **Saint-Nicolas-de-Bourgueil**. *À* **Chinon**, *les vins – surtout rouges – sont encore plus parfumés, avec du charme et de la noblesse. On dit que ce sont des vins « pour intellectuels ». Enfin, le grand vignoble d'***Anjou-Saumur** *donne toute une gamme de vins rouges, rosés et blancs (doux ou secs). Les rouges – comme le saumur-champigny – ont souvent un léger goût de framboise ou de fruits rouges. On pourra visiter les caves suivantes :* ***Domaine des Roy*** (3, rue Franche, Pontlevoy, près de Chenonceaux, tél. 02 54 32 51 07, www.domainedesroy.com), ***Caveau des vignerons d'Amboise*** (en face du château, 42, place Michel-Debré, tél. 02 47 57 23 69), *ou les* ***Caves Monmousseau*** (71, route de Vierzon, Montrichard, tél. 02 54 71 66 64, www.monmousseau.com).

En montgolfière

Voler au-dessus des châteaux de la Loire ! Cela est possible en montgolfière. À la belle saison, on part de Montrichard, à 30 km de Blois, et l'on survole pendant 90 minutes châteaux et vignobles, en découvrant les courbes du fleuve et de ses affluents, mais seulement si les conditions météorologiques le permettent (France Montgolfières, 24, rue Nationale, Montrichard; www.franceballoons.com).

LE CHÂTEAU DE CHAMBORD

En 1519, François Ier ordonna la conception du plus vaste des châteaux de la Loire : 440 pièces et un parc cynégétique de 5 400 ha. Le roi voulait en faire un symbole impérissable de la splendeur de la monarchie. Sa masse blanche de tuffeau et ses toitures en ardoise que l'on aperçoit de loin, se détachant sur le ciel, suscitent l'admiration, surtout si l'on arrive au coucher du soleil. Merveille de la Renaissance française, édifice aux proportions parfaites, il révèle dans son harmonie maîtrisée l'influence de l'Italie – et peut-être, pour l'escalier monumental à double spirale, la main de Léonard de Vinci. Du haut des terrasses, la vue se perd entre tours, clochetons, lanterneaux et cheminées sur l'immensité du domaine, clos par un mur d'enceinte de 32 km. Les intérieurs s'ouvrent sur **les salles des Soleils** et des **Chasses**, cette dernière étant décorée d'une belle tapisserie de la fin du XVIe siècle. On visite ensuite la **chambre à coucher de François Ier**, et son lit de velours gansé d'or, à la mode italienne, et la **chambre du Dauphin**, recelant une petite collection d'artillerie miniature qui servait à son divertissement et à son instruction. *(Domaine national de Chambord, www.chambord.org; horaires : 9 h-18 h d'avril à septembre; 10 h-17 h d'octobre à mars.)*

Où dormir

€€€€ Château de Noizay (luxe). Une résidence du XVIe siècle, qui a été le témoin de la conjuration d'Amboise (1560), lorsque les protestants projetèrent d'enlever François II. Vitraux et rosaces somptueux, lits à baldaquin, dans le cadre d'un parc d'arbres séculaires. À 8 km d'Amboise *(promenade de Waulsort, Noizay, tél. 02 47 52 11 01; www.chateaudenoizay.com).*

€€€ Château de La Sébinière (connaisseurs). Maison d'hôtes et exploitation vinicole, ce site cultive avec un égal bonheur la vigne et l'art de vivre. Les trois chambres ont un décor traditionnel, rehaussé par les tapisseries et les sols en terre cuite. En hiver, on prend le petit-déjeuner devant une cheminée qui crépite; en été, sur la terrasse face aux vignes, avec des tartes et des confitures faites à la maison *(La Sébinière, Le Pallet, tél. 02 40 80 49 25; www.chateausebiniere.com).*

€€€ Le Château de Chanteloire (charme). Étape de charme aux portes de Blois, dans un manoir du XVIIIe siècle restauré en 2008. 5 chambres d'hôtes et suites, avec une vue splendide sur un parc de 3 ha *(route du Chambon, Chouzy-sur-Cisse, tél. 02 54 33 43 21; www.chateau-de-chanteloire.com).*

Où manger

€€ Caves de la Croix verte (Pocé-sur-Cisse). Cuisine traditionnelle dans une ancienne cave à vins, fraîche en été et chauffée en hiver par une grande cheminée. Spécialité de grillades *(20, route d'Amboise, Pocé-sur-Cisse, tél. 02 47 57 39 98; www.cavesdelacroixverte.com).*

€€ Auberge Saint-Pierre (Saumur). Dans le centre historique de Saumur, une bonne halte dans une ambiance familiale, avec une cuisine de terroir. On y mange en hiver devant la cheminée, en été en plein air *(6, place Saint-Pierre, Saumur, tél. 02 41 51 26 25; www.auberge-saintpierre.com).*

€ Provence Caffé (Angers). Ambiance chaleureuse et provençale, dans un mobilier moderne. La salle à manger donne sur la place. On y sert une cuisine méditerranéenne à base de poisson *(9, place du Ralliement, Angers, tél. 02 41 87 44 15; www.provence-caffe.com).*

Pour d'autres informations : www.atout-france.fr ou www.loire-chateaux.org

66 - L'escalier à double spirale du château de Chambord et une des pièces d'intérieur.

67 - Vue aérienne du château de Chambord et de son immense domaine.

Paris - *France*

Paris est une des plus belles capitales du monde, si bien que près de 30 millions de touristes viennent chaque année admirer la tour Eiffel et les Champs-Élysées. Fière, intellectuelle, en équilibre entre la grandeur du passé et les projets d'avenir, dans cette ville tout devient forme d'art : de la mode à la gastronomie, des sanctuaires de la culture comme le Louvre jusqu'au plus grand marché aux puces d'Europe (celui de Saint-Ouen). C'est une mosaïque d'atmosphères, de couleurs, de styles, qui changent d'un arrondissement à l'autre, voire au sein d'un même arrondissement. Ne dit-on pas que Paris est constitué de plus de cent villages? Les vingt arrondissements sont répartis entre les rives droite et gauche de la Seine.

Dans chaque arrondissement, des quartiers parfois très différents se côtoient. Celui du **Marais** (3e et 4e arr.) abonde d'antiquaires et d'espaces dédiés à la peinture moderne, regroupés entre autres sous les arcades de la **place des Vosges**, une des plus anciennes et des plus belles de la cité. Les collections du **musée Carnavalet** tout proche retracent l'histoire de Paris (*23, rue de Sévigné, tél. 0144595858; horaires : 10h-18h, fermé le lundi*). Il tire son nom de l'un des deux hôtels particuliers où il est installé; Mme de Sévigné y a vécu de 1677 à 1696. Sur la rive droite du fleuve, on admire la façade néo-Renaissance de l'**Hôtel de ville**, édifice construit à partir de 1533 et reconstruit à la fin du XIXe siècle, après son incendie lors de la Commune. Les Parisiens branchés du Marais fréquentent les cafés littéraires comme **La Belle Hortense** (*31, rue Vieille-du-Temple*), lieu de rencontre des écrivains et des passionnés de bon vin, et des lieux créatifs comme le **passage de Retz**, espace dédié à la création contemporaine avec des vitrines de mode et de bijoux (*9, rue Charlot, tél. 0148043799*). Après le Marais, le quartier le plus célèbre est la butte **Montmartre** (18e arr.). Là ont vécu de grands peintres, d'Utrillo (il y était né) à Picasso. Ce quartier pittoresque n'a certes plus l'éclat de jadis, mais il offre encore de délicieuses promenades et reste toujours très fréquenté pour ses boîtes de nuit et ses cabarets. Le **musée de l'Érotisme**, avec sa collection d'art contemporain et populaire, d'objets d'art et de photographies, mérite une visite (*72, boulevard de Clichy, www.musee-erotisme.com; horaires : 10h-2h du matin*). Dans le **9e arrondissement** (toujours rive droite), se sont établis des architectes, stylistes et entrepreneurs. Jacques Garcia – l'un des décorateurs les plus en vue – a décoré l'hôtel **Athénée** en s'inspirant de célèbres opéras (*19, rue Caumartin, www.hotel-athenee.com*). Un autre quartier en pleine évolution est celui de la **Bastille** (11e arr.). On aura peut-être la chance d'assister à une représentation à l'Opéra Bastille (*www.operadeparis.fr*). Le **marché Richard-Lenoir** est une des destinations favorites des gourmets qui recherchent des produits authentiques (*boulevard Richard-Lenoir, le jeudi et le dimanche matin*).

Comment se déplacer en ville :
Les transports publics sont le meilleur moyen pour se déplacer : les autobus, le RER et les 16 lignes de métro relient le centre à la périphérie. Les taxis sont déconseillés : ils sont rares, plutôt chers, et l'on risque fort de rester bloqué dans les embouteillages fréquents. Les sportifs essaieront la location de vélos avec le système Vélib (www.velib.paris.fr).

68 - Vue de la place des Vosges.

68-69 - La tour Eiffel et la Défense au fond.

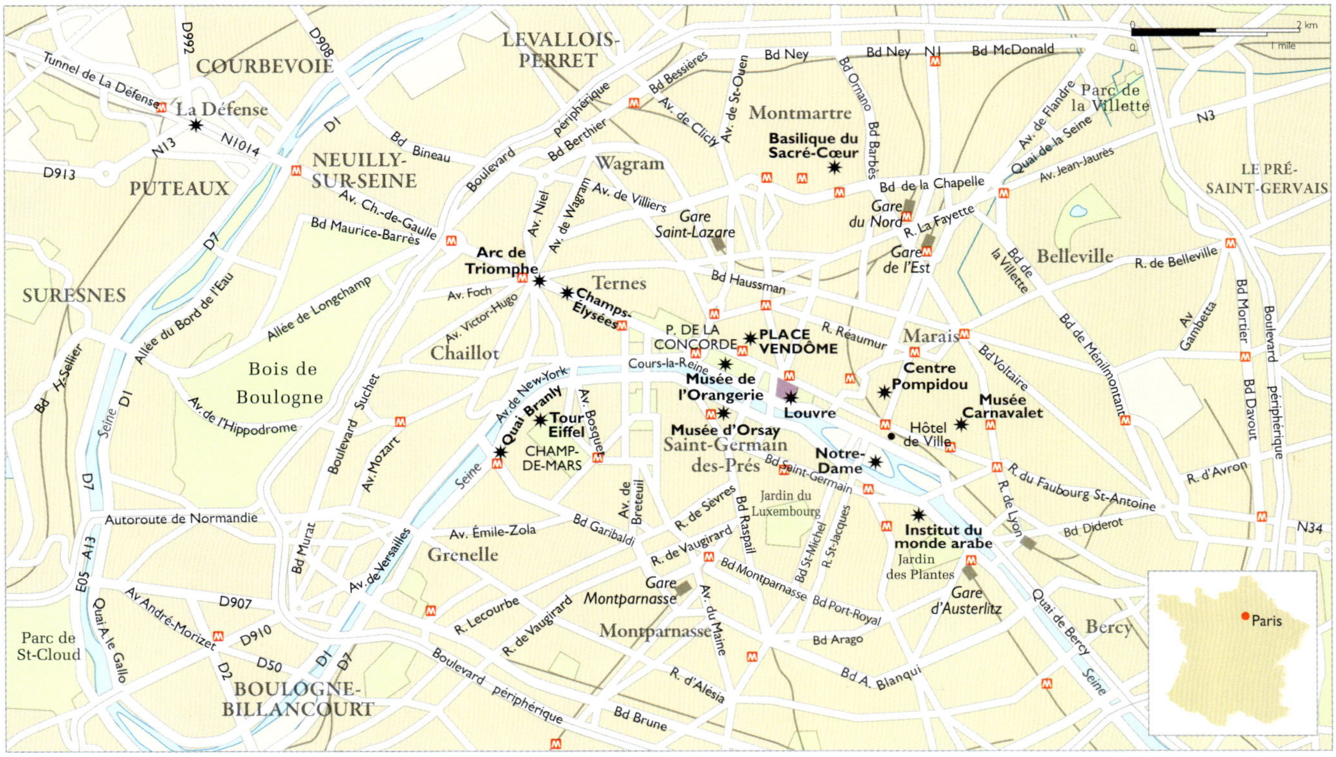

COURBEVOIE
La Défense
PUTEAUX
NEUILLY-SUR-SEINE
LEVALLOIS-PERRET
SURESNES
Bois de Boulogne
Parc de St-Cloud
BOULOGNE-BILLANCOURT
Montmartre
Basilique du Sacré-Cœur
Wagram
Gare Saint-Lazare
Gare du Nord
Gare de l'Est
Parc de la Villette
LE PRÉ-SAINT-GERVAIS
Belleville
Arc de Triomphe
Ternes
Champs-Élysées
Chaillot
P. DE LA CONCORDE
PLACE VENDÔME
Marais
Centre Pompidou
Musée Carnavalet
Musée de l'Orangerie
Louvre
Hôtel de Ville
Quai Branly
Tour Eiffel
CHAMP-DE-MARS
Musée d'Orsay
Saint-Germain des-Prés
Notre-Dame
Jardin du Luxembourg
Institut du monde arabe
Jardin des Plantes
Gare d'Austerlitz
Grenelle
Gare Montparnasse
Montparnasse
Bercy
Seine
Paris

À voir

LA TOUR EIFFEL

À l'époque de sa construction (1887-1889), on la trouva laide. On se rassura en pensant que l'œuvre de l'ingénieur Gustave Eiffel, conçue pour l'Exposition universelle de 1889, serait démontée une fois celle-ci terminée. Il n'en alla pas ainsi et cette tour de 310 m (sans compter l'antenne) est devenue le symbole de la ville. On y monte en ascenseur ou à pied (1 665 marches, par le pilier est) pour jouir d'un panorama unique sur Paris, mais aussi pour son restaurant, le Jules Verne (*www.lejulesverne-paris.com*), au premier étage, et pour les nombreuses boutiques de souvenirs (*parc du Champ-de-Mars, 5, av. Anatole-France, www.tour-eiffel.fr; visite tous les jours; été 9 h-minuit, hiver 9 h 30-23 h*).

L'ARC DE TRIOMPHE

Napoléon Ier le fit construire en 1806 pour célébrer la victoire d'Austerlitz sur les Autrichiens et les Russes. De style néoclassique, il mesure 50 m de haut et 45 m de large, et abrite la tombe du Soldat inconnu de la Grande Guerre. De la terrasse panoramique, vue superbe sur Paris (*place Charles-de-Gaulle, www.arc-de-triomphe.monuments-nationaux.fr; horaires : 10 h-23 h du 1er avril au 30 septembre; 10 h-22 h 30 du 1er octobre au 31 mars*).

LES CHAMPS-ÉLYSÉES ET LA DÉFENSE

L'avenue des Champs-Élysées, longue de 2 km, relie la place de la Concorde, avec son obélisque, à l'arc de Triomphe. Cette célèbre perspective s'arrête au loin avec la Grande Arche de la Défense. Le bas des Champs-Élysées est bordé d'allées jusqu'au rond-point près duquel se situent le Petit et le Grand Palais. Ensuite, le long de l'avenue, des commerces de luxe alternent avec de nombreux cinémas et cafés.

La Défense est le quartier des centres d'affaires et des gratte-ciel. Réalisé à partir des années 60, il n'a pris son expansion qu'à partir des années 80.

La Grande Arche voulue par le président François Mitterrand, et réalisée par l'architecte danois O. von Spreckelsen, est un cube de 110 m de haut fait de marbre de Carrare, de verre et de granit. On y visite entre autres un musée de l'Informatique. Alentour, comme dans un musée à ciel ouvert, on peut admirer des sculptures de Miró, Calder et Mitoraj (*Grande Arche, 1, parvis de La Défense, www.grandearche.com; horaires : 10 h-20 h*).

LA CATHÉDRALE NOTRE-DAME

Édifiée entre le XIIe et le XIVe siècle dans l'île de la Cité, Notre-Dame est l'une des plus majestueuses et des plus belles cathédrales de France. Les deux tours quasi symétriques de 69 m de haut encadrent la grande rose de la façade. La nef est entourée de 29 chapelles, le transept est orné de deux grandes rosaces de 13 m de diamètre. On admirera les magnifiques boiseries du chœur. Outre les services religieux, on y donne des concerts de musique sacrée (*9, parvis Notre-Dame, place Jean-Paul-II, www.notredamedeparis.fr; horaires : 8 h-18 h 45; 19 h 15 le samedi et le dimanche*).

LE CENTRE NATIONAL D'ART ET DE CULTURE GEORGES-POMPIDOU

Dit aussi « Centre Beaubourg » en raison de la rue sur laquelle donne l'édifice, le CNAC est ouvert au public depuis 1977. Le président Georges Pompidou en avait confié la réalisation aux architectes Richard Rogers et Renzo Piano qui se livrèrent à une débauche de verre, d'acier et de structures tubulaires de différentes couleurs : bleu pour l'aération, jaune pour l'alimentation électrique et rouge pour les ascenseurs. Le bâtiment, qui

surmonta de violentes réactions de rejet, abrite la bibliothèque Kandinsky, le restaurant Georges et surtout le musée national d'Art moderne (MNAM) : 60 000 œuvres qui composent la plus grande collection d'Europe de cette période (*place Georges-Pompidou, www.centrepompidou.fr; horaires : 11 h-21 h, fermé le mardi*).

L'INSTITUT DU MONDE ARABE

On le visite pour les expositions, la bibliothèque, le cinéma, le centre d'études et son restaurant le Zyriab, d'où la vue est superbe sur Paris et l'île de la Cité, mais surtout pour son architecture.

Le bâtiment a été conçu en 1987 par un groupe d'architectes dirigé par Jean Nouvel. Sa façade sud est couverte de 240 petites rosaces mobiles en acier, inspirées des moucharabiehs, qui s'ouvrent ou se ferment à la façon des objectifs photographiques en fonction de l'intensité du soleil (*1, rue des Fossés-Saint-Bernard, place Mohammed-V; www.imarabe.org; horaires : 10 h-18 h, fermé le lundi*).

LE MUSÉE DU QUAI BRANLY

Ce musée dit parfois « des Arts premiers », voulu par le président Jacques Chirac, est le dernier-né des grands espaces d'exposition de Paris (2006, architecte Jean Nouvel). Il expose des tissus d'Asie et d'Afrique, des masques d'Océanie, plus de 8 000 instruments de musique d'Europe et d'Afrique, et 260 000 objets. On remarquera le jardin buissonnant créé par Gilles Clément et le mur végétal signé Patrick Blanc (*37, quai Branly, www.quaibranly.fr; horaires variables, fermé le lundi*).

LE MUSÉE DE L'ORANGERIE

Ce petit musée, rouvert en 2006 après restauration, mérite d'être vu, ne serait-ce que pour admirer les *Nymphéas* de Claude Monet (1927). Parmi les autres œuvres présentées, on remarquera des toiles de

70 EN HAUT - LA CATHÉDRALE NOTRE-DAME.

70 EN BAS - LE CENTRE GEORGES-POMPIDOU, ŒUVRE DE RENZO PIANO ET DE RICHARD ROGERS.

70-71 - LA GRANDE ARCHE DE LA FRATERNITÉ, DANS LE QUARTIER DE LA DÉFENSE.

Shopping

On ne saurait aller à Paris sans faire un tour dans ***les marchés aux puces****. Celui de* ***Saint-Ouen*** (avenue de la Porte-de-Clignancourt, www.marchesauxpuces.fr; du samedi au lundi) est le plus célèbre. *C'est une institution pour les vêtements d'occasion et les objets anciens, avec plus de 2 500 étals consacrés à la brocante et aux antiquités. Pour les colifichets et les objets, le marché de* **Montreuil** (porte de Montreuil, 7 h-19 h, du samedi au lundi) *est intéressant aussi. Mais Paris est également la ville des grands magasins et des centres commerciaux comme celui des* **Halles**, *sur l'emplacement de l'ancien marché couvert voulu par Napoléon, transformé en une mosaïque de boutiques en partie souterraines* (www.forumdeshalles.com). *On n'oubliera pas les* ***Galeries La Fayette****, boulevard Haussmann* (www.galerieslafayette.com), *temple du shopping de luxe sous une coupole du début du XXe siècle (classée monument historique), ni l'illustre boutique des parfums* **Guerlain**, *sur les Champs-Élysées* (www.guerlain.com) *qui a ouvert, à côté de ses collections de précieux flacons, un spa conçu par Andrée Putman. Sur les Champs-Élysées se suivent aussi les grandes boutiques de luxe comme* ***Louis Vuitton****, qui propose également un espace culturel, en attendant l'ouverture du nouveau musée de la fondation homonyme, conçu par Frank Gehry* (www.louisvuitton.com). *On fera une pause gourmande à la pâtisserie* ***Pierre Hermé*** (72, rue Bonaparte, www.pierreherme.com), *sacré meilleur pâtissier de France; pour le chocolat, on ira chez Jean-Paul Hévin* (231, rue Saint-Honoré, www.jphevin.com). *C'est lui qui a inventé le bonbon de cacao au fromage et ses bûches de Noël ont souvent des formes amusantes.*

Renoir, Cézanne, Gauguin, Utrillo, Modigliani, Matisse, Picasso *(jardin des Tuileries, www.musee-orangerie.fr; horaires : 9 h-18 h, fermé le mardi)*.

LE MUSÉE D'ORSAY

L'ancienne gare d'Orsay, construite pour l'Exposition universelle de 1900, a été transformée en un musée inauguré en 1986. Ses collections présentent un panorama des courants artistiques de 1848 à 1914 : des œuvres de Delacroix, Corot, Monet, Manet, Renoir, Degas et Gauguin, entre autres. Le musée expose aussi des dessins et des maquettes d'architecture, des photographies et des objets décoratifs comme les vases de Gallé et de Lalique, et des meubles de Gaudí et de Mackintosh *(rue de la Légion-d'Honneur, www.musee-orsay.fr; horaires : 9 h 30-18 h du mardi au dimanche, le jeudi jusqu'à 21 h 45; fermé le lundi)*.

LA PLACE VENDÔME

Dans le 1er arrondissement, la place des diamantaires, réalisée par Boffrand et Hardouin-Mansart entre 1685 et 1720, doit son surnom aux nombreux joailliers qui s'y sont installés sous le Second Empire. D'une ordonnance symétrique parfaite, elle accueille en son centre la colonne de bronze que Napoléon Ier fit fondre (1806) avec les 1 200 canons pris à Austerlitz. Tout autour, les boutiques Cartier, Dior, Van Cleef & Arpels et Buccellati côtoient le ministère de la Justice et l'hôtel Ritz (1898).

Le Louvre

Un lieu sans égal : 35 000 œuvres exposées, réparties en huit départements, de l'Égypte ancienne au milieu du XIX*e siècle, et un nombre de visiteurs qui avoisine 8 millions par an. Avec le programme du Grand Louvre voulu par l'ancien président François Mitterrand, l'ancienne forteresse royale édifiée au* XII*e siècle, transformée à la Révolution en musée national, a vu son accès métamorphosé par la pyramide de verre et d'acier conçue par l'architecte américain Ieoh Ming Pei. On prendra la précaution d'acheter son billet en ligne* (www.louvre.fr) *et l'on se rendra aux entrées annexes du passage Richelieu ou de la galerie marchande du Carrousel. Le musée est si grand qu'il est judicieux de bien déterminer son parcours : le Louvre est le troisième musée du monde et il faudrait un temps infini pour tout voir. Une demi-journée suffira pour admirer les œuvres les plus significatives : dans l'ordre de la visite, la* Vénus de Milo *(*II*e siècle av. J.-C.),* Amour et Psyché, *de Canova (vers 1797),* La Liberté guidant le peuple, *de Delacroix (1831),* La Joconde *(1503-1506) et* La Vierge aux rochers *(1483-1486), de Léonard de Vinci,* Les Noces de Cana, *de Véronèse (1562-1563),* Le Bain turc, *d'Ingres (1862) et* La Dentellière, *de Vermeer (1669-1670).* (Entrée principale de la Pyramide, www.louvre.fr ; horaires : 9 h-18 h, jusqu'à 22 h mercredi et vendredi, fermeture le mardi.)

LA BASILIQUE DU SACRÉ-CŒUR
La célèbre basilique, de pierre blanche et de style romano-byzantin, a été édifiée à partir de 1876 sur la butte Montmartre. Plan en croix et à quatre coupoles, l'intérieur est décoré de mosaïques (*35, rue du Chevalier-de-La-Barre, www.sacre-cœur-montmartre.com ; horaires variables*). On pourra se promener sur la place du Tertre pour voir les peintres en plein air.

72-73 - LA PYRAMIDE ET LE MUSÉE DU LOUVRE.

72 EN BAS - LA BASILIQUE DU SACRÉ-CŒUR À MONTMARTRE.

73 EN HAUT - LE MUSÉE D'ORSAY CONSACRÉ À L'ART DU XIXe SIÈCLE.

73 EN BAS - LA PLACE VENDÔME ET SA COLONNE.

La Seine en bateau

Changement de perspective : au lieu de se déplacer dans la ville, on peut embarquer sur un des bateaux touristiques qui parcourent la Seine, pour voir défiler quelques-uns des grands monuments de Paris. Avec les Bateaux Mouches *(www.bateaux-mouches.com), on part du pont de l'Alma et en un peu plus d'une heure, on passe en revue la tour Eiffel, le musée du Quai Branly, l'Hôtel des Invalides, la place de la Concorde, le jardin des Tuileries, le musée d'Orsay, l'Académie française et le Louvre. On fait ensuite le tour de l'île de la Cité pour voir l'ancien Palais royal avec la Conciergerie, l'extrémité de l'île Saint-Louis, Notre-Dame et le Pont-Neuf, le plus vieux pont de la ville. Une croisière nocturne, avec dîner à bord, permet d'avoir une vision très romantique de Paris avec ses monuments illuminés.*

DISNEYLAND PARIS

C'est le parc de loisirs le plus célèbre (et le plus étendu) d'Europe, qui divertit aussi bien les enfants que les adultes. Inauguré en 1992, il comprend deux parcs, Walt Disney Studios et Disneyland, à leur tour subdivisés en divers secteurs. On trouve dans ce dernier la Main Street, USA® (inspirée de la ville natale de Walt Disney) avec le château de la Belle au bois dormant, Frontierland et ses bateaux à vapeur, Adventureland, Fantasyland (le pays des fables et légendes) et Discoveryland (pour voyager dans le temps et dans l'espace). Le parc des Walt Disney Studios comprend de son côté des studios cinématographiques, des colonnes sonores et des effets spéciaux, des reconstitutions de style Hollywood. Les rencontres avec Mickey, Minnie, Pluto et les autres héros de Walt Disney sont une attraction très appréciée du public. Le parc est à une trentaine de kilomètres de la capitale. La ligne A du RER y conduit. En voiture, il faut prendre l'autoroute A4 *(www.disneylandparis.fr; horaires : Disneyland 10 h-20 h, Walt Disney Studios 10 h-19 h).*

LE CHÂTEAU DE VERSAILLES

Ce palais royal est le chef-d'œuvre de Louis XIV, le Roi-Soleil, qui le fit bâtir au XVIIe siècle pour éloigner la cour de Paris, ville considérée comme sale, bruyante et indocile. Le palais est immense : 63 000 m² répartis sur 700 pièces qui comptent plus de 2 500 fenêtres et 483 miroirs, dont ceux qui ornent la célèbre **galerie des Glaces**.
Le parc de plus de 800 ha émaillé de 600 jets d'eau constitue une merveille d'ingénierie hydraulique et d'horticulture. Il a mobilisé une équipe d'architectes, de peintres, d'ingénieurs et de jardiniers qui a domestiqué le paysage en créant des jardins à la géométrie parfaite, des parterres et des bosquets ponctués de fontaines et de grands miroirs d'eau afin d'agrandir l'espace. On pourra visiter le Grand Trianon, en marbre rose et en porphyre, et le Petit Trianon, bijou et refuge offert à Marie-Antoinette par Louis XVI.
Pour la visite, il faut compter une journée entière. On y arrive de Paris en voiture par l'autoroute A13, sortie Versailles-Centre, ou bien par le RER ou le train *(place d'Armes, Versailles, www.chateauversailles.fr; horaires variables).*

Où dormir

€€€€€ Hôtel Ritz (luxe). L'hôtel parisien par excellence, immortalisé dans de nombreux films. Une légende

de l'hôtellerie où sont passées des vedettes d'Hollywood, des têtes couronnées et des personnalités tels Marcel Proust, Ernest Hemingway, Coco Chanel… *(15, place Vendôme, tél. 01 43 16 45 33; www.ritzparis.com).*
€€€€€ Disneyland Hotel (atmosphère). Des chambres et des suites de style victorien dans cet hôtel gigantesque à l'entrée du parc Disney. Restaurants, piscine, spa dans une ambiance inoubliable de conte de fées *(http://hotels.disneylandparis.fr).*
€€€€ Banke Hôtel (hôtel-boutique). Une adresse raffinée dans un immeuble du XXe siècle de style Eiffel qui était auparavant une banque. Vous y trouverez 94 chambres, 2 restaurants, un spa – et beaucoup d'atmosphère *(20, rue La Fayette, tél. 01 55 33 22 22, www.derbyhotels.com/fr/hotel-banke).*
€€€ Hôtel Amour (design). Un hôtel de style parisien, près de Pigalle. Les chambres, toutes différentes, sont un compromis entre art et design. *(8, rue Navarin, tél. 01 48 78 31 80, www.hotelamourparis.fr).*

Où manger

€€€ Le Meurice (étoilé). Établissement d'une grande élégance, tout en stucs et en miroirs XVIIIe siècle, à l'intérieur de l'hôtel du même nom. La carte des vins propose plus de 600 crus et les créations du chef Yannick Alléno sont délicieuses (trois étoiles au Michelin) *(228, rue de Rivoli, tél. 01 44 58 10 55; www.lemeurice.com/le-meurice-restaurant).*
€€ Casa Olympe (à la mode). Olympe – la chef – a révolutionné les fourneaux. Elle a ouvert son restaurant à vingt-trois ans, participé à des émissions de télévision, écrit des livres. Ses points forts sont les ravioles à la langouste et à l'agneau rôti *(48, rue Saint-Georges, tél. 01 42 85 26 01, www.casaolympe.com).*
€€ Chez Janou (bistrot). Un bistrot provençal du 3e arrondissement, célèbre pour la ratatouille, le gaspacho, le magret de canard au romarin et les vins du sud de la France *(2, rue Roger-Verlomme, tél. 01 42 72 28 41, www.chezjanou.com).*

Sorties et divertissements

Crazy Horse. Le nu comme forme d'art : les spectacles raffinés, et sans voiles, de ce cabaret historique – de même que ceux du Lido, sur les Champs-Élysées, et du Moulin Rouge, à Pigalle – sont très appréciés des touristes et des Parisiens *(12, avenue George-V, www.lecrazyhorseparis.com).*
Le Bar. L'élégant hôtel Plaza Athénée ne se limite pas à ses chambres luxueuses ou au restaurant raffiné d'Alain Ducasse. Les jeunes (fortunés) y aiment Le Bar; électro-rock et les meilleurs cocktails de Paris, servis de 18 h à 2 h du matin *(25, avenue Montaigne, www.bar-plaza-athenee-paris.com).*
Buddha Bar. Une autre institution : dans cet établissement aux lumières tamisées sont nées les fameuses compilations musicales qui ont fait le tour du monde *(8-12, rue Boissy-d'Anglas, www.buddhabar.com).*

Pour d'autres informations : www.atout-france.fr ou www.franceguide.com

74 EN HAUT - CROISIÈRE ROMANTIQUE SUR LA SEINE.

74 EN BAS - ILLUMINATIONS À DISNEYLAND PARIS.

75 - LA FAÇADE DU CHÂTEAU DE VERSAILLES (EN HAUT) DONNANT SUR LES JARDINS ET LA CÉLÈBRE GALERIE DES GLACES (EN BAS).

Bretagne, Côte d'Émeraude - *France*

Autonome jusqu'au mariage du roi de France Charles VIII avec Anne de Bretagne (1491), la Bretagne a conservé de ce rattachement tardif sa culture, ses traditions et même sa langue, d'origine celte. Cette péninsule, tourmentée par la mer et le vent qui l'ont façonnée, est un monde particulier. Les légendes bretonnes imprègnent les côtes déchiquetées, émaillées de criques et de ports de pêche, les îles et les landes où croissent le genêt et l'ajonc. Le climat y est plutôt doux et humide quand les tempêtes ne font pas se fracasser les vagues sur les rochers et les phares. Les grandes marées sont spectaculaires et font la joie des pêcheurs de coquillages. Les maisons sont traditionnellement construites en granit et les toits sont recouverts d'ardoises. Notre itinéraire explore le littoral entre Tréguier et le mont Saint-Michel en passant par l'île de Bréhat, le cap Fréhel et Saint-Malo. Splendide au printemps et en été, pour la magnificence de la flore, cette côte a aussi un charme tout particulier en automne et en hiver quand les couleurs de la mer se fondent avec celles du ciel.

La Côte d'Émeraude, avec ses petites baies et ses escarpements rocheux, se pare de couleurs variées au fil des saisons et selon le temps qu'il fait. L'itinéraire commence à **Tréguier** – on pourra se rendre dans l'**île de Bréhat**, à 10 minutes de la côte –, passe par **Paimpol** où l'on ira admirer l'**abbaye de Beauport**, lieu de pèlerinage depuis le Moyen Âge. On poursuit en direction du **cap Fréhel** où la côte devient granitique (de nombreuses espèces d'oiseaux marins y nidifient) et on fait une halte au château de **Fort-la-Latte**. De là, on gagne l'intérieur des terres et, après avoir traversé la campagne, on arrive à **Dinan**. On reprend ensuite la route côtière vers la luxueuse station balnéaire de **Dinard**, puis vers le port de **Saint-Malo**, ville natale de Chateaubriand. De là, par une côte déchiquetée, on atteint **Cancale**, connue aussi pour sa production ostréicole. L'itinéraire mène enfin jusqu'au **Mont-Saint-Michel** (en Normandie) – car l'on ne saurait traverser ces terres sans s'arrêter devant ce que Victor Hugo appelait « une pyramide merveilleuse » (1836).

Comment se déplacer : *Le voyage se fait en voiture, de Tréguier au Mont-Saint-Michel, avec des haltes intermédiaires à l'île de Bréhat, à l'abbaye de Beauport (près de Paimpol), au cap Fréhel, à Dinan,*

76-77 - Un village typique de la Bretagne littorale dans l'île de Bréhat.

*à Dinard, à Saint-Malo et à Cancale. Au total 170 km, que l'on peut parcourir en 2 heures – qui deviendront 3 heures et demie si l'on emprunte les routes touristiques. De **Tréguier** à **Paimpol** par la D786 (16 km) ; quittant **Paimpol**, on suit la D789 jusqu'au bac pour l'**île de Bréhat** (7 km) ; retour à **Paimpol** par la même D789, puis la D786 jusqu'au **cap Fréhel** (92 km) ; du **cap Fréhel** à **Dinan** par la D786 (49 km) ; de **Dinan** à **Dinard** par la D766 (21 km) ; de **Dinard** à **Saint-Malo** par la D168 (11 km) ; de **Saint-Malo** à **Cancale** par la D355 (16 km) ; de **Cancale** aux abords du **Mont-Saint-Michel** par la D155 puis la D797 (58 km).*

TRÉGUIER

Saint Yves est né vers 1253 près de cette ville. Patron des avocats, il est aussi celui des marins. Le pardon de saint Yves se déroule le troisième dimanche de mai (le saint étant mort le 19 mai 1303). Parmi les trésors de Tréguier, on distingue la **cathédrale Saint-Tugdual**, de style gothique flamboyant, édifiée entre le XIVe et le XVe siècle. Elle abrite le tombeau et un reliquaire de saint Yves, ainsi que 48 stalles Renaissance. Derrière la cathédrale, une rue conduit à la **maison d'Ernest Renan**, maison du XVIe siècle où est né l'écrivain et philosophe (1823-1892), et transformée en musée *(20, rue Ernest-Renan ; www.maison-renan.monuments-nationaux.fr ; horaires : 10 h-12 h et 14 h-18 h, seulement sur rendez-vous en hiver)*. Belle promenade à faire, pour voir les maisons anciennes de la **place du Martray**. À 16 km à l'est de la ville se dresse l'**abbaye de Beauport**, fondée en 1202 *(www.abbaye-beauport.com ; horaires : 10 h-19 h de mi-juin à mi-septembre, 10 h-12 h et 14 h-17 h le reste de l'année)*. Elle est en ruine mais on peut encore voir la **salle capitulaire** et quelques **arcades du cloître**. Au Moyen Âge, les pèlerins arrivés d'Écosse et d'Irlande y faisaient étape avant de poursuivre vers l'Espagne.

L'ÎLE DE BRÉHAT

À 7 km de Paimpol, on embarque pour l'île de Bréhat à la pointe de l'Arcouest. Située à 10 minutes de bateau de la côte, cette île est extraordinaire pour la richesse de sa flore typique du littoral breton, mais aussi pour les essences exotiques rapportées par les marins et qui peuvent pousser ici grâce à la douceur du climat. Le lieu est idéal pour une excursion, saisissant aussi par la beauté sauvage de ses rochers et par ses petits hameaux *(www.vedettesdebrehat.com ; service toutes les demi-heures en été, moins fréquent en hiver)*.

LE CAP FRÉHEL

De Paimpol au cap Fréhel, on parcourt 92 km. Souvent photographié pour ses escarpements rocheux et sa mer émeraude, mais aussi pour ses innombrables oiseaux marins, le cap Fréhel figure dans de nombreux recueils photographiques consacrés aux phares car il en a trois. Pendant les grandes tempêtes d'automne et d'hiver, les vagues viennent se fracasser violemment sur les rochers que les phares surplombent, dans une lumière qui change d'un instant à l'autre. Au printemps, la lande resplendit de la couleur des bruyères roses et mauves et des genêts jaunes. À 4 km au sud du cap Fréhel, on peut s'arrêter au **Fort-la-Latte** – connu aussi sous le nom de son premier propriétaire (château de La Roche-Gouyon) – bâti au XIVe siècle sur un escarpement rocheux, à pic au-dessus de la mer ; c'est un des plus célèbres châteaux bretons. Dès l'an 1000, un fortin avait occupé cette position stratégique pour protéger la côte des incursions des pirates normands. À l'abri de ses murailles de granit gris et de grès rose, un pont-levis donne accès à une vaste cour intérieure autour de laquelle s'ordonnent le logis seigneurial, la chapelle et la citerne qui permettait d'alimenter la garnison en eau. On accède ensuite au donjon central, ponctué d'une échauguette. Quel que soit le temps, on montera sur le chemin de ronde pour admirer les rochers gris et roux, et la mer à l'horizon *(www.castlelalatte.com ; horaires : 10 h 30-18 h d'avril à septembre, 10 h 30-19 h en juillet-août ; l'après-midi pendant les week-ends en basse saison)*.

78-79 - La station balnéaire de Saint-Malo entourée de ses bastions et de ses fortifications.

DINAN

La cité domine la Rance, longtemps premier point de passage entre la Normandie et Rennes, devenue au XIVe siècle un carrefour commercial reliant les Flandres et l'Angleterre. La ville est encore entourée de remparts médiévaux agréables à parcourir. Dinan avait alors quatre portes d'accès : deux au sud-est, les portes du Guichet et Saint-Louis ; deux au nord-ouest, les portes de Saint-Malo et du Jerzual. Le donjon massif du château des XIIIe-XVe siècles abrite un **musée** qui expose des objets artisanaux et une collection de coiffes en dentelle typiques du costume traditionnel des Bretonnes *(horaires : 10 h-18 h 30 de juin à septembre, horaires variables en hiver, fermé en janvier)*. En sortant du musée, on peut visiter la **basilique Saint-Sauveur,** d'origine romane mais remaniée en style gothique, qui conserve le cœur de Bertrand Du Guesclin. L'**église Saint-Malo**, du XVe siècle, est de style gothique flamboyant ; la nef a été remaniée au XIXe siècle. Dans la ville, parmi les nombreuses maisons anciennes des XVe et XVIe siècles, se trouvent l'**hôtel Kératry** et la **tour de l'Horloge**, avec une cloche offerte par la duchesse Anne, et une horloge de 1498. Plusieurs maisons à colombages abritent des boutiques d'antiquités dans la rue du Jerzual. En juillet, pendant la fête des Remparts, se déroulent à Dinan des tournois et des défilés en costumes médiévaux.

DINARD

À proximité de l'estuaire de la Rance, Dinard est une élégante station balnéaire qui eut une grande notoriété à la Belle Époque. En bordure de ses plages de sable doré se dressent des hôtels de style Art déco ou « colonial », à côté de villas somptueuses de la fin du XIXe siècle et du début du XXe (que l'on voit bien en traversant la digue sur la Rance). Le **musée du Pays de Dinard** a été installé dans la villa Eugénie, construite à la fin du XIXe siècle pour Napoléon III et l'impératrice. Les plages du Port-Blanc, de Saint-Énogat, de l'Écluse (la plage principale) et du Prieuré ainsi que d'impressionnantes falaises ont également contribué à la réputation de

Les bienfaits de l'eau en Bretagne

Un séjour sous le signe du bien-être peut comporter un cycle de thalassothérapie (étymologiquement, « soin par la mer »), un mode de traitement né en Bretagne au XIX*e siècle. Il s'appuie sur les effets bénéfiques du climat et de l'eau de mer. L'iode déposé sur le sable aura également des effets bénéfiques par des bains de sable chauffé, pour les problèmes d'arthrose, d'inflammation des tendons et des muscles, d'ostéoporose et de décalcification osseuse. L'eau de mer est également administrée en inhalations, aérosols et nébulisations. Enfin, la balnéothérapie – avec de l'eau de mer réchauffée à 38 °C – est prescrite pour la circulation sanguine et l'oxygénation des tissus; renforcée par la présence d'algues marines, elle apporte aussi des sels minéraux et des oligoéléments. On recommandera les excellents* ***Thermes marins*** *de Saint-Malo* (Grande plage du Sillon, www.thalassotherapie.com), *l'****Agapa Hôtel-Spa****, à Perros-Guirrec* (12, rue des Bons-Enfants, www.lagapa.com) *et* ***Le Coq Gadby****, à Rennes* (156, rue d'Antrain, www.lecoq-gadby.com). *Bien que ce dernier se trouve en dehors du parcours, il est accessible à ceux qui arrivent en Bretagne par avion. C'est le premier quatre-étoiles de ce genre en France à avoir obtenu la certification « Ecolabel européen ».*

79 - Une vue du centre historique de Dinan avec ses vieilles maisons au bord de la Rance.

Dinard. On visitera le **musée de la Mer** que l'on atteint depuis la « **promenade du Clair de lune** », aménagée dans les rochers. Du bourg de **Saint-Lunaire,** proche de la côte, on a une très belle vue sur la **pointe du Décollé**.

SAINT-MALO

À 11 km de Dinard – et toujours sur la côte – se trouve le port de Saint-Malo. Le port de cette cité corsaire a donné naissance à nombre d'entre eux, dont Duguay-Trouin et Surcouf. Cette station balnéaire célèbre est une ville fortifiée aux magnifiques hôtels particuliers reconstruits après la Seconde Guerre mondiale. Le chemin de ronde des remparts offre l'occasion d'une agréable promenade; la construction a commencé au XIIe siècle et leur réfection s'est achevée au XVIIIe, mais leur allure générale est bien celle qu'avait conçue Vauban, sous le règne de Louis XIV. À chacun des quatre angles se dresse une puissante tour; dans le bastion central se trouve le **musée d'Histoire de la ville et du pays malouin** *(horaires : 10 h-12 h 30 et 14 h-18 h d'avril à fin septembre, fermé le lundi en basse saison)*, dédié à l'histoire et aux traditions maritimes de la cité. On accède au centre de la ville close par la porte Saint-Vincent, surmontée de deux blasons en bois portant les armes de la ville et de la Bretagne. À quelque distance de là se dresse la **cathédrale Saint-Vincent**, achevée au XVIIIe siècle, aux magnifiques vitraux modernes qui filtrent la lumière. À l'intérieur se trouve le tombeau d'un autre enfant du pays, Jacques Cartier, qui découvrit en 1534 le Canada en cherchant le fameux « passage du Nord-Ouest » vers la Chine. On verra ensuite les anciennes maisons XVIIe siècle de la **rue du Pélicot**. Depuis la plage de l'Éventail, on accède – à marée basse – au **Grand-Bé** où se trouve la **tombe de Chateaubriand**, le grand écrivain romantique né à Saint-Malo en 1768. À 100 m de là se dresse le **Fort national** (*www.fortnational.com*), construit sur un rocher en 1689. À **Rothéneuf**, 6 km au nord de la ville, on pourra voir le site des **Rochers sculptés**, 300 figures de corsaires et de monstres marins sculptées à la fin du XIXe siècle.

CANCALE

On remonte le temps dans le port de **La Houle**, entouré de ses vieilles maisons et renommé pour ses produits de la mer. On peut y déguster sur la digue les célèbres huîtres proposées par les ostréiculteurs. Le matin tôt, on assistera au retour des bateaux de pêche. On peut également faire la visite guidée des installations ostréicoles à **Saint-Kerber** *(Les Parcs Saint-Kerber, tél. 02 99 89 65 29; www.saintkerber.com)* où se situe le **musée de l'Huître et du Coquillage** (la Ferme marine) qui présente l'évolution de l'élevage des huîtres et du métier d'ostréiculteur *(horaires : visites guidées à 11 h, 15 h et 17 h, du 1er juillet au 15 septembre; à 15 h du lundi au vendredi, du 15 février au 15 juin et du 15 septembre au 31 octobre)*. Dans l'ancienne église Saint-Méen (XVIIIe siècle), le **musée des Arts et Traditions populaires** donne un aperçu des arts et coutumes de la région *(horaires variables selon la saison)*. Pour finir, on peut s'arrêter à **la Halle à Marée** où sont exposées des œuvres des artistes locaux contemporains *(48, rue du Port)*.

LE MONT-SAINT-MICHEL

Si l'on en croit la légende, l'archange Michel serait apparu en songe à saint Aubert, l'évêque d'Avranches (708), pour lui ordonner de fonder un oratoire sur l'îlot rocheux où se dresse aujourd'hui l'abbaye. Au fil du temps, une petite agglomération l'a entourée. On y accède aujourd'hui en traversant le bourg et ses vieilles maisons des XVe et XVIe siècles, ses petites boutiques de souvenirs et ses nombreux hôtels et restaurants. Le site a une particularité, celle de n'être accessible qu'à marée basse. Tous les jours, d'avril à octobre, sont organisées des traversées guidées, à partir de Genêts ou de Vains. Attention! Il est très dangereux de s'aventurer seul dans la baie en raison des sables mouvants. *(Découverte de la Baie, tél. 02 33 70 83 49, réservation en ligne sur le site www.decouvertebaie.com)*. On peut choisir des parcours thématiques (patrimoine naturel ou histoire), éventuellement à cheval ou en maringotte (voiture légère à deux roues). Leur durée varie selon les promenades choisies (nous vous conseillons de vous habiller de façon appropriée : un short pour l'excursion, une tenue chaude pour se changer à l'arrivée et prévoir un ciré). Les parcours au coucher du soleil et en soirée sont très impressionnants. Pour assister à la montée de la marée, les jours où le phénomène est le plus important, il faudra arriver 2 heures avant l'horaire de la pleine mer.

Le Mont-Saint-Michel peut se comparer à un gratte-ciel construit au Moyen Âge. Si l'on y arrive à l'heure où la marée monte, on cherchera le meilleur endroit pour voir les flots s'avancer autour du mont, bientôt transformé en île. Ce moment magique est toujours salué par des exclamations. On accède au sommet du mont par la **porte de l'Avancée**, après avoir traversé le bourg, et atteint les escaliers du **Grand Degré**, enserré entre les murailles de l'église abbatiale et les logements des moines. Au niveau supérieur, on visite l'**église**, édifiée à partir du Xe siècle et dans laquelle on suit les phases de construction et celles des différents remaniements : roman, gothique flamboyant et XIXe siècle. Depuis la plate-forme, à l'ouest, on jouit d'une belle vue sur la baie et sur la façade néoclassique de l'église abbatiale. L'ensemble est dominé par la flèche que surmonte la **statue de l'archange saint Michel**. L'abbaye se compose de trois niveaux que l'on visite ensuite en descendant. Les parties gothiques du couvent – la Merveille – sont le **cloître**, avec ses galeries soutenues par de fines colonnes de granit rose, le vaste **réfectoire** des moines, avec ses hautes fenêtres, la **salle des Hôtes**, au niveau inférieur, avec deux grandes cheminées et la **salle des Chevaliers** – où l'on institua, en 1469, l'**ordre des chevaliers de Saint Michel** –, qui était en réalité le *scriptorium* de l'abbaye, où les moines copistes recopiaient les textes anciens. Toujours plus bas, on visite le réfectoire des pauvres et les resserres, avant d'atteindre les cryptes romanes d'origine.

S'il vous reste un peu de temps en sortant de l'abbaye, faites le tour des remparts et des huit bastions construits entre le XIIIe et le XVe siècle, cela vous permettra d'admirer la baie. Relié à la terre ferme par une digue que l'on doit bientôt détruire, le Mont-Saint-Michel est entouré à marée basse par une bande de sable de 17 km de largeur et de pâturages où paissent des troupeaux de moutons *(office de tourisme du Mont-Saint-Michel, www.ot-montsaintmichel.com)*.

Où dormir

€€€€ L'Auberge Saint-Pierre (Mont-Saint-Michel). L'hôtel n'a que 20 (petites) chambres, aménagées à l'intérieur d'une maison à colombages du XVe siècle et de ses annexes. Cela permet de jouir de la tranquillité, le soir, une fois que les touristes sont repartis sur la terre ferme. Bon restaurant *(Le Mont-Saint-Michel, tél. 02 33 60 14 03, www.auberge-saint-pierre.fr)*.

€€€ Le Manoir Saint-Michel (Fréhel). 20 chambres romantiques dans un manoir du XVIe siècle, avec un étang privé, à 300 m de la plage du Sable d'or. Les salons sont très accueillants, avec une grande cheminée *(38, rue de la Carquois, Fréhel, tél. 02 96 41 48 87, www.fournel.de)*.

€€€ Bellevue Le Port Clos (île de Bréhat). Sur l'île, un hôtel au charme ancien, dont les 17 chambres donnent sur la mer. Certaines ont de vastes balcons qui offrent une vue originale... sur le continent. Style simple, mais élégant *(tél. 02 96 20 00 05, www.hotel-bellevue-brehat.fr)*.

Où manger

€€€€ Les Maisons de Bricourt, La Maison du voyageur (Cancale). Produits de la mer et épices orientales, dans une demeure ayant appartenu à un armateur. Essayer le saint-pierre « retour des Indes », avec sauce au curry et purée de mangue. Chambre dans la villa voisine, avec vue sur la baie du Mont-Saint-Michel. Pour les gourmets *(1, rue Du-Guesclin, Cancale, tél. 02 99 89 64 76; www.maisons-de-bricourt.com)*.

€€ Ty Breizh (Cancale). Un petit bistrot typique, avec une cuisine de fruits de mer et de poisson, près du port, non loin des éventaires des vendeurs d'huîtres *(13, quai Gambetta, tél. 02 99 89 60 26)*.

€€ Restaurant La Pomme d'or (Saint-Malo). Au cœur de la vieille ville et tenu par la même famille depuis 1954, ce restaurant propose une cuisine bretonne, de la soupe de poissons aux crêpes de froment en passant par les galettes de blé noir garnies d'ingrédients variés. Salon de thé et quelques chambres *(4, place du Poids-du-Roi, Saint-Malo, tél. 02 99 40 90 24, www.la-pomme-dor.fr)*.

Pour d'autres informations : www.atout-france.fr ou www.tourismebretagne.com

80 - Le Mont-Saint-Michel au crépuscule.

Les Flandres - *Belgique*

L'atmosphère nordique et romantique des cités belges, leur architecture médiévale se mêlant aux lignes avant-gardistes des édifices contemporains, les paysages enchanteurs aux couleurs éclatantes ou voilées, la bière et le chocolat sont quelques-unes des nombreuses raisons qui poussent à visiter les Flandres. Cette région de Belgique ouverte sur la mer du Nord et qui jouxte la France, au sud, est un but de voyage particulièrement réjouissant à l'occasion de Noël quand les villes resplendissent des lumières des fêtes. De petits marchés, des sculptures de glace et des patinoires s'installent sur les places embaumées par le vin chaud.
Le plus grand centre urbain des Flandres (et le deuxième de la Belgique après Bruxelles) est la cité industrielle, universitaire et commerciale d'**Anvers** (Antwerpen), installée sur les rives de l'estuaire de l'Escaut. Ville cosmopolite et innovante depuis toujours, elle est célèbre pour ses activités commerciales de deuxième port européen après Rotterdam, pour Pierre Paul Rubens, son fils le plus célèbre, et surtout pour son savoir-faire en matière de taille et de commerce des diamants. Ces dernières années, elle s'est de surcroît découvert une vocation pour la mode, l'art contemporain et le design. À 60 km de distance, à peine, se trouve **Gand** (Gent), délicieuse cité surgie sur une poignée de petites îles au confluent de la Lys et de l'Escaut, prestigieux centre universitaire international et fascinante métropole à taille humaine, qui a su unir sa vocation industrielle à la richesse d'une longue histoire et de ses initiatives culturelles.
Mais le véritable joyau des Flandres est **Bruges** (Brugge), la ville la plus visitée du pays pour son centre médiéval presque intact, qui est le mieux conservé d'Europe et inscrit depuis 2000 au patrimoine mondial de l'Unesco. La ville, qui se situe à 56 km de Gand et à environ 10 km de la côte, est reliée à la mer du Nord par des canaux que les Flamands appellent *reien*. Utilisés jadis pour le transport des marchandises, ils permettent aujourd'hui, à bord d'une embarcation, d'admirer les palais anciens et les vieilles maisons au seuil desquelles on pourra peut-être apercevoir des dentellières qui font danser leurs fuseaux.

Comment se déplacer : Le réseau des autoroutes belges – gratuit – est un des mieux organisés d'Europe et relie entre elles les villes des Flandres. D'Anvers à Gand, le trajet (par l'A 14/E 19) est de 59 km, faisables en 45 minutes environ. Il faut à peu près le même temps pour aller de Gand à Bruges (56 km, par l'A 10/E 40). Une autre solution consiste à prendre le train. Il faut alors compter 50 minutes d'Anvers à Gand et 20 minutes de Gand à Bruges. Pour des informations et les horaires, voir le site www.b-rail.be/main/ En ville, on peut se déplacer à bicyclette : on trouve des stations de location près des gares.
On ne manquera pas une excursion sur les canaux, à partir de divers points des centres historiques.

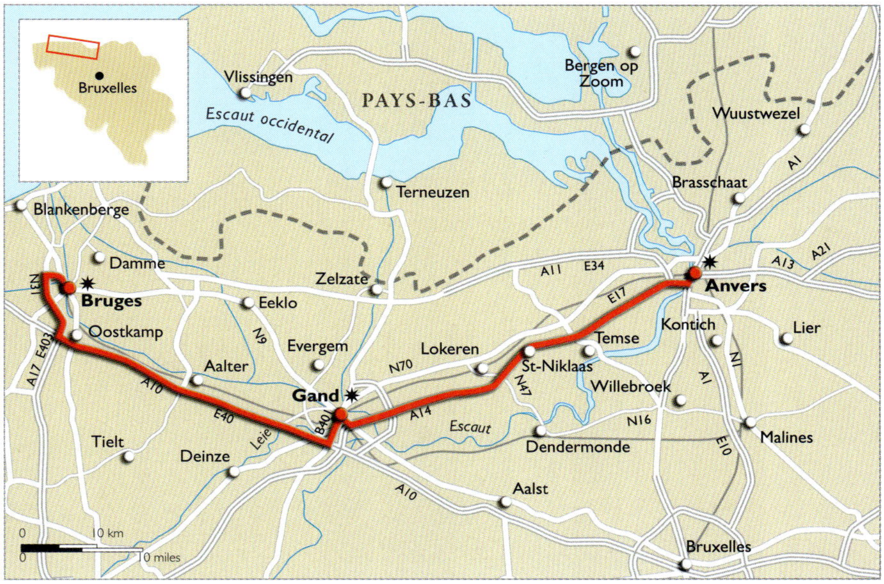

82-83 - Le canal de Damme, à Bruges, et un moulin à vent datant du XVIIIe siècle.

83 en bas - Boutique de dentelles anciennes.

Shopping

Le shopping, dans les Flandres, est synonyme de mode, de dentelle, de chocolat, d'antiquités et de design. Le Fashion District *est ainsi l'une des principales attractions touristiques d'***Anvers,** *capitale européenne du stylisme à l'égal de Paris et de Milan. Nombre des boutiques branchées se trouvent dans le quartier de* **ModeNatie** (www.modenatie.com), *à la fois laboratoire et conservatoire de la mode, sur la* **Nationalestraat**, *où se succèdent les vitrines des couturiers d'avant-garde. Au n° 16, on s'arrêtera au* **Modepaleis** de Dries Van Noten (www.driesvannoten.be), *un des stylistes anversois qui a lancé la* Belgian Vague. *Au n° 73, on trouve l'enseigne de* ***Véronique Branquinho*** *– styliste de la nouvelle génération – et au 76-78 celle d'***Annemie Verbeke** (www.annemieverbeke.be). *Au n° 12 de la Sint-Antoniusstraat, art et mode voyagent à l'unisson des aménagements futuristes de* **Walter van Beirendonck** (www.waltervanbeirendonck.com). *Le shopping se poursuivra ensuite dans la* **Kammenstraat** *et dans l'îlot piétonnier du* **Meir**, *lieu idéal aussi pour une pause-café. Si l'on passe à l'artisanat et aux productions typiques, un vaste choix de tapisseries flamandes est disponible chez* ***Belgian Treasures,*** *dans le centre de* ***Gand*** (6, Sint Baafsplein; www.belgiantreasures.be/home). *On pourra trouver des dentelles d'époque dans 80 boutiques spécialisées du centre de Bruges. Le samedi et le dimanche après-midi, le quai du* **Dijver** *et le* **Vismarkt** *(marché au poisson) voisin de la petite Venise flamande sont occupés par les éventaires d'un marché aux puces qui propose bibelots et antiquités. Enfin, dans la ville qui a dédié au chocolat le musée de* **Choco-Story** (Wijnzakstraat 2; www.choco-story.be; horaires 10 h-17 h), *on conseillera une visite chez* ***Pralines Verheecke*** (Katelijnsstraat 22; www.chocolate-bruges.com), *l'une des meilleures «pralineries» de la ville.*

ANVERS
La richesse et la splendeur de la cité aux XVIe et XVIIe siècles se mesurent et se résument sur la place centrale, le **Grote Markt**, bordée par les sièges des anciennes corporations (XVIe siècle) avec leurs grandes fenêtres et leurs pignons découpés, surmontés de statues dorées. Parmi ces édifices, le **Stadhuis** (hôtel de ville) mélange des éléments architecturaux nordiques et flamands avec des rappels de la Renaissance italienne. Au centre de la grand-place, la **fontaine de Silvius Brabo** (1887) rappelle la légende de ce légionnaire romain qui aurait tué Druon Antigone, un géant cruel qui rançonnait les bateaux passant sur l'Escaut et coupait les mains des mauvais payeurs. Le légionnaire lui aurait ensuite coupé une main pour la jeter dans l'Escaut – d'où l'étymologie populaire du nom flamand de la ville, Antwerpen (de *hand werpen*, « jeter la main »). Au sud se dresse la **cathédrale Notre-Dame**, construite en style gothique brabançon, de 1352 à 1521 *(Handschoenmarkt, www.dekathedraal.be ; horaires : 10 h-17 h du lundi au vendredi, 10 h-15 h le samedi, 13 h-16 h le dimanche)*. Sa masse imposante se dresse entre les maisons qui l'enserrent, dans un grand déploiement de tours, de flèches et de clochetons. Le clocher, de style gothique flamboyant, culmine à 123 m de hauteur ; il est célèbre pour son carillon de 47 cloches. Dans l'intérieur monumental on admirera une somptueuse chaire baroque et quelques chefs-d'œuvre de Rubens, dont la *Résurrection*, l'*Érection de la Croix*, l'*Assomption* et la *Descente de Croix* – une des sept merveilles de la Belgique. D'autres toiles de Rubens, à côté de tableaux de Van Dyck, de Jordaens et d'autres maîtres flamands du XVIIe siècle, ornent les **églises Saint-Paul** (XVIe siècle) et **Saint-Jacques** (1491-1656) au somptueux mobilier baroque. Au XVIIe siècle, les jésuites ont donné à leur **église Saint-Charles-Borromée** une façade inspirée de modèles romains, qui justifierait son attribution traditionnelle à Rubens, dans la période qui suivit le séjour de l'artiste en Italie, une thèse qui n'est toutefois étayée par aucun document. Les souvenirs les plus marquants du grand peintre flamand se trouvent dans la **maison de Rubens** (Rubenshuis) *(9-11, Wapper ; www.rubenshuis.be ; horaires : 10 h-17 h, fermé le lundi)*, demeure où l'artiste a habité de 1610 à sa mort (1640) et dont il fit un atelier riche d'un grand nombre de

peintures, sculptures et décorations baroques. Le jardin avec son pavillon d'époque et un portique baroque (un des rares éléments d'origine de l'ensemble), conçu par Rubens et décoré de fresques représentant des scènes mythologiques, sont particulièrement intéressants.
Parmi les nombreux musées de la ville, une place d'honneur revient au **musée Plantin-Moretus** *(22, Vrijdagmarkt, www.museumplantinmoretus.be ; horaires : 10h-17h, fermé le lundi)*, aménagé dans un beau palais de style Renaissance flamande, résidence de l'imprimeur d'origine française à partir de 1549. Inscrit au patrimoine mondial de l'Unesco, c'est l'un des musées les plus importants d'Europe consacrés à l'art et aux techniques de l'imprimerie, avec sa collection de caractères d'imprimerie, de matériels typographiques et de presses. Il possède aussi d'exceptionnels livres originaux dont un exemplaire de la célébrissime **Bible à 36 lignes** de Gutenberg (1461) et la **Bible polyglotte** en latin, grec, hébreu, syriaque et chaldéen, imprimée en 1569-1572.
Le **musée Mayer Van den Bergh** est installé dans un bâtiment néogothique bâti en 1901 *(19, Lange Gasthuisdtraat, www.museummayervandenbergh.be ; horaires 10h-17h, fermé le lundi)*. Dédié au conservateur et académicien Fritz Mayer Van den Bergh, il abrite les 3098 œuvres d'art rassemblées par le collectionneur à la fin du XIXe siècle : tableaux, sculptures, céramiques, monnaies et argenterie, sans oublier quelques chefs-d'œuvre de la peinture, tels que *Les Douze Proverbes* (1558) et *La Dulle Griet* (1564), de Bruegel l'Ancien, spectaculaire évocation de la guerre. La création contemporaine est à l'honneur au **MuHKA,** le **musée d'Art contemporain** aménagé dans un ancien silo à céréales *(32, Leuvenstraat ; www.muhka.be ; horaires : 11h-18h du mardi au dimanche, 11h-21h le jeudi)*, ainsi qu'au **MoMu**, **musée de la Mode**, qui est consacré aux vêtements qui ont marqué l'histoire de la mode *(28, Nationalestraat, www.momu.be ; horaires : 10h-18h du mardi au dimanche, 10h-21h le premier jeudi de chaque mois, fermé le lundi)*.
Palais anciens et architectures modernes se succèdent le long de la **rue Meir**, lieu idéal pour le shopping. Le quartier **Het Zuid**, dans le secteur sud de la ville, est à la fois élégant et très animé, avec ses boîtes de nuit glamour, ses restaurants branchés et ses nombreuses galeries d'art sur la rive de l'Escaut. Entre le centre historique et le port, le quartier résolument tourné vers l'avenir, **Het Eilandje**, accueille le centre d'art contemporain **Extra City** et le nouveau **Museum aan de Strom** *(1, Hanzestedenplaats, www.mas.be)*, conçu par les architectes hollandais Willem Jan Neutelings et Michiel Riedjik. Inauguré le 17 mai 2011 sur les terrains occupés jadis par la Hanse, ce musée regroupe des collections ethnographiques, folkloriques et d'autres consacrées à la marine, pour raconter comment la ville, à travers son port, a noué au fil des siècles des relations commerciales, économiques et culturelles avec le reste du monde *(Grote Markt 13, tél. 03 2320103, www.visitantwerp.be)*.

84 - La fontaine de Silvius Brabo au centre de la place du Grote Markt, à Anvers.

85 - La cathédrale Notre-Dame d'Anvers.

Diamondland, « la terre des diamants »

*S'il vous arrive d'entendre dans les rues d'**Anvers** l'expression* « Mazel ou'Bracha », *vous avez toutes les chances de vous trouver dans le quartier des diamantaires. Ces deux mots, en effet, signifient « bonne chance » en yiddish et ils accompagnent toujours la conclusion d'une affaire. Depuis le XVIe siècle, lorsque 40 % du trafic mondial des marchandises transitait par Anvers, cette ville des Flandres est la capitale des pierres précieuses, et les juifs en sont les tailleurs les plus expérimentés – même si les Indiens et des spécialistes d'autres nationalités ont commencé à conquérir une bonne partie du marché. Chaque année, huit diamants bruts sur dix passent par Anvers et un sur deux est taillé dans le quartier de cette ville, autour de la gare centrale, entre la **Jezusstraat** et l'**Appelmanstraat**. Outre les boutiques et les ateliers, on trouve au moins quatre Bourses pour les transactions. Au **Diamondland Showroom*** (Appelmanstraat 33 ; www.diamondland.be), *on peut acquérir des joyaux et apprendre, au cours d'une visite guidée de 20 minutes environ, les secrets et les curiosités du métier d'orfèvre et de sertisseur. Un musée est consacré au diamant, le **Provincial Diamantmuseum*** (Koningin Astridplein 19-23 ; www.diamantmuseum.be ; horaires : 10h-17h30, fermé le mercredi). *C'est l'occasion unique d'admirer les diamants les plus célèbres taillés à Anvers du XVIe siècle à nos jours, dont les reproductions des joyaux de la Couronne britannique, et les deux énormes gemmes du Koh-i-Noor («* Montagne-de-lumière *») et du Cullinan I.*

86 - Une vue romantique des canaux de Gand.

GAND

Le centre historique de la ville offre aux visiteurs le charme enchanteur de ses perspectives médiévales, ses balcons fleuris et ses vues romantiques sur les canaux. Il se développe autour de la courte rue du **Limbourg**, écrin des principaux joyaux architecturaux de la ville. Ainsi le **Geeraard de Duivelsteen** ou « château de Gérard le Diable », ancienne résidence des seigneurs de Gand, et la **cathédrale Saint-Bavon** *(horaires : 9 h 30-16 h 30 du lundi au samedi, à partir de 13 h le dimanche)* où sont exposés le *Polyptyque de l'Agneau mystique* de Van Eyck (1432) et la magnifique *Entrée de saint Bavon au cloître*, de Rubens (1623). Le **beffroi** *(horaires : 10 h-18 h ; visite guidée à 14 h 30 et 15 h 30)* est inscrit au patrimoine mondial de l'Unesco : cette tour élancée, construite en 1380, se dresse entre la cathédrale et l'hôtel de ville ; elle abrite un carillon de 53 petites cloches qui sonne tous les quarts d'heure. Elle domine la cité du haut de ses 91 m, et la vue est éblouissante. Le long des deux quais du **Graslei** (quai aux Herbes) et du **Korenlei** qui encadrent l'ancien port marchand sur la Lys, les palais des anciennes corporations se suivent. Au n° 14 se dresse la façade gothique et Renaissance de la **maison des Francs-Bateliers**, suivie par la **maison des Mesureurs de grain**, d'époque romane, premier exemple d'une façade avec pignon à degrés, typique des architectures flamandes. Au bout du Graslei, au confluent de la Lys et de la Liève, se dresse l'imposant **Gravensteen** (château des Comtes), édifié en 1180 sur le modèle des châteaux des croisés en Syrie, jadis demeure des comtes de Flandre, puis Monnaie d'État, prison et fabrique de coton. La vue de la ville depuis le **pont Saint-Michel** est superbe. Après une promenade en bateau sur les canaux, il faut prendre la peine de consacrer une heure à visiter le **musée du Design** *(5, Jan Breydelstraat, www.design.museum.gent.be ; horaires : 10 h-18 h, fermé le lundi)*, installé dans une demeure privée du XVIIIe siècle, avec des collections permanentes d'**Art nouveau** et d'**Art déco**, mais aussi des œuvres contemporaines réalisées par des artistes, tels **Pieter de Bruyne** ou **Emiel Veranneman**. Ne manquez pas non plus la visite du **Museum voor Schone Kunsten** (musée des Beaux-Arts), temple classique proposant une importante collection très diversifiée d'art flamand, du Moyen Âge à la première moitié du XXe siècle *(www.mskgent.be ; horaires : 10 h-18 h, fermé le lundi)*. On pourra y admirer deux chefs-d'œuvre de Jérôme Bosch, *Saint Jérôme en pénitence* et la *Montée au calvaire*. Pour l'art contemporain, il faut se rendre au **SMAK**, l'une des institutions européennes les plus dynamiques consacrées à l'avant-garde artistique *(Citadelpark ; www.smak.be ; horaires : 12 h-18 h, fermé le lundi)*.

BRUGES

Enserrée par les boulevards qui suivent le tracé de ses remparts médiévaux, Bruges incarne le romantisme de l'âme flamande. La grandeur du passé et la splendeur du présent se matérialisent dans la **place du Marché** (XIIIe siècle), lieu des marchés de la ville depuis les temps les plus anciens (et aujourd'hui encore, le dimanche matin). De plan rectangulaire et de très vastes dimensions, la Grand-Place est entourée de maisons anciennes aux façades typiques à pignons en gradins, dont les couleurs vives composent un cadre unique au monde. Cette place est aussi célèbre par ses **Halles**, austère édifice de 1248 orné d'une gracieuse *Vierge à l'Enfant* de 1523, placée dans une niche. Le **beffroi** du XIVe siècle – 83 m de hauteur, 366 marches – offre depuis son sommet une vue magnifique sur toute la ville. Il est doté d'un carillon de 47 cloches, célèbre pour ses concerts si typiquement flamands. L'autre place spectaculaire est celle du **Burg**, sur laquelle donnent de prestigieux bâtiments comme l'ancienne **Proodfij** (Prévôté), de style baroque, le **Gerechtshof** (palais de justice) de 1727, qui a conservé ses fenêtres à meneaux sur sa façade arrière et le **Stadhuis** (hôtel de ville), chef-d'œuvre d'architecture gothique édifié entre 1376 et 1420 *(horaires : 9 h 30-17 h, fermé le lundi)*.
Il faudra visiter la **Basiliek van het Heilig Bloed** (basilique du Saint-Sang), constituée de deux sanctuaires superposés : l'église inférieure **Saint-Basile**, romane, est en effet surmontée par la basilique proprement dite, des XIIIe et XVIe siècles. On y expose le vendredi la relique du Saint-Sang. De la chapelle où elle est gardée part, le jour de l'Ascension, une procession en costumes qui met en scène des épisodes de la Bible et de la Passion. L'**église Notre-Dame**, de style gothique, possède un clocher en brique haut de 122 m. Elle abrite une *Vierge à l'Enfant,* magnifique groupe en marbre sculpté par Michel-Ange en 1504, ainsi que

les tombeaux de Charles le Téméraire et de sa fille Marie de Bourgogne. En face, le **musée du Sint Janshospitaal** (hôpital Saint-Jean) conserve six chefs-d'œuvre du grand peintre d'origine bavaroise **Hans Memling** (mort à Bruges en 1494), dont la châsse de sainte Ursule en bois de chêne sculpté et doré, et orné de miniatures du maître. Il faut ensuite parcourir les canaux en flânant, en bateau, ou à pied sur les quais, pour découvrir les perspectives faites de tours et de clochers, de palais et de gracieux ponts à dos-d'âne, que tant d'artistes ont immortalisés. C'est une expérience hors du temps qui vous conduit, sans que vous l'ayez voulu, sur la petite **Wijngaardplaats** (place de la Vigne), reliée par un pont étroit au silencieux **Begijnhof** (béguinage) *(1, Wijngaardplein)*. Institution typiquement flamande, fondée en 1245 par la comtesse Marguerite de Flandre, le béguinage se compose d'une série de petites maisons blanches avec un beau jardin au centre, où vivait retirée du monde une communauté de « béguines ». Ces femmes veuves ou orphelines, souvent de familles riches, étaient animées d'un esprit mystique sans pour autant prononcer de vœux et vouées aux activités caritatives et artisanales. Aujourd'hui, les bâtiments sont habités par des moniales bénédictines. On peut visiter la petite église de 1602 et la maison de la mère supérieure, avant de continuer vers le sud jusqu'au **Minnewater** (lac d'Amour) – but idéal pour une agréable promenade *(office du tourisme de Bruges, Concertgebouw, 't Zand 34, tél. 05 5044 4646; www.brugge.be)*.

Où dormir

€€€€ Firean Hotel (Anvers). Un hôtel de charme aménagé dans un bâtiment Art déco de 1929. Il jouit d'une excellente réputation dans toute la Belgique *(6, Karel Oomstraat, tél. 03 2370260; www.hotelfirean.com)*.

€€€€ B&B Maison Le Dragon (Bruges). Un palais du XVIe siècle, entièrement restauré, dans le centre historique de Bruges. Vous serez bien vite à votre aise dans un décor raffiné et élégant de meubles anciens, de tableaux, de miroirs et de consoles *(5, Eekhoutstraat, tél. 05 0720654; www.maisonledragon.be)*.

€€€ Poort Ackere Monasterium (Gand). Une oasis de paix et de tranquillité, à l'abri des murs d'un ancien monastère. Les grandes chambres offrent un mélange de style néogothique et de touches traditionnelles. Quand le temps le permet, le petit-déjeuner est servi dans la délicieuse cour intérieure *(56, Oude Houtlei, tél. 09 2692210; www.monasterium.be)*.

87 - Le quai du Rosaire (Rozenhoedkaai), un des célèbres canaux de Bruges.

Où manger

€€€ Patrick Devos (Bruges). Derrière ses façades de style gothique tardif, cet établissement cache les grandes salles en pur style Art nouveau de son restaurant, dirigé par un des plus célèbres chefs belges. Le jardin d'hiver est d'un romantisme achevé *(41, Zilverstraat, tél. 05 0335566; www.patrickdevos.be)*.

€€ Het Pomphuis (Anvers). À 2 km du centre, sur les docks du port, un restaurant aménagé dans un vieux bâtiment abritant d'énormes réservoirs, utilisés jadis pour vider l'eau du bassin de carénage. La carte propose des plats de cuisine flamande ou internationale *(Siberiastraat, tél. 03 7708625; www.hetpomphuis.be)*.

€€ Café Théâtre (Gand). Atmosphère cosmopolite et style raffiné dans ce qui était jadis le café de l'Opéra de Gand – inauguré en 1840 et fermé en 1989. On y sert de la cuisine flamande, avec des excursions dans divers pays du monde *(5, Schouwburgstraat, tél. 09 2650550; www.cafetheatre.be)*.

Sorties et divertissements

De Muze (Anvers). Ce café situé sur le Melmarkt propose des concerts, du jazz et du blues à partir de 22 h ; le dimanche, en début d'après-midi *(15, Melkmarkt, tél. 03 2260126)*.

'T Poatersgat (Bruges). Une vieille cave à voûtes d'arêtes, éclairée aux chandelles, où l'on peut déguster une large sélection de bières belges, y compris les trappistes. Dans le patois local, le nom de cette brasserie signifie « le trou du moine » *(82, Vlamingstraat, www.poatersgat.com)*.

Café Den Turk (Gand). Malgré ses presque 700 ans d'histoire, l'établissement reste un lieu de rencontre classique pour les habitants de la ville, où l'on écoute avec plaisir de la bonne musique *(Botermarkt 3, Gand ; tél. 09 2330197; www.cafedenturk.be)*.

Pour d'autres informations : Office du tourisme belge, 21, boulevard des Capucines, 75002 Paris, tél. 0147424118, www.tourismebelgique.com

Amsterdam - *Pays-Bas*

Sitôt arrivé à Amsterdam, la première chose à faire est d'enfourcher une bicyclette ou de prendre un des nombreux bateaux qui parcourent les canaux. Façons tout autant pratiques qu'agréables pour s'imprégner de l'air de liberté que l'on respire dans cette ville au charme ancien. Cosmopolite, effervescente, anti-conventionnelle et progressiste, elle est aussi tranquille et jouit d'une qualité de vie élevée. À l'origine, des pêcheurs édifièrent sur pilotis le premier village qui allait devenir la capitale des Pays-Bas. En parcourant le réseau de canaux reliant une centaine d'îlots, on acquiert une vision d'ensemble des 1 281 ponts illuminés la nuit et des quelque 7 000 palais et demeures aux splendides façades, de réels chefs-d'œuvre. Dans le centre, la **place du Dam**, avec le **Palais royal** et la **Nieuwe Kerk**, est la première destination des visiteurs. À l'est du Dam, dans la partie ancienne de la ville, s'étend le **De Wallen**, le « quartier rouge », qui est en train de changer de visage. Au-delà, on trouve les quartiers de **Niewmarkt** et de **Plantage**, avec la **maison de Rembrandt** et le **jardin botanique**. Au XIXe siècle, des juifs de la classe moyenne bâtirent leur prospérité en travaillant et en taillant les diamants. Le Werf't Kromhout, un temps chantier naval florissant, offre un bon point de vue sur le **moulin De Gooyer** – un des derniers de la ville. Au nord de la gare centrale, le front de l'ancien port, le long du **canal IJ**, est en constante évolution, avec ses architectures d'avant-garde et le **Nemo**, le musée des sciences aux allures de navire futuriste conçu par Renzo Piano. Au sud des canaux, **Leidseplein** est le centre d'un quartier très touristique, avec le **Vondelpark** et le **quartier des musées** (**Museumplein**). À l'est, **De Pijp** fourmille de vie et d'activités, avec des boutiques et des restaurants étrangers où l'on peut déguster des plats de toutes les cuisines du monde : indonésienne, pakistanaise, syrienne, indienne ou chinoise – pour n'en mentionner que quelques-unes.

Comment se déplacer en ville : *Les sites les plus intéressants de la ville sont accessibles à pied, mais la manière la plus divertissante de visiter Amsterdam est la bicyclette. Il existe dans toute la ville des agences de location (www.bikecity.nl), des itinéraires balisés et des pistes cyclables. L'excellent réseau de*

88-89 - Vue aérienne d'Amsterdam.

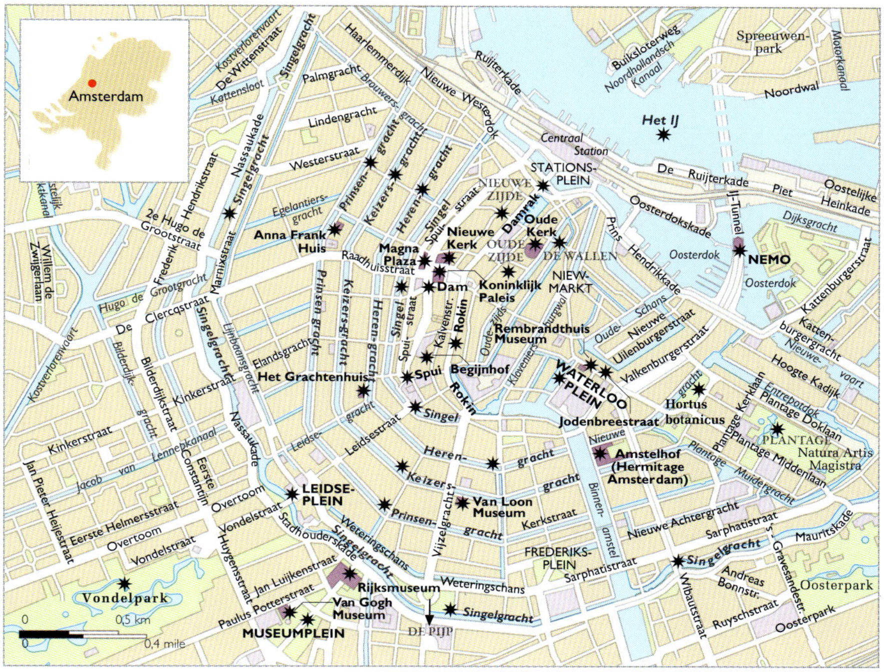

transports publics comprend le tramway, le métro et l'autobus. Trois lignes de navigation – verte, rouge et bleue – parcourent les canaux (www.canal.nl).

À voir

LE DAM

La vaste place rectangulaire envahie de pigeons est le noyau historique de la cité : au XIIIe siècle, les premiers occupants construisirent une digue *(dam)* sur l'Amstel. Dans les années 60, ce fut le lieu de rencontre des hippies et des routards. Aujourd'hui, le Dam est plutôt devenu un carrefour touristique et une grande zone commerciale. On y voit le **Koninklijk Paleis** (Palais royal), de style classique, et la **Nieuwe Kerk**, la nouvelle église, de style gothique tardif et de rite protestant, où l'on célèbre depuis des siècles couronnements et mariages royaux. La colonne blanche et dépouillée qui se dresse au centre de la place commémore les victimes de la Seconde Guerre mondiale – c'est, de plus, un point de rendez-vous bien pratique. À côté se trouve l'entrée de Bijenkorf, le grand magasin le plus prestigieux du pays, célèbre pour l'extravagance de sa mode et pour son aménagement au design futuriste. De la place part la longue artère du **Damrak** *(rak* signifie « port ») qui, de l'autre côté, prend le nom de **Rokin** (ou port intérieur). À deux pas du Dam, le **Centre commercial Magna Plaza** *(www.magnaplaza.nl)*, autre temple de la mode, occupe l'ancienne Poste centrale, un édifice du XIXe siècle.

DE WALLEN, LE « QUARTIER ROUGE »

À l'est du Damrak, De Wallen a été l'un des quartiers les plus célèbres du monde pour ses sex-shops et ses vitrines en rez-de-chaussée éclairées en rouge, derrière lesquelles les prostituées proposaient leurs services. Toutefois, ce quartier est en train de changer de visage : dans les ruelles du secteur le plus ancien de la ville, des boutiques à la mode, des bars tendance et des restaurants bio prennent peu à peu la place des commerces liés au sexe, des théâtres et cabarets érotiques, et des cafés où l'on vend de la marijuana. C'est aussi dans ce quartier que se dresse l'**Oude Kerk**, l'église ancienne *(Oudekerksplein 23 ; horaires : 11 h-17 h du lundi au samedi, 13 h-17 h le dimanche)*, la plus ancienne église de la ville, d'origine romane et gothique, mais remaniée à la Renaissance. L'intérieur est éclairé par de précieux vitraux et l'on y donne souvent de magnifiques concerts d'orgue. Pour une pause, le **café Hofjie van Wijs** *(Zeedijk 43)* est un bon choix : il propose des cafés et des thés excellents, éventuellement accompagnés d'une délicieuse *appeltaart* (tarte aux pommes).

BEGIJNHOF (LE BÉGUINAGE)

Le béguinage est un petit village tranquille au cœur de la capitale. On y accède depuis le Spui pour faire un bond dans le passé. Fondé en 1346 pour accueillir des femmes qui se consacraient à la prière et aux œuvres de charité, le béguinage s'organise autour d'une cour intérieure égayée de fleurs. On peut y voir une petite église catholique du Moyen Âge et des maisons du XVIIe siècle, à l'exception de la plus ancienne, encore en bois, qui date de 1475.

LA JODENBREESTRAAT

C'est la rue principale de l'ancien quartier juif, qui a pris avec le temps un air plus bohème : ce fut longtemps le refuge des immigrés frappés par des persécutions religieuses. On y verra, au n° 4, la maison où Rembrandt habita de 1639 à 1656 (**Rembrandthuis**). Le musée qui y est installé présente une collection de 260 de ses gravures *(horaires : 10 h-17 h ; www.rembrandthuis.nl)*.

L'HERMITAGE D'AMSTERDAM

Pierre le Grand nourrissait une grande admiration pour l'Amsterdam du siècle d'or, au point de prendre pour modèle son réseau de canaux lorsqu'il imagina Saint-Pétersbourg. C'est peut-être en son hommage que, en 2009, une filiale du musée russe a été ouverte. Ce musée est installé dans l'Amstelhof, un ancien hospice sur le canal Singel, qui a été transformé en lieu d'expositions artistiques et centre culturel très actif. Les expositions à thème s'y succèdent avec les chefs-d'œuvre du musée de Saint-Pétersbourg, et deux collections permanentes dévoilent les relations entre la Hollande et la Russie, et l'histoire de la santé à Amsterdam, en particulier le secours aux vieillards à l'Amstelhof *(Amstel 51, tél. 020 5307488; www.hermitage.nl).*

DE HORTUS BOTANICUS (LE JARDIN BOTANIQUE)

Véritable oasis urbaine, la création du Jardin botanique remonte à 1638. Conçu à l'origine comme jardin de simples pour les médecins et les apothicaires, il possède aujourd'hui plus de 4000 espèces de plantes en provenance du monde entier. Ne pas manquer la serre didactique où l'on élève des papillons *(Plantage Middenlaam 2A, horaires 9h-17h du lundi au vendredi, 10h-17h le samedi et le dimanche; www.dehortus.nl).*

LES CANAUX

Les canaux d'Amsterdam sont inscrits au patrimoine mondial de l'Unesco depuis 2010. Ils constituent la promenade idéale pour se familiariser avec la structure singulière de la « Venise du Nord ». En les parcourant, on peut saisir l'atmosphère romantique créée par le charme de ses « rues d'eau » dans lesquelles se reflètent les longues perspectives des maisons étroites et tout en hauteur construites par de riches marchands entre le XVIIe et le XVIIIe siècle. Le canal commercial du **Singel** (XVIe siècle) entoure le cœur de la ville médiévale. Le **Herengracht** (canal des Seigneurs), le **Keizersgracht** (canal de l'Empereur) et le **Prinsengracht** (canal du Prince) – le plus extérieur, baptisé en l'honneur de Guillaume le Taciturne – sont d'allure plus noble et remplissent principalement une fonction résidentielle. On a surnommé **« Courbe d'or »** (Gouden Bocht) la section du Herengracht où ont été construites et décorées vers le milieu du XVIIe siècle, par les grands architectes de l'époque, tel Philip Vingboons, d'opulentes demeures de marchands dotées de façades de style Louis XIV ou inspirées du classicisme français. Mais on trouve aussi, éparpillées dans la ville, des maisons de formes et de dimensions étonnantes. Au n° 22 de l'Oude Hoogstraat se dresse ainsi une maisonnette à façade campaniforme, de 2 m de largeur sur 6 de profondeur. Au n° 26 de la Kloveniersburgwal, une autre petite maison n'a que 3 m de largeur : elle est connue sous le nom de **Kleine Trippenhuis** ou encore « maison du cocher de M. Trip ». Elle se trouve en effet juste en face de la grande **Trippenhuis** (au n° 29), la plus vaste maison de la ville (22 m en façade), construite en 1660 pour les très riches frères Lodewijk et Hendrick Trip, marchands de fer, de cuivre, d'armes et de munitions. Au n° 672 du Keizersgracht, on ira voir la **maison Van Loon** à l'élégante architecture du XVIIIe siècle; elle a été transformée en musée. À l'intérieur, les meubles, l'argenterie et les porcelaines des XVIIe et XVIIIe siècles illustrent le luxe et l'opulence d'une demeure noble de cette époque *(horaires : 11h-17h, du mercredi au lundi).* Pour saisir l'histoire de la construction des canaux circulaires d'Amsterdam, ne manquez pas, au n° 386 du Herengracht, la visite du tout récent **Het Grachtenhuis** (musée de la maison du Canal), inauguré en avril 2011, avec un très beau jardin intérieur (*www.herengracht386.com*). Enfin, pour admirer de près les maisons flottantes du Prinsengracht, on peut faire une pause à la terrasse du **café Het Molenpad** (au n° 653) ou au café **T'Smalle** (*Egelantiersgracht 12*), dont les salles du XVIIIe siècle sont très agréables, même en hiver.

LA MAISON D'ANNE FRANK (ANNE FRANK HUIS)

La famille Frank, ainsi qu'une autre famille, a vécu sans faire de bruit pendant plus de deux ans dans un appartement aménagé derrière une bibliothèque coulissante, au n° 263 du Prinsengracht. La jeune Anne a confié aux pages de son célèbre *Journal* les pensées, les peines et les espérances d'une adolescente; elle y a écrit des

Balade sur les canaux

La dernière mode pour visiter Amsterdam est le ***pédalo****, afin de ne renoncer à aucun des deux moyens de transport les plus en vogue dans la ville : le bateau et la bicyclette. Pédaler sur l'eau tout en regardant alentour est facile, divertissant et moins dangereux que dans le trafic dense des rues. On peut louer des pédalos dans l'un des quatre mouillages du centre-ville et les laisser ensuite dans un autre. Pour ceux qui préfèrent une balade romantique, on peut effectuer une croisière vespérale à la carte, peut-être même accompagnée par un jazz-band, avec la Canals and All That Jazz Cruise* (www.canal.nl). *Pour les croisières sur les canaux entourant la ville, avec visite de manufactures et de moulins, la Great Amsterdam Excursion Company* (www.greatamsterdamexcursions.com) *a mis en place depuis peu un voyage de 2 heures et demie, en car et en barque, à partir de l'aéroport de Schiphol.*

histoires et des phrases célèbres de grands écrivains. À la suite d'une dénonciation, elle fut arrêtée avec ses sept compagnons et déportée à Bergen-Belsen, où elle mourut en mars 1945 ; elle n'avait que quinze ans. Seul Otto Frank, le père d'Anne, réchappera aux camps. Dans les pièces vides de cette maison sombre, transformée en musée en 1957, on a rassemblé quelques témoignages poignants : citations du *Journal*, documents, photographies et objets personnels des huit personnes qui y étaient cachées (*Prinsengracht 263, tél. 020 556 71 05 ; www.annefrank.org ; horaires : 9 h-21 h de mi-mars à mi-septembre [jusqu'à 22 h le samedi en juillet et en août] ; 9 h-19 h de mi-septembre à mi-mars [jusqu'à 22 h le samedi]*).

LE MUSÉE VAN GOGH

Un ensemble de 200 toiles, 580 dessins et 700 lettres de l'artiste est exposé dans l'édifice de Gerrit Riedveld qui accueille depuis 1973 le musée Van Gogh. Ils résument la vie brève et tourmentée, mais riche et féconde, du peintre qui s'est suicidé à trente-sept ans. La visite commence par les œuvres réalisées à Nuenen, dans la maison paternelle où Vincent peint la toile sombre des *Mangeurs de pommes de terre* (1885). Puis l'artiste rejoint son frère Théo, à Montmartre. Il découvre alors l'art japonais, les impressionnistes et la puissance magnétique de la couleur (*Autoportrait au chapeau de paille, Chaussures, Champ de blé à l'alouette*). Vient ensuite la période d'Arles et de Saint-Rémy-de-Provence : la lumière puissante du Sud envahit alors les toiles d'un peintre de plus en plus angoissé (*Le Semeur*, les *Tournesols*, *La Chambre de Vincent* à Arles, *La Moisson*, *Les Oliviers*). La période d'Auvers-sur-Oise marque le dernier acte de la tragédie artistique de Van Gogh, qui peint son œuvre ultime, *Le Champ de blé aux corbeaux*, peu avant de mettre fin à ses jours. De magnifiques expositions temporaires se succèdent dans l'extension du musée : la tour en titane conçue par l'architecte japonais Kisho Kurokawa (*Paulus Potterstraat 7, www.vangoghmuseum.nl ; horaires : 10 h-18 h, 10 h-22 h le vendredi*).

90-91 - Des barques sur un canal d'Amsterdam.

91 en bas - Les *Tournesols* de Van Gogh, une des toiles exposées au musée qui lui est dédié.

LE RIJKSMUSEUM

Ce musée rassemble les chefs-d'œuvre de l'âge d'or de la peinture hollandaise, quand les corporations de marchands célébraient leur gloire par des portraits officiels de splendide facture. La plus grande partie du musée est fermée pour restauration jusqu'en 2013, mais on pourra admirer dans l'aile Philips *La Ronde de nuit* de Rembrandt (1642), les portraits de Frans Hals (*Le Joyeux Buveur*), les scènes intimistes de Vermeer (*La Lettre d'amour, La Ruelle, La Laitière*), les célèbres marines de Van de Velde et les *Noces villageoises* de Jan Steen. La collection comporte aussi de magnifiques faïences de Delft ayant appartenu à Guillaume III et à Marie Stuart, ainsi que des maisons de poupées des XVIIe et XVIIIe siècles qui reflètent la richesse des intérieurs de l'époque (*Stadehouderskade 42, www.rijksmuseum.nl; horaires : 9 h-18 h*).

LE NEMO

Ce qui ressemble à la coque d'un navire futuriste est la création ingénieuse de l'architecte italien Renzo Piano, qui s'est inspiré de la proue d'un bateau sortant des eaux afin d'illustrer les progrès du savoir. Construit au-dessus du **tunnel de l'IJ**, le musée guide les visiteurs dans un parcours de découverte de l'univers des sciences et des techniques. Des présentations incluent la chimie, la physique, les sciences naturelles, le comportement humain et les technologies de l'information et de la communication. Une exposition très intéressante illustre un voyage imaginaire à l'intérieur de l'esprit humain ; la galerie interactive qui porte sur la psychologie, la connaissance et le cerveau est fort passionnante. Le pont supérieur se transforme en plage pendant l'été ; c'est l'occasion de siroter un cocktail et d'admirer Amsterdam d'en haut. À la sortie, prenez le temps de jeter un œil sur les anciens navires marchands restaurés, dont la fidèle reproduction de l'*Amsterdam* (1748-1749), ouverte à la visite (*Oosterdok 2; www.e-nemo.nl; horaires : 10 h-17 h du mardi au dimanche, ainsi que le lundi en juillet et en août*).

LE VONDELPARK

Le plus grand et le plus beau parc de la ville, créé entre 1804 et 1874, est l'idéal pour écouter ou jouer de la musique, lire un livre sur la rive d'un petit lac, admirer des œuvres d'art contemporaines – ou plus simplement déguster un bon café en toute tranquillité.

92 - Les environs du Rijksmuseum (en haut) et *La Ronde de nuit* de Rembrandt (1642), un des chefs-d'œuvre exposés dans les salles du Rijksmuseum (en bas).

Où dormir

€€€€€ Conservatorium Hotel (chic). C'est l'hôtel le plus chic et le plus élégant d'Amsterdam, inauguré en mai 2011, près de la Hofstraat, la rue du shopping. Il réunit le charme de l'édifice ancien (ce fut le conservatoire d'Amsterdam) et le talent de Piero Lissoni, un des plus importants stylistes italiens. Avec spa, hammam, sauna, piscine couverte *(27, Van Baerlestraat, tél. 020 774 94510; www.conservatoriumhotel.com)*.

€€€€ Ambassade Hotel B.V. (élégant). Situé idéalement sur le Herengracht, cet hôtel est composé en fait de dix maisons du XVIIe siècle réunies, avec des chambres aménagées dans un style traditionnel et élégant. Fréquenté par des romanciers et des gens de lettres comme John Le Carré et Umberto Eco *(341, Herengracht, tél. 020 555 022; www.ambassade-hotel.nl)*.

€€€ Canal House Hotel (design). Hôtel-boutique innovant du Curious Group, sur le Keizersgracht. Proche de la maison d'Anne Frank, cet hôtel offre un contraste original entre l'histoire ancienne des trois résidences qui le composent et le design moderne de ses 23 chambres dans des tons de noir, pourpre, gris et cuivre *(148-152, Keizersgracht, tél. 020 622 51 82; www.canalhouse.nl)*.

Où manger

€€€ La Rive (étoilé). Le meilleur restaurant de la ville, avec une vue splendide sur l'Amstel. Situé dans l'Amstel Hotel, il a gagné ses deux étoiles au Michelin pour son service impeccable, sa carte des vins et la cuisine du chef Roger Rassin *(1, Professor Tulpplein, Amstel InterContinental Amsterdam Hotel, tél. 020 5203264; www.restaurantlarive.nl)*.

93 en haut - Le musée Nemo conçu par Renzo Piano.

93 en bas - La place du Nieuwmarkt.

€€ Brasserie Harkema (français). Dans une ancienne manufacture de tabac, un établissement au design original, qui propose vins fins et cuisine française classique à des prix raisonnables ; jusqu'à 1 h du matin *(67, Nes, tél. 020 428 22 22; www.brasserieharkema.nl).*

€€ Nomads (oriental). Restaurant libanais adapté autant pour un en-cas que pour un dîner. Intérieur exotique et chaleureux, sur un fond de mélodies orientales *(133-I, Rozengracht, tél. 020 344 64 01; www.nomads.nl).*

Sorties et divertissements

MiNiBAR (bar à vins). Un établissement paradoxal où on se sert son vin tout seul. Le client reçoit une clef qui lui donne accès à un réfrigérateur personnel (au choix : bière, vin pétillant ou mixte) et il est libre ensuite de se servir et d'offrir à boire à ses amis pendant toute la soirée *(478, Prinsengracht, tél. 020 422 19 35; www.minibaronline.com).*

't Arendsnest (brasserie). Les amateurs de bière hollandaise pourront choisir entre 350 types de bière en bouteilles ou à la pression *(90, Herengracht, tél. 020 421 20 57; www.arendsnest.nl).*

Paradiso (musique). Dans une ancienne église désaffectée, une belle adresse pour écouter de la musique. On y programme aussi bien de la dance que du jazz, du rock ou du rap, en passant par la pop *(Weteringschans 6-8, tél. 020 626 45 21; www.paradiso.nl).*

Pour d'autres informations : Centraal Station, tél. 090 040 04040; www.amsterdamtourist.nl et www.holland.com

Shopping au marché

Amsterdam regorge de marchés en plein air ou partiellement couverts, dispersés entre les différents quartiers de la ville. Le plus grand est le ***Cuyp-markt*** *(marché Albert-Cuyp) ouvert depuis 1904 au centre du quartier De Pijp habité par des immigrés, des artistes, des étudiants et de jeunes ménages* (9 h-17 h, du lundi au samedi). *On y trouve un peu de tout, vêtements, chaussures, accessoires et produits alimentaires – dont les incontournables* stroopwafel, *ces gaufres caramélisées à la cannelle. Le long du pittoresque canal Singel, entre Koningsplein et Muntplein, se déploient les étals du célèbre* ***marché aux fleurs, le Bloemenmarkt*** (9 h-17 h 30 du lundi au samedi, 11 h-17 h 30 le dimanche). *Certains de ces étals sont installés sur de grands pontons flottants. On y propose une grande variété de fleurs fraîches de saison, des bulbes, des plantes comme les géraniums hollandais et même des cyprès d'appartement – mais les fleurs les plus vendues restent les tulipes. Le* ***Looiersmarkt****, marché couvert d'antiquités et d'objets de collection, est à la fois intrigant et fascinant ; il est installé dans un ancien entrepôt d'Elandsgracht, au n° 109* (11 h-17 h, du jeudi au samedi). *Les prix sont assez élevés, mais il est possible d'y faire de bonnes affaires. À* ***Waterlooplein****, le célèbre marché aux puces d'Amsterdam, on ne trouve que des objets d'occasion : vêtements, artisanat, matériel électronique, vieux livres, disques vinyls, cartes postales des années 20 et même des costumes de théâtre* (11 h-17 h, du lundi au samedi). *Enfin, pour les bibliophiles et les amateurs d'art, ne pas manquer le* ***marché des artistes et des livres de Spui****, sur la petite place homonyme (à gauche, presque à l'extrémité de Kalverstraat, en venant du Dam). Le vendredi est dédié aux livres et le dimanche aux artistes qui exposent et vendent leurs œuvres* (de 9 h à 16 h, vendredi et dimanche).

Dublin - *Irlande*

Dublin possède un riche passé culturel – à commencer par le Trinity College d'où sont sortis les génies de la littérature mondiale que sont Jonathan Swift et Samuel Beckett. La capitale de la république d'Irlande présente un double visage : d'un côté, des traditions, de l'autre, la marche vers l'avenir avec la réhabilitation du quartier des anciens docks. Au milieu règne, intemporelle, la bière.

Dublin est la ville de Joyce comme le rappellent le pont de Santiago Calatrava (**James Joyce Bridge**) qui franchit la Liffey, et les initiatives culturelles du **James Joyce Centre** *(35, North Great George's Street, www.jamesjoyce.ie ; horaires : 10 h-17 h, dimanche 12 h-17 h, fermé le lundi d'octobre à mars)* qui organise le **Bloomsday** (un circuit sur les traces d'*Ulysse)*, en juin de chaque année, et des visites guidées dans les lieux de mémoire de l'auteur. La visite de Dublin commence par le **Trinity College**, la plus importante université d'Irlande, où ont étudié des générations d'écrivains – mais pas Joyce, diplômé de l'University College. Les autres symboles du passé sont la **cathédrale** et le **château** anglo-normand. Le quartier de Temple Bar, quant à lui, est devenu l'emblème d'une ville jeune et entreprenante à la suite d'un important projet de rénovation. Des pubs et des centres culturels y ont fleuri, et, à l'**Irish Film Institute**, les projections cinématographiques attirent du monde. Temple Bar se dispute la première place avec l'ancien quartier des docks ou **Docklands**. Les vieux quais du port ont été reconvertis en un quartier branché où viennent loger les jeunes managers. Des installations artistiques de plein air racontent – non sans une pointe d'orgueil – les années de misère noire qui ont jadis affligé la ville.

Comment se déplacer en ville : *Dublin est desservi par un bon réseau d'autobus. Les trams (www.luas.ie) se divisent en Green Line, la ligne verte qui relie Sandyford à St. Stephen's Green, et Red Line, la ligne rouge, pour aller de Tallaght à Connolly Station – d'où partent les trains pour la côte.*

Monnaie : *La monnaie officielle de l'Irlande est l'**euro**.*

À voir

TRINITY COLLEGE

Les attentes du visiteur ne seront pas déçues par l'**Old Library**, bibliothèque royale voulue par Élisabeth Ire à la fin du XVIe siècle. Son joyau est le **Book of Kells**, un évangéliaire enluminé du IXe siècle considéré comme un des volumes les plus précieux au monde. Il est du reste en excellente compagnie : dans ses merveilleuses boiseries, l'Old Library s'enorgueillit de plus d'un million d'ouvrages qui ont contribué à former de brillants étudiants, de Jonathan Swift à Samuel Beckett en passant par Oscar Wilde. La plus importante et plus ancienne université d'Irlande se visite aussi pour ses multiples édifices bâtis autour des deux grandes esplanades que sont **Parliament Square** et **Library Square**. Il faut aussi voir la **chapelle** de 1798 et une autre bibliothèque, la **Berkeley Library**, du

nom du grand philosophe, qui étudia et enseigna dans cette université (*College Green, horaires variables; www.tcd.ie/library*).

ST PATRICK'S CATHEDRAL

Située entre Patrick Street et Upper Kevin Street, cette église de rite anglican, a été édifiée à partir de 1191 en l'honneur de l'évangélisateur et du patron de l'Irlande. Elle doit sa renommée à Jonathan Swift, l'auteur des *Voyages de Gulliver*, qui en fut le doyen de 1713 à 1745. Les concerts qui s'y donnent tout au long de l'année sont de qualité. On remarquera, à côté de l'entrée, l'épitaphe en latin que Swift a lui-même dictée *(Saint Patrick's Close, www.stpatrickscathedral.ie; horaires variables)*.

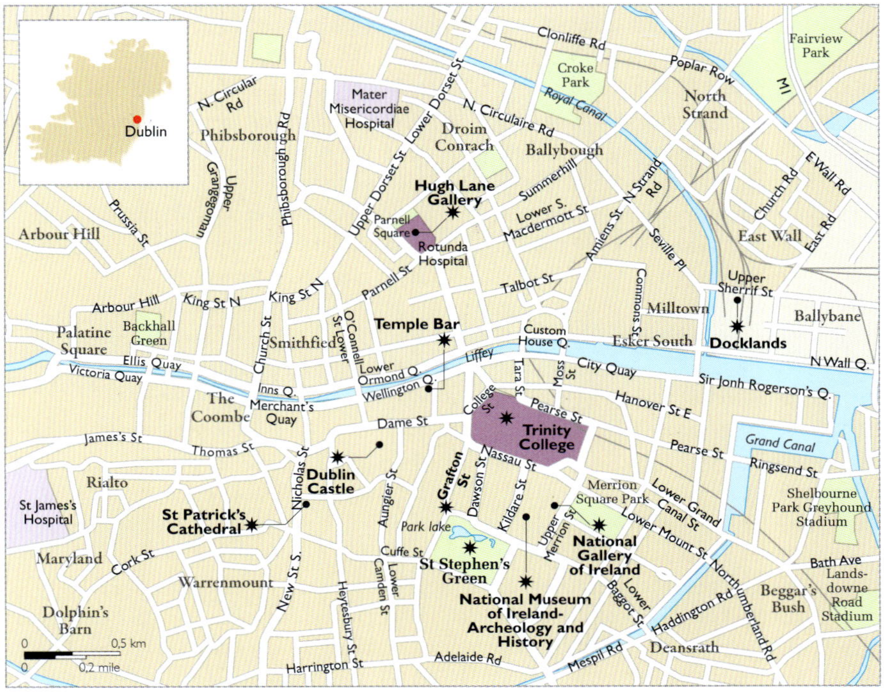

94 - L'Old Library, à Trinity College.

94-95 - Trinity College est l'université la plus prestigieuse d'Irlande.

LE QUARTIER DE TEMPLE BAR

Le quadrilatère que limitent la Liffey, au nord, et Dame Street, au sud, est devenu dans les années 90 le quartier à la mode. C'est un concentré de bars, de pubs *(voir l'encadré Les pubs et la bière)*, de restaurants, de centres culturels et de bâtiments en brique rouge. Malgré son nom, l'**Irish Film Institute** *(6, Eustace Street, www.irishfilm.ie)* projette des films du monde entier et l'**Olympia Theatre** *(72, Dame Street, www.mcd.ie)* donne des concerts de rock et de pop. De nombreuses activités culturelles animent ce quartier : que ce soit la **Nuit de la Culture**, en septembre, des marchés en plein air de légumes, de fruits, de fleurs ou de livres, aussi bien que des initiatives de plus de cinquante associations artistiques et culturelles (*www.templebar.ie*).

NATIONAL MUSEUM OF IRELAND

Les collections de ce musée sont réparties entre quatre lieux : le **Musée archéologique**, dans Kildare Street, le **musée des Arts décoratifs**, dans Collins Barrack-Benburb Street, le **Country Life**, à Turlough Park (comté de Mayo) et le **musée d'Histoire naturelle**, dans Merrion Street. Ne manquez pas la visite du Musée archéologique où sont présentées deux collections exceptionnelles : l'**Ór** (orfèvrerie irlandaise de l'âge du bronze, de 2200 à 500 av. J.-C.) et le **trésor** (colliers, calices et couronnes en or, de la période celtique au XIVe siècle). On y verra en outre de belles salles consacrées à l'Égypte antique, à l'Empire romain et à l'Irlande viking, puis médiévale *(horaires : 10h-17h, 14h-17h le dimanche, fermé le lundi ; www.museum.ie)*.

NATIONAL GALLERY OF IRELAND

Elle contient une des plus importantes collections d'art d'Europe : plus de 14 000 tableaux, dessins, sculptures et objets, du début du XIIIe siècle au milieu du XXe siècle. Elle possède des œuvres telles que l'*Arrestation du Christ* par le Caravage (1602), *L'Amour* de Canova (1789) et le *Portrait de Doña Antonia Zárate* par Goya (vers 1805). On y verra aussi des tableaux de Paolo Uccello, Titien, Rembrandt, Vermeer, Monet et Picasso *(Merrion Square West, www.nationalgallery.ie ; horaires : 9h30-17h30, jeudi jusqu'à 20h30, dimanche 12h-17h30)*.

LE CHÂTEAU

Édifié au XIIIe siècle, le château a été tout à la fois une forteresse, une prison et le siège de la puissance anglaise en Irlande

Les pubs et la bière

Le grand circuit de la bière part toujours de St. Jame's Gate où a rouvert en 2000, avec éclat, la **Guinness Storehouse** (www.guinness-storehouse.com ; horaires 9 h 30-17 h, jusqu'à 19 h en été). *La brasserie de la mythique bière brune revendique une moyenne de 800 000 visiteurs par an. Après cette visite incontournable, pour tout apprendre sur la fabrication de cette boisson, vous pourrez vous arrêter au Gravity Bar, au septième étage, pour avoir une vue sur la ville. Ensuite, rendez-vous au quartier de Temple Bar où se concentrent la plupart des adresses culte pour les amateurs de pintes : pubs historiques comme le Temple Bar depuis 1840* (47/48, Temple Bar, www.thetemplebarpub.com)*, l'***Oliver St. John Gogarty***, très fréquenté à l'heure du repas et après le coucher du soleil* (58/59, Fleet Street, www.gogartys.ie)*, ou le* **Palace Bar** *– toujours dans Fleet Street – qui s'enorgueillit d'une clientèle d'écrivains et de journalistes. En dehors de ce quartier,* **The Brazen Head** (20, Bridge Street Lower, www.brazenhead.com) *est le plus ancien pub de Dublin, donc d'Irlande, et a été cité par Joyce dans* Ulysse*. Dans ce même chef-d'œuvre de la littérature mondiale apparaît* **Mulligan's** (8, Poolberg Sreet, www.mulligans.ie)*, pub de style victorien, ouvert depuis 1782.* **Toner's** (139, Lower Baggot Street, www.tonerspub.ie) *était en revanche une halte favorite du célèbre poète irlandais W. B. Yeats pour prendre un verre. De bière ? Non, de sherry.*

pendant sept siècles. Il est caractéristique d'une résidence des XVIIIe et XIXe siècles, avec sa **Clock Tower** de la fin du XVIIIe siècle, la **Chester Beatty Library** qui abrite une des premières collections de manuscrits du monde, et les **State Apartments**, des salles destinées, au XVIIIe siècle, à l'accueil des hôtes de marque. Leurs plafonds sont décorés de stucs et l'on note, parmi les tableaux, un portrait de Van Dyck *(Castle Street, horaires : 10 h-16 h 45, le dimanche 14 h-16 h 45 ; www.dublincastle.ie)*.

96-97 - Les ponts sur la Liffey.

97 en haut - La brasserie Guinness.

97 en bas - Un des nombreux pubs de Temple Bar.

LES DOCKLANDS

Le Dublin de demain se dessine dans la zone portuaire autour des vieux entrepôts et des maisons ouvrières : devenu un quartier branché, il accueille le Maritime Festival, en juin, et ses régates, ses marchés et ses attractions pour les enfants (*www.dublindocklands.ie/maritimefestival*), et, en décembre, ses petits marchés de Noël. Le **Famine Memorial**, une série de statues en bronze, commémore la terrible famine qui frappa la population au XIXe siècle, obligeant de nombreuses familles à émigrer vers le Nouveau Monde. L'**O2** est un vaste espace dans un édifice victorien consacré aux événements musicaux (*North Wall Quay, www.theo2.ie*). On y trouve aussi un hôtel cinq-étoiles, le très luxueux Merrion (*www.merrionhotel.com*), ainsi que des bars, des restaurants et des galeries d'art. **The Dublin Wheel,** roue panoramique installée sur la grande place piétonnière, permet d'admirer la ville à 60 m de hauteur, de jour comme de nuit, car elle fonctionne de 10 h du matin jusque après le coucher du soleil. Des **croisières** sont organisées sur la Liffey, dans les chalands traditionnels de couleur rouge (*www.liffeyrivercruises.com*). Le véritable joyau est toutefois le nouveau **Grand Canal Theatre** aux formes audacieuses conçu par une équipe d'architectes dont Daniel Libeskind (*Grand Canal Square, www.grandcanaltheatre.ie*).
Pour d'autres informations : www.dublindocklands.ie et www.ddda.ie

ST. STEPHEN'S GREEN

Pour se détendre entre deux visites, on peut faire un détour par ce parc de 9 ha, situé en plein centre, parsemé d'étangs et de petits ponts, de statues et de parterres. On verra l'institut médical du **Royal College of Surgeons,** le **Shelbourne Hotel** (aujourd'hui le Marriott), et la Newman House du XVIIIe siècle (*85-86, St.Stephen's Green, tél. 1716 74 22, horaires variables*) qui tire son nom du cardinal John Henry Newman, recteur de l'Université catholique où Joyce a étudié. À la sortie du parc, le **National Concert Hall** est une adresse incontournable pour les amateurs de musique classique (*entrée par Earlsfort Terrace, www.nch.ie*).

HUGH LANE GALLERY

Ce nouvel espace est dédié aux arts. Des concerts y ont lieu et une collection permanente de 2 000 œuvres est exposée, dont des Manet, Monet, Renoir et Degas, il abrite aussi l'**atelier de Francis Bacon**, et les quelque 7 000 objets – peintures, livres et photographies – ayant appartenu au plus grand des peintres dublinois. À ne pas manquer. (*Charlemont House, Parnell Square North, www.hughlane.ie ; horaires variables*).

Où dormir

€€€€ The Clarence (VIP). Établissement fréquenté par des artistes, il appartient à Bono et Edge, du groupe U2. Son look est quasi monacal, mais l'ambiance est grandiose. À commencer par la bibliothèque, ses petits fauteuils en cuir et ses tables récupérés dans les abbayes des alentours (*6-8, Wellington Quay, tél. 1 407 0800, www.theclarence.ie*).

€€€ Hampton Hotel (design). Un établissement au design discret, où l'on ne dépense pas une fortune pour dormir. Son bar bistrot est très couru (*19-29, Morehampton Road, tél. 1 668 0995, www.hamptonhotel.ie*).

€€€ Aberdeen Lodge (charme). Inscrit sur la liste des cent meilleurs hôtels d'Irlande, cet établissement propose des chambres avec lit à baldaquin et petite cheminée. Son restaurant mérite le détour. Délicieux jardin (*53-55, Park Avenue, tél. 1 283 8155, www.halpinsprivatehotels.com*).

Où manger

€€€ Patrick Guilbaud (chef étoilé). Un restaurant étoilé par le Michelin, pour les amateurs d'une cuisine créative, de l'œuf de caille au foie gras aux ravioles de langouste. À midi, le menu déjeuner à deux plats est à un prix abordable (*21, Upper Merrion Street, tél. 1 676 4192, www.restaurantpatrickguilbaud.ie*).

€€ The Winding Stair (élégant). L'un des restaurants les plus charmants. On entre dans une librairie, on monte un escalier et l'on arrive au restaurant donnant sur le fleuve. Des plats irlandais revisités et allégés. Pas économique le soir, mais les menus (et les prix) du midi sont résolument plus légers (*40, Ormond Quay, tél. 1 872 7320, www.winding-stair.com*).

€€ Ely Gastro Pub (bar à vins). Sur le modèle des gastro-pubs londoniens, une adresse branchée pour manger et boire (bien et – pour certains plats – bio). On propose 9 types de cartes, du déjeuner au souper, depuis le menu de la carte pour enfants aux suggestions pour avant ou après le théâtre (*Grand Canal Square, tél. 1 633 9986, www.elywinebar.ie*).

Sorties et divertissements

Tripod. Un club multifonctionnel au look industriel et chic, avec bar et prestations de groupes émergents. Excellente qualité acoustique (*Old Harcourt Station, Harcourt Street, www.pod.ie*).

Abbey Theatre. Une adresse illustre. Cofondé par le poète W.B. Yeats, cet établissement propose des pièces de théâtre de tout premier ordre, avec des premières parfois mondiales (*26, Lower Abbey St., www.abbeytheatre.ie*).

Andrew's Lane. Rouvert depuis peu, ce club appartient déjà au top 10 des nuits dublinoises. Naguère théâtre, on y vient aujourd'hui pour danser et écouter de la musique (*9-17 Andrew's Lane, www.andrewslane.com*).

Pour d'autres informations : Office du tourisme irlandais : www.tourismireland.com ou www.discoverireland, ou encore www.visitdublin.com

98 - Grafton Street, la rue la plus élégante de la capitale irlandaise, pour le shopping.

99 - L'hôtel Clarence, propriété de U2.

Shopping

À Dublin, shopping rime avec ***Grafton Street****, la rue piétonnière sur laquelle donne* ***Brown Thomas*** (nos 88-95, www.brownthomas.com)*, le grand magasin le plus luxueux du pays, avec une concentration des griffes internationales et irlandaises. Le* ***Powerscourt Centre*** (59, Williams Street, www.powerscourt.com) *regroupe 42 boutiques et des dizaines de bars-cafés-restaurants, à l'intérieur d'une résidence nobiliaire du* XVIIIe *siècle, immédiatement derrière Grafton Street. Le* ***Loft Market*** *est à la mode : c'est un marché dans le style new-yorkais, qui se déroule à Powerscourt du vendredi au dimanche* (12 h-18 h, à partir de 11 h le samedi). *Très couru également, le* ***Design Centre*** *avec les collections des plus grands stylistes irlandais, John Rocha inclus* (Powerscourt Centre, www.designcentre.ie). *Dans les Docklands, la nouveauté est le* ***Point Village Market*** (North Wall Quay, www.pointvillage.ie), *centre commercial ouvert à la nouveauté, des crus de propriétaire aux produits biologiques du Farmer's Market.*

La côte

Au nord, on fera halte à ***Skerries****, petit port aux maisons colorées bordant la plage : à marée basse, une promenade par la grève permet d'atteindre Shenick's, l'un des îlots qui ponctuent l'horizon marin, et* ***Malahide****, port touristique situé à 16 km de la capitale, dominé par la masse de son château du* XIIe *siècle. Au sud, on visitera la ville côtière de* ***Dùn Laoghaire*** *avec son* ***National Maritime Museum of Ireland****, rouvert en 2011 après restauration* (www.mariner.ie), *et son quai d'où partent les bacs pour la Grande-Bretagne. En 1996, il a été immortalisé dans une scène du film* Michael Collins, *avec Liam Neeson. Ces destinations pour lesquelles il faut prévoir une journée sont possibles à bord du* ***DART*** (www.irishrail.ie), *le train vert qui relie la capitale depuis Connolly Station à son pittoresque arrière-pays (on peut aussi utiliser un autorail pour Skerries, toujours depuis Connolly Station). Les autres arrêts conseillés sont* ***Sandycove****, ville à 14 km au sud, et sa tour transformée en musée où Joyce a situé le premier chapitre d'*Ulysse *(d'où son nom de* ***James Joyce Tower****;* www.dun-laoghaire.com/profile/joyce.tower/index.html). *Non loin de là, les maisons médiévales du village de* ***Dalkey*** *étaient jadis protégées par sept châteaux. Il en reste deux aujourd'hui, l'****Archbold's*** *(fermé au public) et le* ***Dalkey Castle & Heritage Centre*** (www.dalkeycastle.com) *qui présente une reconstitution de l'histoire du pays. Ce bâtiment est également cité dans* Ulysse, *au deuxième chapitre.*

Édimbourg - *Royaume-Uni*

Aristocratique et mystérieuse, traditionnelle et dynamique, ville de théâtre, de musique et de littérature, mais aussi métropole moderne et multiraciale, Édimbourg (478 000 habitants) est, avec 2 millions de touristes par an, l'agglomération la plus visitée de la Grande-Bretagne – après Londres.

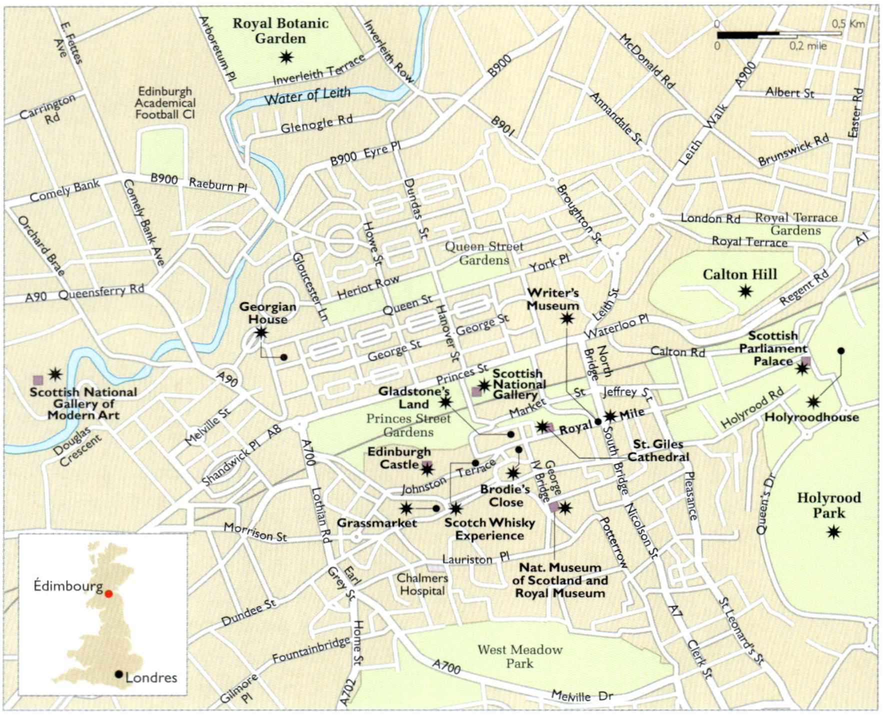

Édimbourg est situé entre des collines d'origine volcanique et la grande baie du Firth of Forth. On en a de beaux points de vue du haut du château qui les domine.

À la fois accueillant et mystérieux avec ses ruelles obscures et son histoire agitée, son centre historique a inspiré des dizaines d'écrivains, de Robert Louis Stevenson à Irvine Welsh et de J.K. Rowling à sir Arthur Conan Doyle, le père de Sherlock Holmes.

Le centre est divisé en deux parties, l'**Old Town**, escarpée et agrippée à son rocher, avec les résidences royales, ses églises et ses bastions, et la **New Town**, qui s'est étendue au XVIIIe siècle, de style georgien dont la **Georgian House**, au n° 7 de Charlotte Square, offre un bel exemple. Elle contient encore son mobilier, ses porcelaines et ses tableaux de la fin du XVIIIe siècle *(horaires : 10 h-18 h en juillet et août, jusqu'à 17 h d'avril à juin et en septembre-octobre, 11 h-15 h en mars et novembre)*. Axe de la cité médiévale, le **Royal Mile** descend du château qui domine la ville, du haut du sommet d'un ancien volcan au palais d'**Holyroodhouse**, ancienne résidence des rois d'Écosse.

Dans la nouvelle ville, l'activité se concentre traditionnellement dans **George Street**, au centre du quartier conçu en 1767 par James Craig. **Princes Street** en est l'artère principale, mais aussi une des rues commerçantes les plus animées.

En s'éloignant du centre, on se dirige vers le **Leith** : ce quartier portuaire a connu une complète métamorphose. Désormais branché, il accueille les meilleurs restaurants de poisson de la ville, les boutiques des grandes griffes et des galeries d'art avant-gardistes. Mouillé en face du complexe commercial de l'Ocean Terminal, le ***Royal Yacht Britannia*** prend tranquillement sa retraite après avoir emmené la reine pour 968 voyages officiels dans le monde entier, pendant plus de quarante-quatre ans *(horaires : 10 h-15 h 30 de novembre à mars, 10 h-16 h d'avril à octobre, 9 h 30-16 h 30 de juillet à sept. ; www.royalyachtbritannia.co.uk)*.

Les autocars de Majestic Tour partent du pont de Waverley, dans le centre de la ville.

Comment se déplacer en ville :
Les transports publics sont assurés à Édimbourg par des bus qui desservent correctement la ville. Autre solution possible et conseillée : se déplacer à pied ou à vélo. Les distances sont courtes et les pistes cyclables sont bien délimitées.

Monnaie : *La monnaie officielle de l'Écosse est la* ***livre sterling*** *britannique.*

À voir

LE CHÂTEAU D'ÉDIMBOURG

Sur l'éperon de roche volcanique du haut duquel le regard embrasse la ville entière, on chemine entre bastions et fossés construits entre le XIIe et le XIXe siècle. On parcourt ainsi huit cents ans de souvenirs historiques. La **St. Margaret's Chapel** est un petit oratoire dédié par le roi David Ier à sa mère, sainte Marguerite, et le **Scottish National War Museum** illustre l'histoire militaire de la nation écossaise. Dans l'austère palais d'allure Renaissance, avec sa grande salle où le Parlement écossais s'est réuni jusqu'en 1639, on peut voir la chambre de Marie Stuart et la **Crown Room** où l'on garde le trésor royal d'Écosse comportant la couronne, le sceptre, l'épée et la célèbre « pierre de la Destinée » ou « pierre de Scone » sur laquelle les rois s'asseyaient pour être couronnés. Devant le palais, sur la grande esplanade, se déploie en été la somptueuse parade d'orchestres et de fanfares militaires de l'**Edinburgh Military Tattoo** qui enchante les spectateurs *(voir l'encadré Une ville de fêtes). (Castle Hill, www.edinburghcastle.gov.uk; horaires : 9h30-18h d'avril à septembre; 9h30-17h d'octobre à mars, dernière entrée 45 minutes avant l'heure de fermeture.)*

100-101 - VUE AÉRIENNE DE LA CAPITALE ÉCOSSAISE, ÉDIMBOURG, ET SES COLLINES VOLCANIQUES.

101 EN BAS - LE CHÂTEAU ROYAL ÉDIFIÉ SUR UN ÉPERON ROCHEUX VOLCANIQUE.

THE ROYAL MILE

Longue d'un mile et en légère déclivité, l'avenue qui traverse toute l'ancienne ville a été nommée « royale » dès le XVIe siècle, lorsque les souverains prirent l'habitude de l'emprunter pour se rendre du palais à leur résidence d'Holyroodhouse.

De l'Esplanade, elle prend successivement les noms de Castle Esplanade, Castle Hill, Lawnmarket, High Street, Canongate et Abbey Strand. On peut la découvrir en faisant du shopping dans les boutiques très achalandées d'antiquités, de souvenirs ou de produits locaux de qualité (whisky ou cachemires, par exemple) ou en flânant entre les palais et les maisons bourgeoises des petites rues, à la recherche des *closes* (cours intérieures), si caractéristiques, ou en visitant des palais historiques et des musées surprenants. Par exemple, le **Scotch Whisky Experience** qui se targue de posséder la plus grande collection de whiskies du monde, ou le **Gladstone's Land**, bel exemple de maison bourgeoise du XVIIe siècle ayant appartenu à un riche marchand, ou encore le **Writer's Museum**, qui célèbre trois grands écrivains ayant vécu à Édimbourg (sir Walter Scott, R.L. Stevenson et Robert Burns). Dans le même quartier se trouve le **Brodie's Close**, qui rappelle le souvenir du légendaire Deacon Brodie, ébéniste le jour et brigand la nuit, pendu en 1788. Il aurait inspiré le roman de Stevenson *Docteur Jekyll et Mister Hyde*.

Au début de High Street, la **cathédrale gothique St. Giles** se dresse sur la place du Parlement. Dans les bâtiments datant du XVIIe siècle qui l'entourent sont installés le Palais de justice et la Bibliothèque nationale d'Écosse. D'origine normande (XIIe siècle) mais souvent remaniée et restaurée, cette église est un lieu symbolique de l'histoire écossaise. Elle abrite la statue de John Knox, fondateur de l'Église presbytérienne, et la chapelle néogothique de l'ordre du Chardon, celui de la chevalerie écossaise dont les membres défilent le 30 novembre, revêtus de leurs costumes traditionnels.

(Scotch Whisky Experience, 354 Castlehill, www.scotchwhiskyexperience.co.uk; horaires : 10 h-18 h 30. – Gladstone's Land, 477 Lawnmarket; horaires : 10 h-17 h. – Writer's Museum, Ladys Stair House, Lawnmarket, www.edinburghroyalmile.com/interest/writers museum; horaires : du lundi au samedi, 10 h-18 h, de juin à septembre, 10 h-17 h, d'octobre à mai. – St. Giles Cathedral, High Street; www.stgilescathedral.org.uk; horaires : 9 h-19 h du lundi au vendredi, 9 h-17 h le samedi, 13 h-17 h le dimanche, de mai à septembre; 9 h-17 h le samedi et 13 h-17 h le dimanche, d'octobre à avril.)

Une ville de fêtes

*Un grand théâtre à ciel ouvert : définition adéquate pour Édimbourg où la vie artistique, la musique et le spectacle ne connaissent pas de frontières. Pendant l'été, les palais, les cours intérieures et le château se métamorphosent en une immense scène pour accueillir groupes musicaux, funambules, artistes de rue et spectacles. Au mois d'août se déroulent des festivals et des rassemblements culturels réputés : l'**International Festival*** (www.eif.co.uk), *dédié à l'art lyrique, la musique classique, le jazz et le théâtre, le **Fringe*** (www.edfringe.com), *moins discipliné, axé sur la recherche et l'expérimentation, l'**International Book Festival*** (www.edbookfest.co.uk) *avec des lectures publiques et des débats d'auteurs qui présentent leurs dernières créations et l'**International Film Festival*** (www.edifilmfest.org.uk) *concentré sur le cinéma britannique, mais aussi sur les jeunes talents internationaux. Sans oublier le **Military Tattoo*** (www.edintattoo.co.uk), *traditionnelle parade des orchestres et fanfares qui déchaîne l'enthousiasme d'un public cosmopolite, avec en arrière-plan la silhouette illuminée du château.*

GRASSMARKET
L'ancienne place du Marché aux légumes, au pied du château, est aujourd'hui le cœur vivant de la Vieille Ville. Elle fut un temps le lieu des supplices, comme le rappelle le monument aux Covenanters, partisans de l'Église écossaise presbytérienne, dont plus d'une centaine furent exécutés sous les règnes de Charles II et de Jacques VII d'Écosse.

LE PALAIS D'HOLYROODHOUSE
L'imposante résidence officielle de la famille royale d'Écosse rappelle dans ses lignes architecturales les châteaux français de la Renaissance. Elle est associée à la mémoire de Marie Stuart, qui y a vécu plusieurs épisodes marquants de son règne : son mariage avec Bothwell, ses différends avec John Knox, l'assassinat de son secrétaire italien David Rizzio, commandité par son second mari, le jaloux lord Darnley. Les appartements royaux sont dotés de plafonds stuqués du XVIIe siècle, de tapisseries précieuses réalisées dans les manufactures de Bruxelles ou des Gobelins et de portraits de rois. Dans les appartements de la reine Marie sont exposés des effets personnels, dont certains remontent à l'époque où elle y fut emprisonnée, avant sa mort tragique (*Canongate, www.royalcollection.org.uk; horaires : 9h30-18h d'avril à octobre, 9h30-16h30 de novembre à mars*).

HOLYROOD PARK
Ce vaste espace vert au cœur de la ville, fut un temps le terrain de chasse des souverains écossais. Holyrood Park s'étend sur une superficie de 263 ha où fleurit la bruyère. Il est émaillé de petits lacs et de pics rocheux parmi lesquels domine l'Arthur's Seat (le Trône d'Arthur, accessible à pied en 45 minutes), la montagne magique des Celtes, d'origine volcanique, du haut de laquelle le regard s'étend jusqu'à la mer et aux Highlands. À l'intérieur du parc, on a inauguré en 2004 le nouveau **Scottish Parliament Palace**, une structure moderne en acier, chêne et granit, mais dont le design d'avant-garde s'inspire du patrimoine naturel et culturel de l'Écosse (*www.scottish.parliament.uk*).

102 - UNE VUE DE LA VILLE ET LE TRÔNE D'ARTHUR.
103 EN HAUT - LE PALAIS ROYAL D'HOLYROODHOUSE.
103 EN BAS - LA CATHÉDRALE GOTHIQUE ST. GILES.

MUSEUM OF SCOTLAND ET ROYAL MUSEUM
Avec une entrée commune dans Chambers Street, ces deux grandes institutions rassemblent des collections très différentes. Le premier, réparti chronologiquement sur six niveaux, de la Préhistoire au XXe siècle, propose un voyage dans l'histoire écossaise. Le second, aménagé dans un élégant bâtiment victorien de fer et de verre, est un des plus riches musées d'arts appliqués de Grande-Bretagne : céramique, bijoux, costumes et armes (*Chambers Street, www.nms.ac.uk; horaires: 10 h-17 h*).

SCOTTISH NATIONAL GALLERY
Présentée dans un palais néoclassique inauguré en 1859, cette collection se distingue par un ensemble de peintures anglaises et écossaises des XIXe et XXe siècles, entre autres de McTaggart, Henry Raeburn et leurs contemporains, Peter Howson et Ken Currie. Parmi les peintres européens exposés les plus célèbres, on relève Raphaël, Titien, Rubens, Van Dyck, Hals et Rembrandt. Une belle collection d'impressionnistes et de postimpressionnistes français est aussi exposée (*The Mound, www.nationalgalleries.org; horaires : 10 h-17 h, le jeudi jusqu'à 19 h*).

CARLTON HILL
À l'extrémité est de Princes Street, un volcan éteint procure un point de vue incomparable sur la ville. La colline est couronnée par des bâtiments d'époque néoclassique, dont le National Monument de 1822, dédié aux soldats écossais tombés pendant les guerres napoléoniennes.

SCOTTISH NATIONAL GALLERY OF MODERN ART
Collection d'art du XXe siècle, des expressionnistes aux surréalistes et de l'abstraction au pop art, avec des œuvres de Matisse, Picasso, Francis Bacon et David Hockney entre autres. Un secteur est consacré aux artistes écossais, coloristes et contemporains, tels que Peter Howson et Ken Currie. La collection est complétée par un ensemble d'art dada et surréaliste, avec des œuvres de Duchamp, Dalí, Magritte, Giacometti, etc., présentées dans la **Dean Gallery**, toujours dans Belford Road (*Belford Road, www.nationalgalleries.org; horaires : 10 h-17 h du lundi au samedi*).

ROYAL BOTANIC GARDEN
Un havre de paix et de tranquillité, à moins de 2 km du centre-ville, où l'on peut admirer des plantes provenant du monde entier et dont la collecte a débuté en 1670 : il en est ainsi de la serre de palmiers la plus haute d'Europe, des plantes de la forêt amazonienne ou provenant de Chine et jusqu'au séquoia géant du Woodland Garden (*20a, Inverleith Row, www.rnge.org.uk; horaires : 10 h-18 h de février à octobre, 10 h-16 h de novembre à janvier*).

Shopping

*Les Big Stores symbolisent un shopping de qualité à Édimbourg. Ils sont une véritable institution. Dans la Nouvelle Ville, **Jenners**, au 48 de Princes Street, est incontournable. Fondé en 1838, c'est l'un des plus anciens commerces du Royaume-Uni* (www.houseoffraser.co.uk) *: six étages consacrés à la mode, aux articles pour la maison, aux cosmétiques, aux cadeaux – et une petite boutique qui vend du whisky. Vêtements et accessoires de mode trônent également dans les vitrines d'**Harvey Nichols*** (www.harveynichols.com/stores/edinburgh), *inauguré en 2002 sur St. Andrew Square. La bijouterie **Alistir Wood Tait** est spécialisée dans les bijoux de style écossais, les broches de plaid (tissu écossais typique) et les quaich en argent, ces tasses à deux anses pour boire le whisky* (116a, Rose Street, www.alistirtaitgem.co.uk). *Si vous vous trouvez en ville un samedi, ne manquez pas une pro-menade gourmande au **Castle Terrace Farmer's Market*** (www.edinburghfarmersmarket.co.uk) *: 70 éventaires de spécialités locales bio, du miel écossais à la sauce piquante (chutney) et du fromage aux saucisses épicées. Pour les amateurs de malt, la boutique à fréquenter est l'ancienne **Royal Mile Whiskies Shop**, dans la Vieille Ville : un concentré d'arômes et de fragrances qui propose 300 variétés de whisky (single malt ou blended) et de bourbon* (High Street, www.royalmilewhiskies.com). *Pour rester dans la tradition locale, **Geoffrey (Tailor),** au 57-59 de High Street, est le meilleur endroit pour acheter un kilt : vous n'aurez que l'embarras du choix entre les impérissables modèles en laine ou en cachemire, et les créations plus fantasques de la nouvelle collection « 21st Century Kilts » en cuir ou en jeans* (www.geoffreykilts.co.uk).

104 - L'hôtel Balmoral à droite et le château au crépuscule.

105 - Le Cafe Royal, dans New Town.

Où dormir

€€€€€ Hotel Missoni Edinburgh (design). Une touche de glamour et de stylisme italien très raffiné au cœur de la capitale écossaise, à quelques pas du château. Le design des 136 chambres entièrement décliné dans des tons blancs et noirs, avec des taches de couleur exubérantes, porte la signature de Rosita Missoni. Pour se détendre, l'hôtel propose une piscine et un spa exclusif (*1, George IV Bridge, tél. 0131 220 6666, www.hotelmissoni.com*).

€€€€€ Balmoral Hotel (luxe). Dans la ville nouvelle du shopping, un hôtel de luxe au vrai sens du terme, avec des meubles du XVIIe siècle et une vue époustouflante sur la ville. Le restaurant « Number One » – une étoile au Michelin – est un des meilleurs d'Édimbourg. Piscine, spa et gymnase pour une remise en forme complète (*1, Princes Street, tél. 0131 556 2414, www.thebalmoralhotel.com*).

€€€ Parliament House Hotel (confort). Édifice de style georgien, sur la colline panoramique d'Édimbourg (*15, Carlton Hill, tél. 0131 478 4000, www.parliamenthouse-hotel.co.uk*).

Où manger

€€€ Martin Wishart (raffiné). Au bord de l'eau. Une étoile au Michelin. Les plats au goût français sont préparés avec les ingrédients écossais les plus recherchés. Réserver longtemps à l'avance (*4, The Shore-Leith, tél. 0131 553 3557, www.martin-wishart.co.uk*).

€€€ Oloroso (branché). Au troisième étage d'un bâtiment à grandes baies vitrées, il offre des vues magnifiques sur le château d'Édimbourg. Cuisine imaginative et novatrice, avec des plats traditionnels revisités à la manière asiatique ou méditerranéenne (*33, Castle Street, tél. 0131 226 7614, www.oloroso.co.uk*).

€€ The Stockbridge (romantique). Un restaurant de quartier à l'atmosphère intime et raffinée, idéale pour un souper romantique avec lumières tamisées. Sur les murs, tableaux d'artistes écossais (*54, St. Stephens, tél. 0131 226 6766, www.thestockbridgerestaurant.co.uk*).

Sorties et divertissements

The Liquid Room. Dans un entresol voûté de Victoria Street, un bar discothèque célèbre pour avoir accueilli les premières performances des Coldplay, des Smashing Pumpkins et de Moby (*9C, Victoria Street, tél. 0131 225 2564, www.liquidroom.com*).

The Royal Oak. À deux pas du Royal Mile, c'est le lieu idéal pour rencontrer certains des noms les plus importants de la musique folk écossaise (*1, Infirmary Street, tél. 0131 557 2976, www.royal-oak-folk.com*).

The Port O' Leith Bar. Un pub d'un autre temps à proximité du port, avec une bonne sélection de whiskies écossais. Au plafond et sur les murs, une étonnante collection de drapeaux et d'instruments nautiques (*58, Constitution Street, Leith, tél. 0131 554 3568*).

Filmhouse. Une institution de la ville pour les cinéphiles. Siège en été de l'Edinburgh's International Film Festival (*88, Lothian Riad, tél. 0131 228 2688*).

Pour d'autres informations :
Edinburgh & Scotland Information Centre, 3 Princes Street, Edinburgh, EH2 2QP tél. 0845 2255 12, www.edinburgh.org et www.visitscotland.com

Excursion à St. Andrews

***St. Andrews** (à 90 km environ d'Édimbourg, accessible en voiture) est le rendez-vous des golfeurs du monde entier désireux de mettre leur talent à l'épreuve. Il est célèbre pour ses terrains de golf dont certains trous longent la plage. Mais sa vocation sportive n'est pas son seul atout. Cette ville à l'atmosphère aristocratique, nichée au bord de la mer à l'extrémité de l'East Neuk, dans la région du Fife, est réputée pour son université fondée au début du XVe siècle et classée parmi les meilleures du Royaume-Uni. La fascination qu'elle exerce provient également des ruines de sa cathédrale, qui fut au XIIe siècle la plus grande de l'Écosse* (www.standrewscathedral.com). *Outre le British Museum Golf* (www.britishgolfmuseum.com ; horaires : 10 h-16 h de novembre à mars, 9 h 30-17 h d'avril à octobre, fermé en février) *et le terrain historique d'Old Course, sanctuaire des sept greens doubles, la très longue plage déserte de West Sands mérite une promenade. Elle a été immortalisée par l'une des plus belles courses de l'histoire du cinéma* (Les Chariots de feu, *de Hugh Hudson*).

Les Borders, en Écosse - *Royaume-Uni*

Un bel itinéraire dans une région de frontière, les Scottish Borders, disputée entre l'Écosse et l'Angleterre. Une terre sauvage – même si elle est à moins d'une heure d'Édimbourg –, couverte de bruyères, avec des villages aux maisons blanches et des fleuves très poissonneux, la Tweed et la Teviot. On y visite de belles abbayes en ruine, construites au XIIe siècle par le roi d'Écosse David Ier et détruites au XVIe siècle sous Henri VIII, au temps de la Réforme, mais aussi des châteaux et de charmantes résidences, témoins d'événements historiques, romantiques ou légendaires. On se laisse peu à peu envoûter par ces paysages de campagne sombres, sous un ciel nuageux, et par les récits des exploits héroïques des Écossais, mais aussi par la saveur des traditions qui nous rappellent les romans de Walter Scott.

Comment se déplacer :
Notre itinéraire routier – environ 130 km – part de ***Hawick****, centre de l'industrie lainière. Après un bref détour à l'****Hermitage Castle*** *(25,5 km au sud, par la B6399), on prend l'A698 jusqu'à* ***Jedburgh*** *(19 km) et* ***Kelso*** *(14 km). Une fois empruntée l'A6089 vers le nord, avec un petit crochet, l'étape suivante est* ***Mellerstain House*** *(11 km), suivie – après 10 km environ de routes tortueuses, mais*

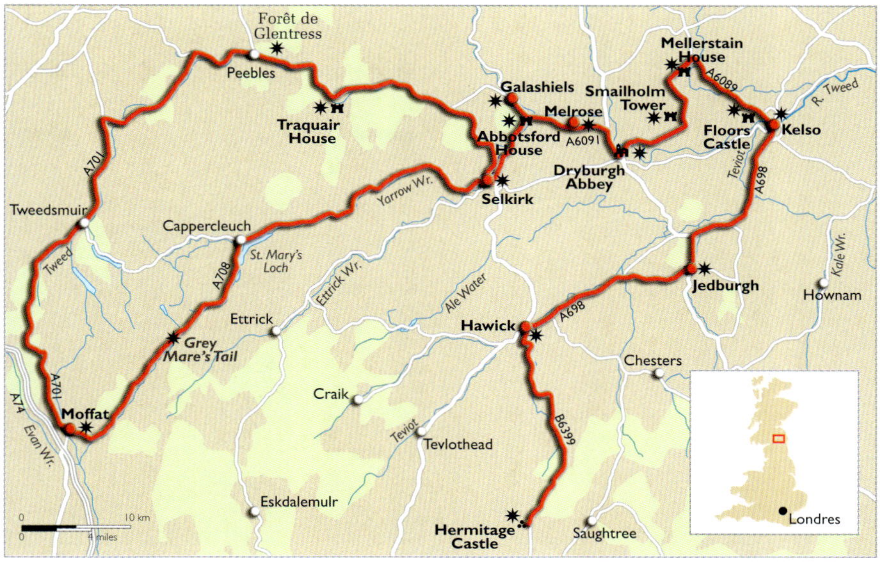

*bien balisées – de la **Smailholm Tower**, puis de la **Dryburgh Abbey** (8 km). On prend ensuite à droite l'A6091 pour atteindre (3 km) **Melrose** puis **Abbotsford House**, à proximité de Galashiels. De là, l'A7 mène en 8 km jusqu'à **Selkirk**, d'où un long crochet circulaire de 56 km sur l'A708 conduit à **Moffat**. La dernière étape du parcours sera **Traquair House** (à 23 km sur l'A701) ; 9 km plus loin, on arrive à **Peebles**.*

***Monnaie :** La monnaie officielle de l'Écosse est la **livre sterling** britannique.*

HERMITAGE CASTLE

Entouré de landes de bruyères sauvages, l'Hermitage Castle se dresse solitaire à côté d'un impétueux cours d'eau *(horaires : 9 h 30-17 h 30 d'avril à septembre ; fermé en hiver)*. Cet ensemble fascinant avec ses grands blocs de pierre, construit aux XIIIe et XIVe siècles, conserve les souvenirs de l'histoire mouvementée des Borders pendant les guerres d'indépendance. Il a connu des épisodes romantiques comme celui de Marie Stuart, reine d'Écosse, qui fit 30 km à cheval, en 1566, pour rendre visite à son amant, le comte de Bothwell, blessé lors d'une bataille à la frontière entre l'Écosse et l'Angleterre. Fantômes et fantasmes occupent encore, dans l'imagination populaire, les ruines du manoir, d'une beauté toute particulière lorsque le ciel blafard annonce l'arrivée d'un orage.

JEDBURGH

Dans une anse de la Jedwater, la ville royale historique de Jedburgh est aujourd'hui une agréable cité, avec un centre très bien entretenu et ses maisons colorées, au pied de **Castle Jail**, la prison édifiée en 1820 sur le site d'un ancien château *(horaires : de fin mars à fin octobre, 10 h-16 h 30 du lundi au samedi, 13 h-16 h le dimanche)*. **Mary Queen of Scot's House** *(horaires : 10 h-16 h 30 de Pâques à mi-novembre, 11 h-16 h 30 le dimanche)* mérite une visite si l'on s'intéresse à la vie tumultueuse de Marie Stuart : elle séjourna dans cette maison-tour du XVIe siècle, en 1566, après sa chevauchée mémorable jusqu'à Hermitage Castle. Le musée qui lui est dédié retrace son destin tragique. La ville est aussi dominée par la majestueuse **Jedburgh Abbey** *(horaires : 9 h 30-17 h 30 d'avril à octobre, 9 h 30-16 h 30 de novembre à mars)*, fondée en 1138 par le roi David Ier pour témoigner de sa foi et de sa puissance face aux Anglais. Les bâtiments de grès rose ont été habités par des moines augustins jusqu'à l'époque de la Réforme, puis délaissés. La toiture a disparu mais cela ne nuit pas à ses proportions harmonieuses. Romane et gothique, avec ses trois nefs, elle offre au regard une tour à la croisée du transept et un portail très décoré. Vous ne quitterez pas la région sans goûter aux ***jethart snails***, délicieux petits fours en forme d'escargots, parfumés à la menthe.

106-107 - JEDBURGH ABBEY.

107 EN BAS - HERMITAGE CASTLE (XIIe SIÈCLE).

Les chevauchées historiques des Borders

The Riding of the Marches, *ainsi sont appelées les chevauchées historiques organisées au début de chaque été dans les principales villes des* Scottish Borders *pour commémorer les temps – l'Écosse et l'Angleterre étaient alors en guerre – où les redoutables cavaliers écossais étaient envoyés en expédition aux frontières méridionales de l'Écosse pour contrôler les terres et les propriétés, afin de prévenir et de repousser les incursions anglaises éventuelles. Le* ***Jethart Callant Festival de Selkirk*** *(en juin-juillet) est particulièrement émouvant : sur la Market Place, le drapeau écossais est hissé à la fin de la manifestation et l'on chante alors l'hymne en l'honneur des soldats tombés pour le royaume.*

KELSO

Un bourg romantique, magnifiquement situé au confluent de la Tweed et de la Teviot, avec un centre historique bien conservé où s'élèvent, entre ruelles et placettes pavées de galets, d'élégantes demeures georgiennes, ouvertes sur de délicieux jardins. Le principal intérêt du bourg sont les ruines de l'ancienne **abbaye romane** construite en 1128 par des moines bénédictins français et dont il reste une belle tour. Elle fut au XIIIe siècle la principale abbaye écossaise. À un peu plus de 1 km au nord-ouest du centre s'élève le légendaire **Floors Castle** *(horaires : 11 h-17 h d'avril à octobre, www.floorscastle.com)*, la plus grande demeure nobiliaire encore habitée en Écosse, résidence du duc de Roxburghe (dixième du nom). Construit en 1721 et plusieurs fois modifié, le château est surmonté de nombreuses cheminées qui ornent les toitures. Il conserve dans ses salles tapisseries flamandes, meubles anciens, porcelaines et argenterie – ainsi qu'une précieuse collection des meilleurs portraitistes britanniques dont Hogarth, Gainsborough et Reynolds. Les allées du parc conduisent au **Millennium Parterre**, jardin original décoré d'un grand blason floral.

MELLERSTAIN HOUSE

Édifiée à partir de 1725, cette résidence est sans doute la plus belle réalisation architecturale de William Adam en Écosse – même si les plans ont été achevés par son fils Robert. Une classique élégance georgienne règne dans les intérieurs, avec des meubles d'époque et des tableaux de Van Dyck, de Gainsborough et des paysages écossais de Ramsay, Aitken et Naismith. On remarquera surtout la **bibliothèque**, mais aussi la collection de marionnettes et de poupées dans la galerie. Les terrasses du **jardin à l'italienne** descendent doucement vers un **petit lac** *(Gordon, www.mellerstain.com ; horaires : 12 h 30-17 h de mai à octobre, 11 h 30-17 h pour les jardins)*.

SMAILHOLM TOWER

La visite de cette **tour de pierre**, perchée sur une butte rocheuse au-dessus d'un petit lac, fait partie de l'itinéraire littéraire de Walter Scott (1771-1832) *(horaires : 9 h 30-18 h 30 du lundi au samedi, d'avril à septembre)*. La **ferme de Sandyknowe**, toute proche, appartenait au grand-père de Scott. Le jeune Walter y fut envoyé pour fortifier sa santé fragile, et son imagination fut nourrie des récits des héros écossais et des longues promenades dans la campagne. Le jeune garçon contemplait les sombres paysages du haut du belvédère qu'il nomma **Scott's View**.

DRYBURGH ABBEY

Après une belle promenade à pied sur les bords de la Tweed, on arrive au village de St. Boswells, près duquel s'élève, isolée sur la rive du fleuve, l'**abbaye** fondée par des moines prémontrés en 1150, aujourd'hui encore toute baignée d'une atmosphère mystique. Parmi les vestiges, on identifie plusieurs structures conventuelles : le réfectoire, le dortoir, la salle capitulaire et l'église avec sa façade romane, son transept et le chœur où se trouvent les tombeaux de Walter Scott, de son épouse et de son gendre *(horaires : 9 h 30-17 h 30 d'avril à septembre, 9 h 30-16 h 30 d'octobre à mars)*.

108 EN HAUT - LA VILLE DE KELSO, SUR LA TWEED.

108 AU CENTRE - FLOORS CASTLE, RÉSIDENCE DU DUC DE ROXBURGHE.

108 EN BAS - LES JARDINS DE MELLERSTAIN HOUSE.

109 - L'ABBAYE DE DRYBURGH, FONDÉE EN 1150.

Cachemire et tweed

Le grand orgueil de l'industrie des Borders est le travail du cachemire et du tweed, dont le foyer est ***Hawick*** *(la plus grosse agglomération des Borders), à quelques kilomètres de la frontière avec l'Angleterre. Pour le shopping, on aura l'embarras du choix parmi les fabriques ouvertes au public et les boutiques. La tournée peut commencer par le* ***Cashmere Visitor Centre*** *dans les bâtiments de l'****Hawick Cashmere Company*** *fondée en 1874* (Arthur Street, Hawick, tél. 01450 371 221, www.hawickcashmere.com) *: on peut non seulement y faire des achats mais aussi y observer les machines en activité et la confection des produits. Une autre manufacture historique a été ouverte en 1878, la* ***Peter Scott & Co.*** (Buccleuch Street 11, tél. 01450 372 311, www.peterscott.co.uk). *Le « Cashmere Trail » continue dans la localité de* ***Galashiels*** *(à 25,5 km de Hawick, par l'A 7) où l'on peut visiter l'une des manufactures écossaises les plus renommées, le* ***Lochcarron Cashmere & Wool Centre*** (Huddersfield Street), *avec un vaste magasin et un petit musée attenant. Toujours à Galashiels, tradition et nouveauté se marient très heureusement dans la gamme d'****Eribé Knitwear Design*** (Bylands 2, Manse Street, tél. 01896 755 540, www.eribe.co.uk) *dont la collection propose des modèles « écologiques » en pur style écossais mais résolument modernisés.*

MELROSE

Voici une charmante bourgade hors du temps, avec sa place de marché et ses maisons basses et blanches aux toits noirs. Melrose est surtout connue pour la magnifique **abbaye gothique** en ruine *(horaires : 9h30-17h30 d'avril à septembre, 9h30-16h30 d'octobre à mars)*. Elle fut un temps l'abbaye la plus riche d'Écosse. Fondée par les cisterciens en 1136, on peut encore voir le chœur, le transept et l'abside, ainsi qu'une partie du cloître. Dans le cimetière qui entoure l'église, la légende veut que parmi les pierres tombales repose le cœur de Robert Ier Bruce, roi qui assura l'unification et l'indépendance de l'Écosse après la victoire de Bannockburn (1314). On visitera aussi, près de l'abbaye, deux **jardins** romantiques spécialisés dans la culture des fleurs et des plantes médicinales, en vente dans la boutique attenante. Un trajet d'un peu moins d'une heure à pied sur la rive de la Tweed vous conduira à 3,2 km à l'ouest jusqu'à **Abbotsford House** *(horaires : 9h30-17h de mars à octobre, le dimanche de 11h à 16h)*, l'originale résidence de Walter Scott, de 1812 à sa mort en 1832. Le plus apprécié des romanciers écossais, auteur de l'inoubliable *Ivanhoé*, imprégna ses œuvres de l'atmosphère de ces lieux, de *Waverley* (1814) à *Guy Mannering* (1815) dont le protagoniste est un agriculteur des Borders.

BOWHILL HOUSE

À 5 km à l'ouest de **Selkirk** se trouve Bowhill House *(horaires : 10h-17h en juillet, sur demande le reste de l'année)*, résidence des Scott de Buccleuch dont le valeureux ancêtre Walter Scott fut fait chevalier par le roi Jacques VI d'Écosse, au XVIe siècle, avec ces paroles : « Avec dix mille hommes comme nos frères d'Écosse, je pourrais faire trembler le trône le plus stable d'Europe. » Entouré d'un parc splendide, le bâtiment actuel (du XIXe siècle) renferme des trésors : porcelaines, mobilier, une cuisine d'époque victorienne, et une collection de portraits miniatures et de tableaux de Gainsborough, Canaletto, Van Dyck, Reynolds, Guardi et Le Lorrain. On gagnera **Moffat**, à 56 km, par l'A708 ; une promenade magnifique à travers la campagne. Moffat, construit au bord d'une rivière, possède de belles maisons d'époque victorienne. Sur le parcours qui traverse la vallée du Jarrow Water, avant d'affronter la sinueuse descente du Moffat Water, il faut obligatoirement s'arrêter à la spectaculaire **cascade de Grey Mare's Tail**, à laquelle on accède par un petit sentier du Visitor Centre.

TRAQUAIR HOUSE

Sur la rive sud de la Tweed, c'est une des plus grandes demeures nobiliaires d'Écosse, résidence de chasse royale jusqu'au XIIIe siècle, puis propriété des Stuart à partir du XVe siècle, avant son déclin à la suite de la Réforme protestante. On y visite la bibliothèque, la salle à manger, la chambre à coucher de Marie Stuart et la « chambre du Prêtre » où les religieux célébraient secrètement la messe avant le Catholic Emancipation Act de 1829. Sous la chapelle, une petite **brasserie** fabrique la Traquair House Ale, appréciée des connaisseurs *(horaires variables, www.traquair.co.uk/)*

Où dormir

€€€€€ Stobo Castle Health Spa (Peebleshire). Dans un magnifique château écossais enfoui dans la campagne des Scottish Borders, au cœur d'une pinède avec un ravissant petit lac japonais, cet hôtel spa luxueux offre à ses hôtes plus de 80 traitements de détente. Le chef prépare des mets à la fois sains et raffinés qui satisfont la ligne autant que le palais *(Stobo Castle, Peebleshire, tél. 01721 725300, www.stobocastle.uk)*.

€€€€ Jedforest (Jedburgh). À 5 km de Jedburgh et 10 km de la frontière historique avec l'Angleterre, c'est le premier hôtel que l'on rencontre quand on entre en Écosse. Au centre d'un domaine de 14 ha, c'est un quatre-étoiles apprécié des pêcheurs qui tenteront de capturer surtout des saumons dans les eaux de la Tweed et de la Teviot. Un endroit idéal pour les amateurs de sport – golf et bicyclette –, mais aussi de bonne cuisine *(Camptown-Jedburgh, tél. 01835 840 222, www.jedforesthotel.com)*.

€€€€ Auchen Castle Hotel (Moffat). Si vous êtes à la recherche d'un séjour romantique dans un véritable château

écossais, vous trouverez là ce que vous cherchez. Élégance, confort et environ 15 ha de terrains et de bois privés, où l'on peut s'exercer au ball-trap. Le chef est, lui aussi, de toute première classe (*Beattock, près de Moffat, Dumfriesshire, tél. 01683 300 407*).

€€€ Townhouse (Melrose). Au centre du charmant village de Melrose, voilà un hôtel raffiné et un excellent restaurant (*Market Square, tél. 01896 822 645, www.thetownhousemelrose.co.uk*).

Où manger

€€ Nighttjar (Jedburgh).
Cuisine innovante à base de poisson, avec des spécialités thaïlandaises. Une adresse très appréciée des Écossais (*Abbey Close, tél. 01835 862 552*).

€€ The Sunflower Restaurant (Peebles).
Un restaurant raffiné en plein centre de Peebles. Il a une excellente réputation pour la qualité des mets et du service (*Bridgegate 4, tél. 01721 722 420, www.sunflowerrestaurant.co.uk*).

€ Marmion's Brasserie (Melrose).
Brasserie de style écossais aux murs lambrissés. Bon choix de spécialités locales comme l'agneau braisé et le colin à la sauce crevette (*Buccleuch Street, tél. 01896 822 245, www.marmionsbrasserie.co.uk*).

Pour d'autres informations :
Office du tourisme d'Écosse,
www.visitscotland.com

110 EN HAUT - UNE SALLE DE L'ABBOTSFORD HOUSE, TRANSFORMÉE EN MUSÉE.

110 EN BAS - L'ABBAYE GOTHIQUE DE MELROSE.

110-111 - LE DOMAINE D'ABBOTSFORD HOUSE A ÉTÉ LA RÉSIDENCE DU ROMANCIER ÉCOSSAIS WALTER SCOTT.

Randonnées à pied et à vélo

Les routes peu fréquentées et la nature sauvage font des Scottish Borders un lieu parfait pour les randonnées à pied et à vélo. Le ***Borders Abbey Way****, récemment tracé, est un itinéraire pédestre de 104 km qui relie les abbayes les plus spectaculaires de la région. Les randonneurs chevronnés pourront aussi parcourir le* ***St. Cuthbert's Way****, itinéraire d'une centaine de kilomètres, de Melrose à l'île de Lindisfarne (en Angleterre), entre ruines de châteaux, de tours et d'abbayes, inspiré par les pèlerinages de saint Cuthbert. Des parcours beaucoup plus brefs, en boucle, partent des bourgs de Melrose, Jedburgh et Kelso (informations auprès des offices de tourisme locaux). Pour les amateurs de VTT, le terrain idéal est la* ***forêt de Glentress****, dans la vallée de la Tweed à peu de distance de Peebles, où se trouve aussi un centre d'informations* (The Hub, www.glentressforest.com) *qui loue des vélos et conseille les itinéraires les mieux adaptés aux experts comme aux débutants. Moins pentu, le* ***Tweed Cycle Way*** *est un parcours cycliste qui longe le fleuve (dans les eaux duquel il est possible de pêcher seize espèces de poissons différentes).*

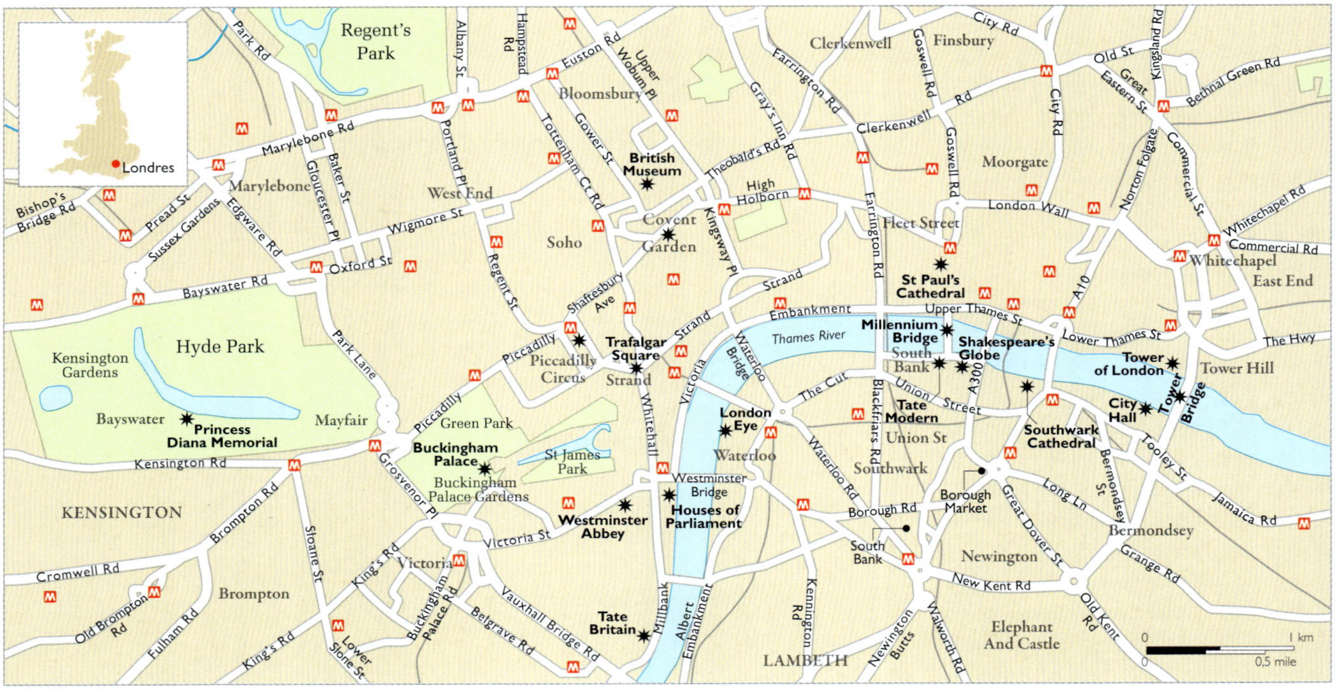

Londres
Regent's Park
Clerkenwell
Finsbury
Bloomsbury
British Museum
Marylebone
West End
Soho
Covent Garden
Moorgate
High Holborn
Fleet Street
St Paul's Cathedral
Whitechapel
East End
Hyde Park
Kensington Gardens
Bayswater
Princess Diana Memorial
Mayfair
Trafalgar Square
Piccadilly Circus
Strand
Thames River
Millennium Bridge
Shakespeare's Globe
Tower of London
Tower Hill
Tower Bridge
City Hall
Tate Modern
London Eye
Waterloo
Southwark
Southwark Cathedral
Borough Market
Buckingham Palace
St James Park
Buckingham Palace Gardens
Westminster Bridge
Houses of Parliament
Westminster Abbey
KENSINGTON
Victoria
Brompton
Bermondsey
Newington
South Bank
Elephant And Castle
Tate Britain
LAMBETH
Park Rd
Albany St
Hampstead Rd
Euston Rd
Upper Woburn Pl
City Rd
Old St
Great Eastern St
Kingsland Rd
Bethnal Green Rd
Farringdon Rd
Gray's Inn Rd
Goswell Rd
Clerkenwell Rd
Marylebone Rd
Gloucester Pl
Baker St
Portland Pl
Tottenham Ct Rd
Gower St
Theobald's Rd
Kingsway
Bishop's Bridge Rd
Praed St
Sussex Gardens
Edgware Rd
Wigmore St
Oxford St
Regent St
Farringdon Rd
London Wall
Norton Folgate
Commercial St
Whitechapel Rd
Commercial Rd
Bayswater Rd
Park Lane
Shaftesbury Ave
Strand
Embankment
Upper Thames St
A10
Lower Thames St
The Hwy
Piccadilly
Whitehall
Victoria
Waterloo Bridge
The Cut
Blackfriars Rd
Union Street
Union St
A300
Kensington Rd
Grosvenor Pl
Green Park
Waterloo Rd
Borough Rd
Great Dover St
Long Ln
Bermondsey St
Tooley St
Jamaica Rd
Grange Rd
Brompton Rd
Sloane St
King's Rd
Victoria St
Cromwell Rd
Old Brompton Rd
Fulham Rd
Buckingham Palace Rd
Vauxhall Bridge Rd
Belgrave Rd
Lower Sloane St
Millbank
Albert Embankment
Kennington Rd
Newington Butts
Walworth Rd
New Kent Rd
Old Kent Rd
0 1 km
0 0,5 mile

112-113 - La Tamise avec Westminster, Big Ben et le London Eye.

Londres - *Royaume-Uni*

Cosmopolite et foisonnante, Londres accueille chaque année 15 millions de visiteurs enthousiasmés par cette ville aux multiples facettes : le monde des affaires avec la City et ses buildings, les musées pour la plupart gratuits, les lieux mythiques comme Soho ou Covent Garden, la Tamise et ses ponts, l'animation nocturne des pubs et des théâtres, et cette capacité si british *d'inventer chaque jour quelque chose de nouveau. Mais les traditions persistent, les Britanniques restent attachés à la Couronne et à la relève de la garde, à Buckingham Palace. Un jour ou l'autre, il faut aller à Londres.*

Visiter Londres en un week-end est impossible tant cette ville offre d'attraits. Mais il existe deux quartiers qui représentent vraiment les deux âmes de la capitale anglaise. Tout d'abord **Westminster**, au cœur de la ville, avec ses monuments historiques, de l'abbaye homonyme au Parlement. Puis au nord, les deux quadrilatères de **Soho** et de **Covent Garden**, avec **Piccadilly Circus**, ses enseignes lumineuses et la **statue de l'Ange de la Charité chrétienne** (XIXe siècle) au centre, sont les lieux privilégiés des loisirs : là se trouvent les théâtres, la boutique historique (1717) des thés **Twinings** *(216 Strand)*, la célèbre place de Covent Garden avec le bâtiment de la **Royal Opera House** *(www.roh.org; horaires variables, mais visites guidées à peu près toutes les heures)* et le **Central Market Building** (XIXe siècle) et ses nombreux restaurants, boutiques, espaces pour artistes – mais aussi ses enseignes pour *peep show*.
L'atmosphère de l'East End est toute différente. Dans ce quartier à l'est de Covent Garden, les Anglais vivent à côté des communautés orientales.
On y trouve des maisons victoriennes et des ateliers transformés en lieux de rencontre, proche de la mythique Brick Lane : l'**Old Truman Brewery** avec ses commerces, ses restaurants et les galeries d'art ont remplacé les comptoirs et les caisses de bière *(91 Brick Lane, www.trumanbrewery.com)*.
Au sud de la Tamise, Southbank est, en revanche, le royaume de la modernité. Le **Millennium Bridge**, pont piétonnier conçu en 2000, relie la **City** – où se trouvent la Bourse, les banques, les bureaux et le célèbre gratte-ciel de la **Swiss Re Tower** (dite aussi **30 St. Mary Axe**, 180 m de hauteur, réalisation de sir Norman Foster et de Ken Shuttleworth) – à la **Tate Modern** rénovée, au **London Eye** (célèbre grande roue panoramique) et au **Shakespeare's Globe** pour les représentations théâtrales (voir l'encadré Sorties). C'est de ce côté que se trouvent également la **cathédrale anglicane de Southwark**, construite en style gothique à partir de 1106 *(London Bridge, www.cathedral.southwark.anglican.org; horaires : 8h-18h)*, le **City Hall**, globe irrégulier de verre et d'acier, autre réalisation de Norman Foster, qui regroupe depuis 2002 tous les services de la mairie de Londres *(The Queen's Walk, www.london.gov.uk/city-hall; horaires : 8h30-18h du lundi au jeudi, jusqu'à 17h30 le vendredi)* ; et le **Borough Market** pour une pause agréable à **Vinopolis** *(1 Bank End, www.vinopolis.co.uk; horaires variables)*. Ce musée du vin propose visites guidées, dégustations et vente.

Comment se déplacer en ville : *L'autobus et le métro sont les moyens les plus pratiques pour se déplacer dans Londres. On peut choisir soit les tickets journaliers soit un système d'abonnement comme l'Oyster Card (www.tfl.gov.uk). Pour éviter les files d'attente, on peut acheter en ligne le London Pass qui inclut également l'entrée gratuite à de nombreux monuments (www.londonpass.com).*

Monnaie : *La monnaie officielle du Royaume-Uni est la* ***livre sterling****.*

Les croisières

Pour découvrir Londres sous un angle différent, les ***London Canal Cruises*** *organisent des excursions sur le Regent's Canal, avec repas à bord, au cours desquelles vous pourrez admirer les maisons victoriennes se reflétant dans l'eau* (63 Salisbury Road, www.london-canalcruises.com). *Les bateaux de la* ***London Waterbus Company*** *proposent aussi des croisières parcourant plus ou moins le même itinéraire, par les vieilles voies d'eau de Brownings Pool, Little Venice et le Regent's Canal* (58 Camden Lock Place, www.londonwaterbus.com).

114 EN HAUT - BUCKINGHAM PALACE, RÉSIDENCE OFFICIELLE DE LA REINE ÉLISABETH II.

À voir

BUCKINGHAM PALACE

La résidence officielle de la reine Élisabeth II se visite en hiver comme en été – mais pas l'intégralité des 775 pièces qu'elle contient. On peut y voir les collections de la **Queen's Gallery** (peintures et meubles, présentés alternativement), de même que le **Musée des carrosses et des automobiles** utilisés pour les couronnements, les mariages et les visites d'État. Les portes des **State Rooms**, dont les pièces officielles ornées de tableaux de Rembrandt, Rubens et Canaletto, et de porcelaines de Sèvres, ne s'ouvrent qu'en été, de même que les jardins *(stations Green Park, Victoria, www.royalcollection.org.uk ; horaires variables)*.

LA TOUR DE LONDRES

Construite par Guillaume Ier le Conquérant comme forteresse militaire dès 1066-1067, la célèbre tour a été remaniée et agrandie par les souverains successifs jusqu'au XVIIe siècle. On y conserve les Joyaux de la Couronne – anneaux, sceptre et couronne constellés de pierres précieuses – gardés par un des Beefeaters revêtus de l'uniforme rouge caractéristique. On visite aussi les prisons, la **chapelle St. John** (joyau d'architecture commencé en 1078) et la **White Tower** (donjon), la partie la plus ancienne. En raison du grand nombre de visiteurs, il est conseillé de s'y rendre plutôt le matin (*Tower Hill, www.hrp.org.uk; horaires variables)*.

LE TOWER BRIDGE

Symbole du Londres du XIXe siècle, ce pont peut encore se lever pour permettre le passage de grands navires. Il abrite également une exposition sur son histoire et son fonctionnement. La vue sur la ville depuis la passerelle qui relie les deux tours gothiques est unique (*Tower Bridge Road, www.towerbridge.org.uk; horaires : 9h30-18h, jusqu'à 18h30 en été)*.

LA CATHÉDRALE SAINT-PAUL

Le sanctuaire doté de la deuxième plus grande coupole du monde – après celle de Saint-Pierre de Rome – a été achevé en 1710. Il est consacré au saint patron de la ville. On admirera la coupole, haute

114 EN BAS - WESTMINSTER ET BIG BEN.

115 - Le Tower Bridge et le pont sur la Tamise.

de 111,30 m ; la nef en forme de croix latine ; la plus grande crypte d'Europe ; et le chœur avec ses stalles en bois sculpté *(station St Paul's, www.stpauls.com.uk ; horaires : 8 h 30-16 h du lundi au samedi)*.

LE PALAIS DE WESTMINSTER (HOUSES OF PARLIAMENT)

L'ensemble architectural composant le Parlement anglais est l'un des nombreux monuments inscrits au patrimoine mondial de l'Unesco. Le palais originel du XIe siècle a été détruit au XIXe par un incendie, et reconstruit en style Gothic Revival. On y trouve le **Westminster Hall**, seule partie datant du XIe siècle – une salle de 72,50 m de long sur 20,50 m de large, la **Commons Chamber** (Chambre des communes), reconstruite après les bombardements de la Seconde Guerre mondiale et la **Lords Chamber** (Chambre des lords), avec le trône de la reine.
Il comprend également la tour de l'Horloge, le célèbre campanile plus connu sous le nom de **Big Ben**, nom qui lui vient de son énorme cloche (13,5 tonnes) *(www.parliament.uk ; horaires : visites le samedi, seulement en été pour les autres jours, et selon des horaires variables)*.

L'ABBAYE DE WESTMINSTER

Ce chef-d'œuvre du gothique britannique accueille toutes les grandes cérémonies solennelles de la monarchie anglaise.

Les parcs et jardins londoniens

Un tiers de la superficie de Londres est occupé par des parcs et par plusieurs fermes qui élèvent des chevaux, des veaux, des chevrettes et quelques animaux exotiques comme des paons et des alpagas. À ***St. James Park****, l'un des plus anciens parcs de la ville, on peut étendre une nappe sur l'herbe pour un pique-nique avec vue sur Buckingham Palace.* ***Regent's Park****, dessiné par l'architecte John Nash, est le préféré des amateurs de fleurs : il accueille depuis 1811 une roseraie qui s'enorgueillit aujourd'hui de 30 000 plantes représentant 400 espèces différentes.* **Greenwich Park** *est une institution : le plus ancien parc royal (1433) qui avait longtemps servi de réserve de chasse aux rois, offre des perspectives sur la Tamise et l'***Old Royal Observatory** *où « passe » le méridien 0, origine des fuseaux horaires de la Terre* (www.nmm.ac.uk ; horaires : 10 h-17 h). *La visite aux* **Kensington Gardens** *sera tout aussi agréable : ils sont liés à la légende de Peter Pan (que rappelle une statue) et la* **Serpentine Gallery** *propose régulièrement des expositions d'art contemporain* (www.serpentinegallery.org ; horaires : 10 h-18 h). *Mais le plus célèbre de tous reste* **Hyde Park**. *Ce parc de 142 ha est connu dans le monde entier pour son* Speaker's Corner, *où, depuis 1872, chacun peut s'improviser orateur et donner publiquement son avis sur n'importe quel sujet. Le parc offre par ailleurs d'autres possibilités : on peut canoter sur le lac, se promener à cheval, faire du jogging, pédaler – ou s'arrêter devant la* **Princess Diana Memorial Fountain**, *la fontaine dédiée à la mémoire de Lady Di* (www.royalparks.org.uk ; horaires variables). *Pour une excursion plus lointaine, à 40 minutes de Londres par le métro, les* **Kew Gardens** *sont un des plus grands jardins botaniques du monde* (www.kew.org). *La visite de la serre tropicale est inoubliable.*

Fondée au Xe siècle et reconstruite au XIIIe, elle présente trois nefs. Les voûtes sont splendides. Au-delà du chœur, c'est dans le sanctuaire qu'ont lieu les couronnements. À l'intérieur sont conservés des tombeaux royaux et des reliques de saints. À l'est du cloître, le plafond de la **Chapter House** est orné de fresques du XIIIe siècle *(20 Dean's Yard, www.westminster-abbey.org; horaires variables; le sanctuaire est interdit aux visites pendant les services religieux).*

TRAFALGAR SQUARE

La place la plus célèbre de Londres, plusieurs fois remaniée depuis son inauguration au XIXe siècle. Au centre se dresse la **colonne de Nelson**, l'amiral victorieux de la bataille de Trafalgar, en 1805. Autour de la statue ont été disposés des canons de bronze, des lions (1867), prétextes désormais à de multiples photographies, et des fontaines (1939). Au nord-est de la place, on trouve l'église **St. Martin-in-the-Fields** (1726), qui accueille dans sa crypte des concerts réputés de musique classique et de jazz *(www.stmartin-in-the-fields.org; horaires variables).* L'entrée de la **National Gallery** donne au nord de Trafalgar Square : elle présente un panorama exceptionnel de l'art européen courant du XIIe siècle au début du XXe siècle. La visite peut prendre la journée, mais elle est parfaitement organisée par salles. Si l'on est pressé, on peut se limiter aux 30 œuvres majeures, de *La Vierge aux rochers* de Léonard de Vinci à l'*Autoportrait* de Rembrandt et du *Portrait de Charles Ier à cheval* de Van Dyck aux *Grandes Baigneuses* de Cézanne *(www.nationalgallery. org.uk; horaires : 10h-18h, le vendredi jusqu'à 21h).*

VICTORIA AND ALBERT MUSEUM

Ce musée est le temple des arts appliqués. Il abrite des expositions temporaires et permanentes, et de riches collections de céramique, de mode, d'objets d'art islamique, de mobilier, de textile et de photographies, d'œuvres graphiques, de livres, de peintures et de dessins – dont les célèbres cartons et tapisseries de Raphaël pour la chapelle Sixtine, de Rome *(Cromwell Road,*

www.vam.ac.uk; horaires : 10h-17h45, le vendredi jusqu'à 22h).

LA TATE MODERN

Elle abrite la plus grande collection d'art moderne au monde et sa situation est exceptionnelle : les architectes Herzog & de Meuron ont transformé l'ancienne centrale électrique de Bankside pour en faire un lieu d'exposition doté de vastes espaces et d'immenses verrières. On y organise des expositions temporaires, à côté de la présentation permanente des grandes œuvres du XXe siècle, de Klee à Kandinsky, Modigliani, Picasso, Pollock et Warhol... Au dernier étage, un bon café-restaurant offre une vue panoramique sur Londres et la Tamise *(Bankside, www.tate.org.uk/modern; horaires 10h-18h, vendredi et samedi jusqu'à 22h).*

LA TATE BRITAIN

Sœur aînée de la précédente, inaugurée en 1897, elle est consacrée à la peinture anglaise à partir du XVIe siècle : William Blake, John Constable, William Turner (*La Bourrasque de neige*, 1812) entre autres *(Millbank, www.tate.org.uk/britain; horaires 10h-18h, jusqu'à 22h le premier vendredi de chaque mois).*

LE BRITISH MUSEUM

Fondé en 1753, il s'est agrandi et embelli en 2000 avec la Great Court, entrée due à Norman Foster. Il abrite 7 millions d'objets, dont les fragments de la frise du Parthénon d'Athènes (Ve siècle av. J.-C.) ou la pierre de Rosette (196 av. J.-C.) qui a permis de déchiffrer les hiéroglyphes égyptiens. Les visiteurs pressés pourront se concentrer sur le parcours d'une heure proposé par le musée : outre les deux œuvres mentionnées ci-dessus, ils verront aussi la momie de Katebet (vers 1300-1280 av. J.-C.) et le célèbre trésor de l'Oxus : 170 objets précieux de Bactriane (Ve-IVe siècle av. J.-C.) *(Great Russell Street, www.britishmuseum.org; horaires : 10h-17h30, jusqu'à 20h30 le vendredi).*

116 EN HAUT - LA GREAT COURT, NOUVELLE ENTRÉE DU BRITISH MUSEUM.

116 EN BAS - UNE SALLE DU VICTORIA AND ALBERT MUSEUM.

116-117 - LA GRANDE FONTAINE DE TRAFALGAR SQUARE ET LA NATIONAL GALLERY (À GAUCHE).

Londres à l'heure des jeux Olympiques de 2012

*Pour les jeux Olympiques de 2012, la capitale britannique déploie une gamme d'architectures nouvelles dans le secteur est de la ville. Il vaut la peine de s'y attarder un peu. La plus curieuse est le **Nuage**, une tour de 120 m à monter à pied ou à bicyclette, et de laquelle sortent des bulles en plastique servant de fond à des projections et des jeux de lumière. Voici encore le **Parc olympique** avec le **Centre aquatique** pour les épreuves de natation, conçu par Zaha Hadid; l'**Arena** pour le volley-ball et le basket, qui sera démantelée après les Jeux (et partiellement remontée dans un autre secteur de la ville); **Eton Manor**, le nouveau palais du tennis, prévu pour accueillir 10500 personnes; le **stade olympique** futuriste, avec ses 80000 places et le **Vélodrome**. Une fois les Jeux terminés, tous ces ouvrages, réalisés en un temps record (trois ans tout au plus), enrichiront le patrimoine architectural et sportif de la ville* (www.london2012.com).

Où dormir

€€€€€ Town Hall Hotel & Apartments (design et appartements). Ouvert en 2010, l'établissement est beaucoup plus qu'un hôtel : outre les chambres, il propose des appartements design de superficies différentes, pour se sentir « comme à la maison ». En supplément : spa, piscine et gymnase, avec un entraîneur personnel (*8 Patriot Square, tél. 20 7871 0460, www.townhallhotel.com et www.designhotels.com/townhall*).

€€€€€ The May Fair (luxe). Dès son inauguration, dans les années 20, cet établissement est devenu une icône de l'hôtellerie de luxe. Restauré récemment, il offre des suites toutes différentes et un délicieux spa pour se détendre (*Stratton Street, tél. 20 7629 7777, www.themayfairhotel.co.uk*).

€€€€ The Main House (bed & breakfast). Chacune des suites occupe un niveau de cet élégant édifice victorien, à Notting Hill. Des chambres confortables aux meubles anciens, TV et wi-fi (*6 Colville Road, tél. 20 7221 9691, www.themainhouse.co.uk*).

€€€ The Coach House (bed & breakfast). De copieux petits-déjeuners et des chambres non dénuées de charme (dans un bâtiment distinct), même lorsqu'elles sont mansardées. Un bon B&B, loin du bruit, et des prix, du centre (*2 Tunley Road, tél. 20 8772 1939, www.coachhouse.chslondon.com*).

Où manger

€€€ Gordon Ramsay (top). Trois étoiles au Michelin et une avalanche de distinctions pour ce qui est probablement le meilleur restaurant de la ville. Il n'y a que 45 couverts seulement : il faut réserver à l'avance (*68 Royal Hospital Road, tél. 20 7352 4441, www.gordonramsay.com*).

€€ The Eagle (pub). C'est le contraire des « gastropubs » et l'équivalent des

Shopping

Le shopping à Londres commence toujours par ***Harrods****, le célèbre grand magasin qui diffuse les marques internationales; il possède par ailleurs un rayon gastronomie qui vaut le détour, et, au cinquième étage, un spa pour se refaire une beauté entre deux achats* (87-135 Brompton Road, www.harrods.com). *Inoubliable aussi* ***Selfridges****, l'un des magasins les plus connus de la ville, qui se targue de posséder le rayon de chaussures pour femmes le plus vaste au monde : « The Shoe Gallery », 6 salons et 11 boutiques pour 150 marques, avec 5 000 modèles pour plus de 100 000 paires de chaussures* (400 Oxford Street, www.selfridges.com). ***Oxford Street*** *et* ***New Bond Street*** *sont les rues les plus courues du shopping londonien, même si Paul Smith, gourou de la mode féminine* made in Britain, *a sa principale boutique dans Brook Street – il en a 11 autres en ville* (www.paulsmith.co.uk). *Toutefois, Londres est également la capitale des marchés : les plus en vogue sont ceux de* ***Camden*** *pour l'habillement, avec le* ***Camden Lock Market****, le long du canal, qui attire les foules chaque fin de semaine* (Camden Town, tous les jours de 11 h à 18 h, www.camdenlock.net), *le* ***Greenwich Market*** *sur le bord de la Tamise, classique petit marché aux puces où l'offre fluctue en fonction des jours de la semaine* (Greenwich, de 10 h à 17 h 30, www.greenwichmarket.net) *et le marché de* ***Portobello****, dans Portobello Road* (tous les jours sauf le dimanche, de préférence le samedi, www.portobelloroad.co.uk et www.portobellovillage.com; horaires variables). *Pour les amateurs de gastronomie, il faut se rendre au* ***Borough Market*** (8 Southwark Street, www.boroughmarket.org.uk; horaires : 11 h-17 h le jeudi, 12 h-18 h le vendredi, 8 h-17 h le samedi), *où des produits frais venant du monde entier sont achetés par des restaurateurs. Situé sous les arcades du chemin de fer, on peut pratiquer le* street food *et consommer sur place – y compris les créations de l'****Artisan du chocolat*** (www.artisanduchocolat.com), *une boutique pour palais raffinés où le chocolat se déguste* fresh made, *tout juste façonné. On jettera aussi un œil aux* charity shops *où les bénéfices des ventes soutiennent des causes humanitaires : il y en a beaucoup, de celles de la* ***Croix-Rouge*** (www.redcross. org.uk) *à celles de* ***Marie Curie*** (www.apps.mariecurie.org.uk/shopfinder).

bistrots parisiens : aménagé avec du mobilier des puces, il a été le premier à proposer une cuisine plus recherchée que celle des pubs traditionnels (*159 Farrington Road, tél. 20 7837 1353*).

€€ Café Spice Namasté (indien). Londres se targue d'offrir la meilleure cuisine indienne du monde, après l'Inde. On mange ici des plats traditionnels comme l'agneau épicé tandoori, décliné en dizaines de versions différentes (*16 Prescot Street, tél. 20 7488 9242, www.cafespice.co.uk*).

Sorties et divertissements

Shakespeare's Globe. Le théâtre fait partie de l'ADN des Londoniens, mais pour les amateurs de Shakespeare, la bonne adresse est celle de ce théâtre. Rouvert en 1997, c'est la copie conforme de l'original (détruit dans un incendie) où se produisait la compagnie du « Grand Will » (*21 New Globe Walk, www.shakespearesglobe.org*).

Champagne Bar. Au quai 5 de la gare St. Pancras, près de l'Eurostar pour Paris, on a inauguré un Champagne Bar long de 90 m, avec les meilleures marques de vin à bulles. Ouvert tous les jours, jusqu'à 23 h; l'endroit est à la mode – même quand on n'a pas de train à prendre (*The Rendezvous, www.stpancras.com*).

Albert & Pearl. Fun bar à la mode, à Islington : d'excellents cocktails, musique live et performances de DJ, entrée libre. Le week-end, on peut y boire jusqu'à 3 h du matin (*Upper Street 181, www.albertandpearl.com*).

Pour d'autres informations :
Office du tourisme de Grande-Bretagne
22, av. Franklin D. Roosevelt, 75008 Paris
mail : gboinfo@visitbritain.org
site : www.visitbritain.com

118-119 - La skyline de nuit au-dessus de la Tamise.

118 au centre - La boutique Ralph Lauren sur New Bond Street.

118 en bas - Le célèbre marché aux puces de Portobello.

119 - Le grand magasin Harrods.

Laponie - *Finlande*

La Laponie finlandaise prend en hiver le charme particulier d'un ailleurs inconnu et mystérieux. Couverte d'un épais manteau de neige réfractant les faibles rayons du soleil, elle semble ne pas connaître de frontières. On la traverse dans la journée en parcourant en **motoneige** des distances infinies sur des lacs gelés, ou, bien emmitouflés dans des couvertures ou des fourrures, sur des **traîneaux tirés par des rennes ou des chiens huskies**. On peut aussi chausser des **raquettes** pour parcourir les forêts enneigées. Les arbres scintillent de mille paillettes et cristaux de glace. À la fin de la journée, pour ceux qui en ont le courage, un plongeon dans la poudreuse conclura un **sauna** réparateur. Mais c'est la nuit qui offrira le spectacle le plus inattendu et le plus émouvant, celui d'une aurore boréale : une lumière opalescente se rapproche et s'éloigne tour à tour faisant oublier au spectateur la rigueur des températures extérieures.
Au printemps et en été, les buissons se couvrent de baies, la nature refleurit, et les chalets s'ouvrent sur les eaux vives des lacs. Les journées sont rythmées par des promenades à **cheval,** par des excursions en **canoë** et des cueillettes de fruits sauvages.
Si l'on arrive par avion avec escale à **Helsinki,** la capitale de la Finlande mérite, si on en a le loisir, d'y passer au moins une journée. Le lendemain, on prendra un vol intérieur pour **Kuusamo,** situé au sud de la Laponie finlandaise. Cette ville se trouve à quelques kilomètres de **Ruka**, centre de sports d'hiver réputé pour le ski de fond. Mais le secteur est surtout renommé pour la nature sauvage du **parc national d'Oulanka,** ses lacs et ses fleuves, la richesse et la variété de sa faune. Nous sommes à la limite du **cercle polaire arctique**. Près de là se trouvent le **lac Yli-Kitka**, mais aussi les localités de **Juuma**, **Tolva** et **Posio**. Ce sont de très petites cités – le nord du pays est très largement inhabité – et il est plaisant de s'y rendre en motoneige.

Comment se déplacer : *Le vol d'Helsinki à Kuusamo dure environ une heure (les liaisons aériennes les plus commodes sont assurées par Finnair : www.finnair.com). Ruka, le lac Yli-Kitka, le parc national d'Oulanka, Juuma, Tolva et Posio sont des sites très proches les uns des autres. En hiver, on se déplace en jeep ou en motoneige : dans le second cas, il est nécessaire de contacter un opérateur local (voir plus loin) ; en été, il n'y a pas de problèmes. Les distances et les routes à parcourir seront les suivantes : de Kuusamo à Ruka, 25 km sur l'E 63 ; de Ruka au lac Yli-Kitka, 15 km sur l'E 63 ; de Ruka au parc national d'Oulanka, 37 km sur l'E 35, puis la 950 ; de Ruka à Juuma, 21 km sur l'E 63 ; de Juuma à Tolva, 48 km sur la 9471, puis l'E 63 ; de Tolva à Posio, 33 km sur la 9471, puis la 81.*

HELSINKI

Récemment entrée dans le club des villes les plus recherchées d'Europe, **Helsinki**, si finlandaise qu'elle soit, révèle en particulier dans son architecture des influences suédoise, russe et internationale. Fondée en 1550 par le roi de Suède Gustave Ier Vasa afin de concurrencer Tallinn (la capitale de l'Estonie se trouve en face et on peut la rejoindre facilement en bateau), la ville possède un centre historique peu étendu, visitable à pied ou (en été) à bicyclette. L'endroit le plus animé se trouve à **Kauppatori**, la place du Marché, avec ses éventaires de produits gastronomiques et artisanaux, entourée de constructions du XIXe siècle, et d'où l'on s'embarque pour la **forteresse de Suomenlinna**, construite dans la seconde moitié du XVIIIe siècle pour protéger la capitale *(horaires du musée de Suomenlinna : 10 h 30-16 h 30 d'octobre à avril, 10 h-18 h de mai à septembre)*.
Tournant le dos au port brillent sur la colline les coupoles de la **cathédrale Ouspenski** (« de l'Assomption », *Kanavataku 1*) qui domine des édifices Art nouveau. Sur la gauche s'étend le parc de l'**Esplanadi**, où l'on s'attarde aux terrasses des cafés, avant de se rendre sur **Senaatintori**, la majestueuse place du Sénat cernée de bâtiments néoclassiques du XIXe siècle. Un peu plus éloignée, la **Temppeliaukio Kirkko** (XIXe siècle) a été creusée dans la roche ; sa coupole est en cuivre et le plafond en verre laisse filtrer la lumière. Les visites ne sont pas autorisées pendant le culte luthérien *(Lutherinkatu 3 ; horaires : fermeture entre 19 h et 20 h de mi-mai à mi-septembre, entre 17 h et 18 h en hiver ; toujours fermée à l'heure du repas)*. Si l'on apprécie l'architecture contemporaine en général et Alvar Aalto en particulier, on

ne manquera pas d'aller voir le palais **Finlandia** *(Mannerheimintie 13 ; horaires : 7h30-17h)*, la maison de la culture en marbre blanc où se donnent conférences et concerts. Le **musée Kiasma**, conçu par l'architecte américain Steven Holl et inauguré en 1998, est dédié à l'art contemporain *(Mannerheiminaukio 2, www.kiasma.fi ; horaires : 10h-17h le mardi, 10h-20h30 du mercredi au vendredi, 10h-18h le samedi et le dimanche)*. Cette collection compte plus de 9 000 œuvres, principalement d'art finlandais, mais aussi des pays scandinaves, baltes et de la Russie.

La ville est très belle en hiver, pendant les festivités de la **Sainte-Lucie** (13 décembre), quand des chandelles brillent aux fenêtres des maisons et que les nuits sont très longues *(Helsinki City Official Tourism, www.visithelsinki.fi)*.

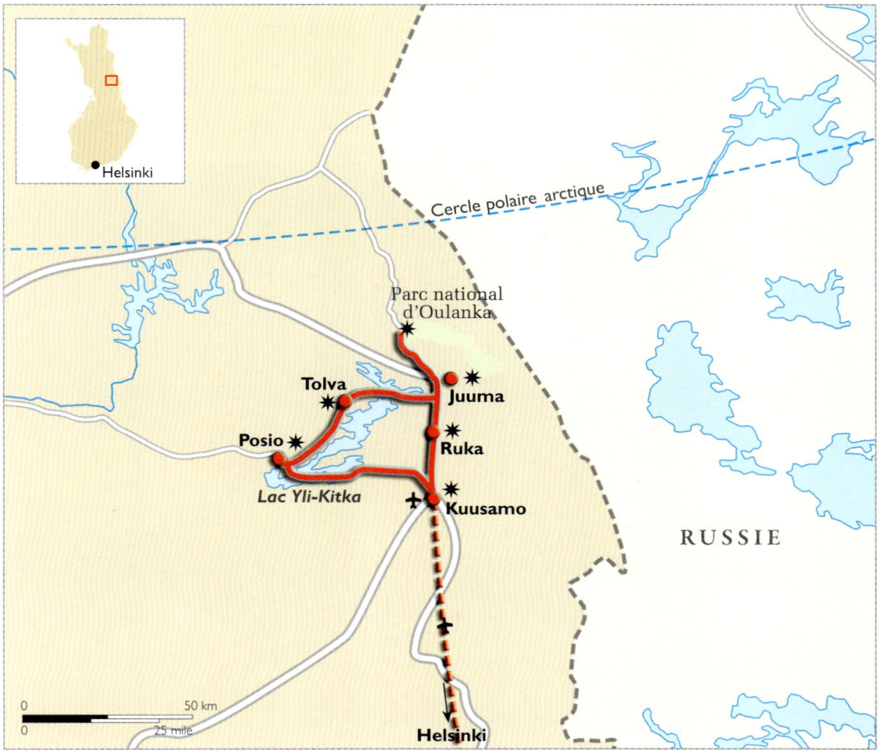

120 - Le Finnish National Theatre d'Helsinki.

120-121 - Helsinki en hiver.

KUUSAMO

Le petit aéroport de **Kuusamo** est la porte d'accès à l'une des régions les plus sauvages du pays. Les sportifs trouveront de quoi satisfaire leurs envies. Mais, surtout, la découverte d'une nature préservée est un enchantement – en particulier le magnifique **parc national d'Oulanka** avec ses lacs tranquilles, ses rivières impétueuses, ses bois et ses forêts à parcourir. La cité elle-même est petite et offre peu d'attractions, car elle a été détruite en 1944. Avant de partir pour une randonnée arctique ou à votre retour, vous pourrez trouver un souvenir en céramique artisanale chez **Bjarmia** *(Vienantie 1, avec un café à l'étage)* ou au **White Studio** *(Torangintaivai 2)*. Pour les produits alimentaires et les alcools, faites un saut au supermarché voisin de l'office du tourisme *(Kuusamo, Tourist Centre Karhuntassu, Torangintaivai 2, tél. 030 6502540)*.

RUKA ET POSIO

Ruka est l'un des centres les plus populaires de Finlande pour les sports d'hiver *(ski alpin et de fond : ouverture des pistes 9 h-19 h, www.ruka.fi)* et est reliée à Kuusamo par une navette. Mais d'autres expériences inoubliables y attendent le visiteur. Cette localité est en effet le point de départ des excursions (d'un ou de plusieurs jours) à faire en motoneige. Le forfait comprend les repas et les nuitées – si nécessaire – dans un chalet, en forêt. Les opérateurs touristiques vous intégreront à un petit groupe et vous prêteront tout le matériel : combinaison, grosses chaussures, gants, casque et motoneige (***Stella Polaris**, Kiririnteentie 1, Posio, www.stellapolaris.fi ; **Ruka Adventures**, Rukanriutta 7, Rukatunturi, tél. 088 522007, www.rukaadventures.fi)*. Après une brève leçon sur l'utilisation de la motoneige (sans difficulté : cela

fonctionne comme un scooter), on part vers les espaces infinis en suivant les guides accompagnateurs. **Posio** est la seule commune à offrir plus de 200 km de pistes balisées, entre déserts de glace et forêts.

Le **canyon de Korouoma** est le meilleur site d'escalade de Finlande. Des combinaisons thermiques permettent de ne pas avoir froid. Le soir, les guides vous proposeront, après le **sauna**, des **promenades en raquettes** pour voir l'**aurore boréale** *(voir p. 125)*. De jour, on visite des **élevages de rennes ou de chevaux,** des écoles de **chiens de traîneau.** D'autres activités sont encore possibles comme l'escalade sur des cascades de glace ou la pêche. En été, on sera plus libre de ses mouvements, les agences ne seront nécessaires que pour des activités spécifiques qui demanderaient d'être encadré *(Rukankyläntie 8, Ruka, tél. 088 600300, www.ruka.fi/eng et Maaninkavaaranrie 5, Posio, tél. 447 674218)*.

LA PROMENADE EN RAQUETTES

Couvert d'une combinaison thermique, raquettes aux pieds et lampe frontale bien en place, on part en file indienne derrière le guide pour des circuits que l'on peut réserver en avance ou à l'hôtel. Une montée en pente douce, depuis la rive d'un lac gelé, et l'on se retrouve dans les bois, longeant les rivières et passant sous les branches des arbres qui croulent sous la neige. Dans le silence absolu, on est émerveillé par le murmure des eaux des rivières et les dessins extraordinaires qu'elles forment en gelant en surface. Autour des lacs, où l'on ne se baigne qu'en été, les bouées de sauvetage rouges sont poudrées de neige. Il n'y a presque pas d'heure de jour, mais la neige reflète une lueur diffuse qui ne donne pas le sentiment d'une nuit complète.

LES RANDONNÉES AVEC DES RENNES OU DES CHIENS

Même si on les rapproche souvent, ce sont deux expériences très différentes. Les rennes sont des animaux très dociles (et si un renne blanc vous échoit, c'est un présage favorable) et ils tirent le traîneau en silence à travers des paysages ouatés, dans une atmosphère délassante et romantique, particulièrement prenante au mois de janvier quand la lumière crépusculaire *(kamos)* prend des teintes pastel. Les chiens huskies, en revanche, sont beaucoup plus agressifs et ils aboient d'impatience en attendant le départ des traîneaux. Les instructeurs prennent le temps d'expliquer aux touristes comment on tient les brides et la technique pour rester en équilibre pendant le parcours.

La course peut être brève ou durer la journée entière : à la fin, on vous remettra un « brevet de guide » pour rennes ou pour huskies. Pendant les promenades, il est souvent prévu une halte dans une tente sami. Cela permet de voir comment vivent ces populations et de prendre une boisson chaude. En été, des excursions sont organisées en canoë sur les rivières et les lacs du parc national d'Oulanka.

Détail important : il est considéré comme très impoli de demander à un Sami combien sa famille possède de rennes. Cela reviendrait à demander à un Européen le montant de son compte en banque *(Salla Reindeer Park, Hautajärventie 111, Salla, tél. 016 837 771, www.sallareindeerpark.fi)*.

Sauna et... plongeon dans la neige

Le rite du sauna peut être individuel ou partagé avec des amis. L'usage veut que l'on y entre nu – mais les maillots de bain sont admis pour les plus pudiques – et que, entre deux séances de sudation, on sorte rapidement pour se rouler dans la neige ou plonger dans un lac glacé : si cela ne vous attire pas, ne vous joignez pas à un groupe de locaux, vous feriez piètre figure ! En entrant dans un sauna, on éprouve une sensation de picotement qui n'est pas désagréable. Le dernier acte se déroulera dans une petite salle de relaxation, où il est d'usage de boire de la bière – mais on réussit à obtenir parfois un thé ou une tisane. Les auberges ont souvent un petit sauna : cela vaut la peine d'essayer. Attention toutefois, c'est déconseillé à ceux qui souffrent de problèmes cardiaques ou circulatoires.

122-123 - Excursion à bord d'un traîneau tiré par des huskies.

122 - En excursion avec des raquettes.

123 en haut - Lapons en costumes traditionnels.

123 en bas - La forêt de Laponie sous la neige.

La gastronomie

Il n'y a que l'embarras du choix pour trouver un bon restaurant à Helsinki, mais, dans le Nord, la cuisine – tout en étant goûteuse – est à la fois plus simple et moins variée. Soupes aux pommes de terre et aux champignons, ou à la viande de renne (poro-keitto) *avec oignons, légumes et pommes de terre. Le plat de résistance sera à base de viande de renne ou d'élan, ou bien on vous proposera du saumon ou des poissons du lac, le tout servi avec des marmelades ou de la crème aigre, accompagné de galettes de riz ou de pommes de terre* (peruna rieska). *Vous serez peut-être surpris d'avoir en guise de dîner un buffet froid avec des poissons marinés et des charcuteries à base de gibier : cela n'est pas rare ! Vous vous régalerez avec les petits-déjeuners composés de pain noir local, de marmelades et de conserves – presque toujours bio.*

LE CERCLE POLAIRE ARCTIQUE : LE PARC NATIONAL D'OULANKA

Considéré comme une des zones naturelles les plus étendues du pays, le parc national occupe une superficie de 240 km². Le paysage se métamorphose en passant de l'hiver à l'été : sortant de l'emprise de la neige et de l'obscurité, les lacs, les rivières et la lumière rendent les lieux très accueillants. Mais la magie de l'hiver reste un souvenir inoubliable pour le promeneur.

Où dormir

€€€€€ Hotel Kämp (Helsinki). C'est l'adresse la plus intimiste d'Helsinki. Construit en 1887 en plein centre de la ville, l'hôtel a réussi à garder son architecture fin de siècle, y compris un grand escalier qui conduit aux chambres. À visiter absolument, ne serait-ce que pour l'atmosphère du restaurant et du pub, où la meilleure société d'Helsinki se retrouve tous les soirs (*Pohjoisesplanadi 26, www.hotelkamp.fi*).

€€€€ Oivangin Lomakartano (Kuusamo). Cachées dans le bois, ces trois élégantes villas réalisées en pin sont idéales pour accueillir une ou plusieurs familles. Cheminée dans le salon, chambres spacieuses et sauna à l'étage (*Junganjoentie, 4, tél. 088 511985, www.oivanginlomakartano.fi*).

€€€ Lomakeskus Himmerki (Posio). Des skis fichés dans la neige devant la porte, des murs en bois clair et, à peine à l'intérieur, on apprécie l'atmosphère ambiante qui vous fait dire : « Enfin chez soi ! » Les chalets s'alignent, l'un en face de l'autre, sur la rive du lac, glacé en hiver. Chacun a son propre sauna (*Lomakeskus Himmerki, tél. 044 0352 602, www.himmerki.com*).

Où manger

€€€ Savoy (Helsinki). Une adresse classique avec une cuisine gourmande... et une vue splendide sur la cathédrale orthodoxe. Un peu difficile à trouver, malgré sa situation très centrale. L'établissement doit aussi sa renommée aux meubles conçus par Alvar Aalto (*Eteläesplanadi 14, tél.096 1285 300 www.royalravintolat.com/savoy*).

€€ Konstan Möljä (Helsinki). Un des rares restaurants de cuisine finlandaise traditionnelle. On y trouve – à la mode

scandinave – un grand buffet où l'on se sert, ce qui est une excellente occasion pour essayer de nombreuses spécialités. Mobilier de bateau et ambiance rustique (*Hietalahdenkatu 14, tél. 096 947504 www.kolumbus.fi/konstanmolja/*).
€€ Korpi Hilla (Tolva). Dans l'ancienne école du pays, un restaurant qui est aussi une boutique de spécialités biologiques. Ritva Kokko, la patronne, vous sert des plats délicieux qui sentent bon les bois. Impossible de repartir d'ici sans avoir fait l'emplette de marmelades, de gâteaux et de liqueurs (*Holtinojantie 5, tél. 016 353505*).

Pour d'autres informations :
Office du tourisme finlandais,
www.visitfinland.com/web/fr/index

Les aurores boréales

Les autochtones les appellent revontulet, « renards de feu » : selon la légende, elles naissent d'étincelles jaillies de la fourrure d'animaux célestes gigantesques. De fait, l'aurore boréale ressemble à une queue de fourrure colorée qui danserait dans le ciel nocturne : ce phénomène apparaît puis disparaît, s'enfuit puis revient. Il se prêtait donc bien, dans le passé, aux récits et aux interprétations légendaires. Même quand on sait que le phénomène est dû à des particules chargées d'électricité en contact avec le champ magnétique terrestre, le charme du phénomène agit toujours. L'aurore boréale n'apparaît qu'au cours des nuits claires et très froides. On pourra y assister lors d'une promenade dans la nature, mais aussi tout simplement – et quand on s'y attend le moins – depuis la fenêtre de sa chambre.

124 - Reflets de nuages sur un lac du parc national d'Oulanka, en Laponie.

125 en haut - Un petit chalet perdu dans la neige.

125 en bas - Une aurore boréale.

Stockholm - *Suède*

Stockholm est célèbre à deux titres : c'est la capitale des prix Nobel et la ville la plus verte d'Europe, une réputation qu'elle se dispute avec son éternelle rivale, Copenhague. Toutefois, un week-end sur ses quatorze îles ne se déroule pas seulement sous le signe de la culture et de l'écologie. On la visite pour ses boutiques et ses bars du quartier de SoFo, pour goûter du hareng sous toutes les formes ou faire une croisière dans l'archipel. Ou bien encore se promener dans le parc royal de Rosendal où l'on peut pique-niquer et où il est autorisé de cueillir les fruits des arbres.

Bleu indigo et vert émeraude sont les couleurs de cette ville aux nombreux parcs et jardins composée d'îles. Si l'on compte l'archipel entier, il y a plus de 30 000 îles. La mer occupe les deux tiers de sa superficie. **L'Hôtel de Ville**, symbole de la capitale, s'élève au bord du lac Mälaren tandis que les eaux de la Baltique s'étendent jusqu'aux confins du **Palais royal,** résidence officielle et privée du roi. Une mosaïque de parcs a été réunie pour créer l'**Ecopark**, le premier parc national urbain au monde, d'une superficie de 2 700 ha où les Suédois pique-niquent, montent à cheval, pêchent et observent les oiseaux *(www.ekoparken.com)*. Dans les salles couleur pastel du **Grand Hôtel,** où séjournent tous les lauréats, on ressentira l'aura des Nobel *(Södra Blasieholmshamnen 8, www.grandhotel.se)*. De même que dans le salon Bellman, une petite salle lambrissée aux nombreux miroirs, située au premier étage du **Den Gyldene Freden**, un restaurant datant de 1722, où se réunissent chaque jeudi les

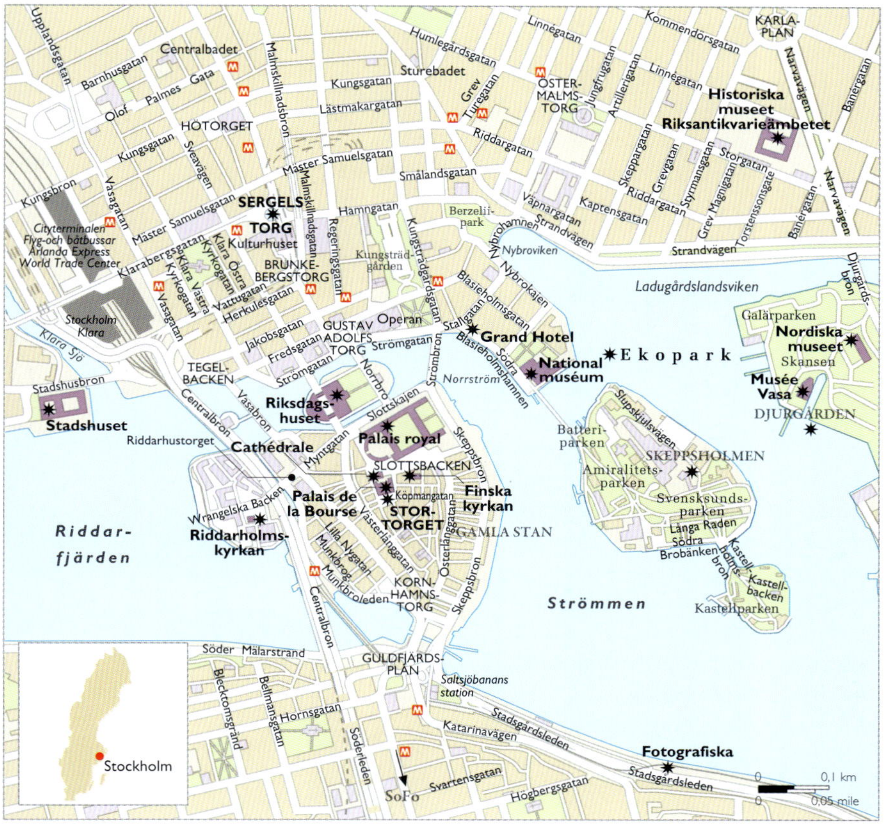

126-127 - Vue aérienne de Stockholm avec, au premier-plan, l'Hôtel de Ville.

127 en bas - Détail du pont de Skeppsholmsbron.

membres de l'Académie suédoise *(Österlånggatan 51, www.gyldenefreden.se)*. On ne manquera pas l'Hôtel de Ville, déjà cité, où l'on met en scène, le 10 décembre de chaque année, le banquet annuel des Nobel, le **Concert Hall** et le **Salon bleu** où l'on proclame les lauréats. Pendant l'année, on y organise des concerts *(Hötorget 8; horaires variables)*. Le **musée Nobel** commémore l'œuvre d'Alfred Nobel et des différents lauréats *(Börshuset, Stortorget, www.nobelmuseum.se; horaires 10 h-18 h, fermeture le lundi)*.
Si l'on veut se mettre à la page, on ira à **SoFo**, le quartier le plus branché, aux nombreux bars et boutiques de vêtements vintage. On peut aussi se rendre au spa de l'**hôtel Clarion**, qui est le plus privé (une partie est un club réservé aux seuls associés), mais qui propose aussi un gymnase avec professeur personnel et une piscine sur le toit offrant une vue panoramique sur la ville *(Östra Järnvägsgatan 35, www.selmacityspa.se)*.
On découvre la Stockholm romantique à **Gamlastan**. La vieille ville est accrochée sur un îlot avec ses ruelles en pente, des cafés, des hôtels de charme, des boutiques d'antiquaires et les vitrines étincelantes des boutiques de verres et de cristaux. Gamlastan est aussi une mosaïque de monuments tels que le Palais royal du XVIIIe siècle, la **cathédrale** du XIIIe siècle reconstruite au XVIIIe siècle et la charmante place **Stortorget**. Les maisons sont peintes de couleurs tendres, l'architecture est ancienne, une note de modernité est donnée par le **Riksdag,** le Parlement conçu par Aron Johansson au début du XXe siècle. On pourra visiter l'hémicycle où trône l'immense tapisserie d'Elizabet Hasselberg-Olsson. Intitulée *Minnet av ett landskap* (*Mémoire d'un paysage*), elle mesure 54 m² et pèse 100 kg *(Riksgatan 1; horaires variables)*.

Comment se déplacer en ville :
Stockholm se découvre à pied, à bicyclette (on se procurera la City Bike Card qui donne droit à trois jours de location, www.citybikes.se) et en métro : 90 des 100 stations sont de véritables œuvres d'art, affichant peintures et installations dignes d'un musée (www.urbanrail.net/eu/stockholm). Pour visiter l'archipel, il existe un service de bateaux très commode.

Monnaie : *La monnaie officielle de la Suède est la **couronne suédoise**.*

À voir

Découvrir Stockholm, c'est se déplacer dans plusieurs petites villes différentes au charme bien spécifique, mais la visite commence d'abord par la partie la plus ancienne, **Gamlastan**, l'île portant les principaux monuments.

LE PALAIS ROYAL

Les quatre édifices symétriques construits au XVIIIe siècle sur les vestiges de l'ancien palais médiéval sont depuis quelques siècles la résidence officielle du souverain. On visite la salle du Trône inaugurée en 1755 (le trône en argent date de 1650), les appartements royaux, la bibliothèque Bernadotte, qui compte 100 000 volumes, la chapelle royale (où l'on donne aussi des concerts de musique classique), la salle des Armures et du Trésor, où sont exposés les couronnes et les bijoux royaux, et l'Antikmuseum, musée des Antiquités de Gustave III *(Slottsbacken 3, www.royalcourt.se ; horaires variables)*.

RIDDARHOLMSKYRKAN

Construite à la fin du XIIIe siècle, remaniée et agrandie à plusieurs reprises, l'église des franciscains est un sanctuaire et le lieu de sépulture de plusieurs souverains, du roi Magnus qui la fit construire à Charles XIV (Jean-Baptiste Bernadotte) *(Kungliga Slottet, www.royalcourt.se ; horaires : 10 h-16 h ou 17 h selon le mois, fermeture du 15 septembre au 14 mai)*.

LA CATHÉDRALE STORKYRKAN

Elle a pris sa forme définitive entre 1736 et 1745, avec ses cinq nefs. Joyau d'architecture religieuse, la cathédrale accueille des concerts pour orgue et orchestre tout au long de l'année. On peut y voir un grand crucifix de la fin du XVe siècle et le groupe sculpté en bois polychrome représentant *Saint Georges et le Dragon* et *La Princesse et l'Agneau* (1489) signés du maître de Lübeck, Bernt Notke *(Trångsund 1, www.stockholmsdomkyrkoforsamling.se ; horaires variables)*.

STORTORGET

Cette place inaugurée en 1520 a été le théâtre de l'exécution de 80 patriotes. Des palais nobiliaires l'entourent ; les plus remarquables datent du XVIIe siècle. Le **palais de la Bourse** (XVIIIe siècle) est aujourd'hui le siège du Comité Nobel de l'Académie suédoise.

SERGELS TORG

La place centrale, située dans la ville neuve, au nord de Gamlastan, est bâtie sur deux niveaux. Au-dessous, les boutiques et le métro et au-dessus, la fontaine de cristal haute de 37,50 m, édifiée par Edvin Öhrström, en 1974.

STADSHUSET

Symbole de la cité, l'Hôtel de Ville, situé sur l'île de Kungsholmen, date du début du XXe siècle et est un chef-d'œuvre Art nouveau. Les salles les plus célèbres telles que le Salon bleu, où se tient le banquet des Nobel, le 10 décembre de chaque année, et le Golden Hall, dont les murs sont recouverts de 18 millions de plaques de verre et de mosaïque, reçoivent chaque année la visite de 400 000 visiteurs *(Hantverkargatan 1, www.stockholm.se/Stadshuset ; horaires variables)*.

DJURGÅRDEN

Cette île, ancien terrain de chasse des souverains, est l'un des parcs préférés des Stockholmois. Dans les **jardins de Rosendal** qui étaient au XIXe siècle des jardins royaux, on vient y cueillir des fleurs et faire des pique-niques bio (dans le parc sont installées une boulangerie et une boutique de fruits et légumes bio). La culture de nombreuses plantes respecte les principes de la biodynamie *(Rosendalsterrassen 12, www.rosendalstradgard.se)*. L'île est aussi célèbre pour ses musées. Le **musée Vasa** est un musée maritime qui abrite le vaisseau royal du même nom, chef-d'œuvre du XVIIe siècle *(Djurgården, www.vasamuseet.se ; horaires variables)*.

LE MUSÉE SKANSEN est un zoo peuplé d'espèces provenant du nord de l'Europe. On y trouve des restaurants, mais c'est surtout un musée de plein air où l'on a

reconstitué des maisons traditionnelles provenant de toutes les régions de Suède (*Djurgårdsslätten 49-51, www.skansen.se; horaires variables*).

LE NATIONALMUSEUM

Le plus important musée du pays se trouve près du pont menant à l'île de Skeppsholmen; plus de 16000 peintures et sculptures – de Rembrandt, Rubens, Goya et Renoir – et la collection de porcelaines Gustavsberg qui compte 35000 pièces (*Södra Blasieholmshamnen, www.nationalmuseum.se; horaires variables*).

FOTOGRAFISKA

Le nouveau musée consacré à la photographie a été inauguré en mai 2010 sur le front de mer de Stadsgårdhamnen, en face de Gamlastan. Il organise quatre grandes expositions par an et dix de moindre ampleur. On y trouve un restaurant, un café avec vue sur la mer et une bibliothèque (*Stadsgårdshamnen 22, http://en.fotografiska.eu; horaires 10h-21h*).

LES PISCINES DE LA BELLE ÉPOQUE

La première piscine, de style Art déco, a été la **Sturebadet**, aménagée sous une coupole en verre. Inaugurée à la fin du XIXe siècle, elle reste une adresse branchée pour nager (*Sturegallerian 36, www.sturebadet.se*). En 1904, la **Centralbadet** a été ouverte dans un palais style Art nouveau. Elle est à présent dotée d'un spa (*Drottninggatan 88, www.centralbadet.se*). On y viendra ne serait-ce que pour la verrière qui donne sur le parc.

128 EN HAUT - SERGELS TORG DE NUIT.

128 EN BAS - LE CHÂTEAU DE DROTTNINGHOLM, RÉSIDENCE DE LA FAMILLE ROYALE.

129 EN HAUT - LE FAMEUX NAVIRE DE GUERRE *VASA*.

129 EN BAS - DES VOILIERS DANS LES EAUX DE L'ARCHIPEL QUI ENSERRE LA CAPITALE SUÉDOISE.

En bateau dans l'archipel

Autour de la capitale se déploie un archipel de quelque 24000 îles et îlots, que l'on peut en partie découvrir avec les croisières organisées chaque jour par les compagnies Ressel et Djurgårdsfärjan-Waxholmsbolaget. En à peine 20 minutes depuis la ville, on aborde Fjäderholmarna, l'île la plus proche, où les artisans fabriquent des objets en bois; une maison rouge avec une terrasse au bord de l'eau abrite le Fjäderholmarnas Krog, un des meilleurs restaurants de la capitale qui propose une vingtaine de façons différentes de préparer le hareng (www.fjaderholmanakrog.se). *À une heure de Stockholm, les maisons de l'île de* ***Vaxholm*** *sont de petites villas en bois fin de siècle, avec un hôtel historique : le Vaxholm où on vient déguster le buffet de Noël en regardant la mer* (www.vaxholmshotell.se).

Les plaisanciers vont à ***Sandhamm*** *(les touristes y seront en 2 heures et demie de bateau) : l'île se situe dans la partie la plus extérieure de l'archipel – idéale pour photographier les boulines tendues sur fond de village idyllique aux maisons de bois peintes, sans oublier le siège local du Royal Swedish Yacht Club, fondé en 1830* (www.ksss.se), *véritable institution pour les amateurs de voile.*

Grinda *est une autre île à la mode, idyllique et verdoyante, avec ses fermes, ses vaches et ses plages où l'on peut se baigner. En 1906, Henrik Santesson, premier directeur de la Fondation Nobel, l'acheta et y fit construire une villa de style Art nouveau. Vendue à la ville de Stockholm en 1944, l'île a été cédée en 1988 à la Fondation de l'Archipel qui a rapidement transformé la résidence de Santesson en hôtel, le Grinda Wärdshus* (www.grindawardshus.se), *solution possible pour ceux qui n'auraient pas le courage de reprendre immédiatement le bateau pour regagner Stockholm en une heure et demie de voyage.*

Home
Home

Où dormir

€€€€€ Nobis Hotel (design). Une des nouveautés dans l'hôtellerie de la capitale : l'établissement a ouvert en décembre 2010, en plein centre. L'aménagement intérieur design est signé d'architectes couverts de lauriers, Claesson Koivisto Rune (*Norrmalmstorg 2-4, tél. 861 410 00, www.nobishotel.se/contact-en.html et www.designhotels.com*).

€€€€ Hotel Skeppsholmen (charme). Une adresse romantique sur l'île de Skeppsholmen, reliée à Stockholm par un pont. L'établissement offre 81 chambres délicieuses (demandez celles qui ont vue sur la mer). Les deux bâtiments sont anciens (1699), mais les intérieurs ultramodernes (*Gröna Gången 1, tél. 840 723 50, www.hotelskeppsholmen.se et www.designhotels.com*).

€€€€ Hotel Rival (jeune). Pour ceux qui pensent qu'un hôtel n'est pas seulement une adresse pour dormir, celui-ci propose des chambres hypermodernes, un bistrot tendance, un brunch le dimanche, un bar à cocktails d'inspiration Art déco et même un petit théâtre pour des shows et des concerts (*Mariatorget 3, tél. 854 578 900, www.rival.se*).

Où manger

€€€ Operakällaren (ambiance). Le royaume des frères Catenacci avant l'ouverture de leur Nobis Hotel. La situation est exceptionnelle : il est dans l'Opéra, murs de fresques et boiseries. Une autre salle abrite un music-bar tendance (*Operahuset, Karl XII : s torg, tél. 867 658 00, www.operakallaren.se*).

€€€ Pontus by the Sea (poisson). Tout Stockholm s'y rend en été : sur le quai, face à la mer, c'est une excellente adresse pour le poisson. À la carte, des plats avec des ingrédients arrivés le jour même de Gotland, l'île jardin du pays (*Tullhus 2, tél. 082 020 95, www.pontusfrithiof.com*).

€€ Gondolen (dîner avec vue). Cuisine suédoise et décor contemporain pour un des restaurants les plus réputés de la ville. La véritable supériorité de cet établissement est sa position : une verrière de laquelle on admire toute la ville à 33 m au-dessus du sol (*Stadsgården 6, tél. 086 417 090*).

Sorties et divertissements

Wallmans. Restaurant, mais aussi club et théâtre : on assiste, tout en dînant, aux meilleures comédies musicales de la scène internationale (*Teatergatan 3, tél. 850 556 000, www.wallmans.se*).

Spy Bar. Ouvre tard et ne ferme qu'au petit matin. C'est l'adresse la plus tendance pour danser en ville, appréciée par les jeunes cadres autant que par une clientèle plus alternative (*Biger Jarlsgatan 20, tél. 854 503 704*).

Berns Salonger. Un bâtiment transformé par Terence Conran – qui a conservé les décors XIXe siècle – en un vaste complexe comprenant un hôtel, un restaurant asiatique, un bistrot, un night-club et des salles de concert (*Berzelii Park. www.berns.se*).

Pour d'autres informations : Office suédois du tourisme, www.visitsweden.com et www.stockholmtown.com

130 - Le magasin Nordiska Kristall.

131 - Le marché gastronomique de Saluhall.

Shopping

Östermalms Saluhall**, le marché couvert du début du XXe siècle se trouve dans un élégant édifice Art nouveau, avec ses jolis kiosques en bois où l'on vend des fromages locaux, des légumes, du poisson très frais, des plats à emporter et des repas raffinés à consommer sur place. C'est le bon endroit pour goûter le légendaire hareng scandinave* (Östermalmstorg, www.saluhallen.com; horaires variables). *On ira chez **Nordiska Kristall** pour acheter les verres et les cristaux fabriqués par les deux plus grandes cristalleries du pays, Kosta Boda et Orrefors, toutes deux installées dans la «forêt de cristal» du sud de la Suède, où l'on fait concurrence à Prague et à Murano* (Kungsgatan 9, www.nordiska-kristall.se). *Pour acheter des pièces de design des années 20 et 30, des bijoux anciens et du mobilier gustavien, les Suédois – grands amateurs de ventes aux enchères – se rendent chez **Bukowskis Auktioner (Arsenalgatan 4, www.bukowskis.com). *Pour le seul design, on peut choisir entre **Modernity*** (Sibyllegatan 6, www.modernity.se), *temple des objets culte signés Alvar Aalto ou Arne Jacobsen, **Design House Stockholm**, où l'on trouve le meilleur des jeunes créateurs suédois* (www.designhousestockholm.com) *et les traditionnels **Design Torget**, une chaîne de boutiques consacrées à la bimbeloterie et à l'ameublement, présente à Stockholm et dans toute la Scandinavie* (www.designtorget.se).

Copenhague - *Danemark*

Son nom danois, København (le port des commerçants) rappelle sa position stratégique à l'entrée de la mer Baltique. À l'origine village de pêcheurs, Copenhague est désormais un centre de commerce important. Connue principalement pour la célèbre statue de la Petite Sirène, du conte éponyme écrit par Hans Christian Andersen, cette ville est un haut lieu de la littérature et de l'art d'Europe du Nord et abrite l'Académie royale des sciences et des lettres du Danemark, fondée en 1742. Il est important de rappeler également que ce pays est le berceau des fameux Lego, créés en 1949 par Ole Kirk Christiansen à Billund, à environ 200 km de la capitale danoise. On y trouve aujourd'hui un parc d'attractions, Legoland, dédié à la petite brique colorée.

Outre ses monuments historiques comme la **tour Ronde** et le pittoresque canal de **Nyhavn** – qui était autrefois le port et qui est aujourd'hui encore bordé de petites maisons colorées (Christian Andersen a vécu au n° 67), la capitale danoise s'enorgueillit de réalisations ultramodernes comme le **Diamant noir**, nouvelle aile de la Bibliothèque royale. Sa construction a été à l'origine d'un renouveau architectural. De nombreux bâtiments ont été conçus par des architectes contemporains renommés : le **Dansk Jødisk Museum** de Daniel Libeskind, consacré à l'Holocauste, l'extension du musée **Ordrupgaard**, un travail de Zaha Hadid, l'**Opera House**, de Henning Larsen et le **Danish Radio Concert Hall** signé Jean Nouvel. Le quartier de **Christiania** est depuis les années 70 le lieu de résidence de la plus nombreuse communauté hippy d'Europe *(www.christiania.org)*. Le style *peace and love* y perdure encore, mais le secteur a perdu l'éclat de jadis. En revanche, le quartier de **Vesterbro**, développé autour des **Oksnehallen**, des abattoirs qui ont été

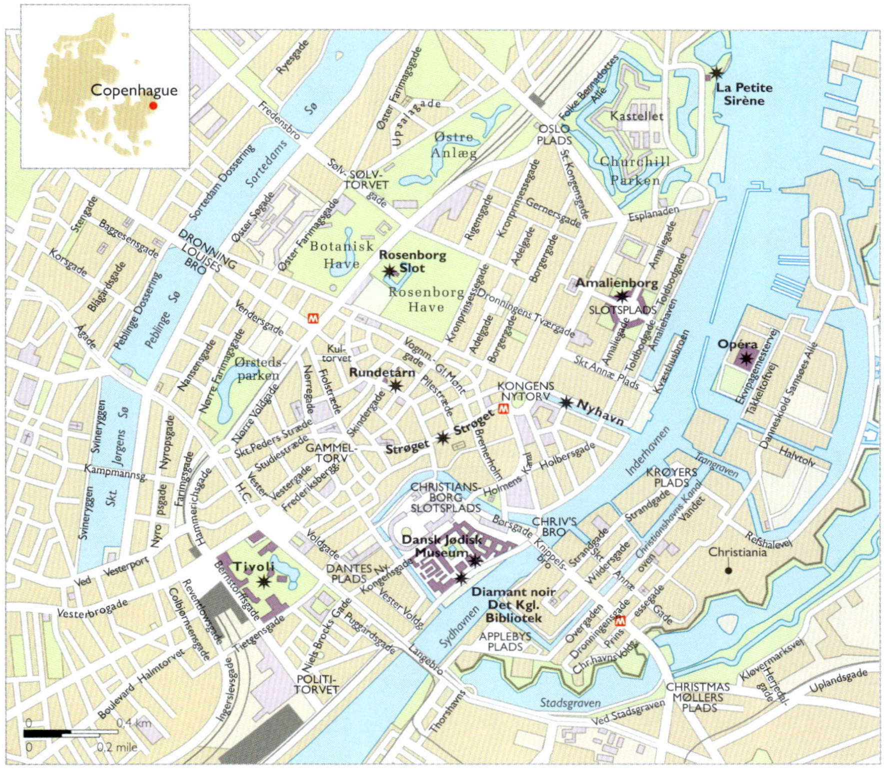

132-133 - Le canal de Nyhavn.

133 en bas - La place de l'Hôtel-de-Ville.

transformés en centre d'expositions, de manifestations et de foires est très couru *(Halmtorvet 11, www.dgi-byen.com/oeksnehallen; horaires variables)*. Durant un week-end à Copenhague, il faut aller se promener sur le **Strøget**, un ensemble de rues qui forment l'avenue piétonnière la plus longue d'Europe. Quelques lieux culte du design sont incontournables. Le **Danish Design Centre** propose à la fois une exposition d'objets, une salle de conférence, une boutique et un café *(H.C. Andersens Boulevard 27, horaires variables, www.ddc.dk)*. Le **musée danois d'Art et de Design**, fondé en 1895, abrite des collections permanentes de dessins, affiches et tissus du XXe siècle *(Bredgade 68, horaires 11 h-17 h, fermé le lundi, www.kunstindustrimuseet.dk)*. Quant au **Sas Royal Hotel**, le mobilier a été conçu par Arne Jacobsen, qui a même poussé le détail à dessiner les cuillères à café (une suite – la 606 – est restée intacte). L'établissement appartient à la chaîne Radisson Blu *(www.radissonblu.com/royalhotel-copenhagen)* et est situé Hammerichsgade, 1, à proximité du parc de loisirs de Tivoli.

Comment se déplacer en ville : *À pied, avec les moyens de transports publics, et naturellement à vélo. Il existe à Copenhague 110 stations où on peut emprunter et rendre les vélos. Le service est gratuit : le dépôt de 20 couronnes sera rendu à la restitution du vélo (www.bycyklen.dk).*

Monnaie : *La monnaie officielle du Danemark est la* ***couronne danoise****.*

À voir

LE PALAIS D'AMALIENBORG

Imposant et dépourvu de tours, cet ensemble est la résidence d'hiver des souverains danois. Construit au XVIIIe siècle, il doit son nom à la reine Sophie-Amélie. C'est un bel ensemble de quatre palais rococo encadrant une place octogonale où se dresse le **monument équestre** du roi **Frédéric V** (1754-1771) *(Amalienborgmuseet; horaires variables, fermé le lundi; http://dkks.dk/amalienborgmuseet)*.

LE CANAL DE NYHAVN

Port de la ville, en 1673, c'est aujourd'hui le plan d'eau le plus agréable de la cité, bordé de maisons à trois ou quatre étages (la plus ancienne, au n° 9, date de 1681). Fermées au nord par l'Arsenal du XVIIe siècle et dominées au sud par un phare datant de 1896, ses rives se couvrent des tables des gargotes en été. Il accueille des événements artistiques et musicaux, et doit sa célébrité aux barques colorées ancrées le long de ses quais.

LA PETITE SIRÈNE

Hans Christian Andersen, au XIXe siècle, en a fait l'héroïne de l'un de ses contes. La célèbre statue de la Petite Sirène, à l'entrée du port, a été réalisée en 1909 par le sculpteur Edward Eriksen et est devenue le symbole de Copenhague *(Den Lille Havfrue, Langelinie 19)*. Endommagée au fil des ans, la statue d'origine a été remplacée par une copie – ce dont personne ne s'aperçoit.

LE PARC DE TIVOLI

On devine l'âme de la cité dans ce parc d'attractions, ouvert au cœur même de la ville en 1843. C'est le troisième plus grand parc de ce type en Europe, il est visité chaque année par 4 millions de personnes. Sa réouverture annuelle marque l'arrivée de la belle saison – mais il n'est pas totalement fermé en hiver et fonctionne pour la Toussaint et pendant les fêtes de Noël *(3 Vesterbrogade, horaires variables, www.tivoli.dk)*. Lorsque les manèges sont fermés, on peut quand même le traverser pour gagner l'hôtel **Nimb**, qui regroupe une brasserie et un restaurant gastronomique *(voir Où manger)* ainsi qu'une œnothèque et un magasin.

LA TOUR RONDE

La tour Ronde (Rundetaarn) abrite le plus ancien observatoire d'Europe. En service depuis 1642, il est utilisé aujourd'hui par des astronomes amateurs. La tour a été édifiée et aménagée sur ordre du roi Christian IV. Les touristes s'amuseront à gravir la rampe en spirale jusqu'au sommet en comptant leurs pas : si l'on marche près du mur intérieur, on parcourt 85,50 m ; en longeant le mur extérieur, 268,50 m. La tour mesure toujours 34,80 m *(Købmagergade 52 A, horaires variables ; www.rundetaarn.dk)*.

LA BIBLIOTHÈQUE ROYALE

Le Diamant noir est un édifice de marbre noir et de verre fumé qui étincelle au soleil comme un brillant, l'atrium intérieur tranche car il est entièrement blanc. Réalisé en 1999 par les architectes Schmidt, Hammer et Lassen, il constitue l'aile la plus moderne de la Bibliothèque royale. Un escalier intérieur le relie à l'ancienne Bibliothèque nationale où l'on peut remarquer un plafond peint à fresque. Une librairie et un restaurant permettent de faire une pause *(Søren Kierkegaards Plads 1, horaires variables ; www.kb.dk)*.

DANISH RADIO CONCERT HALL (SALLE DE CONCERT DE LA RADIO)

Cet édifice bleu, à demi transparent, situé sur le canal, a été dessiné par Jean Nouvel. Il renferme plusieurs salles et auditoriums, et devient, la nuit, un écran sur lequel des images sont projetées. L'Orchestre symphonique national du Danemark y donne ses concerts *(Emil Holms Kanal 20, horaires variables, www.dr.dk/koncerthuset)*.

L'OPÉRA

L'opéra de Copenhague, conçu par Henning Larsen, a été inauguré en 2005. Il a tout d'abord stupéfié par sa forme extravagante qui lui a valu d'être surnommé « Le grille-pain ». Aujourd'hui, on le considère comme une des œuvres majeures de l'architecture contemporaine. L'acoustique y est exceptionnelle pour la plus grande joie du public et des musiciens qui s'y produisent. L'intérieur, décoré par des artistes danois et scandinaves, comprend le grand foyer (donnant sur l'eau), un restaurant et une cafétéria *(Ekvipagemestervej 10, horaires variables; www.kglteater.dk)*.

DANSK JØDISK MUSEUM (MUSÉE JUIF DANOIS)

Conçu par Daniel Libeskind et ouvert en 2004, ce musée est consacré aux victimes de l'Holocauste. Donnant sur les jardins de la Bibliothèque royale, il présente des objets, des peintures, des livres, des disques et de l'argenterie. L'édifice avec ses jeux de lumières est remarquable *(Proviantpassagen 6; horaires : 13 h-16 h du mardi au vendredi, 12 h-17 h le samedi et le dimanche, de 10 h à 17 h du mardi au dimanche en été; www.jewmus.dk)*.

CHÂTEAU DE ROSENBORG

Construit dans le style Renaissance par Christian IV, entre 1606 et 1633, ce château de conte de fées abrite de nombreux chefs-d'œuvre, des salons de la reine Louise aux joyaux de la Couronne en passant par la bibliothèque gothique. Le roi voulait de beaux jardins, ceux qui entourent l'édifice sont les plus anciens de la capitale *(Øster Voldgade 4A; horaires variables; www.dkks.dk)*.

134 EN HAUT - L'INTÉRIEUR DU MUSÉE DANOIS D'ART ET DE DESIGN.

134 EN BAS - LA STATUE DE LA PETITE SIRÈNE.

135 EN HAUT - LE CHÂTEAU DE ROSENBORG.

135 EN BAS - UNE SALLE DU MUSÉE THORVALDSEN.

Shopping

On ne peut manquer d'aller se promener sur le ***Strøget****, l'avenue la plus longue d'Europe (plus de 1 km), bordée de bars et de boutiques de luxe comme le* ***Royal Copenhagen*** *par exemple* (Amagertorv 6, www.royalcopenhagen.com). *Naguère fournisseur de la maison royale, ce temple des porcelaines danoises produit des chefs-d'œuvre depuis 1775, des formes rétro au design le plus moderne. On pourra acheter des objets traditionnels chez* ***Danish Silver*** (Bredgade 12, www.danishsilver.com), *haut lieu des services en argenterie et des bijoux signés des plus grands stylistes scandinaves ; les prix sont plutôt élevés. Pour la déco design, on peut aller chez* ***Illum*** (Østergade 52, www.illum.eu), *le plus élégant magasin danois des arts de la table et de la maison. Copenhague se veut écologique : chez* ***Aniel*** (Frederiksberg Allé 70, www.anielgardiner.dk), *on pourra trouver des vêtements pour enfants, des jouets en bois, et quantité d'articles de décoration pour l'intérieur et pour le jardin. Chez* ***Pure Shop*** (Grønnegade 31-36, www.pureshop.dk), *les parfums et autres produits cosmétiques sont garantis naturels.* ***Egerfeld*** *est le premier supermarché bio de la ville et il existe même un coiffeur chez qui la teinture est faite à base de produits organiques et sans ammoniaque :* ***Green Mind*** (Klareboderne 4, www.greenmindcopenhagen.dk).

Où dormir

€€€€€ Kong Arthur (écologique). L'établissement appartient à la chaîne Brøchner, très impliquée dans la réduction des émissions de CO_2. En y dormant, on peut convertir une partie du prix de la chambre en acquisition de quotas de gaz carbonique. Le processus est un peu complexe, mais une fois sur place, on vous l'expliquera en détail (*Nørre Søgade 11; www.kongarthur.dk; tél. 331 112 12*).

€€€€ Axel Hotel Guldsmeden (hôtel-boutique). Hôtel-boutique avec spa, mobiliers et objets indonésiens, céramiques mexicaines, kimonos japonais. On y sert des petits-déjeuners bio (*Helgolandsgade 11; tél. 333 132 66; www.hotelguldsmeden.dk*).

€€€€ Hotel Alexandra (bio + design). Le mobilier a été dessiné par les plus illustres stylistes danois tels qu'Arne Jacobsen, Ole Wanscher, Finn Juhl ; toutes les chambres sont traitées anallergiques. Pour se détendre, spa, fruits frais et spumante italien (*H.C. Andersens Boulevard 8; www.hotel-alexandra.dk; tél. 337 444 44*).

Où manger

€€€ Noma (top). Les amateurs de gastronomie le connaissent au moins de réputation : en 2010 et 2011, il a été élu meilleur restaurant du monde. Il n'y a que 12 tables. Les plats sont préparés avec des ingrédients locaux (*Strandgade 93; www.noma.dk; tél. 329 632 97*).

€€€ Geranium (biodynamie). Les deux très grands chefs danois, Rasmus Kofoed et Søren Ledet, ne servent que des produits issus de l'agriculture biodynamique, vins compris (*Per Henrik Lings Allé 4, 8, tél. 699 600 20, www.geranium.dk*).

Musées hors la ville

Le plus célèbre est le **Louisiana**, *un édifice perdu dans la campagne, à 35 km de la capitale, qui représente un parfait exemple d'intégration entre l'architecture, l'art et la nature. Il expose plus de 3 000 œuvres, une collection constituée après 1945, qui en fait l'un des espaces muséographiques majeurs de l'art moderne – danois et européen. Le calendrier des expositions temporaires est varié* (Gl. Strandvej 13, Humlebœk; www.louisiana.dk; horaires : 11 h-18 h, 11 h-22 h mardi et vendredi, fermé le lundi). On y accède en voiture par l'E47/E55, ou en 35 minutes de train depuis la gare de Copenhague.

*Plus près de la capitale, à 10 km environ au nord, l'***Ordrupgaard Art Museum**, *outre des toiles impressionnistes, offre deux morceaux de choix : la maison du styliste Finn Juhl (1942) et le nouveau monolithe en verre et ciment conçu par Zaha Hadid* (Vilvordevej 110, Charlottenlund; www.ordrupgaard.dk; horaires variables). On y accède en voiture ou par les autobus 169, 179 et 185.

Le **musée d'Art moderne Arken**, *situé à 18 km au sud-ouest de Copenhague et inauguré en 1996, ressemble à un navire ancré entre la marina d'Ishøj et la plage. Belle collection d'œuvres contemporaines* (Skovvej 100, Ishøj; www.arken.dk; horaires : 10h-17h, 10h-21h le mercredi, fermé le lundi). On s'y rend en voiture par l'E20 (sortie 26) ou en train (lignes A et E).

€€ et €€€ Nimb (brasserie et restaurant). À l'intérieur de Tivoli, l'établissement propose une brasserie, un restaurant gastronomique étoilé au Michelin, une œnothèque et un hôtel de 13 suites (*Bernstoffsgade; www.nimb.dk; tél. 887 000 10 et 887 000 20*).

Sorties et divertissements

Ruby. Une adresse pour initiés : pas d'enseigne à l'extérieur, des cocktails pour connaisseurs à l'intérieur – préparés avec des produits de saison (*Nybrogade 10, www.rby.dk*).

Karriere Bar. Bar design, restaurant, mais aussi musée puisque tous les objets exposés dans ce local sont des œuvres d'art réalisées par une trentaine d'artistes (*Flæsketorvet 57-67, www.karrierebar.com*).

Icebar CPH. Situé à l'intérieur de l'IceHotel, c'est l'un des rares bars au monde où l'on s'habille chaudement pour y entrer : la température est de −5 °C et tout y est en glace. Y compris les verres (*Løngangstraede 27, www.icebarcph.com*).

Culture Box. Une des premières discothèques de Copenhague à proposer une musique alternative : un local de 350 m² pour les amateurs de techno, house, électro, dubstep et drum'n'bass (*Kronprinsessegade 54, www.culture-box.com*).

Pour d'autres informations : Association nationale du tourisme danois, www.visitdenmark.com et www.visitcopenhagen.com

136 - Le Nimb dans le parc de Tivoli.

137 en haut - Un petit train sur le Strøget, la rue commerçante de la capitale danoise.

137 en bas - Le musée d'Art moderne Arken.

Saint-Pétersbourg - *Russie*

Pour Pierre le Grand, **Saint-Pétersbourg** devait être un *Wunderkammer*, une sorte de cabinet des curiosités sur la mer Baltique, avec des bâtiments en pierre, des rues larges et régulières, des ponts et des canaux. C'est le tsar qui donna des directives aux architectes, pour la plupart italiens, pour la conception de la ville.
En quelques années, à partir de 1703, ils firent surgir du néant une grande métropole en terre russe, capable de rivaliser en élégance comme en raffinement avec les principales capitales européennes. Aujourd'hui, plus de trois siècles après sa fondation, la cité des tsars (4,5 millions d'habitants) ne manque pas d'attraits. Il suffit de rappeler l'unité architecturale de son centre historique, avec ses palais des XVIIIe et XIXe siècles, fastueusement décorés. Mais également sa situation entre la terre et l'eau : la ville est construite sur une quarantaine d'îles du delta de la Neva qui la parcourt et la pénètre sur plus de 32 km, dans un entrelacs impressionnant de canaux et de ponts.
Par où commencer la visite ?
Une promenade sur la **perspective Nevski** (Nevski Prospekt), la principale avenue de la ville, qui traverse sur 4,5 km une zone où quatre siècles auparavant il n'y avait que des forêts et des étangs, introduit aussitôt dans ce qui est à la fois le cœur vibrant de la cité et une sorte de musée de l'histoire russe. On l'emprunte à la hauteur de l'ancienne **Amirauté** dont la fine flèche dorée est le symbole de la ville. À quelques pas de là, sur la place des Décabristes, se dresse la grande **statue équestre de Pierre le Grand**, tournée vers le fleuve, qui inspira à Pouchkine son poème *Le Cavalier de bronze*. Puis on aborde la **place du Palais**, avec ses édifices impériaux et le **musée de l'Ermitage**, superbe écrin d'art et de beauté. Sur l'autre rive de la

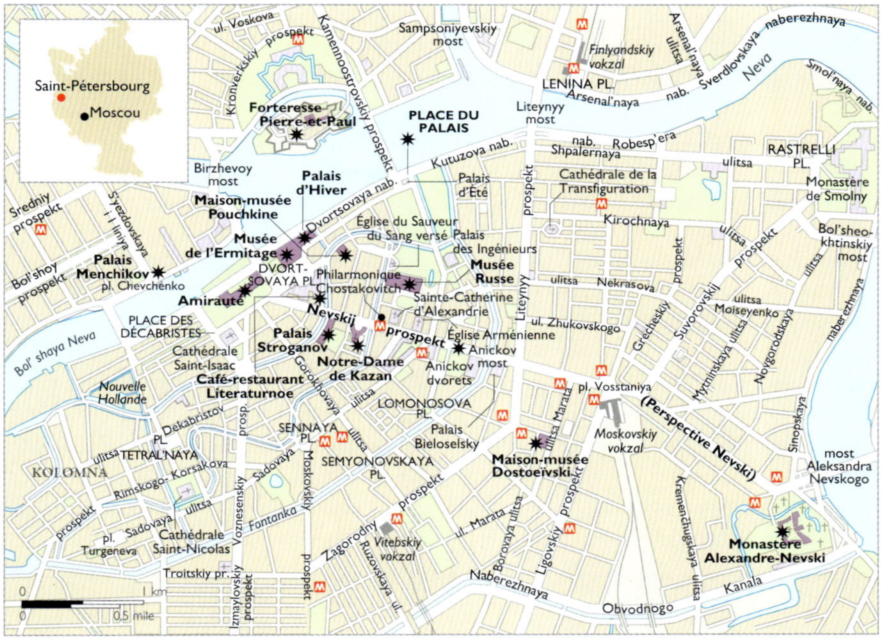

138-139 - Vue d'ensemble des palais de l'Ermitage.

139 en bas - Un des canaux de la ville.

Neva, sur l'île Vassilievski, se dresse le **palais Menchikov**, tandis que la **forteresse Pierre-et-Paul** est un verrou inexpugnable à l'embouchure du fleuve.

Comment se déplacer en ville : *Il est facile et plaisant de marcher dans le centre de Saint-Pétersbourg. On peut aussi recourir aux transports publics et en particulier au métro, très pratique.*

Monnaie : *La monnaie officielle de la Russie est le* ***rouble****.*

À voir

LA PERSPECTIVE NEVSKI

« Reine de beauté pétersbourgeoise », et pas uniquement pour Gogol, la **perspective Nevski** est l'artère principale de la cité : longue de 4,5 km, elle coupe dans sa longueur la péninsule délimitée par la rive gauche de la Neva, en reliant l'Amirauté au monastère Alexandre-Nevski. Bordée d'églises et de palais, elle est animée par des restaurants, des cinémas, des théâtres et des boutiques, comme dans n'importe quelle capitale européenne. Au n° 18, l'étape obligatoire est celle du **café-restaurant Literaturnoe** que fréquentait Pouchkine : c'est là qu'il prit son dernier repas, le 27 janvier 1837, avant d'être tué en duel par le baron d'Anthès, amant présumé de son épouse, la très belle Natalia Gontcharova. Si l'on s'intéresse à la vie du poète, on pourra visiter, non loin de là, la **maison-musée Pouchkine** *(Naberezhnaya Reki Moïka 12, www.museumpushkin.ru ; horaires : 10 h 30-17 h 30, du mercredi au lundi)*. Parmi les souvenirs exposés, livres et objets du plus illustre des poètes russes, on pourra lire le billet injurieux à l'origine du duel fatal. En suivant l'avenue, on sera impressionné, au n° 17, par la magnificence du **palais Stroganov** *(horaires : 10 h-17 h, du mercredi au lundi)*, conçu en 1753 par l'architecte italien Rastrelli – et aujourd'hui siège d'une des sections du Musée russe *(voir plus loin)*. Somptueusement décorées, les salles exposent de précieux exemplaires de porcelaine de l'époque impériale. Vient ensuite, sur la droite, la **cathédrale Notre-Dame de Kazan** (XIXe siècle), œuvre de Voronikhine, l'un des plus grands architectes russes néoclassiques, qui s'est inspiré de la basilique Saint-Pierre de Rome *(horaires : 9 h-19 h 30)*. À l'extrémité de l'avenue se dresse le **monastère Alexandre-Nevski**, fondé par Pierre le Grand sur les lieux présumés où Alexandre Nevski, grand-duc de Novgorod, battit les Suédois en 1240. Plusieurs cimetières s'y trouvent, lieux de silence et de méditation *(horaires : 11 h-18 h, du vendredi au mercredi)*. Dans le premier à droite, dénommé la « nécropole des artistes », reposent entre autres Tchaïkovski, Rimski-Korsakov et Dostoïevski ; dans le cimetière Saint-Lazare (à gauche) se trouvent les tombes de certains des architectes qui ont fait la cité, de Starov à Voronikhine et de Quarenghi à Rossi.

LE MUSÉE DE L'ERMITAGE

Même pour ceux qui ont déjà vu les collections russes déployées dans les trente-trois salles du palais d'Hiver (XVIIIe siècle), l'ensemble de l'Ermitage constituera un choc. Plus qu'un musée proprement dit, c'est l'une des plus belles et plus vastes collections d'art au monde, constituée de plus de 3 millions d'œuvres exposées dans cinq palais impériaux : le Petit-Ermitage, l'Ancien et le Nouvel-Ermitage, le théâtre de l'Ermitage et le palais d'Hiver. Le mérite en revient essentiellement à la passion de collectionneur du tsar Pierre le Grand et de la tsarine Catherine II de Russie (qui fonda le musée en 1794). Il est conseillé de visiter l'Ermitage au moins deux fois. La première sera pour admirer la section ou la collection que l'on préfère : art grec et romain, art et culture de l'Europe occidentale, art russe et d'Extrême-Orient, orfèvrerie, antiquités numismatique. Des dépliants et des audioguides sont disponibles à l'entrée, qui détaillent les parcours thématiques. Lors de la seconde visite, on s'attardera sur l'architecture des édifices, en particulier sur celle du **palais d'Hiver**, chef-d'œuvre de Bartolomeo Rastrelli de style baroque tardif, et principale résidence des tsars. Ses salons racontent les fastes et la magnificence de l'une des plus importantes cours d'Europe, entre le XVIIIe et le XIXe siècle. Le somptueux salon des Ambassadeurs, **la salle de Malachite**, avec ses colonnes, ses coupes et ses vases de pierre verte, la Grande Salle où se tenaient les bals de la cour, la salle de Pierre le Grand, avec le trône impérial en chêne et en argent, et la salle du Pavillon – l'une des plus fastueuses du palais-musée, avec ses colonnes corinthiennes de marbre, ses 28 lustres gigantesques et ses fontaines. Ne manquez pas la *Madone à la fleur* et la *Madone Litta* de Léonard de Vinci, l'*Union de la terre et de l'eau* de Rubens, *Le Retour du fils prodigue* de Rembrandt, *Le Joueur de luth* du Caravage, *Les Baigneuses* de Cézanne et *La Danse* de Matisse, sans oublier la *Sainte Famille* de Raphaël et les chefs-d'œuvre sculptés de Michel-Ange et de Canova *(Dvortsovaya Ploschchad 2, www.hermitagemuseum.org; horaires : 10h30-18h du mardi au samedi, 10h30-17h le dimanche et les jours fériés. Pour éviter les queues aux guichets, il est vivement conseillé de choisir une visite guidée en anglais ou de réserver les billets en ligne via le site Internet du musée).*

LA MAISON-MUSÉE DOSTOÏEVSKI

L'écrivain Fiodor Dostoïevski (1821-1881) n'a jamais habité plus de trois ans dans la même maison et il choisissait toujours des appartements d'angle avec des fenêtres sur les deux rues, à proximité d'une église, de façon à pouvoir entendre le son des cloches qui apaisait son esprit. Son dernier logement, où il est mort peu avant son soixantième anniversaire, satisfaisait à ces impératifs, et les visiteurs actuels peuvent encore apprécier la sonorité des cloches de l'église Saint-Vladimir, toute proche. Le musée a reconstitué quelques-unes des pièces où l'écrivain a vécu les trois dernières années de sa vie, avec sa famille. On verra en particulier le bureau où Dostoïevski a passé des nuits d'intense fébrilité en écrivant *Les Frères Karamazov* – l'une de ses œuvres maîtresses *(Kuznechny 5/2, www.md.spb.ru ; horaires : 11h-18h, du mardi au dimanche).*

LE MUSÉE RUSSE

Dans le cadre spectaculaire du **palais Mikhaïlovski** (XIXe siècle), les collections de ce musée retracent toute l'histoire de l'art russe, du Xe siècle à nos jours : icônes, peintures, sculptures, arts décoratifs, graphiques et appliqués, folklore, numismatique, avant-garde, etc. C'est une occasion unique pour connaître les œuvres des artistes russes les plus extraordinaires tels que Repine, Chichkine, Levitan, Fedotov, Kiprenski, Bruni, Gontcharova et autres (*Inzhenernaya Ulica 4, www.rusmuseum.ru ; horaires : 10 h-17 h du mardi au dimanche, 10 h-16 h le lundi*).

LA CATHÉDRALE SAINT-ISAAC

Des navires et une ligne de chemin de fer spéciaux ont été construits pour acheminer depuis la Finlande les granits destinés aux gigantesques colonnes qui soutiennent la coupole dorée de la cathédrale – l'une des plus grandes églises du monde : 111,20 m de longueur, 97,60 m de largeur, une capacité d'accueil de 14 000 fidèles. Décidée par le tsar Alexandre Ier, la réalisation de cet édifice – situé entre la place des Décabristes et la place Saint-Isaac – fut confiée en 1819 au Français Auguste de Montferrand qui acheva le travail en 1858. L'intérieur, somptueux, est revêtu de 600 m² de mosaïques, 16 000 kg de malachite et quatorze types de marbre différents (*Isaakiecvskaya Pl., www.eng.cathedral.ru ; horaires : 11 h-18 h du jeudi au mardi*).

LA FORTERESSE PIERRE-ET-PAUL

Elle fut érigée en 1703 sur ordre de Pierre le Grand, sur une petite île de la Neva, afin de protéger le noyau de la ville en construction contre les éventuelles attaques des Suédois. Ayant ensuite perdu sa fonction militaire, la forteresse devint une prison dans laquelle furent enfermés les prisonniers politiques dont Dostoïevski, le frère de Lénine, Gorki, Bakounine et Trotski. Au centre de la citadelle se dresse la **cathédrale Saint-Pierre-et-Saint-Paul** (1713-1721), flanquée d'une tour élancée de plus de 122 m de hauteur. Le majestueux intérieur baroque abrite les tombeaux des tsars, y compris (depuis peu) ceux de Nicolas II et de sa famille, exécutés en 1918. Le parcours de la visite comprend aussi la maison du Gouverneur, où est retracée l'histoire de la ville jusqu'à la révolution d'Octobre 1917 ; la maison des Ingénieurs, avec des expositions temporaires ; et la porte Nevski où les condamnés à mort étaient embarqués en vue de leur exécution. On n'oubliera pas, en sortant, une agréable balade sur la plage, au pied des bastions (*11 h-18 h du jeudi au lundi, 11 h-17 h le mardi. Les cours intérieures sont accessibles tous les jours jusqu'à 22 h. On prend les billets à la porte Ioannovski ou sur le ponton*).

LE PALAIS MENCHIKOV

Le prince Alexandre Menchikov fut le plus cher ami de Pierre le Grand, le premier gouverneur de la ville et l'un des hommes les plus puissants de l'empire. Son palais blanc et ocre, sur l'île Vassilievski, fut le premier de la ville à être construit en pierre, en 1720. L'ameublement des immenses salons et le grand escalier central à double rampe, avec la grâce élégante d'un *cortile* à l'italienne, révèlent les goûts de la noblesse russe au XVIIIe siècle, particulièrement sensible aux influences venues d'Europe occidentale : tapisseries d'Aubusson, horloges anglaises, céramiques de Delft – tout ce qu'il y avait alors de plus raffiné sur le marché. Des concerts d'orgue sont organisés tous les dimanches matin dans le palais (*Universiteskaya Naberezhnaya 15, www.hermitagemuseum.com ; horaires : 10 h 30-16 h 30 du mardi au dimanche. Visite guidée en anglais sur réservation, tél. 812 3231112*).

140 EN HAUT - ESCALIER MONUMENTAL EN MARBRE DU PALAIS DE L'ERMITAGE.

140 EN BAS - LA CATHÉDRALE SAINT-ISAAC.

141 - LA FORTERESSE PIERRE-ET-PAUL SUR UNE DES RIVES DE LA NEVA.

En bateau par les ponts et les canaux

De la mi-avril à la fin octobre, depuis la perspective Nevski, à la hauteur du canal Griboïedov et de la Fontanka, des embarcations effectuent un circuit d'une heure le long des principaux canaux de la ville. C'est une occasion pour admirer de plus près quelques-uns des 80 ponts construits à partir du XIXe siècle pour relier les différents secteurs de la ville. Ainsi le pont de la Banque, sur le canal Griboïedov, orné de quatre griffons ailés (1826), ou le pont Anitchov avec ses dresseurs de chevaux en bronze, œuvres du sculpteur Pett Klodt (vers 1850). Et si vous avez la patience d'attendre minuit, vous pourrez jouir du spectacle des grands ponts sur la Neva s'ouvrant l'un après l'autre pour laisser passer les gros navires de charge ou de croisière. Le spectacle est inoubliable lors de la période des « nuits blanches », du 11 juin au 2 juillet, lorsque la pénombre dure 40 minutes seulement : les palais rococo, néoclassiques et Liberty semblent alors se transformer en précieuses et fragiles porcelaines, sous un ciel de nacre (Anglotourismo Boat Tours, Fontanka Embankment 21, www.peterburgcity.com).

142 - La Grande Cascade des jardins de Peterhof.

EXCURSION À PETERHOF (PETRODVORETS)

« Versailles-sur-Mer » : tel devait être, selon la volonté de Pierre le Grand, le domaine de Peterhof, situé sur le golfe de Finlande, à 29 km à l'ouest de Saint-Pétersbourg et inauguré en 1723. Dans cet ensemble de palais que le tsar fit construire, il ajouta un décor paysager extraordinaire, constitué de jardins, d'allées, de cascades, de fontaines monumentales, de grottes et de jeux d'eau, son préféré étant celui de **Monplaisir** *(10 h 30-17 h du mardi au dimanche, de juin à septembre, fermé le dernier mercredi de chaque mois)*. Cette construction en brique rouge lui rappelait sans doute la Hollande, pays qu'il avait beaucoup aimé dans sa jeunesse. De nos jours encore, une des principales attractions est la **Grande Cascade**, harmonieuse composition de 64 fontaines et 37 sculptures en bronze, dessinée en partie par le tsar lui-même *(horaires : 11 h-17 h de mai à octobre ; 11 h-18 h le samedi et le dimanche)*. Entre les jardins inférieur et supérieur se dresse le Grand Palais *(10 h 30-17 h du mardi au dimanche, fermeture le dernier mardi du mois)*. Les intérieurs somptueux reflètent les goûts de Catherine II la Grande – escaliers d'honneur, chambres impériales, salles de réception et de bal – à la seule exception du bureau de Pierre le Grand, aux lambris en chêne sculptés. *(On peut rallier le domaine de Peterhof en 30 minutes à bord d'un hydroglisseur Meteor de mai à septembre, embarcadère devant l'Ermitage. On peut y aller aussi en minibus [ligne 404], depuis la station de métro Baltique [Baltiikij Vozkal], en 50 minutes.)*

EXCURSION À TSARSKOÏE SELO

Ce grandiose domaine impérial se trouve aujourd'hui dans la charmante localité de Pouchkine (autrefois Tsarskoïe Selo), à 25 km au sud de Saint-Pétersbourg. Le nouveau nom date de 1937 et rappelle que le plus célèbre des poètes russes a étudié dans le lycée impérial attaché au palais. L'attraction principale du domaine est le **palais de Catherine** (XVIIIe siècle), construction en style baroque signée de l'architecte Rastrelli, avec des intérieurs de style néoclassique. Parmi les pièces plus belles les unes que les autres, on distingue la Grande Salle (la plus vaste du palais), la salle des Portraits et la salle d'Ambre, recouverte à l'origine de panneaux de cette précieuse matière, cadeau du roi de Prusse en 1716. Les jardins à la française qui occupent les 560 ha du parc abritent des fabriques et des caprices architecturaux aux lignes extravagantes : une pyramide où Catherine enterrait ses chiens favoris, une tour en ruine, un pavillon chinois, une grotte incrustée de coquillages et des bains turcs dans le style mauresque. À proximité, le **palais d'Alexandre** – œuvre de Quarenghi (1792-1796) offerte par Catherine II à son neveu Alexandre Ier – fut l'une des résidences préférées du dernier tsar de Russie, Nicolas II *(7 Sadovaya Str, Pushkin, http://eng.tzar.ru)*. *(On peut se rendre au domaine en 40 minutes avec le service de minibus K 287, depuis Moskovskaïa Plochcad ; un ou deux départs par heure.)*

Où dormir

€€€€€ Grand Hôtel Europe (historique). Plus qu'un hôtel, cet établissement est depuis sa construction, en 1875, un monument. Tchaïkovski le choisit pour y passer sa lune de miel et George Bernard Shaw et Gorki y dînèrent ensemble. Élégance et service impeccable. Des boutiques, un bar et 5 restaurants *(Mikhaïlovskaya Ulitsa 7, www.grandhoteleurope.com)*.

€€€€€ Hotel Taleon (grand luxe). Dans un palais du XIXe siècle, à deux pas de la perspective Nevski, un temps résidence des riches marchands Elisseeff. Spa, piscine et centre de remise en forme. *(Nevski Prospekt 15, tél. 812 324 9911, www.taleonimperialhotel.com)*.

143 - La façade datant du XVIIIe siècle du palais de Catherine II de Tsarskoïe Selo.

€€€€ Alexander House (thématique). Un hôtel-boutique dont chaque chambre est inspirée par une grande ville du monde. Près du théâtre Mariinski (*Kryukov Canal Embankment 27, tél. 812 575 3877, www.a-house.ru/en/hotel*).

Où manger

€€€ Mechta Molokhovets (romantique). Si l'on cherche une carte de qualité, un service impeccable et un souper aux chandelles romantique, bien peu de tables seront à la hauteur de « Rêve de Molokhovets ». La spécialité de la maison est le *kouliebiaka*, tourte de pâte feuilletée farcie de poisson ou de lapin aux choux (*Radicheva Ulitsa 10, tél. 812 929 2247*).

€€ Restoran (traditionnel). Au cœur de l'île Vassilievski, un établissement traditionnel où l'on déguste le meilleur de la cuisine russe : bortsch à base de veau et de betterave, filet de bœuf à la Stroganov avec des champignons et de la crème aigre (*Tamozhenny Pereulok, tél. 812 327 8979*).

€€ Kafe Tbilisi (géorgien). L'ambiance est austère, en pur style soviétique, mais les plats simples et soignés de la cuisine géorgienne sont d'une très grande qualité. Ne manquez pas le *khatchapuri*, une sorte de pain au fromage (*Sytninskaya Ulitsa 10, tél. 812 232 9391*).

Sorties et divertissements

Théâtre d'opéra et de ballet Mariinski. Inauguré en 1859, l'ancien Kirov a vu passer, sur la scène et dans la fosse, les danseurs et les chefs d'orchestre les plus grands (*Teatralnaya Plochtchad 1, tél. 812 326 4141, www.mariinsky.ru/en*).

Griboedov. Ambiance branchée dans cet abri antiaérien géré par les Dva Samoleta, un groupe ska local. Idéal pour un verre en début de soirée, transformé en boîte disco après minuit. La musique touche à tout, de l'électronique au reggae (*Voronezhskaya Ulitsa 2°, tél. 812 164 4355*).

Metro Club. La plus grande discothèque de la ville, fréquentée surtout par des jeunes (*Ligovskiy Prospekt 174, tél. 812 166 0210, www.metroclub.ru*).

JFC Jazz Club. Petit, raffiné et dans le style new-yorkais, ce club accueille des orchestres de jazz en provenance du monde entier (*Sytninskaya Ulitsa, tél. 812 272 9850*).

Pour d'autres informations : www.petersburgcity.com et www.office2tourisme.com/russie-saint-petersbourg

Shopping

Pour ce qui est du shopping, l'avenue reine est naturellement la perspective Nevski qui fourmille de boutiques en tout genre. Au n° 51 s'ouvrent les vitrines de la styliste ***Tatiana Parfionova****, reconnue désormais dans le monde entier* (tél. 812 7133669, www.parfionova.ru). *Pour se prémunir contre le froid, on trouvera un vaste choix de gants et de couvre-chefs au n° 74, chez* ***Toto*** (tél. 812 5793590), *spécialisé dans les peaux, les cuirs et les fourrures. Au n° 20,* ***Podarki Suveniry*** (tél. 812.5714149) *vend toutes sortes de souvenirs : boîtes en laque et matriochkas, mais aussi de belles pièces d'artisanat local. Parmi les grands magasins et autres galeries commerciales, on conseillera, au n° 35, le* ***Bolchoï Gostiny Dvor****, la « cour des marchands », construite par Rastrelli et Vallin de La Mothe (1757-1785) et qui offre la plus grande concentration de boutiques de la ville* (tél. 812 1105408). *Pour finir, à l'écart du centre, mais facilement accessible avec la ligne 3 du métro, se trouve l'ancienne manufacture impériale des* ***Porcelaines Lomonosov*** (Obutchovskoï Oborony Prospekt 151, tél. 812 7131513. Horaires : 10h-18h, du mardi au samedi), *avec un petit musée et une boutique ouverte au public.*

Moscou - *Russie*

Moscou est une ville en marche vers le futur. La métropole – 11 millions d'habitants et un coût de la vie qui fait d'elle une des villes les plus chères du monde – est en fait un gigantesque chantier. On y voit surgir des gratte-ciel en verre et en acier, des hôtels design, des restaurants, des clubs, des bars disco et des centres d'art. À tel point que même Time-Out Moscow *– la bible de tout ce qu'il y a à voir ou à faire en ville – ne réussit pas à tenir le compte exact de ce qui ouvre... et de ce qui ferme.*

Une visite de la capitale de la Russie commence toujours par le **Kremlin**, auquel il convient de consacrer au moins une demi-journée. Ce sera le minimum indispensable pour découvrir des joyaux comme les cathédrales ou le **musée de l'Armurerie d'État**. La visite de la place Rouge sera plus rapide, mais l'on ne manquera pas ses monuments symboliques de l'histoire du pays : la **cathédrale Saint-Basile**, **le mausolée de Lénine** et les **magasins Gum** *(voir l'encadré Shopping)*. Non loin de là, le quartier de Kropotinskaïa est l'un des plus élégants de la ville : il était le cœur de la cité au XIXe siècle, avec les résidences et les palais s'élevant dans les **rues Prechistenskaïa** et **Ostochenka** (où se trouvent aussi d'excellents restaurants) et le **musée d'État des Beaux-Arts Pouchkine**. À voir aussi, **la cathédrale du Christ-Sauveur** *(Volkhonka Ulica 15, www.xxc.ru ; horaires : 10h-17h)* dont l'histoire est très particulière : édifiée à partir de 1837 en marbre de Carrare, elle était la plus grande église orthodoxe jamais construite. Désacralisée puis détruite sous Staline, comme beaucoup d'autres édifices religieux russes, elle fut remplacée par une piscine en plein air. Elle a été reconstruite à l'identique dans les années 1990, pour être consacrée à nouveau en 2000. On y a exposé en 2007 le cercueil de Boris Eltsine avant son enterrement dans le cimetière de **Novodievitchi** – le plus important de la capitale, près du couvent du même nom, inscrit au patrimoine mondial de l'Unesco. En face de la cathédrale, sur l'autre rive du fleuve, **Strelka** est un grand centre consacré à l'art contemporain et au design, installé dans une ancienne chocolaterie *(quai Bersenevskaïa 14, www.strelkainstitute.com)*. Un autre espace dédié à l'avant-garde est **Winzavod** *(Fourth Syrom-yatnicheskiy Lane, www.winzavod.com)*, site – non encore terminé – de boutiques, de bars et de galeries d'art, dans une ancienne fabrique de bière puis de vin.

Comment se déplacer en ville : *Le meilleur moyen est le métro, l'un des plus efficaces de la planète, mais les taxis sont également conseillés : nombreux, ils sont bon marché. Beaucoup de chauffeurs ne parlent que le russe.*

Monnaie : *La monnaie officielle de la Russie est le* ***rouble****.*

À voir

LE KREMLIN

Kremlin signifie « forteresse ». Toutes les grandes cités russes en ont une, mais celle de Moscou est la plus importante : c'est une citadelle fortifiée du XVe siècle située au bord de la Moskova, de forme triangulaire et protégée par des murailles longues de plus de 2 km, dotées de 19 tours. Plusieurs fois détruit et reconstruit, le Kremlin doit son aspect actuel au tsar Ivan III le Grand (1440-1505) qui appela les architectes italiens Fieravanti, Russo et Solari pour réaliser le nouvel ensemble. Il abrite les différents organes du pouvoir politique, comme le Sénat et la présidence, ainsi que des palais, des églises et des musées. Le plus célèbre est celui de l'**Armurerie d'État** : ornements religieux, tapisseries, trônes d'ivoire et de diamants, carrosses, vêtements, joyaux et couronnes des tsars et des tsarines, sans oublier les célèbres œufs de Fabergé *(entrée par la tour Kutafiya, visite échelonnée selon les horaires indiqués sur les billets que l'on achète à une caisse, à l'extérieur du Kremlin, de 9h30 à 16h30)*. À la sortie du musée, on gagne la

144-145 - Vue de la Moskova, avec le Kremlin à l'arrière-plan.

144 - Les matriochkas sont un des symboles de l'artisanat russe que l'on peut trouver dans toutes les boutiques de souvenirs.

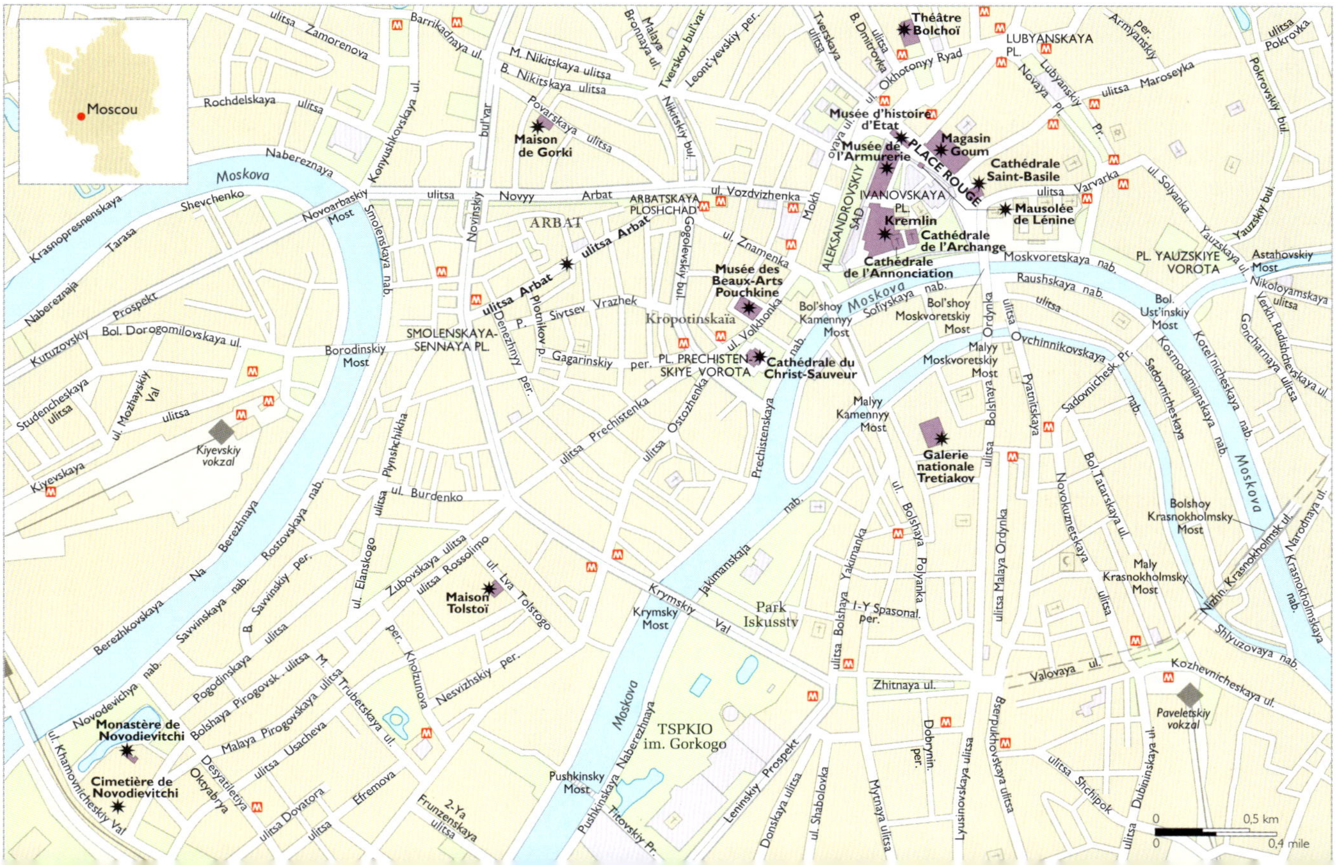
Moscou
Théâtre Bolchoï
LUBYANSKAYA PL.
Musée d'histoire d'État
Musée de l'Armurerie
Magasin Goum
PLACE ROUGE
Cathédrale Saint-Basile
Mausolée de Lénine
IVANOVSKAYA PL.
Kremlin
Cathédrale de l'Archange
Cathédrale de l'Annonciation
ALEKSANDROVSKIY SAD
Maison de Gorki
ARBAT
ARBATSKAYA PLOSHCHAD
ulitsa Arbat
Novyy Arbat
Musée des Beaux-Arts Pouchkine
Kropotinskaia
PL. PRECHISTENSKIYE VOROTA
Cathédrale du Christ-Sauveur
SMOLENSKAYA-SENNAYA PL.
Borodinskiy Most
Kiyevskiy vokzal
Moskova
Galerie nationale Tretiakov
Bol'shoy Kamennyy Most
Bol'shoy Moskvoretskiy Most
Malyy Moskvoretskiy Most
Malyy Kamennyy Most
PL. YAUZSKIYE VOROTA
Bol. Ust'inskiy Most
Astahovskiy Most
Bolshoy Krasnokholmskiy Most
Maly Krasnokholmsky Most
Paveletskiy vokzal
Maison Tolstoï
Park Iskusstv
Krymskiy Most
TSPKIO im. Gorkogo
Pushkinsky Most
Monastère de Novodievitchi
Cimetière de Novodievitchi
0 0,5 km
0 0,4 mile

place des cathédrales. La première que l'on rencontre est celle de l'**Annonciation**, reconstruite en 1547 après un incendie : elle possède neuf coupoles dorées et ses murs sont recouverts de fresques du XVIe siècle, mais son chef-d'œuvre est l'iconostase de 1405, qui date de l'église précédente. En face, la **cathédrale de l'Archange-Saint-Michel** porte la signature de l'architecte italien Alvise Lamberti da Montagnana qui en dirigea la construction (1505-1508), sur les cendres d'une église antérieure. À l'intérieur, parmi les iconostases dorées (XVe-XVIIe siècle), la plus belle est celle de l'Archange (qui a donné son nom à l'édifice). La troisième cathédrale est tout aussi suggestive : c'est celle dite de l'**Assomption** (ou de la **Dormition**). Construite en 1475-1479 par l'architecte Fieravanti, elle accueillait la cérémonie de couronnement des tsars. Les icônes les plus précieuses y sont celles de saint Georges (XIIe siècle) et d'une Vierge de la tendresse (XIIIe siècle), mais on admirera aussi la porte sud, aux plaques d'or et de cuivre travaillées par repoussage, où sont représentées vingt scènes tirées de la Bible. De l'extérieur, on apercevra le clocher d'Ivan le Grand (XVIe siècle), qui abrite une cloche datant du XIXe siècle et pesant 64 tonnes. À proximité, **le tsar des canons** est le plus gros du monde : fondu en 1856, il pèse 40 tonnes *(Alexandrovsky sad., www.kremlin.museum.ru et www.kreml.ru; horaires variables, fermeture le jeudi)*.

LA PLACE ROUGE

C'est l'une des plus grandes places du monde (695 m de long pour 130 m de large) ; elle forme, avec le Kremlin, un ensemble inscrit au patrimoine mondial de l'humanité par l'Unesco. Achevée à la fin du XVe siècle, sur la place Krasnaïa, ce mot signifiant « belle » en russe ancien et « rouge » en russe moderne. On y visite le **mausolée de Lénine** (1929-1930), en granit rouge d'Ukraine, qui abrite la dépouille embaumée du fondateur de l'Union soviétique *(www.lenin.ru; horaires : 10 h-13 h, fermé lundi et vendredi)* et l'élégant complexe du **Gum** (1889-1893), l'un des centres commerciaux les plus luxueux et les plus chers du monde. Sur la même place donnent aussi le **Musée historique d'État** construit en 1875-1881, et ses collections allant de la préhistoire au XIIe siècle, celles des époques postérieures étant exposées par rotation *(horaires : 10 h-18 h, le dimanche 11 h-19 h, fermeture le mardi)*, et la **cathédrale Saint-Basile**, dite aussi **de l'Intercession-de-la-Vierge** : celle-ci est dotée de neuf coupoles dorées. Réalisée en 1651, elle a été saccagée par les troupes de Napoléon Ier, puis elle a failli être détruite sur ordre de Staline. C'est le monument le plus illustre de l'Église

russe : il abrite les reliques de saint Basile, des icônes du XVIe siècle et quatre grandes chapelles orientées sur les points cardinaux (*www.saintbasil.ru; horaires : 11h-18h, en hiver 11h-16h, fermé le mardi*).

LE MUSÉE DES BEAUX-ARTS POUCHKINE

Ce musée est une véritable institution. Outre une section réservée aux tableaux impressionnistes et postimpressionnistes, il abrite aussi des collections égyptienne, grecque et romaine, et une gypsothèque avec des copies de statues de la Renaissance italienne. Parmi les chefs-d'œuvre à ne pas manquer : les toiles de Canaletto, de Monet, Renoir, Gauguin, Van Gogh, Matisse, Picasso et Kandinsky, les *Danseuses bleues* de Degas, *Pierrot et Arlequin* de Cézanne (*Volkhonka ulica 12; horaires : 10h-19h, du mardi au dimanche*).

LE MONASTÈRE DE NOVODIEVITCHI

Le couvent des Vierges, où les tsars cloîtraient épouses et sœurs devenues indésirables, frappe par son architecture baroque du XVIIe siècle et par la splendeur de ses jardins. Construit sur ordre du prince Basile III en 1524, c'est un musée aménagé autour de l'église Notre-Dame-de-Smolensk (1524-1525), qui possède de nombreuses fresques et une iconostase grandiose réalisée par une cinquantaine d'artistes (une Vierge de douceur, de 1564, est le panneau le plus important). À proximité, dans le cimetière homonyme. sont enterrés Tchekhov et Gogol, ou encore Boulgakov, auteur du roman *Le Maître et Marguerite* (*Novodevichy proezd 1, tél. 499 2468526; horaires : 10h-17h, fermeture le mardi*).

LE MÉTRO

Inauguré en 1935, avec ses 12 lignes et ses 180 stations (298,2 km au total), c'est l'un des plus grands et des plus monumentaux du monde *(http://engl.mosmetro.ru)*. Aux heures de pointe, un train passe toutes les 45 secondes; aux autres heures, la moyenne est d'une minute et demie. Certaines stations sont de véritables œuvres d'art et d'architecture, comme celle de Komsomolskaïa, achevée en 1952, avec une salle principale de 190 m de long, dotée de 72 piliers en marbre et de lustres dignes d'un palais impérial. Ou encore celles de Kievskaïa (colonnes de marbre et plafonds à caissons) et d'Arbatskaïa, avec ses plafonds ornés de stucs et ses lustres en style traditionnel. Les autres stations à ne pas manquer sont celles de Loubianka, Kropotinskaïa, Krasnïé Vorota, Avtozavodskaïa et Maiakovskaïa (dédiée au poète Maïakovski).

146-147 - Vue de la place Rouge.

147 - La cathédrale de l'Annonciation au Kremlin.

LE THÉÂTRE BOLCHOÏ

En réalité, il y a deux théâtres pour l'instant. L'original, qui date du milieu du XIXe siècle, est toujours en cours de restauration, et le nouveau a été bâti pour ne pas arrêter la programmation des troupes. Le Bolchoï a connu les meilleurs chefs d'orchestre et compositeurs comme Tchaïkovski, Rachmaninov et Prokofiev, et a vu se produire de grands danseurs et chorégraphes tels Pavlova, Oulanova et Fokine. Pour assister à une représentation, on réserve les billets sur le site Internet du théâtre (*Teatralnaya Ploshad 1, www.bolshoi.ru*).

LA MAISON DE GORKI

L'écrivain Maxime Gorki a vécu dans cette maison de style Art nouveau, de 1931 à 1935. C'est une des plus belles architectures de la ville, signée Fiodor Schechtel (1900), le plus célèbre architecte russe du style Liberty *(Malaya Nikitskaïa, www.imli.ru ; horaires : 11 h-18 h, fermé lundi et mardi)*.

LA MAISON DE TOLSTOÏ

La maison où vécut l'auteur de *Guerre et Paix* de 1882 à 1901 est aujourd'hui un musée. On visite au rez-de-chaussée la salle à manger et les chambres des enfants ; à l'étage, les salons de réception et le bureau (avec vue sur le jardin) où il rédigeait ses œuvres (*Lva Tolstogo Ulica 21, www.tolstoymuseum.ru ; horaires variables)*.

LA GALERIE NATIONALE TRETIAKOV

Pour comprendre l'art russe pré- et post-révolutionnaire, il faut visiter ce musée riche en icônes, tissus, sculptures et dessins, qui organise aussi (et exporte) des expositions temporaires. Les chefs-d'œuvre à ne pas manquer sont la *Trinité*, d'Andreï Roublev (première moitié du XVe siècle), une des plus célèbres icônes russes ; le *Bain du cheval*, toile de Kouzma Petrov-Vodkine (1912) *(Lavrushinski Lane 10, www.tretyakovgallery.ru ; horaires : 10 h 30-19 h 30, du mardi au dimanche)*.

L'UNIVERSITÉ D'ÉTAT LOMONOSSOV

Fondée en 1755, elle est installée dans un édifice de style soviétique *(www.msu.ru/en)*. Ce bâtiment de 1953 est une des « sept sœurs », gratte-ciel voulus par Staline pour matérialiser son rêve de grandeur.

L'EXCURSION DE L'ANNEAU D'OR

Au nord-est de Moscou, sept villes principales définissent ce qu'on appelle l'Anneau d'or. Si l'anneau n'en est pas un, puisque le parcours qui les réunit n'est pas circulaire, l'or est bien au rendez-vous sur les coupoles.
Il caractérise également le rôle et la puissance que ces villes ont connus comme centres spirituels et politiques. Pour une excursion d'une journée, on recommandera la visite de **Serguiev**

Possad qui se trouve à 70 km de la capitale. La ville renferme un véritable joyau, le **monastère de la Trinité-Saint-Serge**, un des lieux de culte majeurs de l'orthodoxie russe. On franchit des murailles de 1540-1550, pour admirer le palais du Réfectoire (de style baroque), l'église du Saint-Esprit (1476) et la cathédrale de l'Assomption (1559) construite sur ordre d'Ivan IV le Terrible. Le campanile, séparé de l'église, mesure 88 m de hauteur et il a été édifié (1740-1770) sous la direction de trois architectes, dont l'Italien Rastrelli. Le sanctuaire le plus important du complexe est la cathédrale de la Trinité (1422-1423) qui conserve les reliques de saint Serge dans une urne d'argent très vénérée par les fidèles, et une magnifique iconostase de 1425-1427. Le monastère comprend aussi le musée de la Sacristie et celui du Trésor, avec de précieuses icônes et une *Cène* de Simon Ushakov (1685). À environ 70 km au nord-est de Serguiev Possad, on pourra aller voir **Pereslavl**. Le **monastère Goritsi** est un lieu de culte et un chef-d'œuvre, avec une iconostase baroque de 1759 (19 m de hauteur pour 16 m de largeur).

Les autres villes de l'Anneau d'or sont en revanche plus éloignées : le circuit fait environ 700 km et il faut compter quatre jours bien remplis pour le parcourir intégralement. **Rostov**, à 73 km au nord-est de Pereslavl, sur les rives du lac Noir, abrite la **cathédrale de l'Assomption** (XVe-XVIe siècle), aux belles fresques du XVIIe siècle et au campanile séparé de l'église. Ensuite on verra **Iaroslavl**, 53 km plus au nord, l'une des villes russes les plus anciennes ; puis **Kostroma**, avec sa **place de la Révolution**, témoignage des volontés urbanistiques de Catherine II ; **Souzdal** et son **kremlin** comprenant la cathédrale de la Nativité-de-la-Vierge (XIIIe siècle) ; et **Vladimir**, avec la **cathédrale de la Dormition** (XIIe siècle) qui garde la très précieuse fresque du *Jugement dernier* peinte en 1408 par Andreï Roublev.

Pour faire le circuit de l'Anneau d'or ou pour visiter seulement Serguiev Possad et Pereslavl, le meilleur moyen est de louer une voiture dans une des nombreuses agences de location de la capitale (renseignements à la réception des hôtels). L'autre solution est de prendre une excursion proposée par des opérateurs tel Intourist (www.intourist.ru).

148 EN HAUT - LE MONASTÈRE DE LA TRINITÉ-SAINT-SERGE À SERGUIEV POSSAD.

148 EN BAS - L'INTÉRIEUR DE L'ÉGLISE DU SAINT-ESPRIT À SERGUIEV POSSAD.

149 EN HAUT - LES REMPARTS ET LES COUPOLES DE LA CATHÉDRALE DE SOUZDAL.

149 EN BAS - LA CATHÉDRALE DE LA DORMITION À VLADIMIR.

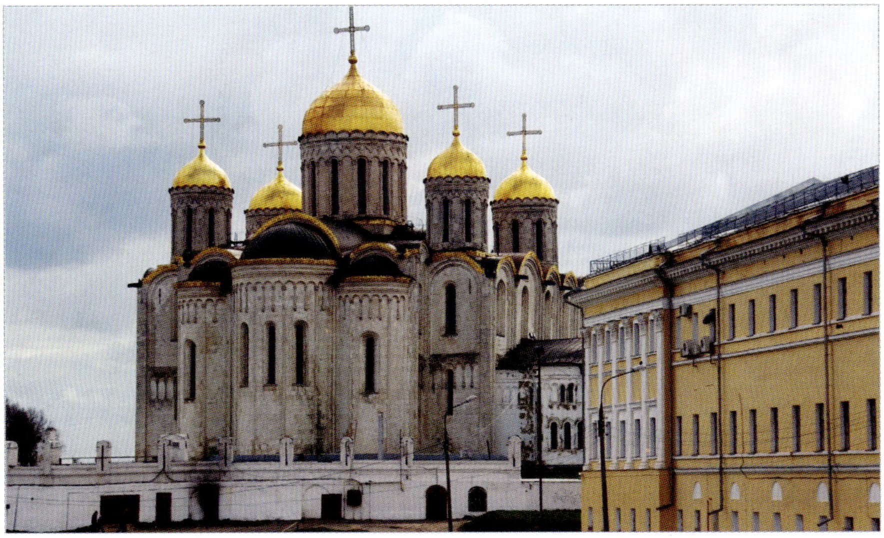

СКОРО ОТКРЫТИЕ
INTERSPORT
INTERSPORT
DIVAGE

Où dormir

€€€€€ Krasnye Holmy Swissotel (design). Un des hôtels les plus neufs et les plus élégants, dans une tour de verre et d'acier. Outre le spa, il offre, au dernier étage, un club à la mode entouré de grandes baies vitrées : la meilleure vue sur la ville (*Kosmodamianskaya nab. 52, bld. 6, tél. 495 787 9800, www.swisshotel.com*).

€€€€€ Hotel Ukraina (rétro). Une institution. Cet édifice imposant, propriété de la chaîne Radisson, est une des « sept sœurs » de la mégalomanie stalinienne. Les chambres ont un style rétro, avec une vue sur les toits (*Kutuzovsky prosp., 2/1 build. 1, tél. 495 221 5555, www.ukraina-hotel.ru*).

€€€€ Spa Hotel Pokrovka (hôtel-boutique). Premier hôtel de Moscou à ne proposer que des suites, 84 au total. Délicieux spa avec piscine, sauna, hammam et *banya*, dans un espace de 760 m² qui occupe deux étages (*Pokrovka ul. 40, tél. 495 229 5757; www.mamaison.com/moscow-pokrovka*).

Où manger

€€€ Turandot (une institution). Ses salles évoquent un musée des merveilles, avec des décors de style Louis XVI et des vases Ming. La cuisine asiatique est servie par des garçons en costumes du XVIIIe siècle. Cher, mais vaut la peine (*Tverskoy Bulvar 26/5, tél. 495 739 0011, www.turandot-palace.ru*).

€€ Mari Vanna (russe). Des plats de tradition, des hors-d'œuvre aux fromages et légumes au saumon et à la marmelade de framboises. La surprise est le restaurant lui-même. On a l'impression d'être dans une vraie maison, avec des chats tournant autour des tables (*Spiridonevsky Per. 10a, tél. 495 650 6500, www.marivanna.ru*).

€€ Scandinavia (scandinave). La cuisine scandinave est à la mode aussi à Moscou. On commande ici des harengs, du thon grillé avec des asperges et des pommes de terre, des crevettes et du canard rôti, dans une atmosphère design, avec terrasse et jardin (*Palashevsky Per. 7, Tverskaya 19, tél. 495 937 5630, www.scandinavia.ru*).

Sorties et divertissements

Shop & Bar Simachëv. Ambiance russe moderne pour ce club branché, avec en annexe une boutique de mode pour jeunes et une carte d'excellents sandwichs (*12/2, Stoleshnikov per., http://shopandbar.denissimachev.com*).

Ikra. Le Caviar est un club très ouvert dans le même édifice que le théâtre Gogol, avec deux bars, une équipe de DJ et des concerts. S'y produisent les meilleurs musiciens russes et de renommée internationale. Il peut accueillir 600 personnes (*Kazakova str. 8, www.ikraclub.ru*).

City Space Bar & Lounge. C'est le club le plus en vogue, au 34e étage du Krasnye Holmy Swissotel. Avec une vue époustouflante et les meilleurs cocktails de toute la Russie (*Kosmodamianskaya nab. 52, bd. 6, tél. 495 787 9800, www.swissotel.com/moscow*).

Pour d'autres informations : voir l'ambassade de Russie en France, www.mid.ru/net et l'Office national de tourisme russe, www.russie.net/russie
voir le site de l'Office de tourisme en Russie, www.russia-travel.com

150 - Les magasins Gum, le temple du shopping moscovite.

151 - L'hôtel Ukraina, une des « sept sœurs » construites sur ordre de Staline.

Shopping

*Il ne faut pas manquer la promenade le long de l'**Arbat**, voie piétonnière de 1 km réalisée au XVIIIe siècle pour les loisirs de la bourgeoisie locale. C'est au **marché Izmaïlovski*** (Ul. 3 Parkovaïa 24, tél. 495 1632176, 9h-20h samedi et dimanche), *avec ses éventaires remplis de bibelots et d'objets d'art, que l'on pourra acheter des matriochkas aussi bien que des colbacks – ou des bustes de Lénine, pour les nostalgiques du communisme. Les amateurs de gastronomie n'oublieront pas le **Supermarket Eliseevskii*** (Tverskaïa 14, www.eliseevski.ru) *qui vend – dans un palais baroque – des délices tels que chocolats artisanaux, tartes, caviar, poissons d'une extrême fraîcheur et des plats préparés (du bortsch aux champignons marinés). On ne saurait quitter Moscou sans avoir visité les célèbres magasins **Gum*** (place Rouge, www.gum.ru). *Fondés en 1889-1893 comme « magasin universel d'État » (c'est le sens de l'acronyme GUM), on y trouve les grandes griffes internationales. L'édifice est imposant : long de 250 m, il comporte trois étages de galeries couvertes de voûtes en verre et armatures de fer. On n'oubliera pas le rayon gastronomie, au premier étage, qui vend tous les produits de luxe provenant du monde entier.*

Bains russes

*À Moscou, il faut essayer les bains russes. L'adresse la plus prisée est **Sanduny**, établissement du XIXe siècle, très apprécié des amateurs de bien-être. Un peu spa, un peu club et lieu de rencontre, une mosaïque de pièces pour alterner la sudation dans les saunas et l'eau froide des piscines. Les hommes et les femmes y sont accueillis dans des espaces séparés et les prix varient en fonction du type de* banya *(« bain » à la russe) que l'on veut essayer* (Neglinnaïa 14, www.sanduny.ru).

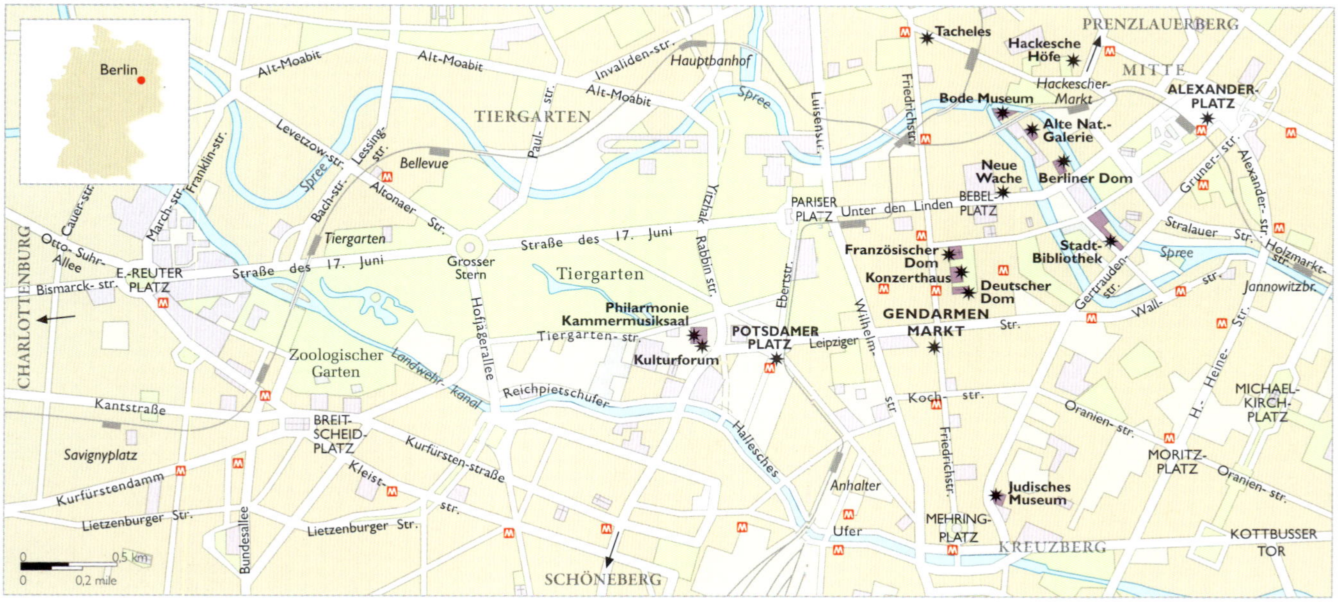
Berlin
Tacheles
Hackesche Höfe
PRENZLAUERBERG
MITTE
Hackescher Markt
ALEXANDER-PLATZ
Bode Museum
Alte Nat.-Galerie
Neue Wache
Berliner Dom
BEBEL-PLATZ
PARISER PLATZ
Unter den Linden
Stadt-Bibliothek
Französischer Dom
Konzerthaus
Deutscher Dom
GENDARMEN MARKT
POTSDAMER PLATZ
Philharmonie
Kammermusiksaal
Kulturforum
Tiergarten
TIERGARTEN
Hauptbahnhof
Alt-Moabit
Invaliden-str.
Spree
Luisenstr.
Friedrichstr.
Levetzow-str.
Lessing str.
Bellevue
Bach-str.
Altonaer Str.
Paul-str.
Yitzhak Rabbin str.
Ebertstr.
Wilhelm-str.
Straße des 17. Juni
Grosser Stern
Hofjägerallee
Zoologischer Garten
Landwehr-Kanal
Reichpietschufer
Tiergarten-str.
Leipziger
Halllesches
Anhalter
Ufer
Koch-str.
Friedrichstr.
MEHRING-PLATZ
KREUZBERG
Judisches Museum
Oranien-str.
MORITZ-PLATZ
MICHAEL-KIRCH-PLATZ
H.-Heine-Str.
Wall-str.
Gertrauden-str.
Jannowitzbr.
Holzmarkt-str.
Stralauer Str.
Gruner-str.
Alexander-str.
KOTTBUSSER TOR
CHARLOTTENBURG
Cauer-str.
Franklin-str.
March-str.
Otto-Suhr-Allee
E.-REUTER PLATZ
Bismarck-str.
Kantstraße
BREIT-SCHEID-PLATZ
Kurfursten-straße
Kleist-str.
Savignyplatz
Kurfürstendamm
Lietzenburger Str.
Bundesallee
SCHÖNEBERG
0 0,5 km
0 0,2 mile

Berlin - *Allemagne*

En 1709, Frédéric Ier de Prusse a réuni en une seule entité les cinq cités qu'il intronisa capitale du royaume de Prusse-Brandebourg. Au XXe siècle, une histoire tourmentée imposa à Berlin un destin particulier, mais si les traces du IIIe Reich et de la division entre l'Est et l'Ouest ne sont presque plus visibles, cette métropole cosmopolite de 3,5 millions d'habitants ne cesse de vivre la fascination des contraires : d'un côté, architectures ultramodernes et lieux underground; de l'autre, pôles culturels extraordinaires et attachement aux traditions. Ces démarches s'enrichissent mutuellement et permettent à Berlin de se façonner un nouveau visage.

Si **Berlin-Mitte** est le centre monumental de la capitale, la **porte de Brandebourg** est son cœur, avec tout près le palais du **Reichstag** (Parlement), restructuré par Norman Foster, et la grande avenue **Unter den Linden**, achevée pour les jeux Olympiques de 1936. Non loin de là, sur Ebertstrasse, a été érigé le **Mémorial aux juifs assassinés en Europe**. Il est situé entre la porte de Brandebourg et la **Potsdamer Platz**, un terrain vague traversé par le Mur jusqu'en 1989. Les deux autres chefs-d'œuvre du quartier sont la **Museuminsel** (île des Musées), mouchoir de poche sur lequel se dressent cinq grands musées s'élevant le long des rives de la Spree, et le **Kunsthaus Tacheles** (ou simplement le Tacheles) : le plus important squat d'Europe, cœur du Berlin radical.
Si Berlin-Mitte symbolise la division entre l'Est et l'Ouest, le quartier voisin de **Kreuzberg** est un petit Istanbul d'environ 150 000 habitants – la plus grande communauté turque hors de la Turquie. C'est un secteur en pleine réhabilitation, où de nombreux Berlinois vont s'installer.
Le secteur du **Prenzlauer Berg** connaît lui aussi une profonde transformation : quartier punk dans les années 80, il est aujourd'hui très recherché. Ses usines du XIXe siècle ont été réhabilitées et accueillent des espaces culturels comme la **Kulturbrauerei**, brasserie devenue centre d'art et de stylisme *(www.kulturbrauerei-berlin.de)*, ou l'**Humboldt Umspannwerk**, ancienne centrale électrique reconvertie en centre d'expositions et d'événements *(www.humboldtberlin.com)*. Même destinée – non loin de là – pour **Friedrichshain**, hier quartier populaire, habité aujourd'hui par des étudiants et des artistes qui y trouvent des logements bon marché mais aussi le plus important monument à la mémoire du Mur, l'**East Side Gallery**.
Qu'en est-il de l'ancien Berlin-Ouest, celui de **Charlottenburg** et de **Schöneberg** ? Il résiste au souffle de changement qui traverse les anciens quartiers populaires et continue à briller par ses icônes historiques comme la **Gedächtniskirche** (l'église du Souvenir) construite en style néoroman entre 1891 et 1895, bombardée pendant la dernière guerre et jamais reconstruite, ruine symbolisant la nécessité de la paix – et par ses rues commerçantes comme le **Ku'damm** (abréviation pour Kurfürstendamm) près du grand magasin **KaDeWe**. Il resplendit aussi dans les magasins et restaurants de la **Kantstrasse**, comme avec la **Siegessäule** (la colonne de la Victoire) dont l'ange ailé, au-dessus de la rue du 17-Juin, a été immortalisé par Wim Wenders dans son film *Les Ailes du désir (www.monument-tales.de; horaires variables)*.
La passion des Berlinois pour les espaces verts ne se dément pas. Les nombreux parcs et jardins occupent près du tiers de la superficie de la ville. Le jardin le plus important, entre Berlin-Mitte et Charlottenburg, le Tiergarten, a donné son nom au quartier. Pour visiter le plus grand parc extra-urbain, il faudra en revanche parcourir une quarantaine de kilomètres, en direction de Potsdam.

Comment se déplacer en ville : *Berlin est desservi par d'excellents réseaux de métropolitain et de bus. Le soir, on se déplace en taxi, très nombreux et bon marché.*

152-153 - Vue aérienne de la capitale allemande.

153 en bas - La porte de Brandebourg, symbole de la plus grande ville d'Allemagne.

154 - La place Gendarmenmarkt datant du XVIIIe siècle.

155 - Le squat d'artistes Tacheles.

À voir

LA CATHÉDRALE

Le sanctuaire protestant le plus important de la ville, rénové par Karl Friedrich Schinkel en 1822, est le mausolée de la famille royale prussienne : il abrite en effet 90 tombeaux et sarcophages de ses membres. On y célèbre des offices et on y donne des concerts d'orgue. Les visites sont guidées *(Am Lustgarten ; www.berliner-dom.de ; horaires : 9 h-20 h du lundi au samedi, 12 h-20 h le dimanche)*.

L'ALEXANDERPLATZ

« Alex » – surnom donné par les Berlinois – doit son nom à la visite du tsar de Russie Alexandre Ier, en 1805. De nombreux événements de la capitale sont liés à cette place – un peu triste – qui accueille le siège de la *Berliner Zeitung*, l'immeuble du groupe Kaufhof et la tour de la télévision, le monument le plus haut de la ville (368 m), avec à son sommet un café terrasse panoramique tournant qui offre une belle vue sur la capitale *(Panoramastrasse, 2 ; www.tv-turm.de ; horaires : 9 h-minuit, de novembre à février 10 h-minuit)*.

LA PORTE DE BRANDEBOURG

« Monsieur Gorbatchev, abattez ce mur ! » Le 12 juin 1987, Ronald Reagan apostrophe ainsi le président soviétique dans un discours prononcé devant la porte de Brandebourg. Symbole de Berlin, endommagée durant les festivités qui ont salué la chute du Mur, la porte a été rouverte au public le 3 octobre 2002. Construite entre 1788 et 1791, elle est la plus imposante des 18 portes originelles de la ville et est surmontée d'un groupe sculpté symbolisant la Victoire.

LA PLACE GENDARMENMARKT

Réalisée en 1700, elle doit son nom au mot « gens d'armes » qui en français désignait alors un régiment de soldats d'origine huguenote. On y trouve trois superbes édifices : le **Deutscher Dom** (cathédrale allemande) de 1708, qui abrite une exposition permanente sur l'histoire du Parlement allemand, le **Französischer Dom** (cathédrale française) édifié dès 1705 par les huguenots émigrés et qui accueille un musée qui leur est consacré et, enfin, le **Konzerthaus**, conçu par Karl Friedrich Schinkel, inauguré en 1821, qui accueille chaque année quelque 550 manifestations musicales *(visite guidée sur réservation, www.konzerthaus.de)*.

MÉMORIAL AUX JUIFS ASSASSINÉS EN EUROPE

Après la **Haus am Checkpoint Charlie** et son musée du Mur de Berlin (Mauermuseum), Peter Eisenmann a réalisé ce monument controversé : en cheminant dans ce labyrinthe de 2 711 blocs de ciment brut disposés en plein air, on est saisi par cette tentative réussie de garder en mémoire les horreurs de l'histoire.

LE REICHSTAG (PARLEMENT)

La plus grande coupole de Berlin, conçue en 1999 par l'architecte britannique

Norman Foster pour redonner de l'éclat au vieil édifice chargé d'histoire, est devenue une sorte de belvédère qui attire chaque année des milliers de visiteurs. Au sommet du bâtiment se trouve en effet une terrasse qui permet d'admirer le panorama de la ville, mais aussi la coupole elle-même, traversée par un cône de lumière en forme de sculpture (*Platz der Republik 1; www.bundestag.de*).

LA POTSDAMER PLATZ

Le cœur palpitant de Berlin a été conçu par un groupe d'architectes comprenant Renzo Piano, Arata Isozaki, Richard Rogers, Hans Kollhoff et Helmut Jahn. De cette conjonction est né un grand quartier, ramassé autour d'une place scintillante et divisée en trois secteurs, Daimler City (1998), Sony Center (2000) et Beisheim Center (2004). Les attractions principales sont la tour Debis, de Renzo Piano, le DaimlerChrysler Atrium (avec des espaces pour des expositions d'art et un bassin artificiel), le Sony Center et ses salles de cinéma et le musée du Cinéma allemand, le centre commercial Arkaden, le cinéma iMax, et ses projections en 3D, un théâtre, un casino et le Weinhaus Huth, l'unique édifice ancien de cet ensemble, datant de 1911-1912 (*www.potsdamerplatz.de*).

LA MUSEUMINSEL (L'ÎLE AUX MUSÉES)

Cet immense pôle muséographique est inscrit au patrimoine mondial de l'Unesco depuis 1999. L'ensemble comprend cinq musées, construits entre 1824 et 1930 sur une petite île baignée par la Spree. Il fait l'objet d'un plan de réhabilitation signé David Chipperfield, qui doit le transformer d'ici 2015 en un lieu culturel d'avant-garde. Le premier édifice restauré a été le **Neues Museum** (nouveau musée) qui expose les collections égyptiennes de l'**Ägyptisches Museum** et celles de la préhistoire et de l'Antiquité : on y admire le célèbre buste de Néfertiti. Le **Pergamonmuseum** (musée de Pergame) est consacré aux arts antiques et islamiques, avec des monuments tels que le Grand Autel de Pergame, la porte d'Ishtar (Babylone) et la porte du Marché de Milet. L'**Altes Museum** (vieux musée) – le plus ancien musée allemand – a été conçu par Karl Friedrich Schinkel pour abriter les collections grecques et romaines de la famille royale. Le **Bode-Museum** expose les collections de sculptures et d'objets occidentaux. Enfin, l'**Alte Nationalgalerie** est dédiée à l'art allemand du XIXe siècle et aux impressionnistes français. (*Neues Museum, Bodestrasse, 1-3 : www.neues-museum.de; horaires : 10h-18h, jeudi, vendredi et samedi jusqu'à 20h. Pergamonmuseum, Am Kupfergraben, 5 : www.smb.museum; horaires : 10h-18h, jeudi jusqu'à 22h. Altes Museum, Am Lustgarten : www.smb.museum; horaires : 10h-18h, jeudi jusqu'à 22h.*
Bode-Museum, Am Kupfergraben, 1 : www.smb.museum; horaires : 10h-18h, jeudi jusqu'à 22h.
Alte Nationalgalerie, Bodestrasse, 1-3 : www.smb.museum; horaires : de 10h-18h, jeudi jusqu'à 22h, fermé le lundi.)

TACHELES

Le plus célèbre squat d'Europe est situé dans un bâtiment de 9 000 m², couvert de graffitis : il accueille des expositions, des performances picturales et musicales, le Café Zapata, un cinéma et une discothèque. Implanté dans une des rues les plus animées de la cité, il est entouré de cafés, de restaurants et de petites boutiques (*Oranienburgerstrasse, 54-56*).

HACKESCHE HÖFE

Cette cité ouvrière a été transformée en un espace très animé, dans un ensemble de huit « cours » (*Höfe*, en allemand) communicantes. Entre les murs Jugendstil en brique et en céramique de couleur sont installés des cafés, des espaces de jeux pour les enfants, des galeries d'art, un théâtre de variétés et des magasins (*Rosenthalerstrasse, 41, Sophienstrasse, 6*).

Le parcours du Mur

Tout a commencé grâce à Keith Haring : quelques années avant la réunification allemande, cet artiste a peint un segment des 155 km du mur qui encerclait Berlin-Ouest. Pendant vingt-huit ans (de 1961 à 1989), cette enceinte fortifiée a représenté le symbole de la division, non seulement de la ville et de l'Allemagne mais du monde entier. Elle n'existe plus ou, du moins, plus dans sa totalité. Il en reste des vestiges : des pans de mur, la tour de guet de ***Kieler Eck, Kielerstrasse*** *(il y en avait 320 comme elle, à l'origine), et des anciens points de contrôle comme le très célèbre* ***Checkpoint Charlie*** *dans la* ***Friedrichstrasse****, naguère le point de passage le plus important entre les deux parties de Berlin, où se trouve à présent le* **Mauermuseum** *(musée du Mur) consacré à l'histoire du Mur* (tél. 30 2537 25/0; www.mauermuseum.com). *Le clou de ce parcours reste l'***East Side Gallery** (www.eastsidegallery.com) *: 1300 m de mur le long de la Mühlenstrasse, près de la Spree, avec des peintures et des graffitis inspirés par la paix et réalisés par plus de cent artistes en provenance du monde entier. Cette « galerie d'art » à ciel ouvert a été déclarée monument national en 1991.*

Shopping

Berlin a aussi ses Galeries Lafayette, elles s'appellent **KaDeWe** (www.kadewe.com) *et on y vend des vêtements griffés, des accessoires et des objets de design. Mais leur atout principal est le rayon gastronomie : plus de 7 000 m² où se succèdent des étals de fromage, de chocolat, de sushi, de thé et un bar à champagne. La rue du shopping par excellence est le* **Ku'damm**, *grande avenue avec les boutiques des couturiers les plus célèbres, mais les créations les plus originales se trouvent à Berlin-Mitte, avec les ateliers des grands créateurs de mode et des galeries d'art comme* **Eigen + Art** (www.eigen-art.com) *qui a lancé une génération de peintres de l'Est aujourd'hui très cotés, ou comme* **Bunker** (www.sammlung-boros.de), *un ancien bunker hitlérien (1942-1943) devenu le rendez-vous de nombreux jeunes artistes. Toujours à Mitte, le magasin* **Ampelmann** *est une curiosité* (www.ampelmann.de; www.ampelmannshop.com). *Il vend des d'objets qui ont la forme des petites silhouettes rouges ou vertes des feux de signalisation pour piétons de l'ex-Berlin-Est, devenus aussi symboliques que les gondoles pour Venise. Une promenade devant les vitrines de* **Friedrichstrasse** *et l'on arrive au* **BFN** (www.berlinfashionnetwork.com), *un « concept store » de vingt-cinq stylistes berlinois dont beaucoup sont déjà connus.*

KREUZBERG

Kreuzberg est devenu le quartier turc de la ville, et ce quartier plaît autant aux Berlinois qu'aux touristes grâce à ses nombreux restaurants de spécialités anatoliennes, ses marchés et ses bazars comme le **Türkenmarkt**, avec ses montagnes de fruits et de fromages comme on pourrait les trouver à Istanbul *(le long de Maybachufer; horaires variables)*. Mais aussi grâce à ses anciennes usines transformées en centres socioculturels, à ses petites places animées comme **Kottbusser Tor**, où l'on peut déguster kébabs et plats épicés ou à ses pôles culturels comme le **Jüdisches Museum** (Musée juif), réalisation de l'architecte Daniel Libeskind *(Lindenstrasse 9-14; www.jmberlin.de; horaires : 10 h-20 h, le lundi de 10 h-22 h)*.

LE CHÂTEAU DE CHARLOTTENBURG

Construit entre 1695 et 1699 pour être la résidence d'été de Sophie-Charlotte, épouse du Grand Électeur Frédéric III, ce château mérite une visite pour ses pièces (au rez-de-chaussée, avec la salle des porcelaines chinoises et japonaises) et son parc de style baroque *(Luisenplatz 1; www.spsg.de; horaires variables)*.

POTSDAM

Le château de Sans-Souci (1745-1747) agrémenté d'un parc était la résidence estivale de Frédéric II de Prusse. Ce lieu idyllique avec ses pelouses, ses arbres, ses fontaines et ses architectures de style baroque, a accueilli, en août 1945, la conférence des vainqueurs de la Seconde Guerre mondiale *(www.spsg.de; www.potsdamtourismus.de)*. *On y va depuis Berlin en train ou avec la ligne S7 du métro. En voiture : 40 km environ, par l'A100 et l'A115.*

Où dormir

€€€€€ Adlon Kempinski Berlin (luxe). Une institution. L'hôtel préféré de Greta Garbo est le seul à pouvoir se targuer de trois restaurants étoilés au Michelin. Proche de la porte de Brandebourg *(Unter den Linden, 77, Am Pariser Platz, tél. 30 226 10, www.hotel-adlon.de)*.

€€€€ Lux Eleven (design). Intérieurs design, dans un édifice historique où il n'y a pas de chambres, mais des appartements avec cuisine. Ne pas manquer la boutique de mode et le spa ayurvédique *(Rosa-Luxemburg Strasse, 9-13, tél. 30 936 2800; www.lux-eleven.com, www.designhotels.com)*.

€€€ Arte Luise (artistique). Plus que dans un hôtel, on a l'impression d'être dans une galerie d'art. Chaque chambre a été décorée par un artiste différent (*Luisenstrasse, 19, tél. 30 284 480, www.luise-berlin.com*).

Où manger

€€€ Tausend Cantina (tendance).
La dernière mode en fait de gastronomie : un restaurant-bar ouvert en 2009 sous les arcades du métro. Cuisine fusion aux accents d'Asie et d'Amérique du Sud ; belle sélection de champagnes et de saké (*Schiffbauerdamm, 11, www.tausendberlin.com*).

€€ Borchardt (stars de cinéma).
Difficile de trouver une table ici pendant le festival de cinéma : c'est le restaurant préféré des vedettes du grand écran. Cuisines berlinoise, française ou italienne toutes excellentes (*Französische Strasse, 47, tél. 30 818 86 262*).

€Max und Moritz (traditionnel).
Le nom de l'établissement est emprunté au titre d'une ancienne bande dessinée pour enfants. Cuisine allemande et berlinoise (comme le jarret de porc bouilli avec des pommes de terre), excellente bière (*Oranienstrasse, 162, tél. 30 695 15 911*).

Sorties et divertissements

Berghain (Panorama bar). Cela se passe dans le hangar d'une ancienne usine désaffectée. Une programmation de musique house, techno et électronique de toute première qualité (*Am Wriezener Bahnhof, www.berghain.de*).

SO 36. Ce club historique de Kreuzberg, aux origines punk, accueille aujourd'hui des événements et des genres musicaux extrêmement divers : metal, hip-hop, crossover, techno et drum. On y organise régulièrement des soirées orientales pour gays et lesbiennes (*Oranienstrasse, 190*).

Kaffee Burger. Un « beau café » dans le style de l'ancienne RDA, rendez-vous – le dimanche – de jeunes écrivains et poètes. Le café littéraire d'autrefois, mais en version modernisée. Incontournable, derrière, la discothèque avec des chansons soviétiques et d'Europe de l'Est (*Torstrasse, 58-60*).

Pour d'autres informations : Office national allemand du tourisme, www.allemagne-tourisme.com

156 EN HAUT - LE SONY CENTER, POTSDAMER PLATZ.

156 EN BAS - UNE PIÈCE DANS LE CHÂTEAU DE CHARLOTTENBURG.

157 EN HAUT - L'HÔTEL ADLON SUR UNTER DEN LINDEN.

157 EN BAS - LA PISCINE FLOTTANTE DE BADESCHIFF ARENA.

La plage de la ville

Chaises longues, parasols, palmiers – artificiels – et sable provenant de la côte baltique ! En été, les rives de la Spree accueillent des petits établissements balnéaires où l'on peut se détendre et prendre le soleil. Le soir venu, ils se transforment en lieux de rendez-vous fréquentés par les jeunes branchés. Cette mode remonte au XIXe siècle. L'adresse préférée des Berlinois est la ***Badeschiff Arena*** *(la piscine flottante), installée au milieu de la Spree avec ses deux saunas. La piscine est à ciel ouvert quand il fait chaud, et recouverte en hiver. Les autres plages sont* ***Capital Beach***, ***Deck 5***, *et ses 80 tonnes de sable répandues sur le toit d'un parking,* ***Strandbad Mitte*** *et* ***Kiki Blofeld***, *avec billards et aires de repos dans la verdure.*

Munich - *Allemagne*

Patrie du roi Louis II de Bavière, grand admirateur de Wagner et bâtisseur de châteaux extravagants et fantastiques, Munich est une ville d'histoire et de culture au rayonnement artistique considérable. Mais c'est aussi une ville de réjouissances où de nombreux touristes viennent pour le carnaval ou la fête de la bière.

La découverte de Munich commencera par l'**Altstadt** (la vieille ville), centre historique où résonne régulièrement la musique du **Glockenspiel** (carillon) du Rathaus (hôtel de ville), où l'on brasse et boit de la bière depuis le XVIe siècle – la **Hofbräuhaus** est la plus ancienne brasserie d'Europe –, où le palais royal de la **Residenz** enchante par l'opulence de ses salons et de ses stucs. Munich conserve nombre de monuments gothiques et baroques mais fait preuve de modernité avec le stade du Bayern FC, le célèbre club de football munichois, l'**Allianz Arena**, conçu et réalisé par les architectes Herzog & de Meuron à Fröttmaning (à ne pas confondre avec le Stade olympique). La nuit, il se pare d'une véritable cascade de couleurs *(www.allianz-arena.de)*. Un autre bâtiment construit en 2009 joue aussi sur la couleur, il s'agit du **musée Brandhorst** dont la façade est recouverte de plaquettes de céramique. **Platform 3** est un espace aménagé, au troisième étage d'une usine désaffectée, pour vingt-deux ateliers dans lesquels travaillent une trentaine d'artistes : *(Kistlerhofstraße 70, www.platform3.de; horaires variables)*. Enfin, une ancienne centrale électrique abrite **Ampere**, un des clubs les plus courus des nuits munichoises *(Zellstraße 4)*.

Comment se déplacer en ville : *Avec les trains des réseaux S-Bahn et U-Bahn, qui vont jusqu'à la périphérie, mais aussi avec les trams et les autobus. La nuit, un service de lignes dessert presque toute la ville, discothèques comprises. Consulter le site www.mvv-muenchen.de*

158-159 - La place centrale de Munich (Marienplatz) avec l'hôtel de ville.

159 en bas - Le célèbre carillon (Glockenspiel), sur la Marienplatz.

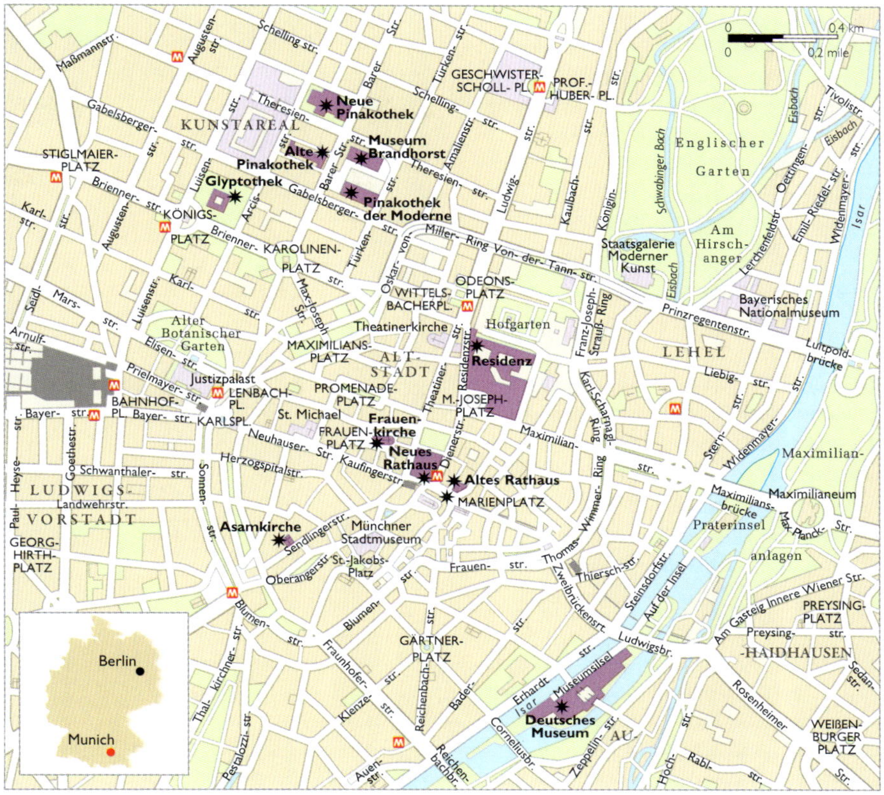

À voir

LA FRAUENKIRCHE

La cathédrale gothique de la fin du xve siècle est éclairée par de beaux vitraux des xve-xvie siècles, qui illuminent des murs plutôt dépouillés. À l'entrée de la nef droite on admirera le mausolée de l'empereur Louis IV (xviie siècle). Les deux tours jumelles du xvie siècle, coiffées de bulbes, sont le symbole de la ville. La vaste nef peut accueillir 20 000 fidèles (*Frauenplatz 2, tél. 89 290 082/0; horaires variables*).

MARIENPLATZ

Les visiteurs se pressent sur cette grande place pour écouter son célèbre carillon de 43 cloches et aux 32 automates. Ceux du registre supérieur évoquent le mariage du duc Guillaume V avec la princesse Renée de Lorraine (1568), les autres représentent la danse des tonneliers après la peste (xvie siècle). Le carillon fonctionne ainsi : trois fois par jour, les cloches sonnent puis sont suivies par la mélodie du carillon qui annonce la mise en marche des automates dans un ordre déterminé. Un coq doré est le dernier à entrer en scène pour chanter trois fois. On visite la tour en même temps que le **Neues Rathaus** (nouvel hôtel de ville), édifice néogothique où se trouvent les bureaux du maire (*tél. 89 2330; horaires variables*), toujours sur la Marienplatz. On y admire aussi la **Mariensäule**, colonne de marbre qui porte la statue de la Vierge Marie (patronne de la « très catholique Bavière ») et l'**Altes Rathaus** (ancien hôtel de ville) de la fin du xve siècle, reconstruit en partie après les bombardements de la Seconde Guerre mondiale, qui abrite le **musée du Jouet** (*tél. 89 294001; horaires : variables*).

LA RÉSIDENCE (RESIDENZ)

La somptueuse demeure royale bavaroise, construite à partir du xve siècle au centre de la ville, possède une façade de style Renaissance derrière laquelle on découvre de vrais trésors. Dans ce bâtiment de 130 pièces, on pourra visiter le **Residenz Museum** et sa salle du Trône, ses appartements royaux, son Antiquarium (la salle la plus ancienne longue de 66 m), ses chapelles, et son cabinet des porcelaines. Le trésor expose les couronnes constellées de pierres précieuses et un ciboire du roi Arnolphe de Carinthie (xve siècle) ; enfin, le **théâtre** voulu par Maximilien III Joseph, en 1751-1755, a vu un jour se produire un très jeune prodige du nom de Mozart (*Residenzstraße 1, www.residenz-muenchen.de; horaires variables pour le musée, le trésor et le théâtre*).

L'ÉGLISE SAINT-JEAN-NÉPOMUCÈNE (ASAMKIRCHE)

Chapelle plus qu'église, elle représente un exemple majeur du rococo bavarois. Construite entre 1733 et 1746, elle est revêtue de stucs de couleur ocre, rouge et brune, et possède un beau plafond décoré de fresques. Si aucune œuvre n'est en soi remarquable, l'effet de l'ensemble est extraordinaire (*Sendlinger Strasse 34, tél. 89 236 879 89; horaires variables*).

LE QUARTIER DES MUSÉES

La **Kunstareal** de Munich offre un grand voyage dans l'histoire de l'art. On peut commencer par la **Glyptothek**, avec sa collection de statues antiques grecques et romaines *(Königsplatz, www.antike-am-koenigsplatz.mwn.de; horaires : 10 h-17 h du mardi au dimanche, jusqu'à 20 h le jeudi)*. Ensuite passer à l'**Alte Pinakothek** (ancienne pinacothèque), et ses 700 chefs-d'œuvre de la peinture européenne du XIVe au XVIIIe siècle – Botticelli, Léonard de Vinci, Tintoret, Titien, Van Dyck, etc. – dont le célèbre *Autoportrait* de Dürer et la *Sainte Famille* de Raphaël(*Barer Strasse 27, www.pinakothek.de/altepinakothek; horaires : 10 h-18 h, le mardi jusqu'à 20 h, fermeture le lundi*). La **Neue Pinakothek** (nouvelle pinacothèque) propose en revanche un panorama de l'art européen des XVIIIe-XIXe siècles : les sommets sont atteints avec les salles consacrées à la peinture anglaise (Constable et Turner), française (Corot, Courbet, Delacroix). Dans la salle 1, une sculpture de Canova et deux tableaux de Goya, dans la salle des Klimt, le portrait de *Margaret Stonborough-Wittgenstein*, de 1905 et l'*Agonie* de Schiele (1912) *(Barer Strasse 29, www.pinakothek.de/neuepinakothek; horaires : 10 h-18 h, le mercredi jusqu'à 20 h, fermeture le mardi)*. La **Pinakothek der Moderne** est l'un des plus vastes musées d'Europe. Elle contient des collections d'architecture, de design et d'art graphique des XXe et XXIe siècles *(Barer Strasse 40, www.pinakothek.de/pinakothek-der-moderne ; horaires : 10 h-18 h, le jeudi jusqu'à 20 h, fermeture le lundi)*. Depuis 2009, le **musée Brandhorst**, dernier-né des espaces du Kunstareal, conçu par Sauer et Huttoncon, présente des œuvres classiques et modernes de la seconde moitié du XXe siècle ; le bâtiment est recouvert de 35 000 plaquettes de céramique colorées qui absorbent les bruits de la ville. Parmi les chefs-d'œuvre exposés, on peut citer *Mai alzato pietra su pietra* de Mario Merz et l'*Autoportrait* (1986) d'Andy Warhol *(Theresienstrasse 35a, www.museum-brandhorst.de; horaires : 10 h-18 h, le jeudi jusqu'à 20 h, fermeture le lundi)*.

160 - L'intérieur de la Pinakothek der Moderne.

LE DEUTSCHES MUSEUM

C'est le musée de la technique le plus grand d'Europe. Sur environ 47 000 m^{2} sont exposés plus de 100 000 objets et dispositifs techniques. On parcourt l'histoire de l'automobile, de l'avion et de l'aventure aérospatiale, jusqu'à l'apparition des nanotechnologies. Quant au planétarium, il permet d'admirer les étoiles *(Museuminsel 1, www.deutches-museum.de; horaires : 9 h-17 h)*.

L'OLYMPIASTADION

Le Stade olympique est beaucoup plus qu'un stade. À côté des événements sportifs, il a accueilli des concerts mémorables. Doté d'une couverture repliable, il se dresse dans l'**Olympiapark**,

161 - La Hofbräuhaus, la taverne historique de Munich.

créé pour les jeux Olympiques de 1972, où se trouvent aussi le palais et le musée BMW (*Spiridon-Louis-Ring 21, www.olympiapark.de; horaires variables*).

LE MUSÉE BMW

Ce musée à la forme futuriste est organisé en sept secteurs thématiques qui permettent de plonger dans l'histoire de la célèbre firme automobile bavaroise. À côté des modèles historiques et des voitures d'époque, on admire aussi des motocyclettes, des turbines, des véhicules de rallye et des bolides de formule 1 (*Am Olympiapark 1, www.bmw-museum.com; horaires : 10h-18h, fermeture le lundi*).

LA BRASSERIE HOFBRÄUHAUS

Dans la capitale de la bière blonde, on ne manquera pas de visiter la brasserie la plus ancienne et la plus célèbre de la ville. Au début des années 20, elle a connu les premiers pas d'un certain orateur de province, Adolf Hitler. Autour des grandes tables en bois des salles et de son jardin, on mange et on boit de la bière depuis 1589 (*Platzl 9, www.hofbraeuhaus.de*).

L'Oktoberfest

Fête organisée en mémoire du mariage du prince héritier Louis de Bavière avec la princesse Thérèse von Sachsen-Hildburghausen le 12 octobre 1810, l'Oktoberfest *est l'une des plus grandes fêtes populaires du monde. Six millions de visiteurs en moyenne viennent remplir chaque année la* Theresienwiese, *un espace vert aussi grand qu'un quartier. Cette kermesse se déroule en automne sur deux semaines, en septembre et en octobre : chaque grand brasseur (Löwenbräu, Hofbräu et Augustiner) y tient une grande tente qui peut accueillir 7000 personnes à la fois; les serveuses sont en costume bavarois. La tradition veut que l'on commande un litre de bière – blonde, brune ou rousse – à la fois. L'événement est accompagné de défilés en costumes dans les rues de la ville et animé par des groupes musicaux sous les tentes* (www.oktoberfest.de).

Ceux qui se rendent à Munich en été ne peuvent les manquer : les Biergarten *sont des jardins où des gens de tous les âges apportent leur pique-nique (ou le commandent sur place) et le mangent tout en l'arrosant de bière fraîche. Parmi les plus populaires, l'***Augustiner Biergarten** (Arnulfstrasse 52, www.augustinerkeller.de) *est le plus ancien établissement de ce genre à Munich; on peut venir y boire quelques chopes d'Augustiner Edelstoff fraîchement tirée du fût de bois, dans une oasis ombragée par une centaine de châtaigniers (vous pourrez aussi, pour moins de 8 euros, vous faire servir un plat de choucroute avec du lard et de la purée de pommes de terre).* **Aumeister** (Sondermeierstrasse 1), *à côté de son restaurant, propose également un délicieux* Biergarten *dans un parc à l'anglaise où l'on peut également faire un tour à bicyclette. Enfin, le* **Taxisgarten** (Taxisstrasse 12) *sert depuis 1924 d'excellentes bières et des plats typiques, dans un parc aux arbres centenaires.*

162 - Le château royal de Nymphenburg.

LE CIRCUIT DES RÉSIDENCES DE CAMPAGNE DU ROI LOUIS II

On visite en ville la Residenz, mais deux châteaux situés hors de la ville méritent le déplacement. Celui de **Nymphenburg** fut la résidence estivale des souverains bavarois jusqu'en 1918. Jadis en pleine campagne, il est aujourd'hui rattrapé par la croissance urbaine. Son origine remonte au XVIIe siècle, mais c'est un siècle plus tard que le domaine, enrichi d'un vaste parc, a pris l'allure royale qui le caractérise encore. Pour apprécier Nymphenburg, consacrez-y une journée. On pourra porter son attention plus particulièrement sur la grande salle des Fêtes, avec les stucs et les fresques de François de Cuvilliés – où Mozart a joué à l'âge de six ans –, sur la galerie des Beautés, ornée des portraits des dames aimées de Louis XIV, sur la chambre au lit vert où est né le futur Louis II, sur le musée des Porcelaines et sur celui des Carrosses, avec les modèles préférés du roi fol. (*Nymphenburg Park, www.schloss-nymphenburg.de ; horaires variables*). On ne manquera pas la visite de la **Manufacture de porcelaine** toute proche, fondée en 1747 et toujours en activité, où l'on peut acheter vases et statuettes précieuses (*Nördliches Schlossrondell 8, www.nymphenburg.com*). Le château de **Schleissheim**, à 24 km de Munich (*Oberschleissheim, www.schloesser-schleissheim.de ; horaires variables*) est composé du Vieux Château construit pour Guillaume V à la fin du XVIe siècle et du Nouveau Château commandé par le prince Électeur Max Emmanuel à l'Italien Enrico Zuccalli pour imiter Versailles, une référence que l'on retrouve dans les salons peints à fresque et dans le parc à la française, où a été édifié le petit palais de Lustheim, cadeau nuptial du prince à Marie-Antoinette d'Autriche. On s'y rend par le train qui part de la gare centrale (arrêt à Oberschleißheim).

Où dormir

€€€€€ München Palace (luxe). Décor contemporain et classique pour les 74 chambres aux meubles Louis XVI et modernes. Il est situé dans l'élégant quartier de Bogenhausen, à 15 minutes à pied du centre. Son plus, un jardin avec pergola et terrasse (*Trogerstrasse 21, tél. 89 41971/0, www.kuffler.de/palace*).

€€€€ Anna Hotel (design). Moderne, avec une touche orientalisante, tout en lumières de couleur et design. Il faut essayer aussi la carte créative de son bar-restaurant (*Schützenstrasse 11, tél. 89 59994, www.geisel-privathotels.de*).

€€€ Gästehaus Englischer Garten (familial). Une petite villa, au cœur de l'Englischer Garten, pour se sentir comme à la maison. On peut choisir de dormir dans une des chambres ou dans un appartement (*Liebergesellstrasse 8, tél. 89 38394/10, www.hotelenglischergarten.de*).

Où manger

€€€ Boettner (traditionnel). Depuis quatre générations, on propose ici des recettes classiques. On mange dans les petites salles ou dans le patio chauffé, avec des menus de trois plats à midi (à des prix abordables) et de cinq plats le soir (*Pfisterstrasse 9, tél. 89 221210*).

€€ Brenner (italien). Un peu bar, un peu restaurant. La cuisine est italienne,

163 - Le Viktualienmarkt, le plus grand marché de la ville.

beaucoup de grillades. Situé dans un palais restauré de la Maximilianstrasse, au cœur du quartier du shopping (*Maximilianstrasse 15, tél. 89 45 22 88/0*).

€ Nürnberger Bratwurst Glöckl am Dom (bavarois). Cuisine bavaroise authentique (établissement ouvert depuis 1893) : des boulettes aux saucisses servies avec une salade de pommes de terre, du porc mariné avec des saucisses et des légumes à la soupe à la bière avec des croûtons de pain noir (*Frauenplatz 9, tél. 89 291 94 50*).

Sorties et divertissements

Nektar. Un lounge bar (avec restaurant) tout blanc, clientèle huppée, d'excellents cocktails à siroter dans des lumières d'ambiance et sur un fond musical agréable (*Stubenvollstrasse 1*).

Alter Simpl. Une adresse pour toutes les heures : bière et café dans la journée, cocktail le soir. Une délicieuse atmosphère littéraire qui résiste au passage du temps et des modes. Hermann Hesse et Thomas Mann y étaient clients (*Türkenstrasse 57*).

Lizard Lounge. Un club dans le quartier branché de Gärtnerplatz (parfait pour les fêtards). Jusqu'à 3 heures du matin, on y sert d'excellents cocktails et des DJ font vibrer toute la salle (*Corneliusstrasse 34*).

Pour d'autres informations : consultez les sites de l'Office national du tourisme allemand, www.germany.travel et www.muenchen.de

Shopping

*La luxueuse **Maximilianstrasse** (pour les grandes griffes internationales) et l'élégante **Theatinerstrasse** et son nouveau centre commercial des **Fünf Höfe**, sur une aire de 17 500 m², sont les artères classiques pour le shopping. Mais si vous cherchez quelque chose de plus typique, rendez-vous au **Viktualienmarkt**, le plus grand marché de la ville pour les produits alimentaires et les fleurs, fondé en 1807* (Am Viktualienmarkt 6, www.muenchen.de/Rathaus/39520/index; horaires variables). *Le quartier de **Schwabing** abrite de nombreuses boutiques d'occasions. Quant aux créations avant-gardistes, elles portent les noms de **Marcel Ostertag**, styliste novateur dans le domaine de la haute couture, qui possède quatre boutiques à Munich* (dont celles de la Theatinerstrasse 7 et de la Westermühlstrasse 3), *et de **Konstantin Grcic*** (Schillerstrasse 40, www.konstantin-grcic.com), *l'un des stylistes industriels les plus en vue du moment.*

La route romantique - *Allemagne*

Une route touristique ne s'arpente pas en un jour, surtout lorsqu'elle s'étend sur 366 km, mais rien n'empêche d'en parcourir un ou plusieurs tronçons. Menant de la Bavière au Bade-Wurtemberg, elle relie des villes et des villages, des églises de campagne et des centres historiques inscrits par l'Unesco sur la liste du patrimoine de l'humanité. L'idée de cette Deutsche Romantische Strasse *(Route romantique allemande) est apparue dans les années 50, pour faire connaître au monde une Allemagne différente de celle de la guerre – la vieille Allemagne au cœur romantique.*

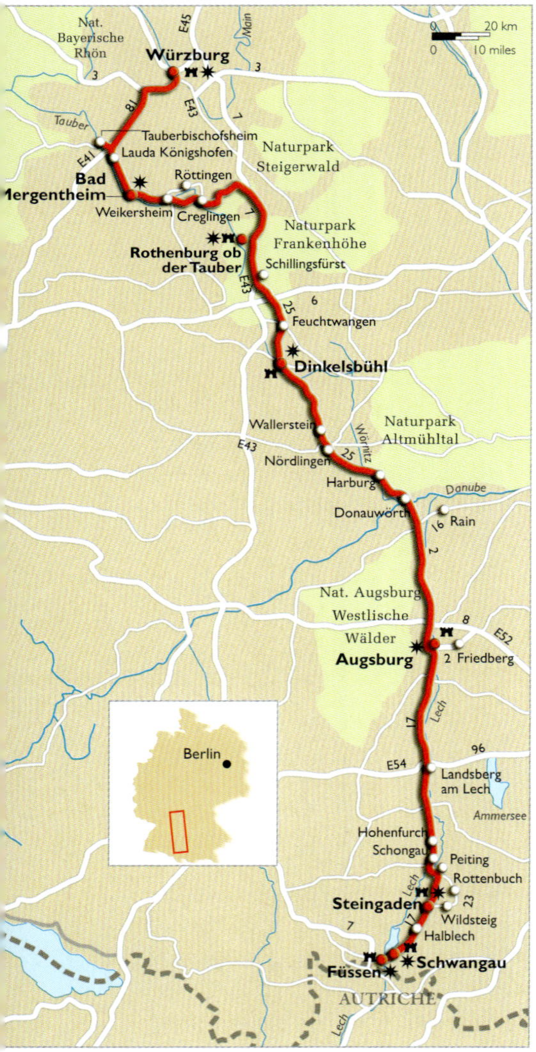

164-165 - Le célèbre château de Neuschwanstein.

164 en bas - La cascade de Füssen.

Le parcours peut se faire du nord au sud (de Wurtzbourg à Füssen) ou du sud au nord, ce que nous recommandons. Il suffira alors de se laisser guider. La route est si célèbre qu'elle propose, dans chaque localité, des établissements associés qui ont des tarifs conventionnés *(voir la rubrique Où dormir)*. Certaines localités traversées sont des villes moyennes qui mériteraient le détour, même si elles ne font pas partie de cet itinéraire. Par exemple, le **château de Füssen** annonce les fastes royaux et célèbres de **Schwangau**, à 3 km de là avec ses **châteaux d'Hohenschwangau** et de **Neuschwanstein**. Il faut s'arrêter ensuite à **Steingaden** pour visiter l'**église de Wies**, bijou de pur style rococo (1730), à une vingtaine de kilomètres de Schwangau, puis à **Rottenbuch**, pour la somptueuse **église Mariä Geburt** (Nativité de la Vierge), 12 km plus loin. Les autres sites à voir absolument sont **Landsberg am Lech** (45 km plus au nord), délicieuse bourgade médiévale sur les rives du Lech, où se croisaient jadis la via Salaria (la route du Sel) et la via Claudia, **Augsbourg**, à 40 km, troisième ville de Bavière, fondée en 15 av. J.-C. par l'empereur Auguste, le bourg fortifié de **Harburg** (à moins de 60 km) et le joyau médiéval de **Nördlingen** (à 15 km), niché dans le cratère du Riess formé par la chute d'une météorite. On retrouvera les charmes du Moyen Âge à **Dinkelsbühl** et **Rothenburg** (à environ 90 km de Nördlingen), qui précèdent trois autres haltes obligatoires : **Creglingen** (à 18 km), le **château de Bad Mergentheim** (30 km plus loin) et pour finir la ville princière de **Wurtzbourg**, à 50 km, inscrite au patrimoine de l'humanité.

Comment se déplacer : *Il est facile et commode de voyager en voiture ; la route est parfaitement signalée tout au long du parcours. On pourra aussi goûter aux itinéraires cyclistes, bien balisés, et aux trains à vapeur qui parcourent des tronçons. Des services de cars quotidiens relient les différentes localités (www.touring-travel.eu et www.romanticroadcoach.de).*

FÜSSEN

Un centre historique légendaire dans un paysage idyllique. Avec ses maisons médiévales enchâssées dans un écrin de collines, de lacs et de montagnes, Füssen jouit d'une atmosphère unique et possède une tradition de lutherie qui remonte à 1562 : c'est à cette date que fut déposé et approuvé le règlement officiel de la corporation des luthiers – la première d'Europe. On admirera les instruments anciens au **Museum der Stadt**. En été, on y donne des concerts et, en automne, on y organise des journées de musique ancienne et des concerts d'orgue dans l'église du **monastère bénédictin de Saint Mang** (XVIIIe siècle) – un des chefs-d'œuvre du baroque allemand. Les salles les plus intéressantes sont la bibliothèque, le grand salon princier conçu par Andrea Maini et la chapelle Sainte-Anne où est exposée la *Danse macabre* de Jakob Hiebeler (1602) *(Luitpoldstrasse 20; horaires variables)*. À ne pas manquer non plus la visite du **Hohes Schloss**, château des princes-évêques d'Augsbourg, édifice du gothique tardif, dont la cour intérieure est peinte de trompe-l'œil datant de cinq siècles *(Magnusplatz 10, www.tourismus-fuessen.de/hohes-schloss.html; horaires variables)*.

SCHWANGAU

Louis II de Bavière, l'inoubliable roi qui se serait suicidé dans les eaux du lac de Starnberg, cousin – et peut-être amant – de la princesse Sissi, épouse de l'empereur d'Autriche François-Joseph, occupe une place particulière dans le cœur des Bavarois. Il a grandi à **Hohenschwangau**, château néogothique que son père Maximilien II fit construire en 1832 à quelques kilomètres de Füssen. À l'intérieur, décor de fresques sur des thèmes de chevalerie, salons aux plafonds de stuc, salles royales, chambre à coucher ornée de scènes de la *Jérusalem délivrée* du Tasse, et salle des Héros, la plus grande de la forteresse *(Hohenschwangau Ticket-Center Alpseestrasse 12, www.hohenschwangau.de; horaires variables)*. Pour réaliser ses rêves, Louis II fit construire (1869-1886) non loin de là un château de style médiéval, **Neuschwanstein**, perché sur un éperon rocheux à environ 1 000 m d'altitude, « l'un des plus beaux qui se puisse trouver, sacré et inaccessible, dans le style authentique des anciennes forteresses des chevaliers allemands », écrit-il en 1868 à son ami Richard Wagner. On visite la salle du Trône (de style byzantin), les tours, la salle à manger, la chambre à coucher avec ses lambris sculptés en bois de chêne, la grotte de stalactites et de stalagmites... Chaque partie du château est ornée de fresques inspirées par les légendes de Tannhäuser et de Lohengrin que Wagner magnifiera en musique. Walt Disney s'est inspiré de ce château pour créer celui de son dessin animé *La Belle au bois dormant*. C'est le monument le plus visité d'Allemagne avec 1,3 million de touristes par an. *(On achète les tickets d'entrée à la billetterie de Hohenschwangau, www.neuschwanstein.de; horaires variables.)*

L'ÉGLISE DE WIES

Inscrite par l'Unesco au patrimoine de l'humanité, l'église de Wies (1730) a été le théâtre d'un miracle en 1738 : le visage d'une des statues en bois, représentant la Flagellation du Christ, s'est soudain couvert de larmes. À compter de cet instant, l'église est devenue un lieu de pèlerinage. La chapelle dans laquelle était conservée la statue miraculeuse se révélant vite trop petite pour accueillir tous les visiteurs, on édifia un sanctuaire plus grand, en style rococo, regorgeant de stucs, de fresques, de tableaux et de décorations, où se donnent toujours des concerts *(Wies 12, Steingaden, www.wieskirche.de; horaires : 8h-19h, en hiver 8h-17h)*.

AUGSBOURG

L'histoire de cette ville est très ancienne. Fondée il y a plus de deux mille ans par la volonté d'Auguste (d'où son nom latin d'Augusta), la cité connut son apogée à la Renaissance grâce à la puissance financière de la famille Fugger. En témoigne le centre historique avec la **Maximilianstrasse**, bordée de palais Renaissance et baroques ayant appartenu aux familles les plus en vue : les **Fuggerhäuser** (maisons Fugger) se trouvent au n° 36 où l'on peut entrer en été pour admirer la cour des Dames (1515) – où un restaurant est ouvert d'avril à septembre ; et surtout le **Schäzlerpalais** (au n° 46), construit en style rococo entre 1765 et 1770. On y visitera le jardin historique, la salle de bal embellie de stucs blanc et or, et surtout la Staatsgalerie avec sa collection de chefs-d'œuvre : des Tiepolo, un *Portrait* de Van Dyck, **Vénus et Adonis** de Véronèse, etc. *(horaires : 10h-17h, le mardi jusqu'à 20h, fermé le lundi)*. Au n° 30 de la **Frauentorstrasse** est né Léopold Mozart, futur père de l'illustre Wolfgang Amadeus. La maison est aujourd'hui un musée et l'on donne dans la ville, toute l'année, de nombreux concerts liés à ce génie de la musique *(www.augsburg-tourismus.de)*. À l'initiative d'Ulrich et Georg Fugger, le quartier du **Fuggerei**, destiné à loger les pauvres de la ville, a été construit en 1519 : 53 maisons pour 147 appartements, ce qui constitue le plus ancien exemple de logements sociaux du monde et que viennent encore visiter, cinq siècles plus tard, architectes et urbanistes. C'est encore à la générosité des Fugger que l'on doit l'**église Sainte-Anne** (remaniée en style rococo au XVIIIe siècle). La chapelle Renaissance a été, dit-on, conçue par Dürer *(Im Annahof 2, www.st-anna-augsburg.de; horaires variables)*. On découvrira l'histoire complète de la famille avec les circuits organisés par l'office du tourisme *(www.fugger.de)*. Avant de quitter la cité, visitez la **cathédrale** du Xe siècle, à laquelle ont été ajoutés plus tard les deux tours jumelles et les vitraux au plomb les plus anciens de toute l'Allemagne (1130) *(Hoher Weg 30, tél. 821 316 6353, 10h15 à 18h du mardi au dimanche)* ; la **Rathausplatz** (place de l'hôtel de ville) et la **Goldener Saal** (salle d'Or) du XVIIe siècle *(horaires : 10h-18h)* ; la maison de Bertolt Brecht, né le 10 février 1898, transformée en centre de recherches sur le dramaturge *(Auf dem Rain 7, tél. 821 324 2779, horaires : 10h-17h du mardi au dimanche)* ; la **Puppenkiste**, théâtre de marionnettes en activité depuis 1948 – date à laquelle elle a donné la « première » du *Chat botté* –, qui propose aussi aujourd'hui un petit musée, une boutique et un bistrot *(Spitalgasse 15; horaires variables)*.

DINKELSBÜHL

C'est l'une des cités médiévales les mieux conservées de toute l'Allemagne – une légende de pierre dans la vallée de la Wörnitz, protégée par une enceinte

Les petites villes de la Route romantique

***Harburg** est un bourg charmant de de 6 000 habitants. Il ne possède ni monuments ni musées à visiter, mais on se promène avec plaisir dans les ruelles aux maisons à colombages, s'attardant sur les édifices baroques, le pont de pierre, le moulin, le clocher blanc de l'église luthérienne Sainte-Barbe et la place du Marché. Le tout sous l'œil du **Burg**, château fort des XIe-XIIe siècles. À une quinzaine de kilomètres de là, **Nördlingen** possède une enceinte fortifiée qui garde et protège des maisons à colombages. À l'ombre du clocher (90 m de hauteur) de l'**église Saint-Georges** (de style gothique tardif), le **Musée du cratère de Riess** mérite une visite : on y explique comment s'est formée la plaine où se trouve la ville, après la chute d'une météorite* (Hintere Gebergasse 3, tél. 9081 84710; horaires variables). ***Creglingen** (4 800 habitants) constitue l'une des dernières étapes de la Route romantique. À 1 km au sud de l'agglomération, la **Herrgottskirche** abrite l'autel de la Vierge, chef-d'œuvre en bois sculpté de Tilman Riemenschneider (1510).*

fortifiée ponctuée de **16 tours**. Les plus intéressantes sont la **Rothenburg** (de la fin du XVe siècle), la **Faulturm** avec l'ancienne maison à colombages du gardien, la **porte de Segringen**, reconstruite en style baroque par l'architecte italien Antonio Don, la **porte de Nördlingen** (1400) flanquée d'un moulin qui a l'air d'une petite forteresse suspendue au-dessus de l'eau et la **Bäuerlinsturm** avec son toit à deux pentes (XVIe siècle), devenue l'emblème de la ville. Les maisons patriciennes à colombages des XVe et XVIe siècles ne sont pas moins superbes : elles occupent le centre historique, mais les plus belles, avec leur toit à double pente, bordent ce qui était jadis le **marché aux vins**. Ne pas oublier non plus la **cathédrale Saint-Georges** avec son portail de style roman ; c'est un des monuments gothiques les plus importants de l'Allemagne méridionale *(Kirchhöflein 6, tél. 9851 2245; horaires variables)*.

166 - La cathédrale d'Augsbourg.

167 en haut - D'élégants palais au cœur d'Augsbourg.

167 au centre - Architecture médiévale à colombages à Dinkelsbühl.

167 en bas - Détail de la façade d'une maison à Dinkelsbühl.

168 - L'HÔTEL DE VILLE DE ROTHENBURG.

ROTHENBURG

Autre joyau médiéval et Renaissance avec ses ruelles au parfum d'histoire, ses tours de guet, ses maisons à colombages et ses portes qui ponctuent l'enceinte fortifiée (comme la **Rödertor** et la majestueuse **Burgtor**). La **Plönlein**, « petite place » triangulaire, est des plus pittoresques. Sur la **Marktplatz**, toute proche, se dresse le **Rathaus** (hôtel de ville). Cet édifice public a la particularité d'être coupé en deux : le corps de logis orienté sur la place est d'époque Renaissance, alors que l'autre, de style gothique, donne sur la **Herengasse** (la rue des Seigneurs). On peut visiter des salles gothiques et Renaissance, une cour intérieure d'où on accède aux anciennes boutiques historiques et voir une horloge du XVIIIe siècle à automates *(tél. 9861 404 800; horaires variables)*. Le dernier arrêt sera pour la **Jakobskirche** (église Saint-Jacques), gothique à deux tours carrées, et aux vitraux du XIVe siècle. On y verra l'autel du Sang sacré, œuvre sculptée de Tilman Riemenschneider (1504) *(Klingengasse 1, tél. 9861 700 620; horaires variables)*.

BAD MERGENTHEIM

Le village a bien conservé ses maisons médiévales à colombages, ses palais baroques, ses édifices civils et ses églises – à côté d'un château qui fut le siège du grand maître de l'ordre Teutonique. Ce dernier y établit son quartier général après qu'il eut perdu la Prusse, en 1252. On y visite le musée qui retrace son histoire *(Schloss 16; horaires variables)*. Bad Mergentheim est aussi célèbre pour ses bains et ses eaux thermales qui attirent chaque année des milliers de curistes.

WURTZBOURG (WÜRZBURG)

130 000 habitants, une université où ont étudié plusieurs prix Nobel et un centre historique ravagé par les bombardements anglais durant la Seconde Guerre mondiale, mais restauré depuis. À la suite des terribles destructions de la guerre de Trente Ans, la ville avait déjà été reconstruite en style baroque. Après 1945, la quasi-totalité des bâtiments ayant été détruite, un programme de réhabilitation du centre historique a été mis en œuvre. On admirera dans la **Stift Haug**, conçue par Petrini, une *Crucifixion* du Tintoret (1585) *(Haugerpfarrgasse)*. La **cathédrale Saint-Kilian**, quatrième plus grande église romane d'Allemagne avant la Seconde Guerre et détruite en mars 1945, a été reconstruite et reconsacrée ; on y donne des concerts *(Kiliansplatz, www.dom-wuerzburg.de; horaires : 9 h-18 h, en hiver 10 h-16 h 30)*. La forteresse de **Marienberg** *(Festung Marienberg, www.schloesser.bayern.de)*, qui abrite aujourd'hui deux musées ouverts respectivement l'un en hiver, l'autre en été, a longtemps été la résidence des ducs-évêques avant la construction de la **Residenz**, inscrite par l'Unesco au patrimoine de l'humanité. Réalisé à partir de 1719, cet énorme palais comportait 300 pièces et d'immenses caves à vin, la ville se trouvant dans une des grandes régions viticoles d'Allemagne. Les ravages de la guerre ont épargné ses parties les plus belles : le grand escalier d'honneur de l'architecte Neumann, avec la voûte de 600 m² peinte à fresque par G.B. Tiepolo, la salle impériale du premier étage, décorée de fresques de Tiepolo et Bossi, et la **Staatsgalerie**, avec tous les chefs-d'œuvre de la peinture baroque vénitienne *(Residenzplatz 2, www.residenz-wuerzburg.de; horaires : 9 h-18 h, en hiver 10 h-16 h 30)*. Dans un tout autre registre, le **Kulturspeicher Museum**, établi dans des entrepôts de coton du début du XXe siècle, à côté d'une exposition permanente d'art contemporain, organise

169 - Vue aérienne de Wurtzbourg.

des expositions temporaires ; on y trouve aussi un café et une librairie *(Oskar-Laredo Platz 1 ; horaires variables)*.
Il est recommandé de se reporter au calendrier des événements culturels, car Wurtzbourg offre un programme de qualité, du Festival Mozart aux Journées Bach, en passant par le Festival baroque et l'African Festival *(www.wuerzburg.de)*.

Où dormir

€€€€ Hotel Luitpoldpark (Füssen). Signalé sur le site Internet de la *Romantische Strasse*, il propose le charme de ses chambres et de ses suites, mais aussi un spa et plusieurs restaurants (du mexicain au bavarois) *(Bahnhofstr. 1-3, tél. 8362 9040, www.luitpoldpark-hotel.de)*.
€€€ Hotel Eisenhut (Rothenburg). Une adresse parfaite pour la Route romantique en raison de ses prix conventionnés, certes, mais surtout parce que l'établissement est installé dans un ensemble de quatre maisons patriciennes des XVe-XVIe siècles, au cœur de Rothenburg *(Herrngasse 3-5/7, tél. 9861 7050, www.eisenhut.com)*.
€€€ Grüner Baum (Wurtzbourg). 24 chambres lambrissées dont certaines mansardées, et un petit-déjeuner buffet de produits frais à l'allemande, c'est-à-dire l'équivalent d'un repas. Ambiance familiale au cœur de Wurtzbourg *(Zeller Straße 35/37, tél. 931 450680, www.gruener-baum-wuerzburg.de)*.

Où manger

€€€ Schloss Steinburg (Wurtzbourg). Pour y manger plutôt que pour y dormir, cet élégant château propose une des meilleures tables de la Route romantique, avec une cuisine internationale et créative *(tél. 939 7020, www.steinburg.com)*.
€€€ August (Augsbourg). C'est le restaurant le plus raffiné de la ville, distingué par deux étoiles au Michelin. Très petit (une vingtaine de tables, aussi est-il préférable de réserver), avec vue sur la cathédrale *(Frauentorstrasse 27, tél. 821 35279)*.
€ Zur Höll (Rothenburg). Taverne typique dans un bâtiment vieux de neuf siècles. Les plats robustes de la cuisine régionale – saucisses escortées de pommes de terre, choucroute, jambon, fromage, etc. – sont accompagnés d'une bonne carte des vins (et des bières) *(Burggasse 8, tél. 9861 4229)*.

Pour d'autres informations : voir l'Office national allemand du tourisme, www.allemagne-tourisme.com, mais aussi le site www.romantischestrasse.de

Les thermes

Étape de la Route romantique, **Bad Mergentheim** *s'enorgueillit de posséder le plus grand centre thermal du Bade-Wurtemberg, situé dans un des plus beaux parcs d'Allemagne : 30 ha de verdure émaillés de fontaines d'où l'eau jaillit au rythme de musiques classiques. On y a aménagé un parcours de gymnastique, une roseraie, un jardin japonais et un autre, botanique. Le tout culmine avec le complexe de piscines d'eau minérale chauffées, avec massages hydriques, nage à contre-courant dans les vagues, saunas divers et spa pour les massages* (Kurverwaltung Bad Mergentheim, Lothar-Daikes Straße 4, www.kur-badmergentheim.de).

La route allemande des Alpes

Du haut de la Zugspitze, le point culminant de l'Allemagne (2 962 m), l'œil embrasse plus de 400 sommets, tous situés en Bavière. L'alternance de montagnes, de collines et de pâturages, les rivières cristallines, les lacs tranquilles et les gorges sauvages qui retentissent de la furie des eaux et des cascades composent un paysage de toute beauté et souvent impressionnant. Le parcours total de la *Deutsche Alpenstrasse,* la Route allemande des Alpes, conçu en 1927 pour relier les localités alpines d'Allemagne, de l'Allgäu à la Haute-Bavière, de Lindau (sur le lac de Constance) à Berchtesgaden (à la frontière de l'Autriche), se déploie sur près de 300 km de routes tortueuses et accidentées. Un parcours qui offre de multiples occasions de quitter la voiture pour chausser les skis ou les chaussures de randonnée, pour monter sur un bateau et naviguer sur un lac ou pour enfourcher un vélo. On pourra également assister à des fêtes traditionnelles et admirer l'élégance surannée du costume bavarois : culotte de cuir, veste de laine bouillie et chapeau de feutre orné de quelques plumes. Le tout accompagné de musique, de chants, de danses, de nourriture aussi savoureuse que robuste, et de flots de bière...

Comment se déplacer : *L'itinéraire automobile proposé parcourt une longue section de l'Alpenstrasse (environ 260 km) au départ d'**Oberammergau**, l'un des villages traditionnels les plus authentiques des Alpes bavaroises, où les habitants cultivent depuis des siècles l'art et la passion du travail du bois. À 20 km de là (par la route fédérale B 2), on se rend à **Garmisch-Partenkirchen**, la plus célèbre station de sports d'hiver allemande et l'une des plus réputées des Alpes, au pied de la Zugspitze. On poursuit sur la B 11 avant de tourner à droite vers le* **Tegernsee** *(lac de Tegern) (76 km), apprécié des rois et des élites dès le début du XIXe siècle. Sur cette partie du circuit aux fortes pentes, la* Deutsche Alpenstrasse *rejoint l'autoroute A 93 jusqu'à Rosenheim. On prend alors l'autoroute A 8 en direction de Salzbourg et on fait une halte au bord du **Chiemsee** (70 km), un grand lac morainique de 80 km^2 surnommé la « mer de Bavière ». L'itinéraire emprunte ensuite la route B 305 qui file vers le sud en traversant le **Chiemgau**, une région parsemée de petits lacs, de rivières et de fleuves qui cheminent dans un paysage bucolique, entre prairies et collines, avant d'arriver à **Bad Reichenhall**, ville thermale célèbre aussi pour ses mines de sel gemme (61 km). La dernière étape du circuit mène à **Berchtesgaden** (36 km), à deux pas de la frontière autrichienne.*

OBERAMMERGAU

Depuis plus de cinq siècles, dans le bourg d'Oberammergau, au milieu des alpages

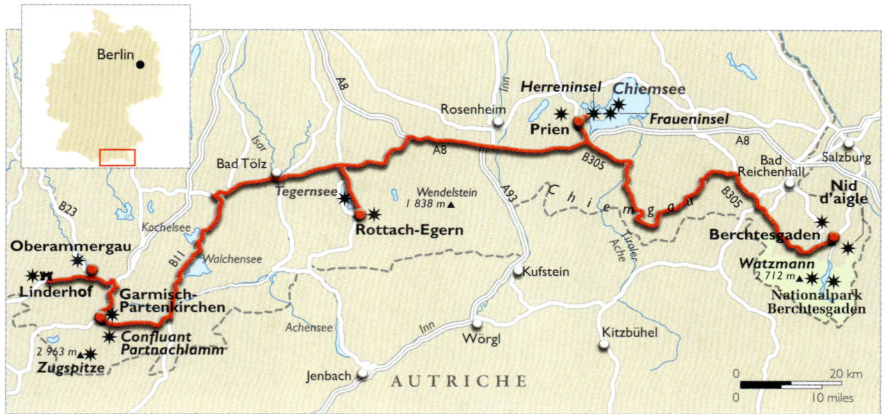

Allemagne

et des forêts de l'Ammergau, la sculpture sur bois est la principale ressource économique des habitants. Ils fabriquent des jouets, des statues et des crèches. À cet art se sont ajoutés le modelage de la cire et la peinture sur verre, comme on peut le voir en visitant l'**Oberammergau Museum** *(horaires : 10h-17h, fermé le lundi, www.oberammergaumuseum.de)* qui présente un vaste choix de mobilier, d'objets et de personnages de crèche. Un atelier d'artisans est toujours actif dans la **Pilatushaus**, siège de l'école locale de sculpture sur bois – qui organise aussi des cours d'initiation. La maison de Pilate est en outre la vivante expression d'une autre forme d'art local, séculaire, qui consiste à peindre les façades des maisons selon la technique dite de la *Luftlmalerei* qui a son origine dans les trompe-l'œil baroques et rococo d'Italie et d'Allemagne méridionale : le mot lui-même proviendrait du nom de la maison d'un peintre d'Oberammergau spécialisé dans ce travail au XVIIIe siècle, « Zum Luftl » (À la petite brise). Les sujets de ces fresques sont religieux, inspirés en particulier par la Passion (*voir plus loin l'encadré Le Mystère de la Passion*), mais on observe aussi des motifs tirés de la chasse, des banquets et des contes des frères Grimm. On retrouve l'image féerique de cette petite ville bavaroise en hiver, sous le manteau blanc de son domaine skiable qui développe 150 km de pistes de **ski de fond** dans la vallée de l'Ammer. La plus célèbre est dédiée au roi Louis II et traverse le parc du **château de Linderhof** (à une quinzaine de kilomètres d'Oberammergau) dans un cadre inoubliable. La visite de ce château, résidence préférée du souverain et fruit de ses délires architecturaux, vous permettra d'admirer des intérieurs rococo ornés de stucs dorés et de lustres en cristal, chambre à coucher tendue de bleu, avec une fresque au plafond représentant le char solaire d'Apollon. Mais la magie du lieu est surtout due aux **jardins**, transposition naturaliste des opéras wagnériens, avec cascades, fontaines, petits temples, coupole dorée du Kiosque mauresque, cabane de Hunding et mise en scène théâtrale de la grotte de Vénus que l'on aperçoit par une anfractuosité dans le rocher *(Schloss- und Gartenverwaltung, Linderhof, www.linderhof.de ; horaires variables)*.

Le Mystère de la Passion

La représentation de la Passion du Christ est donnée tous les dix ans, à Oberammergau, depuis 1680. Reconnaissants pour la fin d'une grave épidémie de peste qui avait décimé la population, les survivants firent le vœu solennel de rendre régulièrement grâce au Seigneur. Cette célébration décennale est devenue peu à peu une manifestation grandiose, de renommée internationale, qui implique plus de 2000 personnes entre acteurs et techniciens. Le spectacle – à présent donné cinq fois par semaine pendant cinq mois, de mai à septembre (102 représentations) – dure une journée entière et se déroule dans le ***théâtre de la Passion*** *spécialement construit en 1930 pour accueillir la représentation sacrée* (www.passionstheater.de).

170-171 - Le château de Linderhof, une fantaisie architecturale de Louis II de Bavière.

171 à gauche - Une façade peinte d'Oberammergau.

171 à droite - Une scène de la Passion.

172 EN HAUT - LA CHAÎNE DU WETTERSTEIN.

172 EN BAS - VUE DE GARMISCH EN HIVER.

GARMISCH-PARTENKIRCHEN

Mondanités, sport, écologie, public international et « mur » mythique de la **piste olympique du Kandahar** – où se dispute chaque année l'une des plus prestigieuses épreuves de la Coupe du monde de ski alpin – ont contribué à faire de ce lieu la station de ski la plus renommée d'Allemagne et l'une des plus courues d'Europe. Fondée en 1935 de la réunion de deux villages, au confluent de la Partnach et de la Loisach, Garmisch-Partenkirchen a accueilli en 1936 les **jeux Olympiques d'hiver** et les **championnats du monde de ski alpin** en 1978 et 2011. La chaîne spectaculaire du Wetterstein et le massif de la Zugspitze (2 962 m), que l'on atteint en téléphérique ou par un train à crémaillère en pente très raide (*voir l'encadré ci-dessous*) – se prêtent merveilleusement au ski, à l'escalade et à la randonnée. D'autres activités sportives sont également possibles : rafting, deltaplane et parapente, VTT, patinage, curling, canoë-kayak et même des parcours en montgolfière. À côté

Excursions nocturnes à Garmisch

L'office de tourisme de Garmisch organise des promenades nocturnes aux flambeaux dans les gorges de la Partnachlamm ou des promenades en traîneau au clair de lune, ou encore – pour les amateurs de solitude – des randonnées à ski sur les pentes du mont Hausberg (Richard-Strauss-Platz 1, www.garmisch-partenkirchen.de).

173 - Au sommet de la Zugspitze.

des multiples événements sportifs, autour du fameux **tremplin** (refait en 2007) et dans le **stade olympique** (qui a gardé sa structure de 1936), Garmisch est aussi connue pour son **festival musical** de juillet, dédié au compositeur **Richard Strauss** qui vécut régulièrement ici jusqu'à sa mort en 1949.

On laisse la voiture à l'entrée de la station pour se promener à pied ou avec les autobus urbains (gratuits). On parcourt ainsi les rues principales du bourg, où les balcons des maisons débordent de fleurs. Les façades sont peintes de fresques aux thèmes religieux ou champêtres. L'édifice le plus ancien est l'**église paroissiale Saint-Martin**, de style gothique, avec des fresques de même époque (*Scènes de la Passion, Légendes de saint Martin*), des vitraux du XVe siècle et une grande statue du XIVe. Le **Café Krönner** a gardé une ambiance à l'ancienne et est célèbre pour ses délicieuses tartes bavaroises *(Achenfeldstrasse 1, www.kroenner.com)*. Le **sanctuaire de Saint-Antoine** (1704) domine la ville de ses formes baroques. Face à l'église, 49 Ludwigstrasse, une halte à l'**ancienne auberge de la Poste**, devenue aujourd'hui l'**Atlas Grand Hotel**, est conseillée pour les strudels aux pommes, délicieux et reconnus par le Guinness des inventions. Du stade olympique part une excursion agréable (25 min à pied) dans les **gorges de Partnachlamm**, profondes de plus de 100 m, d'où l'on peut continuer jusqu'aux alpages de Grasek avant de redescendre en téléphérique. Depuis le sommet du **Wank** (1 780 m), on jouit d'un panorama exceptionnel sur toute la ville et les massifs montagneux des alentours.

Grimper au sommet de la Zugspitze

Au bout de 70 minutes d'ascension, le train à crémaillère accroché aux flancs du massif atteint le sommet de la ***Zugspitze****. Tout au long de cette montée, inaugurée en 1930 après deux ans de travaux, on reste muet tant le spectacle offert aux regards est prodigieux. On double le magnifique* ***Eibsee*** *(à 972 m), petit lac où se reflètent les sommets enneigés, avant d'emprunter un tunnel de 4,4 km où la pente atteint 25 %, tenant les voyageurs littéralement plaqués sur les sièges. Ensuite, un téléphérique monte directement au sommet, tandis que le train continue jusqu'à la* ***Zugspitzklamm*** *(2 085 m), en territoire autrichien, balcon panoramique d'où un deuxième téléphérique part pour le sommet. On se rend ainsi jusqu'à la* ***Schneefernerhaus*** *(2 650 m) d'où un troisième téléphérique atteint le sommet à 2 962 m, qui marque la frontière entre l'Allemagne et l'Autriche et offre un somptueux panorama sur les Hohe Tauern, le massif de la Silvretta et les Dolomites.*

LE TEGERNSEE (LAC DE TEGERN)

La famille royale des Wittelsbach fut, au début du XIXe siècle, la première à découvrir la beauté tranquille – et les potentialités mondaines – de ce lac des Alpes bavaroises aux eaux limpides. Elle fut suivie par d'autres familles de la noblesse européenne, et aujourd'hui par la jet-set bavaroise. Le principal centre de villégiature, sur la rive orientale, est **Rottach-Egern**, résidence d'été idéale pour marcher ou pédaler sur ses 150 km de sentiers balisés à travers forêts et prairies, ou pour se livrer en hiver aux joies du ski de fond. Le Tegernsee est célèbre pour son abbaye bénédictine, transformée en résidence royale en 1817. C'est le lieu idéal pour s'initier à la gastronomie bavaroise, avec un vaste choix de restaurants et d'auberges proposant des spécialités régionales. Une même réputation d'excellence entoure les Beauty Farm & Spa de ses hôtels.

LE CHIEMSEE (LAC DE CHIEM)

Le séjour au bord de la « mer de Bavière », le plus vaste lac du Land – superficie de 80 km² –, offre diverses activités sportives : natation, ski nautique, randonnées à pied ou à bicyclette ou encore en ski de fond. On peut s'offrir aussi un tour en bateau jusqu'aux îles : l'embarcadère est à **Prien am Chiemsee** (*de 7h30 à 19h30, toutes les 30 minutes environ en haute saison*) dont l'église baroque est, par ailleurs, décorée de trompe-l'œil peints à fresque et de stucs somptueux.

On arrive en 15 minutes à l'**Herreninsel** (l'île aux Hommes) – qui doit son nom au couvent augustin édifié au Moyen Âge, ensemble devenu l'une des structures baroques les plus surprenantes des XVIIe-XVIIIe siècles. Mais la principale attraction de l'île est le château d'**Herrenchiemsee** (*dernier bateau à 19h10 en été, 18h10 en hiver; visites guidées toutes les 30 minutes; www.herrenchiemsee.de*), sorte de Versailles bavarois édifié en 1878 pour Louis II, avec une **galerie des Glaces** plus vaste encore (100 m de long) que celle de Versailles. Les 1 848 chandelles équipant les 52 chandeliers et les 33 lustres de cristal, dont la lumière se reflétait dans les 17 grands miroirs, n'étaient allumées qu'en présence du souverain. Impossible de ne pas rester stupéfait devant le luxe inouï de la chambre royale : la tradition rapporte que trente femmes ont travaillé sept ans pour tisser le couvre-lit. Le bateau aborde ensuite la **Fraueninsel** (l'île aux Femmes) – appréciée des artistes et des peintres allemands pour le charme de son cadre. On y visite un joli village de pêcheurs et l'**abbaye des femmes** fondée au VIIIe siècle, avec son clocher d'inspiration orientale (XIIIe-XIVe siècle), et l'**église romane Sainte-Marie** dont le porche est décoré de têtes de lion et de fresques de l'école salzbourgeoise (1120-1130). À gauche de l'église, on aperçoit les ruines de la Torhalle, porte et chapelle d'époque carolingienne, avec des fresques du XIe siècle.

BERCHTESGADEN

Dernière étape de la *Deutsche Alpenstrasse*, Berchtesgaden a gardé l'atmosphère d'un village de montagne. Le chemin de fer a été construit à la fin du XIXe siècle, et les artistes naturalistes y sont venus pour immortaliser dans leurs tableaux le paysage bucolique au pied du **Watzmann**

174 - Le monastère bénédictin de Seeon, à 10 km au nord du Chiemsee.

175 en haut - Les rives bucoliques du Tegernsee.

175 en bas - L'abbaye des femmes de la Fraueninsel.

(2 713 m), deuxième plus haut sommet d'Allemagne. Depuis, les touristes envahissent les lieux, mais l'écologie est le mot d'ordre de la petite ville : il est obligatoire de laisser la voiture dans les parcs de stationnement aménagés aux portes du bourg et d'emprunter les autobus électriques. Une promenade dans le secteur piétonnier permettra d'admirer en toute tranquillité les maisons décorées de fresques dans le style salzbourgeois, comme l'ancienne auberge **Zum Hirschen** dont la façade est peinte de bizarres représentations de singes évoquant les vices des hommes. Au nord du centre historique, sur la **Schlossplatz**, on s'arrêtera pour visiter la **collégiale Saint-Pierre-et-Saint-Jean-Baptiste**, sa façade romane, son chœur du XIIIe siècle et son cloître de 1220-1250 qui est l'un des plus remarquables d'Allemagne. Le **château des Wittelsbach** voisin est en fait un ancien prieuré roman, transformé en résidence privée : on visite le cloître médiéval, un dortoir gothique, la pinacothèque familiale et le délicieux jardin suspendu, sur fond de montagne *(horaires : 10 h-12 h et 14 h-16 h de mai à octobre, 11 h-14 h de novembre à avril; www.haus-bayern.com)*.
Au bord du fleuve, au nord de la ville, l'attraction la plus intéressante est l'ensemble des **mines de sel** qui sont exploitées depuis le Moyen Âge et ont contribué à la richesse du pays dans les siècles passés. Pour les visiter, on enfile la combinaison spéciale de mineur, on plonge dans les entrailles de la terre à bord d'un petit train électrique, avant de traverser le **lac salé souterrain** dans une barge, pour arriver à la grotte où un film documentaire explique les méthodes d'extraction et de transformation de l'or blanc *(Salzbergwerk, horaires : 9 h-17 h de mai à octobre, 11 h-15 h de novembre à avril; www.salzwelt.de)*. Les **thermes du Watzmann** sont un complexe de 900 m² doté de cinq piscines intérieures et extérieures, de saunas et de bains turcs *(Bergwerkstrasse 54, www.watzmann-therme.de)*.

LE PARC NATIONAL DE BERCHTESGADEN

À 5 km au sud de Berchtesgaden, on atteint par la route fédérale B20, au cœur d'un paysage sauvage et grandiose, le **parc national de Berchtesgaden,** réserve naturelle protégée de 210 km² (également reliée à la ville par un service d'autocars).
Du **Königssee**, un lac aux allures de fjord de 8 km de long sur 2 km de large, on a une vue incomparable sur la face est du **Watzmann** – le plus haut sommet des Alpes orientales. On le parcourt uniquement en bateau à moteur électrique, afin de ne pas troubler le repos de la faune et l'équilibre de l'environnement. Au pied de la montagne, on débarque à la **chapelle Saint-Barthélemy** (Sankt Bartholomä, 1634, reconstruite en 1697) – patron des pasteurs et des bergers – dont les petits bulbes et les coupoles roses sont devenus les symboles du lac, au-dessus des murs blancs de la nef à triple abside. La chapelle se dresse à côté d'un ancien pavillon de chasse, aujourd'hui transformé en auberge-restaurant où l'on cuisine le très savoureux poisson du lac : le **Schwarzreiterl**. De là, on peut continuer à pied (2 heures) pour visiter une des grottes de glace ou bien reprendre le bateau jusqu'à Salet (1 heure de trajet) d'où un bon sentier conduit au magnifique **Obersee**, petit lac de montagne entouré de parois rocheuses dans lequel se précipite une cascade de 400 m de hauteur.
Un spectacle à ne manquer sous aucun prétexte.

Où dormir

€€€€€ Intercontinental Berchtesgaden Resort (Berchtesgaden). À 1 000 m d'altitude, avec une vue splendide sur les Alpes, une véritable oasis de confort, élégante et raffinée, équipée de piscines (couverte et découverte) et de divers types de sauna. Quatre restaurants dont un étoilé *(Hintereck 1, tél. 086 529 7550, www.ichotelsgroup.com).*

€€€€ Seehotel Überfahrt (Rottach-Egern). Sur la rive du Tegernsee, un établissement de charme aux détails soignés, et des chambres aménagées avec un goût exquis. Le restaurant est dirigé par Christian Jürgens, un des meilleurs chefs du pays. Pour la relaxation, deux piscines et différents types de sauna *(Überfahrtstrasse 10, tél. 080 222 6690, www.seehotel-ueberfahrt.com).*

€€€ Hotel Aschenbrenner Garni (Garmisch-Partenkirchen). Une ambiance intime et élégante dans une villa aristocratique du début du XXe siècle. Les 23 chambres sont lumineuses et offrent une vue magnifique sur les montagnes *(Loisachstrasse 46, tél. 088 219 5970, www.hotel-aschenbrenner.de).*

Où manger

€€€ Le Ciel (Berchtesgaden). On a vraiment l'impression de toucher le ciel du doigt dans ce restaurant de l'Intercontinental. La carte propose des mets d'un goût raffiné comme la langouste grillée accompagnée de purée de pommes à l'écume de coco. La salle à manger ronde est vraiment spectaculaire *(Hintereck 1, tél. 086 529 7550, www.ichotelsgroup.com).*

€€ Braüstüberl (Garmisch-Partenkirchen). Une vénérable façade à fresques à l'extérieur; à l'intérieur, des tables en érable massif et des poêles de faïence vernissée qui sont là depuis plus d'un siècle. Un lieu populaire dans le monde entier, qui a servi de décor à de nombreux films. À la carte, *Gröstl* bavarois avec salade de chou et goulasch de cerf à la myrtille avec des gnocchi de pomme de terre *(Fürstenstrasse 23, tél. 088 212 312, www.braeustueberl-garmisch.com).*

€€ Unterwirt (Chieming). Des recettes originales, préparées avec des ingrédients provenant des environs. La spécialité est la crème bavaroise faite avec de l'œuf, de la vanille et de la crème fouettée, décorée de baies fraîches et accompagnée de compote de fruits ou de chocolat. On a aussi la possibilité d'y passer la nuit, dans une chambre rustique *(tél. 086 649 846, www.unterwirt-chieming.com).*

Sorties et divertissements

Spielbank. Vous trouverez dans l'élégant casino de Garmisch une atmosphère raffinée – et peut-être la fortune... *(Am Kurpark 10, tél. 088 2195990, www.spielbanken-bayern.de).*

John's Club. Le John's Club est LA discothèque de Garmisch. Une boîte de nuit désormais historique et qui n'a jamais perdu de son charme *(Rathausplatz 7, tél. 088 212 400, www.johns-club.de).*

Peaches Cocktailbar. Un des plus vieux et des plus populaires bars à cocktails de Garmisch, célèbre pour ses drinks originaux. Atmosphère des Caraïbes, dans une ambiance exotique de bois et de palmiers *(Marienplatz 17, tél. 088 211 8727, www.peaches.de).*

Pour d'autres informations : Route allemande des Alpes, www.deutsche-alpenstrasse.de ou Office de tourisme : www.allemagne-tourisme.com

Le « nid d'aigle »

C'est ainsi que fut surnommé le chalet forteresse dont le parti nazi fit cadeau à Hitler en 1938, dans les Alpes bavaroises, pour son cinquantième anniversaire. Il se trouve sur le piton rocheux du ***Kehlstein****, à 1 834 m d'altitude. On se rend en voiture jusqu'à Obersalzberg, à 4 km de Berchtesgaden, lieu de villégiature à 1 000 m d'altitude, très apprécié de Hitler dès les années 20 et où il se constitua avec les hiérarques nazis – Göring, Goebbels, Hess, Bormann et Speer – une sorte de quartier général pour les vacances, le* ***Berghof*** *(dynamité en 1952 pour éviter de douteux pèlerinages). De là, une navette gravit en 7 km un dénivelé de 700 m, avec un seul tournant, pour arriver au pied du piton de la Kehlsteinhaus. On y monte en une trentaine de minutes à pied – ou en quelques secondes dans le luxueux ascenseur revêtu de cuivre et équipé de sièges en cuir, qui est resté dans son état d'origine. Épargné par les bombardements, le chalet – partiellement transformé aujourd'hui en restaurant belvédère – était décoré de marbres et bois précieux, avec une cheminée en marbre rouge sombre, cadeau de Mussolini. La visite vaut le déplacement, surtout pour la vue sur les Alpes bavaroises, le Watzmann et le Königssee* (horaires : 9h-16h de mi-mai à mi-octobre, www.kehlsteinhaus.de).

176 EN HAUT - BERCHTESGADEN À LA NUIT TOMBÉE.

176 EN BAS - RANDONNÉE À SKI DANS LES ALPES BAVAROISES.

177 - VUE DES ALPES BAVAROISES DU « NID D'AIGLE ».

Cracovie - *Pologne*

Ville universitaire depuis le XIVe siècle, Cracovie (850 000 habitants) s'est débarrassée du voile gris qui la recouvrait au temps du rideau de fer. Son patrimoine architectural et artistique témoigne de sa splendeur d'antan, ses réalisations contemporaines sont la preuve de son dynamisme. L'ancienne capitale de la Pologne est redevenue une des grandes destinations touristiques européennes.

Les jeunes y viennent de toute la Pologne pour fréquenter l'université Jagellone – l'une des plus anciennes du continent – et les touristes, à l'approche des fêtes, prennent d'assaut le marché de Noël de la vieille **Rynek Glówny**, cette place du Marché qui est pure poésie.
La ville est en pleine mutation. Le quartier juif de **Kazimierz** est devenu le paradis des noctambules. Le quartier ouvrier de **Podgórze** a évolué, un grand nombre d'espaces verts ont été aménagés et de charmantes petites boutiques s'y sont installées. **Nowa Huta**, faubourg forgé au nom du réalisme socialiste dans l'immédiat après-guerre autour d'une énorme aciérie pour masquer l'âme bourgeoise et cultivée de la ville, commence à être très prisé.
Églises gothiques, Renaissance et baroques voisinent avec des palais Liberty dans la cité médiévale, **Stare Miasto**, dont les remparts longs de 4 km ont été abattus au XIXe siècle pour faire place à la ceinture verte du **Planty**, sur le modèle du Ring de Vienne. On entre dans la ville par la **Barbacane**, bastion cylindrique crénelé en brique rouge qui défend Cracovie depuis le XVe siècle. Quelques pas plus loin, le **musée Czartoryski**, conseillé aux amoureux d'art antique, annonce l'élégante **rue Florianska**, à la fois historique et branchée, où se succèdent les vitrines des boutiques les plus tendance de la cité. En continuant par les rues encore plus huppées **Grodzka** et **Kanonicza**, on suit le tracé de l'ancienne **route royale** parcourue jadis par les monarques et les dignitaires de la cour pour se rendre au château royal de **Wawel**, surplombant la Vistule. À l'ouest de la place du Marché se dresse le **Collegium Maius**, le plus ancien et le plus prestigieux bâtiment de l'université de Cracovie, transformé aujourd'hui en musée (*ul. Jagiellonska 15, www.uj.edu.pl*) et qui a compté, parmi ses plus célèbres élèves, Nicolas Copernic et Karol Wojtyla, devenu le pape Jean-Paul II.

Comment se déplacer en ville : *Il est fort agréable de se déplacer à pied, d'autant plus que les rues piétonnes sont très nombreuses dans le centre historique. On peut aussi utiliser les tramways et les autobus.*

Monnaie : *La monnaie officielle de la Pologne est le* ***zloty****.*

À voir

LA PLACE DU MARCHÉ

La plus grande place médiévale du nord de l'Europe est toujours le lieu préféré des artistes de rue, des musiciens, des pèlerins – et des Cracoviens qui se donnent rendez-vous au pied du **monument d'Adam Mickiewicz**, poète romantique du XIXe siècle. Au centre de la place trône la silhouette massive du

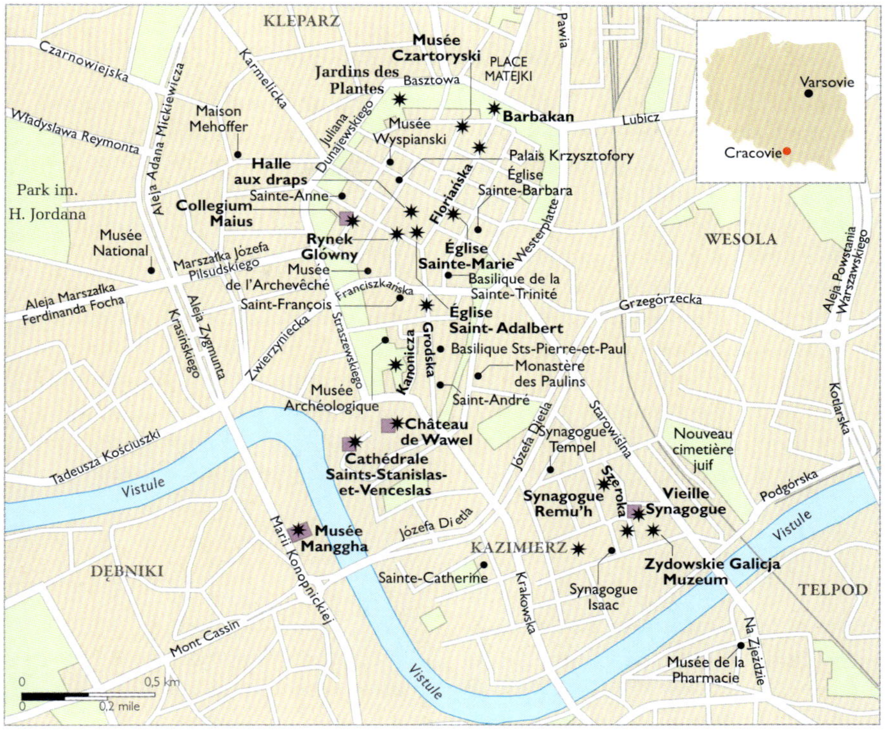

178-179 - Rynek Glówny, le cœur de la ville.

179 à gauche - Le château de Wawel.

179 à droite - L'intérieur de la basilique Sainte-Marie.

Sukiennice (la Halle aux draps), un bâtiment reconstruit au XVIe siècle par l'Italien Giovanni Mosca, et en partie remanié en style néogothique à la fin du XIXe siècle. Dans la galerie centrale, les échoppes des artisans se succèdent, tandis qu'au premier étage siège la **Galerie de la peinture polonaise du XIXe siècle**. Cette visite est une excellente occasion pour s'imprégner de l'ambiance des anciens marchés couverts et connaître les maîtres polonais du XIXe siècle dont Piotr Michalowski, peintre des chevaux et des cavaliers. Non loin du marché se dresse la très belle **basilique Sainte-Marie** *(entrée par le chœur depuis la place Mariacki, sur le côté droit)*, mélange d'art gothique et néogothique, avec, dans le chœur, de magnifiques vitraux du XIVe siècle et des peintures de Jan Matejko (début XIXe siècle). Son trésor le plus précieux est le maître-autel, orné d'un étonnant retable en bois de cèdre sculpté et doré (1477-1489) signé Veit Stoss. De l'une des deux tours de la basilique s'égrènent à chaque heure les notes de l'*hejnal*, mélancolique signal de clairon brusquement interrompu qui commémore la fin tragique d'une sentinelle abattue par une flèche tatare, au XIVe siècle, alors qu'elle sonnait pour avertir la ville de l'arrivée imminente de l'ennemi. La place est également bordée par la minuscule **église Saint-Adalbert**, la première de la ville (Xe siècle, mais considérablement remaniée au fil du temps), et le **beffroi de l'hôtel de ville** *(horaires : 10h30-14h et 14h30-18h de mai à octobre)* dont la vaste cave, lieu des anciennes prisons, accueille aujourd'hui le théâtre Ludowy et un café. À 8 m sous la surface de la place, on a récemment aménagé un parcours doté d'installations multimédia, machine à remonter le temps, qui raconte l'histoire de Cracovie depuis la fondation jusqu'à l'époque moderne *(horaires : 10h-20h du mercredi au lundi, 10h-16h le mardi ; www.podziemiarynku.com)*.

Les crèches de Cracovie

Depuis 1937, chaque année – sauf en temps de guerre et d'occupation –, Cracovie perpétue sa tradition de crèches de Noël sur la place du Marché par un concours organisé par le Musée historique, le premier jeudi de décembre. Des bâtisseurs de crèches et d'églises, à l'imagination inépuisable, se réunissent au milieu d'une foule attentive pour présenter leurs réalisations. En forme d'églises ou de cathédrales, dotées de tours, de clochers, de flèches médiévales ou de coupoles baroques, enrichies de personnages souvent animés grâce à des mécanismes ingénieux mais qui doivent rester simples, les szopki *(crèches) s'inspirent des monuments de la région. Ces créations sont confectionnées à partir de matériaux de récupération : du bois, du carton, du tissu, des perles fantaisie et surtout du papier d'aluminium qui fait étinceler les couleurs et les dorures. La hauteur des œuvres varie de quelques centimètres à plus de 2 m. À la fin de la journée, un jury récompense les meilleures réalisations qui restent visibles jusqu'à la fin février dans une exposition aménagée par le Musée historique de la ville avant d'entrer dans sa collection permanente.*

LE MUSÉE DES PRINCES CZARTORYSKI
Cette importante collection de peintures exposée dans un bâtiment néogothique du XIXe siècle présente des tableaux majeurs tels que *La Dame à l'hermine* (vers 1488), attribuée définitivement à Léonard de Vinci en 1992, et le *Paysage au bon Samaritain* de Rembrandt (1638). Le musée conserve aussi des armures anciennes et des tapisseries. Le dimanche, l'entrée est libre *(ul.-w. Jana 19; horaires variables)*.

LE CHÂTEAU DE WAWEL
Perché sur une colline calcaire au-dessus d'une boucle de la Vistule, le Wawel est un symbole de l'histoire polonaise. Ce fut en effet la résidence des rois de Pologne de l'an 1000 à 1595, année où Sigismond III Vasa transféra la capitale à Varsovie.
La partie originelle, que l'on peut visiter, se compose des premières fortifications (XIe siècle) à l'abri desquelles se détachent la cathédrale et le **château**. Ce dernier se présente encore aujourd'hui sous son aspect Renaissance, précédé d'une élégante cour à double étage de portiques, œuvre de l'architecte italien Bartolommeo Berrecci. Les **appartements royaux** privés *(horaires : 9h30-16h, du mardi au samedi)*, au premier étage, reflètent les goûts de la dynastie Jagellon. Les murs sont garnis d'une fabuleuse collection de tapisseries conçues par Willem Tons le Jeune et Michel Van Coxcie, le « Raphaël flamand ».
Au deuxième étage, les **appartements officiels** *(horaires : 9h30-16h du mardi au samedi, 10h-16h le dimanche)* tirent leur

nom des frises et des décors qui ornent les plafonds : la salle des Tournois, la salle des Députés où se réunissait le Parlement polonais (avec son décor original de têtes sculptées en bois) et celles du Zodiaque, des Planètes et des Sénateurs, aux splendides tapisseries qui représentent des épisodes de la Genèse. La **basilique-cathédrale Saints-Stanislas-et-Venceslas** *(horaires variables)* date du XIVe siècle. Un des lieux religieux du pays les plus vénérés, la cathédrale accueillait les couronnements et les funérailles des rois. Dans les chapelles latérales, on peut voir les tombeaux des souverains polonais : Sigismond Ier le Vieux, dans une très belle chapelle Renaissance, Jean Olbracht, dans son sarcophage de marbre rouge, sous une voûte en berceau, et Jean III Sobieski. La cloche de Sigismond (1520) ne sonne

180 - LE MARCHÉ COUVERT DE RYNEK GŁÓWNY.

181 - LES MAGASINS D'UNE GALERIE DE CRACOVIE.

Shopping

« À moi les yeux et les portefeuilles ! » semble dire la superbe ***place du Marché*** *– l'illustre* ***Rynek Główny****. D'un étal à l'autre, ragaillardi par un verre de grzaniec (le « vin chaud » tant apprécié en Europe centrale), on pourra trouver mille et une idées de cadeaux originaux à prix avantageux, des décorations de Noël aux bijoux d'ambre, symbole de la Pologne et de la mer Baltique, en passant par les objets artisanaux en bois, laine et cuir, et les chapeaux de fourrure. Une volée de marches, au n° 7 de la place, donne accès au* ***Calik*** (www.calik.pl) *où c'est tous les jours Noël, pour se plonger dans une féerie festive de décorations : boules en verre peintes à la main, guirlandes, pantins – on n'a que l'embarras du choix. À quelques pas de là (au n° 5) se trouve* ***Empik****, une librairie mégastore regorgeant de livres, de CD et de DVD – également en langues étrangères – pour approfondir un peu le panorama culturel de la Pologne, encore mal connu en Europe. Si votre soif de souvenirs n'est pas encore apaisée, vous pourrez faire un saut chez* ***Cepelia*** (ul. Chmielna 8, www.cepelia.pl), *une boutique regorgeant de céramiques, tapisseries, œufs décorés, cristaux et bien d'autres choses encore. Les passionnés de mode ne manqueront pas la nouvelle* ***Galeria Krakowska*** (ul. Pawia 5, www.galeria-krakowska.pl), *véritable centre commercial à proximité de la gare centrale, avec 270 boutiques de marque et tous les grands noms de la mode internationale. Si l'on apprécie les magasins d'antiquités et les* ***marchés aux puces****, on n'oubliera pas les marchés de* ***Plac Nowy*** *(place Neuve) à Kazimierz et de* ***Hala Targowa****, dans le quartier voisin de Grzegorzki, qui ont lieu tous les dimanches matin.*

que pour des occasions très spéciales, comme une élection pontificale.

KAZIMIERZ

Sur la rive de la Vistule, le quartier de Kazimierz est sorti de sa léthargie pour devenir le plus branché. Fondé en 1335 comme ville indépendante par Casimir III le Grand, Kazimierz a été rattaché à Cracovie en 1801 et a hébergé une importante communauté juive, du XIVe siècle à la Seconde Guerre mondiale, avant qu'elle soit déportée dans le ghetto de Podgórze et exterminée dans les camps d'Auschwitz-Birkenau situés à une heure de voiture (la visite est conseillée). Il ne reste plus aujourd'hui que 200 juifs, deux anciens cimetières et quelques synagogues, transformées en musées pour certaines d'entre elles. Ainsi le plus ancien édifice juif de Pologne, la **Vieille Synagogue** *(ul. Szeroka 24; horaires : 10h-14h le lundi, 9h-17h du mardi au dimanche)*, à l'origine de style gothique, a gardé l'aspect Renaissance que lui avait donné l'architecte italien Matteo Gucci, en 1557. Non loin de là, après avoir coiffé une kippa, on pénètre dans la célèbre **synagogue Remuh**, édifiée entre 1556 et 1558, lieu de prière et de recueillement *(ul. Szeroka 40; horaires : 9h-16h, fermeture le samedi)*. On visite aussi le **cimetière** (1551) qui la jouxte, profané par les nazis pendant la Seconde Guerre mondiale : la tombe du rabbin Remuh fut épargnée, un fait que les juifs orthodoxes interprètent comme un signe de sa sainteté. Pour retrouver les souvenirs de la riche culture juive en Galicie, développée pendant dix siècles avant d'être brutalement éradiquée, il faut s'arrêter au **musée des Juifs de Galicie** dont les images, les textes et les photographies évoquent la valeur de la mémoire et le vide tragique de l'absence *(ul. Dajwór 18; horaires : 10h-18h)*. On ne saurait quitter le quartier sans passer par l'ancienne **rue Szeroka**, bordée de demeures, de bars et de restaurants qui proposent de la cuisine purement yiddish. Chaque année, en juin et juillet, le Festival de la culture juive attire à Kazimierz des foules d'amateurs et d'artistes venus du monde entier.

CENTRE MANGGHA D'ART ET DE TECHNOLOGIE JAPONAIS

Cet édifice futuriste, imaginé par l'architecte Arata Isozaki (1994), est destiné à faire connaître la culture japonaise par des expositions présentant par rotation la collection de l'écrivain Feliks « Manggha » Jasienski, donnée au Musée national de Cracovie en 1920 *(ul. Konopnickiej 26; horaires : 10h-20h du mardi au dimanche)*.

PODGÓRZE

Le quartier ouvrier – transformé par les nazis en ghetto de transit pour 15 000 juifs – est aujourd'hui un lieu de mémoire. Sur la place des Victimes du ghetto, où les juifs ont été rassemblés pendant les rafles, un monument contemporain de Piotr Lewicki et Kazimierz Latka, constitué de **70 chaises** vides et en partie éclairées, rappelle les années où la population fut obligée d'abandonner sur place ses meubles avant d'être envoyée dans les camps d'extermination. Sur le côté sud de la place, la **pharmacie Sous l'Aigle**, tenue sous les nazis par Tadeusz Pankiewicz

L'ancienne usine Schindler transformée en musée

Lorsque le district de Podgórze, sur la rive sud de la Vistule, a été transformé en ghetto pour la communauté juive de Cracovie et de Galicie, des industriels allemands en profitèrent pour installer de nouvelles usines à proximité immédiate afin de tirer parti de cette main-d'œuvre quasi servile. Oskar Schindler fut l'un d'eux, mais, paradoxalement, il réussit en fait à sauver de l'extermination plus de 1 100 juifs qui travaillaient dans son usine, en mettant à profit ses relations au péril de sa propre vie. Cette histoire a été relatée par Steven Spielberg dans La Liste de Schindler *(1993). Depuis juin 2010, une exposition permanente installée dans l'ancienne usine fait revivre la vie dans le ghetto et au travail pendant la guerre, avec les souffrances et la terreur dans lesquelles vivaient non seulement les juifs, mais aussi les Polonais de Cracovie. Le parcours de la visite traverse salles et couloirs dans lesquels sont exposés des clichés d'époque, des vêtements, de la vaisselle et même des jouets. On y voit aussi une reconstitution des baraquements des ouvriers, jusqu'au salon du coiffeur et du barbier. Dans le même bâtiment a été inauguré le nouveau musée d'Art contemporain de Cracovie (le MOCAK) dont la conception, confiée aux architectes italiens Claudio Nardi et Leonard Maria Proli, oscille entre souvenirs et visions futuristes, tradition architecturale et technologies nouvelles* (ul. Lipowa 4; horaires : 12h-20h du mardi au dimanche).

– qui n'était pas juif – a été transformée en musée *(place Bohaterów Getta 18; horaires : 9h30-17h du mardi au dimanche, 10h-14h le lundi)*. Non loin, une plaque indique les vestiges de l'enceinte du ghetto, l'usine d'Oskar Schindler se trouve à un peu plus de 400 m (*voir encadré*).

Où dormir

€€€€ Bonerowski Palace (historique). On respire aujourd'hui encore une atmosphère royale dans ce palais du XVIe siècle, inscrit au patrimoine de l'Unesco. Les suites et les chambres de cet hôtel, sur l'ancienne place du Marché, sont toutes de grand luxe *(ul. Jana 1, tél. 012 374 1300; www.palacbonerowski.pl)*.

€€€€ Hôtel Copernicus (historique). Un palais Renaissance transformé en un hôtel de charme : fresques et portraits sur les murs, et piscine dans les anciennes caves, sous des voûtes gothiques. Café en terrasse, avec vue panoramique sur le château *(ul. Kanonicza 16, tél. 012 424 3400; www.hotel.com.pl)*.

€€€ Hotel Grodek (romantique). Quand il neige au-dehors et que le feu brûle dans la cheminée, c'est un des lieux les plus romantiques de la ville, idéal pour un souper aux chandelles *(Na Gródku 4, tél. 012 431 9030; www.hotelgrodek.com/)*.

Où manger

€€ Wierzynek (royal). L'un des meilleurs restaurants de Pologne. Un jour de 1364, le roi y eut comme invités l'empereur Charles IV, cinq rois et une foule de princes. Essayer le cerf avec des *pierogi* (raviolis) au genièvre, le *czulent* à la juive et le saumon au vin blanc, sauce à l'aneth *(Rynek Glówny 15, tél. 012 424 9600; www.wierzynek.com.pl/)*.

€€ Alef (juif). Au cœur du quartier de Kazimierz, on se rend dans ce restaurant non seulement pour déguster la cuisine juive, mais aussi pour écouter de la musique yiddish ou tzigane. La cour est bordée par les vieux murs (XVIIe siècle) de la synagogue Popper, un centre culturel fréquenté aussi par les touristes *(ul. Sw. Agnieszki 5, tél. 012 424 3131; www.alef.pl)*.

€€ Orient Express (original). Un voyage à travers la cuisine européenne, sur la ligne Paris-Istanbul. Cinq wagons pour un voyage fictif dans cinq pays *(Poselska 22 [Vieille Ville], tél. 012 422 6672; www.orientekspres.krakow.pl)*.

Sorties et divertissements

Alchemia. Le club-café le plus couru de Kazimierz, en raison de l'alchimie qu'il propose : musique live, films, expositions, spectacles et événements *(ul. Estery 5, tél. 516 095 863; www.alchemia.com.pl)*.

Baraka. Endroit tranquille dans la journée, Baraka devient, la nuit venue, un des pubs les plus explosifs de Kazimierz, avec de sympathiques DJ qui créent une chaude ambiance. Musique, danse, house, techno et Broken Beats *(place Nowy 17, Kazimierz, tél. 012 422 1988)*.

Klub U Louisa. Cette cave gothique du XIVe siècle, transformée en club de jazz et café Internet, dispose d'un programme très dense de concerts, expositions et événements culturels *(Rynek Glówny 13; www.ulouisa.com/)*.

Pour d'autres informations : Office du tourisme polonais à Paris, tél. 01 42 86 00 67; www.krakow.pl

182 - Le café Ariel à Kazimierz.

183 - Le club-café Alchemia à Kazimierz.

L'excursion à la mine de sel de Wieliczka

Certains viennent en Pologne à seule fin de visiter la mine de sel gemme de Wieliczka (à 10 km au sud-est de Cracovie) : en activité depuis le XIIIe siècle siècles, elle est inscrite, comme le centre historique de Cracovie, sur la liste du patrimoine culturel mondial de l'Unesco. C'est une des plus anciennes exploitations de ce type encore en activité au monde, avec un labyrinthe de galeries et de boyaux d'environ 300 km de longueur, se déployant à 327 m sous terre. Sur les 3 km de parcours ouverts au public, les motifs de curiosité ne manquent pas : puits, lacs salés, sculptures de sel réalisées par les mineurs et chapelle Sainte-Cunégonde, patronne des mineurs, cathédrale souterraine, éclairée par des luminaires en cristaux de sel et décorée de statues et de bas-reliefs sur des sujets bibliques. On y a même ouvert un centre de cure souterrain où l'on soigne les rhumatismes et les maladies de la motricité et de l'appareil respiratoire (10 km au sud-est de Cracovie, les mines sont accessibles en taxi ou en autobus qui partent toutes les 15 minutes de la gare centrale, ul. Pawia-ul. Danilowicza 10. Visite : 7h30-19h30, d'avril à octobre; 8h-17h, de novembre à mars; www.kopalnia.pl).

Prague - *République tchèque*

Prague présente deux visages, d'un côté, l'atmosphère « vieille Prague » à l'illustre passé, avec l'ombre de Kafka qui éveille les nostalgies littéraires, de l'autre, ses boîtes de nuit à la mode et ses boutiques de design. Depuis les manifestations de 1989 qui aboutirent à la chute du régime communiste, Prague déborde d'énergie créatrice et vous réserve surprises et découvertes : la Prague historique autour du pont Charles et du château, celle de Nové Mešto (la nouvelle ville) et d'Holeovice (le quartier à la mode).

Visiter Prague est aisé, parce que la ville est divisée en quartiers bien distincts. On part de **Staré Mešto**, la Vieille Ville, avec son **quartier juif**, l'**horloge astronomique** de l'**hôtel de ville**, l'**église gothique Notre-Dame de Tyn** et le **Klementinum**, l'ancien collège des jésuites avec sa chapelle du XVIIIe siècle où se déroulent des concerts, sa bibliothèque baroque et son observatoire *(Mariánské nám. 190/5, www.klementinum.cz ; horaires variables)*. Le **pont Charles**, symbole de la cité, une fois franchi, on arrive à **Malá Strana** (le Petit Côté), figée dans ses édifices baroques dont la **cathédrale Saint-Nicolas**, elle aussi lieu de concerts *(Malostranské námesti, www.psalterium.cz ; horaires : 9 h-16 h, de mars à octobre ; 9 h-17 h)*. La nostalgie agit avec le **musée Kafka** *(Cihelná 2b, www.kafkamuseum.cz, horaires : 10 h-18 h)* et sur l'**île de Kampa** entre le canal Certovka et la Vltava (Moldau), où l'on visite le **Kampa Museum**, un bâtiment du XIVe siècle qui accueille des œuvres d'art contemporaines d'Europe centrale et orientale *(U Sovovych mlynu 2, www.museumkampa.cz ; horaires : 10 h-18 h)*. Le soir venu, on se rend dans un des très nombreux bistrots pour se détendre. À moins que l'on ne monte avec le funiculaire au sommet de la **colline de Petrín** (*service jusqu'à 23 h*) où se trouvent l'**Observatoire astronomique Stefánik**

184-185 - Vue aérienne de la capitale tchèque.

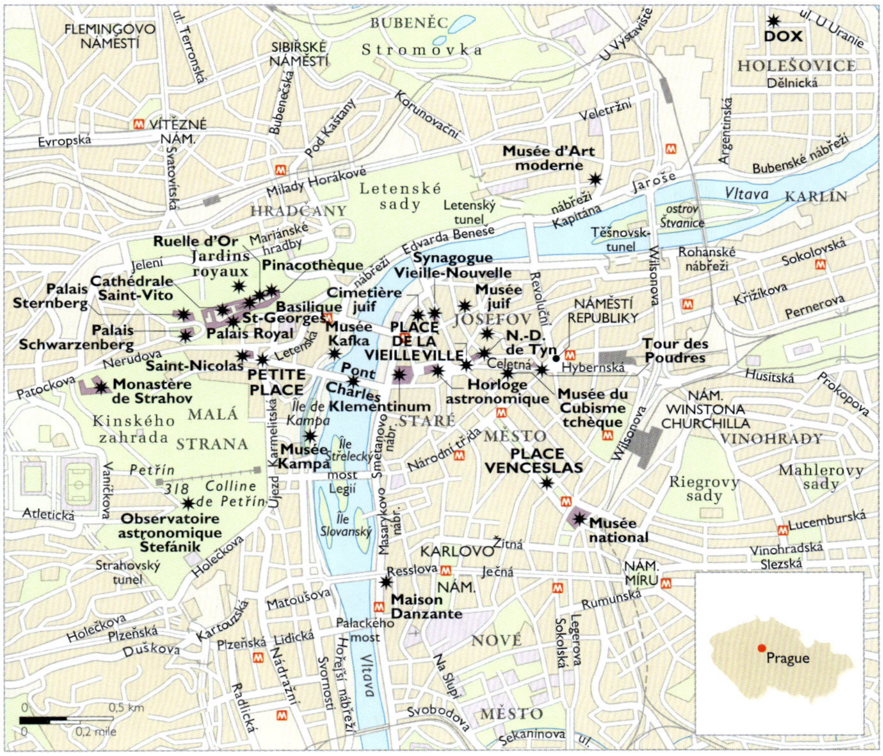

(Petrín 205, www.observatory.cz ; horaires variables) et le belvédère avec une tour panoramique, qui imite la tour Eiffel, dans des jardins romantiques *(Petrínské sady, www.prazskeveze.cz ; horaires variables)*. De Malá Strana, on monte au **château**, avec ses jardins royaux et ses édifices médiévaux qui témoignent de 1 200 ans d'histoire : la **cathédrale Saint-Guy** (les saints Venceslas et Adalbert y sont aussi vénérés) et la célèbre **ruelle d'Or** aux maisons colorées et boutiques de souvenirs, où travaillaient autrefois des alchimistes, des orfèvres et des artisans, et où vivait, au n° 22, la famille de Kafka. Reste à découvrir **Nové Mešto** – la Nouvelle Ville au sud de Staré Mešto – qui, son nom ne l'indique pas, n'est pas si nouvelle puisqu'elle a été fondée par Charles IV en 1348. On y visitera de superbes édifices Art nouveau, des places historiques comme la **place Venceslas** et des cafés au riche passé : au **Café Louvre**, installé dans un palais du début du XXe siècle *(Národni 22, www.cafelouvre.cz)*, on imagine les traces de Franz Kafka et d'Albert Einstein, qui a vécu à Prague en 1911-1912. Les amateurs de nouveautés se retrouveront dans l'ancien quartier industriel de **Holeovice**, au nord de la ville, qui accueille des galeries d'art comme le **Dox** *(Poupetova 1, www.doxprague.com ; horaires : 10 h-18 h, mercredi et vendredi 11 h-19 h, fermeture le mardi)*. Premier centre d'art contemporain du pays, il organise des expositions, des lectures et des rencontres avec des écrivains.

Comment se déplacer en ville : *L'automobile est déconseillée car les arrêts autorisés sont fort limités. Il est donc recommandé d'utiliser les transports publics, du métro au funiculaire qui monte à la colline de Petrín. Autre solution, plus romantique : les bateaux à vapeur qui naviguent sur la Vltava, où l'on peut déjeuner à bord (www.paroplavba.cz).*

Monnaie : *La monnaie officielle de la République tchèque est la* ***couronne tchèque****.*

À voir

LE PONT CHARLES

Il s'agit de l'archétype du style gothique praguois. Ce pont de plus de 500 m de long enjambe la Vltava entre la Vieille Ville (Staré Mešto) et le Petit Côté (Malá Strana). Il porte le nom de l'empereur Charles IV qui le fit construire en 1357. Déployé sur 16 arches, il compte 3 tours et arbore 30 statues. Pour l'apprécier, il convient d'y passer plusieurs fois dans la journée pour aller d'une rive à l'autre, mais surtout tard le soir quand il n'est plus envahi par la foule.

LE CHÂTEAU (HRADCANY)

Une forteresse mais aussi un quartier : le mot tchèque (colline du Château) désigne la partie de la ville comprise entre la résidence royale, les palais nobiliaires, la **ruelle d'Or** et le **monastère de Strahov**. Ce dernier, de style baroque, abrite un cloître et une bibliothèque (1143) *(Strahovské nádvorí 1/132, www.strahovskyklaster.cz ; horaires : 9 h-12 h et 13 h-17 h)*. « Maison » des rois de Bohême depuis 1140 (et du président de la République depuis 1918), la citadelle (le château ou *hrad*) est si étendue qu'il faudra consacrer une journée complète à sa visite. On verra dans la **Pinacothèque** les collections de Rodolphe II, les **Jardins royaux** du XIXe siècle, le **Palais royal,** avec la magnifique salle gothique de

186-187 - Les élégantes façades des maisons de la place de la Vieille Ville.

Ladislas, la **basilique Saint-Georges** et le **couvent** du même nom qui conserve les collections d'art tchèque du XIXe siècle, la **tour des Poudres**, du XVe siècle, et la **cathédrale**, qui abrite le tombeau impérial et la chapelle Saint-Venceslas d'où l'on accède à la salle du Trésor où sont conservés les insignes royaux de Bohême *(www.hrad.cz; horaires variables)*.

LA PLACE DE LA VIEILLE VILLE (STAROMESTSKÉ NÁMESTÍ)

On y admire plusieurs édifices dont le monument de bronze consacré à **Jan Hus**, œuvre de Ladislav Saloun (1900-1915). L'**hôtel de ville**, de style gothique et Renaissance, se compose de plusieurs bâtiments et porte en façade un chef-d'œuvre : l'**horloge astronomique** du XVe siècle, décorée de sculptures peintes et dont le double cadran indique les heures, mais aussi le mouvement des planètes et des étoiles. On visitera aussi la salle des Mosaïques (1937), les souterrains qui ont servi de prison par le passé, la chapelle gothique et la salle du Conseil, riche en bois sculptés de style gothique tardif *(www.prazskeveze.cz; horaires variables)*. En sortant, on verra les deux autres chefs-d'œuvre de cette place : l'**église Notre-Dame de Tyn** à trois nefs, magnifique exemple de gothique tchèque, avec les retables de Karel Skréta, la tombe de l'astronome Tycho Brahé et les deux tours de 80 m de hauteur, achevées en 1469 et 1511 *(www.tyn.cz; horaires : 10h-13h et 15h-17h du mardi au samedi)*. Sans oublier le **palais Kinsky** (1755-1765), dont la façade comporte déjà des éléments rococo. Il fait partie du Musée national et présente depuis 2010 une exposition permanente sur l'art antique *(www.ngprague.cz; horaires variables)*.

LE QUARTIER JUIF (JOSEFOV)

Dans ce qui fut jadis l'un des ghettos les plus peuplés d'Europe, il ne reste que six

Excursions en dehors de Prague

En une journée au départ de Prague, on peut effectuer une excursion à ***Kutnà Hora*** *– la ville la plus visitée de Bohême après Prague – inscrite par l'Unesco sur la liste du patrimoine mondial. Cinq bâtiments sont à voir : la* ***Palackého námestí****, place entourée de maisons médiévales, la* ***Maison de pierre*** *(Kammeny dum), chef-d'œuvre de 1490* (www.cms-kh.cz; horaires variables), *la fontaine de style gothique tardif sur la Rejskovo námestí,* ***Vlassky dvur****, des bâtiments construits à partir du XIVe siècle, qui ont servi de résidence royale et qui abritent aujourd'hui la galerie du peintre* ***Felix Jenewein*** (www.gfj.kh.cz; horaires : 9h-12h et 12h30-17 h) *et pour finir l'église* ***Sainte-Barbara****, une des plus imposantes églises gothiques d'Europe avec ses cinq immenses nefs* (Jakubská ulice, www.khfarnost.cz; horaires variables). *Kutnà Hora se situe à moins de 80 km de Prague, vers l'est. On y arrive en 1h20 de voiture, par la D11-E67. Une autre possibilité d'excursion est de coupler les visites des châteaux de* ***Karlštejn*** *et de Křivoklàt. La forteresse de Karlštejn est à 40 km au sud-ouest de Prague* (routes D5-E50, 50 minutes de voyage). *Construite sur un piton rocheux à partir de 1348, sur ordre de l'empereur Charles IV, elle comporte des appartements décorés de fresques du Maître Théodoric* (www.hradkarlstejn.cz; horaires variables). ***Křivoklàt,*** *à 55 km de Prague en direction de l'ouest* (routes D5-E50, une heure de voyage environ), *est un des plus anciens châteaux de Bohême (XIIIe siècle). On y visite la tour qui servait de prison et la bibliothèque des Fürstenberg* (www.krivoklat.cz; horaires variables).

187 - Détail de l'horloge astronomique sur la façade de l'hôtel de ville.

synagogues, l'hôtel de ville et l'ancien cimetière. L'artère principale du quartier (**Parizska trida**) a remplacé un bon nombre de ses restaurants casher par les boutiques des grandes griffes internationales.

On ne manquera pas de voir la **synagogue Vieille-Nouvelle** (Staronová), l'édifice le plus ancien, réalisé entre 1270 et 1275, en style roman et gothique (*Cervená 2, www.synagogue.cz; horaires : 9h30-17h, d'avril à octobre 9h30-18h, fermeture le dimanche et pendant les fêtes juives*), et l'hôtel de ville de style Renaissance (1586), hélas interdit au public (*Maiselova 18*). L'histoire du ghetto est abordée au **Musée juif** (*U Staré skoly 1, www.jewishmuseum.cz; horaires : 9h-16h30, 9h-18h en été*), qui possède l'une des plus vastes collections d'art juif au monde – quelque 40 000 objets et plus de 100 000 livres – répartis entre les synagogues du quartier et des bâtiments du Vieux Cimetière qui date de la première moitié du XVe siècle, où on trouve environ 12 000 tombes dont la plus ancienne date de 1439.

LA PLACE VENCESLAS

La place Venceslas (Vaclavské námestí) – où se tenait autrefois le marché aux chevaux – est aujourd'hui bordée de boutiques et de grands édifices de style Liberty. On admire au centre de ce vaste espace (700 m de long sur 60 m de large) le **monument équestre** à saint Venceslas, de la fin du XIXe siècle. On remarquera les façades Art nouveau de l'**hôtel Europa** et du **palais Koruna**, et celle, néo-Renaissance, du **Musée national** (*www.nm.cz; horaires variables*).

LA « MAISON DANSANTE »

Conçu au milieu des années 1990 par les architectes Frank Gehry et Vlado Milunič, ce curieux bâtiment (*Jiraskovo namestí, www.pragueexperience.com*) a été surnommé « Fred et Ginger » par les Praguois, en raison de ses formes qui

REGNI · BOHEMIAE

évoquent deux danseurs. Un restaurant panoramique se trouve au septième étage.

LA GALERIE NATIONALE

Comme pour le Musée national, il s'agit aussi d'un musée réparti entre plusieurs édifices de la ville. Les plus intéressants sont le **palais Sternberg** et ses collections d'art européen, de l'Antiquité au baroque (*Hradcanské namestí 15*), le **palais Schwarzenberg** (*Hradcanské namestí 2*), qui expose le baroque en Bohême, le **musée d'Art moderne** (*Dukelskych hrdinu 47*), le **musée du Cubisme tchèque** (*Ovocny trh 19*) et le **couvent Saint-Georges**, au château (*Jirské namestí 5*).

Où dormir

€€€€€ The Augustine (historique). Un ancien monastère devenu hôtel de luxe ; 101 chambres, dont 16 suites, une vue stupéfiante sur les toits et un spa avec des prestations originales, comme les masques au chocolat blanc ! *(Letenská 12/33, tél. 266 112233, www.theaugustine.com).*

€€€€€ Buddha Bar Hotel Prague (oriental). Imaginatif, un peu emphatique, mais divertissant, il s'agit du premier hôtel sous l'enseigne Buddha Bar : 36 chambres et 3 suites au cœur de la Vieille Ville (*Jakubská 649/8, tél. 221 776 300, www.buddha-bar-hotel.cz*).

€€€ Antik Hotel (romantique). Cet hôtel possède 30 chambres, romantiques et design, dans une demeure historique au cœur de Prague. La direction organise aussi des tours guidés dans la ville et des excursions en dehors de la cité (*Dlouhá 22, tél. 222 322 288, www.antikhotels.com*).

Où manger

€€€ Francouzska (dans le musée). Dans le bâtiment historique, on déjeune dans un décor Art nouveau et des boiseries sculptées. Cuisine française ou tchèque (*Námestí Republiky 5, tél. 222 002 770, www.francouzskarestaurace.cz*).

€€€ Allegro (italien au top). Dans le Four Seasons Hotel, le seul restaurant de Prague à bénéficier d'une étoile au Michelin (*Veleslavínova 2a, tél. 221 427 000, www.fourseasons.com/prague*).

€€ Alchymist (international). Alchimiste de nom et de fait : l'intérieur de ce restaurant de Malá Strana s'inspire de cette époque, avec des décorations surchargées et des lustres à pendeloques. En été, on mange dans le jardin (*Nosticova 1, tél. 257 312 518, www.alchymist.cz*).

Shopping

Le shopping à Prague concerne principalement l'achat de cristaux de Bohême et de créations de jeunes stylistes. On trouvera les premiers chez ***Moser*** (www.moser-glass.com), *qui propose aussi un musée du Verre* (Kpt. Jarose 46/19), *ou bien, chez* ***Arzenal****, et ses deux boutiques* (Snemovní 7 et Valentinská 11) *où les vases de Bohême sont proposés en style moderne, à côté d'autres objets de design, dans un cadre attrayant signé Bořek Sípek, un des architectes et stylistes tchèques les plus en vue. Pour explorer ensuite les adresses tendance de Josefov, il est conseillé de se rendre chez Valentinská. Ou chez* ***Navarila Design*** (Elisky Krásnohorské 4/11, www.navarila.cz), *l'une des stylistes les plus cotées pour les vêtements féminins ou encore* ***Material*** (Tyn 1, www.i-material.com) *où la forme des verres et des vases de Bohême est revisitée.*

Sorties et divertissements

Mecca Club. Le club le plus en vogue pour les amateurs de techno. Situé dans une ancienne usine, il est fréquenté par des mannequins et des jeunes branchés (*U Prùhonu 3, www.mecca.cz*).

Reduta Jazz Club. En matière de jazz, Prague n'a rien à envier aux autres métropoles. Les meilleurs musiciens s'y sont produits, tout comme Bill Clinton avec son saxo *(Národní trída 20, www.redutajazzclub.cz).*

U Fleku. La bière est la boisson nationale, donc on ne peut que faire une halte dans une brasserie. U Fleku où on produit de la bière depuis cinq siècles est très fréquenté par les touristes. La carte des blondes mérite une lampée… et même plusieurs (*Kremencova 11, www.ufleku.cz*).

Beer Spa Pivni Lazne. Ici, on ne fait pas que boire de la bière. Elle entre dans toute une gamme de traitements à base d'eau, de malt et de houblon. Par exemple, on se plonge dans une cuve en bois où le mélange porté à 36 °C a des effets hydratants pour l'épiderme. En même temps, on se détend en buvant une chope *(Masná 5, www.pivnilaznezoto.cz).*

Pour d'autres informations :
Office national tchèque du tourisme, www.czechtourism.com/fre/fr
Voir aussi les sites www.prague.fm et www.praguewelcome.cz/fr

188 - La statue équestre de la place Venceslas.

189 - Le café du musée de l'Art tchèque.

Budapest - *Hongrie*

Le charme de la capitale de la Hongrie, Budapest, surnommée « la perle du Danube » ou « le Paris de l'Est », est lié à son histoire tourmentée : partagée entre l'Orient et l'Occident, marquée par les souvenirs de l'Empire austro-hongrois des Habsbourg, déchirée entre l'héritage de l'oppression stalinienne et les divisions de la Hongrie nouvelle... Ce charme réside aussi dans l'opposition entre Buda et Pest, entre, d'un côté, les collines et, de l'autre, la plaine, séparées par le cours du Danube que franchissent des ponts à l'allure romantique, jetés comme autant de liens indissolubles entre les deux cités. Il en est ainsi du **pont des Chaînes**, Széchenyi, construit en 1839-1849 et orné de deux lions, et du **pont Marguerite** (1872), formé de deux parties qui se rejoignent au centre de l'**île Marguerite**, une réserve de chasse royale devenue le plus beau parc de la cité, lieu favori des amateurs de sport, de promenade ou de soins thermaux.

Buda est la ville ancienne, édifiée sur les hauteurs, avec son **quartier médiéval**, le **Palais royal** et l'**église Mathias**. Plus au nord, à **Óbuda**, se trouvait **Aquincum** qui fut la capitale de la Pannonie inférieure du temps des Romains. Cette antique cité est la mieux conservée de Hongrie, avec son **parc archéologique** et son **musée,** qui présente la vie quotidienne, religieuse, militaire et artistique d'alors *(Szentendrei út 139, www.aquincum.hu ; horaires : 10 h-18 h du mardi au dimanche, de mai à septembre ; 10 h-17 h, en octobre et en avril ; 10 h-16 h, de novembre à mars)*.

Sur l'autre rive du Danube, Pest est une ville moderne avec ses boutiques, hôtels, restaurants et boîtes de nuit. On y trouve le **Parlement** et la **basilique Saint-Étienne**, dédiée au premier roi de Hongrie.

L'histoire récente est exposée dans la **maison de la Terreur**, centre de torture de la police secrète, et dans le **parc des Statues** *(Balatoni utca & Szabadkai utca, www.szoborpark.hu ; horaires : de 10 h au*

190-191 - Vue nocturne du quartier du Château, avec le Palais royal illuminé.

coucher du soleil), aux portes de la ville, où l'on a entreposé les monuments érigés sous le régime communiste à la gloire de Marx, Engels et Béla Kun, en passant par Lénine, Staline, etc., et qui ont été déboulonnés après sa chute. Budapest se distingue par ses **croisières sur le Danube** et ses **nombreux établissements thermaux**. Chefs-d'œuvre de style et de gourmandise, les anciennes **pâtisseries** servent les mille variétés des gâteaux hongrois traditionnels comme les tartes Esterhazy ou Dobos. Vous les goûterez sur la **place Vörösmarty** – cadre du traditionnel marché de Noël, en décembre – à la **pâtisserie Gerbeaud**

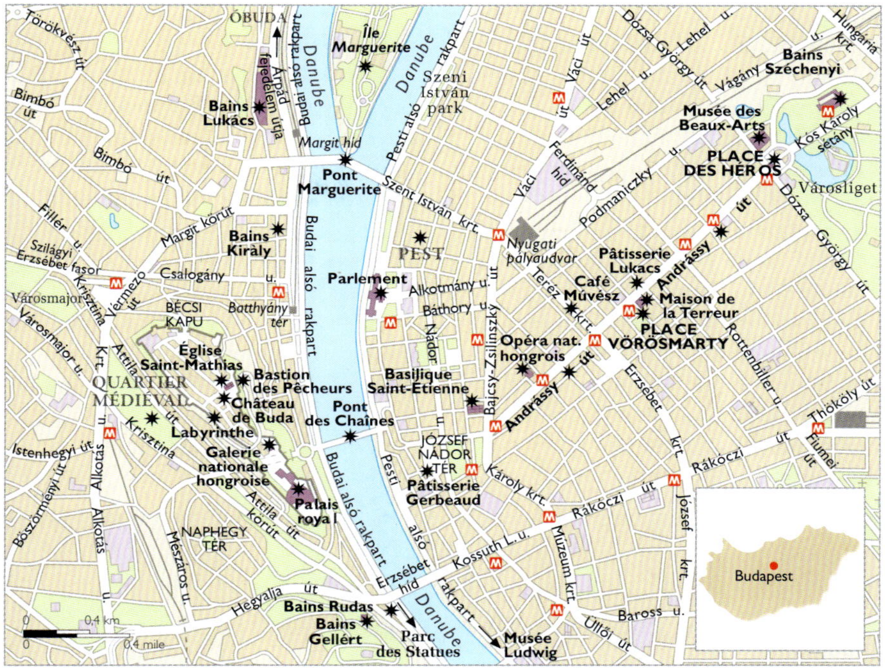

(www.gerbeaud.hu), célèbre pour l'infinie variété de ses chocolats fourrés, dont ceux parfumés au délicieux vin tokaji aszú.

Comment se déplacer en ville : *Il est agréable et facile de se promener à pied dans le centre de Budapest, en arpentant les vastes zones piétonnières ouvertes en 2011. Parmi les nouveautés introduites récemment figure aussi le BuBi, service de vélos semblable au Vélib parisien, agréable pour de courts déplacements en liaison avec les moyens plus traditionnels (bus, tram, trolley et métro). Pour gagner le château, prenez le funiculaire* (sikló), *construit en 1870 et restauré en 1986.*

Monnaie : *La monnaie officielle de la Hongrie est le* ***forint****.*

À voir

LA COLLINE DE LA FORTERESSE ET LE PALAIS ROYAL (VÁRHEGY ET KIRÁLYI PALOTA)

La colline de la Forteresse – ou quartier du Château – se dresse au-dessus du Danube sur un plateau calcaire long de 1,5 km et large de 500 m au maximum. C'est le point de départ idéal pour entamer la visite de la ville, en raison du grand nombre de musées et d'édifices d'époque médiévale et baroque qui y sont concentrés. Tout a commencé en 1247 avec la construction du château de Buda par le roi Béla IV, après la dévastation de la cité par les Mongols. Mathias Ier Corvin en fit au XVe siècle la résidence d'une cour humaniste digne de la Renaissance. Détruit une première fois par les Turcs Ottomans au XVIIe siècle, puis par les Allemands à la fin de la Seconde Guerre mondiale, l'ensemble a retrouvé l'aspect des temps anciens. Le **Palais royal**, sur les pentes méridionales de la colline, aux bâtiments néoclassiques surmontés d'une coupole orientalisante, abrite divers musées et institutions.

En premier lieu, la **Galerie nationale hongroise** qui abrite parmi les chefs-d'œuvre de l'art local (du XIe siècle à nos jours), les saisissantes toiles du peintre romantique Gyula Benczúr et les poignantes scènes de guerre de József Rippl-Rónai *(Magyar Nemzeti Galéria, www.mng.hu ; horaires : 10 h-18 h, fermeture le lundi)*.

Sous le quartier du Château, à environ 16 m de profondeur, un réseau de grottes aménagées permet de passer en revue l'histoire du pays depuis l'ère paléolithique. Ce lieu – surnommé le **Labyrinthe** – est une destination de promenade fréquentée entre autres par les amoureux, qui peuvent s'y donner rendez-vous en y accédant par deux entrées différentes *(www.labirintus.com/fr)*.

L'autre curiosité du quartier est la plus ancienne **pâtisserie** de la ville, **Ruszwurm**, fondée en 1827 et fréquentée par la reine de Hongrie Élisabeth, dite Sissi, pendant ses séjours à Budapest *(www.ruszwurm.hu)*.

L'ÉGLISE MATHIAS
ET LE BASTION DES PÊCHEURS

Au centre du quartier du Château, la spectaculaire **place de la Trinité** (**Szentháromság tér**), est bordée par l'ancien **hôtel de ville** et accueille la **colonne de la Trinité**, monument baroque érigé en 1713 pour célébrer la fin d'une épidémie de peste. Sur la place s'élève aussi l'**église Mathias** (*Mátyástemplom; horaires : 9h-17h du lundi au samedi, 13h-17h le dimanche www.matyas-templom.hu*) dont la visite constitue un voyage artistique à travers les siècles : le style roman français (XIIIe siècle) des débuts de la construction, les chapelles latérales gothiques et le clocher de 1470, la transformation en mosquée sous la domination ottomane (1541) et les remaniements de style néogothique effectués par l'architecte Frigyes Schulek en 1896. On admirera sur le côté sud les sculptures du portail, dont un bas-relief de la Dormition. L'intérieur présente de lumineux vitraux néogothiques et des fresques contemporaines des peintres romantiques Károly Lotz et Bertalan Székely. En souvenir du concert donné par Franz Liszt en 1867 en l'honneur du roi François-Joseph et de la reine Élisabeth, l'église accueille des manifestations musicales. Derrière l'église se dresse le puissant **bastion des Pêcheurs** en style néoromantique avec escaliers, tourelles et échauguettes, défilements et chemins de ronde, réalisation de l'architecte Frigyes Schulek au début du XXe siècle pour offrir aux visiteurs un belvédère panoramique sur le Danube et sur Pest *(horaires : 9h-23h de mi-mars à mi-octobre, entrée libre le reste de l'année)*. Le bastion doit son nom à la corporation des pêcheurs qui avait en charge la défense de ce secteur des fortifications au Moyen Âge.

LE PARLEMENT (ORSZÁGHÁZ)

Pour réaliser toutes les tapisseries, tous les tableaux et fresques qui décorent les intérieurs de ce somptueux édifice, on réunit au début du XXe siècle les artistes hongrois les plus connus, dont Mihály Munkácsy, Károly et Gyula Rudnay. L'extérieur est tout aussi grandiose et donne sur le Danube : 233 statues, des pinacles, des clochetons et de grandes baies. Le Parlement est couronné d'une grandiose coupole. Depuis 2000 y est exposé le trésor ayant appartenu au premier roi chrétien de Hongrie, saint Étienne, ou Étienne Ier, dont la couronne, le globe et le sceptre (d'origine persane) du Xe siècle au pommeau en forme de lion *(Kossuth tér 1-3, www.parlament.hu; horaires : 8h-18h du lundi au vendredi; 8h-16h le samedi, 8h-14h le dimanche)*.

LA BASILIQUE SAINT-ÉTIENNE
(SZENT ISTVÁN BAZILIKA)

La cathédrale néoclassique Saint-Étienne est le plus grand sanctuaire de la ville, édifié de 1851 à 1905 avec des mosaïques, des peintures et quinze types de marbre différents. La plus importante relique du souverain sanctifié, fondateur de l'église, est sa main droite – la Sainte Dextre – gardée dans la chapelle du même nom et portée en procession le 20 août, à l'occasion de la fête la plus ancienne et la plus populaire du pays. On peut emprunter un ascenseur puis gravir les 146 marches pour atteindre le sommet de la coupole, à 65 m de hauteur, d'où on aura une vue splendide sur la ville *(Szent István Bazilika, V. Szent István tér 33; horaires : 9h-17h en été, 13h-17h le dimanche; 10h-16h en hiver)*.

LA MAISON DE LA TERREUR
(TERROR HÁZA)

À l'entrée de ce qui fut un temps le siège central de la police secrète, d'abord fasciste, puis communiste, où l'on interrogeait et torturait les opposants, on peut lire l'inscription suivante : « Nous ne pouvons oublier les horreurs de la terreur et le souvenir des victimes restera à jamais dans les mémoires. » C'est cet esprit qui a présidé à l'aménagement en 2002 de ce musée pour témoigner de l'absurdité criminelle des régimes totalitaires. Le char stationné dans la cour centrale et les photographies des victimes sur les murs sont plus éloquents que bien des mots *(Andrássy utca 60, www.terrorhaza.hu; horaires : 10h-18h, du mardi au dimanche)*.

LA PLACE DES HÉROS (HŐSÖK TERE)

La spectaculaire place des Héros, avec ses hémicycles à colonnade et son **monument du Millénaire**, une colonne élancée coiffée d'une statue de l'archange, symbole du sentiment national magyar. Érigée en 1896 pour commémorer le millénaire de la

fondation de la nation par les Magyars, elle se déploie autour d'un simple monolithe de pierre recouvrant le tombeau du Soldat inconnu, qui sert d'autel à la mémoire des héros de la patrie. La solennité de la place est renforcée par l'élégance des édifices néoclassiques qui abritent le musée des Beaux-Arts et le **palais des Expositions** (1895).

LE MUSÉE DES BEAUX-ARTS (SZÉPMŰVÉSZETI MÚZEUM)

Installé dans un édifice qui rappelle un temple grec, le musée possède une des plus prestigieuses collections d'art figuratif européen, avec des œuvres allant de l'Antiquité gréco-romaine au XXe siècle. On peut y admirer entre autres, au premier étage, des œuvres de Giorgione (*Portrait d'un jeune homme*), Titien (*Portrait de Marcantonio Trevisan* et *Portrait de Pietro Bembo*), Léonard (bronze du *Cavalier*), ainsi que la magnifique *Madone Esterhazy*, de Raphaël. On note aussi une importante collection de peintres flamands, hollandais et espagnols, avec des toiles de Memling (*Triptyque de la Crucifixion*), Rembrandt (*Rêve de Joseph*, *Le Bœuf écorché*), du Greco (*Arrestation du Christ, Annonciation*) et de Goya (*Portrait de femme*). Parmi les artistes français, on distingue des œuvres de Rodin, Gauguin, Manet et Cézanne (*Dózsa György út 41, www.szepmuveszeti.hu; horaires : tous les jours sauf le lundi, de 10 h-17 h 30*).

ANDRÁSSY ÚT

Il est indispensable d'aller faire un tour sur l'avenue Andrássy. Ce boulevard grandiose (classé par l'Unesco), long de 2,5 km, va de la place des Héros, au centre de Pest, au **parc urbain de Városliget**, destination privilégiée de rendez-vous et de flânerie, avec son petit lac, son zoo et un établissement thermal dans le plus pur style Belle Époque. Parmi les bâtiments néo-Renaissance qui ont présidé à leur construction, on distingue au n° 22 l'**Opéra national hongrois** (Magyar Állami Operaház). Sa façade et son portique sont décorés de statues et il présente une salle luxueuse et raffinée, à plusieurs étages de loges *(visites guidées en anglais à 15 h et 16 h, www.operavisit.hu)*. On peut admirer le bâtiment dans toute sa splendeur depuis la terrasse du **Café M úvézs** (*Andrássy út 29*). Ouvert à la fin du XIXe siècle, son magnifique salon de thé est décoré de miroirs anciens, de tableaux et de statuettes. C'est le lieu idéal pour savourer de délicieuses tartes au fromage blanc, aux poires, à la crème et aux noix, ou un savoureux strudel, les oreilles bercées par un fond de musique classique. Un peu plus loin, ne manquez pas la **pâtisserie Lukács** *(Andrássy út 70, www.lukacscukraszda.com)*, fondée en 1912, qui est l'une des plus connues et des plus appréciées de la ville : elle propose chaque soir un récital de piano classique.

192 - LA VASTE PLACE DES HÉROS.

192-193 - LE PALAIS DU PARLEMENT.

Bains et établissements thermaux

« Prendre les eaux » est un des passe-temps les plus agréables que l'on peut s'accorder à Budapest. Les 123 sources thermales de la ville produisent chaque jour quelque 30 000 m^3 d'eau minérale, de chaude à bouillante. Les établissements les plus élégants sont les ***Bains Gellért****, au bord du Danube, bâtiment de style Liberty qui a conservé intacte sa splendeur d'origine. Il est équipé de huit bassins thermaux variant de 26 à 38 °C, d'un bain à demi couvert et d'une piscine couverte aux dimensions d'une cathédrale* (XI. Kelenhegyi út 4-6, www.gellertbath.com, avec des bains séparés pour les hommes et pour les femmes). *Le complexe thermal Széchenyi, de style néobaroque, est de taille gigantesque (12 bains thermaux et 5 piscines). Situé à l'extrémité nord du parc municipal, il est décoré de statues et de mosaïques de verre réalisées par les artistes hongrois les plus connus* (Állatkerti krt. 11, www.szechenyibath.com, ouvert aux hommes et aux femmes). *Une atmosphère d'Orient flotte dans les* ***Bains Király****, authentiques bains turcs créés en 1570, avec une piscine octogonale surmontée d'une coupole ajourée* (Fő utca 84, www.spasbudapest.com ; hommes et femmes en alternance, sauf le dimanche). *On retrouve le même style aux* ***Bains Rudas****, construits en 1566 sous l'occupation ottomane* (tér Döbrentei 9, www.rudasbath.com : accès libre aux enfants des deux sexes le vendredi soir, le samedi soir et le dimanche soir ; nocturne le vendredi et le samedi, de 22 h à 4 h du matin). *Les* ***Bains Lukács*** *sont célèbres depuis le Moyen Âge pour leurs vertus curatives, comme l'attestent les ex-voto en marbre fixés sur les murs extérieurs. Reconstruits au siècle dernier, les nouveaux bains garantissent détente et remise en forme dans les piscines découvertes, dans un bassin doté de sept systèmes différents d'hydromassage, dans un lac naturel d'eau froide ou en fangothérapie* (Frankel Leo út 25, www.spasbudapest.co ; ouvert aux hommes et aux femmes).

MUSÉE LUDWIG D'ART CONTEMPORAIN

Dans ce musée des avant-gardes artistiques, on peut admirer la collection privée de Peter et Irene Ludwig qui comprend des œuvres d'artistes contemporains hongrois, tchèques, slovaques, polonais, américains et français, sans oublier des Picasso et des Warhol (*Komor Marcell utca 1, www.ludwigmuseum.hu ; horaires : 10 h-20 h, tous les jours sauf le lundi*).

Où dormir

€€€€ Continental Hotel Zara (design). Nouvel hôtel thermal, dans le quartier juif de la capitale, qui intègre – perle architecturale rare – le bâtiment Liberty des anciens thermes Hungaria (parmi les plus beaux du XXᵉ siècle) (*Dohány utca 42, tél. 18 151 000, www.continentalhotelzara.com*).

€€€€ Buda Castle Hotel (élégant). Établissement tendance récemment inauguré sur la colline du Château. Aménagés dans un édifice du XVᵉ siècle, les intérieurs sont dans des tons sobres marron et beige. Les chambres donnent sur une rue tranquille et pavée ou sur une délicieuse cour intérieure (*Úri utca 39, tél. 12 247 900 www.budacastlehotelbudapest.com*).

€€€ Art'otel Budapest (central). Très bien situé à proximité du pont des Chaînes, face au Parlement, l'hôtel dispose de vastes suites et d'une salle de gymnastique. Il expose les tableaux du peintre Donald Sultan. Il (*Rakpart Bem 16-19, tél. 1 4 879 487, www.artotels.com/budapest-hotel-hu-h-1011/hunbuart*).

Où manger

€€€ Gundel (historique). Dans un édifice du début du XXᵉ siècle du *varósliget* (parc urbain) de Pest, cet établissement a accueilli des hôtes illustres, de la reine Élisabeth à Jean-Paul II. La carte de cuisine hongroise est accompagnée de grands vins locaux dont l'eger et le tokay, vinifié par la maison. Les desserts incluent la *palacsinta* hongroise (crêpe flambée et fourrée servie avec une sauce au chocolat) (*Állatkerti út 2, tél. 14 684 040, www.gundel.hu*).

€€ Restaurant Lounge Spooncafe (panoramique). Restaurant-salon flottant fréquenté aussi par les habitants de Budapest. On jouit d'un panorama qui va du pont des Chaînes au Palais royal. Ambiance élégante, cuisine hongroise et internationale (*Vigadó tér 3, face à l'hôtel Intercontinental, tél. 141 10933, www.spooncafe.hu*).

€€ Kispipa Vendéglő (traditionnel). Une charmante auberge qui propose une carte de tradition judéo-hongroise, accompagnée... au piano (*VII Akácfa út 38, tél. 13422587, www.kispipa.hu*).

Sorties et divertissements

Jam Pub. Au cœur de Buda, une boîte de nuit qui unit culture et gastronomie. Chaque soir, à partir de 21 h, concerts live de jazz, blues, rock, pop, reggae, funky ou soul ; une fois par mois, concerts de musique classique et performances théâtrales (*Lovoház utca 2-6, tél. 13458301, www.jampub.hu*).

Oscar American Bar. Une boîte de nuit inspirée par le cinéma avec écran, affiches de vieux films accrochées aux murs et sièges en peau sombre de metteur en scène. Excellents cocktails et musique tous les soirs (*Ostrom utca 14, tél. 12128017 www.oscarbar.hu*).

Dokk Club. Fréquenté par la jet-set hongroise qui aime siroter des cocktails raffinés et danser au rythme de musiques déchaînées. Cette discothèque possède même une plage privée sur le Danube (*Hajogyári Sziget 122, tél. 13 05352747, www.dokkdisco.hu*).

Pour d'autres informations : Office du tourisme hongrois www.budapest.com et www.budapest.info.hu

194 - Le complexe thermal Széchenyi, situé dans le parc municipal.

195 en haut - Un étal sur un marché présentant des produits typiques.

195 en bas - Le Grand Marché, le plus important marché couvert de Budapest.

Shopping

Parmi les productions vendues sous la marque Hungarica, on retiendra celles en porcelaine. Il suffira d'évoquer la manufacture ***Herend*** (Kossuth St. 140, www.herend.com), *avec ses objets décorés de motifs de fleurs dorées si appréciées des maisons royales d'Angleterre et d'Autriche.* ***Zsolnay*** (Váci utca 19-21, www.zsolnay.com) *est une autre manufacture prestigieuse, fondée en 1853, aux productions Art nouveau et contemporaines. Pour une mode plus actuelle, signée de stylistes hongrois de réputation internationale, la meilleure adresse est celle de* ***Katti Zoób*** (Szent István Körüt 17, www.kattizoob.hu) *dont les magnifiques vêtements pour femmes sont réalisés avec des tissus de fabrication italienne.*

On appréciera également les vins hongrois, que ce soit le sang de taureau velouté de la région d'Eger, les crus robustes de celle de Villány-Siklós, les vins du lac Balaton, le célèbre tokaji aszú ou bien encore le szamorodni, merveilleux vin pour déguster un dessert. On peut en acheter dans les ***Caves royales*** *du quartier du Château* (Szent György tér, www.kiralioborok.com), *qui propose aussi des expositions et des dégustations. Les amateurs d'antiquités de toutes époques iront chiner avec bonheur au* ***marché aux puces Ecseri****, dans le district XIX* (Nagykörösi út 156 ; horaires : 8 h-16 h le lundi, 8 h-15 h le samedi, 8 h-13 h le dimanche). *On peut y faire des affaires et l'on y trouve aussi des témoignages de la période communiste (décorations, médailles, poupées russes, etc.).*

Vienne - *Autriche*

Vienne, une des villes les plus agréables à vivre, possède 850 parcs et espaces verts et 1 100 km de pistes cyclables, qui couvrent plus de la moitié de la superficie de la commune. Plus d'un tiers de la population de 2 millions d'habitants utilise les transports en commun pour se déplacer – record d'Europe au niveau des capitales. On peut découvrir les principaux monuments grâce au tram, le « Vienne-Ring », équipé d'oreillettes multilingues et d'écrans, qui parcourt la Ringstrasse en passant devant les sites les plus importants, dont il raconte l'histoire.

Au palmarès des monuments les plus visités, la place d'honneur revient au **château de Schönbrunn**, avec une moyenne de 5 millions de touristes par an. Derrière lui, la **Hofburg**, le palais impérial, 1,5 million de visiteurs, et le **quartier des musées** (presque 1 million de billets vendus). Si l'on cherche le moteur de la Vienne créative, symbole des nouvelles tendances dans le stylisme et la mode, on le trouvera dans le **7e district** (*voir l'encadré Shopping*). Si l'on visite pour la première fois le centre de la capitale autrichienne, on ne saurait manquer la **cathédrale Saint-Étienne** (Stephansdom)– la plus grande église gothique d'Autriche – et le **Graben**, un vaste espace piétonnier qui représente depuis cinq siècles le cœur commercial de Vienne, avec ses fontaines du XIXe siècle et la célèbre **Pestsäule** (colonne de la Peste), érigée au XVIIe siècle pour célébrer la fin de l'épidémie. La place est bordée par le **palais Bartolotti-Partenfeld**, de style baroque, par l'**église Saint-Pierre** et son portail du XVIIIe siècle, où l'on donne régulièrement des concerts d'orgue *(horaires : 7h-20h du lundi au vendredi, 9h-21h le samedi et le dimanche)*, mais aussi par des bâtiments

196-197 - Les jardins du château de Schönbrunn.

197 en bas - Le monument dédié à l'empereur François-Joseph dans la cour de la Hofburg.

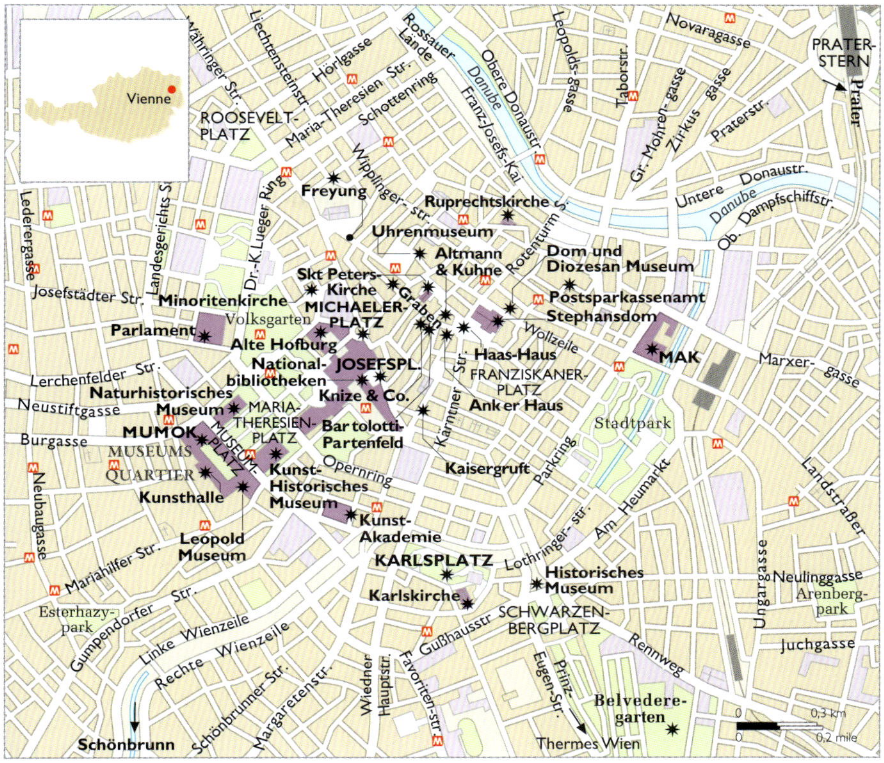

représentatifs de la Sécession viennoise, courant artistique qui a enrichi la ville de nombreux chefs-d'œuvre entre la fin du XIXe et le début du XXe siècle. On admirera la façade de l'**Ankerhaus** (1893-1895), résidence imaginée par Otto Wagner, la **confiserie Altmann & Kühne** (vers 1930), de Josef Hoffmann, et la **maison de couture Knize & Co.**, aménagée en 1910-1913 par Adolf Loos.

Comment se déplacer en ville :
Les transports publics – tram, métro et autobus – sont les plus commodes. La Vienna Card en vente dans les points d'information touristique permet de circuler librement pendant 72 heures (www.wien.info/travel-info/vienna-card).

À voir

LE CHÂTEAU DE SCHÖNBRUNN

Le plus célèbre des palais impériaux autrichiens est inscrit sur la liste du patrimoine de l'humanité de l'Unesco. Cet immense ensemble d'appartements officiels et privés fut habité par les empereurs de Marie-Thérèse à François-Joseph. Commencé à la fin du XVIIe siècle, il fut achevé du temps de Marie-Thérèse en 1750. Ce château de style rococo fut la résidence d'été des Habsbourg. L'ensemble mérite au moins une demi-journée de visite. En été, de préférence, afin de profiter des 120 ha du parc *(Schönbrunner Schlossstrasse 47, www.schoenbrunn.at; horaires variables).*

LA HOFBURG (PALAIS IMPÉRIAL)

La résidence des Habsbourg – dynastie qui régna de 1278 à 1918 – fut fondée au XIIIe siècle. Elle se compose de plusieurs édifices et il faudra compter une demi-journée pour la visite. On commencera par les **appartements impériaux**, résidence hivernale (entre autres) de François-Joseph, l'avant-dernier empereur, et de son épouse Élisabeth (la célèbre Sissi), riches de mobiliers et de décors de la seconde moitié du XIXe siècle, puis on poursuivra par le **musée Sissi**, qui expose plus de 300 objets, des ombrelles aux éventails en passant par les gants et les habits de soie ayant appartenu à l'impératrice préférée des Autrichiens. On admirera enfin la **Collection d'argenterie**, et ses 7 000 couverts, plats et objets de table divers, l'ensemble comporte plus de 150 000 pièces. *(Hofburg - Michaelerkuppel, www.hofburg-wien.at; horaires : 9 h-17 h 30 de septembre à juin, 9 h-18 h en juillet et août.)*
Pour éviter l'attente au guichet, on aura tout intérêt à prendre ses billets par Internet : www.tickets/imperial-austria.at.

LE BELVÉDÈRE

Il s'agit d'une des résidences princières les plus élégantes d'Europe. Édifié durant la première moitié du XVIIIe siècle comme résidence estivale du prince Eugène de Savoie, le Belvedère se compose de plusieurs bâtiments : le **Belvédère supérieur** expose une collection d'œuvres d'art autrichiennes du Moyen Âge à nos jours, dont la plus grande collection mondiale d'œuvres de Klimt. Le **Belvédère inférieur** abrite les appartements et les salons de réception du prince Eugène. Des expositions temporaires sont organisées dans l'**Orangerie**. Les anciennes **écuries**, autrefois royales, accueillent une collection d'œuvres médiévales. La visite se termine par les jardins du XVIIIe siècle avec statues, fontaines et terrasses organisées en perspectives (*Prinz-Eugen-Strasse 27, www.belvedere.at; horaires variables*).

LE QUARTIER DES MUSÉES

Le *Museum Viertel* – 60 000 m² – est une des plus fortes concentrations artistiques du monde. Il comprend le **musée Leopold** *(www.leopoldmuseum.org)* où sont présentés les peintres autrichiens des XIXe et XXe siècles, Klimt et Schiele, la **Kunsthalle** *(www.kunsthallewien.at)*, un centre expérimental dédié à l'art contemporain, et le **MuMoK** est le plus important musée d'art moderne et contemporain d'Autriche *(www.mumok.at)*. Le quartier possède diverses scènes qui accueillent des spectacles chorégraphiques, des ateliers et des centres pour les enfants (*www.mqw.at; horaires variables*).

LA CATHÉDRALE SAINT-ÉTIENNE (STEPHANSDOM)

Ce majestueux exemple d'architecture gothique a été réalisé en plusieurs phases sur les bases d'une église romane préexistante. Le monument a été partiellement détruit en 1945. Reconstruit à l'identique dans ses parties les plus endommagées, il est caractérisé par le Steffi (petit Étienne), la puissante tour sud de 136,70 m de hauteur (1359-1433), hérissée de flèches et de pinacles, et par la chaire gothique, œuvre de Franz Anton Pilgram. On verra également le cénotaphe en marbre rouge de l'empereur Frédéric III (1452-1493), l'autel gothique et le **musée de la Cathédrale et du Diocèse** qui conserve d'importantes œuvres d'art. Éviter les heures de messe pour effectuer la visite ou suivre une visite guidée (*Stephansplatz 1, www.stephanskirche.at; horaires : 6h-22h du lundi au samedi, 7h-22h le dimanche*).

LE PALAIS DE LA SÉCESSION

Construit en 1898 par Joseph Maria Olbrich, élève d'Otto Wagner, il est consacré aux artistes de la Sécession viennoise. On a restauré en 1985-1986 la coupole dorée à la feuille et on a inauguré une nouvelle salle pour accueillir la *Frise Beethoven* de Klimt (*Friedrichstrasse 12, www.secession.at; horaires : 10h-18h, fermeture le lundi*).

LE PRATER

Dans ce célèbre parc de loisirs, vous pourrez, de la grande roue panoramique (*Riesenrad*) de 65 m de diamètre, installée en 1897, avoir une vue magnifique sur la ville. Le Prater accueille de nombreuses attractions, des restaurants et des gargotes, le Praterdome, la plus grande discothèque d'Autriche *(www.praterdome.at)* et le musée du Prater où est reconstituée, par des

198 - Le château du Belvédère.

affiches, des photographies et des enseignes, l'histoire de l'ancien parc d'attractions (Wurstelprater) détruit en 1945 *(Oswald Thomas Platz 1, www.wienmuseum.at; horaires variables). (Les horaires sont variables pour le Prater, mais la « saison » officielle court du 15 mars au 31 octobre, de 10 h à 1 h.)*

LES THERMES DE VIENNE

Ils constituent le plus grand ensemble thermal d'Autriche. Sur 75 000 m², on trouve 26 piscines, 24 saunas, un trampoline, un parcours avec des courants, une piscine d'eau salée avec musique subaquatique, une zone de fitness (6 000 m²), un bistrot, un bar et des restaurants *(Kurbadstrasse 14, www.thermewien.at; horaires : 9 h-22 h du lundi au samedi, 8 h-22 h le dimanche).*

LA HAAS-HAUS

Œuvre de l'architecte Hans Hollein, cette provocation postmoderne de verre et d'acier se dresse sur la Stephansplatz, à l'ombre de la cathédrale, dans un lieu historique protégé par l'Unesco. On y trouve un hôtel, un restaurant, un café et des boutiques de mode.

LE WIENERWALD

La forêt viennoise s'étend sur 105 000 ha et sur 6 districts urbains et 51 communes de Basse-Autriche. Elle a été inscrite réserve de la biosphère par l'Unesco en 2005. On peut se contenter de découvrir les collines qui entourent la capitale, mais on peut aussi aller à la découverte de ses nombreuses abbayes et de ses monastères sans prendre de voiture. Afin de protéger la zone des émissions de gaz carbonique, un excellent système de transports publics a été mis en service *(Direction de la réserve de la biosphère du Wienerwald, www.bpww.at et www.wienerwald.info).*

LES CAFÉS

Les Viennois vouent un véritable culte à leurs cafés : on s'y rend pour bavarder, lire le journal, déguster une pâtisserie ou bien y retrouver l'atmosphère des temps révolus. On respire l'esprit aristocratique de la ville au **Café Schwarzenberg**, un élégant *Kaffeehaus* du Kärnter Ring *(www.cafe-schwarzenberg.at/en)*, avec ses petites tables en marbre et ses plafonds de style Liberty. Chez **Demel**

Les grands événements

La capitale viennoise accueille un programme très dense d'événements tout au long de l'année. En décembre, les marchés de Noël, comme le ***Christkindlmarkt*** *sur la place de l'hôtel de ville : 150 kiosques de friandises et de décorations pour les sapins* (www.christkindlmarkt.at). *Le* ***Concert du Nouvel An*** *se passe de présentation : créé en 1939, il associe Strauss et le Wiener Philharmoniker au cours d'un concert retransmis par les télévisions et les radios de la moitié du monde chaque année. On peut tenter de se procurer des billets sur le site officiel* (www.wienerphilharmoniker.at). *En octobre a lieu la Vienna Design Week : dix jours consacrés au stylisme, au mobilier et aux objets de décoration. La ville s'y implique avec un point fort dans un quartier différent chaque année; expositions, présentations et ventes spéciales dans les boutiques* (www.viennadesignweek.at).

199 - La place Saint-Étienne, avec, à gauche, la Haas-Haus et, à droite, la cathédrale.

(www.demel.at), l'ancienne pâtisserie de la Cour, sur le Kohlmarkt, on se laissera tenter par des langues de chat ou par les tartes. On fera une halte chez **Lehmann**, pâtisserie du Graben *(tél. 1 5121815)*, et au **Café Wunderer** *(Hadikgasse 62)* qui conserve encore la décoration intérieure originale de Josef Hoffmann. De son côté, le **Café Central** *(à l'angle Herrengasse/Strauchgasse, www.palaisevents.at)*, fondé en 1860 et devenu le rendez-vous des artistes, a retrouvé le rôle qu'il jouait dans la vie intellectuelle viennoise depuis qu'il a rouvert ses portes dans les années 80.

Où dormir

€€€€€ Sofitel Vienna Stephansdom (nouveauté). Un bâtiment XXIe siècle, conçu par Jean Nouvel et inauguré en décembre 2010. Il offre des plafonds éclairés par des vidéoprojections, un mur végétal de 2 000 espèces différentes (concepteur : Patrick Blanc), un centre de fitness avec spa et gymnase, et un restaurant au 18e étage dirigé par le chef Antoine Westermann (3 étoiles au Michelin) *(Praterstrasse 1, tél. 1906160, www.sofitel.com)*.

€€€€ Rathaus Wine & Design (vin et design). Tout tourne autour du vin dans cet hôtel-boutique où chaque chambre est dédiée à un viticulteur. On sert du fromage et du vin au petit-déjeuner et – bien sûr – les dégustations y sont fréquentes *(Lange Gasse 13, tél. 14001122, www.hotel-rathaus-wien.at)*.

€€€ Stadthalle (écologique). 38 des 81 chambres de cet établissement se trouvent dans la « maison climat » : c'est le premier hôtel viennois à émissions zéro, avec une installation photovoltaïque et éolienne pour l'énergie et l'eau chaude, et le recueil des eaux de pluie pour le jardin *(Hackengasse 20, tél. 19824272, www.hotestadthalle.at)*.

Où manger

€€€ Steirereck (top). Un classique viennois, non tant pour les recettes – inspirées par la tradition, mais avec de nombreuses touches créatives – que pour la grande élégance du lieu. La cuisine est couverte de récompenses :

Shopping

Le ***7e district****, le quartier le plus créatif de Vienne, a mis au point un* shopping tour *de 36 boutiques* (www.7tm.at). *En 2009 s'est ouvert, au 24, Kärntnerstrasse, une grande boutique* ***Swarovsky*** (www.vienna.swarovski.com) *: 1 200 m² d'exposition derrière une façade éblouissante à effets d'optique, où le meilleur de la firme du Tyrol est présenté dans des installations signées par des grands noms de l'art et du stylisme contemporains. Pour les gourmets, le rendez-vous obligé est la* ***pâtisserie Sacher****, dans l'hôtel du même nom. On y a mis au point la* Sachertorte, *préparée immuablement depuis 1832 avec les mêmes ingrédients : chocolat et confiture d'abricots* (Philharmonikerstrasse 4, www.sacher.com). *On peut aussi essayer le spa de l'hôtel, où le must absolu est un ensemble de traitements à base de chocolat (masques et massages). Un autre grand classique est la boutique* ***Lobmeyr*** (www.lobmeyr.at) *qui propose, sur la Kärntnerstrasse, le meilleur du design, des services de verres signés Adolf Loos aux nouveautés de jeunes créateurs. On ne manquera pas non plus le* ***Naschmarkt****, grand marché que les autochtones appellent « le ventre de Vienne » : 120 éventaires de fruits et de légumes, mais aussi de caviar d'Iran et de sushis japonais, avec de délicieuses gargotes. Le marché aux puces voisin a lieu tous les samedis et est réputé pour ses occasions de qualité à bons prix* (Wienzeile 6 ; horaires : 6 h-19 h 30 du lundi au vendredi, 6 h-17 h le samedi, stands gastronomiques du lundi au samedi, de 6 h à 23 h).

200-201 - Vue du Danube et de la ville.

201 en bas - L'ancienne pâtisserie de la Cour sur le Kohlmarkt.

Les croisières sur le Danube

De nouvelles croisières en catamaran de la Twin City Liner partent de l'embarcadère Wien City, sur le canal du Danube et relient la ville à Bratislava, une soixantaine de kilomètres plus loin (www.twincityliner.com). *Pour les parcours en ville, on emprunte les bateaux de la DDSG aux embarcadères Reichsbrücke et Schwedenplatz* (www.ddsg-blue-danube.at).

19 points dans le Gault & Millau, 2 étoiles au Michelin (*Heumarkt 2a, tél. 1713 3168, www.steirereck.at*).

€€ Hansen (curiosité).
Une adresse culte installée à la Bourse : les plats légers, les prix un peu moins. Mais la cuisine et la salle valent le détour (*Wipplingerstrasse 34, tél. 1532 0542, www.hansen.co.at*).

€€ Schon Schön (créatif). Un peu restaurant, un peu bar à cocktails, un peu boutique et coiffeur. Le tout dans un espace hypercréatif où l'on mange léger (un peu plus consistant le soir) et d'où on peut aussi ressortir coiffé et habillé de pied en cap (*Lindengasse 53, tél. 1537 7701-2*).

Sorties et divertissements

Q (Kju). Une des boîtes de nuit à la mode sous le Stadtbahn, les arcades de l'ancienne voie ferrée, en style Art nouveau, qui sont aujourd'hui au cœur des soirées viennoises (*Stadtbahnbögen 142-144*).

Le canal du Danube. En été, la mode consiste à aller s'asseoir à la terrasse des boîtes qui bordent le canal du Danube, du **Badeschiff**, un bateau-piscine avec restaurant et club disco (*entre Schwedenplatz et Urania*), au **Sand in the City**, avec beach lounge pour les cocktails et les apéritifs, sur fond musical (*Lothringerstrasse 22, www.sandinthecity.at*).
Le **Flex** est également très couru : les basses de la sono y sont tonitruantes, ce qui n'est pas étranger au défilé des stars de la techno et du drum'n'bass. En été, des petites tables au bord de l'eau permettent d'être plus au calme (*Augartenbrücke 1, www.flex.at*).

Pour d'autres informations :
Office national autrichien du tourisme, www.austria.info/fr
Voir aussi www.wien.info et www.austriatourism.com

Baroque sur le Danube - *Autriche*

Quand, au milieu de la matinée, le brouillard se lève, le Danube au cours lent et majestueux traversant un paysage de vignes centenaires, de ponts du début du XXe siècle et d'abbayes anciennes, révèle toute sa beauté paisible. Nous sommes en Basse-Autriche, où des générations de paysans ont cultivé la vigne depuis l'époque romaine en disputant aux pierres des terrasses abruptes. C'est une terre de vins de grande qualité, dont le riesling et le grüner veltliner. Mais la Basse-Autriche est aussi l'écrin romantique protégeant de grandioses trésors architecturaux : les **abbayes** de **Klosterneuburg, Melk, Göttweig, Sankt Florian** et **Krems**, authentiques bastions de la foi catholique construits par les Habsbourg pour défendre la vallée. Les bibliothèques de ces abbayes – qui n'ont rien à envier au faste des palais princiers – abritent l'histoire de la culture, accumulée et transmise au fil des siècles.

Comment se déplacer : *L'itinéraire automobile (environ 300 km) part de* ***Klosterneuburg****, à 13 km au nord de Vienne, pour se diriger vers la légendaire* ***Wachau****, connue aussi sous le nom de forêt viennoise. C'est la partie la plus suggestive du Danube qui, au-delà de* ***Krems****, court entre les terrasses en pente douce : outre les vins renommés, on y cultive la Wachauer Marille, délicieuse variété d'abricot reconnue par l'Union européenne comme spécialité régionale. L'****abbaye de Göttweig*** *se trouve à 10,5 km au sud. On conseille de quitter la voiture pour s'accorder un parcours sur la piste cyclable, qui permet d'atteindre facilement de nombreuses destinations sur les rives du fleuve comme* ***Dürnstein****, encore entourée de ses murailles, et* ***Melk****, siège d'une magnifique abbaye. Des* ***vélos électriques*** *sont mis à la disposition des touristes et des visiteurs de Wachau à des endroits précis (www.wachau.at). L'autre solution est le* ***bateau****, plusieurs compagnies organisant des croisières de Krems à Melk. L'étape suivante vous mènera à* ***Steyr****, ville enchanteresse, d'où l'on pourra gagner en peu de temps les* ***abbayes de Krems*** *et* ***Sankt Florian*** *– aux portes de Linz. Les distances et les routes à suivre entre les différentes étapes sont les suivantes :*

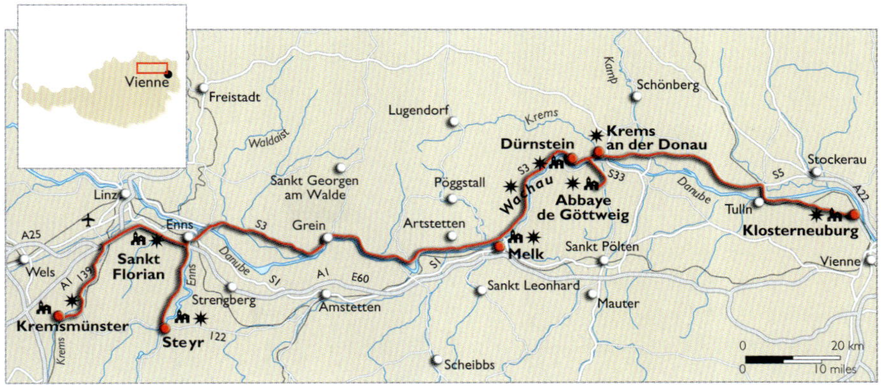

de Klosterneuburg à Krems, 80 km, B 14/A 22/S 5/B 3; de Krems à l'abbaye de Göttweig, 10 km, S 33; de Krems à Dürnstein, 7,5 km, B 35/B 3; de Dürnstein à Melk, 30 km, B 3/B 3A; de Melk à Steyr, 84 km, B 3A/A 1/E 60/ B 42/B 122; de Steyr à Kremsmünster, 28 km, B 122; de Kremsmünster à Markt St. Florian, 30 km, B 139.

202-203 - Le centre historique de Krems.

203 en bas - Une péniche habitée près de Steyr.

KLOSTERNEUBURG

Le « Nouveau-château-du-monastère » situé sur la rive droite du Danube, sur les coteaux du vignoble du Weinviertel, unit la foi à la production du vin, déjà présente au XIIe siècle. Fondé par les moines augustins en 1106, le monastère a gardé le plan roman des origines, modifié lors de remaniements ultérieurs, à l'image des deux clochers qui encadrent la façade de l'**église abbatiale**, élevés à la fin du XIXe siècle, et des interventions baroques de l'architecte Giovanni Battista Carlone. L'église abrite de rares trésors d'époque médiévale : un candélabre roman en bronze doré, des **vitraux du XIVe siècle** et le **retable de Nicolas de Verdun**, œuvre magistrale de style mosellan, composée de 51 plaques émaillées, représentant des scènes de l'Ancien et du Nouveau Testament.
On verra aussi le cloître gothique avec la chapelle de Léopold. On dit que l'empereur Charles VI de Habsbourg – le père de Marie-Thérèse – aurait voulu que les bâtiments abbatiaux soient aussi magnifiques que ceux de l'Escurial de Madrid. Les caves somptueuses du XIIIe siècle (où l'on peut acheter du vin) gardent les secrets de la viticulture pratiquée par les moines depuis neuf siècles, dans une des plus anciennes et plus importantes exploitations viticoles d'Autriche (*Stiftplatz 1; horaires : 10 h-17 h*).

KREMS AN DER DONAU

Cette ville du district de Wachau, à l'abri de son enceinte fortifiée, est charmante. Elle revendique le titre de capitale viticole de Basse-Autriche. Les vignes, élevées sur les terrasses au bord du fleuve, permettent d'obtenir un vin à l'arôme épicé très particulier (*voir l'encadré*). Goûtez un verre de vin blanc de grüner veltliner dans une des tavernes locales *(Heurigen)*, en l'accompagnant de cochonnailles maison ou d'un peu de *frischer Landkäse*, délicieux fromage frais de la région.
Après vous être régalé, pénétrez dans le centre historique en passant par le **Steinertor**, singulière porte de la ville haute surmontée d'un clocher baroque. Vous trouverez les boutiques les plus chic le long de l'**Obere Landstrasse**, spectaculaire succession de bâtiments gothiques, Renaissance et baroques décorés de stucs et de graffitis, dont le **Rathaus** (hôtel de ville) du XVIIIe siècle, avec son élégante galerie Renaissance, et un peu plus loin à droite (*Täglicher Markt, 2*) la **Göglhaus**, maison de la fin du XIVe siècle, avec sa façade couverte de fresques et de blasons. L'**église paroissiale St. Veit** se présente aujourd'hui sous sa décoration baroque, avec ses marbres roses, ses plafonds peints à fresque et ses stalles en bois sculpté et doré. On s'arrêtera aussi à la **Piaristenkirche**, fondée au XVIe siècle, et au **Weinstadt Museum** (musée de la Ville du vin) qui expose une intéressante section consacrée au culte de Bacchus : fûts de chêne et autres outils de vigneron *(Körnemarkt 14; horaires : 10 h-18 h du mardi au samedi, 13 h-18 h le dimanche)*.

L'ABBAYE DE GÖTTWEIG

Sur l'autre rive du Danube, à 10 km au sud de Krems, l'**abbaye de Göttweig** trône majestueusement sur sa colline. Elle est surnommée le « mont Cassin de l'Autriche » : après sa fondation vers l'an 1000 par des augustins, elle fut tenue par des bénédictins qui durent d'abord la fortifier pour la défendre des assauts des Turcs, avant de l'agrandir et de l'embellir selon les volontés de l'Église de Rome qui s'opposait au rigorisme de la Réforme. Göttweig atteignit son apogée au XVIIIe siècle lorsque, sous la direction de l'abbé Gottfried Bessel, elle fut sur le point de devenir une sorte de Jérusalem céleste avec les projets de l'architecte Johann Lukas von Hildebrandt. Le programme ne fut pas totalement réalisé, faute d'argent, mais a tout de même imprimé une somptuosité quasi byzantine à l'église abbatiale, au grand **escalier impérial à double rampe** peint à fresque par Paul Troger et aux **salles impériales** du palais des abbés, meublées de tapisseries des Gobelins, de grands poêles de parade et d'armoires hollandaises. La collection de **bibles** est impressionnante *(www.stiftgoettweig.at ; horaires variables)*.

DÜRNSTEIN

Ce village situé sur la rive gauche du Danube est la perle de la Wachau et un musée enchanteur. Sur l'**Hauptstrasse**, la rue principale du pays, parmi des maisons anciennes aux volets typiques, le **Rathaus** du XVIe siècle et, au n° 4, la **taverne Künringer** à la belle entrée Renaissance. On accède ensuite, par un portail chargé de statues et de pinacles, à l'**ancienne abbaye augustine Mariä Himmelfahrt** (de l'Ascension), de style baroque, remaniée en 1721-1725, dont l'église est dominée par une flèche bleue originale. Il faudra également monter – au prix de quelque effort – jusqu'aux ruines de la **forteresse Künringer** qui surplombe le village : on raconte que, lors de la troisième croisade, le duc d'Autriche Léopold VI s'étant querellé avec Richard Cœur de Lion y aurait retenu le roi anglais prisonnier pendant quelques mois. Pour acheter du vin, on conseillera le **Domäne Wachau**, vaste et moderne coopérative vinicole *(Dürnstein 107, tél. 027 11371, www.domaene-wachau.at)*. La **boulangerie Schmidt** *(Dürnstein 21, tél. 02711224)* est célèbre dans toute la Wachau pour avoir inventé la recette d'un pain particulier dont le nom est indissolublement lié à la vallée : le *Wachauer-Laberl*, petit pain rond de seigle et de froment qui a la réputation d'être le meilleur accompagnement pour bon nombre de spécialités locales.

L'ABBAYE DE MELK

Le nom de l'abbaye a récemment franchi les frontières, grâce au roman d'Umberto Eco, *Le Nom de la rose*, paru en 1980 et dont Jean-Jacques Annaud a tiré un film. L'ouvrage s'est inspiré de la vie d'un novice bénédictin, Adso de Melk, qui, à la fin de sa vie – au XIVe siècle – laissa à la bibliothèque de l'abbaye un mystérieux manuscrit. Pour avoir une vue d'ensemble de cette magnifique abbaye accrochée depuis 1089 à un éperon rocheux haut de 60 m, l'idéal est d'être sur le Danube. La façade peinte en blanc et en jaune Marie-Thérèse (en l'honneur de l'illustre impératrice d'Autriche) est le chef-d'œuvre du baroque autrichien et a été réalisée par Jakob Prandtauer (1701-1726). La même splendeur caractérise les intérieurs dont les sculptures, obélisques, balcons, fontaines et stucs constituent un véritable manuel exhaustif de l'art baroque. On y visite les **appartements impériaux**, aujourd'hui transformés en musée, qui conserve, entre autres, la **Croix de Melk**, chef-d'œuvre de l'orfèvrerie médiévale, la **Salle de marbre**, lieu des cérémonies et des fêtes impériales et, bien sûr, la bibliothèque qui est une des plus somptueuses d'Autriche, riche de 85 000 volumes, de

1200 manuscrits (du IXe au XVe siècle) et d'une collection d'armoires et de secrétaires superbement sculptés et décorés. Fresques et dorures sont à leur apogée dans l'**église abbatiale** quand au couchant elle s'illumine de reflets dorés. En sortant de l'abbaye, il faut prendre le temps de contempler le Danube depuis la **terrasse**, en silence, comme le faisaient peut-être jadis les moines avant de retourner à leurs travaux. Il est vivement conseillé de visiter également les **jardins** de l'abbaye, avec leurs tilleuls centenaires, et la bourgade voisine aux vieilles maisons au toit pointu, son ancienne poste à la pittoresque façade peinte et une **pharmacie** *(Apotheke)* qui a plus de trois siècles (*www.stiftmelk.at; horaires : 9h-17h30 de mai à septembre – dernière entrée à 17h – et 9h-16h30 en mars, avril et octobre – dernière entrée à 16h).*

STEYR

En 1819, les rues pavées de la cité ont vu passer Franz Schubert : il y composa son célèbre quintette *La Truite* et trouva la cité « incroyablement agréable ».

204 EN HAUT - L'ABBAYE DE GÖTTWEIG.

204 EN BAS - LE VILLAGE ENCHANTEUR DE DÜRNSTEIN.

205 - LA GRANDIOSE ABBAYE BÉNÉDICTINE DE MELK ET L'INTÉRIEUR DE L'ÉGLISE ABBATIALE, EMBLÉMATIQUE DU BAROQUE D'EUROPE CENTRALE.

Les vins de la Basse-Autriche

Plus de la moitié de la production vinicole autrichienne est concentrée en Basse-Autriche, qui comprend cinq districts vinicoles régionaux. Le plus grand d'entre eux est le ***Weinviertel****, 400 km de vignobles étirés tout au long d'un paysage de collines où la couleur dorée des champs de maïs alterne avec le vert et le rouge des vignes. Les vins blancs issus de ces vignobles sont plus ou moins perlants comme le* ***grüner veltliner****, le* ***müller-thurgau****, le* ***riesling italien*** *et le* ***sauvignon****.*

Plus célèbre encore pour ses vins, le petit district de ***Wachau*** *déploie des terrasses soutenues par des murets de pierres sèches construits à la main, au bord du Danube, qui produisent un excellent riesling, noble et équilibré, sous la forme de cépages müller-thurgau et riesling italico. Le grüner veltliner, au goût de poivre blanc, long en bouche, est issu de cépages autrichiens autochtones.*

Pour se griser des parfums du vin, des émotions vous attendent au ***Loisium*** *de Langenlois* (Kellerwelt Betrieb GmbH & Co. KG, Loisium-Allee 1, Langenlois, tél. 027 3432240/0, www.loisium.at), *petit bourg situé à quelques kilomètres de Krems. L'architecte californien Steven Hall a imaginé un cube incliné en béton armé qui abrite un* ***centre de culture du vin*** *(avec spa, hôtel et restaurant), où les visiteurs – munis d'audioguides – accomplissent un « parcours mystique » à travers neuf siècles dans les caves Steininger. À 3,5 km de Krems et sur la rive droite du fleuve, au-delà du pont, la cave historique du* ***Nikolaihof,*** *à Mautern, est connue pour ses vieux tonneaux et le plus grand pressoir au monde* (Nikolaigasse 3, Mautern).

Un sentiment que l'on peut toujours partager quand on pénètre dans le centre historique de Steyr, sur la rive gauche de l'Enns près de son confluent avec la Steyr. Aujourd'hui encore, en se promenant sur la **Stadtplatz**, cœur battant de la cité dès le Moyen Âge, on croit entendre résonner les accents du musicien, alternant notes paisibles et bouffées de joie, comme les façades des maisons gothiques, Renaissance et baroques, richement peintes à fresque et embellies de décors sculptés, de stucs et de blasons, qui s'ordonnent autour de la **Leopoldibrunnen**, fontaine édifiée en 1683. Sur la place se dresse aussi la **Marienkirche** (1647), une ancienne église conventuelle dominicaine aux vitraux gothiques et Renaissance, et dont l'intérieur a été remanié en style rococo. Au n° 27 se trouve le **Rathaus**, doté d'une petite tour centrale et d'une façade rococo (XVIIIe siècle) En face, au n° 32, le **Bummerlhaus**, avec son toit pointu du gothique tardif (XIIIe siècle), est l'une des maisons bourgeoises de cette époque les mieux conservées d'Autriche. Elle a été transformée en auberge au XVIIIe siècle. Plusieurs de ces élégantes maisons – comme, au n° 12, le **Sternhaus** du baroque tardif – appartenaient aux riches métallurgistes et sidérurgistes de Steyr. La tradition artisanale et industrielle de la ville est rappelée dans le musée du Travail ou de l'**Arbeitswelt** *(Wehrgrabengasse 7)* et dans les boutiques du centre-ville. Dans la **maison Schmollgruber** *(Grünmarkt 2)* où l'on fabriquait des horloges en fer il y a quatre siècles, une nouvelle horlogerie perpétue la tradition et expose dans le musée en annexe les pièces les plus anciennes réalisées par les horlogers de Steyr. Un passage pentu sous arcades mène à la **Bergstrasse** qui conduit au **Schloss Lamberg**, forteresse du Xe siècle offrant une magnifique vue sur la ville. Sur la rive gauche du fleuve, la façade de la **Michaelerkirche** se reflète dans l'eau, avec ses fresques et son fastueux portail. Les traditions de Noël se célèbrent entre lumières, musique, friandises et échoppes, surtout dans le **sanctuaire du Christkindl** (l'Enfant Jésus), construit dans le faubourg ouest de la ville par l'Italien Carlo Antonio Carlone : dans les pays germanophones, ce sanctuaire est appelé « maison de l'Enfant Jésus ». Chaque année, il reçoit des milliers de lettres adressées par des enfants du monde entier.

L'ABBAYE DE KREMSMÜNSTER

D'austères maisons anciennes et un *Rathaus* gothique tardif marquent ce village situé en hauteur sur la rive gauche de la Krems et connu pour son imposante **abbaye bénédictine** fondée en 777 par le duc Tassilon III de Bavière. L'abbaye est reconnaissable aux bulbes des deux tours qui dessinent la silhouette de l'église, typique de l'architecture baroque due à l'intervention de C.A. Carlone et J. Prandtauer, à la fin du XVIIe siècle. On accède depuis l'entrée à la cour des réserves : à sa gauche se trouve le gracieux édifice de la pêcherie ou vivier (***Fischbehälter***), avec cinq bassins destinés à l'élevage des poissons (on y voit encore des carpes, des sandres et des truites), entouré d'élégantes arcades décorées de trophées de chasse. Le faste des stucs et autres décorations baroques transcende la **salle des Empereurs**, dans la longue **bibliothèque** à plafond surbaissé et dans la **salle du Trésor** où l'on conserve de très précieuses tapisseries et le célèbre **calice de Tassilon** en cuivre doré, chef-d'œuvre de l'orfèvrerie médiévale. Dans la salle des Armes on peut admirer les armures et les armes prises aux Turcs durant la guerre de Trente Ans. Des stucs blancs, des fresques et des tapisseries flamandes décorent l'église abbatiale, remaniée en style baroque à partir de 1709. Dans le jardin se trouve la **Mathematischer Turm** (1748-1758), observatoire astronomique et station météorologique, sorte de gratte-ciel dont les sept étages abritent des collections diverses : minéraux et fossiles, botanique et zoologie, instruments.

L'ABBAYE SANKT FLORIAN

Les notes des orgues grandioses qui résonnent tous les jours (sauf le mardi et le samedi) dans l'église abbatiale rendent hommage à la mémoire du compositeur Anton Bruckner (1824-1896),

longtemps premier organiste de l'abbaye et enterré dans ces lieux. On doit à Carlo Antonio Carlone – le premier et le meilleur de la dynastie d'architectes lombards qui travailla en Autriche aux XVIIe et XVIIIe siècles – le remaniement de style baroque de l'abbaye dont les origines remontent à 1071. Derrière la façade spectaculaire, une cour intérieure est ornée d'une fontaine du XVIe siècle et d'un puits en fer forgé de 1603, sur laquelle donne le corps central du monastère, achevé sur des plans de Jakob Prandtauer. L'intérieur réservera des émotions aux visiteurs avec la gigantesque **bibliothèque** riche de précieux manuscrits, de fresques et d'armoiries sculptées par des maîtres locaux ; le **Marmorsaal** (salle de Marbre, grande salle des fêtes) avec une fresque de Bartolomeo Altomonte ; la galerie des Portraits ; et la salle qui abrite le **retable du martyre de saint Sébastien**, chef-d'œuvre d'Albrecht Altdorfer. Au deuxième étage, un long corridor mène aux seize pièces des **appartements impériaux**, qui regorgent de fresques, de mobiliers, de stucs, de bijoux et de tapisseries de Bruxelles. L'**église abbatiale** est un chef-d'œuvre de stucs blancs, de fresques (les plus précieuses du baroque autrichien), de tableaux et de stalles sculptées. Elle possède deux orgues, dont celui dit de Bruckner, un magnifique orgue monumental à 7343 tuyaux (*Stiftstrasse 1, www.stift-st-florian.at*).

Où dormir

€€€€€ Hotel Schloss Dürnstein. *Le Beau Danube bleu*, œuvre majeure de Johann Strauss fils, acquiert un sens tout particulier dans ce château du XVIIe siècle, meublé avec une élégance princière. Sauna, hammam, piscine couverte et à l'air libre, et repas inoubliables sur la terrasse, avec vue sur le Danube (*tél. 027 112 1230, www.schloss.at*).

€€€€ Hotel Minichmayr (Steyr). Un hôtel imprégné de romantisme, dans le cadre le plus approprié possible : le centre historique de Steyr, au confluent de l'Enns et de la Steyr. Un délice pour les amateurs de tranquillité et de cuisine (*famille Viertler, Haratzmüllerstrasse 1-3, tél. 072 525 3410, www.hotelminichmayr.at*).

€€ Gasthof Goldener Stern (Melk). À quelques pas de l'abbaye, une pension familiale accueillante. On y loue de vastes chambres confortables, teintées d'une touche de romantisme (*Sterngasse 17, tél. 027 525 2214, www.sternmelk.at*).

Où manger

€€€ Mörwald « Kloster Und » (Krems). À l'abri des murs d'un ancien couvent de capucins construit il y a quatre siècles se cache l'un des plus grands chefs autrichiens, Toni Mörwald. Ses créations – à la fois esthétiques et innovantes – vont de la cuisine autrichienne la plus raffinée à la haute cuisine internationale. Un somptueux lounge bar, ouvert dans les caves, invite à étudier de plus près la carte des vins ; de son côté, l'école de cuisine offre l'occasion d'apprendre auprès d'un grand maître (*Unstraße 6, Krems, tél. 027 3270493, www.moerwald.at*).

€€ Wirtshaus Knapp am Eck (Steyr). Une authentique taverne, à quelques pas de Steyr, avec un délicieux jardin de roses. La carte propose des produits locaux de saison, comme le porc accompagné de polenta et l'agnelet fourré aux aromates (*Wehrgrabengasse 15, tél. 07252/76269*).

€€ Restaurant-Hotel zur Post (Melk). Dans le centre de Melk, une cuisine régionale avec des produits de saison (*Linzerstraße 1, tél. 027 525 2345*).

Pour d'autres informations : Donau Niederösterreich Turismus, Schlossgasse 3, Spitz-an-der-Donau, tél. 027 13/300 60/69, www.wachau.at

206 - Vue de Steyr, sur la rive gauche de l'Enns.

207 - L'abbaye Sankt Florian.

Le Glacier Express - *Suisse*

Le train panoramique du Glacier Express serpente pendant sept heures en parcourant environ 300 km à travers la Suisse centrale, dans des paysages de montagne à couper le souffle, uniques au monde. Il franchit 291 ponts, 91 tunnels, 7 vallées, des viaducs vertigineux, des gorges étroites et profondes : depuis le Piz Bernina au Cervin et de Saint-Moritz/Davos à Zermatt. Créé en 1930 à l'initiative de pionniers des chemins de fer, qui ont réussi à dompter les montagnes grâce à des astuces technologiques d'avant-garde, le Glacier Express est aujourd'hui le fleuron des chemins de fer suisses. Il est équipé de voitures à vision panoramique et climatisées, dotées de sièges confortables aussi bien en première qu'en seconde classe, et d'un système d'informations audio en six langues. Le service de restauration permet de manger à sa place, en dégustant les spécialités du chef sur une table dressée avec porcelaine et verrerie de luxe. Le voyage commence dans le cadre fabuleux de la vallée de Haute-Engadine, à **Saint-Moritz**, ou plutôt dans la vallée verdoyante de Davos, qui inspira à Thomas Mann son roman *La Montagne magique*. De Saint-Moritz, on suit la **ligne de l'Albula**, inscrite en 2008 (avec celle de la Bernina) au patrimoine mondial de l'Unesco. En 5 km, le train franchit un dénivelé de plus de 1 170 m. De **Davos**, le tracé longe d'abord le ruisseau de Landwasser, puis traverse les gorges de Zügen avant d'aborder le magnifique viaduc de Wiesen. Au **village de Filisur**, aux maisons du XVIIIe siècle de pur style engadinois, dominées par les ruines d'un château du XIIIe siècle se rejoignent les deux tracés de départ, après quoi le train file sur le viaduc du Landwasser, à une hauteur vertigineuse. On pénètre alors dans les étroites gorges de Schyn, entre fortifications et anciennes tours de défense, pour arriver à la vieille ville de **Coire** (Chur) qui représente le point le plus bas du parcours ferroviaire. Des vallées escarpées des Grisons, on passe ensuite aux surplombs rocheux de la vallée du Rhin supérieur – le Grand

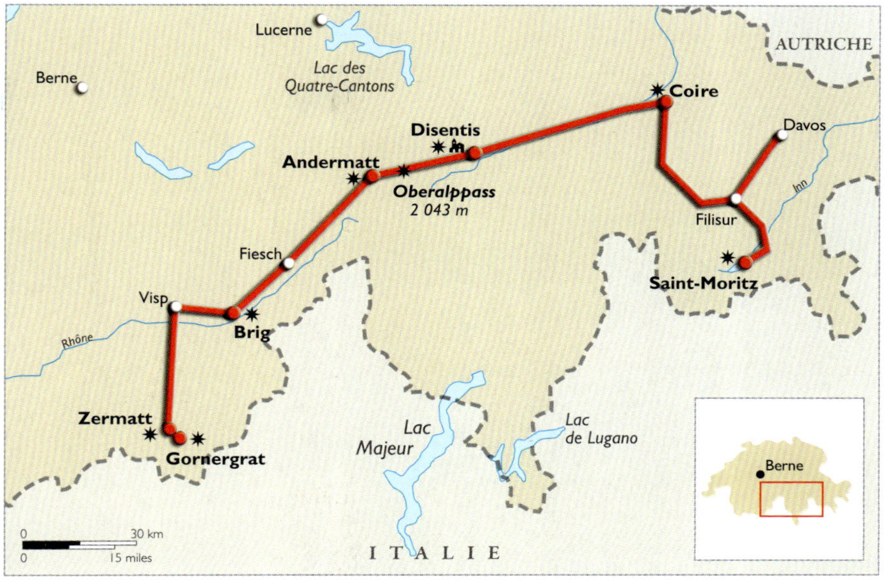

Le petit chemin de fer à crémaillère du Gornergrat

En empruntant le train à crémaillère qui se hisse à 3 089 m d'altitude, à la station du **Gornergrat** (www.mgbahn.ch), *point de départ de nombreuses ascensions et randonnées, on admirera un panorama de cimes et de pics absolument insurpassable. On y est environné de 29 sommets dont beaucoup dépassent 4 000 m, du point culminant de la Suisse (la pointe Dufour du mont Rose, 4 634 m) au troisième glacier le plus long des Alpes (le Gornergletscher). La gare de départ est située à Zermatt, à côté de celle du Matterhorn-Gotthard-Bahn. Un petit train en part toutes les 24 minutes. Il franchit des ponts au-dessus de gouffres impressionnants, de galeries et de tunnels, traverse des bois idylliques, côtoie gorges profondes et petits lacs avec toujours le Cervin en vue.*

208-209 - Le petit train à crémaillère qui mène de Zermatt au Gornergrat.

209 en bas - Le Glacier Express franchissant un des nombreux ponts du parcours.

Canyon de la Suisse ! – qui dessine des gorges impressionnantes jusqu'à la puissante masse blanche de l'**abbaye bénédictine de Disentis**, au pied du col du Lukmanier *(Lukmanierpass)*. Le parcours se fait alors de plus en plus raide, si bien que le train, pour pouvoir monter, s'accroche à une locomotive à crémaillère moderne qui se hisse lentement jusqu'au point culminant du parcours, le **col de l'Oberalp** *(Oberalppass)*, à 2 043 m d'altitude, dans le silence ouaté des montagnes couvertes de neige. Grâce à la présence de son petit lac azuré, ce col est en été le point de départ d'une excursion de 2 heures jusqu'aux sources du Rhin antérieur, au pied du Piz Paduz (2 928 m), alimentées par plusieurs sources. L'étape suivante, au milieu d'une nature sauvage, est **Andermatt**, position stratégique au carrefour des routes et des cols alpins unissant le nord et le sud de l'Europe. Il faut compter 20 minutes pour traverser la montagne dans le tunnel de Furka-Basis, terminé en 1982 ; 15 km plus loin, on retrouve le jour à l'entrée dans la vallée du Rhône que l'on parcourt entre les bouquets de pins et les jolies maisons valaisannes pour atteindre **Brigue** (Brig). Nœud de communications depuis l'époque romaine, cette cité proche de la frontière italienne garde le souvenir de son florissant passé avec ses maisons fortifiées, ses églises baroques et le **château Stockalper** édifié au XVIIe siècle par un puissant homme d'affaires, Kaspar von Stockalper, pour protéger voyageurs et marchandises sur l'ancienne route du Simplon *(Alte Simplonstrasse 28 ; horaires : visites guidées de 9 h 30 à 16 h 30 et du mardi au dimanche, de mai à octobre)*. De Brigue, une succession de montées rapides, de villages bucoliques et d'anciens ponts de pierre conduit à Zermatt, terminus du Glacier Express, annoncé par le cône du Cervin (Matterhorn, 4 478 m).

Monnaie : *La monnaie officielle de la Suisse est le* ***franc suisse****.*

210 - Le marathon de ski de fond de l'Engadine emprunte les eaux glacées du lac de Saint-Moritz.

SAINT-MORITZ

Gare de départ du Glacier Express, la reine des stations de montagne européennes attire toujours les VIP depuis un siècle et demi. Son succès précoce auprès des touristes fortunés est dû à sa magnifique situation à l'extrémité nord-est du lac homonyme, à son superbe cadre montagneux, à son altitude élevée (1 856 m), à une hôtellerie de premier ordre et à la présence d'équipements thermaux et sportifs d'avant-garde. Le centre du village, où se concentrent les grands hôtels et la vie mondaine, est **Saint-Moritz Dorf**, parcouru par la **via Maistra** ponctuée par les monuments les plus anciens : le **Mauritiusbrunnen**, fontaine de 1910, le **Rathaus** (mairie) et l'**église protestante** du XVIIIe siècle avec la pointe de son clocher si caractéristique. Au n° 39 de la via del Bagn, l'**Engadiner Museum**, installé dans un bâtiment du début du XXe siècle aux fenêtres à contrevents décorés d'encadrements et de graffitis, offre l'occasion de connaître l'artisanat, les mobiliers et le style de vie locaux *(horaires : 10 h-12 h et 14 h-17 h du lundi au vendredi, 10 h-12 h le dimanche)*.
Le **musée Segantini** présente, parmi les nombreuses œuvres exposées, le grand *Triptyque des Alpes* (1899), chef-d'œuvre inachevé du peintre de Trente Giovanni Segantini *(30, via Somplaz ; www.segantini-museum.ch ; horaires : 10 h-12 h et 14 h-18 h, du mardi au dimanche, de décembre à avril et de mi-mai à mi-octobre)*.
À l'extrémité occidentale du lac, au pied du Piz Rosatsch (3 123 m), s'étend **Saint-Moritz Bad**, siège de l'élégant édifice thermal **Kurhaus** depuis 1854. On peut expérimenter les vertus curatives des eaux ferrugineuses, des enveloppements et des bains auprès du **Medizinisches Therapiezentrum/Heilbad** de St. Moritz *(plazza Paracelsus 2 ; www.heilbad-stmoritz.ch)*.
La première école de ski suisse a été ouverte à Saint-Moritz en 1929. Aujourd'hui, l'important domaine skiable se concentre dans les trois secteurs de **Corviglia** dominée par le superbe massif de la Bernina (4 049 m), de **Corvatsch** et de **Diavolezza**, destination préférée des amateurs de hors-piste et de descentes à couper le souffle. De leur côté, les passionnés de ski de fond trouveront 160 km de pistes à travers des bois et de vastes plateaux d'altitude. Les activités de plein air sont encore plus nombreuses durant l'été : randonnées, rafting, voile, canoë, parapente, patinage, concours de natation dans les lacs alpins, golf et VTT dans le parc national tout proche. L'offre d'excursions est également vaste et variée, avec le romantique sentier de l'Eau de Corvatsch qui relie six lacs de montagne, et le nouveau **Clean Energy Tour** (*www.cleanenergy.ch*) : 2 h 30 de marche du côté du Piz Nair, pour découvrir les ressources de l'énergie renouvelable au contact direct avec la nature.

COIRE (CHUR)

La capitale des Grisons est la plus ancienne ville de Suisse : le site est occupé par les hommes depuis 3000 av. J.-C. Elle est dominée par le magnifique amphithéâtre des Alpes qui sert de toile de fond au quartier médiéval égayé par le murmure des fontaines. Les murs des palais du XVe siècle sont peints de fresques et le paysage est ponctué par

210-211 - Vue aérienne de Saint-Moritz en hiver.

le rythme vertical des tours élancées, vestiges des remparts. Au centre du noyau ancien se dresse l'**église Saint-Martin** (XVe siècle) dont le chœur est décoré de vitraux d'Augusto Giacometti (1877-1947), membre d'une famille qui a compté de nombreux artistes, dont le plus célèbre est le sculpteur Alberto Giacometti (1901-1966). Ses œuvres constituent le principal attrait du **Bündner Kunstmuseum**, installé dans la Villa Planta, de style néoclassique (XIXe siècle). Ce musée présente des œuvres du XVIIIe au XXe siècle, surtout d'artistes grisons ou qui ont travaillé dans les Grisons, dont celles de la famille Giacometti (originaire de ce canton), mais aussi d'Angelika Kaufmann (née à Coire), d'Ernst Ludwig Kirchner et de Giovanni Segantini *(Postplatz; horaires : 10h-17h, du mardi au dimanche; www.buendner-kunstmuseum.ch)*. Dans l'intimité silencieuse de la **Hofplatz**, située près d'une ancienne fortification romaine, se dressent le **palais épiscopal** et la **cathédrale de l'Assomption**, de styles roman et gothique. Celle-ci renferme des trésors d'une valeur exceptionnelle : les vitraux historiés, qui éclairent la chapelle majeure et le maître-autel, ont été réalisés à la fin du XVe siècle par Jakob Russ, auteur également d'un splendide triptyque en bois sculpté et peint. Pour explorer la région, il est conseillé de prendre le téléphérique de **Brambrüesch** qui monte à 1 600 m jusqu'à un plateau couvert de fleurs en été (en hiver y sont ouvertes quelques pistes de ski faciles). Les amateurs d'escalade pourront de leur côté s'exercer à la **Kletterhalle Ap'n Daun** *(Pulvermühlestrasse 20)* qui propose des cours et loue du matériel.

212 - La station de sports d'hiver de Zermatt.

DISENTIS

Dans un environnement rupestre idyllique, Disentis est un agréable centre de tourisme estival et de sports d'hiver de la haute vallée du Rhin supérieur, point de départ pour des randonnées à pied ou à bicyclette. Le lieu doit son nom à l'abbaye bénédictine fondée au VIIIe siècle et reconstruite en style baroque au XVIIe siècle. Immédiatement à gauche de l'église, s'ouvre l'entrée du **Klostermuseum**, resserré entre deux tours à coupole et un intérieur à nef unique. Il expose d'intéressants documents sur l'histoire de l'abbaye, des objets d'art sacré et une belle collection de cristaux et de minéraux de la région *(horaires : 14 h-17 h le mardi, le jeudi et le samedi, de juin à octobre ; 14 h-17 h le mercredi, de Noël à Pâques)*. Sur les murs de la **Marienkirche**, chapelle d'origine romane, sont accrochés les innombrables ex-voto offerts à la Madone au fil des siècles, par des fidèles de toute origine.

ANDERMATT

« De toutes les régions que je connais, c'est la plus intéressante et celle que je préfère », dit un jour Goethe alors qu'il traversait pour la troisième fois la vallée d'Urseren (1779). Principal village situé au pied du col du Saint-Gothard, Andermatt (1 447 m) est un centre touristique renommé pour les sports d'hiver et le point de départ du **tour des Trois Cols** (Furkapass, Grimselpass et Sustenpass), l'un des itinéraires alpins les plus spectaculaires de Suisse. Le long de la rue principale du village s'alignent des maisons en bois du XVIIIe siècle, avec leurs gracieuses enseignes en fer forgé. On remarquera le **Rathaus**, hôtel de ville reconstruit en 1767, et l'**église paroissiale baroque des Saints-Pierre-et-Paul** datant de 1696. Sur la route d'Altdorf, l'**église Saint-Colomban** est de style roman. Le massif du Gothard est le château d'eau de l'Europe : plus de quarante lacs de montagne resplendissent comme autant de perles dans la vallée d'Urseren, et quelques-uns des plus grands fleuves du continent y prennent leur source : le Rhin, le Rhône, la Reuss et le Tessin. Un parcours didactique et pédagogique de 60 km, dans la vallée de Göscheneralp, est dédié aux mondes aquatiques *(Wasserwelten)*.

ZERMATT

Il est sans doute inutile de présenter cette prestigieuse station de montagne sise au pied du Cervin (4 478 m). Depuis 1947, on n'y circule qu'à bord de véhicules électriques : Zermatt est interdite au trafic automobile et on s'y déplace à pied, en taxi ou en autobus électrique, ou encore dans une calèche romantique tirée par des chevaux. **Hinterdorf**, la partie la plus ancienne de l'agglomération, est connue pour ses immenses chalets valaisans et leurs granges en bois. Très moderne, le **Matterhorn Museum** présente la reconstitution d'un ancien village valaisan et retrace les expéditions tendant à conquérir le sommet du Cervin *(Kirchplatz ; www.matterhornmuseum.ch ; horaires : 15 h-19 h de mi-décembre jusqu'à une semaine après Pâques ; 14 h-18 h d'après Pâques au 30 juin et en octobre ; 11 h-18 h de juillet à septembre ; fermé de novembre à mi-décembre)*. Le domaine skiable de Zermatt – 300 km de pistes environ – se développe sur les trois massifs du **Rothorn**, du **Stockhorn** et du **Klein Matterhorn**. Au sommet de ce dernier se trouve la gare d'arrivée du téléphérique le plus haut

213 - Paysage alpin près de Zermatt.

d'Europe (3 820 m), point de départ pour atteindre le domaine de ski d'été du glacier du Theodul et rejoindre la station de Cervinia. La région est tout aussi mythique pour les alpinistes que pour les simples randonneurs, qui peuvent choisir entre les très nombreux sentiers qui parcourent le Mattertal, en reprenant souvent les anciens chemins muletiers du XIIIe siècle.

Où dormir

€€€€€ Romantik Hotel Julen (Zermatt). Son nom annonce déjà la couleur. Les grands poêles en faïence, le mobilier de bois clair et le restaurant – qui propose les plus délicieuses spécialités de la cuisine valaisanne – confirment son caractère. Si vous voulez faire le plein d'énergie, ne manquez pas l'espace thalasso sur trois niveaux, avec piscine couverte et spa luxueux. Bains revigorants au foin des Alpes et massages relaxants à la crème au lait de chèvre (*Riedstrasse 2, tél. 027 9667600, www.julen.com*).

€€€€ The River House Boutique Hotel (Andermatt). Atmosphère à l'ancienne et technologies d'avant-garde dans cet hôtel-boutique donnant sur la rivière et qui a derrière lui 250 ans d'histoire (*Gotthardstrasse 58, tél. 041 887 0025, www.theriverhouse.ch*).

€€€€ Hotel Languard (Saint-Moritz). Un petit bijou familial dans le centre de Saint-Moritz, avec vue sur le lac et chambres aménagées en style engadinois. Le prix de la chambre à partir de deux nuits de séjour comprend l'utilisation de tous les téléphériques et moyens de transport publics de la Haute Engadine (*via Veglia 14, tél. 08333137; www.languard-stmoritz.ch*).

Où manger

€€€ Le Corbeau d'Or, à l'hôtel Mirabeau (Zermatt). Découvrez les délices de la gastronomie avec l'exquise cuisine d'Alain Kuster qui transforme les produits de son jardin – cultivé avec passion – en somptueux chutneys, pickles et toutes sortes de sauces. Ce restaurant a été noté 15/20 par le Gault & Millau (*Untere Mattenstrasse 12, tél. 027 966 2660; www.hotel-mirabeau.ch*).

€€ Walliserkanne (Fiesch). Situé juste en face de la gare où passe le Glacier Express, cet établissement propose de la cuisine valaisanne préparée avec les produits frais du cru par le chef Friedrich Zemanek, membre de l'Association nationale des meilleurs cuisiniers suisses (*3984 Fiesch, tél. 027 9701240; www.walliserkanne-fiesch.ch*).

€€ Drei Könige & Post (Andermatt). L'accueillant restaurant de l'hôtel Drei Könige & Post occupe une très belle situation au cœur d'Andermatt, près du vieux pont. Les malles-poste s'y arrêtaient jadis avant de s'engager dans le col du Saint-Gothard. On y propose de savoureuses spécialités régionales (*Gotthardstrasse 69, tél. 041 887 0001; www.3koenige.ch*).

€€ Chesa Veglia (Saint-Moritz). Cette ferme accueillante (1658), au toit d'ardoises, dispose d'une terrasse d'où la vue est sublime. C'est le plus ancien restaurant de Saint-Moritz. Il propose des plats régionaux et de savoureuses pizzas (*via Serlas 27, tél. 081 837 1100; www.badruttspalace.com*).

Pour d'autres informations : www.glacierexpress.ch et www.myswitzerland.com/fr

Genève et son lac - *Suisse*

Multiculturelle et polyglotte, avec pour emblème un jet d'eau mondialement célèbre, Genève possède le charme et l'élégance d'une quasi-capitale helvétique. Jadis refuge pour les victimes de persécutions religieuses, c'est aujourd'hui un prospère foyer international – environ 30 % de résidents étrangers –, un joyau sur la rive nord du lac Léman.

Ville de la musique et du théâtre, mais surtout des grands penseurs et savants, de Calvin à Piaget en passant par Rousseau et Saussure, Genève est magnifiquement située dans une échancrure du lac Léman, là où le Rhône le quitte, avec les cimes des Alpes et les crêtes du Jura à l'horizon. L'**horloge fleurie du Jardin anglais**, symbole de la renommée de l'industrie de la montre genevoise, avec ses 4 m de diamètre, est l'horloge la plus filmée du monde. Ce romantique jardin du XIXe siècle, déployé sur la rive gauche du Rhône face au célèbre **jet d'eau**, est un lieu idéal pour une promenade avec vue sur le lac. Celle-ci peut d'ailleurs se prolonger dans la magnifique roseraie du **parc La Grange**, apprécié pour ses 12 000 variétés de roses.
De la rive du lac, on gagnera le centre historique, dominé par la **cathédrale Saint-Pierre**, même si le véritable cœur de Genève est la **place du Bourg-de-Four**, la plus ancienne de la ville. On respire l'atmosphère d'antan en parcourant la **Grand-Rue**, bordée de nombreuses boutiques d'antiquaires et de librairies anciennes. C'est au n° 40 que Jean-Jacques Rousseau est né en 1712, comme le rappelle l'**Espace Rousseau** consacré au philosophe *(www.espace-rousseau.ch)*.

214-215 - Vue aérienne de Genève avec son célèbre jet d'eau au premier plan.

215 en bas - La rive du lac Léman.

Le **parc des Bastions** est tout aussi riche de souvenirs historiques, avec le mur des Réformateurs, érigé en 1917 pour commémorer les grandes figures du protestantisme genevois. On admire l'art contemporain dans l'usine de Plainpalais devenue **le musée d'Art moderne et contemporain** (MAMCO). Sur la rive droite du Rhône, on ira explorer le **palais des Nations** et le **musée international de la Croix-Rouge**, avant d'aller se détendre sur la jetée des **Bains des Pâquis**.

Comment se déplacer en ville : *Le centre historique est en grande partie fermé au trafic et l'on peut facilement se déplacer à pied. Le vélo est un moyen commode pour découvrir la ville. On peut en louer face à la gare de Cornavin ou sur le quai du Mont-Blanc, près des Bains des Pâquis. Les Mouettes, sortes de taxis sur l'eau, assurent le passage d'une rive du Rhône à l'autre.*

Monnaie : *La monnaie officielle de la Suisse est le* ***franc suisse****.*

À voir

LE JET D'EAU

Cette fontaine est chère au cœur des Genevois. Son jet atteint 140 m de hauteur, grâce à une vitesse ascensionnelle de 200 km/h. Il produit des jeux de lumière spectaculaires. Ainsi, les jours de soleil, la vapeur d'eau donne naissance à des arcs-en-ciel. Installée en 1886 pour diminuer la pression dans les pompes de l'usine hydraulique qui distribuait l'eau du Rhône aux usines locales, la colonne d'eau fut promue au rang d'attraction touristique et devint le symbole de la ville.

L'ESPACE SAINT-PIERRE

La majestueuse cathédrale Saint-Pierre a été construite durant près d'un siècle à partir de 1160 en style roman puis gothique. On lui a ajouté en 1752-1756 une façade néoclassique à colonnes qui rappelle le Panthéon de Rome. Du sommet de la tour nord (escalier en colimaçon de 157 marches), on bénéficie d'un superbe panorama sur la ville et sur le lac, encadrés d'un côté par les cimes des Alpes, de l'autre par les crêtes du Jura. Depuis la Réforme, le sanctuaire est réservé au culte protestant, comme en témoigne la sobriété de l'intérieur où sont conservés la chaire (1535), d'où Calvin prêchait, et le fauteuil du prédicateur, les stalles du chœur (XVe siècle) et le tombeau en marbre noir du duc Henri II de Rohan, l'un des chefs protestants français sous Henri IV et Louis XIII. La **chapelle des Maccabées** (XVe siècle), décorée de façon exubérante, est le fruit des transformations imposées par Viollet-le-Duc *(cour Saint-Pierre 6; horaires variables)*. Les fouilles menées dans le sous-sol de l'église ont permis d'aménager un intéressant **Musée archéologique** *(6, cour Saint-Pierre; www.site-archeologique.ch; horaires : 10h-17h du mardi au dimanche)* qui retrace l'histoire des lieux de culte qui se sont succédé depuis l'époque romaine sur le site de la cathédrale. À deux pas du sanctuaire, dans la **maison Mallet**, le **Musée international de la Réforme** a été récemment inauguré *(4, rue du Cloître; www.musee-reforme.ch; horaires : 10h-17h du mardi au dimanche)*, sur les lieux mêmes où la Réforme de Calvin a été adoptée le 21 mars 1536, Genève devenant ainsi une des villes fondatrices du mouvement religieux.

LA PLACE DU BOURG-DE-FOUR

Une atmosphère très accueillante émane de cette place, la plus ancienne de Genève, très animée avec ses petites boutiques d'antiquités, ses bars et ses cafés disposés autour d'une fontaine du XVIIIe siècle tout embaumée de fleurs. Quelques maisons d'origine médiévale rappellent que le marché aux grains et aux bestiaux s'y tenait jadis. Au nord-est se dresse le palais de justice, dans un bâtiment du XVIIIe siècle qui servait initialement d'hôpital.

L'HÔTEL DE VILLE

En suivant la pittoresque rue de l'Hôtel-de-Ville, au cœur de la vieille ville, on atteint cet édifice du XVe siècle qui est aujourd'hui le siège du Parlement genevois. On remarquera la rampe en plan incliné qui rejoint les étages supérieurs de la tour et qui permettait à certains hauts fonctionnaires de monter à cheval. Au rez-de-chaussée, la **salle de l'Alabama** tire son nom de l'arbitrage du conflit (1872) entre les États-Unis et la Grande-Bretagne au sujet de dommages

216-217 - La cathédrale Saint-Pierre.

217 - L'intérieur mêlant éléments romans et gothiques de la cathédrale Saint-Pierre.

Un bain au chocolat

Cela s'appelle ***After the Rain*** *et se trouve en plein centre de Genève : c'est un spa qui applique comme traitement le bain au chocolat. On a découvert en effet que celui-ci a des effets bénéfiques sur tout le corps, aussi bien pour la peau, qu'il rend plus douce et plus élastique, que pour la circulation du sang. Dans ce havre de paix, on peut choisir de se faire recouvrir d'un mélange crémeux de chocolat au lait, ou bien de se plonger – comme dans un rêve d'enfant – dans une vasque remplie de chocolat. On en ressortira régénéré, de corps et d'esprit* (After the Rain spa, 4, passage des Lions ; horaires variables ; www.aftertherain.ch.)

subis lors de la guerre de Sécession par les nordistes. Face à l'hôtel de ville se dresse l'**Arsenal**, construit au XVe siècle comme grenier et transformé en dépôts d'armes au XVIIIe siècle. Sur le mur du fond, trois mosaïques de l'artiste genevois Alexandre Cingria représentent l'*Arrivée de Jules César à Genève*, les *Foires du Moyen Âge* et l'*Accueil des réfugiés huguenots*.

LE MUSÉE D'ART MODERNE ET CONTEMPORAIN (MAMCO)

Installé dans une usine des années 50, ce musée allie surprise et recherche, provocation et réflexion, sans jamais laisser ses visiteurs indifférents : 2 500 œuvres présentées dans un espace de 4 000 m², avec, entre autres, des installations de Siah Armajani, Sylvie Fleury, Claudio Parmiggiani et Martin Kippenberger. Depuis son inauguration, en 1994, le MAMCO a présenté plus de 950 expositions qui mettent en évidence la diversité de la scène artistique suisse (*10, rue des Vieux-Grenadiers ; www.mamco.ch ; horaires : 12 h-18 h du mardi au vendredi, 11 h-18 h le samedi et le dimanche ; 12 h-21 h le premier mercredi du mois*).

LES BAINS DES PÂQUIS

Il existe à Genève un lieu mythique entre tous : ce sont les bains municipaux des Pâquis, quai du Mont-Blanc. Destinés à l'origine (1890) aux ouvriers, ils sont fréquentés aujourd'hui par le Tout-Genève qui vient s'y détendre. En hiver, on s'accorde un sauna ou un bain turc, un massage et un thé à la menthe, ou une fondue au crémant de Dardagny ; en été, on se fait bronzer sur la plage de graviers. Mais on va aussi aux Bains simplement pour siroter un drink à n'importe quelle heure du jour ou de la soirée (*quai du Mont-Blanc 30 ; www.bains-des-paquis.ch et www.buvettedesbains.ch ; tél. 022 7381616*).

LE MUSÉE D'ART ET D'HISTOIRE (MAH)

Installée dans un palais de 1910, dont la façade rythmée par des colonnes ioniques donne sur un jardin orné d'un bronze d'Henry Moore, la plus grande institution artistique de Genève comprend des collections archéologiques qui vont de la préhistoire à l'Égypte ancienne et des civilisations du Proche-Orient au monde grec. On y trouve aussi une collection d'arts appliqués comprenant des reconstitutions de salons d'anciens châteaux et résidences, des tissus et des tapisseries de Tournai et des émaux de Limoges. La galerie de peintures et de sculptures présente des artistes suisses tels que Konrad Witz (*Décollation de saint Jean Baptiste*), J.E. Liotard (*Portrait de Madame d'Épinay*) ou F. Hodler (*Regard dans l'infini*), et les œuvres d'Alberto et Augusto Giacometti (*2, rue Charles-Galland ; www.ville-ge.ch/mah ; horaires : 10 h-18 h, fermé le lundi*).

LES MUSÉES HORLOGERS

Ville de l'horlogerie de luxe, où se trouvent les grandes fabriques, les meilleurs maîtres pour les réparations et les boutiques qui proposent les dernières nouveautés, Genève honore l'art de mesurer le temps avec deux musées privés aux noms célèbres. Le premier, sur la rive gauche du Rhône, est le **musée Patek Philippe** fondé par la marque de montres homonyme. Il retrace l'histoire de la mesure du temps du XVIe siècle à nos jours, avec une collection de chefs-d'œuvre d'horloges à coucou – sans oublier les pièces les plus typiques de la production Patek Philippe, de 1839 à nos jours *(7, rue des Vieux-Grenadiers; www.patekmuseum.com; horaires : 14 h-18 h du mardi au vendredi, 10 h-18 h le samedi)*. L'autre musée, hébergé dans l'espace d'exposition de la Cité du Temps sur la rive droite du fleuve, est la **Collection Swatch** (*www.swatch.com*) qui expose 1 700 pièces produites de 1983 à aujourd'hui, avec les dernières créations des artistes et stylistes contemporains, comme celle de la styliste indienne Manish Arora, inspirée d'un film de Bollywood, ou le modèle du sculpteur et artiste chilien Iván Navarro qui a imaginé pour le cadran une image impressionnante : une tête de mort au-dessus de deux os croisés *(1, pont de la Machine; www.citedutemps.com)*.

LES ORGANISATIONS INTERNATIONALES

Du fait de sa tradition humanitaire et de son aura cosmopolite, Genève est tenue pour la capitale de la paix : environ 200 organisations internationales y ont leur siège, dont l'ONU, installée dans le palais des Nations, un édifice des années 30 *(14, avenue de la Paix; horaires : 10 h-12 h et 14 h-16 h d'avril à octobre, 10 h-17 h en juillet et août, 10 h-12 h et 14 h-16 h du lundi au vendredi de novembre à mars)*. Le billet d'entrée au palais comprend la visite guidée des salles et l'accès aux jardins d'où l'on jouit d'une vue sur la ville, le lac et les Alpes.

En sortant par la porte de Pregny, on se retrouve face à la structure ultramoderne qui abrite le Musée international de la Croix-Rouge et du Croissant-Rouge qu'on atteint après avoir franchi un étroit passage à l'allure d'une tranchée. À l'intérieur, documentaires, photographies, colonnes sonores et sculptures très émouvantes dont le groupe *Les Pétrifiés*, de K. Bucher, qui symbolise les violations des droits de l'homme, illustrent les atrocités et les horreurs provoquées par les guerres et par l'intolérance entre les peuples, auxquelles s'opposent les nobles fins de l'organisation fondée en 1864

Shopping

La rive gauche du Rhône est un concentré de magasins très sélects et de boutiques. Au n° 45 de la rue du Rhône, ***Bucherer*** *est depuis 1845 un temple de l'horlogerie et de la joaillerie genevoises, une adresse privilégiée du luxe* made in Switzerland. *À quelques pas de là, montres et bijoux de prestige se trouvent aussi chez* ***Les Ambassadeurs*** (www.lesambassadeurs.ch) *dont la vitrine étincelle d'or et de pierres précieuses. Le grand magasin de la ville est* ***Globus*** (www.globus.ch), *aux nos 48-50 : cinq étages de produits tous azimuts, de la mode aux jouets, de l'ameublement aux délices culinaires. Des parfums de rose et des fragrances originales attirent et retiennent les clients de la* ***parfumerie Théodora*** (37, Grand-Rue; www.parfumerietheodora.ch), *cachée entre les nobles résidences de la Grand-Rue. Si l'on est curieux de connaître les créations de mode des jeunes stylistes genevois, il faut se rendre dans le quartier des Pâquis, à* ***L'Appart*** (6, rue Sismondi, tél. 022 7321280). *Enfin, caché dans le quartier artistique de Carouge,* ***Philippe Pascoët*** *est un chocolatier talentueux, qui séduit les amateurs de douceurs avec ses pralines et ses truffes au chocolat aux saveurs de thym, de basilic, d'anis, de tabac, de thé ou de safran* (34, rue du Marché; www.philippe-pascoet.ch). *Pour les passionnés de brocante, le rendez-vous sera, le samedi et le dimanche, au marché aux puces du quartier Plainpalais, dont les éventaires regorgent de bric-à-brac : vêtements, disques, livres et antiquités (plus ou moins authentiques).*

par les philanthropes Henri Dunant et Guillaume Henri Dufour *(17, avenue de la Paix; www.micr.org; horaires variables)*.

EXCURSIONS À CAROUGE ET AU MONT SALÈVE

Destination privilégiée pour une sortie hors les murs, le faubourg de Carouge, à 4 km au sud de la ville, n'est séparé de Genève que par l'Arve. Détachée de la Savoie, Carouge appartient à la Suisse depuis plus de deux siècles, mais elle a gardé jusqu'à nos jours le charme piémontais que lui avaient conféré, au XVIIIe siècle, les architectes italiens chargés par le duc de Savoie de la rénover pour faire concurrence à Genève. Des édifices de style néoclassique aux cours intérieures dotées de précieux jardins sont restés en bon état et constituent aujourd'hui autant de cadres charmants pour des restaurants, des boutiques de mode, des ateliers et des magasins d'antiquités. Il ne faut pas manquer, le mercredi et le samedi matin, le très vivant marché sur la place du même nom, occasion rêvée pour acquérir les productions de l'artisanat local. Si l'on continue vers le sud-est pendant 4 km, on arrive dans les environs de Veyrier à un téléphérique (transport gratuit des vélos) qui monte aux Très-Arbres (ou Treize-Arbres), excellent point de départ pour une agréable promenade par les prés et les bois jusqu'au sommet du mont Salève (1 380 m), belvédère sur Genève et le bassin du Léman, mais aussi sur la Savoie.

Où dormir

€€€€€ Hôtel Beau-Rivage (historique). À commencer par l'impératrice Sissi, de nombreuses personnalités de l'histoire européenne ont séjourné dans ce somptueux hôtel géré depuis 1865 par la famille Mayer. Luxe, tradition, séduction et discrétion, Beau-Rivage est l'un des hôtels les plus sélects de Suisse. La vue depuis les chambres s'étend jusqu'aux Alpes *(13, quai du Mont-Blanc, tél. 022 716 6666; www.beau-rivage.ch)*.

€€€€ Edelweiss (central). On respire l'air des montagnes dans cet hôtel typique du centre-ville, avec sa petite cheminée toujours allumée et les têtes de lit décorées de fleurs peintes. Le restaurant jouit d'une excellente réputation *(2, place de la Navigation, tél. 022 5445151; www.manotel.com)*.

€€ Hôtel Jade (oriental). Inspiré par la philosophie chinoise de l'harmonisation des énergies, cet établissement trois étoiles dédié au repos et à la détente se situe au centre-ville et tout près du lac. Les intérieurs, dont les couleurs s'inspirent du bois, du feu, de la terre, du métal et de l'eau, ont été conçus par deux maîtres du feng shui. Espace fitness et, en été, petit-déjeuner sur la terrasse *(55, rue Rothschild, tél. 022 5443838; www.manotel.com)*.

Où manger

€€€ Olivier de Provence (ambiance). Il ne faut pas hésiter à se rendre à Carouge pour manger dans ce délicieux restaurant dont l'atmosphère rappelle celle d'une maison de campagne à l'ancienne. La carte de saison peut proposer le bar à la flamme ou la pintade aux morilles. Le top, en été, est de déjeuner sur la terrasse, à l'ombre des arbres *(13, rue Jacques-Dalphin, à Carouge, tél. 022 342 0450; www.olivierdeprovence.ch)*.

€€ Café des Bains (moderne). Face au MAMCO, à Plainpalais, ce bistrot de style XXIe siècle propose une cuisine internationale *(26, rue des Bains, tél. 022 3215798)*.

€ Chez Ma Cousine. Le poulet à la broche, le plat unique, est délicieux : tendre et ferme à la fois, il est servi avec des pommes de terre à la provençale *(6, place du Bourg-de-Four, www.chezmacousine.ch)*.

Sorties et divertissements

Le Palais Mascotte. Accordez-vous une soirée différente dans cet établissement qui propose un peu de tout, mais avec classe et qualité : au dernier étage, il y a un restaurant tendance; au premier, un cabaret avec de la musique des années 70 et 80, et à l'entresol, une discothèque avec de la musique des années 90 *(43, rue de Berne, tél. 022 7413333; www.palaismascotte.ch)*.

Le Chat Noir. Établissement de Carouge très apprécié de ceux qui aiment le rock, le jazz et le blues. Roy Ayers et Pink Martini ont joué ici *(13, rue Vautier à Carouge, tél. 022 3071040; www.chatnoir.ch)*.

L'Usine. Un centre culturel dans un ancien atelier d'orfèvre, où alternent concerts, représentations théâtrales, films *off* et soirées dansantes *(4, place des Volontaires, www.usine.ch)*.

Pour d'autres informations : Genève Tourisme & Congrès 18, rue du Mont-Blanc, tél. 022 909 7000 www.geneve-tourisme.ch

218 - Le cadre alpestre de la cité genevoise.

219 - En croisière sur le lac Léman.

Des croisières sur le lac Léman

La Compagnie générale de navigation sur le lac Léman (CGN) organise toute l'année différentes croisières sur le lac, avec la possibilité de choisir les horaires et les destinations en fonction de la saison. On conseillera, en été, la croisière dite «du Petit Lac» (3h30) qui conduit jusqu'à Nyon et au village d'Yvoire, en France, bourgade médiévale où l'on peut visiter la reconstitution d'un jardin de cette époque (www.jardin5sens.net). (CGN, quai du Mont-Blanc, tél. 084 8811848; www.cgn.ch; départ du Jardin anglais.)

Turin, ville royale - *Italie*

Turin a été associé pendant des décennies à l'industrie automobile. Mais son histoire est bien plus riche, et son patrimoine architectural et artistique mérite d'être connu. Capitale du duché de Savoie, puis celle du royaume de Piémont, c'est un joyau baroque avec ses résidences royales, ses ponts sur le Pô et ses portiques dans le centre-ville, sur le fond majestueux offert par les Alpes. Turin est une ville dynamique qui, depuis l'aventure des jeux Olympiques d'hiver en 2006, est devenu un creuset d'idées et d'innovations, qu'elles soient architecturales et artistiques, grâce à l'intervention de talentueux architectes, cinématographiques, avec la création du seul musée italien du Cinéma, ou gastronomiques.

On respire une atmosphère classique et royale en cheminant dans le centre historique, entre la **piazza San Carlo**, la **via Roma** et la **piazza Castello**, là où se concentrent les palais, les boutiques, les églises et les musées les plus importants. Les **portiques de via Pio** mènent à la **Mole Antonelliana** et à la **piazza Vittorio Veneto**, destination traditionnelle de la promenade du samedi soir – à quelques pas des **Murazzi**, sur les rives du Pô, haut lieu de la vie nocturne estivale turinoise. En suivant le fleuve, on arrive au **parc del Valentino**, lieu romantique avec son gracieux jardin botanique, son château du XVIIe siècle, où siège la faculté d'architecture, et sa fausse bourgade médiévale. À quelque distance de là, via Nizza, l'édifice symbole de la reconversion urbaine est bien le **Lingotto**, revisité par Renzo Piano, l'ancienne usine Fiat devenue le siège de la **Pinacoteca Gianni Agnelli** *(via Nizza 230, www.pinacoteca-agnelli.it; horaires : 10 h-19 h tous les jours, sauf le lundi)* : y sont conservés les chefs-d'œuvre de grands artistes, de Canaletto à Picasso.

220-221 - Vue de la cité avec la Mole Antonelliana au premier plan.

221 en bas - Le monument équestre à Emmanuel-Philibert érigé sur la place San Carlo.

Mais le Turin contemporain, c'est aussi le **Palais des sports** conçu par Arata Isozaki et Pier Paolo Maggiora (*corso Sebastopoli 123*), le **Palavela** réinterprété par Gae Aulenti et Arnaldo De Bernardi *(via Ventimiglia 145)* et la futuriste **église Santo Volto** de Mario Botta, dans le quartier Spina 3 *(via Val della Torre 11, horaires 8h-12h et 15h-19h)*.

***Comment se déplacer en ville** :*
Malgré l'extension importante de la ville, le centre historique peut être parcouru à pied, les points intéressants n'étant pas éloignés de plus de 20 minutes les uns des autres. Un réseau bien organisé de trams, de bus et du métro relie le centre aux quartiers les plus extérieurs et aux localités de la banlieue. De juin à septembre, un service de navigation fluviale relie le secteur de la zone des Murazzi, que baignent les eaux du Pô, principalement avec Borgo Medievale (www.comune.torino.it/gtt/turismo./navigazione).

À voir

LA PIAZZA SAN CARLO

Réalisée en 1642-1650 par l'architecte Carlo di Castellamonte sur le modèle des places royales de Paris, elle est devenue l'espace privilégié des fêtes et des événements des Turinois. Symétrique et élégante grâce à la disposition des résidences aristocratiques du XVIIe siècle qui la bordent, elle est ornée en son centre du célèbre *Caval'd Brôns*, **monument équestre à Emmanuel-Philibert** de Savoie (bronze de Carlo Marocchetti, 1838), qui représente le prince rengainant son épée après la victoire de Saint-Quentin sur les Français (1557). La place se déplie avec en toile de fond les **églises jumelles San Carlo et Santa Cristina**, à la façade de Filippo Juvarra (XVIIIe siècle). Sous les portiques de la place, les tables de plusieurs cafés historiques de la ville vous attendent : le **Caffè San Carlo** (au n° 156), le **Caffè Torino**, inauguré en 1903 (au n° 204) et la **Confetteria Stratta** (au n° 191) dont le mobilier remonte à 1836.

MUSÉE ÉGYPTIEN (MUSEO EGIZIO)
En 1824, déjà, l'égyptologue Jean-François Champollion écrivait que « la route de Memphis et de Thèbes passe par Turin ». Aujourd'hui encore, on ne peut que rester ébahi devant la richesse des collections du Musée égyptien de Turin – les plus importantes après celles du Caire. Installé depuis 1824 dans le palais de l'Académie des sciences, réalisé par Guarino Guarini, au XVIIe siècle, le musée a été rénové ces dernières années pour mieux mettre en valeur ses trésors remontant à 4 000 av. J.-C. Au nombre des chefs-d'œuvre figurent le Canon royal ou Papyrus de Turin et sa liste des pharaons d'Égypte, le temple rupestre d'Ellesija, la tombe de Khâ et de Mérit. Le scénographe Dante Ferretti a aussi repensé l'exposition de toute la statuaire du temple de Mout, avec Isis, Sekhmet et Ramsès II *(via Accademia delle Scienze 6, tél. 011 5617776, www.museoegizio.it; horaires : tous les jours sauf le lundi, de 8h30 à 19h30).*

PALAIS CARIGNAN ET MUSÉE NATIONAL DU RISORGIMENTO
Le 17 mars 2011, cent cinquante ans jour pour jour après la proclamation de l'unité italienne, le Museo Nazionale del Risorgimento italiano a été rouvert après une restructuration complète. On y présente l'histoire de l'Europe, de l'Italie, du Piémont et de Turin, du début du XVIIIe siècle à la Première Guerre mondiale. Des projections sur grand écran, des outils multimédias, un code chromatique attaché aux sujets traités et des panneaux interactifs pour approfondir des notions sont quelques-unes des nouveautés proposées au public afin de pouvoir revivre les grandes étapes de l'unification italienne. On est impressionné par la reconstitution de la cellule de Silvio Pellico au Spielberg, la salle des Constitutions de 1848, toute bleue en l'honneur de Charles-Albert et de la maison de Savoie ainsi que la salle de la Chambre des députés piémontais, monument national depuis 1848. On admire par ailleurs, à l'extérieur, la façade originale du **palais Carignan**, chef-d'œuvre baroque de l'architecte Guarini (1679), qui stupéfia les Turinois de l'époque (également par l'emploi de la brique nue) *(via Accademia delle Scienze 5, tél. 011 5623719; www.museorisorgimentotorino.it; horaires : tous les jours sauf le lundi, de 9h-19h [dernière entrée à 18h]).*

PIAZZA CASTELLO
Noyau historique de la cité, sobre, élégante et homogène dans le style mesuré propre à la capitale du Piémont, cette place conçue par Ascanio Vitozzi en 1584 est entourée de portiques et bordée par les façades baroques et néoclassiques des anciennes résidences de la maison de Savoie de 1563 à 1865. Au centre s'élève, isolé, le palais Madame, l'ancien château dont elle tire son nom. Une grille du XIXe siècle le sépare de l'entrée des **Jardins et du Palais royal** aux fastueux salons *(piazzetta Reale, tél. 011 4420911; www.piemonte.beniculturali.it; horaires : tous les jours sauf le lundi, de 10h à 18h, le dimanche jusqu'à 20h)*. En sortant, le regard est attiré par la perspective unique de la coupole de l'**église San Lorenzo**, création baroque de Guarino Guarini (1666), qui laisse filtrer à l'intérieur la lumière, qui entre dans la composition architecturale. Suivent les silhouettes du clocher de la **cathédrale San Giovanni** (Saint-Jean-Baptiste) *(piazza San Giovanni, tél. 011 4361540; horaires : 8h-12h et 15h-19h)*, et de la **chapelle du Saint-Suaire** toujours de Guarini (1667-1690). Cette chapelle est un grand anneau d'arcatures superposées et aux murs recouverts de marbres noirs : on y conserve le Saint Suaire qui aurait, selon la tradition, enveloppé le corps du Christ avant sa mise au tombeau *(via San Domenico 28, www.sindone.it/museo.asp; visite sur rendez-vous)*.
Une fois passé les portiques, à droite du Palais royal, et la façade du **Théâtre royal** (reconstruit en style moderne au XXe siècle), on pourra s'accorder une gourmandise à base de chocolat et de crème fouettée, dans les salles de la **Confetteria Baratti & Milano**, lieu de rendez-vous de la société turinoise depuis

1858. À côté (au n° 15), le **Caffè Mulassano** est célèbre pour ses *tramezzini*, en-cas divins à ne pas manquer.

PALAIS MADAME - MUSÉE MUNICIPAL D'ART ANCIEN (MUSEO CIVICO D'ARTE ANTIQUA)

Isolé au centre de la piazza Castello, le palais Madame résume un pan de la longue histoire de la ville. Édifié sur l'emplacement d'une ancienne porte romaine, il fut d'abord la maison forte d'une branche cadette de la maison de Savoie avant d'être transformé en château au Moyen Âge, puis agrandi par les princes au XVe siècle avec des tours d'angle et des fenêtres géminées. Le grand escalier et la monumentale façade baroque sont l'œuvre de l'architecte Juvarra, avec sa grande balustrade ornée de statues, de vases et de trophées. Le palais – où s'est réuni pour la première fois en 1848 le Sénat piémontais – accueille le **musée municipal d'Art ancien**, qui compte parmi ses chefs-d'œuvre des miniatures de Jan Van Eyck, un *Portrait d'homme* d'Antonello de Messine et les enluminures des *Très Belles Heures du duc de Berry* (1380-1450), ainsi qu'une vaste collection de tableaux, de meubles, de tapisseries, de verreries, de céramiques, d'ivoires et de broderies. La première salle du **Museo Torino** a été ouverte dans la cour en 2011. Elle raconte, entre réel et virtuel, douze mille ans d'histoire de Turin (*piazza Castello, tél. 011 443 3501, www.palazzomadamatorino.it ; horaires : 10 h-18 h du mardi au samedi, 10 h-20 h le dimanche*).

222 EN HAUT - LE MUSÉE ÉGYPTIEN DE TURIN.

222 EN BAS - LE PALAIS CARIGNAN.

223 - LE PALAIS MADAME ET L'ESCALIER DE L'ARCHITECTE JUVARRA.

Shopping

Le shopping à Turin a goût de chocolat. Destination privilégiée pour tous les gourmands, la capitale piémontaise se targue d'une tradition séculaire dans l'art de la chocolaterie. Il ne faudra pas manquer une halte dans l'atelier artisanal de ***Guido Gobino*** (via Lagrange 1/A, www.guidogobino.it), *où la salle de dégustation est dotée d'installations vidéo et olfactives. Pour ce qui est de la gastronomie,* Eataly *est absolument incontournable : c'est le plus vaste mégastore du monde pour les vins et les produits alimentaires* (via Nizza 230, www.eataly.it). *Pour ce qui est de la mode et des boutiques classiques, les rues à parcourir sont la via Roma (la plus fashion) et la via Bruno Buozzi. Pour les antiquaires, ce seront les vias Maria Vittori et Principe Amedeo. En ce qui concerne la mode et l'ameublement, le cœur de Turin est plutôt porté sur le vintage. Parmi les nombreux magasins proposant des accessoires old-fashioned, mieux vaut s'arrêter chez* ***J&S Vintage*** (via Matteo Pescatore 11B, www.jsvintage.it) *où vous pourrez trouver les vêtements des grandes stars de l'écran, et chez* ***Soy Sauce By Oz*** (via Maria Vittoria 29/b, www.soysauce.it), *pour ses bijoux exclusifs. Si vous passez par Turin le samedi, ne manquez pas le* ***Balon, marché aux puces*** *de la porta Palazzo, la zone la plus cosmopolite de la ville, où l'on trouve de tout : art et antiquités, accessoires et vêtements. Pour les passionnés d'art ancien et d'antiquités, le showroom* ***Il Balon*** *de Claudio Fornasieri* (via Bernardino Lanino 5, www.ilbalon.it) *sera une agréable expérience : on peut y vagabonder pendant des heures parmi des montagnes de meubles, de peintures et d'objets anciens provenant des maisons de campagne piémontaises, anglaises et françaises, mais aussi du lointain Orient.*

C'est un musée tout en verticalité, réparti sur cinq étages d'exposition qui reconstituent à l'aide de croquis, de scénographies, de costumes, d'éléments de décor et de projections de films, l'histoire du septième art, de la lanterne magique au numérique. Au centre, la grande salle monumentale est devenue un espace de projections cinématographiques, entouré de « chapelles » consacrées aux différents genres : western, horreur, science-fiction, comédie musicale, etc. Un ascenseur panoramique permet de monter jusqu'au *tempietto* du môle, à 70 m de hauteur. Une installation rouge de Mario Merz, exploitant le début de la suite de Fibonacci, illumine, le soir, une des façades (*via Montebello 20, tél. 011 813 8560/561, www.museocinema.it ; horaires : 9h-20h du mardi au vendredi et le dimanche, 9h-23h le samedi*).

Où dormir

€€€€€ Art Hotel Boston (design). Dans le cadre d'un palais du début du XXe siècle, dans le quartier élégant de Crocetta, l'hôtel est aussi une galerie d'art exposant des œuvres d'artistes contemporains (Carla Accardi, Lucio Fontana et Andy Warhol). Chaque chambre est une création unique (*via Massena 70, tél. 011 500 359, www.hotelbostontorino.it*).

€€€€ NH Santo Stefano (avec spa). Quatre-étoiles à la décoration dépouillée, dans le quartier du Quadrilatero romano. On pourrait aussi bien n'y venir que pour l'Hafa Hammam qui conjugue avant-garde et ambiance de tradition marocaine (*via Porta Palatina 19, tél. 011 522 3311, www.torino-hotel-santo-stefano.com*).

€€€ Conte Biancamano (central). Près du centre et de la gare de Porta Nuova, un palais XXe siècle rempli de stucs, de parquets, de peintures et de mosaïques. Des chambres élégantes, avec wi-fi (*corso Vittorio Emanuele 73, tél. 011 562 3281, www.hotelcontebiancamano.it*).

Où manger

€€€ Combal.zero (novateur). Dans le cadre du musée d'Art contemporain, au château de Rivoli, un établissement deux étoiles au Michelin. Son secret : l'expérimentation culinaire (*piazza Mafalda di Savoia, Rivoli, tél. 011 9565225, www.combalzero.it*).

€€ Magorabin (terroir). Diplômé des beaux-arts, cuisinier par atavisme, le

MUSÉE D'ART ORIENTAL (MAO)
Le musée d'Art oriental offre l'occasion de comprendre et de connaître les mondes lointains. Installé dans le cadre élégant du palais Mazzonis, restauré pour la circonstance, entre lignes fluides, stucs et grands escaliers baroques, le MAO se prévaut d'environ 1 500 objets provenant d'Asie, de la Chine et du Japon au Proche-Orient et de l'Asie méridionale aux régions himalayennes en passant par l'Inde, témoins d'une extraordinaire floraison artistique entre l'Extrême-Orient et le bassin méditerranéen. Sur fond musical, on se laisse envoûter par un *Buste de Vishnou* en grès d'Angkor (Cambodge) ; un *Étranger au visage voilé*, terre cuite de la dynastie Tang (Chine) ou un *Gardien de temple* en bois de cyprès sculpté et peint du Japon (*via San Domenico 11, tél. 011 443 6927, www.maotorino.it ; horaires : 10h-18h du mardi au dimanche*).

MOLE ANTONELLIANA – MUSÉE NATIONAL DU CINÉMA
La **Mole Antonelliana** (le môle d'Antonelli), création fascinante de 167 m de hauteur d'Alessandro Antonelli (1863) est devenue le symbole de Turin. Le scénographe suisse François Confino a déployé des trésors d'imagination pour aménager le seul **musée italien du cinéma** – et l'un des plus importants du genre au monde.

chef Marcello Trentini est le magicien de cette cuisine liée au terroir mais revisitée sur un mode personnel (*corso San Maurizio 61/b, tél. 011 812 6808, www.magorabin.it*).
€€ Capannina (traditionnel). Dans un palais de la fin du XIXe siècle, un rendez-vous habituel des amateurs de cuisine traditionnelle, surtout de la région d'Albe : champignons et truffes blanches, *fassone* de veau à l'albese ou *battuta al coltello*, avec de généreux chariots de desserts (*via V. Donati 1, tél. 011 545405, www.lacapanninatorino.it*).

Sorties et divertissements

Discoteca Life. Au cœur du Valentino, une boîte qui pulse. Ambiance élégante et chaude, avec des aménagements de style new-yorkais. Bonne musique et bons drinks (*corso Massimo D'Azeglio 3, tél. 011 6680408, www.lifedisco.to.it*).
Drogheria. Bar conçu comme un appartement : une salle à manger avec une grande table commune, un salon de TV avec divan, une pièce avec une cheminée et un bar. Petits-déjeuners copieux, plats chauds et froids à midi, mais le point fort est assurément l'apéritif (*de 19h à 22h*) avec un abondant buffet d'amuse-gueule, de pizzas et de beignets de légumes (*piazza Vittorio Veneto 18, tél. 011822414, www.la-drogheria.it*).
Diwan Caffè. Une boîte de nuit à la mode dans le quartier de San Salvario, avec concerts et musique live. Ne pas manquer les *mojito* et les cocktails à base de Martini (*via Baretti 15, tél. 011 812 2414*).
Charlie Bird. Dans cette boîte accueillante et familiale, le mot d'ordre est le jazz... Beppe, le patron, n'admet pas d'autre musique. Des revues, des monographies et des bandes dessinées sur le jazz ou sur l'actualité musicale sont en consultation gratuite; sur les murs, des photographies en noir et blanc de ceux qui ont fait l'histoire de la musique black. De 22h à minuit, happy hours pour les cocktails (*via Vincenzo Gioberti 1, www.metropolino.com./charlie-bird*).

Pour d'autres informations :
Office de tourisme www.turismoturino.org

224 - Le musée du Cinéma aménagé dans la spectaculaire Mola Antonelliana.

225 en haut - Les jardins de la Venaria Reale.

225 en bas - La galerie de Diane à la Venaria Reale.

Excursion dans les résidences de la dynastie des Savoie

Pendant leur règne, les princes de Savoie ont embelli les environs de leur capitale de résidences habitées par la cour et la noblesse – lieux de villégiature, de fêtes et de chasse, mais aussi images tangibles du pouvoir absolu de la dynastie. À 10 km du centre de Turin, l'ensemble de la ***Venaria Reale,*** *composé du* ***Bourg****, du* ***palais de Diane*** *et des* ***jardins****, est d'un intérêt historique, artistique et architectural exceptionnel. Après de longs travaux de restauration et de réhabilitation, il offre aux visiteurs un moment de surprise et de rêverie. En parcourant les salons de la résidence de chasse édifiée par Charles-Emmanuel II, aux XVIIe et XVIIIe siècles, à laquelle ont travaillé Filippo Juvarra et Benedetto Alfieri, on peut rencontrer les personnages de la Cour recréés par le génie du cinéaste Peter Greenaway, assister aux jeux d'eau de la plus grande fontaine d'Europe et rester émerveillé devant les stucs blancs de la galerie de Diane, les jeux de lumière de la chapelle Saint-Hubert et l'imposante majesté de l'Orangerie donnant sur le parc, tous chefs-d'œuvre indiscutés de Filippo Juvarra.* (www.lavenaria.it; horaires : 9h-16h du mardi au vendredi, 9h-20h30 le samedi, 9h-19h le dimanche. Transports publics : depuis Turin, ligne spéciale GTT Venaria Express, départ sur le corso Stati Uniti, à l'angle du corso Re Umberto. En voiture : périphérique de Turin Nord, sortie Venaria ou Savonera Venaria). *À 18 km du centre de Turin s'élève le* ***château de Rivoli****, rebâti sur une colline au XVIIIe siècle, avec la collaboration de Filippo Juvarra. Aujourd'hui, les salons XVIIe siècle du palais royal et les espaces spectaculaires de la Manica Lunga, l'Aile longue, ancienne pinacothèque du duc Charles-Emmanuel, servent de cadre à la première institution italienne entièrement vouée à l'art contemporain. La puissance expressive des œuvres et des installations mais aussi leur rapport avec l'architecture historique du palais, dans un jeu séduisant d'échos, attirent un public nombreux vers cette collection qui présente des œuvres de Sol Lewitt et Richard Long, mais aussi des représentants de la nouvelle génération tels Maurizio Cattelan, Rebecca Horn et Vanessa Beecroft* (piazza Mafalda di Savoia, Rivoli, tél. 0119565222, www.castellodirivoli.org; horaires : 10h-17h du mardi au vendredi, 10h-19h du samedi au dimanche. Transports publics depuis Turin : métro direction Fermi, depuis les stations de Porta Nuova et de Porta Susa. En voiture : autoroute direction Fréjus/Mont-Cenis/Monginevro, sortie Rivoli).

Milan - *Italie*

La noble cité des Visconti et des Sforza, que domine une cathédrale hérissée de marbre blanc, est aujourd'hui le centre des affaires et de la mode en Italie. De la movida des Navigli et de Corso Como aux nouvelles réalisations des géants de l'architecture internationale, voici un bref parcours parmi les trésors de la capitale lombarde. Une excursion s'impose vers le nord, jusqu'au lac de Côme, une merveille de charme aristocratique.

Le premier bâtiment d'avant-garde de Milan a été le **Teatro degli Arcimboldi** *(via dell'Innovazione 22)*, conçu par Renzo Piano pour ne pas laisser la ville sans opéra pendant la durée des travaux de restauration de la Scala. Puis est venu le tour du **Hangar Bicocca** *(via Chiese 2, www.hangarbicocca.it; horaires variables)*, friche industrielle reconvertie en espace d'expositions temporaires, du **musée du Design** et du **musée du Novecento** (musée du Vingtième Siècle), ouvert en décembre 2010 à côté du **Palais royal** *(www.comune.milano.it/ palazzoreale; horaires variables)*. Citons aussi le doublement de l'espace du **Musée archéologique** *(via Nirone 7; horaires : 9h-17h30 tous les jours sauf lundi)* et le nouveau **musée d'Art contemporain** de Daniel Libeskind, prévu pour 2013. À ces monuments à destination culturelle s'ajoutent des édifices emblématiques comme le Pavillon d'art contemporain (**PAC**) *(www.comune.milano.it/ pac; horaires variables)*, face aux **Jardins via Palestro**, le **musée de la Science et de la Technologie** *(via S. Vittore 21, www.museoscienza.org; horaires : 9h30-17h du mardi au vendredi, jusqu'à 18h30 samedi et dimanche)*, la célébrissime **Pinacoteca Ambrosiana** (bibliothèque Ambrosienne) qui présente la très précieuse collection du cardinal Borromée (Titien, Véronèse, Luini, etc.) et le carton de Raphaël pour l'École d'Athènes *(piazza Pio XI 2, www.ambrosiana.eu)*, et deux des plus rares maisons-musées d'Italie, la **Casa Museo Poldi-Pezzoli** *(via Manzoni 12, www.museopoldipezzoli.it; horaires : 10h-18h tous les jours, sauf mardi)* et le **musée Bagatti-Valsecchi** *(via Santo Spirito 10/ via Gesù 5)*.
Milan, c'est aussi le rite de la promenade vespérale dans la **Galleria** et de la vie nocturne sur les **Navigli** ou dans le quartier **Corso Como-Garibaldi**, qu'un programme de rénovation transforme en pôle ultramoderne de la mode et des gratte-ciel. On n'oubliera pas les spas du **Culti Day Spa** *(via Angelo Mauri 5)* et des **Terme Milano** *(piazzale Medaglie d'Oro 2, www.termemilano.com)*, dans un complexe Liberty de 2 500 m² avec jardin espagnol : bassins d'eau minérale, cascades, musique subaquatique, chromothérapie et, un must, le premier « bio sauna tram » du monde (sauna, tepidarium et lieu multisensoriel).

Comment se déplacer en ville :
Il existe trois lignes de métro (la quatrième est en cours d'achèvement) et un réseau d'autobus et de trams, doté d'excellentes interconnexions avec le réseau ferroviaire de banlieue (www.atm.it). Le système de location de bicyclettes, de type Vélib parisien, est aussi très bien organisé dans toute la ville (www.bikemi.com).

À voir

LA CATHÉDRALE (DUOMO)

Commencé à la fin des années 1380, le Duomo n'est pas encore terminé. Il ferme la place qui porte son nom, avec sa façade en marbre de Candoglia, surchargée de statues, de flèches et de clochetons, ses porches du XVIIe siècle, ses vitraux gothiques et ses terrasses.

Au sommet, la flèche de la Madonnina, haute de presque 4,50 m et pesant 300 kg, est considérée comme le symbole de la ville. À l'intérieur, le **trésor**, fermé pour cause de restauration, abrite des objets liturgiques.

LA GALERIE VICTOR-EMMANUEL II

Il s'agit du grand salon de la capitale lombarde : on y flâne, on admire les vitrines, la coupole de verre et de fer qui surmonte l'Octogone – espace octogonal, au croisement des axes, doté d'une mosaïque du Taureau en son centre : chaque passant ne manque pas de poser le pied sur le membre viril de l'animal en esquissant une volte, rite qui porterait bonheur. Reconstruite en 1995 à l'identique de l'original du XIXe siècle, la galerie relie la place du Dôme à celle de la Scala, où se trouve aussi le **Palazzo Marino**, siège de la municipalité.

226 - La coupole de la galerie Victor-Emmanuel II.

226-227 - La cathédrale, joyau de la cité.

LA SCALA

Le plus mythique des théâtres italiens n'a pas un aspect monumental. Construit sur les plans de Piermarini et inauguré en 1778, il a vu et entendu jouer, chanter et danser les plus grands artistes du monde. La rénovation de 2004, avec l'adjonction d'ellipses et d'une tour scénique par Mario Botta, a divisé la ville. On visite à l'intérieur le **musée** exposant les reliques qui racontent la grandeur de la Scala, des instruments de musique à la galerie de tableaux avec le portrait de Giuseppe Verdi (par Achille Scalese) (*via Filodrammatici 2, www.teatroallascala.org; horaires variables pour visiter le théâtre et le musée*).

CASTELLO SFORZESCO (CHÂTEAU SFORZA)

Donnant sur le parc Sempione, le château des Sforza a été conçu au XVe siècle et restauré à la fin du XIXe par Luca Beltrami. Symbole du Milan des Sforza, il accueille désormais plusieurs musées : la **Pinacothèque** – quelque 230 œuvres, dont le retable *Trivulzio* de Mantegna –, le **musée des Meubles et des Sculptures sur bois**, les **Collections d'arts appliqués** et le **musée des Instruments de musique** ; le **Musée égyptien**, le **musée de la Préhistoire** et celui de l'**Art antique** (*piazza Castello, www.milanocastello.it ; horaires variables selon les musées*).

SANTA MARIA DELLE GRAZIE ET *LA CÈNE* DE VINCI

Église en brique rouge du XVe siècle, retouchée en 1492, sans doute par Bramante, c'est le chef-d'œuvre de la Renaissance à Milan. Elle est connue pour *La Cène*, fresque à la détrempe de Léonard de Vinci (1493-1498) au mur du réfectoire du couvent dominicain attenant (*piazza Santa Maria delle Grazie 2, www.cenacolovinciano.net ; visites sur rendez-vous*).

LA BASILIQUE SAINT-AMBROISE

Consacré au saint patron de Milan, ce magnifique exemple d'architecture romane lombarde fut fondé en 379, reconstruit aux XIe-XIIe siècles, et restauré après 1945. Il présente une façade caractéristique « en toit de cabane » encadrée de deux clochers. Il ne faut pas manquer la fête des Oh bei ! Oh bei ! qui se tient chaque année autour de la basilique, lors de la Saint-Ambroise, le 7 décembre (*piazza Sant'Ambrogio 15 ; horaires : 10 h-12 h et 14 h 30-18 h du lundi au samedi, 15 h-17 h le dimanche*).

LA PINACOTHÈQUE DE BRERA

Située dans le quartier homonyme, la célébrissime Pinacoteca di Brera a été fondée sous Napoléon Ier, en même temps que l'Académie des beaux-arts. Elle abrite une des plus importantes collections d'art de toute l'Italie, regroupant les *Fiançailles de la Vierge*, de Raphaël, les polyptyques de Gentile da Fabriano, des portraits de Lotto et du Titien, *Le Christ mort* de Mantegna, *Le Souper d'Emmaüs* du Caravage, etc. L'art moderne est présent avec Boccioni, Braque, Carrà et Morandi (*via Brera 28 ; horaires : tous les jours sauf le lundi, de 8 h 30 à 19 h 15*).

LA TRIENNALE ET LE MUSÉE DU DESIGN

Inauguré en 1923 et en partie reconfiguré par Gae Aulenti, le Palazzo dell'Arte, plus connu sous le nom de Triennale, revêt un rôle de premier plan dans le domaine de l'art et de l'architecture contemporains, à Milan. C'est un lieu d'expositions importantes. Il abrite dans l'aile sud, depuis 2004, un **musée du Design** qui est le premier du genre en Italie : les installations et les œuvres sont exposées par roulement, afin de donner un panorama complet des créateurs et de leurs réalisations (*via Emilio Alemagna 6, www.triennale.org et www.triennaledesignmuseum.it ; horaires variables*).

MUSEO DEL NOVECENTO (MUSÉE DU XXe SIÈCLE)

Le Palazzo dell'Arengario, conçu dans les années 30, a rouvert en 2010 avec un espace d'exposition de 4 000 m² (l'aile annexe du palais royal, reliée par une passerelle de verre) pour accueillir les plus grandes œuvres de l'époque : 4 000 m² pour 350 chefs-d'œuvre, au fil d'un parcours qui commence avec le *Quarto Stato* de Pellizza da Volpedo et s'achève

avec Lucio Fontana. Au milieu, la salle dédiée à Boccioni, les œuvres de Giacomo Balla, Carlo Carrà, Gino Severini, Fortunato Depero, Mario Sironi et les salles dédiées à Giorgio Morandi, De Chirico, Marino Marini... Ne pas manquer le restaurant, et ses plats traditionnels (*piazza del Duomo, www.museodelnovecento; horaires variables*).

EXCURSION À CÔME

Une heure de voiture depuis Milan vous amènera sur les rives de l'un des plus beaux lacs d'Europe. Son charme a inspiré Manzoni, Stendhal et Flaubert, mais la mélancolie que distille cet immense bassin d'eau à triple branche – qui s'étend des montagnes lombardes aux abords de Côme – n'a échappé ni aux musiciens, Liszt, Rossini et Bellini, ni aux aristocrates. Le centre historique de Côme se visite à pied, car il a été aménagé en zone piétonnière. C'est un bijou d'art et d'histoire, concentré autour de la **piazza del Duomo**, avec la **cathédrale** de style gothique et Renaissance, commencée à la fin des années 1380 (ne pas manquer, à l'intérieur, une *Conversation sacrée*, chef-d'œuvre de Luini), et le **Broletto** (hôtel de ville) en marbre polychrome, qui date de 1215. L'**église San Fedele**, toute proche, se dresse sur la place homonyme, avec son porche du XIIIe siècle. Mais la plus belle église – légèrement à l'écart du centre historique – est celle de **Sant'Abbondio** (*via Regina Teodolinda 35*), exemple magistral d'architecture romane lombarde, riche en fresques du milieu du IVe siècle.

Le **Lungo Lario** (autre nom du lac) sépare **Villa Geno**, où se trouve le funiculaire qui monte à **Brunate** (*www.funicolarecomo.it*), du **Tempio Voltiano**, à côté du stade (*viale Guglielmo Marconi*). Dans ce bâtiment classicisant de 1927 sont rassemblés des souvenirs du plus illustre des enfants de Côme, le physicien Alessandro Volta.

En longeant la rive du lac, on passe devant la **Villa Olmo**, édifice néoclassique (*www.grandimostrecomo.it*) où sont organisées des expositions, puis la très célèbre **Villa d'Este** (*www.villadeste.com*), somptueuse et inaccessible, à moins d'y coucher. Depuis la fin du XIXe siècle, c'est un hôtel avec un magnifique jardin, réservé à une clientèle huppée.

Ce bâtiment est sis à **Cernobbio**, premier pays du lac sur la rive extérieure, en direction de **Menaggio**. À partir de là se succèdent des bourgs et des villages tous plus beaux les uns que les autres : **Moltrasio**, avec la **Villa Passalacqua** (XVIIIe siècle), **Carate Urio**, avec une villa du XVIIe siècle surnommée « le Château », le pittoresque bourg d'**Argegno**, juste avant la minuscule **île Comacina** (la seule du lac), **Lenno** et la **Villa del Balbianello**, propriété du FAI (Fondo per l'Ambiente Italiano) (*www.fondoambiente.it*). Celle-ci ouvre sur le lac par un jardin en terrasses et conserve des meubles anciens et des collections d'art chinois, africain et précolombien. La **Villa Carlotta**, à Tremezzo (*www.villacarlotta.it*), est célèbre pour son parc. Au printemps, la floraison de ses rhododendrons et de ses 150 espèces d'azalée en fait un des édens verdoyants les plus romantiques d'Italie.

Sur la rive intérieure du lac, après avoir passé les villages de Blevio, Torno, Nesso et Lezzeno, il ne faut pas manquer **Bellagio**, écrin de petites rues en pente et situation magnifique, au sommet du triangle cômien, pour cette localité qui est, depuis le début du XIXe siècle, un lieu de villégiature romantique, avec ses hôtels de style Liberty et ses villas historiques échelonnées le long du lac. Ainsi la **Villa Melzi**, néoclassique, avec son décor d'azalées, ses meubles d'époque et son musée de souvenirs napoléoniens (*www.giardinivillamelzi.it*), ou bien encore la **Villa Serbelloni** (XVIIIe siècle), transformée en hôtel en 1870 (*www.villaserbelloni.it*) et qui s'enorgueillit d'un merveilleux parc peuplé de plantes exotiques, où sont passés maints personnages illustres (*www.lakecomo.it et www.turismo.como.it*). *(On arrive sur place par « l'autoroute des*

228 EN HAUT - VUE DU CHÂTEAU SFORZA.

228 EN BAS - *LA CÈNE*, CHEF-D'ŒUVRE DE LÉONARD DE VINCI.

229 EN HAUT - LA TRIENNALE ET LE MUSÉE DU DESIGN.

229 EN BAS - UNE VUE DU LAC DE CÔME.

Shopping

*Au royaume de la mode, on ne manquera pas d'aller voir les vitrines **via della Spiga** et **via Montenapoleone**, rendez-vous des enseignes de haute couture. Mais on n'oubliera pas non plus deux grands magasins historiques du design : **10 Corso Como**, qui offre aussi, à côté de la boutique, un bar restaurant dans un jardin, un minuscule hôtel de trois chambres et un espace pour des expositions photographiques* (www.10corsocomo.com) *et **High Tech*** (piazza XXV Aprile) *qui dispose également d'un curieux point de vente en périphérie, **Cargo*** (www.high-techmilano.com). *Le shopping se fait aussi au siège historique de **La Rinascente*** (piazza del Duomo, www.rinascente.it), *nom inspiré de Gabriele D'Annunzio. Les marchés de vêtements sont toujours très courus, comme celui de **via Papiniano**, le mardi matin et le samedi matin, entre Saint-Ambroise et la via Tortona. En matière de gastronomie, les musts sont la **pâtisserie Gattullo*** (piazzale Porta Lodovica 2, www.gattullo.it), *couronnée pour son* panettone*; **Peck**, temple de la gastronomie de qualité* (via Spadari 9, www.peck.it)*; et naturellement **Il Salumaio**, installé depuis 2011 dans le Palazzo Bagatti-Valsecchi, pour y faire des achats, mais aussi pour y consommer sur place* (www.ilsalumaiodimontenapoleone.it).

lacs» [A9], ou par les trains de la Compagnie nationale [www.trenitalia.it] et ceux des Ferrovie Nord [www.lenord.it]. Pour la navigation sur le lac, voir www.navlaghi.it.)

Où dormir

€€€€€ Milano Scala (art). Un hôtel au nom emblématique, en plein centre, qui mélange le traditionnel et le contemporain. Innovations : les critères de construction et l'architecture, sans agent polluant. Tradition, en revanche, pour la décoration intérieure inspirée de l'opéra : suites « La Bohème », « Turandot », « Aïda » ou « Madame Butterfly » *(via dell'Orso 7, tél. 02 870 961, www.hotelmilanoscala.it).*

€€€ B&B Trovailtempo (avec jardin). Établissement tenu par deux sœurs : 4 chambres raffinées de goût français, donnant sur le jardin, dans une zone résidentielle tranquille, proche de l'hippodrome San Siro *(via Novara 216, tél. 339 502 1730, www.trovailtempo.it).*

€€€ B&B Porta Garibaldi (design). Dans le secteur branché Brera-Garibaldi-Isola. Un appartement design pour deux, avec cuisine équipée et wi-fi. Les vélos sont également fournis *(viale Pasubio 8, tél. 02 2906 1419, www.portagaribaldi.it).*

Où manger

€€€ Il Marchesino (top). Le nouveau temple de Gualtiero Marchesi, pour toutes les heures de la journée, du petit-déjeuner au souper d'après-théâtre, avec les plats de la tradition milanaise revisitée par l'inépuisable talent du chef *(via Vittorio Emanuele II, tél. 03 0776 0562, www.ilmarchesino.it).*

€€ Gattò (méditerranéen). Un peu magasin de vêtements, un peu agence de voyages – mais surtout restaurant : quelques tables, des livres pour ceux qui aiment lire en mangeant, une connexion wi-fi et d'excellents vins. Carte authentiquement napolitaine *(via Castel Morrone 10, tél. 02 7000 6870).*

€/€€€ Pescheria Da Claudio (poisson). Une adresse culte du quartier Brera-Garibaldi, donc de la ville : des spécialités de toute première fraîcheur à déguster. Archi-comble à midi, au rez-de-chaussée ; nouveau restaurant gourmand (et plus cher) au premier étage *(via Cusani 1, tél. 02 805 6857).*

Sorties et divertissements

Perrier-Jouët Oyster Bar (La Rinascente). Tout le monde y passe (et y entre), mais seuls les vrais noctambules montent jusqu'au dernier étage où le *food department* ne ferme pas avant minuit. On y trouve l'Oyster Bar, ses huîtres et ses bulles – plus ou moins fines, selon les goûts – de la célèbre maison champenoise. En prime, la vue sur la cathédrale *(piazza del Duomo, www.rinascente.it).*

Atm Bar. Dans la capitale italienne de l'happy-hour, une adresse en faveur depuis des années. Rénové depuis peu,

le bar se trouve au terminus des autobus et à deux pas du corso Como. Il organise aussi des soirées à thème : DJ, jazz, soul, musique vintage, etc. (*Bastioni di Porta Volta 18/a, www.atmbarmilano.com*).
Luminal Square. On danse sous un lanterneau futuriste de 15 m de diamètre – à moins d'avoir une invitation pour la petite salle privée. La musique ? DJ, house et underground pour accompagner apéritifs et cocktails. Les *trendsetter* milanais (et le monde de la mode et des défilés) s'y donnent tous rendez-vous (*via Monte Grappa 14, tél. 02 365 244 05*).

Pour d'autres informations : www.italie1.com/offices-du-tourisme-3727.html et www.turismo.milano.it

230 - Le restaurant gastronomique Il Salumaio à Montenapoleone.

230-231 - Flânerie sur les Navigli.

La zona Tortona et les Navigli

Zona Tortona** est le périmètre des créatifs. À l'origine quartier mi-résidentiel, mi-industriel, il est devenu, ces dix dernières années, le symbole du renouveau urbain. On remarque ainsi, via Bergognone, les **Ateliers scénographiques de la Scala**; via Savona, les vitrines de la **Design Library (consultation d'ouvrages et restauration rapide, www.designlibrary.it)*; via Solari, la **Fondation Arnaldo Pomodoro*** (www.fondazionearnaldopomodoro.it)*; au 35 via Tortona, l'**Hotel Nhow** conçu par Matteo Thun* (www.nh-hotels.it)*; et au n° 27, **Superstudio Group** accueille des événements, des expositions de photographies, des espaces de partage pour l'art, la danse, le design* (www.superstudiogroup.com)*. Tous sont à deux pas de Porta Genova, qui relie Zona Tortona à un autre secteur du Milan branché : les **Navigli**. Nés au XIIe siècle avec la réalisation du premier tronçon navigable, les canaux navigables ont relié pendant des siècles Milan à Pavie et au Pô (donc à la mer), mais aussi au lac Majeur et au Tessin grâce à un système d'écluses conçu par Léonard de Vinci, en 1482. Plus tard, Napoléon fit achever le **Naviglio Pavese** (l'autre est le **Naviglio Grande**). Aujourd'hui, les restaurants, les boîtes de nuit et les magasins d'antiquités sont si nombreux sur leurs rives qu'on ne les compte plus; il fait bon s'y rendre pour flâner, admirer les maisons populaires* (case di ringhiera)*, les petites églises en brique, et la **ruelle des Lavandières** où l'on lavait jadis le linge (sur le Naviglio Grande). De courtes croisières en bateau sont parfois organisées, de Milan vers les communes limitrophes* (www.naviglilombardi.com).

Les Dolomites du Val Gardena

En hiver, c'est un paysage de rêve recouvert d'un manteau blanc, dominé par les puissantes pyramides du Sasso Lungo, les aiguilles effilées des Odle, la forteresse rocheuse du Sella, des massifs montagneux inscrits en compagnie d'autres sommets des Dolomites sur la liste du patrimoine naturel de l'Unesco. En été, la nature généreuse produit des milliers de petites fleurs qui colorent les prés. Le Val Gardena, la plus célèbre des vallées du massif des Dolomites, révèle en toutes saisons le caractère exceptionnel de son charme. Le tourisme possède ici une très ancienne tradition, et la vocation pour les sports d'hiver, apparue au début du XXe siècle avec l'arrivée des premiers skis en bois dans les Alpes, a produit une kyrielle de champions de la classe de Carlo Senoner ou d'Isolde Kostner. Au départ de Ponte Gardena, dans le Haut-Adige, la vallée s'étend sur 25 km de long et s'élève jusqu'à 3 152 m, en haut du Sella, entouré des deux cols de Sella et de Gardena. **Ortisei**, le chef-lieu, **Santa Cristina Valgardena** et **Selva di Val Gardena**, les deux principaux villages, se succèdent le long du torrent Gardena, habités par des populations ladines, fières de leur langue, de leur culture et de leur savoir-faire ancestral dans la sculpture sur bois. Sur le versant nord de la vallée, à 2 500 m d'altitude, le **parc naturel Puez-Odle** offre plusieurs merveilles géologiques : des ponts naturels, des formations karstiques semblables à des amphithéâtres, des crêtes aiguës et des pentes rapides où il est fréquent de voir des lièvres, des écureuils, des chamois et des marmottes.

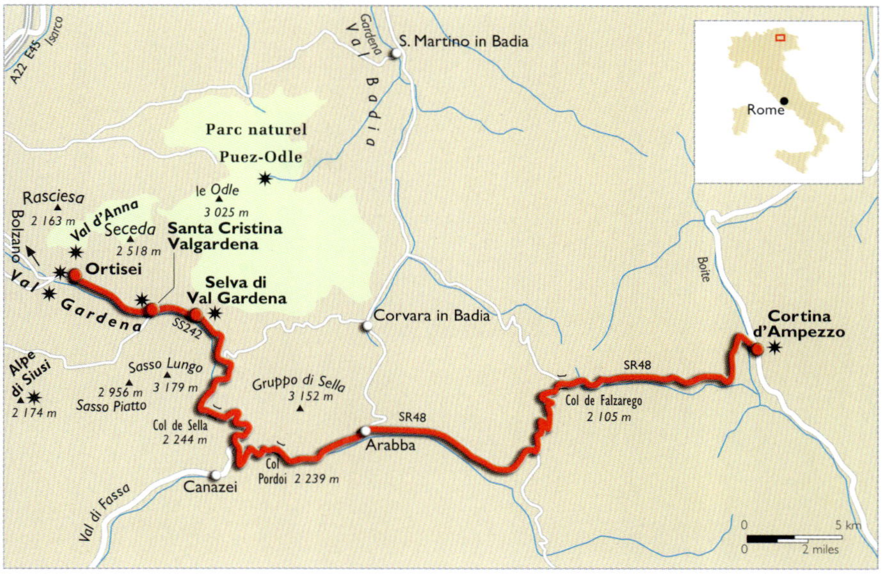

Comment se déplacer : *Le Val Gardena est relié à l'autoroute du Brenner (A 22), par la sortie Chiusa-Val Gardena. En prenant la* ***SS 242*** *à partir de* ***Ponte Gardena****, on est à 13 km d'****Ortisei****, suivi de* ***Santa Cristina*** *(à 5 km), puis de* ***Selva di Val Gardena*** *(3,5 km plus loin). En continuant la même route sur 11 km, on atteint le* ***col de Sella*** *(2 244 m) qui met en communication le Val Gardena et le Val di Fassa. Une fois arrivé, on pourra laisser la voiture pour emprunter l'excellent service de transports publics : les navettes entre les différentes localités de la vallée passent toutes les 15 minutes et les remontées mécaniques permettent d'accéder facilement aux sommets.*

Italie

ORTISEI

Avec ses petites maisons peintes de style Liberty ou tyrolien, Ortisei la ladine (1 236 m) est vouée depuis le XVIIe siècle au travail du bois (*voir l'encadré*). Depuis la fin du XIXe siècle, elle exploite la vocation touristique de son étonnant cadre montagneux. Dans le centre, à côté de maisons à l'architecture traditionnelle et de cafés sympathiques, on visitera le **Museo della Val Gardena** *(via Rezia 83, www.museumgherdeina.it ; horaires : 10 h-12 h et 14 h-18 h, du lundi au vendredi, de mi-mai à octobre [du lundi au samedi en juillet et en août] ; tous les jours, de 10 h-12 h et de 14 h-17 h, en période de Noël ; 10 h-12 h et 14 h-17 h, du mardi au vendredi, de janvier à mars)*, installé dans la **Cësa di Ladins**, la maison de la langue et de la culture ladines ou l'on pourra voir d'intéressantes collections de sculptures sur bois, de trouvailles archéologiques et de jouets. Le clou de la collection permanente est constitué de passionnants documents sur la géologie des Dolomites et sur la préhistoire de la vallée, avec la découverte de l'ichtyosaure de Seceda. Depuis 2004, le musée s'est enrichi de l'héritage artistique de Luis Trenker, alpiniste, architecte, metteur en scène et acteur originaire de la vallée, qui a tourné de nombreux films consacrés à la montagne.

Pour visiter la plus ancienne église de la vallée, une marche de 40 minutes mène depuis l'**église paroissiale** (baroque tardif) par la rue Sacun à la petite **église Saint-Jacques** du XIIe siècle (même si l'aspect actuel est gothique) dont le presbytère est orné de fresques murales qui racontent la vie de saint Jacques, protecteur des pèlerins et des voyageurs. Le précieux maître-autel en bois sculpté est orné de statues du XVIIIe siècle dont les originaux sont au musée du Val Gardena. Elles représentent des anges, des Apôtres et des princes de l'Église. Une autre excursion facile, au départ de la gare du téléphérique de Seceda, parcourt en 45 minutes le **sentier du Val d'Anna** qui mène aux chalets du bout de la vallée. Au retour, on peut passer par le Tri de Gola jusqu'au col de Flam, pour revenir au centre du pays.

232-233 - LA PETITE ÉGLISE SAINT-JACQUES DU XIIe SIÈCLE PRÈS D'ORTISEI.

233 EN BAS - MAISONS PEINTES À ORTISEI.

SANTA CRISTINA VALGARDENA

Perdue dans les pâturages, à 1 428 m d'altitude, Santa Cristina Valgardena est dominée par la masse majestueuse formée par le Sasso Lungo et le Sasso Piatto. Le long de la rue Troi Paian, on visite la **chapelle Sainte-Christine**, dont la partie inférieure du clocher est d'époque romane, et le maître-autel (1690), une œuvre de la célèbre dynastie locale des Vinazer. L'**ancien chemin de fer du Val Gardena**, construit pendant la Première Guerre mondiale pour le ravitaillement du front des Dolomites, a été transformé et assure une agréable promenade de 2 heures entre Santa Cristina et Ortisei. On peut apercevoir dans les bois, à l'écart du pays, le **Castel Gardena** (ne se visite pas), résidence estivale et de chasse édifiée en 1681 par les comtes Wolkenstein-Trostburg.

SELVA DI VAL GARDENA

Cette prestigieuse station de ski (1 563 m), au bout de la vallée, voit défiler chaque année, le premier dimanche d'août, un cortège de traîneaux tirés par des chevaux, qui transportent des habitants en **costumes traditionnels**. C'est l'occasion rêvée pour voir et admirer de près les vêtements les plus riches et les plus élaborés de toutes les Alpes. Habitués par le passé à courir le monde pour exécuter les commandes que leur valait leur réputation bien établie de sculpteurs sur bois, les habitants de la vallée avaient pris l'habitude d'acheter et de rapporter chez eux parures et étoffes précieuses, soieries et rubans, broderies, dentelles et bijoux dont ils ornaient leurs vêtements de fête. C'est ainsi que les habits des Valgardénois sont devenus de véritables œuvres d'art, que l'on porte à l'occasion

Skier dans le Val Gardena

Avec 175 km de pistes et 83 remontées mécaniques, le Val Gardena est le site le plus vaste du Dolomiti Superski : douze domaines offrant au total 1 220 km de descente à skis et de snowboard. Le tourisme hivernal est ici plus que centenaire et on n'a vraiment que l'embarras du choix. Le parcours le plus célèbre est sans doute celui de ***Sella Ronda*** *: 26 km de descentes inoubliables qui exigent environ 6 heures pour être vraiment savourés. Mythique également le parcours de Coupe du monde du* ***Saslong*** *qui dévale en serpentant les pentes raides du* ***Ciampinoi****, terrain d'affrontement des champions de descente et de super-G. Depuis Ortisei, un téléphérique récent monte en 8 minutes seulement à la cote 2 163 m sur les pentes du* ***mont Rascesa****, point de départ d'une* ***piste de luge*** *de 6 km, équipée, à toutes fins utiles, d'une installation de canons à neige artificielle.*

D'autres remontées mènent sur le ***mont Seceda*** *(2 518 m) et jusqu'aux merveilleuses étendues de l'****Alpe de Siusi****, renommées pour leur ensoleillement, leurs pentes douces et les magnifiques panoramas ponctués de bouquets de sapins et d'arolles. Cet endroit est aussi très apprécié des fondeurs qui peuvent se mesurer sur les 60 km de pistes spécialement tracées, à quoi s'ajoutent 30 km d'itinéraires pour les amateurs de raquettes. La dernière nouveauté de l'Alpe de Siusi est un* ***Nordic Ski Center****, à proximité de la station d'arrivée des « œufs » de Compatsch.*

des processions, des fêtes religieuses et des manifestations folkloriques. Les artisans de Selva sont même représentés sur la façade de la **Casa Sartëur**, décorée d'une horloge à carillon : deux fois par jour *(à 11h et 18h en été, 17h en hiver)*, les neuf cloches font entendre diverses mélodies, tandis que quatre petits personnages se déplacent en cercle. Depuis Selva, on peut aussi suivre la très ancienne **via Crucis** que dominent les parois du Stevia. Une promenade aussi facile qu'agréable conduit jusqu'aux dernières maisons de **Daunëi**, à environ 1 800 m d'altitude, dans un paysage aux arbres clairsemés où des vaches paissent tranquillement.

LE COL DE SELLA

Que ce soit par la route ou par le téléphérique, l'arrivée à la gare intermédiaire de **Piz da Cir** (2 298 m) est magnifique. Le panorama depuis le col est sublime et embrasse les plus beaux sommets des Dolomites.
Du col part le circuit du Sasso Lungo, une magnifique randonnée de 6 à 7 heures qui emprunte le légendaire **sentier Frédéric-Auguste**. On traverse les prairies à pente raide du versant méridional du massif et l'on continue entre les rochers jusqu'au Piz da Uridl. On poursuit ensuite jusqu'à la Forcella Ciaulong (2 113 m) puis à la « Ville des pierres », avant de revenir au col de Sella.

234 - La piste de fond du Val Gardena.

235 - Le massif de Sella.

L'art du bois

*L'art de la sculpture sur bois dans le Val Gardena remonte au XVIe siècle et des artistes avaient déjà pignon sur rue aux XVIIe et XVIIIe siècles. Ce qui était à l'origine un passe-temps pour occuper les longs mois d'hiver devint, avec le temps, une forme d'art populaire et une source de revenus non négligeable dans cette petite vallée ladine. Au départ, on ne sculptait que des jouets, de petits animaux, et des outils et ustensiles pour la maison. Au fil du temps, les sculpteurs se mirent à créer des objets d'art et à diversifier leurs sujets, sacrés ou profanes, pour les vendre dans les foires de printemps. En 1872 fut fondée l'**École nationale d'art d'Ortisei**, et en 1907, celle de **Selva**. Aujourd'hui, les artisans continuent à faire vivre cette tradition avec des œuvres qui mêlent la saveur de l'histoire au goût contemporain. Des expositions permanentes des plus grands maîtres de la vallée sont organisées à **Ortisei**, à la galerie **Unika** (*Typak-Center, via Arnaria 9, www.unika.org/it; horaires : 10h-12h et 14h-18h*) et chez Art 52, au palais des Congrès. Elles proposent un panorama de travaux à l'ancienne, peints à la main et dorés à l'or pur, mais aussi de meubles et d'objets au design contemporain. Les œuvres des artistes du groupe Unika sont aussi présentées chaque année dans le cadre d'une manifestation spécifique – l'**Unika-sculpteurs en fête** – qui se déroule en décembre à Ortisei. Au centre sportif **Iman de Santa Cristina**, par ailleurs, on peut visiter **la plus grande crèche du monde**, réalisée par les sculpteurs et graveurs du pays, qui ajoutent chaque année un nouveau personnage – grandeur nature.*

EXCURSION À CORTINA D'AMPEZZO

La route est raide et tortueuse : une heure et demie est nécessaire pour parcourir les 70 km qui séparent Selva di Val Gardena de Cortina, par les trois cols de Sella, du Pordoi et de Falzarego. Cortina, la reine des Dolomites, est l'une des stations de ski les plus prestigieuses du monde, avec un charme unique nourri par le sport, la mode, le shopping de luxe et l'hospitalité délicieuse de ses habitants. Elle ne cesse d'attirer l'élite touristique depuis plus d'un siècle, séduite par les cimes puissantes des Tofane et du Cristallo, les 120 km de pistes qui ont fait l'histoire du ski (y compris le *slow ski* et le free style, selon qu'on préfère les longues pauses de méditation ou le ski acrobatique) et les 300 km de chemins de randonnée qui parcourent la vallée d'Ampezzo. Sans oublier les 278 ateliers et boutiques proposant le meilleur de la mode italienne – chaussures, habillement et bijoux – mais aussi des antiquités, des galeries d'art et les chefs-d'œuvre de l'artisanat local.

Après avoir laissé la voiture dans un des très nombreux parkings disponibles à proximité du centre, une promenade est de rigueur sur le **corso Italia**, artère principale de la ville et zone piétonnière depuis deux décennies, grouillante de monde surtout en fin d'après-midi, été comme hiver. Certains touristes cherchent à repérer des visages connus, d'autres découvrent les vitrines les plus élégantes et les plus raffinées. Peu après l'hôtel de ville se dresse la **cathédrale Saint-Philippe-et-Saint-Jacques** datant du XVIIIe siècle, et son précieux tabernacle d'Andrea Brustolon et un clocher de 1858. Derrière la cathédrale se trouvent la **Ciasa de ra Regoles** (Maison des Règles ou Comunioni Familiari Montane), siège des autorités autonomes du Val d'Ampezzo, ainsi que l'intéressant **musée d'Art moderne Mario Rimoldi** *(corso Italia 69, www.musei.regole.it ; horaires : 10 h 30-12 h 30 et 16 h-19 h 30)*, qui présente une des principales collections privées d'art italien du début du XXe siècle, avec environ 400 œuvres d'art (exposées par roulement) des plus grands peintres de cette période dont Campigli, Sironi, De Chirico, De Pisis, Guttuso, Morandi, Music, Savinio et Tomea. Dans le même bâtiment, le **bureau des Guides** *(www.miacortina.it/guide-alpine.html)* propose toute l'année des courses, des randonnées et des excursions.

Pour le shopping, une des meilleures adresses est, au n° 40, la **Cooperativa di Cortina**, où l'on peut trouver de tout, des vêtements aux tissus et des articles sportifs aux ustensiles ménagers les plus recherchés. On recommande également deux boutiques d'artisanat local traditionnel consacrées au travail du fer forgé, du bois, des poêles en faïence et du tissage : **Fabbri Zardini** *(Loc. Brite de Val, tél. 0436 867735)* et **De Bernardo Stufe** *(Pian del Lago 46, www.debernardostufe.it)*, fabricant de poêles en céramique, faïence et maçonnerie, réalisés et décorés à la main. On peut célébrer le rite des happy hours day & night au **LP 26**, boîte de nuit appréciée de la vie mondaine locale *(largo Poste 26)*, à la fois œnothèque et charcuterie, qui programme des groupes musicaux tous les soirs de la semaine.

Où dormir

€€€€€ Alpina Dolomites Gardena Health Lodge & Spa (Alpe di Siusi).
Dans le cadre magnifique de l'Alpe de Siusi, un cinq-étoiles récent, très attentif au design et à l'emploi de matériaux naturels. Grand spa avec piscine (couverte et à l'air libre), saunas et espaces de relaxation, centre de fitness. Vue imprenable sur le Sasso Lungo et le Sasso Piatto *(via Compatsch 62/3, Alpe di Siusi [BZ], tél. 0471 796004, www.alpinadolomites.it)*.

€€€€ Hotel Grien (Ortisei). Un chalet de montagne typique et soigné proposant de vastes chambres donnant sur un jardin privé ou sur un balcon. Excellent centre d'esthétique et de bien-être (*via Mureda 178, tél. 0471 796 340, www.hotel-grien.com/ita/*).

€€ Smart Hotel Saslong (Santa Cristina). « Des grandes vacances à des prix Smart », tel est le slogan de ce nouvel établissement de Santa Cristina. Un style et une ambiance design italiens alliés à l'hospitalité du Haut-Adige, à des prix très convenables (*via Palua Straße 40, tél. 0471 774 444, www.saslong.eu/it*).

Où manger

€€€ Anna Stuben (Ortisei). Le royaume du chef Armin Mairhofer dont les créations raffinées marient avec une subtile maîtrise traditions culinaires locales et inspirations méditerranéennes (*Albergo Gardena-Grödnerhof, via Vidalong 3, tél. 0471 796 315, www.annastuben.it*).

€€ Tubladel (Ortisei). Aménagé dans une ancienne grange, l'endroit est rustique et accueillant, doté d'un beau jardin où l'on mange l'été. Cuisine traditionnelle du Haut-Adige, allant du gibier au poisson. La cave propose une belle sélection de vins (*via Trebinger 22, tél. 0471 796 879, www.tubladel.com*).

€€ Ristorante Uridl (Santa Cristina). C'est le plus ancien restaurant de la vallée, proche de l'église, dans une *Stube* tyrolienne en bois, au poêle en faïence du XIXe siècle. Gestion familiale depuis quatre siècles (*strada Chemun 43, tél. 0471 793 215*).

Sorties et divertissements

Maurizkeller (Ortisei). Chaque soir à partir de 22 h 30, un DJ avec musique des années 70-80 et house music. Ouvert toute l'année (*via Rezia 32, tél. 0471 797 301, www.maurizkeller.com*).

Siglu Bar at Cavallino Bianco (Ortisei). Après-ski et bar disco. Établissement réputé pour ses fêtes à thème (*via Rezia 22, tél. 0471 796 879, www.siglu.it*).

Yello's Lounge Bar (Selva di Val Gardena). Un nouveau salon-bar, dans une ambiance raffinée, avec d'excellents cocktails et des champagnes réputés (*Strada Mëisules 244, tél. 0471 795 255, www.yellosbar.com*).

Pour d'autres informations :
Office de tourisme du Val Gardena, www.gardena.org.fra-services-valgardena.html
tél. 0471 777777 ; www.valgardena.it

236 - La roche dorée de la Tofana di Rozes.
236-237 - Cortina, reine des Dolomites.

Venise et la Brenta - *Italie*

Embarquez sur un vaporetto et jouissez du spectacle : les palais vénéto-byzantins, Renaissance et baroques bordant le Grand Canal, cette grandiose avenue qui sillonne la Sérénissime, du pont de la Constitution à la Ca' d'Oro, du pont du Rialto à la Ca' Rezzonico et de l'Académie à la place Saint-Marc et au pont des Soupirs. À pied, découvrez les places et piazzettas, les canaux et les ponts, les ruelles, les églises, les musées et les boutiques... Pour apprécier les recoins typiques de la cité des Doges et goûter son charme exceptionnel, il faut beaucoup marcher, et flâner. Quant à la proche vallée de la Brenta, elle est célèbre pour ses somptueuses villas palladiennes, jadis résidences secondaires de riches Vénitiens.

Venise est divisée en *sestieri*, les quartiers des autres villes, mais malheur à qui oserait les appeler ainsi ! Le **Cannareggio**, au nord du **Grand Canal**, est l'un des plus suggestifs, avec le premier **Ghetto** d'Europe créé au XVIe siècle; la **Ca' d'Oro**, résidence nobiliaire de style gothique, qui abrite la **Galleria Franchetti**, où l'on peut admirer le *Saint Sébastien* de Mantegna, entre autres chefs-d'œuvre *(Cannareggio 3932, www.cadoro.org; horaires : 8h15-19h15 du mardi au dimanche, jusqu'à 14h le lundi)*, et l'**église de la Madonna dell'Orto**, sur le campo dell'Orto, riche en œuvres de Bellini, Van Dyck et du Tintoret – enterré dans l'église –, avec son célèbre *Jugement dernier* dans le chœur *(www.madonnadellorto.org; horaires : 13h-17h les dimanches et jours de fête, 10h-17h les jours ouvrables)*. Sur l'autre rive du Grand Canal, au-delà du **pont des Scalzi**, le *sestiere* de **Santa Croce**

238-239 - Vue aérienne de la Sérénissime.

239 en bas - Le campanile de Saint-Marc et le palais des Doges.

est le plus petit, et l'un des plus authentiques. Il prolonge celui de **San Polo**. Tous deux renferment des chefs-d'œuvre comme le **Palazzo Mocenigo** et son **musée du Tissu et du Costume** *(Santa Croce 1992, www.museicivici veneziani.it; horaires : 10h-16h, jusqu'à 17h en été)* ; la **Scuola Grande San Rocco** *(San Polo 3052, www.scuolagrandesanrocco.it; horaires : 9h30-17h)* dont les murs et les plafonds de ses trois salles arborent des œuvres du Tintoret, et la basilique **Santa Maria Gloriosa dei Frari**.

Au sud de San Polo et de Santa Croce, **Dorsoduro** est fier de la **Ca' Rezzonico,** et de ses musées du XVIIIe siècle vénitien, de la **Collection Guggenheim** et des **Galeries de l'Académie**. On a récemment inauguré le musée de la **Pointe de la Douane**, caprice en forme de proue de navire du milliardaire français François Pinault qui y expose sa collection d'art contemporain, et les **Magazzini del Sale** que le Génois Renzo Piano a transformés en espace de présentation du peintre vénitien **Emilio Vedova** *(Dorsoduro 266, www.fondazione vedova.org; horaires variables)*. C'est le premier musée de l'histoire sans cimaises aux murs : les œuvres sont transportées par un bras mécanique commandé par ordinateur, qui décide aléatoirement de la place qu'elles occuperont.

En face, de l'autre côté du Grand Canal, se déploie le *sestiere* de **San Marco**. Ses joyaux sont la célèbre place Saint-Marc avec la **basilique** et le **palais des Doges** ou Palais ducal, la **Fenice**, le **Palazzo Grassi,** le **musée Correr** et le **musée Fortuny** dans le palais gothique que le peintre Mariano Fortuny a transformé, en y exposant ses tableaux et ses collections, pour en faire l'une des plus belles maisons vénitiennes *(San Marco 3958, www.museicivicivenezianі.it; horaires : 10h-18h, fermé le mardi)*.

Reste enfin à découvrir le dernier *sestiere*, celui de **Castello**, qui commence juste derrière le Palais ducal et s'étire jusqu'au bout de la **lagune**. Là se dévoilent maints trésors : l'église Santa Maria Formosa et la **Fondation Querini Stampalia**, toute proche, et surtout la **basilique Santi Giovanni e Paolo** (San Zanipolo en dialecte vénitien), avec une *Adoration des bergers* de Véronèse et les monuments funéraires de plusieurs doges *(Castello 6363, www.basilicasantigiovanniepaolo.it; horaires : 9h-18h, 12h-18h les dimanches et jours de fête)*. À l'extrémité orientale de Castello, les **Jardins** *(Giardini)* aménagés sur ordre de Napoléon Ier et où se tient la Biennale de Venise *(www.labiennale.org)*.

Comment se déplacer en ville :

Le vaporetto est le moyen le plus commode pour se déplacer; on peut, sur le site www.veniceconnected.com, acheter des billets à tarifs réduits. Les autres possibilités, plutôt chères, sont les taxis arborant un petit drapeau et une bande jaune, les motoscafi *des grands hôtels et les gondoliers (www.gondolavenezia.it).*

À voir

LA PLACE SAINT-MARC

Le « salon d'honneur » de la cité des Doges est l'une des places les plus célèbres du monde. Y rivalisent des monuments extraordinaires comme le **campanile** érigé à partir du IXe siècle sur plan carré, haut de 99 m, et la **basilique** *(www.basilicasanmarco.it; horaires variables)*, le sanctuaire européen évoquant le plus l'Orient. Réalisée en style romano-byzantin sur un plan en croix grecque pour accueillir la dépouille de saint Marc l'Évangéliste, elle expose ses cinq coupoles inégales, ses chevaux de bronze, ses mosaïques à fond d'or, les lunettes de ses façades et la profusion de ses marbres. On admirera à l'intérieur la **Pala d'Oro**, un retable dont 27 émaux comportent des scènes de la vie de saint Marc, et le **trésor** riche de chefs-d'œuvre d'orfèvrerie réalisés à l'origine pour les églises et les palais de Constantinople, et pillés en 1204. À côté de la basilique se dresse la **tour de l'Horloge**, avec les statues des deux Maures frappant une grosse cloche et l'horloge astronomique, qui scande le temps depuis cinq siècles *(www.museicivici veneziani.it; visite sur réservation)*. Du côté du Grand Canal et du bassin de Saint-Marc, on admire la façade gothique du **palais des Doges**, résidence ducale réalisée du XIIe au XVIe siècle et décorée par des artistes comme le Tintoret, Véronèse, Titien et Tiepolo. On y visite les **appartements du Doge**, le **Museo dell'Opera** avec ses précieux chapiteaux, l'Armurerie et les **Prisons nouvelles** (les Plombs) reliées au palais par le célèbre pont des Soupirs *(www.museicivicivenezianì.it; horaires : 8h30-17h30, jusqu'à 19h en été)*. Avant de quitter la place, on fera une halte au **Café Florian** *(www.caffeflorian.com)*, où, depuis 1720, on déguste son café sous les regards des portraits à l'huile de Marco Polo, Goldoni, Casanova accrochés aux murs dorés...

LE PONT DU RIALTO

Le plus illustre des ponts a été construit à la fin du XVIe siècle par l'architecte Antonio da Ponte pour remplacer un ancien pont-levis en bois. Divisé en trois rampes par deux rangées de boutiques, il a été, jusqu'au milieu du XIXe siècle, le seul à franchir le Grand Canal avant d'être rejoint par trois autres : les **ponts** de l'**Académie**, des **Scalzi** et de la **Constitution**.

LA BASILIQUE SANTA MARIA GLORIOSA DEI FRARI

Cadre de concerts classiques, le sanctuaire est riche en œuvres de Titien (son *Assomption* était, aux yeux de Canova, le plus beau tableau du monde), de Giovanni Bellini et de Palma le Jeune. On y admire d'importantes sculptures comme le *Monument équestre à Paolo Savelli* (1405), de Jacopo Della Quercia *(San Polo 3072, www.basilicadeifrari.it; horaires variables)*.

LE MUSÉE CORRER

Dans l'aile voulue par Napoléon Ier, place Saint-Marc, on admire depuis 1922 les sculptures de Canova, mais aussi le *Christ mort soutenu par deux anges* de Bellini (1453-1455), *Sainte Justine et les Trésoriers* (1580) du Tintoret, et des travaux de facture locale, des plumiers aux chandeliers et autres œuvres d'art appliqué *(San Marco 52, www.museicivicivenezianì.it; horaires : 10h-17h, jusqu'à 19h en été)*.

LE PALAZZO GRASSI

Ce beau palais du XVIIIe siècle donnant sur le Grand Canal a été transformé par François Pinault en un des grands pôles mondiaux de l'art contemporain. Avec les bâtiments de la Pointe de la Douane, il abrite des œuvres de Jeff Koons, Takashi Murakami, Matthew Day Jackson, Richard Hughes. Elles y sont présentées par roulement à côté d'expositions temporaires *(campo San Samuele, www.palazzograssi.it ; horaires variables)*.

LA POINTE DE LA DOUANE

Pour transformer la vieille bâtisse du XVIIe siècle de Benoni (ornée à son extrémité par une tour surmontée d'un globe d'or que soutiennent deux atlantes), François Pinault a fait appel au Japonais Tadao Ando, qui avait déjà piloté la restauration du Palazzo Grassi. Parallèlement aux œuvres de la collection présentées par roulement, des expositions spéciales sont régulièrement organisées – mais on y vient aussi pour admirer l'édifice *(Dorsoduro 2, www.palazzograssi.it ; horaires variables)*.

LA COLLECTION PEGGY GUGGENHEIM

Dans un palais inachevé du XVIIIe siècle, acheté en 1948 par la grande et fantasque collectionneuse américaine, on peut admirer des chefs-d'œuvre : des toiles de Picasso à *La Clarinette* de Braque et des compositions de Mondrian à *L'Empire des lumières* de Magritte (tous dans la collection permanente), sans oublier les œuvres de la collection Gianni Mattioli : un portrait rare de Modigliani, *Dynamisme d'un cycliste* de Boccioni, *Manifestation interventionniste* de Carrà... Ne pas négliger non plus le Jardin des sculptures Nasher avec des œuvres de Calder, Giacometti, Marino Marini, et un calendrier bien rempli d'expositions contemporaines *(Dorsoduro 704, www.guggenheim-venice.it ; horaires : 10h-18h, fermeture le mardi)*.

LA CA' REZZONICO

Ce palais massif, résidence actuelle du **Musée du XVIIIe siècle vénitien**, présente des toiles de Tiepolo (l'*Allégorie du Mérite*), des vues du Grand Canal par Canaletto, des œuvres du Guerchin et de Tintoret. L'édifice, bâti à partir de 1649 au bord du Grand Canal, sur les plans de Baldassare Longhena, considéré comme le plus grand interprète du baroque vénitien, est célèbre pour son grand escalier d'honneur et pour sa magnifique salle de bal *(Dorsoduro 3136, www.museiciviciveneziani.it ; horaires : 10h-17h, jusqu'à 18h en été)*.

LES GALERIES DE L'ACADÉMIE

On y trouvera la plus riche collection de tableaux de Venise et de Vénétie, du XIVe au XVIIIe siècle. La liste des chefs-d'œuvre est longue : du *Saint Georges* de Mantegna (vers 1460) à la *Tempête* de Giorgione (1507-1508), et des toiles de Bellini, Carpaccio et Véronèse à celles du Tintoret, de Tiepolo, Titien et Canaletto *(campo della Carità, Dorsoduro 1050, www.gallerieaccademia.org ; horaires : 8h15-19h15, le lundi de 8h15 à 14h)*.

LA FONDATION QUERINI STAMPALIA

Sise au deuxième étage d'un palais Renaissance, cette fondation est un musée pour les connaisseurs – ou plutôt une résidence musée : un admirable Bellini et une centaine de tableaux du XVIIIe siècle vénitien (dont 30 de Pietro Longhi), à côté de mobiliers originaux, de stucs, de miroirs, de boiseries, de tapisseries et de porcelaines. Après la mort de Giovanni Querini Stampalia (1869) est née la Fondation pour la promotion de l'art contemporain : elle a son siège dans l'aile du palais restaurée par Carlo Scarpa et elle accueille des expositions des plus grands artistes de la scène internationale *(Castello 5252, www.querinistampalia.it ; horaires : 10h-19h du mardi au dimanche)*.

240 EN HAUT - VUE DE LA PLACE SAINT-MARC.

240 EN BAS - LE SOMPTUEUX INTÉRIEUR DE LA BASILIQUE SAINT-MARC.

241 EN HAUT - LE CÉLÈBRE PONT DU RIALTO.

241 EN BAS - VUE DU GRAND CANAL.

EN BATEAU SUR LA BRENTA

Il y a d'un côté la lagune et ses îles, Murano, Burano, Torcello... Et de l'autre, la **Brenta** : le canal navigable entre Venise et Padoue est l'occasion d'une mini-croisière entre jardins et cités anciennes (*www.rivieradelbrenta.com*). Le trajet, qui dure une demi-journée ou une journée entière entre **Mira**, **Dolo** et **Strà**, permet de voir et de visiter des chefs-d'œuvre telles la **Villa Pisani**, et ses fresques de Tiepolo (XVIIIe siècle) (*www.villapisani.beniculturali.it*), la **Villa Widmann Rezzonico Foscari** (*www.riviera-brenta.it*), une des œuvres les plus représentatives du baroque tardif vénitien, la **Villa Valmarana**, qui abrite aussi des fresques de Tiepolo (*www.villavalmarana.net*), et la **Villa Foscari-La Malcontenta** (*www.lamalcontenta.com*), dessinée par Palladio et décorée de fresques de Battista Zelotti.

*Pour organiser une croisière, s'adresser à **Il Burchiello**, www.ilburchiello.it, embarquement au Pontile della Pietà, Riva degli Schiavoni.*

EXCURSION DANS LES ÎLES DE LA LAGUNE

On peut découvrir les îles de la lagune les unes après les autres, ou au choix, en embarquant à bord des *vaporetti* qui partent des différents pontons de la Sérénissime. Si vous disposez du temps nécessaire, essayez de les visiter toutes, des plus petites comme **San Clemente** (où se trouve l'hôtel de luxe **San Clemente Palace**, *www.sanclementepalacevenice.com*) et **Pellestrina**, aux plus grandes comme le **Lido** qui, depuis le XIXe siècle, est la plage des Vénitiens avec ses villas de style Liberty, son casino et, chaque année à la fin du mois d'août, la Mostra du Cinéma (*www.labiennale.org/it/cinema*). **Torcello**, l'île qui plut tant à Hemingway, qui y avait trouvé refuge à la **Locanda Cipriani** (*www.locandacipriani.com*), mérite le détour pour sa **cathédrale** aux mosaïques byzantines représentant le *Jugement dernier* et l'**église Santa Fosca** des XIe-XIIe siècles. **Murano** est depuis le XIIIe siècle la capitale du verre soufflé à la main : un savoir-faire artisanal traditionnel qui fait vivre plusieurs

entreprises comme on peut s'en rendre compte sur le **Fondamenta dei Vetrai** (quai des Verriers) et dans un **musée** situé dans l'ancien palais des évêques (*www.museicivicivenenziani.it*). **Burano** est, en revanche, connue pour son **Museo del Merletto**, en cours de restauration (*www.museicivicivenenziani.it*).

242 EN HAUT - VILLA PISANI,
LE LONG DE LA RIVIERA DE LA BRENTA.

242 AU CENTRE - L'ÉGLISE SANTA-FOSCA
SUR L'ÎLE DE TORCELLO.

242 EN BAS - LA LOCANDA CIPRIANI À TORCELLO.

242-243 - UN BATEAU SUR LA BRENTA.

243 - LE MUSÉE DU MERLETTO À BURANO.

Où dormir

€€€€€ Hôtel Danieli (luxe). Un symbole de l'hôtellerie vénitienne, dans un ancien palais gothique des Dandolo : lustres de Murano, colonnes de marbre et restaurant terrasse. Immortalisé dans de nombreux films, choisi par bien des vedettes de passage à Venise (*riva degli Schiavoni 4196, tél. 041 522 6480, www.danieli.hotelinvenice.com*).

€€€€ Ad Place Charming Hotel (glamour). Aussi élégant qu'extravagant : du mobilier baroque vénitien repeint, des expositions de peintures et de photographies, wi-fi, Internet haut débit (*San Marco Fondamenta della Fenice 2557/A, tél. 041 241 3234, www.adplacevenice.com/it*).

€€€ B&B Domus Orsoni (design). Cet ancien atelier est devenu un élégant B&B avec un jardin et des chambres or turquoise, or rubis, or vert. Mobilier design signé d'artistes italiens (*Cannaregio 1045, tél. 041 275 9538; www.domusorsoni.it*).

Où manger

€€€ Ai Gondolieri (créatif). À la carte, viandes sélectionnées et primeurs. Le propriétaire, Giovanni Trevisan, gère aussi le Museum Café de la galerie Peggy Guggenheim, toute proche (*Dorsoduro 366, tél. 041 528 6396, www.aigondiolieri.it*).

€€ Naranzaria (poisson). Dans un ancien entrepôt d'agrumes, une auberge à la mode pour manger du carpaccio d'espadon et des sushis. Le poisson arrive directement du marché voisin du Rialto (*San Polo 130, tél. 041 724 1035, www.naranzaria.it*).

€€ Cantina Do Spade (vénitien). Les Vénitiens les appellent des *bacari*, des bistrots où les habitants boivent ensemble un verre de vin accompagné d'amuse-gueule. On y goûtera la polenta blanche à l'encre de seiche (*calle Do Spade 19, tél. 041 521 0583, www.cantinadospade.it*).

Sorties et divertissements

Harry's Bar. Inoubliable, le Bellini du Harry's Bar historique (qui fait aussi restaurant) : Giuseppe Cipriani en personne l'a inventé en 1848 et c'est devenu l'un des cocktails les plus célèbres du monde (*San Marco 1323, www.cipriani.com*).

Skyline Bar. Quoi de plus romantique que de gagner le toit du Hilton des Moulins Stucky, sur l'île de la Giudecca, pour aller y boire un cocktail au coucher du soleil ? De là-bas, on voit tout Venise... (*Giudecca 810, www.molinostuckyhilton.com*).

Théâtre de La Fenice. L'un des théâtres les plus célèbres d'Italie. Bellini, Rossini, Donizetti et Verdi y ont donné plusieurs premières de leurs œuvres (*Campo San Fantin 1965, www.teatrolafenice.it*).

Pour d'autres informations : voir l'Office du tourisme vénitien, www.turismovenezia.com

Shopping

Parler de Venise, c'est aussitôt penser à Murano. Les verreries les plus réputées du monde, élaborées depuis des siècles sur l'île homonyme de la lagune, se trouvent dans de nombreuses boutiques – mais attention aux imitations ! Les productions authentiques doivent porter le label « Vetro Artistico di Murano », contrôlé par l'association Promovetro. Pour acheter à coup sûr, on ira par exemple chez ***Carlo Moretti****, dans son magasin du Campo San Moisè* (www.carlomoretti.com), *ou à Murano, chez* ***Ercole Moretti*** (Fondamenta Navagero 42, www.ercolemoretti.it). *Les masques traditionnels s'achètent chez* ***Ca' Macana*** (Dorsoduro 3172, www.camacana.com)*; brocarts et damassés chez* ***Lorenzo Rubelli*** (San Marco 3877, www.rubelli.com). *Chez* ***Antonio Vaccari*** (www.antoniovaccari.com), *on verra à l'ouvrage les* impiraresse, *les enfileuses qui créent colliers, boucles d'oreilles et bracelets en tout genre. Naturellement en verre de Murano.*

244 ET 245 EN HAUT À GAUCHE - L'HÔTEL DANIELI, SYMBOLE DE L'HÔTELLERIE VÉNITIENNE.

245 EN HAUT À DROITE - LE CAFÉ FLORIAN SUR LA PLACE SAINT-MARC.

245 AU CENTRE ET EN BAS - UNE BOUTIQUE DE VERRERIE À MURANO ET UN MAGASIN VENDANT LES CÉLÈBRES MASQUES POUR LE CARNAVAL.

Tigullio et Cinque Terre - *Italie*

Un itinéraire court, mais sublime sur environ 30 km. Un trajet qui parcourt les routes tortueuses reliant les localités des golfes Paradiso et de Tigullio – Camogli, Santa Margherita, Portofino et Rapallo. Ces destinations raffinées témoignent d'un tourisme élitaire né au XIXe siècle, lorsque les hauts récifs sculptés par la mer et les maisons étroites couleur pastel, blotties autour de leur petit port, plaisaient aux goûts romantiques des voyageurs étrangers. En fond de tableau, le Monte di Portofino, parc naturel régional (*www.parcoportofino.it*) étalé sur les pentes sauvages de l'Apennin ligure, et baigné par les fragrances enivrantes du maquis méditerranéen.

Comment se déplacer : *En arrivant de Gênes par l'autoroute A 12 (sortie Casello di Recco), la première étape de l'itinéraire est Camogli d'où l'on continue sur la route nationale S P 1 Aurelia en direction de Ruta. Quittant ensuite l'Aurelia, on continue vers San Rocco, à moins d'emprunter la route privée qui monte à Portofino Vetta, point de départ des sentiers piétonniers qui mènent à Punta Chiappa et San Fruttuoso. On peut également s'y rendre en bateau depuis Camogli (départ toutes les heures en été, www.golfoparadiso.it/orari/camogli-chiappa-sanfruttuoso.html), une solution conseillée surtout pendant l'été, quand les bouchons sont fréquents sur l'Aurelia et les parkings quasi introuvables. De Ruta, la même Aurelia continue ensuite vers Rapallo et San Michele di Pagana*

où l'on prend la nationale 227 pour aller à Santa Margherita Ligure, point de départ d'une ligne de bus directe pour Portofino.

CAMOGLI

À l'ouest du promontoire de Portofino, ce petit bourg de la Riviera du Levant est un bijou miraculeusement préservé par le temps. Son histoire est étroitement liée à sa flotte de voiliers qui, au milieu du XIXe siècle, étaient deux fois plus nombreux qu'à Hambourg. De ces voiliers, il ne reste plus de trace qu'au petit et curieux **Museo Marinaro Gio Bono Ferrari** *(via Gio Bono Ferrari 42, www.museomarinaro.it; horaires : 9h-12h lundi, jeudi et vendredi; 9h-12h et 15h-18h mercredi, samedi, dimanche et jours fériés)*. On y présente le siècle d'or de la marine locale – de l'époque napoléonienne à la Première Guerre mondiale – avec des maquettes de voiliers, des instruments de bord, des ex-voto et des gnomons. La bourgade entretient toujours avec la mer des relations étroites : outre le tourisme, la *tonnara* est toujours vivante. On pratique cette technique de pêche au thon avec des filets fixes depuis le XVIIe siècle. Dans le petit port, les barques bariolées des pêcheurs se balancent sous la brise. Sur les pentes sont accrochées des maisons de couleurs vives. Elles sont peintes afin de les protéger du vent et de l'air salin. Dans le centre historique se dressent l'**église Santa Maria Assunta**, édifiée au XIIe siècle (mais dotée ensuite d'une façade néoclassique), qui conserve dans sa sacristie une *Déposition de croix* de Luca Cambiaso, et le **Castel Dragone**, à pic sur la mer qui en surveille les robustes murailles. La promenade du bord de mer, la **via Garibaldi**, fourmille de restaurants, de bars, de cafés et de pâtisseries, où il est bien agréable de s'arrêter. On y goûtera quelque spécialité locale comme les petites fouaces (*focaccette*) au fromage et les *camogliesi*, gâteaux faits avec de la pâte à choux fourrée de crème pâtissière au rhum.

De Camogli, on partira pour une excursion à pied, assez difficile, d'environ 90 minutes qui contentera ceux qui aiment voyager lentement en découvrant les paysages au pas tranquille du randonneur. On remonte le long du Rio Gentile jusqu'à **Punta Chiappa** – un lieu idéal pour se baigner à l'abri des récifs. Chemin faisant, on verra le bourg de **San Rocco** (splendide point de vue panoramique) et la petite **église** romane de **San Nicolò di Capodimonte**. On peut aussi – et avec moins de fatigue – atteindre le village avec un bateau de ligne depuis la plage de Camogli. Ce sera une excellente solution pour visiter l'abbaye **San Fruttuoso di Capodimonte**. Pour ceux qui préfèrent la navigation solitaire ou la plongée, on peut au B&B Diving Center louer des canoës, des canots pneumatiques et aussi de petites embarcations équipées d'un moteur de moins de 40 CV. Pour ces dernières, il n'y a pas besoin de permis bateau *(Diving Center, via San Fortunato 7, tél. 018 5772751, www.bbdiving.it)*.

246-247 - Vue de Portofino, avec le château Brown, le phare et la pointe du cap.

247 en bas - Le petit port de Camogli.

248 en haut - Le monastère de San Fruttuoso.

248 en bas - La statue du Christ des Abysses.

249 - La promenade le long de la mer à Rapallo.

SAN FRUTTUOSO DI CAPODIMONTE

Le charme du lieu est indéniable : c'est un petit paradis fondé par des moines dans une rade rocheuse du promontoire de Portofino. Son histoire est assez tourmentée, puisqu'il fut successivement monastère bénédictin, refuge de pêcheurs, repaire de pirates et – à partir de 1275 – propriété de la grande famille génoise Doria. Depuis quelques années, le complexe est revenu à son ancienne splendeur grâce aux restaurations conduites par le FAI (*Fondo per l'Ambiente Italiano*). En arrivant par la mer, on aperçoit aussitôt la tour carrée dressée sur le cap entre deux criques. Elle a été construite en 1562 par les héritiers de l'amiral et condottiere Andrea Doria, pour protéger la baie des incursions des pirates barbaresques. L'intérieur du complexe abbatial comprend l'église fondée au xe siècle, avec une coupole de type byzantin englobée par la suite dans une tour ; un minuscule cloître sur le côté droit ; et l'**abbaye** proprement dite, datée du xie siècle (*S. Fruttuoso, tél. 01 85 77 27 03, www.fondoambiente.it ; horaires : 10 h-17 h 45 en été, 10 h-15 h 45 en hiver*). À l'entrée de la baie de San Fruttuoso, à quelque 18 m de profondeur, est immergée la statue du **Christ des Abysses**, objectif favori des plongeurs. Cette grande statue en bronze du Rédempteur, les bras et le regard élevés vers le haut, a été réalisée puis immergée en 1954 par Guido Galletti, pour assurer la protection des marins. En son honneur, le bourg organise le dernier dimanche de juillet une fête avec une retraite aux flambeaux subaquatique. Même si l'on ne pratique pas la plongée sous-marine, une baignade dans la baie restera une expérience inoubliable.

RAPALLO

Capitale du Tigullio par le nombre d'habitants (environ 30 000), par la capacité de son port, par le nombre de ses établissements balnéaires et par ses

équipements sportifs mis à la disposition des vacanciers (terrain de golf à 18 trous, associations cyclistes, yacht-club, manège hippique et court de tennis), Rapallo s'enorgueillit d'une vocation touristique remontant à la fin du XIXe siècle, comme le montrent les prestigieux hôtels de style Liberty qui bordent le **lungomare Vittorio Veneto**. À son extrémité orientale se dresse le massif **château** du XVIe siècle, aujourd'hui théâtre d'expositions et d'événements culturels en tout genre. Le reste de l'agglomération – entre Moyen Âge et modernité des années 60 et 70 – se concentre dans ce qu'on appelle le *borgo* (bourg) que traversent les caractéristiques **vias Mazzini, Magenta** et **Venezia**. Les blasons des divers quartiers sont reproduits sur les façades des maisons et sur les anciens portails en ardoise qui donnent accès aux escaliers raides du centre. On y verra l'**église Santo Stefano**, édifiée au XVIIe siècle sur les ruines d'une structure médiévale, flanquée de la **Torre Civica**. Non loin de là, piazza delle Nazioni, s'élève l'**Oratorio dei Bianchi** qui conserve les crucifix en argent que l'on portait lors des processions solennelles. L'**église paroissiale Sante Gervasio e Protasio**, fondée au Moyen Âge, a été reconstruite entre le XVIIe et le XVIIIe siècle. Une des traditions artisanales de Rapallo – qui remonte au XVIe siècle – est celle de la dentelle aux fuseaux, à quoi se consacraient les femmes en attendant le retour de la pêche. Si l'on est curieux d'avoir des informations sur les techniques et les traditions de cet art, on pourra visiter le **Museo del Pizzo a Tombolo**, installé dans la Villa Tigullio du grand Parco del Casale *(tél. 0185 63 305; horaires : 15 h-18 h mardi, mercredi, vendredi et samedi; 9 h 30-12 h 30 le jeudi; sur demande le dimanche)*.

Depuis Rapallo, une agréable excursion en direction de l'est conduit à **Zoagli**, à 3 km : ce paisible centre touristique est célèbre pour ses deux promenades en bord de mer, très romantiques et ponctuées par deux tours sarrasines, mais aussi par un **château** assez excentrique qui semble sorti d'un film de fiction. C'est la demeure que le poète et dramaturge Sem Benelli (1877-1949) a fait construire au début du XXe siècle par son architecte (et metteur en scène) Giuseppe Mancini; lequel se lança dans un délire de formes et de matériaux précieux – mais sans réussir à terminer son programme, faute d'argent.

Pour se baigner ailleurs que sur les plages aménagées de Rapallo, il faut s'arrêter de préférence à **San Michele di Pagana** (à 2 km sur la route de Santa Margherita Ligure), un ancien bourg de pêcheurs, qui, vu de la plage, n'a pas l'air d'avoir été affecté par le temps. L'habitat s'y répartit entre les trois petites criques de Prelo, Trelo et Pomaro. Au-dessus de la première se dresse l'**église paroissiale San Michele** qui conserve une *Crucifixion* d'Antoine Van Dyck et une *Nativité* attribuée à Luca Giordano.

SANTA MARGHERITA LIGURE

Avec son charme élégant et un peu hautain, Santa Margherita – ou plus simplement Santa, comme on dit par ici – est un des lieux les plus branchés de la Riviera ligure, avec sa rangée de maisons aux enduits jaunes, orange ou rouges qui bordent le port de plaisance. La belle **église Santa Margherita d'Antioche** – la patronne des lieux – se trouve juste au centre du pays, piazza Caprera : ses origines sont très anciennes, mais elle a été reconstruite au milieu du XVIIe siècle. En continuant sur la droite, on entre dans le parc municipal de la **Villa Durazzo Centurione**, un peu jardin à l'italienne aux nombreuses espèces exotiques, un peu parc romantique à l'anglaise. Majestueuse sur sa colline arborée dominant le bord de mer, la villa a été construite dans la seconde moitié du XVIIe siècle par la famille Durazzo pour y résider l'été. Elle est décorée d'une profusion de stucs, de trompe-l'œil, de pavements de majolique et de grès génois, de verres de Murano et de chinoiseries *(piazzale S. Giacomo 3, tél. 018 529 3135, www.villadurazzo.it ; horaires : tous les jours 9h-13h et 14h30-18h30 en été, 9h-12h et 14h-17h en hiver)*.

Au sortir du parc où se trouvent aussi la **Villa del Nido** et celle de **San Giacomo**, on remarque sur la gauche l'**église San Giacomo di Corte**, avec sa façade baroque donnant sur la mer. On visitera encore l'**église des Capucins** qui conserve, dans la salle des confessionnaux, une très ancienne (XIIe siècle) statue de *Vierge en majesté* de l'école provençale. Des plages équipées et d'accès libre bordent le **lungomare Rossetti**, avec le Môle et Punta Pedale d'où on atteint rapidement l'**ancienne abbaye bénédictine San Girolamo della Cervara** *(via Cervara 10, tél. 800 652110, www.cervara.it ; horaires : 10h, 11h et 12h, le premier et le troisième dimanche du mois, de mars à octobre)*, un superbe ensemble du XIVe siècle, entouré de jardins qui donnent sur la mer. Un peu plus loin, après un tournant, apparaît **Paraggi,** avec sa plage de sable doré, sa mer couleur d'émeraude et la montagne couverte de pins. Cet ancien village de pêcheurs et de meuniers est devenu un agréable centre balnéaire avec plage équipée, clubs huppés et boîtes à la mode (une belle promenade à pied permet de s'y rendre depuis Portofino).

PORTOFINO

Les cartes postales de sa mythique **piazzetta** avec les cafés en plein air, les maisons colorées et les yachts de la jet-set internationale ancrés dans le minuscule port, ont fait le tour du monde. Mais le charme de ce lieu, « pointe de diamant » de la Riviera ligure, est à la hauteur de sa notoriété. Le mérite en revient largement à un contrôle sévère de l'environnement, qui en a préservé l'image, le paysage et la splendide nature. Le premier édifice que l'on rencontre, au bord de la mer, est l'**oratoire Santa Maria Assunta** (XIVe siècle), jadis siège de la Confrérie de Notre-Dame-de-l'Assomption, comme le rappelle la lunette sculptée (XVIe siècle) qui orne le portail en ardoise, où l'on voit une *Vierge à l'Enfant* entourée de frères encapuchonnés. À l'intérieur, transformé en espace d'expositions, sont conservés les deux énormes crucifix de procession en bois qui défilent à l'occasion de la fête patronale de saint Georges, le 23 avril. On peut visiter également l'**église paroissiale San Martino**, ancien édifice roman remanié au XIXe siècle. On monte ensuite au **château Brown**, forteresse médiévale

transformée en 1870 en résidence privée par le consul britannique Yeats Brown *(via alla Penisola 13, tél. 0185 267101 ; horaires : 10h-19h de mars à octobre ; 10h-17h le samedi et le dimanche, de novembre à février)*. À la pointe du cap se trouve enfin le phare que l'on atteint en 15 minutes par un chemin facile.

250 EN HAUT - TOUR DU XVIE SIÈCLE À SANTA MARGHERITA LIGURE.

250 EN BAS - LE CHÂTEAU BROWN À PORTOFINO.

250-251 - LA PIAZZETTA DE PORTOFINO ET LE PETIT PORT.

Shopping

Artisanat et gastronomie authentique seront les fils conducteurs du shopping dans le Tigullio. En commençant par ***Zoagli****, centre d'une production traditionnelle de soieries, de velours et de damas. Les achats se font aux* ***Seterie dei Fratelli Cordani*** (via San Pietro 21, www.tessiturecordani.it, possibilité de visites guidées des ateliers de tissage manuel), *dans une élégante villa avec vue sur Portofino ; ou bien à la* ***Tessitura Gaggioli*** (via dei Velluti 1, www.tessituragaggioli.it) *où les damas sont tissés, aujourd'hui encore, sur des métiers en bois du* XVIIIe *siècle. À* ***Rapallo****, au n° 1 de la piazza Cavour, se trouve* ***Emilio Gandolfi*** (www.gandolfilaces.com), *ancienne boutique de merveilleuses dentelles de production locale (depuis 1920). Les prix sont élevés, mais la production est d'une rare qualité. Pour les à-côtés gastronomiques, un des sanctuaires de la* fugassa *(fougasse) ligure est* ***Il Focacciaio*** (vicolo del Pozzo 30). *À l'enseigne de* ***Pastificcio Dasso*** (piazza Venezia 31), *on pourra acheter le célèbre* pesto *et les* pansotti *aux noix, dont vous garderez un souvenir impérissable. Pour finir, à* ***Santa Margherita Ligure****, il n'y a qu'une seule adresse pour la fougasse :* ***Pinamonti*** (via dell'Arco 24), *maître incontesté depuis plus d'un siècle (également pour les tartes et tourtes aux légumes).*

RANDONNÉE DANS LES CINQUE TERRE
Depuis le golfe de Tigullio, une excursion est recommandée pour les amateurs de marche, sac au dos et chaussures (solides) aux pieds : les Cinque Terre, lieu magique de la Riviera ligure, entre Levanto et La Spezia, inscrit sur la liste du patrimoine mondial par l'Unesco. Le caractère unique de cet ensemble est affirmé par cinq villages anciens perchés au-dessus de la mer, Monterosso, Vernazza, Corniglia, Manarola et Riomaggiore, avec leurs maisonnettes colorées, blotties les unes contre les autres, et le réseau de sentiers muletiers qui les relie – y compris la célébrissime via dell'Amore, constellée de graffitis et de promesses d'éternelle fidélité. C'est là qu'on rencontre la véritable Ligurie, mer et montagne mêlées : celle des parois à pic, des centaines de kilomètres de murets en pierres sèches, élevés par le labeur infatigable des hommes, et de la terre cultivée en jardins, oliveraies et vignes.
Ces dernières donnent des vins rares et précieux comme le sciacchetrà, un vin de paille au parfum intense. Trois parcours principaux sont balisés à l'intérieur du parc national des Cinque Terre : le **sentier Bleu** (n° 2), l'excursion la plus simple et la plus spectaculaire, qui relie en 12 km, le long de la côte, les cinq villages mythiques; le **sentier Rouge** (n° 1) – réservé aux plus ingambes – qui monte à 800 m d'altitude; et la **via dei Santuari**, à mi-hauteur : 8 à 9 heures de marche pour rallier les édifices religieux qui dominent la côte depuis les premières hauteurs de l'arrière-pays. Tous ces sentiers sont peu ou moyennement difficiles : on peut les parcourir entièrement ou par secteurs, en fonction de sa forme physique ou du temps dont on dispose, mais il faudra toujours être prudent, surtout en hiver, et veiller à s'équiper correctement. On peut parcourir certaines sections des chemins muletiers des Cinque Terre à cheval ou à VTT. (*Il est déconseillé de se rendre aux Cinque Terre en voiture, surtout l'été; on prendra plutôt le train [35 à 40 minutes de Rapallo à Monterosso]. Les villages de Monterosso, Vernazza, Manarola et Riomaggiore sont en outre desservis par des lignes maritimes locales [au départ de Monterosso] et reliés par le train. Informations sur la location de VTT, les randonnées à pied ou à cheval, et sur le réseau des transports en commun, sur le site www.parconazionale5terre.it.*)

Où dormir

€€€€€ Hotel Splendido (Portofino). Dans un ancien monastère surplombant la mer, cet établissement au charme ancien offre bien plus qu'un simple hôtel de luxe (*via Baratta 16, tél. 018 5267801, www.hotelsplendido.com*).

€€€€ Best Western Hotel Regina Elena (Santa Margherita Ligure). Entre le vert du parc naturel régional de Portofino et le bleu transparent de la mer, cet hôtel propose tout le confort souhaité pour des vacances détendues : jardin et plage privée, solarium avec piscine chauffée, fitness et jacuzzi sur la terrasse panoramique (*via Milite Ignoto 44, tél. 018 5287003, www.reginaelena.it*).

€€€ La Camogliese (Camogli). Dans une villa de style Liberty rénovée, cet hôtel familial conjugue accueil et simplicité. Depuis les chambres, on voit les vagues se briser sur la plage en contrebas (*via Garibaldi 5, tél. 018 5774024, www.lacamogliese.it*).

Où manger

€€€ Puny (Portofino). La trattoria de Luigi Miroli, alias Puny, sur la célèbre piazzetta de Portofino, n'a jamais déçu les têtes couronnées et les magnats de la finance. On y propose comme spécialités des plats de poisson : *pappardelle* à la Portofino, capon maigre, poisson au sel (*piazza Martiri dell'Olivetta 5, tél. 018 526 9037*).

€€€ Ardiciocca (Santa Margherita Ligure). Un restaurant au cœur du village, installé dans un petit palais du début du XXe siècle. Les produits – essentiellement de la mer – sont excellents et préparés avec grand soin (*via Maragliano 17, tél. 018 528 1312, www.ardiciocca.it*).

€€ Ristorante Rosa (Camogli). Cuisine ligure dans une villa de style Liberty, avec une magnifique terrasse suspendue entre ciel et mer. Le poisson frais ne manque jamais : grillades, muscardins pochés, rougets de Punta Chiappa, sans oublier les thons et les bonites de la *tonnara* locale, cuisinés à la sauce aigre-douce (*via Jacopo Ruffini 13, Camogli, tél. 018 5773411*).

Sorties et divertissements

Covo di Nord-Est (Santa Margherita Ligure). Cette boîte mythique de Santa Margherita, appréciée de Mina et Frank Sinatra, a renouvelé son look depuis quelques années : outre une discothèque avec deux pistes de bal, elle propose une plage, deux restaurants – un pour les plats de la mer, l'autre pour ceux de la terre – et cinq bars (*lungomare Rossetti, tél. 018 529 0348, www.covodinordest.it*).

Capitan Hook (Camogli). Boîte de nuit aux accents des Caraïbes, où le maître mot est « rhum ». Une jolie façade sur le port et d'excellents cocktails, accompagnés par un vaste choix d'amuse-gueule (*via al Porto 4, tél. 018 5772755*).

Le Carillon (Paraggi). Une boîte de nuit historique, sur la plage de Paraggi, dans un style un peu rétro, façon années 60 : soupers romantiques jusqu'à minuit, avec vue sur la mer, puis dancing (*via Paraggi a Mare 10, tél. 018 529 6721*).

Pour d'autres informations : www.terrediportofino.eu

252 - Le village perché de Riomaggiore.

253 - L'assaut des vagues à Manarola.

Florence et le Chianti - *Italie*

Pensée comme une ville modèle, une cité idéale, lieu privilégié de la création artistique et intellectuelle, Florence fut pendant des siècles la « nouvelle Athènes » de l'Italie. Elle a vu naître Brunelleschi, Donatello, Dante et Boccace, et, au XVe siècle, elle fut au cœur du renouveau culturel que l'on a désigné sous le nom de « Renaissance ». Attirant une foule de touristes aimantés par la présence de tant de chefs-d'œuvre d'art et d'architecture, la cité des Médicis offre aussi dans ses jardins, sur les bords de l'Arno et ses collines voisines, des sites précieux, des « chambres avec vue » sur un paysage urbain et une nature à l'harmonie miraculeuse.

Le centre de la ville s'étend au sud de la **gare principale** Santa Maria Novella, exemple du « rationalisme » italien. Non loin se trouve l'**église Santa Maria Novella** *(piazza S. Maria Novella, horaires : 9 h 30-17 h du lundi au jeudi et le samedi, 13 h-17 h le vendredi)*, construite par les dominicains aux XIIIe et XIVe siècles, avec sa façade luisante de marbre, achevée au milieu du XVe siècle par Leon Battista Alberti. À l'intérieur se trouve la *Trinité* de Masaccio, chef-d'œuvre et manifeste de la perspective, un *Crucifix* de Giotto et les fresques de Ghirlandaio. À l'est commence le **quartier San Lorenzo**, avec ses étals d'un marché de l'artisanat toscan (cuirs et peaux, broderies, habillement et gourmandises gastronomiques). Un peu plus loin, la **Galleria dell'Accademia** (Académie) abrite des chefs-d'œuvre de Michel-Ange, dont le célébrissime *David* *(58-60, via Ricasoli, www.firenzemusei.it/accademia ; visites : 8 h 15-18 h 50, du mardi au dimanche)*. Deux places emblématiques de la cité des Fleurs : la **piazza del Duomo** (place de la Cathédrale), foyer religieux de la cité, et la **piazza della Signoria** (place de la Seigneurie), cœur de la vie politique depuis le Moyen Âge, avec ses palais magnifiques qui manifestent la puissance politique, économique et artistique des Médicis : le **Palazzo Vecchio** et les **Uffizi** (Galerie des Offices). Sur l'autre rive de l'Arno, le **palais Pitti** a été la résidence des grands-ducs de Toscane de 1549 à 1737. Le très animé quartier de **Santa Croce** est blotti autour d'une grande place élégante où les palais des patriciens servent de cadre à la polychromie de la basilique. Les amateurs de shopping apprécieront l'**Oltrarno**, avec ses boutiques et ateliers où artisanat se conjugue avec créativité.

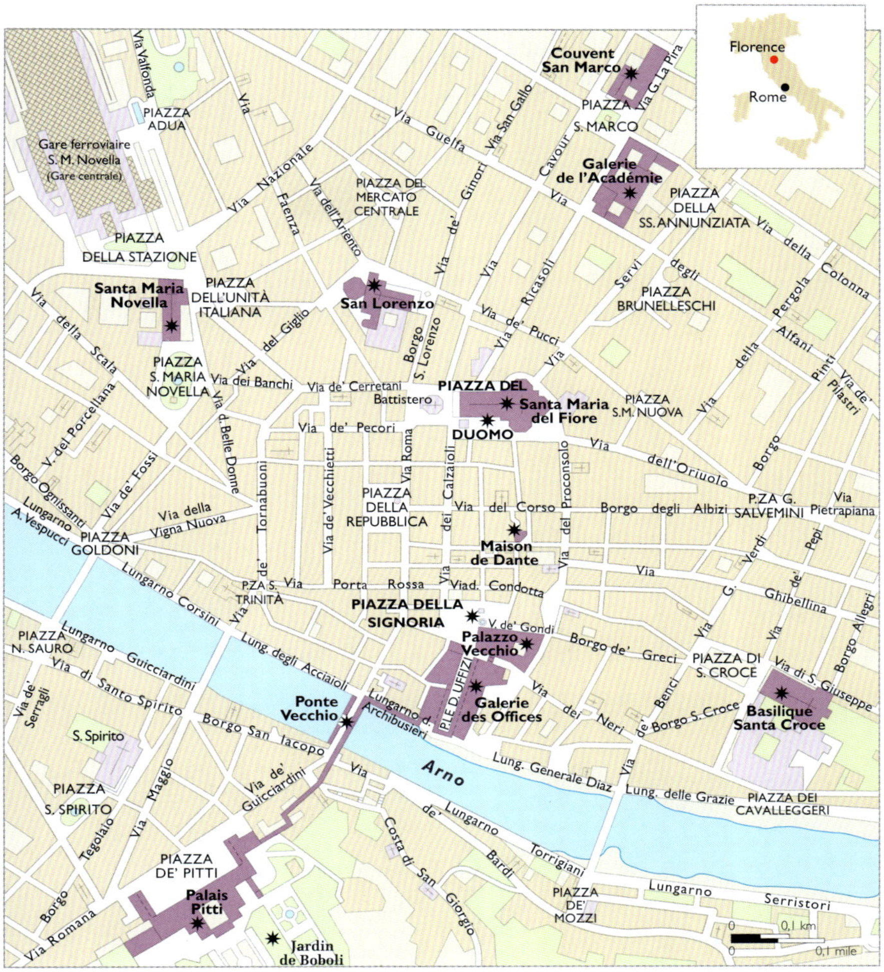

254-255 - Vue aérienne de Florence, avec le ponte Vecchio et les quais de l'Arno.

255 en bas - La basilique Santa Maria del Fiore, surmontée par la coupole de Brunelleschi.

Comment se déplacer en ville : *Quel qu'ait été le moyen d'arrivée, la meilleure façon de visiter Florence est la marche. Chaque pas réserve de délicieuses surprises. On peut aussi circuler à vélo : les lieux de location sont très nombreux (Milleeunabici, tél. 055 6505295; www.cooperativaulisse.it).*

À voir

LA PIAZZA DEL DUOMO

La géométrie des motifs ainsi que la polychromie raffinée des marbres blancs, verts et roses sont les deux éléments communs aux trois monuments les plus importants de la place, le **Baptistère**, la **basilique Santa Maria del Fiore** et le **campanile de Giotto**, qui symbolisent le siècle d'or de l'art florentin. Le **Baptistère** de plan octogonal, a été édifié aux XIe et XIIe siècles. Ses portes de bronze, dont les bas-reliefs sont dus à Andrea Pisano et à Lorenzo Ghiberti, constituent une immense bible illustrée (les originaux de la Porte du Paradis sont au Museo del Duomo). En face se dresse la **cathédrale Santa Maria del Fiore**, la quatrième d'Europe par ses dimensions après Saint-Pierre de Rome, Saint-Paul de Londres et le Duomo de Milan. Commencée en 1296 par Arnolfo di Cambio, elle fut ensuite complétée par Giotto, Francesco Talenti et d'autres encore. C'est Brunelleschi qui a conçu l'immense coupole, haute de 91 m et décorée à l'intérieur d'un *Jugement dernier* par Giorgio Vasari et Federico Zuccari (1572-1579). Au nombre de ses trésors, citons les vitraux de Lorenzo Ghiberti (XVe siècle) et le monument équestre de Giovanni Acuto, redessiné en 1436 par Paolo Uccello. Le **campanile** élancé qui flanque le sanctuaire, de style gothique, a été conçu par Giotto en 1334 et terminé après sa mort (1337) par Andrea Pisano (*basilique S. Maria del Fiore, piazza del Duomo, tél. 055 2302885; www.operaduomo.firenze.it; horaires variables. Baptistère San Giovanni, piazza di S. Giovanni, www.operaduomo.firenze.it; horaires : 12h15-19h du lundi au samedi, 8h30-14h les dimanches et jours de fête).*

LA PIAZZA DELLA SIGNORIA
ET LE PALAZZO VECCHIO

Centre du pouvoir politique et de la vie civique depuis plus de sept siècles, la place de la Seigneurie propose une véritable galerie de chefs-d'œuvre de la sculpture, volonté des Médicis de témoigner de la splendeur de leur cour : sous les arcades de la Loggia dei Lanzi, construite entre 1376 et 1382 pour les assemblées et les cérémonies publiques, et transformée ensuite en atelier de sculpture, on remarquera la statue de *Persée* par Benvenuto Cellini (1554) et l'**Enlèvement d'une Sabine** par Giambologna (1585).
La **statue équestre de Côme Ier**, œuvre de Giambologna (159-1598) manifeste le prestige de la dynastie, de même que la **fontaine de Neptune** d'Ammannati (1565-1575) symbolise l'ambition maritime des Médicis.
Sur le côté sud de la place se dresse le **Palazzo Vecchio**, dont l'extérieur austère comme une forteresse médiévale cache à l'intérieur le luxe d'une résidence du XVIe siècle, destinée à célébrer la gloire de Côme Ier et son pouvoir absolu. À voir plus particulièrement l'imposant salon du XVIe siècle, qui abrite le *Génie de la Victoire*, sculpté par Michel-Ange (1533-1534) et est surmonté d'un plafond décoré de peintures de Vasari, qui exaltent les exploits militaires du grand-duc, avec au centre l'*Apothéose de Côme Ier*. Ensuite, on admire dans la salle de l'Audience le plafond doré à caissons de Giuliano da Maiano, et dans la salle des Lys, sous un plafond du même artiste, une fresque de Domenico Ghirlandaio et l'original du groupe en bronze *Judith et Holopherne*, œuvre de Donatello. Il est conseillé de visiter le palais en compagnie des animateurs du Museo dei Ragazzi pour découvrir d'autres aspects de la vie de cour par l'exploration de petites chambres et de passages secrets (*Palazzo Vecchio, 1, piazza della Signoria, tél. 055 2768325; www.palazzovecchio-museoragazzi.it; horaires : 9h-19h, fermé le lundi).*

MAISON-MUSÉE DE DANTE

Au cœur de la Florence médiévale, ce musée abrite des reproductions de documents sur le poète, des maquettes et un diorama mettant en lumière certains aspects de sa vie et des événements historiques évoqués dans *La Divine Comédie* (*via S. Margherita, 1, tél. 055219416; www.museocasadidante.it; horaires : 10h-17h du mardi au dimanche, d'octobre à mars; 10h-18h du lundi au dimanche, d'avril à septembre).*

LA GALERIE DES OFFICES

Premier musée moderne d'Europe (1581) et l'un des dix plus visités au monde, les Offices conservent de fabuleux chefs-d'œuvre de la peinture italienne et européenne du XIIe au XVIIIe siècle. On commence avec les retables de Cimabue, Giotto, Duccio di Buoninsegna et Simone Martini, pour continuer avec les maîtres de l'humanisme et de la Renaissance : Masaccio, Paolo Uccello, Piero della Francesca et Fra Angelico. De Sandro Botticelli, on peut admirer les œuvres les plus célèbres, telles que *La Naissance de Vénus* et *Le Printemps*, allégories de l'Amour comme principe réglant l'harmonie de l'Univers. Sans oublier d'autres œuvres sublimes comme *L'Adoration des Mages* (Léonard de Vinci), le *Tondo Doni* (Michel-Ange), *La Madone au chardonneret* (Raphaël) et la *Vénus d'Urbino* (Titien) ainsi que les songes visionnaires du Gréco (*Saint Jean l'Évangéliste et Saint François*) et du réalisme agressif du Caravage (*Bacchus, Méduse, Le Sacrifice d'Isaac*) (*piazzale degli Uffizi, tél. 055 23388651, www.uffizifirenze.it/musei/uffizi; horaires : 8h15-18h50, du mardi au dimanche. Il est conseillé de réserver ses billets (tél. 055294883), ce qui réduit les délais d'attente à l'entrée du musée. On peut aussi acheter les billets directement sur le site www.firenzemusei.it).*

LA BASILIQUE SANTA CROCE

C'est l'un des principaux monuments de la ville pour sa richesse en œuvres d'art et pour les sépultures illustres que chante Foscolo dans les *Sepolcri*. La basilique a été conçue par Arnolfo di Cambio en 1295, en associant le gothique français à la tradition romane locale. La façade actuelle et le campanile polychrome résultent d'un remaniement effectué au milieu du XIXe siècle en style néogothique. L'intérieur, à la fois simple et solennel, contient les chapelles Bardi et Peruzzi décorées de fresques par Giotto de 1320 à 1325, avec des scènes de la vie de saint François, de saint Jean-Baptiste et de saint Jean l'Évangéliste. Les fresques de la chapelle majeure d'Agnolo Gaddi (1380) sont consacrées à la légende de la Sainte Croix, tirée de la *Légende dorée* de Jacques de Voragine. La nef latérale droite est un véritable panthéon des célébrités de l'époque : y sont enterrés Galilée, Michel-Ange et Machiavel. La tombe de ce dernier, œuvre d'Innocenzo Spiazzi (XVIIIe siècle), porte une inscription célèbre : *Tanto nomini nullum par elogium* (« Pour un tel nom, aucun éloge n'est à la hauteur ») *(piazza Santa Croce ; horaires : 9 h 30-17 h 30 du lundi au samedi, 13 h-17 h 30 le dimanche)*.

LE PONTE VECCHIO

Symbole de Florence, débordant de touristes en quête de colifichets et de vues sur l'Arno, le « pont vieux » est le seul de la ville à avoir été épargné par les destructions de la Seconde Guerre mondiale. Il doit son aspect actuel à Neri Di Fioravante qui lui donna au XIVe siècle sa structure à trois arches, flanquée de deux rangées de boutiques occupées jadis par des marchands de laine, des poissonniers et des maraîchers, aujourd'hui par des bijoutiers. De la plate-forme centrale, on a un panorama romantique sur les rives de l'Arno et sur le pont de la Trinité.

256 EN HAUT - LA GALERIE DES OFFICES.

256 EN BAS - *LE PRINTEMPS* DE BOTTICELLI.

257 EN HAUT - LA PLACE SANTA CROCE ET LA BASILIQUE.

257 EN BAS - LES TROIS ARCHES DU PONTE VECCHIO.

Shopping

De la tradition Renaissance des arts et métiers à l'artisanat contemporain le plus innovant, Florence propose un large éventail à découvrir pour les passionnés des vieux métiers ou les créations. Un vaste assortiment de dentelles, de broderies et de linge de maison est disponible sous les voûtes peintes de l'atelier de **Loretta Caponi** (4r, piazza Antinori, www.lorettacaponi.com)*, au palais Aldobrandini. Pour les tissus d'ameublement et de grande couture, l'ultime héritier de la Renaissance toscane est l'***Antico Setificio Fiorentino***, en activité depuis 1786, et qui a réalisé les tentures de soie et de brocart du Quirinal, du Kremlin et des palais royaux de Stockholm et de Copenhague* (4, via Bartolini, www.anticosetificiofiorentino.com)*. L'art du bois et de la restauration a un témoin de choix chez* **Castorina** (via S. Spirito, www.castorina.net)*, boutique atelier spécialisée dans les finitions en faux marbre, ainsi que dans les dorures et autres traitements du bois. Rendez-vous chez* **Il Torchio** (17, via dei Bardi, www.legatoriailtorchio.com) *pour les papiers marbrés et les reliures, et chez* **Il Paralume** (77-79/r, Borgo S. Frediano, www.ilparalume.it) *pour les lampes en bois, en fer et en cuivre.* **Baldini** (via Palazzuolo 101/r, tél. 055 210933)*, est passé maître dans l'art du bronze.*

LE PALAIS PITTI

Machiavel le considérait en son temps comme le plus grand palais jamais construit par un particulier. De fait, ce cube parfait et élégant est scandé par une rangée de grandes fenêtres en façade, qui reflète les rêves de grandeur de son commanditaire, le riche banquier Luca Pitti (1398-1472), qui en confia la réalisation à Brunelleschi en 1458, puis à son élève Luca Fancelli. Agrandi à plusieurs reprises du XVIe siècle au XVIIIe siècle, il fut à partir de 1549 la résidence des grands-ducs de Toscane (Médicis, puis Habsbourg-Lorraine), avant de devenir brièvement, peu après l'unité italienne, celle de Victor-Emmanuel II. Depuis la grandiose cour de Bartolomeo Ammannati (XVIe siècle), on accède aux divers musées installés dans les salles du palais : la **galerie Palatine**, aménagée dans les appartements ducaux décorés de fresques par Pietro di Cortona, avec des œuvres de Titien, Raphaël, Caravage, Botticelli et Véronèse, la **galerie d'Art moderne** et le **musée des Argents**.

Le palais Pitti donne accès au **jardin de Boboli**, véritable musée en plein air sur 45 000 m², occupant la colline du même nom jusqu'au Fort Belvedere. Le long des perspectives spectaculaires conçues par Niccolò Tribolo à partir de 1550, puis plus tard par Bernardo Buontalenti, un riche et rare patrimoine botanique côtoie des sculptures, chefs-d'œuvre du maniérisme et du néoclassicisme. Entre autres : le grand amphithéâtre du XVIe siècle, orné d'un obélisque égyptien (1500), la fontaine de l'Artichaut (1641), la colossale statue de l'*Abondance* de Giambologna (commencée en 1608), la fontaine de Neptune (1565) et la Grande Grotte (1538-1588), voulue par le grand-duc François Ier comme cadre fantastique pour les *Prisonniers* inachevés de Michel-Ange (*1, piazza Pitti, tél. 055 2388786; horaires : 8 h 15-19 h 30, du mardi au dimanche, fermé le premier et le dernier lundi du mois; www.polomuseale.firenze.it/musei/pitti*).

LE COUVENT SAN MARCO

Fondé au XIIIe siècle, ce couvent dominicain a été reconstruit en 1436 par Michelozzo. Dans ce lieu trouvèrent asile, entre autres, Savonarole (un temps prieur du couvent) et Fra Angelico. Les traces du passage de ce dernier ornent les lunettes du cloître San Antonino, les murs de la salle du Chapitre (*Crucifixion*), l'Hospice (*Déposition de croix*) et les cellules des moines : l'artiste florentin y a peint des *Scènes de la vie du Christ*, pour guider les méditations et les prières de ses confrères. On remarquera aussi une émouvante *Annonciation*, sur le mur en face des escaliers (*3, piazza S. Marco, tél. 055 2388608; horaires : 8 h 15-13 h 50 du lundi au vendredi, 8 h 15-16 h 50 samedi et dimanche, fermé le 1er, le 3e et le 5e dimanche, ainsi que le 2e et le 4e lundi de chaque mois; www.polomuseale.firenze.it/musei/sanmarco*).

Où dormir

€€€€ Hotel Continentale (hôtel-boutique). Un hôtel-boutique raffiné, dans le centre historique de la cité. De style années 50 revisité (*6r, vicolo dell'Oro, tél. 055 27262; www.lungarnohotels.com*).

€€€€ Villa I Barronci (à la campagne). Laisser le temps couler lentement, en s'abandonnant à la sérénité des collines : c'est la recette du Country Resort Villa I Barronci, à 15 km seulement de Florence, dans le cœur du Chianti. Pour une remise en forme complète dans un paysage de légende. Avec restaurant, piscine et soins de bien-être. La cave offre une bonne sélection de vins : chianti classico, chianti ciserva et super-toscans tels que le tignanello, le solaia et le sassicaia (*via Empolese - Loc. San Martino, tél. 055 820598; www.ibarronci.com*).

€€€ B&B Locanda dei Poeti (romantique). Un Bed & Breakfast à l'âme romantique, avec des poésies écrites sur les murs, sur les tomettes et dans la centaine de livres à la disposition des clients. Commode aussi pour le shopping : le marché San Lorenzo est pratiquement à deux pas (*74, via Guelfa, tél. 055 488701 et 39 338 6604315; www.locandadeipoeti.com*).

Où manger

€€ Don Chisciotte (cuisine toscane). Au sommet de la restauration florentine pour sa cuisine toscane inventive. La cave compte plus de 300 crus italiens et mondiaux (*4/r, via Ridolfi, tél. 055 475430; www.ristorantedonchisciotte.it*).

€€ La Giostra (élégant). Ambiance romantique et atmosphère royale, dans un restaurant géré par un authentique prince. Saveurs de la cuisine toscane et plats de la tradition impériale autrichienne (*12/r, borgo Pinti, tél. 055 241341; www.ristorantelagiostra.com*).

€€ Nello (typique). Depuis 1948, une trattoria toscane typique, dans le centre historique de San Casciano Val di Pesa. Certains plats comme le bifteck à la florentine, la *ribollita*, les tripes, le *peposo* et le porcelet rôti ne manquent jamais sur la carte (*66, via 4 novembre, tél. 055 820163, www.ristorantenello.it*).

Sorties et divertissements

Yab. Dernière discothèque historique du centre de Florence, encore fréquentée par les Florentins. Connue pour ses soirées hip-hop et ses événements glamour (*5/r, via Sassetti, tél. 055 215610; www.yab.it*).

Oibò. Piazza Santa Croce, cœur de la dolce vita florentine, un lounge bar renommé pour sa gamme de cocktails illimitée (*1/1a, borgo dei Greci, tél. 055 263 8611; www.oibo.net*).

The William Pub. Pour ceux qui désirent simplement déguster une bonne bière en écoutant de la bonne musique (*7-9-11r, via A. Magliabechi, tél. 055 263 8357; www.thewilliam.it*).

Pour d'autres informations :
Office du tourisme à Florence,
16, via Manzoni, tél. 055 290 832
www.firenzeturismo.it

Les collines du Chianti

Des collines dessinées par le temps et l'histoire, des hectares de vignes et d'oliviers, des bourgs resserrés dans leurs murailles médiévales, des châteaux et des églises paroissiales, c'est ainsi que se présente le paysage du Chianti, cette région comprise entre Florence et Sienne, où l'on produit le célèbre vin qui a pour emblème un coq noir, le gallo nero.
Depuis Florence, une excursion suivant l'antique via Chiantigiana, aujourd'hui la nationale 22, permet de visiter, en faisant quelques détours, des petits villages, des monastères et des bourgades fortifiées, mais aussi des résidences historiques et des fermes transformées en gîtes ruraux ou en chais de renommée mondiale.
Parmi les villages, cela vaut la peine de s'arrêter à ***San Casciano in Val di Pesa*** *(à environ 23 km de Florence, accessible à partir de l'autoroute A 11), un des centres vinicoles les plus importants du Chianti. Le* ***museo della Misericordia*** (72, via Marrochesi, tél. 055 820023, www.chiantimusei.it; visite sur demande) *et celui d'****Arte sacra*** (3/1, via Roma, tél. 055 8255222, www.chiantimusei.it; horaires variables) *conservent respectivement un* Crucifix *de Simone Martini et une* Vierge à l'Enfant *d'Ambrogio Lorenzetti. À 18 km de là (en grande partie sur la SP 92) se trouve Greve in Chianti, capitale du classique Gallo Nero et ville remarquable pour sa place triangulaire, lieu du marché depuis le Moyen Âge.*
Son ***église Santa Croce****, d'origine médiévale, conserve un triptyque de Bicci di Lorenzo,* La Vierge et les Saints, *et l'on respire, sous les arcades de la place, tous les parfums des produits de la région. L'****Antica Macelleria Falorni*** (71, piazza Matteotti, tél. 055 853029, www.falorni.it) *est une véritable institution : depuis 1729, elle vend les spécialités de la charcuterie locale. Inoubliables, le* prosciutto saporito *de Greve et tous les saucissons et saucisses, produits à partir de races porcines sauvées de l'extinction, comme la* cinta sienoise *ou le porc gris. À Greve, chaque année, dans la seconde moitié du mois de septembre, se tient la plus grande* ***exposition vente des vins de Chianti****, occasion d'acquérir un des vins les plus célèbres d'Italie.*
Si l'on préfère visiter des chais anciens, on peut faire un détour par le ***Castello di Uzzano*** (23, via di Uzzano, tél. 055 958649; www.greve-in-chianti.com/castello-uzzano), *avec son beau jardin à l'italienne, ou à la* ***Fattoria-Castello di Verrazzano*** (12A, via S. Martino in Valle, tél. 055 854243; www.verrazzano.com), *propriété multiséculaire de la famille du navigateur Giovanni da Verrazzano : ici, le processus de production du vin, obtenu par la sélection des meilleurs raisins, oscille entre haute technologie et art.*

258 en haut - Le palais Pitti.
258 en bas - Dans le jardin de Boboli.
259 - Les vignes du Chianti.

Rome, Tivoli et Ostie - *Italie*

Qui vient pour la première fois dans la capitale italienne consacrera son temps aux monuments, lieux et musées renommés : le Vatican et le château Saint-Ange, le Colisée, le Capitole, le Panthéon, la piazza Navona, la place d'Espagne et la fontaine de Trevi... Qui connaît déjà la Ville éternelle s'attardera dans les quartiers : les populaires Trastevere et Testaccio, l'élégant Latran et sa basilique, puis le Janicule, l'une des sept collines historiques de la ville, les Parioli si raffinés, le Flaminio et son musée d'art contemporain, un chef-d'œuvre dû à l'architecte anglo-iranienne Zaha Hadid. Les vestiges antiques, évidemment nombreux dans la ville, abondent à Tivoli et à Ostie.

La ville des touristes suit le parcours des monuments majeurs : le **Vatican** et la **basilique Saint-Pierre,** le **Colisée,** les **Forums impériaux,** le **Quirinal,** le **Capitole** et le **château Saint-Ange** érigé en 135 pour servir de tombeau à l'empereur Hadrien *(Lungotevere Castello 50, www.castelsantangelo.beniculturali.it; horaires : 9 h-19 h, fermé le dimanche)*. Parmi les places figurent notamment la **piazza Navona** et ses fontaines, la **piazza del Popolo** (XIXe siècle) où se dressent trois églises de la Vierge, **Santa Maria del Popolo** (XIe siècle) et les « jumelles » **Santa Maria in Montesanto** et **Santa Maria dei Miracoli** (XVIIe siècle), la **piazza Venezia** avec le **Vittoriano** (monument dédié à Victor-Emmanuel II, dit aussi Autel de la Patrie) et le Palazzo Venezia, un temps résidence pontificale, aujourd'hui siège du **Musée national**

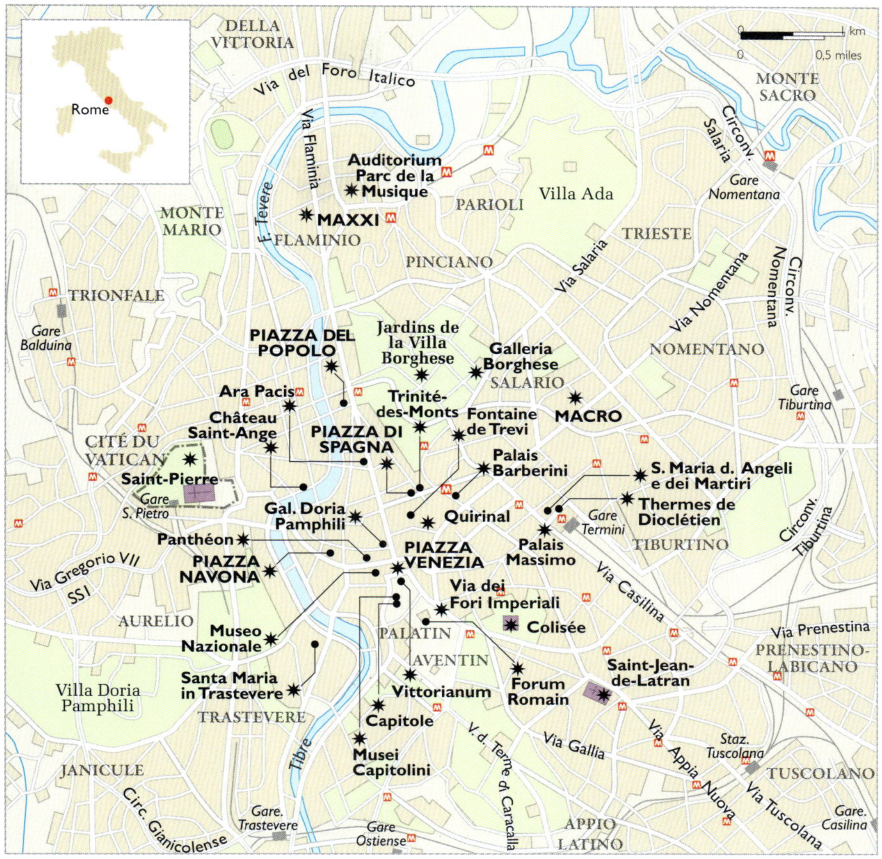

(qui expose des œuvres tels l'*Ange* du Bernin ou le *Double Portrait* de Giorgione, *www.galleriaborghese.it/nuove/spvenezia.htm*).

Le circuit des musées inclut ceux du **Capitole,** de la **Galleria Doria Pamphili** qui renferme une fabuleuse collection privée d'œuvres du Caravage et du Corrège et le *Portrait d'Innocent X* par Vélasquez *(via del Corso 305, www.doriapamphili.it; horaires : 10 h-17 h)* ; et finalement la **Galleria Nazionale di Arte Antica** au **Palazzo Barberini,** avec les maîtres de la peinture des XVIe et XVIIe siècles, dont Raphaël et le Caravage *(via delle Quattro Fontane 13, www.galleriaborghese.it; horaires : 8 h 30-19 h 30 du mardi au dimanche)*. On n'oubliera pas les musées dédiés à l'art contemporain *(voir l'encadré Le circuit des archistars)*.

On se promènera dans les parcs, comme le font tous les Romains au printemps. Les plus beaux sont ceux de la **Villa Borghese** dont on visitera la **Galleria** avec les chefs-d'œuvre que sont *Apollon et Daphné* du Bernin, le *David avec la tête de Goliath* du Caravage, *Amour sacré et Amour profane* de Titien et la *Déposition de croix* de Raphaël *(piazzale del Museo Borghese 5, www.galleriaborghese.it; horaires : 8 h 30-19 h 30 du mardi au dimanche)*, et ceux de **Tivoli,** aux portes de la capitale *(voir Excusion à Tivoli)*. On flânera dans le quartier **Trastevere,** groupé autour de la **basilique Santa Maria in Trastevere,** reconstruite au XIIe siècle et célèbre pour le plafond du Dominiquin. C'est l'équivalent de la Rive gauche à Paris, avec ses nombreuses librairies (chez **Bibli**, où on peut prendre un brunch et discuter littérature, via dei Fienaroli, *www.bibli.it*), ses coins attirants comme la **piazza Trilussa,** baptisée en l'honneur du poète romain, des marchés comme celui de la **Porta Portese** *(voir l'encadré Shopping)* ainsi que des dizaines de restaurants qui animent cette « Roma by night » qui plaît à tous, résidents et touristes.

Comment se déplacer en ville : *Le réseau du métro n'est pas très étendu avec ses deux lignes, mais il permet d'éviter le trafic et les embouteillages. Sinon, on recourra aux autobus, aux 110 autobus touristiques (à l'air libre) et à l'archéobus pour voyager dans le centre historique et dans le parc de l'Appia Antica (www.atac.roma.it).*

260-261 - Vue aérienne de Rome avec le château Saint-Ange et le Tibre.

261 en bas - L'une des statues des Dioscures, au sommet de la rampe d'accès au Capitole.

262 EN HAUT - VUE AÉRIENNE DE LA PLACE SAINT-PIERRE.

262 AU CENTRE - LA COLONNADE DE LA PLACE SAINT-PIERRE.

262 EN BAS - UNE SALLE DES MUSÉES DU VATICAN.

262-263 - LE FORUM ROMAIN ET LE COLISÉE.

À voir

LE VATICAN

Pour visiter le plus petit État du monde, il faut tenir compte des longues files d'attente qui varient d'un monument à l'autre. On pénètre assez vite dans la **basilique Saint-Pierre** (environ une demi-heure d'attente) et l'on n'a pas besoin de billet pour voir les merveilles que sont la **coupole** et la ***Pietà*** de Michel-Ange, et le **baldaquin** en bronze du Bernin. Les **Grottes vaticanes** conservent les monuments funéraires et les tombes de tous les papes, de saint Pierre à Jean-Paul II. Devant la basilique s'ouvre la **place Saint-Pierre,** création du Bernin (XVIIe siècle) avec sa double colonnade elliptique qui offre des perspectives insolites. Au-delà se trouvent les **Jardins du Vatican,** ouverts au public sur réservation, et, à côté, la mosaïque d'édifices qui abritent les **Musées du Vatican** avec la **chapelle Sixtine** (le *Jugement dernier* est considéré comme la principale œuvre de Michel-Ange). Visiter toutes les salles est impossible. Mieux vaut privilégier les œuvres les plus célèbres : les **Chambres de Raphaël,** avec la fresque de *L'École d'Athènes,* la **chapelle Nicolinne,** avec les fresques de Fra Angelico, les **Galeries des cartes et des tapisseries** et la **Pinacothèque** qui abrite des œuvres de Giotto, Pérugin, Raphaël, Léonard, Caravage... Des chefs-d'œuvre du XIIe au XIXe siècle (*www.vatican.va; horaires variables. Pour éviter les files d'attente, réserver et acheter les billets d'entrée en ligne).*

LE COLISÉE ET LE FORUM ROMAIN
Il faudra consacrer au moins une demi-journée à la zone archéologique la plus importante de la capitale, qui comprend les édifices et monuments de la Rome ancienne. On verra ainsi les restes de la **basilique Æmilia** (179 av. J.-C.), le **temple de Vénus et Rome** (le plus vaste de la ville), la **Voie Sacrée** où défilaient les généraux et leurs soldats pour fêter leurs victoires et, enfin, les **arcs de triomphe** monumentaux tels ceux de **Titus** et de **Constantin,** non loin du monument emblématique de Rome : le **Colisée.** Lors de son inauguration, au Ier siècle de notre ère, l'amphithéâtre Flavien – c'était alors son nom – était la plus grande arène du monde antique : 48,50 m de hauteur, quatre étages dont trois comptant 80 arcatures chacun, et 73 000 places attribuées selon les classes sociales. Sa conception est devenue un modèle pour tous les stades (*www.archeoroma.beniculturali.it; horaires variables*).

LES FORUMS IMPÉRIAUX
La **via dei Fori Imperiali** relie les six complexes monumentaux réalisés entre 46 av. J.-C. et 113 de notre ère : les **forums** de **César,** d'**Auguste,** le **temple de la Paix,** les **forums** de **Nerva,** de **Trajan** et les **marchés de Trajan.** La grandeur de cet ensemble est perceptible depuis l'avenue qui part du Colisée et rejoint la piazza Venezia (*www.mercatiditraiano.it; horaires : 9 h-19 h du mardi au dimanche*).

LE CAPITOLE (CAMPIDOGLIO) ET LES MUSÉES CAPITOLINS

Au fond de la via dei Fori Imperiali, derrière le Vittoriano de la piazza Venezia, se dresse le **palais du Sénateur** *(www.commune.roma.it)*, lieu de représentation officielle du maire de Rome. Donnant sur la place trapézoïdale de Michel-Ange, il retient l'attention, tout comme l'**église Santa Maria in Aracœli,** reconstruite au XIVe siècle, avec le cycle de fresques de *La Vie de saint Bernardin* (1486, du Pinturicchio) et des œuvres de Donatello, et les façades de deux autres palais : le **palais des Conservateurs,** conçu en plusieurs étapes, et le **Palazzo Nuovo** (XVIIe siècle). Les trois palais qui encadrent la place constituent l'ensemble des **Musées capitolins** : une extraordinaire collection d'art classique, de *La Louve du Capitole* en bronze (Ve siècle av. J.-C.) au *Buste de Méduse* du Bernin *(www.museicapitolini.org; horaires : 9 h-20 h du mardi au dimanche)*.

LE PALAIS DU QUIRINAL

Ancienne résidence pontificale devenue celle du président de la République en 1946, le Quirinal est aussi un musée, avec la **cour d'honneur** et les salles d'apparat du premier étage : on visitera le **salon des Cuirassiers** (XVIIe siècle), œuvre de Carlo Maderno réalisée sur commande du pape Paul V Borghèse, la **chapelle Pauline** (concerts d'octobre à juin), ainsi que d'autres salles décorées par Guido Reni et Pierre de Cortone. On peut visiter les **jardins** le 2 juin, jour de la fête de la République (*piazza del Quirinale www.quirinale.it; horaires : 8 h 30-12 h)*.

LE PANTHÉON

Très bien conservé, cet hymne à la romanité se dresse sur la **piazza della Rotonda.** Construit sur ordre de l'empereur Hadrien au IIe siècle de notre ère, l'édifice a été transformé en église au VIIe siècle. Il abrite aujourd'hui les restes de **Raphaël** et d'**Annibal Carrache**, et les **tombeaux des rois d'Italie**. Il est protégé par une coupole maçonnée de plus de 43 m de diamètre *(tél. 06 68300230; horaires : 8 h 30-19 h 30, le dimanche de 9 h à 18 h)*.

LA PIAZZA NAVONA

Cette place – le plus grand ensemble de la Rome baroque – est bâtie sur les restes du stade de Domitien (86 de notre ère). S'y font face l'**église Sant'Agnese in Agone,** achevée par Francesco Borromini en 1653-1657, avec sa façade concave et ses deux clochers jumeaux, et l'**église Nostra Signora del Sacro Cuore,** réalisée par Bernardo Rossellino en 1450 et restaurée par Sangallo le Jeune (XVIe siècle). Mais le monument emblématique de la place est la **fontaine des Quatre-Fleuves,** une des plus célèbres réalisations du Bernin *(voir ci-dessous l'encadré Les fontaines)*.

LA PIAZZA DI SPAGNA (PLACE D'ESPAGNE)

Ornée de la **fontaine de la Barcaccia,** cette place, œuvre des Bernin père et fils, est célèbre dans le monde entier. Elle est encadrée par la Casina Rossa, **maison de John Keats** *(www.keats-shelley-house.org; horaires variables)*, le salon de thé **Babington,** inauguré en 1893 *(www.babingtons.net)*, le **Palazzo di Propaganda Fide,** propriété du Saint-Siège, avec des interventions du Bernin et de Borromini, et le célèbre **escalier de la Trinité-des-Monts** – mise en scène baroque voulue par Innocent XIII, qui relie la place d'Espagne à l'**église** qui lui a donné son nom.

Les fontaines

Le poète Shelley écrivait que « les fontaines suffisent pour justifier un voyage à Rome ». On dit qu'il y en aurait 1 500, sans compter les nasoni *(bornes-fontaines en fonte), mais nul n'en connaît le nombre exact. Une des plus anciennes est assurément celle de* ***Santa Maria in Trastevere,*** *avec les embellissements réalisés au XVIIe siècle par le Bernin, et la restauration de Carlo Fontana. Le même Fontana est aussi l'auteur de la fontaine monumentale du Janicule, que les Romains appellent affectueusement le* ***« Fontanone ».*** *Mais les trois fontaines les plus célèbres restent la* ***fontaine des Quatre-Fleuves,*** *piazza Navona, avec les statues du Bernin représentant le Nil, le Gange, le Danube et le Rio de la Plata. Le même Gian Lorenzo Bernini avait réalisé huit ans plus tôt, en 1643, la* ***fontaine du Triton*** *sur la place Barberini. Enfin la* ***fontaine de Trevi*** *(XVIIIe siècle) chef-d'œuvre de Niccolò Salvi, immortalisée par Anita Ekberg dans* La Dolce Vita *de Fellini.*

264 - LA PIAZZA NAVONA.

265 EN HAUT - LE PANTHÉON ET SA GRANDE COUPOLE.

265 AU CENTRE - L'ESCALIER DE LA TRINITÉ-DES-MONTS, SUR LA PLACE D'ESPAGNE.

265 EN BAS - LA FONTAINE DE TREVI.

Shopping et marchés

À Rome, le shopping est très diversifié : boutiques des couturiers des ***via Condotti*** *et* ***via del Babuino,*** *magasins d'antiquités dans la* ***via dei Coronari,*** *marchés de quartier et artisans un peu partout. Parmi les adresses célèbres figurent celles de* ***Bartolucci,*** *artiste du bois connu pour ses statues de Pinocchio, ses chevaux à bascule et ses marionnettes* (via dei Pastini 96-99, www.bartolucci.com), *de* ***La Cravatta su Misura,*** *dans le Trastevere, meilleure adresse pour des cravates faites à la main* (via di Santa Cecilia 12, www.lacravattasumisura.it), *ou des couturiers* ***Davide Cenci*** (via di Campo Marzio 1-7, www.davidecenci.com), ***Castiglioni dal 1927,*** *fournisseur officiel de la maison de Savoie* (viale Regina Margherita 149 et 165, www.castiglionidal1927.it) *et* ***Albertelli*** (via dei Prefetti 11, www.flanellagrigia.co) *qui vend les chemises les plus chics de la capitale.*
Les marchés les plus intéressants se trouvent ***Porta Portese,*** *adresse historique des puces dominicales, entre la piazza Ippolito Nievo, la via Rolli et la via Portuense* (www.portaportesemarket.it), *au* ***Campo de' Fiori,*** *l'un des plus anciens marchés maraîchers de la ville* (piazza Campo de' Fiori, le matin, du lundi au samedi) *et dans le quartier du Testaccio* (le matin, du lundi au samedi). *Très populaire, ce dernier offre une authentique tranche de vie romaine et propose des produits de la mer et du Latium.*

LE MUSEO NAZIONALE ROMANO (MUSÉE NATIONAL)

Le **Palazzo Massimo** (XIXe siècle) abrite une collection archéologique unique au monde. Fresques et mosaïques de la Villa della Farnesina, monnaies et sculptures telles que le *Discobole* (IIe siècle de notre ère), une statue d'Auguste (Ier siècle de notre ère) ou le sarcophage de Portonaccio avec des bas-reliefs représentant des scènes de bataille *(largo di Villa Peretti, www.archeoroma.beniculturali.it/ museo-nazionale-romano-palazzo-massimo ; horaires : 9h-19h45, fermeture le lundi)*. Le ticket d'entrée permet de visiter aussi les **thermes de Dioclétien,** l'un des plus grands ensembles thermaux du monde antique (298-306), le **Museo Romano** *(viale Enrico de Nicola 79, mêmes horaires que le Palazzo Massimo)* et les espaces transformés par Michel-Ange en **basilique Santa Maria degli Angeli** *(www.santamariadegliangeliroma.it)*.

SAINT-JEAN-DE-LATRAN

La place accueille le plus vieil **obélisque** de la ville – rapporté en 357 par Constance, et dressé en 1587 – ainsi que le **palais du Latran,** résidence pontificale du IVe au XIVe siècle. Elle abrite surtout la **cathédrale** du diocèse de Rome dont le pape est l'évêque, la basilique Saint-Jean-de-Latran, « mère et tête de toutes les églises ». La façade est d'Alessandro Galilei (1735) et les intérieurs sont de Borromini (1646-1649). Les mosaïques byzantines datent du XIIIe siècle. Notons aussi le **cloître,** le

266 - Vue aérienne du Museo Nazionale Romano.

266-267 - La fontaine et l'obélisque de la place Saint-Jean-de-Latran.

267 en bas à gauche - L'intérieur de la basilique Saint-Jean-de-Latran.

267 en bas à droite - La cour du palais Altemps.

RVINIS CIRCI MAX
HVMO LIMOQ
ALTE DEMERSVM MVLTA
IMPENSA EXTRAXIT
HVNC IN LOCVM MAGNO
LABORE TRANSTVLIT
FORMAEQ PRISTINAE
ACCVRATE RESTITVTVM

baptistère de Constantin (Ve siècle) et un **musée** ouvert en 1984 (*www.vatican.va ; horaires variables*).

EXCURSION À TIVOLI

À Tivoli, la **Villa d'Este** est un chef-d'œuvre Renaissance avec ses jardins à l'italienne et a été inscrite par l'Unesco au patrimoine de l'humanité : une mosaïque de jeux d'eau, de terrasses et de grottes, avec l'allée des Cent-Fontaines ornée de la **fontaine de la Petite Rome** *(de la Rometta)*, œuvre de Pirro Ligorio, et de la **fontaine du Grand Verre** *(del Bicchierone)* réalisée par le Bernin (*www.villadestetivoli.info ; horaires variables*). (*De Rome, on arrive à Tivoli en 45 minutes de voiture par l'A24, sortie Tivoli.*)

EXCURSION À OSTIE

Située à deux pas de l'aéroport Leonardo da Vinci (*40 minutes de voiture de Rome, par la SS8, www.ostiaantica.it; horaires variables*), **Ostia Antica** est la cité romaine la mieux conservée après Pompéi. Fondée au IVe siècle av. J.-C. pour ravitailler Rome qui était approvisionnée par la mer, elle abrite des mosaïques, des sculptures, des thermes, des temples, un **théâtre** et la nécropole de la via Ostiense. On visitera le **Museo Ostiense,** qui présente les résultats des fouilles, et le **Museo delle Navi,** avec les vestiges des embarcations exhumées en 1958, lors des travaux de construction de l'aéroport (*www.ostia-ostie.net*).

Où dormir

€€€€€ Hotel Hassler (luxe).
Une adresse de charme et de prestige, en haut de l'escalier de la Trinité-des-Monts : 95 chambres et suites, un restaurant panoramique étoilé au Michelin, et le spa Amorvero au troisième étage (*piazza Trinità dei Monti 6, tél. 06 699340, www.hotelhassler.com*).

€€€ Black Hotel (art). Son nom n'a pas été choisi au hasard : l'établissement est tout noir, avec une sculpture de Paolo Guiotto sur le portail, des œuvres d'art à la réception et une terrasse donnant sur un parc. Des chambres design, évidemment (*via Raffaello Sardiello 18, tél. 06 66410148, www.blackhotel.it*).

€€ Bed & Breakfast Bio (écolo).
Une demeure colorée située dans le parc de Monte Mario. Restructurée selon des critères écologiques. Petit-déjeuner bio (*via Cavalese 28; tél. 335 7151749, www.bedandbreakfastbio.com*).

Où manger

€€€ La Pergola (top). Très couru malgré ses prix (réserver longtemps à l'avance), ce restaurant situé au dernier étage de l'hôtel Rome Cavalieri est dirigé par un magicien des fourneaux, étoilé au Michelin : Heinz Beck (*via Alberto Cadlolo 101, tél. 06 35091, www.romecavalieri.it/lapergola.php*).

€€ Hostaria Romana (traditionnel). Temple de la cuisine romaine, proche du Quirinal, on y déjeune de *carbonara*, de *bucatini all'amatriciana*, d'artichauts frits et de *tonnarelli cacio e pepe* (*via del Boccaccio 1, tél. 06 4745284, www.hostariaromana.it*).

€€ Urbana 47 (tendance). Lieu de rencontre branché, ce restaurant salon aux meublées de styles Liberty et français moderne propose un menu de terroir (*via Urbana 47, tél. 06 47884006, www.urbana47.it*).

Sorties et divertissements

Kami Spa. Un spa oriental dans un palais du début du XXe siècle, aménagé par deux stylistes thaïlandais. Toute la gamme de prestations offerte par l'Asie : shiatsu, ming et ayurvéda (*via degli Avignonesi 12, tél. 06 4201 0039, www.kamispa.com*).

Auditorium Parco della Musica. La musique vibre merveilleusement dans cette salle signée Renzo Piano. Vues de loin, ses coupoles elliptiques ressemblent à trois armoires suspendues dans le parc, qui accueille un atelier théâtre, un café design et divers espaces (*viale Pietro de Coubertin 30, www.auditorium.com*).

Goa (discothèque). Le rendez-vous culte des amateurs de house et de musique électronique (*via Libetta 13, www.romadiscoteca.it/discoteca_goa.htm*).

Pour d'autres informations : voir le site www.rome-italie1.com

268 EN HAUT - UNE FONTAINE DU JARDIN DE TIVOLI.

268 AU CENTRE - UN SALON DE LA VILLA D'ESTE, À TIVOLI.

268 EN BAS - LES FOUILLES À OSTIA ANTICA.

269 EN HAUT - LA SILHOUETTE FUTURISTE DU MUSÉE MAXXI.

269 EN BAS - L'AUTEL DE LA PAIX D'AUGUSTE, DANS LE MUSÉE CONÇU PAR RICHARD MEIER.

Le circuit des archistars

*De la capitale antique à celle de l'avenir, il n'y a qu'un pas. Il suffira d'aller dans le quartier Flaminio pour admirer deux réalisations architecturales qui valent à elles seules le voyage : l'***auditorium Parco della Musica,** *de Renzo Piano* (voir ci-contre Sorties et divertissements) *et le* **MAXXI** *(Museo Nazionale delle Arti del XXI Secolo), enveloppe de 25 000 m² conçue par Zaha Hadid pour accueillir et présenter 350 œuvres d'art et 75 000 dessins et photographies d'architecture, tout en transparences, murs obliques et formes hardies* (via Guido Reni 4 A, www.fondazionemaxxi.it ; horaires : 11 h-19 h, jeudi et samedi jusqu'à 22 h, fermeture le lundi). *On ne manquera pas non plus le* **Museo dell'Ara Pacis,** *châsse de verre et de travertin conçue par Richard Meier pour protéger l'autel de la Paix d'Auguste (9 av. J.-C.), qui reste l'un des plus beaux exemples d'art romain dans la cité* (Lungotevere in Augusta, à l'angle de la via Tomacelli, www.arapacis.it ; horaires : 9 h-19 h du mardi au dimanche), *et l'extension du* **MACRO** *(Museo d'Arte Contemporanea di Roma), rouvert après une rénovation de l'architecte Odile Decq* (via Nizza 138, www.macro.roma.museum ; horaires : 11 h-22 h du mardi au dimanche). *On attend, pour 2013, l'inauguration du* **Centre de congrès de l'Eur,** *œuvre de Massimiliano Fuksas, avec son nuage en fibre de verre (40 x 70 x 175 m), un auditorium, un hôtel et des restaurants* (piazzale J.F. Kennedy 1, www.eurcongressiroma.it).

La Côte amalfitaine - *Italie*

Cette partie de la côte tyrrhénienne charma Ulysse. C'est la terre des sirènes, à la nature encore sauvage et à la mer d'un bleu cobalt. Les villes sont constituées de maisons accrochées au rocher et d'églises aux coupoles couvertes de bardeaux de bois *(scandole)* et de faïences *(maioliche)* aux motifs de fruits et de fleurs et aux couleurs de la terre, du soleil et de la mer. Vietri sul Mare, Cetara, Maiori, Minori, Ravello, Amalfi, Positano, chaque ville de la Côte amalfitaine est un lieu particulier mêlant la beauté des paysages, le décor verdoyant où poussent oliviers et citronniers gigantesques aux multiples témoignages laissés par l'art, l'histoire et la culture depuis l'Antiquité. Le trajet de 37 km le long de la côte, des portes de Salerne à la presqu'île de Sorrente, offre une succession de rochers à pic sur la mer, de grottes dont celle de l'Émeraude, de baies et de criques comme l'incroyable fjord de Furore.

Comment se déplacer : *Une succession de virages serrés et de points de vue inégalables compose l'unique route reliant toutes les cités de la côte : la Strada Statale 163 – transformation de l'ancienne route carrossable ouverte en 1840 – part de Vietri sul Mare, à 5 km de Salerne, dans le prolongement de la promenade Cristoforo Colombo. La côte est inscrite sur la liste du patrimoine mondial de l'Unesco.*
Outre la voiture, une autre solution commode s'offre à vous : prendre l'autocar (lignes Sita : www.sitabus.it/wps/portal/city) qui s'arrête dans tous les centres touristiques de la côte. Liaisons maritimes : du quai Manfredi à Salerne partent des navettes et des hydroglisseurs pour Amalfi et Positano (www.turismoinsalerno.it/oraritraghetti.htm). « Métro de la mer » : des liaisons régulières relient Naples, Salerne, Amalfi et Positano. (www.metrodelmare.net).

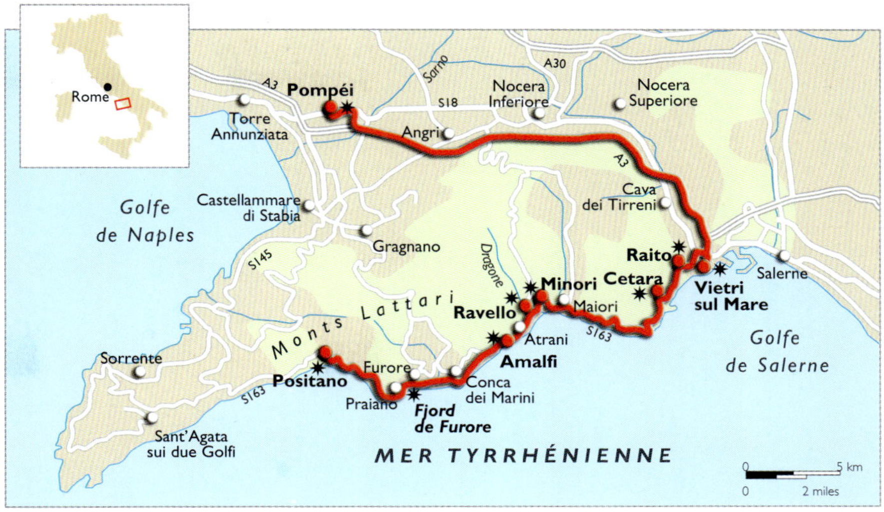

VIETRI SUL MARE

Porte d'entrée de la Côte amalfitaine, sur laquelle elle offre une vue magnifique, suspendue entre ciel et mer, Vietri s'enorgueillit d'une tradition vieille d'au moins cinq siècles dans la production de faïence d'art – décorée de petits ânes, de citronniers en fleur et de grappes de raisin. Cet artisanat occupe des dizaines d'ateliers et de boutiques d'artisans, situés dans les ruelles tortueuses du centre. Leur production recouvre les façades des maisons et même la coupole de l'**église paroissiale San Giovanni Battista** où l'on peut admirer par ailleurs des peintures de Francesco Solimena, Pietro De Rosa et Lorenzo Fiammingo. Vietri rend aussi hommage à l'art de la céramique dans deux musées : le **musée Manuel-Cargaleiro,** du nom d'un artiste portugais *(piazza Amendola ; horaires : 10 h-13 h et 16 h-20 h)*, consacré à la production artistique contemporaine, et le **Museo della Ceramica Vietrese** *(via Nuova Raito ; horaires : 8 h-13 h 15 et 14 h-15 h du mardi au samedi)*, situé dans la tour belvédère de la Villa Guariglia (hameau de **Raito,** à 2,5 km à l'intérieur des terres), qui présente l'histoire de la céramique locale du XVIIe au XXe siècle. Ceci mis à part, Vietri est surtout tournée vers la mer, bénéficiant d'une longue étendue de **plage** où, en été, les restaurants et les bars bruissent de vie et d'animation. Les **Due Fratelli** (Deux-Frères), un couple de gros rochers fichés dans la mer, semblent une réplique en miniature des Faraglioni de Capri.

CETARA

Ancienne place forte des sarrasins, Cetara est une bourgade de marins et de pêcheurs, comme le rappelle son nom lui-même, probablement dérivé du latin *cetaria* (vivier) ou *cetarius* (marchand de poissons de mer). De nos jours perdure la tradition de la pêche aux anchois avec lesquels on confectionne le délicieux coulis d'anchois *(colatura di alici),* héritier du *garum* des Romains. Il est préparé en faisant macérer les poissons mélangés à du sel, de petits morceaux de thon et des herbes aromatiques. On peut en acheter dans une des nombreuses boutiques situées dans la ruelle qui descend de la route nationale jusqu'au port, ou en goûter dans une gargote du littoral, pour accompagner des *linguine al profumo di mare.*

On se promènera dans la bourgade constituée de petites maisons blanches enchâssées au creux de la montagne : la gracieuse **église San Pietro** et sa coupole ornée de majoliques sont dominées par un campanile du XIIIe siècle à fenêtres géminées. À l'abri du port, dans le cloître attenant à l'**église San Francesco** on verra des fresques fascinantes. La petite plage est tout aussi pittoresque : un drapeau bleu y signale la pureté de l'eau de mer. Le 29 juin, jour de la **fête de saint Pierre,** patron et protecteur des pêcheurs, la statue du saint est portée en procession sur un trône en forme de barque que l'on balance pour imiter le mouvement des vagues. Pour les gourmets, enfin, le rendez-vous à ne pas manquer a lieu au cours de la seconde moitié de juillet, à l'occasion du **Sagra del Tonno,** le festival du thon.

270-271 - Les maisons blanches de Cetara.

271 en bas - Vue de Vietri sul Mare.

272 - La Villa Cimbrone à Ravello, transformée en hôtel.

MINORI

Arsenal important à l'époque de la république d'Amalfi (IXe-XIIIe siècle), Minori est connu pour ses citrons et, depuis des siècles, pour sa production de pâtes, bénéficiant de la présence du torrent Farinola qui actionnait les moulins. Il faut déguster ses *fusilli* très délicatement torsadés, confectionnés à base de farine de blé dur, d'eau, de sel et d'œufs.
On remarquera à proximité du port la **basilique Santa Trofimena,** construite aux XIe et XIIe siècles et remaniée à la fin du XVIIIe. Elle abrite le retable de *La Crucifixion* du maniériste Marco Pino da Siena et, dans la crypte, une urne d'albâtre contient les reliques de la sainte. Le **campanile de l'Annunziata** (XIe siècle) est environné du parfum des citronniers et des vignobles. Dans la partie ouest de l'agglomération, en direction d'Amalfi, on peut visiter sur demande les vestiges d'une **villa romaine** du Ier siècle av. J.-C., ayant appartenu à un membre de la cour impériale et assez bien conservée *(horaires : 9h-17h)*.
Si l'on se trouve sur place pendant les fêtes de Pâques, on ne manquera pas les chants traditionnels et la **procession des Flagellants** dont la commune de Maiori a demandé l'inscription à la liste des biens immatériels du patrimoine de l'Unesco.
Avant de quitter Minori, il est impératif de faire une halte gourmande dans une des pâtisseries où presque toutes les spécialités sont à base de citron : la tarte Delizia, les profiteroles, le baba au limoncello et le tiramisù aux agrumes.

RAVELLO

Étiré sur un éperon qui sépare les vallées creusées par les torrents du Dragone et de la Reginna, Ravello domine, du haut de ses 350 m d'altitude, avec une grâce et un charme inimitables, l'un des plus somptueux panoramas de la Côte amalfitaine. Garants et témoins de cette splendeur, des noms illustres ont entretenu la célébrité des lieux : les musiciens Wagner et Toscanini, les peintres Turner, Ruskin, Escher et Mirò, les écrivains Gide, Valéry et Woolf, Greta Garbo et Totò ne sont que les personnages les plus célèbres d'une longue liste.
Wagner, qui y séjourna longuement, tomba sous le charme des jardins romantiques de la **Villa Rufolo** *(piazza Duomo; horaires : 9h-20h en été, 9h-16h en hiver; www.villarufolo.it)*. Il y évoqua même son *Parsifal* en s'exclamant : « J'ai trouvé le jardin magique de Klingsor ! » Des allées bordées de tilleuls et de cyprès, des plantes exotiques, une flore méditerranéenne exubérante et des cascades de fleurs servent de cadre à cette villa des XIIIe et XIVe siècles, d'inspiration mauresque, dotée d'un étonnant cloître à colonnade polychrome, d'une grande tour percée de fenêtres géminées et d'un belvédère d'où la vue s'étend sur la mer jusqu'au cap d'Orso. En hommage à Wagner, l'édifice accueille depuis 1953 le **Festival international de Ravello,** événement culturel et mondain qui propose des soirées d'été inoubliables aux amateurs de musique classique, mais aussi de musique contemporaine, de danse, de jazz et de musique traditionnelle. En hiver, les rencontres musicales ont pour cadre un **auditorium** dessiné par Oscar Niemeyer.
Sur la piazza del Duomo, la **cathédrale San Pantaleone** est un trésor architectural d'une rare élégance *(horaires : 9h-12h et 17h30-19h)*. Fondé en 1086, l'édifice est doté d'une belle porte en bronze divisée en 54 panneaux, œuvre du sculpteur Barisano da Trani (1179), d'un campanile du XIIIe siècle, et, à l'intérieur, de la chaire de l'Évangile couverte de mosaïques représentant des animaux fantastiques.
Une belle promenade permettra de monter jusqu'à la **Villa Cimbrone** (aujourd'hui un hôtel de charme), création éclectique de lord William Beckett, 2nd lord Grimthorpe, qui l'acquit en 1904 et transforma une simple ferme en une véritable villa où se mêlent styles et époques, éléments traditionnels et culturels, antiquités et

273 - Le charme ancien d'Amalfi.

souvenirs de voyages exotiques. On respire une atmosphère très particulière dans le cloître de style arabo-sicule et dans le belvédère de l'Infini, d'où l'on bénéficie d'une vue panoramique du golfe de Salerne à Punta Licosa *(via S. Chiara 26; horaires : de 9 h au coucher du soleil; www.villacimbrone.com)*.

AMALFI

La plus ancienne des républiques maritimes italiennes a conservé intact son charme ancien, quand, au XIe siècle, ses relations commerciales avec l'Orient étaient si intenses et si fructueuses : la ville domina pendant plus de trois siècles le commerce du bassin méditerranéen. L'**arsenal** rappelle cette gloire séculaire, dans le secteur du port, de même que les *Tables amalfitaines,* le premier code de lois nautiques promulguées entre la fin du XIe siècle et le début du XIIIe, et qui régleront le trafic méditerranéen jusqu'en 1570. Elles sont conservées au **Musée municipal** *(piazza Municipio 6; horaires : 8 h-13 h 30, lundi et vendredi; 16 h-19 h le mardi et le jeudi; www.comune.amalfi.sa.it)*. Le somptueux **Duomo** d'Amalfi**,** étincelant d'émaux et de mosaïques, domine du haut d'un escalier abrupt la place du même nom, ornée en son centre de la fontaine du Peuple. Le Moyen Âge est toujours présent avec le campanile (XIIe-XIIIe siècle) et le charmant **cloître du Paradis** aux formes mauresques, où étaient jadis inhumés les puissants de la ville. Une fois passée la **porte de bronze** fondue à Byzance et offerte à sa ville par un riche marchand local en 1065, l'intérieur de la cathédrale est de style baroque. L'axe principal de la ville médiévale est constitué par la **via dei Mercanti** (rue des Marchands), presque entièrement sous arcades, qu'occupaient jadis les magasins de la République. En suivant la via Capuana, on arrive à la **vallée des Moulins** qui serpente sur 2 km dans la montagne, entre vergers et cascades. Ces moulins alimentaient jadis une des plus anciennes industries du papier d'Europe. Le **Museo della Carta** (musée du Papier) en relate l'histoire *(tél. 089 830 4561; horaires : 10 h-18 h 30 du 1er mars au 31 octobre, 10 h-15 h 30 du 1er novembre au 28 février; www.museodellacarta.it)*. Ce musée illustre également les techniques anciennes du papier de luxe, utilisées encore aujourd'hui par les artistes ou pour les éditions destinées aux bibliophiles.
Le littoral est occupé par une succession de plages : Lido Azzurro, plage des Sirènes, Stella Maris... Depuis le quai Pennello, de 9 h 30 à 16 h, des bateaux assurent des excursions vers la **grotte de l'Émeraude** (Grotta dello Smeraldo), vaste caverne dont l'intérieur ressemble à un sanctuaire oriental, riche en colonnes, stalagmites et draperies pétrifiées aux formes bizarres, auxquelles l'imagination populaire a attribué des noms de sirènes, d'animaux fantastiques ou de personnages célèbres *(www.amalditouristoffice.it)*. *(Cette grotte est également accessible par la terre, au km 26,4 de la SS163 – Amalfitana –, via un escalier ou un ascenseur.)*

FJORD DE FURORE

Le nom ancien de ce secteur était Terra Furoris, en raison du bruit assourdissant produit par les vagues se fracassant sur les hautes parois du fjord, qui tombent à pic dans la mer depuis un rebord du plateau d'Averola (on y parvient par un long escalier ou par la SS163). Un spectacle incroyable : des rochers en surplomb, des maisonnettes blanches accrochées aux pentes où poussent la vigne et l'olivier, des reflets d'eau qui créent des irisations irréelles. Furore a parfois été appelé le « pays qui n'existe pas ». C'est aujourd'hui un musée à ciel ouvert, avec ses façades de maisons couvertes de peintures bariolées et ses murets de pierres sèches des terrassements. En 1948, Roberto Rossellini y a tourné l'épisode central de son film *Amore,* hommage à la grande actrice Anna Magnani.

POSITANO

Extravagante et snob, Positano est considérée comme la perle de la Divina Costiera. La bourgade est constituée de maisons cubiques, serrées les unes contre les autres. Entourées de jardins luxuriants, elles descendent en terrasses jusqu'à la mer. Les ruelles étroites bordées de boutiques de mode ont vu passer les grands noms du monde de l'art, de la mode et du spectacle. Nombreuses sont les plages où l'on va non seulement pour se baigner, mais aussi pour voir et se faire voir. Parmi celles qui sont accessibles à pied, on signalera la délicieuse **Marina Grande,** bordée de rochers, avec une vue qui s'étend jusqu'au cap Sottile et Punta Campanella, et la **plage de Fornillo,** dont le nom rappelle les fours à pain d'époque romaine. En haut du village, sur la place Flavio Gioia, l'**église paroissiale Santa Maria Assunta,** fondée au xe siècle, est surmontée par une coupole couverte de faïence colorée. Du hameau de **Nocelle,** à 7 km, part le célèbre **sentier des Dieux,** agréable randonnée pédestre à travers les **monts Lattari,** qui offre des points de vue fabuleux sur toute la côte.

Où dormir

€€€€€ Poseidon (Positano). Vous y trouverez tout ce que vous pouvez désirer : l'atmosphère glamour et raffinée, les chambres avec un spa pour se faire dorloter, un gymnase, une piscine, un bain turc – et une grande terrasse face à l'un des plus beaux panoramas du monde *(via Pasitea, 148, Positano ; tél. 089 811111, www.hotelposeidonpositano.it).*

€€€€ Hotel Aurora (Amalfi). Près du port, un établissement confortable avec garage et plage privée. La décoration des chambres a fait appel à l'artisanat local : céramique de Vietri et fer forgé *(piazzale dei Protontini, 7, Amalfi, tél. 089 871209 ; www.aurora-hotel.it).*

€€€ B&B Punta Civita (Ravello). Une maison méditerranéenne typique enchâssée entre tonnelles de citronniers, vignes et fleurs de la côte offre de grandes chambres, équipées de meubles de famille anciens. Les terrasses donnent sur le golfe. L'endroit idéal pour une déclaration d'amour, une lune de miel – ou simplement pour lire un bon livre *(via Civita, 4, Ravello, tél. 089 872326 ; www.puntacivita.it).*

Shopping

Parmi les ateliers de céramique de ***Vietri,*** *la place d'honneur revient à la* ***Ceramica Solimene*** (via Case Sparse, www.solimeneceramica.com), *conçue par l'architecte Paolo Soleri sur le modèle de la collection Guggenheim de New York. À* ***Cetara,*** *on conseillera d'acheter le délicieux coulis d'anchois, les préparations à base de thon et d'autres spécialités de la mer, chez* ***Sapori Cetaresi*** (corso Garibaldi, 44 ; www.delfinobattistasrl.it). *À* ***Amalfi,*** *la boutique atelier* ***La scuderia del duca*** (largo Cesareo Console, 8 ; www.carta-amalfi.it) *mérite une halte pour ses papiers précieux décorés à la main et la* ***Pasticceria Pansa*** (piazza Duomo, 40 ; www.pasticceriapansa.it) *a maintenu le prestige et la qualité de ses produits depuis 1830.* ***Positano*** *est célèbre pour ses sandales fabriquées à la main : on pourra en trouver à la* ***Botteguccia*** (via Trara Genoino, 13 ; tél. 089 811824) *ou chez* ***Costanzo Avitabile*** (piazza Amerigo Vespucci, 15 ; tél. 089 875366). *Parmi les nombreuses boutiques de mode,* ***Louise*** *mérite une mention spéciale* (via dei Mulini, 22 ; www.louisepositano.com) *pour ceux qui recherchent des vêtements légers à décor floral.*

Où manger

€€€ La Caravella (Amalfi). Autant marine que terrienne, et autant orientale qu'occidentale, la cuisine de La Caravella revisite les anciennes recettes amalfitaines dans une tonalité moderne qui exalte les parfums et les saveurs de la côte. Ambiance élégante et raffinée, dans un palais du XIIe siècle *(via Matteo Camera, 12, Amalfi, tél. 089 871 029; www.ristorantelacaravella.it).*

€€€ Le Terrazze (Positano). Situation extraordinaire, donnant sur la plage de Positano. Carte et service raffinés, pour une atmosphère romantique *(via Grotte dell'Incanto, 51, Positano, tél. 089 875 874; www.leterrazzerestaurant.it).*

€€ Acquapazza (Cetara). Sous les anciens portiques de Cetara, à deux pas de la mer, un agréable petit restaurant où le poisson frais du jour dicte le menu. Parmi les spécialités, on recommande le merlu à l'huile et au citron, les spaghettis au coulis d'anchois, les pâtes aux anchois, pignons et câpres; en dessert, des tartes aux agrumes *(corso Garibaldi, 38, Cetara, tél. 089 261 606; www.acquapazza.it).*

Sorties et divertissements

Music on the Rocks (Positano). Cette discothèque remarquable, tant pour sa situation que pour sa programmation, est fréquentée par le monde du cinéma international. À l'étage, on peut dîner au Terrazze *(voir plus haut) (via Grotte dell'Incanto, 51, Positano, tél. 089 875 874; www.musicontherocks.it).*

Africana Night Club (Marina di Praia). Déjà célèbre dans les années 60, cet établissement est aménagé dans deux grottes situées derrière la plage de Marina di Praia. Pour s'y rendre, on prendra l'ascenseur ou l'on empruntera, le long de la mer, la célèbre ruelle de l'Amour *(Marina di Praia; www.ondaverde.it/africanai.htm; tél. 089 874 143).*

Cantina San Nicola (Amalfi). Dans le dédale des ruelles de la cité médiévale, une œnothèque aménagée dans un ancien monastère bénédictin *(Salita Marino Sebaste, 8, Amalfi, tél. 089 8304549).*

Pour d'autres informations : Office de tourisme d'Amalfi, ww.amalfitouristoffice.it/fr

274 - Positano, la perle de la Côte amalfitaine.

275 - Le petit et le grand théâtre de Pompéi.

Les fouilles de Pompéi

Depuis Salerne, 30 km sur l'autoroute A3 en direction de Naples vous séparent des ruines de Pompéi (sortie Pompéi Est), l'un des sites archéologiques les plus réputés au monde, visité chaque année par environ 3 millions de touristes. En cet endroit, la vie s'est arrêtée subitement le 24 août 79, sous un linceul de plus de 6 m de laves incandescentes et de cendres. La terrifiante explosion du Vésuve a englouti une florissante cité romaine de l'époque impériale, qui s'étendait sur 66 ha et comptait 25 000 habitants. Ce cataclysme a toutefois permis de préserver les édifices, les fresques, les mobiliers et les objets de la vie quotidienne, livrant du même coup à la postérité un témoignage unique sur la vie dans une cité romaine à cette époque. L'itinéraire de la visite ira du ***quartier du Forum,*** *centre de la vie politique, religieuse et commerciale de la cité, au quartier des* ***Thermes*** *et des* ***Théâtres,*** *lieux de loisirs et de plaisirs, et de la* ***rue de l'Abondance,*** *principale artère sur laquelle ouvraient boutiques et échoppes d'artisans, gargotes et auberges, boulangeries et teintureries, aux* ***riches demeures*** *de l'élite, décorées de fresques et de mosaïques.*
Parmi celles-ci, la ***maison du Faune*** *et la* ***villa des Mystères,*** *célèbre pour ses fresques évoquant les rites initiatiques du culte de Bacchus. Une des demeures récemment restaurées, la* ***maison des Chastes Amants,*** *est celle d'un riche boulanger, ainsi surnommée en raison d'une fresque représentant l'innocente embrassade de deux amoureux. La* ***maison de Julius Polybius*** *– l'une des plus connues et des mieux étudiées – est dotée d'installations multimédias du dernier cri qui proposent un émouvant récit transportant les visiteurs à travers le temps. En été, on peut effectuer un parcours nocturne, dénommé* ***Les lunes de Pompéi,*** *au son de musiques d'Ennio Morricone, ou pédaler sur la piste cyclable de 4 km à travers la zone des fouilles, qui offre de superbes vues sur le Vésuve.*
(Accès par la Porta Marina, la place de l'Amphithéâtre ou la place de l'Exèdre. Horaires : de 8 h 30 à 17 h [dernière entrée à 15 h 30] du 1er novembre au 31 mars; de 8 h 30 à 19 h 30 [dernière entrée à 18 h] du 1er avril au 31 octobre. On peut aussi arriver en train par la FS ligne Naples-Salerne [arrêt Pompéi] ou en car par la CSTP depuis Salerne [via l'autoroute]. Pour des informations complémentaires sur les liaisons et les réservations : www.pompeisites.org.)

Sicile de l'Etna à la mer - *Italie*

Un conseil si vous décidez de visiter **Catane** et la côte ionienne de la Sicile : savourez les vingt dernières minutes de vol avant l'atterrissage. En provenant du nord, dès que l'on aperçoit la Sicile, on ressent déjà la fascination qu'exerce cette force de la nature sur-puissante qu'est l'**Etna,** « la montagne » comme disent les Siciliens. Le cône du plus haut volcan d'Europe (3 295 m) domine toute la côte et Catane elle-même, touchée à plusieurs reprises par des coulées de lave durant son histoire. Puis en quittant cette ville qui a honoré de maisons-musées ses deux plus illustres fils, Vincenzo Bellini et Giovanni Verga, on remonte la côte ionienne vers le nord, entre champs d'agrumes et routes bordées d'immenses bougainvillées. À 9 km de la ville commence la fascinante **Riviera des Cyclopes,** où l'écho des mythes homériques se mêle aux souvenirs de Verga. La première étape, **Aci Castello,** est un bourg de pêcheurs dominé par les ruines d'un château normand. Puis vient **Aci Trezza** où Verga a situé son roman *Les Malavoglia* et Visconti, en 1947, le cadre de son film *La Terre tremble.* On s'arrêtera dans l'aristocratique et baroque **Acireale,** lieu de villégiature privilégié de la noblesse de Catane, avant d'arriver à **Taormina.** Que dire d'une ville admirée et chantée par les plus grands écrivains, de Goethe à lord Byron et d'Oscar Wilde à Maupassant ? Les perspectives magiques dont on jouit depuis le théâtre antique, avec d'un côté la mer et de l'autre la cime du volcan toujours fumante, les bars et les restaurants où l'on mange à l'extérieur pendant une grande partie de l'année, les jardins tropicaux aux hauts palmiers et aux lauriers-roses agités par la brise marine... Mille raisons de s'arrêter pour profiter des plaisirs qu'offre la ville. Mais le sortilège de l'Etna vous attire : on gagnera les pentes du volcan, passant par des bourgs médiévaux de lave noire comme **Linguaglossa** et **Randazzo,** jusqu'à effleurer sa cime.

Comment se déplacer : *La route nationale qui longe la côte (SS114) relie Catane aux autres centres de la côte : Aci Castello (9,5 km), Aci Trezza (2,5 km), Acireale (14 km) et Taormina (35 km). De là, on reprend la même SS114 en sens inverse jusqu'à Fiumefreddo où l'on bifurque à droite*

276-277 - Le centre historique de Catane, et la cathédrale Sainte-Agathe, à gauche.

pour rejoindre Linguaglossa et Randazzo, sur les pentes de l'Etna. L'autre solution consiste à emprunter l'autoroute A18 – l'artère principale de la Sicile du Nord-Est – qui relie Catane et Taormina (51 km). Pour ceux qui viennent en Sicile avec leur propre voiture, un ferry part toutes les 10 à 15 minutes de Villa San Giovanni, en Calabre, et traverse en 35 à 40 minutes les 3 km du détroit menant à Messine. Pour atteindre de Catane la Riviera des Cyclopes en autocar, le service Catane-Messine de la compagnie Interbus est très pratique. Pour rejoindre l'Etna, le moyen conseillé est la ***Ferrovia Circumetnea,*** *dont le train offre l'avantage de jouir en toute tranquillité de points de vue exceptionnels sur le volcan* (www.circumetnea.it).

CATANE

L'historien grec Thucydide rapporte que la ville a été fondée par des colons grecs venus de Chalcis (en Eubée) en 729 av. J.-C. Il reste bien peu de la Catane antique, médiévale et moderne puisqu'elle a été presque entièrement rasée en 1693 par le tremblement de terre et l'éruption de l'Etna. Ressuscitée de ses cendres, la ville a été reconstruite au XVIIIe siècle avec la lave du volcan et c'est un écrin de trésors baroques, aux rues larges et perpendiculaires construit en prévention des séismes. Le cœur de la ville est la **piazza del Duomo,** au croisement des deux grandes artères que sont la via Etnea et la **via Vittorio Emanuele II.**

Sur la place se dresse la **cathédrale,** conçue par G.B. Vaccarini et dédiée, comme les sept autres églises de Catane, à sainte Agathe, patronne de la ville *(voir l'encadré)*. Fondée au XIe siècle, elle abrite le **tombeau** du compositeur **Vincenzo Bellini,** le **trésor** et le **voile de sainte Agathe.** La tradition veut que ce dernier ait miraculeusement arrêté une coulée de lave.

Au centre de la place se trouve **U Liotru,** la **fontaine de l'Éléphant**, qui est le symbole de la ville. Réalisée en 1736 par G.B. Vaccarini à partir de vestiges antiques : un éléphant en pierre de lave et un obélisque égyptien de granit rose. Élégante et animée, la **via Etnea,** sur 3 km de longueur, est le grand salon de Catane, où se trouvent les boutiques les plus élégantes et les cafés à terrasse. Parmi ces derniers, le **Saint Moritz** *(via Raffaello Sanzio 10)* est connu pour ses parfaits à l'amande, la **Pasticceria Savia** *(via Etnea 302/304)* propose *cannoli* et *carretti* siciliens en massepain, et d'énormes *arancini* à la bolognaise. En partant de la piazza del Duomo, on longe l'**université,** installée dans l'ancien **couvent Saint-Nicolas** aussi fastueux qu'un palais royal. Une fois dépassée l'**église San Michele Arcangelo** (1771) s'ouvre la **piazza Stesicoro,** et ses ruines de l'**amphithéâtre romain** du IIe siècle, aux dimensions comparables à celles du Colisée de Rome et des arènes de Vérone. Autre promenade possible : en empruntant la via Vittorio Emanuele II au départ de la place de la Cathédrale, à hauteur du n° 260, on arrive sur le **théâtre** et l'**odéon** romains *(horaires : 9h-13h et 15h-19h)*, puis sur le **Museo civico belliniano** *(piazza S. Francesco d'Assisi, 3)*, aménagé dans le Palazzo Gravina Cruyllas, la maison natale du compositeur Bellini. À deux pas de là, le **Palazzo Biscari** *(via Museo Biscari 16, www.palazzobiscari.com)* offre un merveilleux exemple de baroque sicilien. À l'intérieur se trouvent un musée, mais aussi un appartement pour un séjour enchanteur. La **via dei Crociferi** est un concentré d'art baroque, avec les belles **églises San Giuliano, San Benedetto** et **San Francesco Borgia** ou **dei Gesuiti** – en grande partie œuvres de Vaccarini – ainsi que des palais aristocratiques comme l'**Asmundo Francica-Nava,** ses beaux intérieurs rococo et un jardin suspendu fabuleux. Autre visite à ne pas manquer, celle de l'**église San Nicolò l'Arena,** la plus grande de Sicile, qui remonte à la fin du XVIe siècle.

Catane est aussi la ville natale de deux grands artistes. Sur la piazza Bellini, le **Teatro Bellini** est connu pour son acoustique parfaite et la viale Regina Margherita est bordée par les jardins magnifiques de la **Villa Bellini.** Au 8 de la via Sant'Anna s'élève la **Casa Museo Giovanni Verga** *(horaires : 9h-13h et 15h30-18h30 du mardi au samedi)*. Le quartier de la piazza Bellini est le cœur des nuits locales, avec plusieurs pubs et boîtes ouverts jusqu'à l'aube. Parmi ceux-ci, le **Scenario Pubblico** *(via Teatro Massimo 16)*, sophistiqué, dispose d'une terrasse parfaite pour l'apéritif, et l'**Ixtlan** *(via Teatro Massimo 33)* est le lieu favori des artistes et des musiciens. On découvrira le visage populaire de Catane au marché de la **Pescheria,** installé piazza Pardo et sous l'arc de la porte Charles V, débauche d'odeurs, de saveurs et d'expressions dialectales. On peut également y déguster des oursins et des crevettes rouges de Sicile, fraîchement pêchés, ainsi que les algues mauro. Autre lieu populaire : le **marché aux puces** qui se déroule tous les dimanches **piazza Carlo Alberto.**

LA RIVIERA DES CYCLOPES

Aci Castello est la première commune de la Riviera rencontrée en venant de Catane. Cet ancien bourg de pêcheurs conserve les restes d'un manoir normand. Construit en 1706 sur un éperon de basalte avançant dans la mer, il fut auparavant en 1299 l'avant-poste du rebelle Roger de Lauria qui, après un long siège, fut pris et détruit par Frédéric II d'Aragon. La **plage** est aussi faite de débris de lave, durs et acérés ; en été on la recouvre d'une plate-forme en bois qui rend possible l'accès à la mer. Les fonds marins de la baie sont splendides et très appréciés des amateurs de plongée.

À 4 km plus au nord, on atteint **Aci Trezza** d'où émergent les **récifs des Cyclopes** (aujourd'hui réserve naturelle), écueils basaltiques identifiés comme les énormes rochers lancés par Polyphème aveuglé pour détruire les navires d'Ulysse dans leur fuite. La bourgade évoque aussi le souvenir d'un autre écho littéraire, lié au roman *Les Malavoglia* de Verga qui y a situé les vicissitudes d'une infortunée famille de pêcheurs. On peut retrouver les lieux chers au romancier sicilien en suivant les itinéraires du **Parco letterario di Giovanni Verga**.

Enfin, à 17 km de Catane, **Acireale** est un joyau du baroque sicilien. On pourra admirer la **cathédrale** du XVIe siècle, ses deux clochers à flèche recouverts de carreaux polychromes et son intérieur décoré de fresques précieuses ; la **basilique SS. Pietro e Paolo,** à la belle façade du XVIIIe siècle, et le **Palazzo Pennisi di Fioristella** *(piazza Lionardo Vigo 16, www.palazzopennisidifiorostella.com)*, somptueuse résidence privée de la fin du XIXe siècle, qui abrite aujourd'hui un B&B avec deux chambres de charme. Pour une halte gourmande, il faudra se rendre sur le corso Umberto I où l'on s'arrêtera au **Caffè del Corso** *(n° 165)* pour déguster une croquette de riz *arancino al ragu* ou une cassate sicilienne, ou encore au n° 230, à la **Gelateria Belvedere** qui propose plus de 50 variétés de sorbets et de glaces.

Le **Teatro Museo dei Pupi Turi Grasso** mérite aussi un arrêt pour assister au spectacle traditionnel des marionnettes siciliennes (les célèbres *pupi*) *(via Nazionale per Catania 195; horaires : 9h-12h et 18h-21h, les mercredi, samedi et dimanche, d'avril à octobre; 9h-12h et 15h-18h de novembre à mars)*.

278 EN HAUT - LE PORT D'ACI TREZZA.

278 AU CENTRE - LA PIAZZA DEL DUOMO D'ACIREALE.

278 EN BAS - LA FÊTE DE LA SAINTE-AGATHE À CATANE.

279 - LE THÉÂTRE MASSIMO BELLINI DE CATANE.

La fête de la Sainte-Agathe

Prendre part aux célébrations annuelles de la patronne de la ville est une expérience unique pour connaître les traditions religieuses et gastronomiques locales. Du 3 au 5 février, les rues illuminées accueillent chaque année un million de fidèles massés le long du parcours, qui assistent à la procession des dévots portant sur leurs épaules la châsse contenant les reliques de la sainte. Une énorme mosaïque de lumières est alors installée à l'extrémité de la via San Giuliano. Au cours de ces trois journées se déroulent aussi des concerts. La Fiera della Santuzza, généralement organisée dans les jardins de la Villa Bellini, offre ses dizaines d'étals où l'on propose des produits locaux. Le 7 août, la ville célèbre une autre fête en l'honneur de la sainte : la commémoration du retour de ses reliques de Constantinople, en 1126.

TEATRO
BELLINI

TAORMINA

Ces lieux bénis ont été d'abord habités par les Sicules, auxquels des colons grecs succédèrent au Ve siècle av. J.-C., puis les Romains. Plus récemment, la ville a attiré de riches voyageurs étrangers anglais, français ou allemands, dont l'empereur Guillaume II et les Rothschild, fascinés par la stupéfiante beauté de la ville et de son cadre. Taormina est l'une des destinations les plus connues d'Italie qu'il vaut mieux visiter au printemps : la fleur d'oranger embaume alors l'air et les jardins offrent des explosions de couleurs, l'Etna est encore blanc et la ville n'est pas envahie par la foule des touristes. Il faut laisser la voiture à Mazzarò et gagner le centre en deux minutes grâce au téléphérique ou emprunter le service de navettes très commode. Sur le **corso Umberto I,** la principale artère, vous trouverez les boutiques, les pâtisseries, les restaurants et les cafés. Trois adresses à essayer : au 7, la **Gelatomania,** où il faut absolument déguster une glace à la pistache de Bronte, et les cafés **Mocambo** et **WunderBar** *(piazza IX Aprile),* rendez-vous des vedettes du Taormina Film Festival à l'époque de Liz Taylor et Richard Burton qui y appréciaient leurs cocktails originaux et leurs granités. Le corso débouche alors sur la **piazza IX Aprile** où se dressent les **églises San Giorgio** et **San Giuseppe** du XIIe siècle. En pénétrant dans le dédale des escaliers et des ruelles adjacents pour regagner les hauteurs, on atteint quelques monuments très importants : les **Naumachies,** ou plutôt les ruines de ce qui était, à l'époque romaine, un imposant établissement thermal (il ne reste qu'un mur percé de 18 niches en arcatures), l'**église Santa Caterina,** érigée au XVIIe siècle sur ce qui restait de l'Odéon, et tout proche, le **Palazzo Corvaja** *(largo S. Caterina)*, un temps siège du premier Parlement de Sicile (1411), puis, toujours au XVe siècle, la résidence de la reine Blanche de Navarre et de sa cour. On redescend ensuite vers la mer en suivant la via Teatro Greco qui conduit vers le **théâtre antique**, édifié au IIIe siècle av. J.-C., mais presque entièrement reconstruit à l'époque romaine. C'est le deuxième de Sicile par la taille, après celui de Syracuse : 109 m de diamètre pour un hémicycle divisé en neuf secteurs et bordé d'une double colonnade. Il contient 5 000 places. On y organise aujourd'hui des concerts, des spectacles

280 EN HAUT - LA VILLA COMMUNALE DE TAORMINA.

280 EN BAS - VUE DE TAORMINA.

280-281 - LE THÉÂTRE ANTIQUE DE TAORMINA.

et, en juin, le **Taormina Film Festival** *(www.taorminafilmfest.it)*. Toutes ces manifestations ont pour cadre la mer et le cône de l'Etna que l'on voit dans le fond de la *skènè* du théâtre antique. On jouira de points de vue tout aussi magiques depuis la **Villa Communale,** jardins réalisés via Roma par Florence Trevelyan, riche aristocrate anglaise, pour le duc Colonna i Cesarò. Parmi les palmiers, les strelitzias et les buissons de roses parfumées, une petite tour orientale aux allures de pagode chinoise constitue un point d'observation idéal pour les ornithologues. En revenant vers la Porta Catania, on gagne la **piazza del Duomo** où se dresse la **cathédrale San Nicolò.** En dépit de l'austérité de sa façade, elle recèle des œuvres signées Antonino Giuffrè, Antonello de Saliba et d'autres artistes de l'école des Gagini. Une fois quitté le centre, deux possibilités s'offrent à vous : se diriger vers la cime du mont Tauro jusqu'à **Castelmola,** qui déploie le labyrinthe de ses ruelles et de ses venelles autour d'un rocher, connue pour ses couchers de soleil embrasés et, plus prosaïquement, pour le vin aux amandes du **bar San Giorgio** *(piazza Sant'Antonio 1)*, ou bien gagner la mer à **Mazzarò,** la **plage** la plus proche de Taormina. On peut y arriver en téléphérique, ou bien par un escalier qui part de la ville et traverse des jardins fleuris de bougainvillées, ou encore par la route qui rejoint l'axe Catane-Messine. De la **baie de Mazzarò,** on peut se rendre sur les grandes **plages** de **Spisone** et de **Mazzeo,** ou bien à **Capo Sant'Andrea** – le point le plus proche de la **Grotta Azzurra** : une caverne spectaculaire à laquelle on n'accède que par la mer. On trouvera facilement un « passeur » : on entend les appels des bateliers sur toutes les plages des alentours. Arrêtez-vous au **Capo Taormina** pour y admirer les célèbres ***faraglioni*** (récifs) et l'**Isola Bella,** une réserve naturelle ouverte seulement sur réservation.

Sport et excursions sur les pentes de l'Etna

*Le **parc de l'Etna** (58 km²) permet la pratique du **ski alpin,** mais aussi du **ski de fond** et de l'**alpinisme,** grâce aux chutes de neige qui blanchissent les hauteurs du volcan de novembre jusqu'à avril. Ce sont toutefois les activités de **randonnée pédestre** et de **trekking** qui sont les plus répandues sur les pentes de l'Etna. La plupart des itinéraires partent du **refuge Sapienza,** situé à 2 000 m de hauteur, qu'on les suive à pied ou à bord de jeeps qui permettent d'arriver au plus près des quatre cratères principaux, non loin du sommet du volcan.*

*Ceux qui souhaitent effectuer des excursions en altitude pourront contacter les associations suivantes : **Guide Etna Sud** (tél. 095 7914755) et **Etna Guide** (tél. 095 647877). Outre les sentiers « nature » classiques et les trekkings qui parcourent la Valle del Bove ou la Grotta del Gelo, celles-ci proposent aussi des activités de randonnées à raquettes ou en ski.*

L'ETNA ET SES BOURGS

Le circuit continue vers l'intérieur en remontant les pentes du volcan, jusqu'à son sommet. Avant de monter, visitez les bourgs qui jalonnent les pentes de l'Etna. Parmi eux, **Linguaglossa,** qui se trouve à moins de 50 km de la mer (et de Catane) et à 550 m d'altitude seulement, est le point de départ de remontées mécaniques pour la pratique du ski, mais aussi de quelques-unes des plus belles excursions sur le volcan – comme celle de la **Grotta del Gelo** (grotte du Froid), grande anfractuosité souterraine garnie de stalactites. Plus loin, à 12 km, on atteint **Francavilla di Sicilia,** bourgade médiévale enserrée dans une cuvette ponctuée de jardins et d'orangeraies, et encore à l'abri de ses anciennes murailles. De là, il faut absolument vous rendre dans les **gorges de l'Alcantara**, un canyon inattendu creusé dans le basalte noir par l'Alcantara, et dont les parois de 20 m de hauteur se rapprochent parfois au point de se toucher. Enfin, **Randazzo,** l'agglomération la plus proche du cratère, entièrement construite en pierre de lave et définie comme la « cité des trois parcs » : c'est en effet le point de rencontre des parcs de l'Etna, de Nebrodi et de l'Alcantara. En suivant l'artère principale, le **Corso Umberto I,** bordé par de beaux palais d'époque normande et médiévale, on arrive à l'**église Santa Maria,** érigée en 1727, qui recèle les magnifiques fonts baptismaux de Gagini, et l'**église San Martino,** reconnaissable pour son clocher bicolore et sa flèche polygonale. Dans le bourg, on a le choix entre deux excellentes pâtisseries, celle de **Vincenzo Facondo** et le **bar Musumeci,** pour une pause gourmande autour d'une classique brioche farcie à la glace ou un granité de citron. Randazzo s'anime le 15 août, lors de la célébration de la fête d'a' vara : un char allégorique de près de 20 m de hauteur, décoré de statues de carton-pâte personnifiant des saints et des anges. Pour finir, on atteint le sommet de l'**Etna,** toujours actif, né voici deux millions d'années seulement, au caractère capricieux mais assez prévisible. Ses éruptions sont en effet continues et généralement jamais trop violentes, mais elles sont surveillées par plus de 120 capteurs sismiques et même par un satellite.

Où dormir

€€€€€ Hotel Imperial (Taormina). Situé derrière le Corso Umberto I, l'établissement a été ouvert récemment dans un palais baroque donnant sur le théâtre antique et la baie de Naxos. Spa au design minimaliste chic, piscine à ciel ouvert sur le toit et gymnase panoramique (*via Circonvallazione 11, tél. 094 2625202, www.ehc.it*).

€€€ Una Hotel (Catane). Dans un palais du début du XXᵉ siècle en pierre de lave : design contemporain, restaurant de cuisine locale et toit terrasse avec bar

américain d'où l'on peut admirer tout à la fois la ville, l'Etna et la mer (*via Etnea 218, tél. 095 2505111, www.unahotels.it*).
€€ Turismo Rurale Parco Statella (Randazzo). Dans une ancienne maison de campagne nichée dans les vignes, au pied de l'Etna, chambres et appartements équipés de meubles anciens et de lits de fer forgé peints. Restaurant et massages (*via Montelaguardia 2/S, tél. 095 924036, www.parcostatella.com*).

Où manger

€€€ Casa Grugno (Taormina). Pour un dîner romantique dans une vieille maison de pierre, pour une cuisine recherchée et préparée avec les seuls produits du terroir (*via Santa Maria dei Greci 2, tél. 094 221208*).
€€ Sicilia in bocca da Giuseppe (Catane). À deux pas du Teatro Massimo, un établissement de type rustique, fréquenté par des VIP et des artistes, en raison de son service « après spectacle ». À la carte, une authentique cuisine de poisson. À conseiller, les spaghettis aux oursins (*piazza Pietro Lupo 16, tél. 095 7461361*).
€€ Veneziano (Randazzo). À la campagne, atmosphère rustique et spécialités locales comme la soupe aux champignons de l'Etna, les *tagliolini* aux asperges sauvages et les macaronis maison au jus de porc. Sur la carte des desserts, la tarte à la pistache de Bronte (*Contrada Arena, tél. 095 7991353*).

Sorties et divertissements

Mercati Generali (Catane). Une discothèque située dans une ancienne palmeraie au bosquet de figuiers de Barbarie, avec jasmins et orangers. Une programmation variée de concerts (*strada Statale, tél. 095 571458*).
Nievski (Catane). Rendez-vous traditionnel des Catanais, sur le grand escalier Alessi, il est fréquenté pour l'apéritif, mais aussi pour le dîner et les soirées prolongées. Ambiance très soignée. Bonne musique de groupes italiens et étrangers (*Scalinata Alessi, tél. 095 313792*).
Panasia Beach (Taormina). Établissement balnéaire, moderne et chic. Cocktails, musique tard dans la nuit et clientèle internationale (*via Spisone, tél. 094 223170*).

Pour d'autres informations : www.rivieradeiciclopi.com et www.parks.it/parco.etna

282 - Les spectaculaires gorges d'Alcantara.

282-283 - Ski et alpinisme dans le parc de l'Etna.

Dubrovnik et les îles dalmates

Un peu romaine (son nom originel est Ragusium, d'où Ragusa en italien et Raguse en français) et un peu vénitienne (la ville fut sous domination de la Sérénissime de 1205 à 1358), Dubrovnik la dorée, aux ruelles médiévales et aux remparts surplombant une mer d'émeraude, est inscrite au patrimoine mondial de l'Unesco. Après les bombardements de 1991, les monuments ont été restaurés et les infrastructures touristiques développées. C'est aujourd'hui l'une des plus belles destinations pour un bref séjour sur les rivages orientaux de l'Adriatique.

Dans cette ville de pierre et de lumière, les **murailles** sont la première chose qui frappe. On verra tout Dubrovnik en parcourant le chemin de ronde : le **monastère franciscain,** la grande artère de la **Placa** (ou **Stradun**), la **place de la Loge,** encadrée de très beaux édifices comme le **palais Sponza.** On repérera aussi du haut des remparts le **palais des Recteurs,** siège du Grand Conseil au XVe siècle, aujourd'hui transformé en musée ; la **cathédrale de l'Assomption de la Vierge** ; le **monastère dominicain** ; et l'amphithéâtre du **port,** sous la garde de la **forteresse Saint-Jean,** construite au XIVe siècle afin de protéger les navires qui abordaient à la ville. Spectacle unique pour un parcours extraordinaire qui n'a qu'un seul inconvénient : celui d'être extrêmement glissant, en raison des pierres polies par le vent, la salinité de l'air et le continuel passage des visiteurs. De là-haut, le regard se perd dans le foisonnement des ruelles aux escaliers étroits et raides, avec la lessive étendue entre les maisons, puis il s'étend sur les toits aux tuiles orange, avant de se disperser sur le miroir bleu-vert de la mer, ridé par le passage des navires de croisière dont certains – plus hauts que les maisons – semblent se déplacer à l'intérieur de la ville. La mer est ponctuée de rochers très verts, encadrés d'anneaux de sable : ce sont les **îles Élaphites** et, plus au nord, celles de **Mljet,** de **Pelješac** (en fait une presqu'île), de **Lastovo** et de **Korčula.** Chaque île est un petit paradis de bois, de plages et de rochers, à portée immédiate de la ville.

Comment se déplacer en ville : *Une fois arrivés à Dubrovnik, vous oublierez votre voiture. On se déplace ici à pied, et du port partent les bateaux pour des excursions d'une journée dans les îles les plus proches. Il existe aussi un bon service de transports publics pour circuler en dehors de la vieille ville.*

Monnaie : *La monnaie officielle de la Croatie est la* ***kuna****.*

Croatie

284-285 - Les remparts de Dubrovnik.

285 en bas - L'église Saint-Blaise, sur la place de la Loge, à Dubrovnik.

À voir

LES MURAILLES

Dubrovnik devient une ville fortifiée à partir du xe siècle, s'entourant de 2 km de remparts (hauts parfois de 25 m), renforcés par quinze tours, trois forteresses et cinq bastions. On visitera surtout la **forteresse Minçeta** *(Tvrdava Minçeta)*, tour cylindrique conçue par Michelozzo Michelozzi, mais édifiée au xve siècle par Giorgio Orsini ; le **fort Bokar** *(Tvrdava Bokar)*, également conçu par Michelozzi ; et le **fort Saint-Jean** *(Tvrdava Sv. Ivana)*, chargé de la protection du port, aujourd'hui transformé en **musée de la Marine** *(Vieux Port ; horaires : 9 h-18 h, jusqu'à 14 h en hiver ; www.mdc.hr/dubrovnik/eng/ pomorski.index.html)*. L'accès (payant) se fait par le chemin de ronde depuis divers points de la vieille ville. Il est conseillé de faire le parcours en soirée, pour le spectacle du coucher de soleil sur la mer *(horaires variables ; www.citywallsdubrovnik.hr)*.

LA PORTE PILE

C'est la plus importante des portes de la vieille ville. Le bastion – avec un pont de pierre du xvie siècle – protège une porte intérieure de style gothique dont l'ogive est surmontée d'une statue de saint Blaise.

LE MONASTÈRE FRANCISCAIN

Édifié au début du xive siècle, c'est l'un des symboles religieux de la cité. On admirera son **cloître** en losange, avec ses galeries à voûtes d'arêtes, ses piliers d'angle octogonaux, ses colonnes géminées, ses chapiteaux et sa fontaine du xve siècle ; l'**église,** reconstruite au xviie siècle, après le tremblement de terre qui a englouti des œuvres du Titien, de Raphaël et du Caravage ; la **pharmacie** du xive siècle ; la **bibliothèque** – l'une des plus importantes de Croatie – qui compte plus de 30 000 volumes ; le **musée,** enfin, avec des chefs-d'œuvre d'orfèvrerie, des ex-voto, des tableaux et des reliquaires *(Placa 2 ; www.malabraca.hr)*.

LA PLACA

La rue de promenade (le Stradun pour les habitants) est un joyau du xiie siècle qui traverse la vieille ville, dans un cadre de maisons et de palais construits ou restaurés après le séisme de 1667. Elle part, à la **porte Pile,** d'une petite place où se dresse la **fontaine d'Onofrio,** ornée d'une coupole, ouvrage du Napolitain Onofrio della Cava (1438-1444), pour arriver à la place de la Loge.

LA PLACE DE LA LOGE

On voit sur cette place la **colonne de Roland** (xve siècle), la **tour de l'Horloge** (xve siècle, mais reconstruite en 1929) et quelques-uns des plus beaux édifices de la ville. Ainsi le **palais Sponza,** ancien siège de la Monnaie puis de la Douane, aujourd'hui des Archives municipales ; l'**église Saint-Blaise,** qui domine la place avec son escalier et sa façade baroque et conserve des autels de marbre et la statue du saint patron de la ville, à qui elle est consacrée ; et surtout le **palais des Recteurs,** conçu au xve siècle par Onofrio della Cava et doté d'un portique Renaissance par Michelozzo Michelozzi. La cour intérieure est bordée de galeries qui abritent, au premier étage, le **Musée municipal,** riche de collections de céramiques et de verres, d'icônes, de mobiliers des xviie et xixe siècles et de 300 tableaux d'artistes italiens et dalmates du xve siècle au xixe siècle. On fera une pause au **Gradskavana** voisin, élégant bar historique dont la terrasse réserve une belle vue sur la place et sur la Placa *(www.mea-culpa.hr)*.

LE MONASTÈRE DOMINICAIN
Ce joyau d'architecture sacrée garde de véritables trésors. Intégré au XIVe siècle aux remparts, c'est un des monuments les plus importants de la ville. On visitera l'**église Saint-Dominique** à nef unique, avec ses chapelles Renaissance et l'imposant *Crucifix* de Paolo Veneziano (XIVe siècle) ; le **cloître** réalisé au XVe siècle ; le **musée** enfin, qui présente de l'orfèvrerie, des bijoux travaillés en filigrane et des tableaux importants comme *Saint Blaise et Marie-Madeleine*, du Titien, et un *Triptyque* de Niccolò Ragusino *(Ul. Sv. Dominika 4, tél. 20321423 ; horaires : 9h-18h [jusqu'à 17h en hiver])*.

LA CATHÉDRALE DE L'ASSOMPTION DE LA VIERGE
Édifiée entre le XVIIe et le XVIIIe siècle par les architectes italiens Andrea Buffalini et Paolo Andreotti, elle mérite une visite pour au moins deux raisons : le *Polyptyque de la Vierge*, du Titien, et le **trésor de la cathédrale,** qui possède près de deux cents reliquaires.

SYNAGOGUE ET MUSÉE JUIF
Dans cette synagogue du XVe siècle, la plus ancienne d'Europe après celle de Prague, on visite, entre tentures de velours rouge et plafonds bleu nuit, le musée qui présente l'histoire de la communauté juive de la ville. On y voit entre autres de précieuses torahs ibériques d'époque médiévale *(Zudioska 5, tél. 20321028 ; horaires variables)*.

Excursions sur l'île de Korcula

Il n'est pas de touriste qui, une fois débarqué sur cette île magnifique, ne demande si c'est vraiment là qu'est né ***Marco Polo.*** *Le doute vient des guides que l'on a lus avant de partir en voyage et des enseignes de boutiques affichant le nom du célèbre navigateur vénitien – comme sur sa maison en pierre, derrière la cathédrale, et sur la boutique de gadgets et produits divers, sise Ul. Depolo 1a, dans la ville et chef-lieu qui a donné son nom à l'île,* ***Korcula****. C'est un enchantement de pierre, serré dans ses anciennes murailles, où la famille Polo a vécu assurément, avant de partir pour Venise... deux siècles avant la naissance de Marco.*
La Sérénissime a laissé ici des marques et des souvenirs indélébiles : dans cette cité forteresse édifiée sur une presqu'île, derrière les murailles du XVe siècle avec leurs tours du XVIe siècle et leurs ***portes*** *anciennes (celle de* ***Kopnena*** *arbore le blason des doges de Venise), la première chose qui frappe est la* ***cathédrale Saint-Marc*** *: elle est en pierre calcaire, avec un clocher ouvragé et un portail sculpté par le maître italien Bonino da Milano. À l'intérieur se trouvent une œuvre de jeunesse du Tintoret,* Saints Marc, Jérôme et Barthélemy, *une* Annonciation *de l'école du même peintre, et une toile attribuée à Jacopo Bassano. À côté du sanctuaire se dresse le* ***palais abbatial*** *de style néobaroque, où est conservé le* ***trésor de l'abbaye,*** *riche à son tour d'œuvres vénitiennes (dont une Sainte Conversation de l'école de Titien). En face de la cathédrale, les murs Renaissance du* ***palais Gabrielis*** *abritent le* ***musée de la Ville*** *dont les collections illustrent l'histoire, la culture et les conditions sociales de la cité et de l'île dans son ensemble. Et puis il y a le reste de l'île : les forêts de chênes, de pins et de cyprès, les rangées de vignes, les bosquets de pins d'Alep ; le bourg de* ***Lumbarda*** *où l'on produit le vin blanc Grk, ceux de* ***Zrnovo*** *et de* ***Blato*** *(avec le château), et naturellement les* ***plages.*** *Incontournables : la* ***baie de Pupnatska Luka*** *et celles de* ***Bacva, Zitna*** *et* ***Vaja.***
Pour d'autres informations : le site www.korculainfo.com donne aussi les horaires des bacs ; voir aussi www.jadrolonija.hr

Où dormir

€€€€ Dubrovnik President Hotel (sur la mer). Décor contemporain et chambres récemment restaurées. Les terrasses avec vue sur la mer et les plages sont au top *(Iva Dulčića 142, http://hotel-dubrovnik-president.h-rsv.com)*.

€€€€ Pucic Palace (luxe). Les modes passent, mais l'hôtel résiste : une adresse de charme, au cœur de la vieille ville, avec 19 chambres dans un palais du XVIIIe siècle. Un yacht privé est attaché à l'établissement, pour effectuer des croisières dans les îles *(Od Puća 1, tél. 20326222 ; www.thepucicpalace.com)*.

€€ Roko House (maison d'époque). Une délicieuse maison ancienne avec six appartements, poutres apparentes et murs de couleur crème. Une bonne solution pour remplacer l'hôtel, au cœur de Dubrovnik *(Za Rokom 1, www.rokoapartments.com)*.

Où manger

€€€ Nautika (top). C'est l'adresse historique pour les amateurs de poisson. S'il y en a, commandez une langouste ou un vivaneau au four ; sinon contentez-vous de la pêche du jour et jouissez du panorama (la mer et la petite baie du port) (*Brsalje 3, tél. 20 442 526; www.esculapteo.hr/nautika*).

€€ Proto (poisson). Encore du poisson, mais dans un autre lieu, ouvert à la fin du XIXe siècle dans la vieille ville. Le Livre d'or des hôtes s'enorgueillit de la signature du roi d'Angleterre Édouard VIII. Le chef, Bosko Lonac, est un des plus cotés de la ville (*Siroka 1, tél. 20 323 234*).

Sorties et divertissements

Gil's. Pour manger, mais surtout pour sortir tard : un pop lounge très chic, sur les anciens remparts, avec tables et canapés en plein air et du charme à revendre (*Sv. Dominka bb, www.gilsdubrovnik.com*).

East West Club. Un club pour toutes les heures : bronzage et baignade dans la journée, restaurant pour dîner, night-bar pour les accros de la vie nocturne. Sable, gastronomie et DJ, du matin jusqu'à la nuit noire (*Frana Supila bb, www.ew-dubrovnik.com*).

Troubadour. Impossible de passer par la vieille ville sans le remarquer : jazz bar, concerts et jam sessions occupent tout l'été (*Bunićeva poljana, tél. 20 323 476*).

Pour d'autres informations : Office national du tourisme de Croatie, www.croatia.hr et www.tzdubrovnik.hr

Shopping

Le ***Romana Atelier*** *présente des œuvres signées de Romana Milutin Fabris, une des plus grandes artistes peintres de Croatie, avec à son actif plus d'une centaine d'expositions dans son pays et dans le monde entier. Elle possède une galerie à l'****Hôtel Palace Dubrovnik*** (Masarykov put 20) *et un atelier dans la vieille ville* (www.romana-milutin.com). *Une autre galerie,* ***War Photo Limited*** (Antuninska 6, www.warphotoltd.com), *est dédiée aux clichés des grands reporters ayant couvert les conflits de l'actualité contemporaine. On fera une pause au* ***Franja Coffee & Tea House*** (Od Puča 9) *pour déguster une tisane ou un expresso « Made in Croatia » (échantillons disponibles en élégants paquets cadeaux), avant d'aller faire un tour chez* ***Maria Dubrovnik****, où vous trouverez en plus des grandes marques internationales des panamas et des tenues de bain griffées* (Sv. Dominika bb, www.maria-dubrovnik.hr).

Les îles dalmates

Pour une pause baignade, on ira à la plage de ***Banje,*** *au pied des fortifications de la* ***porte Ploče*** *qui protège un des accès de la ville, à l'est : un lieu pour voir et se faire voir, avec un magnifique point de vue sur Dubrovnik. Le sable est plutôt rare dans ce secteur de la côte. Aussi les plages de l'****île de Lokrum*** *sont-elles très courues, en face des murailles de la vieille ville : on y accède en 10 minutes de barque par le Lokrum Boat Service qui part du port. En été, c'est un va-et-vient permanent d'embarcations qui font la navette, chargées de baigneurs. Une tout autre atmosphère règne à* ***Mljet,*** *une île jardin déserte pour l'essentiel et en partie parc national* (www.mljet.hr), *avec de belles plages peu fréquentées, de grandes pinèdes et le port de pêche de* ***Sobra*** *où s'amarrent les barques arrivant de Dubrovnik* (www.jadrolonidja.hr). *Entre Dubrovnik et Mljet se trouve le petit archipel des* ***Élaphites,*** *verte mosaïque de rivages et de golfes très appréciée des amateurs de voile, où les plages sont pure poésie. Celle de Sunj, dans l'île de* ***Lopud,*** *est réservée aux naturistes. Cette île est la plus belle de l'archipel : aucune automobile n'y circule et l'on y a récemment ouvert un pavillon dédié à l'art contemporain. Le* ***Thyssen-Bornemisza Art Contemporary*** (www.tba21.org) *accueille des installations de grands artistes internationaux. On accède à l'île en ferry depuis Dubrovnik ou par les croisières privées de Dubrovnik Boats Cruise* (www.dubrovnikboatscruise.com).

286 - Vue de Korcula.

287 - L'île de Lokrum, en face de Dubrovnik.

Athènes - *Grèce*

En 2004, après des années de chantier, pour le premier retour en Grèce depuis un siècle des jeux Olympiques nés en 776 av. J.-C., Athènes se montra plus belle que jamais – plus propre, plus moderne, plus efficace, avec de nouvelles architectures, un nouvel aéroport et un réseau de métro agrandi. Cette course à la nouveauté a continué après la fête sportive et a offert à la cité une réalisation colossale, le musée de l'Acropole : une mosaïque de verre et de ciment conçue par l'architecte suisse Bernard Tschumi, sur les fondations du vieux musée décrépit, pour préserver dans les meilleures conditions l'un des patrimoines archéologiques les plus importants du monde. Celui du Parthénon et de l'ensemble de la colline sacrée d'Athéna.

Chaque quartier de la capitale grecque est un monde en soi. **Plaka,** au pied de l'Acropole, est le plus célèbre de tous, celui qu'arpentent tous les touristes, et pas seulement pour visiter l'illustre monument. Dans ce quartier où règne le parfum de l'ouzo, où des restaurants proposent des menus gréco-touristiques, il existe des coins délicieux qui rappellent les villages blancs des Cyclades, des églises byzantines, des petits **musées** (comme celui des **Instruments de musique populaire grecs**), l'**Agora romaine** et la **Bibliothèque d'Hadrien,** le **marché aux Puces** *(voir l'encadré Shopping)*, les petites tables d'**aPlakafe** (Adrianou 1) pour une pause à base de «café frappé» (café instantané passé au shaker avec des glaçons et qui se déguste avec une paille – la boisson nationale quand il fait chaud). **Kolonaki** est le quartier résidentiel huppé, avec ses villas et appartements luxueux, ses restaurants et bars branchés, ses boutiques à la mode *(voir l'encadré Shopping)* et ses rues qui montent jusqu'au **Lycabette.** De cette colline au cœur de la capitale (on y monte à pied ou en téléphérique), la vue embrasse tout Athènes et la mer Égée au loin. **Psiri** et **Gazi** symbolisent la *dolce vita* athénienne. Si le premier est le cœur historique de la vie nocturne, avec ses restaurants et ses clubs, le second est concentré autour de l'ancien gazomètre du XIXe siècle qui a donné son nom au quartier. Ce faubourg industriel a été transformé en espace culturel high-tech, avec des dizaines de bars, de restaurants et de discothèques. C'est là que se trouve **Technopolis** (*100, Pireos,*

288-289 - La ville, avec l'Acropole, vue depuis la colline du Lycabette.

Comment se déplacer en ville : *Il existe trois lignes de métro, dont deux sont encore en cours de construction pour gagner Le Pirée et la partie sud de la ville (www.ametro.gr). La ligne Bleue mène jusqu'à l'aéroport. Les trams, dessinés par Pininfarina, sont d'une grande élégance (www.tramsa.gr).*

tél. 210 3461589), centre culturel et d'exposition de 30 000 m² dédié au compositeur grec Mános Hadjidákis et dont les divers bâtiments portent les noms de grands poètes grecs, d'Andréas Embiríkos à Kóstas Várnalis. L'ensemble accueille des spectacles de théâtre et de danse, des expositions, des festivals, des conférences et des concerts. Les grands monuments d'Athènes sont, dans ces quartiers, reliés par le nouveau **métro** (indispensable pour éviter un trafic automobile toujours chaotique). Celui-ci n'est pas un simple moyen de transport, mais aussi un exemple d'architecture, de mobilier et de design : la station de **Panormou** possède un plafond de toutes les couleurs, celle d'**Ethniki Amina** expose des arbres sculptures, **Aghios Antonios** a une allure high-tech, et **Syntagma** abrite un petit musée de fouilles archéologiques.

À voir

L'ACROPOLE

Le monde occidental est né dans cette forteresse naturelle considérée comme le berceau de la Grèce classique. Les constructions les plus anciennes remontent au XVIe siècle av. J.-C. D'abord lieu de refuge pour la population, l'Acropole est devenue un lieu sacré vers 700 av. J.-C. Le **Parthénon,** perfection du style dorique, temple voulu par Périclès et construit sous la supervision de Phidias, le plus grand sculpteur de la Grèce classique, et de son assistant Ictinos, en l'honneur d'Athéna Parthénos (Vierge), déesse éponyme et patronne de la cité. Les formes et les proportions, soigneusement calculées (8 colonnes en façade, 17 de côté) forment un ensemble harmonieux. Les métopes au-dessus des architraves, le décor des deux frontons triangulaires et la frise continue sur le mur du naos sont l'œuvre de l'atelier de Phidias. Le temple a été partiellement détruit en 1687 lors d'un bombardement de la flotte vénitienne, après quoi plusieurs de ces marbres sculptés ont été transportés à Paris (Louvre) et à Londres (British Museum). Ceux qui sont restés sur place garnissent le nouveau musée de l'Acropole. Aujourd'hui restauré, le Parthénon a retrouvé sa grâce et son élégance. Le temple est entouré d'autres monuments comme les **Propylées** (437-432 av. J.-C.), à l'entrée de l'enceinte sacrée, conçues par l'architecte Mnésiclès.
Le **temple d'Athéna Nikê** (Victorieuse) (427-424 av. J.-C.), a été reconstruit à l'identique après sa destruction par les Turcs au XVIe siècle. La **Voie Sacrée** partait de l'Agora et franchissait les Propylées pour accéder au Parthénon. L'**Éréchthéion** (421-406 av. J.-C.) est un élégant petit temple. Son portique sud, le **portique des Caryatides,** est orné de statues de jeunes femmes en guise de colonnes. Deux théâtres complètent l'ensemble de l'Acropole, sur son versant sud : le **théâtre de Dionysos** (Ve siècle av. J.-C., avec des remaniements d'époque romaine) et l'**Odéon d'Hérode Atticus** (IIe siècle de notre ère) reliés par le **portique d'Eumène,** roi de Pergame (IIe siècle de notre ère) *(www.acropolisofathens.gr et www.odysseus.culture.gr; horaires : 8h30-15h en hiver, 8h-20h en été. Pour voir le Parthénon en 3D : www.parthenonfrieze.gr).*

LE MUSÉE DE L'ACROPOLE

L'inauguration du nouveau musée s'est déroulée le 19 juin 2009. Après des années de travaux, cette œuvre colossale – 14 000 m² d'espace d'exposition, contre 1 500 m² dans l'ancien musée – ouvrait ses portes à 300 m du Parthénon. Raisonnablement futuriste, inondée de lumière naturelle, cette architecture verre-acier-ciment imaginée par l'architecte suisse Bernard Tschumi présente 4 000 objets et sculptures de l'Acropole. Des dallages transparents permettent d'admirer le résultat des fouilles archéologiques récentes, et de larges baies vitrées donnent sur le Parthénon ; une grande salle est consacrée aux fresques et aux œuvres les plus importantes de l'illustre temple. On y attend la restitution des marbres emportés par lord Elgin, qui sont aujourd'hui au British Museum (*Dionysiou Areopagitou, www.theacropolismuseum.gr; horaires : 8h-20h, du mardi au dimanche*).

L'AGORA

Si l'Acropole était le centre de la vie religieuse, l'Agora était le foyer de la vie publique et administrative. On y parvenait par la **voie de l'Aréopage,** ancienne route retrouvée par les archéologues sur la colline du même nom. Les monuments les plus significatifs de l'Agora sont le **Théséion** (ou Héphaïstéion), le temple dorique le mieux conservé de toute la Grèce (449-444 av. J.-C.), transformé et utilisé comme église du VIIe siècle au XIXe siècle, et le **portique d'Attale** (vers 150 av. J.-C.), édifice reconstruit à l'identique en 1953-1956. Il abrite le **musée de l'Agora** qui présente des sculptures, des marbres, des vases et d'autres objets exhumés pendant les fouilles, dont la statue acéphale d'**Apollon Patroos,** attribuée à Euphranor, du milieu du IVe siècle av. J.-C. (*tél. 210 3245220; horaires : 8h30-15h en hiver, 8h30-20h en été, fermé le lundi*).

LE CÉRAMIQUE

Tout le monde s'attarde sur l'Acropole et sur l'Agora, mais Athènes recèle aussi le Céramique, l'ancien quartier des potiers et des artisans qui, sans offrir de monuments spectaculaires, possède quelques richesses. Au nombre de celles-ci, une **Porte sacrée,** celle du **Dipylon,** édifiée avec la muraille du Ve siècle av. J.-C., la **route de l'Académie** *(drómos)*, bordée de sépultures célèbres, le **cimetière** auquel les archéologues ont donné le nom du quartier et un **Musée archéologique** présentant une magnifique collection de vases de style géométrique des IXe-VIIIe siècles av. J.-C. (*147, Ermou, tél. 210 3463552; horaires variables*).

L'OLYMPIÉION

Ce temple corinthien dédié à Zeus Olympien était l'un des plus grands du monde antique. Reconstruit à plusieurs reprises, il fut consacré à l'empereur Hadrien en 129 de notre ère. Détruit ensuite par les Barbares, il ne conserve aujourd'hui que quelques vestiges de sa splendeur ancienne. Non loin de là s'élève un autre monument portant le nom du même **Hadrien** : la porte (datée de 132) qui marquait la frontière entre la ville grecque et la ville romaine, bâtie en marbre du Pentélique (*Vassilissis Olgas, tél. 210 9226330; horaires : 8h30-15h, jusqu'à 20h en été, fermé le lundi*).

LE MUSÉE ARCHÉOLOGIQUE NATIONAL

C'est l'un des musées archéologiques les plus importants du monde, avec une collection de plus de 11 000 pièces allant de la préhistoire à l'époque hellénistique et des céramiques aux sculptures. On ne manquera pas la **collection mycénienne,** avec les trouvailles des tombes royales de Mycènes – de la **coupe de Nestor** aux gobelets d'or et au fameux **masque d'Agamemnon** (en or lui aussi), daté du milieu du XVIe siècle av. J.-C. et exhumé par Schliemann en même temps que le trésor. On passera ensuite à la **collection néolithique** avec les vases et les idoles en terre cuite remontant au IVe millénaire av. J.-C., puis à la **collection cycladique** qui présente, entre autres, le **Joueur de harpe et de flûte** provenant de Kéros (2800-2300 av. J.-C.). Viennent ensuite les sculptures archaïques, comme la stèle d'Aristion dit l'Hoplite de Marathon (vers 510 av. J.-C.), et les chefs-d'œuvre des époques classique et hellénistique. La collection des céramiques – l'une des plus riches d'Europe – présente des œuvres allant des vases protogéométriques corinthiens (XIe-Xe siècle av. J.-C.) aux vases attiques à figures noires et des lécythes funéraires à fond blanc aux vases à figures rouges des Ve-IVe siècles av. J.-C. (*44 Patission, www.namuseum.gr; horaires : 13 h 30-20 h le lundi, 9 h 30-16 h du mardi au dimanche*).

LE MUSÉE NATIONAL D'ART CONTEMPORAIN

Pour faire une pause après la visite de tant de chefs-d'œuvre classiques, rien de tel que d'entrer dans ce beau musée ouvert en 2000, qui propose des œuvres contemporaines diverses : des tableaux, des installations, des vidéos, des photographies, des architectures et des pièces de design industriel, des réalisations des principaux artistes grecs et internationaux de Dimitris Antonitsis à Nan Goldin (*17-19, rue Vassileos Georgiou & Rigilis, www.emst.gr; horaires : 11 h-19 h du mardi au dimanche, jusqu'à 22 h le jeudi*).

LE MUSÉE D'ART CYCLADIQUE

Les passionnés d'art cycladique y trouveront une collection permanente d'environ 3 000 pièces, toutes provenant des îles de l'archipel et de Chypre. Parmi ce riche inventaire, on admirera les idoles en pierre qui faisaient partie des mobiliers funéraires : figures féminines, figures assises, figures aux bras croisés... presque toutes de taille assez réduite (*4, Neophytou Douka, www.cycladic.gr; horaires : 10 h-17 h, jeudi jusqu'à 20 h, dimanche 11 h-17 h, fermé le mardi*).

290 EN HAUT - LE NOUVEAU MUSÉE DE L'ACROPOLE.

290 EN BAS - LE SITE ARCHÉOLOGIQUE DU CÉRAMIQUE.

291 EN HAUT - LE MUSÉE NATIONAL D'ART CONTEMPORAIN.

291 EN BAS - LE MUSÉE D'ART CYCLADIQUE.

Shopping

C'est à **Kolonaki** *qu'il faut se rendre, le quartier de la bourgeoisie aisée, pour effectuer des achats branchés. Dans la rue la plus chère d'Athènes –* **Anagnostopoulou** *–, on trouve toutes les grandes griffes grecques et internationales. Changement de décor à* **Monastiraki,** *dans Plaka, où se déploient les éventaires du marché aux puces le plus populaire de la cité : livres, tableaux et vêtements d'occasion* (autour d'Abyssinia, le dimanche matin). *On trouvera les créations des artistes grecs chez* **Medusa Art Gallery** (7, Xénokratous, Kolonaki, www.medusaartgallery.com). *À côté,* **Wine Garage** *propose les meilleurs vins grecs, mais aussi français, italiens, australiens et sud-africains* (25, Xenokratous). *Pour les soins de beauté, les femmes iront chez* **Korres,** *célèbre maison de produits pour le corps, le visage et les cheveux* (www.korres.com). *Cette gamme se vend aussi dans toutes les pharmacies et dans la grande boutique Korres de l'aéroport, à côté de* **Mastiha Shop,** *maison vouée à la nature qui propose une gamme élaborée à partir du mastic, la résine des lentisques de l'île de Chio* (www.mastihashop.com).

292 - Le port d'Hydra.

Le Pirée

On ne saurait séjourner à Athènes sans aller faire un tour au Pirée, l'un des plus grands ports de la Méditerranée, étiqueté « harbour chic » par le New York Times. *S'il y a d'un côté le Pirée port, escale obligatoire pour 20 millions de passagers qui s'y embarquent chaque année pour les îles de la mer Égée, il y a aussi, de l'autre, le Pirée ville. Commune autonome située à 10 km de la capitale, elle abrite environ 175 000 habitants. Cette partie de la conurbation athénienne est désignée sur les cartes sous les noms de* **Mikrolimano** *et* **Marina Zeas.** *Elle fourmille de voiliers et de yachts de luxe, de lounge bars et de restaurants branchés* (voir Où manger). *Les dix grandes salles du* **Musée maritime hellénique** *présentent des maquettes de navires, des marines et des cartes nautiques* (Akti Thémistokléous, Marina Zéas, www.piraeus-greece.org; horaires variables).

EXCURSION DANS LES ÎLES DU GOLFE SARONIQUE

Du Pirée partent les bateaux pour les îles du golfe Saronique, proche d'Athènes *(Hellenic Seaways, www.hellenicseaways.gr)*. Les plus fréquentées sont au nombre de trois. La première, la plus proche, **Égine,** est renommée pour ses pistaches et pour deux sites archéologiques : celui de **Paléohora** (IXe siècle), bourgade aujourd'hui abandonnée qui a été la capitale de l'île, et le **temple d'Aphaïa Artémis,** construit au Ve siècle av. J.-C. en l'honneur de la déesse de la chasse. La deuxième est **Hydra,** un charmant écrin à moins de 2 heures d'hydroglisseur du Pirée, avec ses maisons patriciennes des XVIIIe et XIXe siècles aux toits rouges, ses anciens monastères et l'ambiance snob d'un lieu apprécié par la jet-set. À partir des années 1950, après que Sophia Loren y eut joué le rôle d'une pêcheuse d'éponges dans *Ombres sous la mer* (1957), le charme de cette île a fait le tour du monde. À la pleine saison, le port grouille littéralement de yachts de millionnaires grecs et étrangers. La troisième, la plus éloignée du Pirée, est celle de **Spetses,** à 2 h30 de bateau : c'est un paradis de criques et de plages de sable ou de galets, à la mer couleur saphir, bordée de pinèdes. Dans le chef-lieu, les maisons sont de style néoclassique et vénitien. On ne manquera pas de se baigner dans la baie de Zogeria, au nord-ouest de l'île, l'une des plus belles de toute la mer Égée.

Où dormir

€€€€€ Hôtel Grande Bretagne (historique). Dans cet hôtel situé à côté du Parlement d'Athènes ont dormi tous les VIP de passage dans la capitale. Il a plus de charme que jamais, après une restauration qui a coûté 82 millions d'euros. Ne pas manquer le spa : piscine, laconium, sauna, bain de vapeur aux herbes, traitements ayurvédiques et forfaits « men's only » *(place Syntagma, tél. 210 333 0000, www.grandebretagne.gr)*.

€€€€ St. George Lycabettus (hôtel-boutique). Du design à l'état pur, de la piscine sur le toit au spa Sensia conçu par l'architecte Vassilis Karalazos. Candélabres et ambiance pour le lounge bar La Suite, classé par le *Sunday Times* comme un des meilleurs d'Europe

293 - La colline du Lycabette, vue depuis l'Acropole.

(2, Kléoménous, tél. 210 729 0711/9, www.sglycabettus.gr).

€€ Art Gallery Hotel (art). L'artiste Dora Bouki y a vécu : ses œuvres y sont encore accrochées aux murs des chambres et du hall. Ce palais des débuts du XXe siècle est situé près de l'Acropole. Excellent rapport qualité-prix (*5, Erechthiou, Koukaki, tél. 210 923 8376, www.artgalleryhotel.gr*).

Où manger

€€ Plous Podilatou (poisson). Décor contemporain, cuisine méditerranéenne et créative, tables « les pieds dans l'eau ». Ne pas manquer le poisson et la langouste à l'ouzo et sauce à l'anis, les calamars au basilic, les gambas grillées. Et au dessert, le yaourt grec classique au miel caramélisé, accompagné d'un biscuit croquant au chocolat (*42, Akti Koumoundourou, Mikrolimano, tél. 210 413 7910, www.plous-podilatou-gr*).

€€ Kuzina (taverne). Version moderne de la taverne grecque classique, ce lieu avec terrasse située au cœur de l'Athènes touristique est très fréquenté par les Athéniens. On y propose des plats traditionnels, revisités par le chef Aris Tsanaklidès. Petite salle couleur crème, œuvres d'art au mur (au second étage), bar terrasse pour les apéritifs et les cocktails avec vue sur l'Acropole (*9, Adrianou [Thissio], tél. 210 324 0133, www.kuzina.gr*).

€€ To (tendance). Dans le quartier à la mode de Gazi, un bar restaurant pour le dîner (ou l'après-dîner). Au menu, soupe de lentilles au poisson fumé, salades de saison, plats de viande ou de poisson (un excellent porc aux oranges cuisiné au four, avec une purée de pommes de terre et de carottes), sandwich de meringue et vanille (*43, Triptolémou & 20, Orféos [Gazi], tél. 210 345 2052, www.torestaurant.gr*).

Sorties et divertissements

Hoxton. Pour les amateurs de musique alternative, une des adresses les plus à la mode dans le quartier de Gazi. Ouvert jusqu'à l'aube (*42, Voutadon, Gazi, tél. 210 341 3395*).

Seven Jokers. Se plonger dans l'Athènes nocturne sans aller une fois aux Jokers reviendrait à visiter l'Acropole en oubliant d'aller voir les Caryatides. Un des fun-bars les plus branchés de ces dernières années dans le quartier Syntagma, très couru par la jeunesse (*7, Voulis, tél. 210 321 9225*).

Bouzoukia. On n'y parle et l'on n'y chante qu'en grec, mais ces lieux populaires où les Athéniens viennent dîner et danser sur les notes de leurs chansons préférées constituent une expérience à ne pas manquer. Le nom vient du bouzouki, sorte de mandoline à long manche qui est à la musique populaire grecque ce que le bandonéon est au tango argentin. Les bouzoukia se répartissent en trois grandes catégories : musique grecque traditionnelle, commercial pop et *skiladiko* (la plus trash). Les lieux sont nombreux, mais on peut citer **Maya Maya** (*Charilaou Trikoupi & Kyprou, Bournaizi, tél. 210 578 0040*). Pour un panorama général : *www.athens-greece.us/bouzoukia.asp*.

Pour d'autres informations : Office national hellénique du tourisme, www.grece.infotourisme.com et www.visitgreece.gr

L'archipel des Cyclades - *Grèce*

Si Mykonos et Santorin sont les îles phares de l'archipel des Cyclades, il est d'autres joyaux moins connus, tels Milos et Paros, Folégandros et Sifnos, Anafi et Amorgos. Ces îles sont ici présentées, chacune avec ses rites et son charme pittoresque, pour une escapade parmi les plus séduisantes que l'on puisse effectuer en mer Égée.

Quand on prononce le nom des Cyclades, on pense aussitôt à **Mykonos** et à **Santorin.** Ces deux reines de la mer Égée sont célèbres dans le monde entier, la première pour sa vie nocturne, la seconde pour le spectacle du coucher de soleil sur la caldeira. Elles sont toutes deux devenues le symbole de vacances de luxe, pieds nus. On n'y compte plus les hôtels cinq étoiles, les restaurants gastronomiques et les tavernes traditionnelles. La langue la plus parlée en été n'y est plus le grec, mais l'anglais. L'atmosphère de **Milos** est moins mondaine : c'est l'île des moulins à vent transformés en hôtels ou en maisons de location, des boutiques dans les ruelles pavées de galets de **Plaka,** avec son vieux *kastro* et la terrasse de l'église d'où on peut contempler, comme à Santorin, la chute du soleil dans le puits bleu de la caldeira. Le charme de **Sifnos** se révèle au village d'**Apollonia,** dédale de venelles blanches entre les oliviers : on y vient pour ses plages, mais surtout pour retrouver un peu de l'atmosphère tranquille de la Grèce de jadis, à des années-lumière des mondanités et du snobisme ambiant de Mykonos et de Santorin. **Anafi,** à l'est de Santorin, la plus isolée et la plus difficile d'accès, a une atmosphère encore plus solitaire, tandis que **Folégandros** enchante par le charme de sa mer et de ses petits villages qui l'ont rapidement transformé,

294-295 - Le port pittoresque de Mykonos.

295 en bas - La petite église en bordure de mer, toujours à Mykonos.

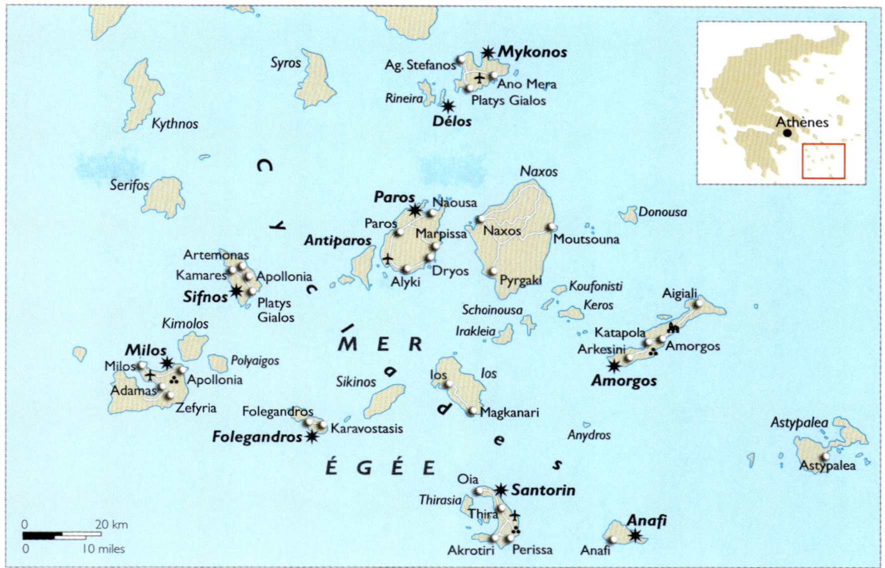

après le tourisme des routards, en une île réservée à l'élite avec des prix beaucoup moins accessibles. **Amorgos** possède un **monastère de la Panaghia Chozoviotissa** d'un blanc laiteux, ouvert sur l'une des plus belles mers de l'archipel : ce n'est pas un hasard si Luc Besson y a tourné, en 1988, une partie du *Grand Bleu.* **Paros** est la destination préférée des amateurs de kitesurf et de windsurf. Les amoureux des vagues et de leurs crêtes se donnent rendez-vous chaque année à **Chrissi Akti,** la plage où le vent est le plus soutenu, pour chevaucher ou survoler les vagues, poussé par la brise.

Comment se déplacer : *Les îles les plus grandes – Mykonos, Santorin, Paros, Milos – sont accessibles par bateau ou par avion des lignes régulières. Les autres, en revanche, sont reliées au Pirée et entre elles par un service de bacs. Pour toute information sur les trajets et les horaires : Blue Star Ferries (www.bluestarferries.com), Aegean Speed Lines (www.aegeanspeedlines.gr).*
Pour d'autres compagnies de transport, consulter le site www.cyclades-tour.gr.

MYKONOS

Apéritifs comme à New York, lounge bar comme à Saint-Tropez, after hour comme à Paris... L'île rouge, dénudée, pauvre et battue par le vent (le meltem), avec un village **(Chora)** qui ressemble à une coulée de crème fouettée, est depuis des années la capitale du divertissement, de la vie nocturne et de la transgression. Les premiers à y prendre pied ont été les gays, puis à la fin des années 60 s'est produit un véritable boom et Mykonos est devenu le rendez-vous de la jet-set internationale : de Gianfranco Ferré à Mick Jagger et de Valentino à Jean-Paul Gaultier ou Romeo Gigli (naturalisé mykoniate), tous sont venus y passer leurs vacances. Les clichés sont simples : le **port** de Chora, qui s'étire en bord de mer avec ses maisonnettes en forme de cube; les moulins à vent et les maisons de la **Petite Venise** (ou Alefkandra) avec leurs balcons en bois et leurs persiennes colorées (l'île a été vénitienne de 1207 à 1390) ; les minuscules chapelles blanchies à la chaux, disséminées dans toute l'île. Les plages vont de **Paradise** à **Superparadise,** célèbre pour ses *parties on the beach,* de **Kalafatis** avec les écoles de sport aquatique à **Élia,** qui est dans l'absolu la meilleure langue de sable de toute l'île. Lieu rêvé pour les nuits blanches au bord de la mer, Mykonos a pris, ces dernières années, une allure plus élégante et plus recherchée. Il y a toujours des bars pour y traîner la nuit, mais ils voisinent à présent avec des hôtels de luxe et de somptueuses villas à louer, garantissant intimité et repos. Par ailleurs, de plus en plus de touristes allient les plaisirs de la plage à ceux des découvertes culturelles. La visite de **Délos** *(voir l'encadré Le site archéologique de Délos)* est à une demi-heure de bateau de Chora : c'est l'un des îlots les plus importants de l'antique Égée *(www.mykonos.gr et www.mykonos-web.com).*

SANTORIN

À l'instar de Mykonos, Santorin est une île élégante, séduisante et mondaine. Le rite de l'apéritif au coucher du soleil, face à la caldeira, est incontournable, et comment renoncer au shopping dans les rues blanchies au lait de chaux de Thira et d'Oia ? On y marchande des parures en or dont les motifs sont inspirés des bijoux de la Grèce antique. Pour bronzer, on s'installe sur des plages de sable noir : sauvages et fascinantes sur la côte nord; plus agréables sur la côte sud (la plus belle est ici celle de **Vlichada**) ; populaires comme celles de **Monolithos** (à l'est) et surtout la plage rouge de Kokkini Paralia et celle de sable blanc d'**Aspri Paralia** (toutes deux au sud-ouest).

Le premier choc qu'on éprouve en arrivant par le bateau, c'est la vision de **Thira** : le spectacle du chef-lieu de l'île avec ses maisons blanches surplombant la mer coupe littéralement le souffle. Mais la localité la plus tendance est **Oia,** le plus beau village, sur la côte nord. Accroché aux rochers de lave à pic sur la mer et ponctué de petites églises à coupole bleue, il s'enorgueillit d'hôtels de luxe avec piscine et vue incontournable sur la caldeira. C'est qu'ici tout ramène au volcan qui détachait sa silhouette sur le bleu de l'Égée il y a 3 500 ans, jusqu'au jour où une explosion terrifiante le disloqua et en fit disparaître la partie centrale dans les profondeurs. Ne restèrent hors de l'eau que les bords déchiquetés du cratère : l'île de Santorin, la plus grande, à l'est, et celle de **Thirassia,** à l'ouest. Au centre de la caldeira n'émergeaient plus que **Paléa Kaméni** et **Néa Kaméni,** aujourd'hui buts d'excursion pour connaître le plaisir et l'émotion de marcher entre les fumerolles sulfureuses ou de nager dans l'eau des sources sous-marines, où la température de l'eau peut atteindre 45 °C. On y accède avec les bateaux qui partent tous les jours du port d'Athinios ou d'Ammoudi, à Oia, ou avec les embarcations des compagnies charter comme **M/S Isabella** *(www.santorini.com/sailing/ isabella-boat)* ou **Anemos Boat** *(www.santonet.gr/ sailing/ anemos-boat)*.

Pour d'autres informations : www.santonet.gr et www.santorini.com.

SIFNOS

C'est la destination de la bonne société grecque. Depuis qu'Angélos Angélopoulos – le plus célèbre architecte grec contemporain – y a construit le **Patriarca Boutique Hotel** (*www.patriarca.gr*), cette île des Cyclades occidentales, ramassée autour du **port** de **Kamarès** (où accostent les bacs), est devenue une référence de style. **Apollonia,** le chef-lieu, enchante par ses maisons traditionnelles, blanchies au lait de chaux, et par les résidences secondaires des riches Athéniens ; ses petites églises orthodoxes, remplies d'icônes ; les boutiques et les bijouteries pour le shopping, avant d'aller dîner à l'**Odos Oniron,** restaurant qui a installé ses tables dans une cour intérieure et qui propose un agneau magnifiquement cuisiné selon une recette secrète (*tél. 22840 32002*). Dans la journée, on va à **Platis Gialos,** une des plages les plus en vogue avec bars et restaurants au bord de la mer. Ou bien à la demi-lune de **Vathi** ou à **Kastro,** l'ancienne capitale à pic sur la mer, dont les architectures médiévales se reflètent dans la mer (*www.sifnos.gr*).

ANAFI

Cette île loin d'Athènes (et de tout) est un petit monde à l'ancienne – un *buen retiro* pour ceux qui recherchent la Grèce de jadis, avec des **plages**, celles de **Klissidi,** de **Katsouni** et de **Megalos Roukounas** sont magnifiques, et une route unique reliant le **port (Agios Nikolaos)** et le chef-lieu **(Chora).** Les habituelles maisons blanches, les ruelles familières avec leurs galets, les tavernes de poisson coutumières, un fort vénitien... Mais ici, tout est plus authentique : l'isolement et les petites dimensions (38,4 km^2) préservent, comme on sait (*www.anafi.gr*).

FOLÉGANDROS

Cette île de 32 km^2 s'offre aux connaisseurs : maisons blanches en forme de cube, ruelles étroites, roches rouges, maquis méditerranéen saturé de parfums, plages qui étincellent comme des perles entre la terre dénudée et la mer. On y arrive à pied ou en barque, depuis le port de **Karavostassis,** ou en voiture (depuis **Karavostassis** ou **Angali**). Attention : c'est une île à découvrir d'urgence, car elle a commencé à figurer, ces dernières années, sur la liste des destinations qui deviennent à la mode. Dans le village de **Chora,** le chef-lieu qui surplombe la mer, les hôtels-boutiques n'ont pas encore remplacé les studios à louer pour l'été (à la seule exception d'un cinq-étoiles, le **Chora Resort** : *www.choraresort.com*). Mais l'ambiance est en train de changer, heureusement sans attaquer – pour l'instant – la magie des lieux (*www.folegandros.com*).

AMORGOS

Si Patmos est l'île mystique du Dodécanèse, cette primauté spirituelle revient à Amorgos pour les Cyclades. Le **monastère de Panaghia Chozoviotissa** (XIe siècle), avec son architecture blanchie au lait de chaux, est accroché à un rocher

qui domine la mer de 300 m de hauteur. Le sanctuaire est dédié à la Vierge et regorge d'icônes et de manuscrits. Plus en hauteur, la **Chora** concentre la vie de l'île. Les villages de **Potamos** et de **Tholaria** méritent une visite, avec leur atmosphère cristalline et ce charme prenant des bouts du monde. Pour le bain et le bronzage, on ira sur la **plage d'Agia Anna** (sable et rochers) ou dans la piscine naturelle de **Kalotaritissa** (*www.amorgos-island.gr www.amorgos.net*).

296-297 ET 297 EN HAUT - VUES DE THIRA, SUR L'ÎLE DE SANTORIN.

297 AU CENTRE ET EN BAS - LE MONASTÈRE DE CHOZOVIOTISSA, SUR L'ÎLE D'AMORGOS.

MILOS
3 000 habitants, une superficie de 151 km² et une caldeira (presque) aussi belle que celle de Santorin. Autour de Milos, la mer va du bleu sombre au vert, avec une large variété de baies : blanc lunaire à **Sarakinikos,** ocre à **Firiplaka,** jaune-abricot-rouge à **Paleohori.** Certains jurent que l'île possède les plus belles plages de Grèce : pour les découvrir en une journée, on peut réserver une croisière à bord d'un catamaran **Chrysovalandou** *(www.sailcatgreece.com)* qui part du port d'Adamas – où font escale les bateaux de liaison avec Athènes – pour aller aux formations basaltiques de l'îlot de **Glaronissia** et aux piscines vert émeraude entre les récifs de **Kleftiko** (inaccessibles par la terre). Les villages de Milos sont tout aussi enchanteurs. Le plus poétique est **Klima,** avec ses maisons pastel qui donnent sur la mer; le plus romantique est **Plaka,** monde blanc et bleu au pied de l'ancien **Kastro,** avec ses boutiques, la place de l'église pour admirer le coucher du soleil et la **taverne Archontoula** pour un repas grec inoubliable *(tél. 22870 21384) (www.milos-island.gr ou www.milos-island.info ou encore www.milostravel.com).*

PAROS
Parfaite pour les amateurs de mondanités sans trop de prétentions, Paros (186 km²) est l'île du tourisme facile, vantée à l'envi par tous les tour-opérateurs. Son charme réside dans le contraste entre le blanc des maisons et le rose des bougainvillées, le bleu des coupoles d'église et la tradition d'une matière qui a donné à la sculpture mondiale de nombreuses statues d'Aphrodite ou d'Athéna Nikè. Survoltée la nuit, l'île est dans la journée le rendez-vous des windsurfers qui louvoient au large de la **plage de Chrissi Akti,** la plus appropriée aux sports aquatiques, tandis que celle de **Kolymbithrès** offre son amphithéâtre de rochers plus intime. Pour trouver de vraies atmosphères de paradis secret, il faudra aller à **Antiparos,** un îlot à 2 km à l'ouest de la grande île, avec une **grotte** de 90 m de profondeur dans la falaise et des bancs de sable solitaires qui ont des allures de paradis perdu *(pour les traversées depuis le petit port de Punta, consulter le site www.ferries-greece.com).*
Autres informations sur www.paros.gr et www.paros.web.com.

Où dormir
€€€€€ Astra Apartaments & Suites (Santorin). À la fois hôtel et résidence. Outre les suites très élégantes, avec jacuzzi en extérieur, on peut louer une villa avec trois chambres à coucher et une piscine privée (*Imerovigli, Santorin, tél. 228 6023641; www.astra.gr*).
€€€€ Andronikos Hotel (Mykonos). Une adresse de charme à des prix abordables – dans le contexte (très cher) des hôtels-boutiques de Mykonos. Suites et chambres, mais aussi un spa, une galerie d'art et des chaises longues au bord de la piscine (*Drafaki, Mykonos, tél. 228 9024231; www.andronikos.gr*).
€€ Marketos (Milos). Un ancien moulin en pierre, d'un charme fou, à louer tout entier. Décor minimaliste, jardin, terrasse avec vue sur la mer et deux petites maisons individuelles dans le jardin : un nid très romantique... *(Tripiti, Milos, tél. 2287022147 ou 6944733533; www.milostravel.com/windmill.asp).*

Où manger
€€ To Spitiko (Milos). Menus grecs servis dans le jardin, sous la tonnelle. Une excellente adresse pour les amateurs de mezzés (hors-d'œuvre) et de cuisine grecque (*Adamas, Milos, tél. 228 7022160*).
€€ Selene (Santorin). Plats de poisson ou de viande, dans un des restaurants les plus raffinés de l'île. Ouvert en 1986, l'établissement organise aussi des cours de cuisine et de dégustation de vins (*Pyrgos, Santorin, tél. 228 6022249; www.selene.gr*).
€€ Taverna Liotrivi (Anafi). Des poissons frais du jour et des légumes qui viennent du jardin, des tomates aux câpres. Une taverne grecque classique irremplaçable (*Chora, Anafi, tél. 228 6061209*).

298 en haut - La baie de Sarakinikos, dans l'île de Milos.

298 en bas - Le théâtre antique de Milos.

298-299 - Les ruelles typiques de Paros.

Sorties et divertissements

Caprice (Mykonos). Une adresse de la *dolce vita* insulaire : ce bar de la Petite Venise attire depuis toujours les noctambules tout en résistant aux caprices de la mode (*Agion Anargyrion, Mykonos; www.caprice.gr*).

Koo Club (Santorin). L'un des plus célèbres clubs de Grèce. Pour tous ceux qui préfèrent le spectacle de l'aube à celui du coucher du soleil, sur fond de musique techno (*Thira, Santorin; www.kooclub.gr*).

Jackie O' (Mykonos). Le temple gay : un lieu culte avec des chaises longues très confortables et la vue sur la mer (*Mykonos, www.jackieomykonos.com*).

Pour d'autres informations :
Office national hellénique du tourisme,
www.grece.infotourisme.com/

Le site archéologique de Délos

Selon la légende, Léto, séduite par Zeus et pourchassée par Héra, épouse légitime du roi des dieux, était en quête d'un lieu pour mettre au monde les jumeaux qu'elle portait. Elle arriva à **Délos,** *petite île non loin de Mykonos (on la rejoint en une demi-heure de bateau), pour y enfanter Artémis et Apollon. L'île de Délos devint ainsi sol sacré et lieu d'un sanctuaire et d'une cité sans équivalents dans le monde antique. De cet ensemble, avec son entrée monumentale et son* **temple d'Apollon Délien** *(en style dorique), à l'extrémité de la Voie Sacrée, subsistent aujourd'hui des ruines imposantes mises au jour depuis 1873 par les archéologues français de l'École d'Athènes.*
On visite les **propylées,** *les temples dédiés aux dieux secondaires, de part et d'autre de la Voie Sacrée, l'***agora** *des Italiens (fin du IIe siècle), la* **maison des Masques** *et celle des* **Dauphins,** *la* **terrasse des Lions** *dont les fauves en marbre montent la garde devant l'aire sacrée (il en reste aujourd'hui cinq). Restent à explorer ensuite le* **théâtre** *et les maisons luxueuses (certaines avec des mosaïques) qui s'étagent sur les pentes du* **mont Cynthe** (tél. 22890 22259; horaires : 8 h 30-15 h, fermé le lundi. On atteint l'île en un peu plus d'une demi-heure, avec des bateaux qui partent tous les matins du port de Mykonos, à partir de 8 h [informations auprès des autorités portuaires, tél. 228 902 2218]).

Istanbul - *Turquie*

La tête en Europe, les pieds en Asie et un illustre passé... La ville existe depuis trois millénaires. Cette ancienne capitale d'environ 18 millions d'habitants (estimation officieuse) est en équilibre entre deux cultures, deux continents et deux mondes.

Trois empires se sont succédé en ces lieux – le romain, le byzantin et l'ottoman – et chacun d'eux y a laissé des traces profondes. La terre joue avec l'eau sous trois formes : la **mer de Marmara,** la **Corne d'Or,** port naturel qui perce l'ultime appendice de l'Europe (et qui est annoncée par le **pont de Galata,** ouvert en 1994 pour remplacer l'ancien pont de bois et permettre le passage des navires), et le **Bosphore,** grand canal navigable de 33 km qui relie la mer de Marmara à la mer Noire, en séparant la partie européenne de la ville de sa partie asiatique. À **Sultanahmet,** quartier historique baigné par la mer de Marmara, la ligne d'horizon est scandée par les minarets de la **mosquée Bleue** et de **Sainte-Sophie.** Les monuments antiques comme l'**Hippodrome,** stade hippique du IIIe siècle dont il ne reste que des ruines, la **colonne de Constantin** (IVe siècle) et la **Citerne basilique** (VIe siècle) y coexistent avec les hammams turcs, les mosquées et les musées. À côté s'étend le **Sérail** au sein duquel se trouve **Topkapi** ou palais royal, ainsi que le **Musée archéologique** et la **fontaine d'Ahmet III** (1728), de style « rococo turc ». Le Sérail et Sultanahmet jouxtent le quartier du **Bazar** *(voir encadré Shopping)*, mais il faut traverser la Corne d'Or pour découvrir la **tour de Galata,** la **place de Taksim** toute proche et très animée, cœur de la vie nocturne, et l'élégante architecture couleur crème du **Péra Palace,** jadis l'un des dix hôtels princiers de la planète, qui conserve jalousement – avec sa réputation – la suite où descendait Agatha Christie et celle de l'ancien président Mustafa Kemal, transformée aujourd'hui en musée *(Mesrutiyet Caddesi 52, tél. 90 2123774000; www.perapalace.com)*.

Comment se déplacer en ville : *Ponctuel, économique et efficace, le métro est sans conteste le meilleur moyen de transport (www.istanbul-ulasim.com.tr). Les taxis, très populaires et très nombreux, surtout le soir, ne sont vraiment pas chers.*

Monnaie : *La monnaie officielle de la Turquie est la* ***livre turque****.*

300-301 - Istanbul et le palais de Topkapi.

301 en bas - Détail d'une céramique de Topkapi.

À voir

TOPKAPI

Vers le milieu du XVe siècle, après avoir conquis Constantinople, Mehmet II fit construire une résidence à la hauteur de la renommée et des aspirations de l'Empire ottoman, succession de palais, de cours, de pavillons et de jardins, richement ornés de stucs et dotés de multiples trésors, avec des terrasses d'où la vue s'étendait de la mer de Marmara au Bosphore et de la Corne d'Or aux îles des Princes *(voir l'encadré Les croisières)*. Mieux vaut effectuer cette visite tôt le matin, afin d'éviter les files d'attente qui se forment surtout dans les quatre salles du **trésor** dont les vitrines regorgent de poignards incrustés de pierres précieuses, et de jades ottomans, persans, russes ou chinois. Un diamant de 86 carats, encadré de 49 brillants, est considéré comme la pièce la plus précieuse de la collection. On visitera ensuite les kiosques (dont celui de **Bagdad,** ainsi appelé pour commémorer la conquête de cette capitale par les Ottomans), les **cuisines,** la **salle des Circoncisions** et la **salle des Audiences** (ou Salle impériale) où étaient reçues les ambassades étrangères. Celle-ci est revêtue de lambris et de carreaux de faïence émaillée du XVIe siècle, tout comme le trône. Il faut acheter un billet spécial pour accéder au **Harem,** mais cela en vaut la peine : les chambres des épouses et des concubines du sultan, décorées de faïences d'Iznik, sont – avec le trésor – la grande attraction du palais-musée *(Sultanahmet, www.topkapisarayi.gov.tr; horaires : 9 h-17 h, fermé le mardi)*.

MUSÉE ARCHÉOLOGIQUE D'ISTANBUL

À proximité de Topkapi, cet ensemble se compose de trois musées : le **Musée archéologique** proprement dit, celui des **Antiquités orientales** et celui du **Kiosque aux faïences.** La visite mérite au moins une demi-journée. On admirera des œuvres capitales comme la statue de Lugaldalu (roi de Sumer du IIIe millénaire av. J.-C.), la **tablette de Qadesh,** premier traité de paix du monde, signé en 1269 av. J.-C. entre les Égyptiens et les Hittites, l'**obélisque d'Adad-Nirari III** (Assyrie, 810-783 v. J.-C.), le **sarcophage dit d'Alexandre** (fin du IVe siècle av. J.-C.), une **statue d'Apollon** (IIIe siècle av. J.-C.) et surtout la statue d'un **Éphèbe** (Ier siècle av. J.-C.) que beaucoup considèrent comme la pièce la plus intéressante de la collection. Impossible d'estimer le nombre des objets exposés : depuis que le musée a été inauguré en 1891, celui-ci augmente d'année en année *(Alemdar Caddesi, Osman Hamdi Bey Yokusu Sk., www.istanbularkeoloji.gov.tr; horaires : 9 h-17 h, fermé le lundi)*.

LA GARE DE SIRKECI

Entrer dans cette gare équivaut à se plonger dans la nostalgie du temps où la riche bourgeoisie européenne arrivait à bord des luxueux wagons de l'Orient Express, pour venir séjourner dans les suites du Péra Palace. Le train arrive toujours (avec d'autres, plus modernes, en provenance de Grèce ou d'Europe de l'Est) et il est toujours accueilli dans le terminal historique du XIXe siècle, avec son grandiose bar-restaurant (architecture de briques et de pierres, arcs outrepassés et grandes portes) (*Sirkeci Gari, www.tcdd.gov.tr*).

LA BASILIQUE SAINTE-SOPHIE

Cette basilique – aujourd'hui un musée – est l'une des architectures religieuses les plus vastes du monde. Édifiée sur les ruines de deux églises préexistantes, elle fut inaugurée par l'empereur Justinien en 537. Transformée en mosquée au XVe siècle, elle s'est alors enrichie de tombeaux, de minarets et de fontaines. Le lieu est très évocateur, avec la lumière tombant des 40 fenêtres percées à la base de la coupole, à 56 m au-dessus de la nef. On admirera les mosaïques byzantines, la loge de l'Impératrice et, à l'extérieur, la **fontaine aux ablutions** (du XVIIIe siècle, en style rococo), le **mausolée** de Sélim II et le **baptistère** du IVe siècle (*Sultanahmet; horaires : 9h30-16h30, fermé le lundi*).

LA MOSQUÉE BLEUE

Édifiée par ordre du sultan Ahmet Ier au XVIIe siècle, elle comporte une cour intérieure, une pièce pour les ablutions, quatre minarets, une vaste coupole et 250 fenêtres pour laisser pénétrer la lumière. L'édifice est célèbre pour les quelque 20 000 carreaux d'Iznik, émaillés vert et bleu, qui le décorent (*Sultanahmet; horaires variables*).

LA CITERNE BASILIQUE

C'est la plus importante des citernes souterraines de la ville. Construite au VIe siècle sous le règne de l'empereur Justinien, elle recevait les eaux de l'**aqueduc de Valens** (dans le quartier du Bazar) pour les redistribuer aux principaux édifices publics et religieux de la capitale byzantine. Elle comporte 336 colonnes de 8 m de haut (certaines sont intégrées à la maçonnerie), disposées en douze rangées (*Yerabatan Caddesi; horaires : 9h-19h*).

LA MOSQUÉE DE SOLIMAN

Conçue au XVIe siècle par Sinan, le plus grand des architectes turcs, c'est un monument à la gloire de Soliman le Magnifique. Elle se compose d'une cour intérieure, d'un jardin, de quatre minarets, d'une coupole de 53 m de haut, et elle abrite le **tombeau de Soliman.** On trouve

aussi les bâtiments annexes traditionnels : caravansérail, hammam, école coranique et hôpital (*Süleymaniye Caddesi; horaires variables*).

LA TOUR DE GALATA

Construite en 1348 par les Génois, cette tour ronde de 62 m de hauteur et au toit conique ne dispose plus d'aucun de ses aménagements intérieurs d'origine. Un ascenseur conduit au dernier étage, occupé par un restaurant avec night-club. Dans la journée, on aura du balcon l'un des plus beaux points de vue sur la ville (*Gülesi hane, www.galatatower.net; horaires variables*).

L'ÉGLISE SAINT-SAUVEUR-IN-CHORA

Les passionnés d'art byzantin ne doivent pas manquer cette église-musée du XIe siècle, remaniée au XIVe siècle, ornée de fresques et de mosaïques extraordinaires qui représentent – entre autres –, sur la coupole sud, le Christ Pantocrator et ses ancêtres et, dans l'exonarthex, la vie de la Vierge et l'enfance du Christ. L'église est un peu à l'écart, près des **murailles de Théodose** qui protégeaient la capitale byzantine des invasions, mais le détour vaut la peine (*Kariye Camii Sk., Edirnekapi, www.choramuseum.com; horaires : 9h-17h [19h en été]*).

LE PALAIS DE DOLMABAHÇE

C'est le plus imposant des palais impériaux qui bordent le Bosphore, réalisé en marbre blanc au milieu du XIXe siècle et doté d'une porte impériale à l'usage du seul sultan. On y verra l'**escalier de cristal,** la **Salle rouge** réservée aux ambassadeurs, la **salle des Cérémonies** avec sa grande coupole, le **Grand Bain** en albâtre égyptien et la **chambre mortuaire d'Atatürk** (*Dolmabahçe Caddesi, www.dolmabahçepalace.com; horaires variables*).

302 EN HAUT - LA BASILIQUE SAINTE-SOPHIE.

302 EN BAS - LE BOSPHORE ET LE PALAIS DE DOLMABAHÇE.

303 - L'INTÉRIEUR DE LA MOSQUÉE DE SOLIMAN.

Les croisières

Deux excursions sont possibles au départ d'Istanbul. La première emprunte le ***Bosphore,*** *ce bras de mer de 33 km qui révèle la magie d'une ville enserrée par l'eau. Depuis le bateau, on admire les deux* ***ponts*** *autoroutiers à plusieurs voies qui relient l'Europe et l'Asie – l'un des années 70, l'autre des années 80 –, les anciennes maisons en bois* (yali) *au bord de l'eau, qui se vendent aujourd'hui à plusieurs dizaines de millions de dollars; les* ***palais*** *historiques comme celui de* ***Beylerbeyi*** *de style baroque ou celui de* ***Küçüksu*** *en marbre, tous les deux sur la rive asiatique. On admire le village de* ***Bebek*** *(rive européenne), les deux forteresses avancées de la ville, des XIVe et XVe siècles (une sur chaque rive), et la* ***mosquée Mecidiye,*** *édifiée en style baroque dans le secteur d'Ortaköy. Plusieurs compagnies assurent ce parcours avec des embarcations modernes : c'est le cas d'****Istanbul Deniz Otobusleri*** (www.ido.com.tr) *avec plusieurs escales sur les deux rives, de Yenikapi à Kabatas. De Kabatas partent aussi les excursions journalières dans les* ***îles des Princes.*** *Jadis destinations favorites des riches habitants d'Istanbul, aujourd'hui moins fréquentées en raison de la pollution de la mer de Marmara, elles forment un archipel de neuf îles dont quatre principales :* ***Kinaliada, Burgazada, Heybeliada*** *et* ***Büyükada.*** *Büyükada est la plus grande et la plus touristique : à moins d'une heure d'Istanbul, elle a accueilli des exilés célèbres comme Trotski. On peut toujours y voir le palais royal qui accueillait les princes, les plages luxueuses, les architectures du XIXe siècle et les voitures tirées par des chevaux. Les automobiles y sont interdites.*

Où dormir

€€€€€ W Istanbul (design). L'élégance d'un W Hotel dans le quartier très vivant d'Akaretker. Design orientalisant, pavillon avec canapés, et le Frederic's Restaurant qui semble sorti d'un décor de film des années 70 (*Suleyman Seba Caddesi 22, tél. 212 381 2121, www.starwoodhotels.com et www.istanbul.com.tr*).

€€€€ Sirkeci Konan Hotel (ottoman). L'élégance ottomane derrière la façade en bois d'un ancien palais. Le petit-déjeuner se prend en terrasse ; bain turc et piscine pour la remise en forme (*Taya Hatun Sk. 5, tél. 212 528 4344, www.sirkecikonak.com*).

€€€ The House Hotel Galatasaray (hôtel-boutique). Une vingtaine de suites (de la mini au penthouse) dans un palais de 1890 : intérieurs pleins de charme et mobilier design (*Firuzaga District Bostanbasi Caddesi, tél. 212 252 0422, www.thehousehotel.com*).

Où manger

€€ Neyzen (poisson). Dans le marché au poisson du Grand Bazar. Entre les plats passent musiciens et danseuses du ventre, et les clients turcs se déchaînent en dansant sur les tables ! (*Çapari Sk. 10/12, Kumkapi, tél. 212 517 2293*).

€€ Kiva Han (turc moderne). Au cœur du quartier de Beyoglu, une cuisine turque traditionnelle, mais revisitée, dans une salle au décor tout blanc. On mange aussi dehors (*Galata Kulesi Meydani 4, tél. 212 292 9898, www.galatakivahan.com*).

Shopping

Le ***Grand Bazar*** *est un des classiques du shopping à Istanbul* (plusieurs entrées, www.grandbazaaristanbul.org ; tous les jours sauf le dimanche, de 9 h à 19 h). *Il a été fondé en 1453, après la conquête ottomane. Grand comme une ville, installé sous des voûtes peintes, il compte quelque 5 000 boutiques, des éventaires innombrables, des bars, des restaurants, des banques, des postes de police, une mosquée, un bureau de poste. La visite est facilitée par la division du marché selon les catégories de produits. Plus petit, le* ***marché aux épices*** (Misir Çarsisi, tous les jours sauf le dimanche) *est une sorte de trésor pour une ville qui a tiré sa richesse des échanges commerciaux. Un saut dans le temps et dans l'espace, et l'on arrive dans le quartier de Levent où la vedette est la galerie marchande* ***Kanyon*** (Büyükdere Caddesi 185, www.kanyon.com.tr) *: une architecture futuriste avec des dizaines de boutiques, un cinéma, des restaurants, des événements à thème et de nombreux concerts. Les stylistes les plus cotés ont leur boutique à Beyoglu :* ***Takil Pera*** (General Yazgan Sk. Tünel Geçidi Ishani 10, www.takilpera.com) *pour les amateurs de bijoux provenant d'Anatolie et l'****Atelier 55*** *qui propose les vêtements et les accessoires des jeunes designers turcs* (Serdari Ekrem Sk. 55, www.atelier-55.com). *Un peu à l'écart, mais très chic, l'****Atelier Yume*** *est la griffe de la célèbre styliste Müge Ersin, dans la zone industrielle de Maslak* (616 Atatürk Oto Sanayi Sitesi, www.atelieryume.com).

€€ Feriye (sur le Bosphore). Un ancien poste de police sur le Bosphore, dans le quartier branché d'Ortaköy, où l'on prépare les plats classiques de la cuisine ottomane. Choisissez une table dehors : la vue y est fantastique (*Çirağan Caddesi 40, Ortaköy, tél. 212 2272216/2272217, www.feriye.co*).

Sorties et divertissements

Roxy. Une discothèque de musique live, où la soirée vedette est le vendredi avec concert (jazz, rock, blues...), puis danse sur les arrangements des meilleurs DJ (*Sirasilver Caddesi Aslan Yatagan Sk. 3, www.roxy.com.tr*).

360 Istanbul. En activité depuis des années, ce restaurant-bar-night-club est lauréat d'une foule de prix, de celui de « Best Barman » à celui de « Best Restaurant » d'après la revue *Time Out* (*Istiklal Caddesi, tél. 212 2511042, www.360istanbul.com*).

Ghetto. Situé dans un bâtiment historique du quartier de Beyoglu, le lieu est réputé pour ses concerts, ses performances, ses after-hours. Il abrite aussi un restaurant arménien (*Kamer Hatun Caddesi 10, www.ghettoist.net*).

Pour d'autres informations : Office de tourisme et d'information de Turquie, 102, avenue des Champs-Élysées, 75008-Paris www.planet-turquie-guide.com/turquie

304 - Le célèbre marché aux épices.

305 à gauche - Un café typique d'Istanbul.

305 à droite - Un hammam au sol de marbre.

Hammam

Des vapeurs odoriférantes, les sens qui s'engourdissent, le plaisir des massages... Il existe des dizaines de hammams à Istanbul, mais les plus beaux sont les établissements historiques, **Çemberlitas Hamami,** *une adresse du* XVIe *siècle au cœur de la ville ancienne, réalisé par l'architecte Sinan* (Vezirhan Caddesi 8, www.cemberlitashamami.com.tr), *et* **Cagaloglu Hamami** (Cagaloglu, www.cagalogluhamami.com.tr), *qui offre un café bar, pour une pause gourmande après la sudation. On essaiera aussi* **Süleymaniye Hamami** (Mimar Sinan Caddesi 20, www.suleymaniyehamami.com), *autre réalisation de Sinan, l'architecte de la mosquée de Soliman toute proche.*

Jérusalem et Bethléem - *Israël*

Foyer des trois grandes religions monothéistes, Jérusalem resplendit de l'or de ses coupoles et de la blancheur de ses pierres, entre les collines de Judée et le désert. Dans ses ruelles se côtoient juifs, musulmans et chrétiens, de même que les lieux saints propres à chaque religion, comme le mur des Lamentations surplombé par la mosquée al-Aqsa et la Coupole du Rocher, et le Saint-Sépulcre. Jérusalem est une ville de pèlerinage, mais elle est aussi un livre ouvert sur l'Histoire, et une ville moderne et cosmopolite.

La **Vieille Ville** est enserrée dans ses anciennes murailles construites entre 1537 et 1541 par Soliman le Magnifique et dotées de huit portes, dont une est murée, la porte de la Miséricorde. La cité se trouve ainsi circonscrite sur une surface de 1 km², comme à l'époque romano-byzantine.
À l'intérieur de ces remparts, on distingue quatre quartiers : juif au sud-est, arménien au sud-ouest, chrétien au nord-ouest et musulman au nord-est. La ville est divisée d'est en ouest par David Street et Shalshelet Street, qui relient la **porte de Jaffa,** principal accès traditionnel des pèlerins dans la ville, au **mur des Lamentations,** lieu culte des juifs. Au-dessus du Mur, la **Coupole du Rocher** se dresse sur le **mont du Temple** : celle-ci est chère aux juifs car là s'élevait le premier Temple, construit par Salomon. Elle est tout aussi chère aux musulmans, puisque c'est le lieu d'où Mahomet serait monté au ciel. En remontant par El Wad Street, on suit une des deux artères – l'ancien cardo – qui divise la ville dans le sens nord-sud, de la **porte des Ordures** au sud à l'imposante **porte de Damas** au nord, elles aussi du XVIe siècle. Cela vaut la peine de s'y rendre le samedi matin, lorsque les éventaires du traditionnel **marché** de quartier embaument la menthe et les légumes, les gâteaux et le pain juste sortis du four. Il se trouve dans le quartier musulman, au carrefour de la **via Dolorosa,** la rue parcourue par le Christ portant sa croix. Chaque vendredi, à 15 heures, se déroule une montée au Calvaire organisée par les franciscains de la Custodie de Terre sainte (la plus importante est celle de Pâques, à laquelle des milliers de pèlerins venus des quatre coins du monde assistent). La procession atteint le **Saint-Sépulcre** où le Christ aurait été enseveli. Plusieurs communautés chrétiennes se partagent aujourd'hui ce lieu de culte.
En parcourant Beit Habad puis Hayehudim Street en direction de la **porte de Sion,** on entre dans le quartier arménien, citadelle fortifiée à l'intérieur des remparts, où on visite la **cathédrale Saint-Jacques** *(messe solennelle chaque dimanche à 15 h; l'église n'ouvre les autres jours que de 15 h à 15 h 30)* :

306-307 - Vue panoramique de la ville.

307 au centre - La porte de Damas.

307 en bas - Le mont des Oliviers.

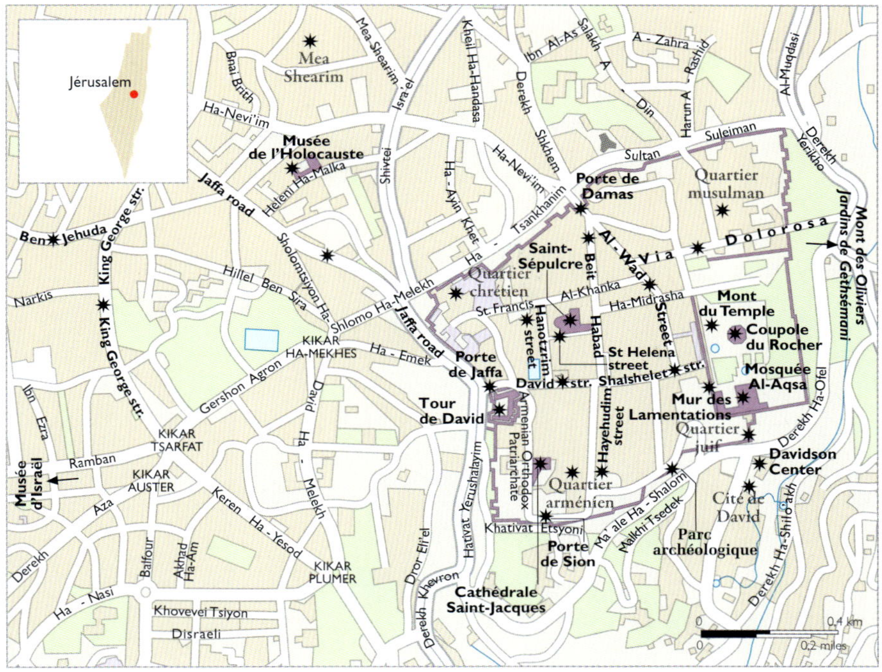

ce joyau du XIIe siècle, à l'atmosphère magique, conserve aussi un Évangile du XIIIe siècle aux splendides miniatures. La communauté arménienne composée aujourd'hui d'un millier de personnes vit pour l'essentiel à l'abri des murs du couvent attenant, structure dont les vastes cours intérieures évoquent un hospice de pèlerins. Hors les murs s'étend le **Jerusalem Archaeological Park-Davidson Center** qui couvre toute la **cité de David** où se superposent vingt-cinq strates d'occupation successives mises au jour par les fouilles qui y ont été effectuées. On y visite le **tunnel d'Ézéchias,** ouvrage d'ingénierie hydraulique (vers 700 av. J.-C.) qui permettait aux habitants de se ravitailler en eau, même en cas de siège. En face, le **mont des Oliviers** rappelle un moment crucial de la Passion du Christ, et abrite le plus grand cimetière juif du monde. On dit que le tombeau de Marie se trouve dans les environs. Du haut de la colline, le panorama est spectaculaire sur la Vieille Ville (guide recommandé, voir plus loin). Non loin de là se trouve le **jardin de Gethsémani** où, selon les Évangiles, le Christ fut arrêté.

Pour visiter la ville nouvelle, il est conseillé de sortir par la porte de Jaffa qui conduit directement à la rue commerçante de Mamilla, puis à Ben Yehuda, Zion Square et Rivlin Street, animés le jour mais aussi le soir, en raison de la forte concentration de boîtes de nuit dans le secteur. Plus au nord se trouve le quartier ultra-orthodoxe de **Mea Shearim** (guide recommandé). Au nord-est, dans Jaffa Road, King George Street et Rechov Ben Yehuda, de belles boutiques permettent de se livrer aux joies du shopping. Enfin, plus loin du centre, mais à ne pas manquer, se trouvent le **musée d'Israël** et **Yad Vashem** (mémorial de l'Holocauste). Il est conseillé de prendre un taxi ou un moyen de transport public pour s'y rendre.

Comment se déplacer en ville : *On arrive par l'aéroport Ben Gourion, à une cinquantaine de kilomètres de la ville (environ 45 minutes de voiture). Attention : si l'on a l'intention de se rendre ensuite dans un pays arabe, on demandera un visa d'entrée sur une feuille à part, car la présence d'un visa israélien interdirait toute entrée ailleurs.*
*La Vieille Ville se parcourt à pied. Pour les transports publics en dehors de celle-ci, consulter le site www.egged.co.il. On trouve des taxis dans les stations, on peut aussi les arrêter d'un signe de la main. Il est préférable de recourir au taximètre plutôt que d'accepter un forfait pour la course. Il est conseillé de faire appel aux services d'un guide agréé – qui pourra aussi vous proposer le tour panoramique des murailles (horaires : 9h-17h). On peut s'adresser à l'**Israël Tour Guides Association** (www.tour-guides.co.il).*

***Monnaie** : La monnaie officielle d'Israël est le **shekel**.*

À voir

LE SAINT-SÉPULCRE

Le plus ancien sanctuaire chrétien a été édifié une première fois par Constantin le Grand (325-335) sur le lieu présumé de la crucifixion et du tombeau du Christ. Livré aux flammes par les Perses en 614, il fut reconstruit, en 630, par l'empereur byzantin Héraclius Ier, mais détruit à nouveau par le calife Hakim en 1009. Rebâti en 1048 sous Constantin IX Monomaque qui fait ajouter une rotonde autour du sépulcre et une travée à l'église, il est ensuite agrandi par les croisés (chapelle et basilique, au XIe siècle). Cet ensemble a résisté aux incendies, séismes et actes de violence. On entend souvent parler des dissensions entre les six Églises chrétiennes qui se partagent la gestion des lieux : les trois « majeures » sont la catholique, la grecque orthodoxe et l'arménienne, les trois « mineures » sont la copte, l'éthiopienne et la syriaque. Ces querelles et l'afflux des pèlerins venus voir et vénérer le **Golgotha,** lieu du supplice, le **trou** de la Croix dans le rocher, la pierre de l'Onction où le corps fut déposé et oint, et le **tombeau du Christ** dans son édicule, n'influent pas sur le puissant impact émotionnel de ces lieux. Il est conseillé aussi d'aller sur le toit du sanctuaire pour voir les habitations de la communauté des religieux éthiopiens. *(Horaires : 4h30-19h, en été jusqu'à 20h.)*

LE MUR DES LAMENTATIONS

Le **mur occidental** – plus connu sous l'appellation de « mur des Lamentations » – se situe à l'extrémité du mont du **Temple de Salomon** où l'on gardait l'Arche d'alliance ; ce premier Temple fut rasé par les Babyloniens en 586 av. J.-C. Après avoir été reconstruit, doté d'un mur de soutènement, par Hérode le Grand (second Temple), il fut à nouveau détruit par Titus en 70 de notre ère. Ce qui reste aujourd'hui du soutènement a une immense valeur pour les juifs : il symbolise à la fois un glorieux passé, mais aussi les destructions, la Diaspora et l'angoisse du retour dans la patrie. Devenu lieu de recueillement, séparé en deux parties (pour les hommes et pour les femmes), il accueille un grand nombre de fidèles qui viennent pour prier puis qui glissent dans les anfractuosités du mur de petits morceaux de papier portant des vœux. Le spectacle de la foule recueillie le vendredi soir et le samedi matin, lors du shabbat est impressionnant (on veillera à respecter les interdits concernant la photographie, le tabac et le maniement de l'argent). À proximité immédiate se trouve l'accès au **tunnel du Mur** *(8h30-15h le dimanche, le mardi et le mercredi ; 12h30-15h le lundi et le jeudi ; 8h30-12h le vendredi)*, une merveille pour les passionnés d'archéologie qui constateront que la maçonnerie visible (243 m de longueur environ) n'est qu'une petite partie d'une structure qui court sur plus de 5 180 m sous la Vieille Ville.

LE MONT DU TEMPLE

Porteur de significations religieuses autant pour les musulmans que pour les juifs, l'endroit est occupé par deux mosquées : la **Coupole du Rocher,** construite en 691-692 par le calife Abd el-Malek et dont la coupole d'or resplendit sur toutes les photos de Jérusalem, et la **mosquée al-Aqsa,** érigée par le fils du précédent, le calife al-Walid, en 705. C'est le troisième lieu saint de la religion musulmane : selon une tradition, le Prophète s'y serait élevé jusqu'au ciel pour y recevoir de Dieu les cinq prières journalières de l'islam (l'intérieur est interdit aux non-musulmans). En contrebas de l'esplanade, on visitera le **Jerusalem Archaeological Park-Davidson Center** *(www.archpark.org.il ; horaires : 8h-17h du dimanche au jeudi, 8h-14h le vendredi)*, qui présente l'histoire de ces lieux depuis l'époque cananéenne (il y a 5 000 ans), jusqu'au second Temple, et les constructions du règne d'Hérode, datées de la seconde moitié du Ier siècle de notre ère.

308 - LE MUR DES LAMENTATIONS.

309 EN HAUT - LA BASILIQUE DU SAINT-SÉPULCRE.

309 EN BAS - FIDÈLES EN PRIÈRE DANS LA BASILIQUE DU SAINT-SÉPULCRE.

LES MUSÉES

Une des étapes incontournables dans la ville nouvelle est le **musée d'Israël**, le plus important et le plus symbolique du pays. Composé de cinq sections distinctes, il présente d'immenses collections *(Ruppin Blvd., tél. 0267 08811, www.imj.org.il; horaires : 10h-17h du dimanche au jeudi, jusqu'à 21h le mardi, 10h-14h le vendredi, 10h-17h samedi et jours fériés)*. Le **Sanctuaire du Livre** conserve de précieux **manuscrits bibliques** dont ceux de la **mer Morte** (IIe siècle av. J.-C.) et une copie ancienne du **Livre d'Isaïe.** Le **Billy Rose Sculpture Centre,** en plein air, expose les sculptures que l'Américaine Billy Rose a données à la ville, dont des œuvres de Rodin *(Adam, Étude pour Balzac)*, Henry Moore *(Vertebræ)*, Tinguely *(XK3)* et Picasso *(Profil)*. On fera plus ample connaissance avec la culture juive en visitant le **musée Judaica,** consacré à l'art et aux fêtes rituelles, au cycle de l'année et au calendrier juif – en particulier aux lieux de prière avec la reconstitution des intérieurs de trois anciennes synagogues d'Europe.

Pour approfondir l'histoire récente du peuple juif, il est indispensable de se rendre à **Yad Vashem** ou **musée de l'Holocauste**, l'institution qui conserve la mémoire des six millions de juifs assassinés par les nazis et leurs collaborateurs en Europe. Le nom hébreu est tiré d'un passage d'Isaïe (56,5) dans lequel l'Éternel promet « un nom et un lieu » à chaque individu, et contrecarre ainsi l'anonymat des camps de la mort. Le musée s'étend sur 4 200 m², en grande partie souterrains, sur une colline orientée vers Jérusalem *(Har Hazikaron, tél. 0264 43400, www.yadvashem.org; horaires : 9h-17h du dimanche au jeudi, 9h-14h le vendredi)*.

Un autre musée d'un grand intérêt relatif à l'histoire de Jérusalem est le **Tower of David Museum** *(www.towerofdavid.org.il)* installé dans la **citadelle médiévale** connue sous le nom de tour de David, près de la porte de Jaffa.

LE QUARTIER DE MEA SHEARIM

Même s'il se situe dans la ville nouvelle, à deux pas de la zone commerciale, **Mea Shearim** est un lieu hors du temps. C'est le quartier des hassidim, les juifs

ultra-orthodoxes. Ils consacrent leur vie à l'étude de la Torah. Ils parlent le yiddish, portent des vêtements sombres et des chemises blanches, arborent des chapeaux de feutre à large bord ou bordés de fourrure, ne se coupent pas la barbe et ont de nombreux enfants. Pour entrer dans ce secteur, de préférence avec un guide, il faudra porter des vêtements décents – manches longues et tête couverte pour les femmes. Et l'on évitera le vendredi soir, le samedi et les jours de fête religieuse.

310 EN HAUT - VUE DU MUSÉE D'ISRAËL.

310 EN BAS - LE SANCTUAIRE DU LIVRE, AU MUSÉE D'ISRAËL.

310-311 - UNE SALLE DE YAD VASHEM, LE MUSÉE DE L'HOLOCAUSTE.

Traditions juives

À Jérusalem, beaucoup de restaurants sont ***casher*** *et observent les règles alimentaires fixées par la Torah : ainsi, la viande et le lait ne doivent jamais être mélangés ni mangés ensemble, et la consommation des crustacés ainsi que de certains animaux est formellement interdite. On célèbre le* ***shabbat*** *à partir du vendredi soir, avant le coucher du soleil, et toute la journée du samedi jusqu'à la tombée de la nuit. C'est un jour de repos pour tous, et un jour de prière pour les juifs pratiquants. Par conséquent, tout est alors fermé dans le secteur juif et certains quartiers de la ville, boutiques, magasins et administrations ; le service des transports publics est suspendu, mais on peut toujours prendre un taxi. Après la prière du vendredi à la synagogue, à laquelle tout le monde – juif ou non-juif – peut assister, le shabbat est célébré par un* ***repas traditionnel****, plus élaboré que les autres repas de la semaine, que l'on prend en famille ou dans des hôtels. Ce repas commence par des prières rituelles afin de bénir le pain et les mets. Pour participer à ce dîner dans les hôtels, on s'y inscrit la veille.*

EXCURSION À BETHLÉEM
Ville sainte pour les chrétiens, puisqu'elle a vu naître Jésus, Bethléem se trouve en Palestine, à une dizaine de kilomètres au sud de Jérusalem. Il faudra donc prendre un premier taxi jusqu'à la frontière, franchir celle-ci à pied (on verra alors le mur de sécurité qui sépare les deux pays), puis prendre un second véhicule (même procédure pour les groupes organisés).

Au cœur de la visite, la **basilique de la Nativité** *(horaires : 6h30-19h30 d'avril à septembre, 5h30-17h d'octobre à mars)*, a été construite sous Constantin le Grand sur le site de la grotte où Marie aurait mis au monde Jésus, un sanctuaire païen antérieur. Détruite au VIe siècle, l'église fut reconstruite sous Justinien, avant d'être élevée au rang de cathédrale par les croisés. La domination musulmane entraîna par la suite son abandon progressif. On visite la **grotte**, avec la crèche qui aurait vu la naissance du fils du Dieu des chrétiens ; au-dessus de la crèche se trouve un autel décoré de mosaïques, et, en face, la chapelle des Rois mages. À Noël, la messe de minuit est très émouvante. Au-dehors, quelques marchands vendent des souvenirs sur la placette.

Les pèlerinages religieux ajoutent également une visite à la **grotte du Lait** *(horaires : 8h-12h et 14h-18h d'avril à septembre, jusqu'à 17h d'octobre à mars)*. Selon la légende, une goutte de lait versée par Marie aurait blanchi toutes les parois. On visite aussi à proximité le **tombeau de Rachel,** femme de Jacob et mère de Benjamin.

Où dormir

€€€€ Leonardo Plaza Jerusalem (moderne). Central, à 15 minutes à pied de la vieille ville, l'établissement offre toutes les commodités d'un hôtel moderne. Les chambres ont un décor classique et épuré. C'est un des lieux où les juifs aiment fêter le début du shabbat, le vendredi soir. La cuisine est contrôlée par le rabbinat de Jérusalem.

La synagogue est juste derrière (*47 King George Street, tél. 0262 98666, www.leonardo-hotels.com*).

€€€ Mount Zion (historique). Architecture d'antan pour ce bâtiment construit en 1882 par les Turcs et hôpital Saint-Jean jusqu'en 1948. Il a été transformé en hôtel en 1986. Les fenêtres donnent sur les murailles de la Vieille Ville (*Hebron Road 17, tél. 0256 89555, www.mountzion.co.il*).

€ Notre Dame (auberge). Un hôtel pour pèlerins dans un majestueux palais, devant la porte Neuve de la Vieille Ville. Construit en 1882 pour les pèlerins français, il offre un service de qualité à des prix modérés (*Paratroopers Road, tél. 0262 79111, www.notredamecenter.org*).

Où manger

€€ Arabesque (historique). Dans un palais historique, l'American Colony (1860), ancienne résidence d'un pacha où ont logé des personnages illustres : Winston Churchill, Lawrence d'Arabie, Marc Chagall. Réputé pour la qualité de son buffet du samedi midi (12 h-15 h). Réservation obligatoire (*Nablous Road, tél. 0262 79777, www.americancolony.com*).

€€ Olive&Fish (poisson). Un des restaurants de poisson le plus apprécié. Il propose des recettes moyen-orientales et européennes dans une ambiance sobre et détendue. Le service est très soigné (*Jabotinsky Street 2, tél. 0256 65020*).

€ Abu Shukri (traditionnel). Situé dans la Vieille Ville, entre El-Wad Street et la Via Dolorosa, ce restaurant est réputé pour ses falafels, beignets de pois chiches, et pour son houmous, délicieuse purée de pois chiches, sésame, citron et huile d'olive – des classiques de la cuisine arabe. Parfait pour un en-cas rapide dans la journée (*fermé à 17 h*) (*Al-Wad Road 63, tél. 0262 71538.*).

Sorties et divertissements

17. Connue naguère sous l'intitulé de son adresse, Hao n° 17, puis rebaptisée « 17 », cette discothèque populaire est devenue une boîte qui attire des DJ internationaux. On y danse sur deux pistes, aux rythmes de musique house et techno (*Haoman 17, tél. 0267 81658.*).

Jérusalem Cinémathèque. Un des lieux tendance de la ville qui accueille souvent des festivals de cinéma. Très fréquenté aussi pour son bar, le **Cacao,** d'où l'on bénéficie d'un superbe panorama sur la Vieille Ville (*Hebron Road 11, www.jer-cin.org.il*).

The Jerusalem Centre for the Performing Arts. Théâtre, danse et musique (plus de 150 concerts par an) dans une des plus belles résidences de la ville. On y propose aussi de très nombreux spectacles, autant pour les adultes que pour les enfants.

Pour d'autres informations :
Office de tourisme de Jérusalem, www.jerusalem-info.com/ji/index
Office de tourisme d'Israël, www.goisrael.com

312 EN HAUT - VUE DE BETHLÉEM ET DE LA BASILIQUE DE LA NATIVITÉ.

312 EN BAS ET 313 - À L'INTÉRIEUR DE LA BASILIQUE DE LA NATIVITÉ, UNE ÉTOILE D'ARGENT ÉCLAIRÉE PAR 14 LAMPES À HUILE INDIQUE L'ENDROIT PRÉSUMÉ DE LA NAISSANCE DE JÉSUS.

Pétra et la mer Morte - *Jordanie*

Plus de 300 000 visiteurs par an, plus de 3 000 par jour dans les périodes de grande affluence, Pétra est un site majeur en Jordanie pour son architecture rupestre. Non loin de là, les eaux de la mer Morte constituent une ressource importante pour le royaume d'Abdallah II : un endroit idéal pour se remettre en forme avec les bains de boue, dans des hôtels dignes des Mille et Une Nuits, *avec jardins, terrasses et piscine.*

Il faut compter une semaine pour découvrir la Jordanie, mais, en concentrant la visite sur **Pétra** et sur le bassin de la mer Morte, trois journées bien remplies suffisent. Dans le sud du pays, Pétra est une ville arrachée aux rochers par le labeur des hommes, à laquelle on accède par un long et étroit défilé (le siq). La **mer Morte** est une merveille de la nature, à 400 m au-dessous du niveau de la mer. Le taux de salinité de ses eaux est si important qu'il empêche toute vie. On pourra s'arrêter, entre Pétra et la mer Morte, dans la réserve de biosphère de Dana, gérée par la Royal Society for the Conservation of Nature *(voir l'encadré Dana),* et dans le **sanctuaire de Loth** à **Safi** (l'antique Tsoar), près de l'endroit où, selon la Bible, Loth et ses filles se seraient réfugiés pour échapper à la destruction de Sodome et Gomorrhe. Les fouilles archéologiques ont mis au jour les ruines d'un monastère byzantin avec une église à triple abside pavée de mosaïques, construite autour d'une grotte où le neveu d'Abraham se serait arrêté avec ses filles. Tout près de là, au bord de la route qui longe la mer Morte, on passe près d'une roche aux formes étranges : la légende veut que ce soit la femme de Loth, transformée en statue de sel pour avoir enfreint les ordres de l'Éternel.

Comment se déplacer : *La meilleure solution est la voiture, qu'on loue directement à l'aéroport international d'Amman. Il y a un peu plus de 240 km, soit 3 heures de voyage, par l'autoroute du désert (n° 15) ou 5 heures si l'on préfère la route Royale, plus pittoresque mais plus accidentée. Autre solution : la compagnie de transports Jett (www.jett.com.jo) propose un service de cars à air conditionné d'Amman à Wadi Musa (Pétra) ; le départ se fait à la gare routière Abdali (Amman).*

Monnaie *: La monnaie officielle de la Jordanie est le **dinar jordanien**.*

314-315 - LE KHAZNEH EL-FARAOUN, LE TRÉSOR DES PHARAONS, SE SITUE AU FOND DU SIQ, UN CANYON DE ROCHES ROSES LONG DE PLUS D'UN KILOMÈTRE.

315 EN BAS - LE TOMBEAU AUX OBÉLISQUES.

PÉTRA

Située à proximité de la petite ville de Wadi Musa, Pétra est le centre du tourisme jordanien. Les origines du site remontent au Ve siècle av. J.-C. Habité d'abord par les Édomites, celui-ci passe au siècle suivant sous le contrôle des Nabatéens, des commerçants nomades qui en font leur capitale. Ils l'embellissent de temples, de palais et de tombeaux monumentaux. En 75 de notre ère, le dernier roi nabatéen, Rabbel II, déplace la capitale à Bosra (aujourd'hui en Syrie). En 106, sous le règne de Trajan, Rome annexe le royaume et accorde à la vieille cité le titre honorifique de métropole. Peu à peu abandonnée, la ville n'est plus qu'un simple village au VIIIe siècle. De 1099 à 1187, les croisés s'installent à proximité. La ville antique ne sortira de l'oubli qu'en 1812, avec le passage du Suisse Johann Ludwig Burckhardt. En 1985, le site est inscrit par l'Unesco au patrimoine mondial de l'humanité, et, en 1993, le gouvernement jordanien classe les 264 km² de la zone archéologique en parc national. L'arrivée à Pétra est stupéfiante. Une fois doublé le **tombeau aux Obélisques** (40-70), on entre par **Bab es-Siq** (la porte du Défilé) au fond d'un canyon de grès rose de plus de 1 km de long et large d'à peine 2 m par endroits, entre des parois hautes de 80 à 100 m. Le défilé s'élargit soudain pour révéler l'une des deux grandes merveilles du site, le **Khazneh el-Faraoun** (Trésor des pharaons) – la façade d'un mausolée de style hellénistico-romain de 43 m de haut pour 30 m de large, creusé dans la paroi, avec colonnes, chapiteaux corinthiens, architrave et décor sculpté représentant les Dioscures (datation incertaine). En sortant du défilé, on atteint la ville et on découvre le **tombeau d'Ounaïchou** (un ministre) et celui dit « **des Anges** », puis le **théâtre** (6 av.-40 apr. J.-C.). D'autres **tombeaux royaux** et princiers alignent leurs façades à droite, au flanc de la colline d'**al-Khubtah**. Les plus beaux sont le **tombeau de l'Urne** (70) et le **tombeau du Palais** (le seul à posséder une façade maçonnée en briques). On revient ensuite sur la longue rue à colonnades, achevée sous Trajan, pour voir les vestiges du **Nymphée** et ceux d'une **église byzantine** aux sols de mosaïque. Puis on découvre le **temple des Lions ailés** et l'aire sacrée du **Téménos**. Après le **Triclinium des Lions** (sculptés sur la façade), on monte vers la seconde merveille du site : le **Deïr** (monastère) – un mausolée du même style que le Trésor des pharaons – qui domine tout l'ensemble *(parc archéologique, www.petrapark.com ; horaires : 6 h-18 h en été, jusqu'à 16 h en hiver. Le lundi, le mercredi et le jeudi sont organisés des circuits Petra by night à la lueur des flambeaux, de 20 h 30 à 22 h 30).*

Dana

À une cinquantaine de kilomètres de Pétra vers la mer Morte (par la route 35) *s'ouvre la plus belle et plus célèbre réserve naturelle de la région. Cette zone naguère abandonnée, déclarée réserve de biosphère en 1993, est gérée par la Royal Society for the Conservation of Nature qui en a fait un modèle de mise en valeur des ressources humaines et naturelles. Les communautés locales sont soutenues par des programmes de développement. Les touristes peuvent visiter les villages ou effectuer des randonnées sur les pistes de cet éden de 320 km², depuis les montagnes du Rift jordanien jusqu'au Wadi Araba, sur plus de 1 500 m de dénivelé et à travers quatre écosystèmes différents : montagneux, méditerranéen, subtropical et torride. S'y développent 600 espèces différentes de plantes, 190 d'oiseaux et 37 de mammifères* (www.rscn.org.jo ; la réserve est ouverte toute l'année, horaires : 8 h-20 h). *On pourra loger au **Feynan Eco Lodge*** (www.feynan.com ; tél. 3 2270497/8).

LA MER MORTE

Depuis l'aéroport d'Amman, il suffit d'une heure de route – 3 heures au départ de Pétra – pour flotter sur les eaux de cette mer fermée (en fait, un lac) la plus salée du monde. Citée dans la Bible (là se trouvaient les villes d'Adma, Tséboïm, Tsoar, Sodome et Gomorrhe), partagée aujourd'hui entre la Jordanie et Israël, la mer Morte se situe à 400 m sous le niveau de la mer Rouge. Elle est dépourvue de toute forme de vie, mais elle est riche de 21 minéraux différents, avec un taux de salinité de 340 g par litre, soit 10 fois plus que celui de la Méditerranée, et un fort pourcentage de magnésium (32 %) et de potasse (25 %) à la place du chlorure de sodium (le sel de cuisine traditionnel) qui prédomine dans les autres mers. Grâce à ces éléments, ses eaux ont un haut pouvoir thérapeutique : ses rives ont donc vu se multiplier, surtout dans la partie nord, à **Sweïmeh** (à peu près à 70 km d'Amman et 45 km de l'aéroport), des hôtels avec piscine et spa pour la remise en forme. À environ 2 km de cette zone, la plage d'Amman est également aménagée, avec des cabines de bain peu coûteuses *(tél. 5356 0804)*. Longue d'environ 80 km et large de 14, très profonde au nord (jusqu'à 430 m), du côté de la verdoyante **vallée du Jourdain,** et peu au sud (4 m seulement), la mer Morte est alimentée principalement par les eaux du **Jourdain** : dépourvue d'exutoire au sud, vers la mer Rouge, elle s'évapore en déposant sur les fonds ce précieux cocktail de sels et de minéraux qui la rend unique. Voilà une quarantaine d'années encore, elle était formée de deux bassins communicants ; aujourd'hui, à la suite d'une évaporation constante, le bassin méridional a complètement disparu et certains prévoient que la mer pourrait être asséchée d'ici à 2050. Des interventions sont donc à l'étude, parfois drastiques, comme le Jordan Red Sea Project *(www.jrsp-jordan.com)* qui prévoit la réalisation d'un canal artificiel reliant la dépression à la mer Rouge. Mais les difficultés sont nombreuses : différences de salinité des eaux, dénivelé – sans oublier le risque, non négligeable, d'altérer irrémédiablement un écosystème unique au monde.

Où dormir

€€€€ Mövenpick Resort & Spa Dead Sea (spa resort). 346 chambres entre jardins et palmeraies. Détente et remise en forme au Zara Spa, spécialisé dans la fangothérapie *(Sweimeh, Dead Sea Road, tél. 5 356 1111, www.moevenpick-hotels.com)*.

€€€€ Petra Marriott Hotel (international). À 5 minutes de la vallée de Pétra, 100 chambres tout confort et un petit hammam. Pour se restaurer, on a le choix entre le Dushara (cuisine méditerranéenne) et L'Affresco (cuisine italienne) *(Queen Rania Abdallah Street, Wadi Musa, tél. 3 215 6407, www.marriott.com)*.

€€ Ammarin Bedouin Camp (sous la tente). Le plaisir et l'émotion de dormir dans un camp pouvant accueillir jusqu'à 350 personnes, aux portes de la Petite Pétra (à 10 minutes au nord du parc) *(Beidha-Petra Archaeological Park, Wadi Musa, tél. 79 975 5551-975 5552, www.bedouincamp.net)*.

Où manger

€€/€€€ Jordan Valley Marriott Resort & Spa (plusieurs restaurants). Au bord de la mer Rouge, on mange surtout dans les hôtels. Le Marriott propose six restaurants : le Mosaico, international, le Champions Sports Bar & Restaurant, pour la restauration rapide, le Terrazzo, pour les amateurs de pâtes et de pizzas, le Fishing Club, au bord de l'eau, les Cascades, en terrasse avec vue sur le lac, et le Jo's Steak-house, pour les amateurs de viande *(Dead Sea Road, Sweimeh, tél. 5 356 0400, www.marriottdeadsea.com)*.

316 - La plage et l'architecture typique du Mövenpick Resort, sur la mer Morte.

317 - Le luxueux spa du Kempinski Hotel Ishtar, également situé sur la mer Morte.

Le top des spas

Le plus grand spa du Moyen-Orient est celui du **Kempinski Hotel Ishtar** *: 10 000 m² de jardins, lagunes, cascades et piscines. De nombreuses cabines de soins sont à l'air libre, afin de respirer à pleins poumons l'air riche en bromure. Les* Infinity Pools *donnent la sensation de plonger directement dans les eaux de la mer Morte. Les traitements proposés vont de la balnéothérapie avec application de boue au peeling au sel et aux massages orientaux.* (Swaimeh, Dead Sea Road, tél. 5 356 8888, www.kempinski.com/en/deadsea/Pages/Welcome.aspx). *Le spa le plus luxueux se trouve à l'***Evason Ma'in Hot Springs & Six Senses.** *À deux pas des sources de Ma'in, au-dessus de la mer Morte, l'établissement, construit selon des critères écologiques, possède un restaurant donnant sur les cascades. On recommande le Bukhoor Balance Massage, traitement holistique dans les vapeurs d'encens, et les séances de yoga et de méditation* (Ma'in, tél. 532455500, www.sixsenses.com).

€€ Petra Kitchen (moyen-oriental). À deux pas des ruines, un vrai restaurant jordanien. À la carte, soupe de lentilles et boulettes de viande et de légumes aux herbes. Le chef organise aussi des cours de cuisine (*Wadi Musa 112, tél. 3 21555900, www.petrakitchen.com).*

€€ Sun City (arabe). On y mange en regardant les collines de Pétra. Buffets froids et chauds, cuisine arabe ou internationale, plats de poisson et mezze traditionnels (hoummous, taboulé, salades...) (*Main Street, Petra, tel. 3 2154123, www.suncityrest.com).*

Pour d'autres informations : Office du tourisme jordanien, tél. 01 42 60 46 91, www.tourisurf.com/destiof/jordani.htm

Charm el-Cheikh - *Égypte*

Charm el-Cheikh, la baie du Cheikh, est un coin de désert ouvrant sur une des plus belles mers de la planète, à la pointe méridionale de la péninsule du Sinaï, en Égypte. C'est un paradis pour les plongeurs qui, après quelques brasses, se retrouvent dans un univers de coraux, de madrépores et d'épaves. L'épave du Thistlegorm, *coulé lors de la Seconde Guerre mondiale, offre l'une des dix plus belles plongées du monde. Des poissons de toutes tailles, de toutes formes et de toutes couleurs y vivent. Les amateurs de baignade et de plage y viennent avec plaisir quand l'hiver règne en Europe. À l'intérieur des terres, le canyon des Couleurs et la montagne sacrée de Moïse sont des lieux de toute beauté.*

Situé entre les **golfes d'Aqaba** et de **Suez,** Charm el-Cheikh est une destination exotique à portée d'avion pour les touristes européens cherchant à échapper momentanément à l'hiver. Les Israéliens ont développé cette station balnéaire à l'époque où ils occupaient le Sinaï. Mais Charm el-Cheikh doit son succès à un promoteur italien, Ernesto Preatoni, qui fit construire un grand complexe hôtelier – le **Coral Bay**. Avec les premiers vols directs depuis l'Europe, Charm el-Cheikh devint bientôt un éden vers lequel les touristes affluèrent. Le site se répartit aujourd'hui entre **Charm el-Maya,** le centre de la ville, avec le port et le marché, la baie de **Na'ama,** à 7 km au nord, et ses plages le long desquelles s'élèvent la plupart des hôtels et des complexes résidentiels. **Ras Oumm Sidd** (au sud-est d'el-Maya) est l'un des principaux centres de plongée. On ne pourra visiter aucun des prestigieux sites archéologiques de l'ancienne Égypte car ils sont trop éloignés. Le village des origines s'est transformé en un Las Vegas d'hôtels cinq-étoiles et de résidences de luxe, avec accès direct à la plage et aux merveilles sous-marines qui ont fait la renommée et la fortune de la côte. Si l'on ne pratique pas la plongée avec bouteilles, il suffit de prendre masque et tuba pour se retrouver bientôt entre poissons-clowns et poissons-perroquets. À quelque distance de là, dans le **parc marin de Ras Mohammed,** les plongeurs évoluent parmi les alcyonaires colorés (les coraux mous), à la rencontre des poissons-napoléons, des tortues, des raies, des dauphins et des murènes. L'île et le détroit de **Tiran** offrent aussi une vingtaine de sites dont le **Jackson Reef,** paroi célèbre pour ses gorgones à longues branches, et ses épaves englouties dont la découverte provoque toujours un certain frisson. Plus au nord, au-dessus de **Dahab,** le **Blue Hole** offre aussi de très belles plongées – réservées aux plongeurs expérimentés. Il est important de s'en remettre à l'expérience d'un des nombreux centres spécialisés ouverts toute l'année *(voir l'encadré Plongées)*. On vous y apprendra comment se comporter sous l'eau pour ne pas risquer d'endommager le fragile et précieux écosystème marin qui a donné naissance à l'un des plus beaux récifs de la planète.
Mais Charm el-Cheikh offre aussi d'autres distractions. On pourra jouer au golf à **Jolie Ville Golf Resort,** dans un 18 trous des plus huppés *(www.jolieville-hotels.com)*. Ou bien on ira chiner des objets artisanaux à l'**Old Market** *(voir l'encadré Shopping)*, à moins qu'on ne préfère se détendre dans les spas des hôtels les plus chics, du **Ritz Carlton** au **Four Seasons** *(voir la rubrique Où dormir)*. On pourra aussi faire des excursions dans le désert, notamment au **canyon des Couleurs** et au **monastère Sainte-Catherine,** un des hauts lieux de la foi, au pied du **mont Sinaï** où la tradition biblique veut que Dieu ait remis à Moïse les Tables de la Loi. Vous pourrez également, le soir tombé, au cours d'une promenade en bord de mer, découvrir les innombrables bars, restaurants et discothèques de la station qui restent ouverts jusqu'à l'aube. Vie nocturne garantie, donc, la seule astuce étant toutefois de tenir compte du climat : selon la période à laquelle on décidera d'aller séjourner dans la « baie du Cheikh », on optera pour la mer ou pour le désert. Ce dernier est fortement déconseillé en été, lorsque la température avoisine 50 °C.

Comment se déplacer en ville : *Les routes de Charm el-Cheikh et alentours sont bien entretenues et les déplacements s'y font sans difficulté. Chaque hôtel est en mesure de fournir des informations sur la plongée et sur les excursions à l'intérieur des terres. Il existe aussi un excellent réseau d'autocars tout confort et de taxis collectifs entre les diverses localités touristiques, et de nombreuses agences de location de voitures.*

Monnaie : *La monnaie officielle de l'Égypte est la* ***livre égyptienne****.*

318-319 - Vue aérienne de Ras Mohammed.

319 en bas - Une plage aménagée, proche du parc marin de Ras Mohammed.

PLONGÉES

La mer Rouge en général, et Charm el-Cheikh en particulier, est l'une des destinations les plus renommées pour la plongée. Il est facile de suivre des cours en mer et de passer les brevets Padi, Bsac et Cmas, délivrés par les centres de formation : il est conseillé d'en choisir un où l'on parle correctement le français, afin d'éviter les incompréhensions. Les plongées s'effectuent depuis le rivage, à bord d'une barque, ou encore à partir de bateaux spécialisés dans le cadre de safaris subaquatiques qui constituent de véritables croisières-stages de plongée requérant plusieurs jours de présence. Les sites de plongée sont nombreux : au **Blue Hole** (proche de **Dahab**), les plongeurs expérimentés passent par un trou *(hole)*, à 60 m de profondeur, pour remonter de l'autre côté de la barrière. On peut aussi rester en surface, avec masque et tuba, pour observer ce passage. Le site d'**Amphoras,** à proximité de la baie de **Na'ama,** permet de visiter l'épave d'un galion turc chargé d'amphores, qui a donné son nom au site de la plongée. Les sites de **Near, Middle** et **Far Gardens** – dans le même secteur – forment une mosaïque de barrières coralliennes adaptées à l'exploration avec tuba et à des plongées sans difficultés, de même que les sites voisins, proches de Dahab : **The Tower, Shark Bay** et **Southern Oasis.** À **Jackson Reef,** entre l'île de **Tiran** et la côte, on observera des épaves et des poissons de haute mer. Non loin de **Charm el-Cheikh,** on plongera à **Ras Oumm Sidd,** célèbre pour ses coraux en éventail. Mais le lieu le plus merveilleux reste le **parc marin de Ras Mohammed.** Cette péninsule, située à quelque 25 km au sud du site de vacances, fut déclarée en 1989 premier « parc national marin » d'Égypte. Visité par 250 000 passionnés chaque année, il abrite 150 types de coraux appartenant à l'une des plus surprenantes barrières coralliennes de la planète. C'est l'habitat des poissons-dominos et des poissons-clowns, des squales, des poissons-anges, papillons et napoléons, des poissons-arbalètes et des poissons-hérissons. On le visite tous les jours, de l'aube au coucher du soleil, moyennant un droit d'entrée – celui-ci est inclus dans le prix de l'excursion organisée par les très nombreux centres de plongée spécialisés.
Mentionnons **Sheikh Coast Diving Center** *(www.sheikhcoast.com)*, **Camel Dive** *(www.cameldive.com)*, **Emperor Divers** *(www.emperordivers.com)*, **Sinai Divers** *(www.sinaidivers.com)*, **African Divers** *(www.africandivers.com)*, **Colona Dive Club** *(www.colona.com)* et **The Wave Diving Center** *(www.thewavediving.com)*.

Shopping

*On peut aller à l'**Old Market,** marché de l'artisanat bédouin et égyptien qui propose bijoux en argent, tuniques brodées, objets en cuivre, tapis, vanneries et épices. Ne pas manquer la boutique **Karkade,** le plus vieux négoce d'épices, d'herbes et de lotions de tout Charm el-Cheikh, juste à l'entrée du marché. Il existe également des galeries marchandes modernes comme **Soho Square*** (www.soho-sharm.com), *avec des magasins variés, des bars (dont l'**Ice Bar** où la vodka, glacée, est servie dans de petits verres... en glace), des cafés, des restaurants, des clubs – et même une patinoire de glace artificielle. Les amateurs de coton biologique pourront faire un tour chez **Nefertari*** (8/9 Alf Laiml et Laila Passage, www.nefertaribodycare.com). *Ils y trouveront des sorties de bain, des serviettes faites à la main et toute une ligne de produits pour le corps (huiles, savons, crèmes et parfums).*

320 - Plongée sur le récif où a coulé le *Thistlegorm*.

321 en haut - Poissons et coraux du récif.

321 en bas - Yachts à l'ancre sur la côte.

SAINTE-CATHERINE ET LE MONT SINAÏ
L'Ancien Testament rapporte le récit de l'Exode, la sortie d'Égypte du peuple d'Israël. Appelé par Yahvé, Moïse monte sur le Sinaï ou **Djebel Moussa** (2 000 m, soit le deuxième sommet de la péninsule après le mont Sainte-Catherine, qui culmine à 2 637 m). La voix de Dieu issue du Buisson ardent lui dicte les Tables de la Loi et lui révèle sa mission. Il fera franchir la mer Rouge aux Israélites et les mènera à travers le désert vers la Terre promise. Depuis toujours, les trois religions du Livre ont identifié ces lieux mythiques avec les sommets du Sinaï méridional. Au IVe siècle, des moines demandèrent à Hélène, mère de l'empereur Constantin et grande protectrice du christianisme, l'autorisation de construire une chapelle pour protéger ce qu'ils croyaient être le buisson sacré, déjà lieu de pèlerinage. Le travail fut achevé sous Justinien qui fit construire, vers le milieu du VIe siècle, un monastère à qui on donna le nom d'une jeune martyre d'Alexandrie, **sainte Catherine.** C'est un château de sable au milieu des rochers – une forteresse en plein désert, aujourd'hui occupée par des moines grecs orthodoxes. Outre le Buisson, le monastère abrite une des plus importantes collections d'icônes du monde : plus de deux mille œuvres échelonnées sur quinze siècles, qui illustrent un panorama complet de l'évolution de l'art byzantin. Celles-ci se trouvent dans l'**église** du monastère, construite au-dessus de la chapelle du Buisson ardent et protégée, avec les **trésors** liturgiques et la **bibliothèque** qu'elle contient, par une spectaculaire enceinte faite de gros blocs de granit *(www.sinaimonaster.com ; horaires : de 9 h à 12 h, fermeture le vendredi et le dimanche).* Outre le monastère, le Djebel Moussa est lui aussi un lieu de pèlerinages et de visites touristiques. En fin de nuit, une randonnée de 3 heures permet d'arriver au sommet de la montagne pour assister au lever du soleil sur le désert. Il fait trop chaud pour y monter dans la journée, mais une ascension nocturne à la clarté de la lune est une expérience quasi mystique.
Les premiers rayons du soleil révèlent un panorama extraordinaire qui s'étend du mont Sainte-Catherine au golfe d'Aqaba.

Où dormir

€€€€€ Four Seasons Resort (top).
Pour les amateurs de luxe, un hôtel des Mille et Une Nuits qui évoque une citadelle arabe toute blanche, au milieu de palmiers et de fontaines. Les suites sont superbes, le spa est excellent : il faut essayer ici le Pharaonic massage – présenté comme « un privilège réservé aux souverains de l'ancienne Égypte » – avec des essences de menthe et de camomille mélangées

à de l'huile d'amande tiède (*Four Seasons Boulevard, Charm el-Cheikh, tél. 69 3603555, www.fourseasons.com/sharmelsheikh*).

€€€€ Ritz Carlton (pour les gourmets). Situation panoramique pour les 322 chambres de cet élégant hôtel, entre le moderne et l'arabisant. Ne pas manquer le centre de plongée, la piscine avec toutes ses cascades, le massage arabe sous une tente installée au bord de la mer et les trois restaurants : italien, japonais et moyen-oriental (*Om El Seed Peninsula, tél. 69 3661919, www.ritzcarlton.com*).

€€€ Concorde El Salam (moyen supérieur). Face au golfe d'Aqaba, une bonne solution à des prix compétitifs : cinq piscines, deux Beauty Center, deux Health Club, un centre sportif parfaitement équipé. Réserver une suite ou une chambre avec vue sur la mer (*White Knight Beach, tél. 69 3601460, www.sharmelsheikh.concorde-hotels.com*).

Où manger

€€€ Little Buddha (bar à sushis). Cuisine fusion (des sushis aux antipasti de langouste) et bonne carte des vins, champagnes et cocktails, pour un des restaurants les plus cotés de Charm el-Cheikh. Il y a aussi une discothèque (l'établissement est le petit frère du Buddha Bar de Paris) (*Na'ama Bay Hotel, tél. 69 3601030, www.littlebuddha-sharm.com*).

€€ Deck (flottant). Dans l'Iberotel Lido, l'unique restaurant flottant de Charm el-Cheikh (il se trouve sur un ponton en bois). Situation romantique, plats de poisson et cuisine internationale, à savourer de 7h à minuit (*Na'ama Bay, tél. 69 3202603, www.iberotel.com*).

€€ Mahony (oriental). Poisson à l'orientale ou viande ? Pour les indécis, ce restaurant de Na'ama Bay est spécialisé en soupes de poisson comme en plats généreux de bouquets et de langoustes, accommodés aux herbes et aux épices. Également, excellent steak house (*Mall 6, Na'ama Bay, tél. 103983896/12 1053725, www.mahony.holidayrater.com*).

Sorties et divertissements

Pacha. La reine des nuits de Charm el-Cheikh : une méga-discothèque en plein air, avec consoles pour DJ, bar, espace VIP, piscine. On y organise aussi des soirées à thème (*Sanafir Hotel, Na'ama Bay, www.pachasharm.com*).

Hard Rock Café. Cette célèbre chaîne de boîtes de nuit n'a pas besoin d'être présentée. Comme les autres établissements de la chaîne, celui de Charm el-Cheikh a sa boutique, son bar comptoir, sa collection de souvenirs et ses soirées avec performances de DJ (*Marina Street, Na'ama Bay, www.hardrock.com*).

El Fanar. El Fanar (le phare, en arabe) est la bonne adresse pour ceux qui recherchent à la fois restaurant, plage et discothèque... Tout est regroupé au même endroit (*Ras Umm Sidd, www.elfanarsharm.com*).

Pour d'autres informations : www.egypt.travel

Les merveilles du Sinaï

Le ***mont Sainte-Catherine,*** *situé à 6 km au sud du Djebel Moussa, ou mont Sinaï, constitue un but d'excursion. La tradition veut que les reliques de la sainte y aient été découvertes au* IX*e ou* X*e siècle. Sur le chemin du monastère Sainte-Catherine, on admirera le* ***canyon des Couleurs*** *qui doit son nom aux stries rocheuses de couleurs différentes visibles sur les parois de cet étonnant défilé. À 167 km de Charm el-Cheikh, l'importante station balnéaire de* ***Nouweïba*** *ouvre sur une mer d'un bleu intense. Elle est connue comme la « cité des dauphins ». Dans les années 1990, un dauphin femelle qui avait perdu son compagnon fut en quelque sorte adopté par un pêcheur local du nom d'Abdullah. La rencontre entre l'homme et l'animal avait lieu chaque jour, en pleine mer. Peu à peu apparurent des excursions pour les touristes qui se mettaient à l'eau avec le pêcheur et arrivaient avec un peu de chance à s'approcher de l'animal.* (De très nombreuses agences organisent des excursions dans le désert. Citons, parmi bien d'autres, Sun & Fun, tél. 69 3601623.)

322-323 - Le monastère de Sainte-Catherine.

323 - La chapelle perchée sur le mont Sinaï.

Le Caire et les pyramides - *Égypte*

Le Caire est la plus grande ville d'Afrique et la plus surprenante. Elle a connu les pharaons, les Grecs, les Romains, les chrétiens, les musulmans; elle a été capitale des califes fatimides et des Turcs ottomans, avant de voir s'imposer les Français de Napoléon, puis la domination britannique. L'agglomération se compose de 24 quartiers qui sont autant de villes différentes. Odeurs de menthe, d'épices et d'encens dans le bazar du Khân al-Khalili, mais aussi odeur des gaz d'échappement des milliers de véhicules qui parcourent la ville en tous sens. En 1967, la population était de 4 millions d'habitants, elle en compte aujourd'hui 15 millions. À cela s'ajoute la fascination d'un fleuve qui a fait l'histoire du pays : le Nil, long de 6 671 km. Il traverse Le Caire après avoir longé les merveilles d'Abou Simbel, d'Assouan, de Thèbes et de Louxor. Sur ses eaux sillonnées par les felouques et les palaces flottants frémit l'écho d'une glorieuse civilisation.

Le secteur du **Grand Caire,** au nord de la ville, accueille le pôle administratif du pays et les architectures les plus modernes. Dans ces quartiers, les ruelles et les petites places sont remplacées par les grandes avenues du XIXe siècle, avec des parcs, des hôtels et des restaurants de luxe, de style occidental. Le secteur touristique de la **Corniche el-Nil** est tout aussi dynamique et attrayant, avec de multiples hôtels et restaurants dont les prix élevés intègrent la « vue sur le Nil ». C'est le cas du **Café Corniche,** dans l'hôtel **Semiramis Intercontinental.** De là, un pont permet de rejoindre la verdure exubérante de l'**île de Gézireh,** dans ce quartier de **Zamalek** où se dresse la **tour du Caire,** tour de télévision qui sert de balise visible de loin, mais aussi de belvédère panoramique sur la ville, du haut de ses 185 m. Plus au sud se trouve l'**Opera House,** maison internationale de théâtre musical et de danse, offerte par le Japon en 1988 à la suite de l'incendie de la Royal Opera House historique de 1971. Le **centre-ville** est en revanche la zone où se concentrent les palais gouvernementaux : le Parlement, le **mausolée** de l'ancien Premier ministre **Saad Zaghlul,** construit en 1928-1931, et la masse imposante du **palais d'Abdine,** vaste résidence royale commencée en 1863, aujourd'hui occupé par certains services gouvernementaux. Sur les belles **places de l'Opéra, Ataba** et **Tahrir,** points névralgiques de la vie urbaine, s'aligne une longue succession de boutiques, de restaurants et de cafés. Là se trouve aussi l'incontournable **Musée égyptien,** riche de la plus grande collection

324-325 - La citadelle fondée par Saladin en 1176.

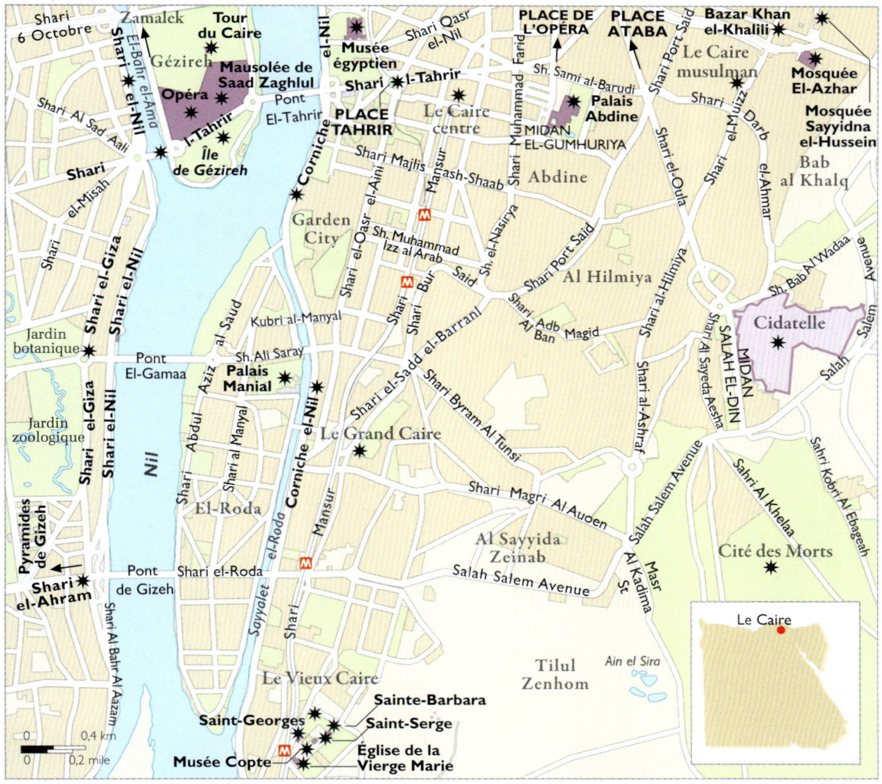

mondiale d'antiquités égyptiennes. À l'est du centre-ville se trouvent les quartiers musulmans ; au sud, les plus anciens. Ce sont les zones les plus riches d'atmosphère, de véritables labyrinthes de ruelles et de venelles tortueuses, mais comportant aussi de grandes et longues avenues, au bord desquelles s'élèvent les principaux monuments de la cité, églises et mosquées dont les clochers et les minarets se dressent à quelques centaines de mètres les uns des autres. Parmi les mosquées (Le Caire en compte une centaine), il ne faut pas manquer celle de **Sayyidna al-Hussein**, l'un des sites les plus sacrés d'Égypte, ni celle d'**Al-Azhar** appelée la Splendide en raison de la perfection de son architecture. Fondée en 970, c'est aujourd'hui un lieu de prières très fréquenté et l'un des plus grands centres de spiritualité du monde musulman sunnite. Derrière la **citadelle** fortifiée, construite au XIIe siècle par le sultan ayyoubide Saladin *(horaires : 8h-18h en été, jusqu'à 17h en hiver)*, s'étend l'extraordinaire **Cité des Morts,** nécropole musulmane du XIVe siècle. **Le Caire islamique** abrite aussi un grand foyer commercial : c'est là que se trouve le **Khân al-Khalili** qui est le plus grand **bazar** du Moyen-Orient et l'un des plus anciens du monde. Au sud-ouest du Caire central se profilent les **pyramides de Gizeh,** vestiges monumentaux d'un illustre passé que voudrait faire revivre le **Village pharaonique** de l'île Jacob *(voir plus loin)*. Le **Vieux Caire** – ou **Caire copte** – est né au VIe siècle, à une époque historique où la capitale du pays était Alexandrie. Ce ne fut d'abord qu'un petit avant-poste avec quelques maisons sur le bord du Nil, près d'une forteresse gréco-romaine appelée Babylone d'Égypte et chargée de protéger la route entre Memphis et Héliopolis. Selon la légende, cette localité doit son développement au conquérant arabe Amr Ibn al-Aas qui y fit construire des habitations et un lieu de culte (lequel porte toujours son nom) qui est la plus vieille mosquée du Caire, fondée en 642. Dans le même secteur se concentrent aussi de nombreux édifices chrétiens, dont l'**église grecque orthodoxe Saint-Georges,** du Xe siècle mais reconstruite en 1909 à la suite d'un incendie, l'**église Sainte-Barbara**, aujourd'hui la plus grande d'Égypte, bâtie aux IVe-Ve siècles mais reconstruite au XIe siècle, et l'église Saint-Serge, elle aussi du IVe-Ve siècle, mais reconstruite au début du XIIe siècle sur les lieux où la Sainte Famille, fuyant les persécutions d'Hérode, aurait trouvé refuge. Enfin, l'**église de la Vierge Marie** – dite aussi **église suspendue** – est un édifice des Ve-VIe siècles, reconstruit au XVIIIe siècle, qui aurait été construit sur les vestiges de la forteresse romaine de Babylone. On ne manquera pas de visiter le **Musée copte** qui semble résumer dans un espace unique la longue et complexe histoire du pays.

Comment se déplacer en ville : *L'aéroport international du Caire se trouve à 21 km au nord-est de la ville à laquelle il est relié par un service d'autobus. Une fois en ville, il est préférable de se déplacer en taxi : facilement identifiables (en blanc et noir), ils sont très nombreux et s'arrêtent sur un simple signe de la main ; les tarifs sont économiques. Attention : si vous prévoyez un long parcours ou un trajet hors de la ville, ne montez pas à bord avant d'avoir convenu d'un prix avec le chauffeur. Le Caire dispose aussi d'un excellent réseau métropolitain, mais vous éviterez en revanche les autobus, toujours bondés, quelle que soit l'heure de la journée, et toujours coincés dans les embouteillages permanents.*

Monnaie : *La monnaie officielle de l'Égypte est la* ***livre égyptienne.***

À voir

PALAIS MANIAL

Sur l'île de Roda se dresse l'un des édifices les plus surprenants du Caire : le palais Manial, ancienne résidence royale réalisée entre 1899 et 1929 par le prince Mohammed Ali Tawfiq pour immortaliser l'art islamique. Les cinq corps de logis du palais (5 000 m² de surface) sont inspirés chacun d'un style architectural islamique différent, du mauresque à l'ottoman en passant par le persan. Ils sont plongés dans la touffeur d'un **jardin botanique** exubérant avec palmiers, bananiers et gommiers qui recouvraient un temps toute l'île. C'est aujourd'hui un musée qui expose les œuvres d'art de la riche collection du prince fondateur (*Saray Street 1, tél. 0236 87495; horaires : 9h-17h, 9h-15h pendant le Ramadan*).

LE MUSÉE ÉGYPTIEN

Dans un palais de style néoclassique peint en rose se trouve la plus grande collection d'antiquités égyptiennes au monde : 120 000 momies, sarcophages, bijoux et ustensiles en tout genre, sans oublier le **trésor de Toutankhamon,** pharaon de la XVIIIe dynastie, mort à dix-huit ans vers 1349 av. J.-C. après quelques années de règne. La visite commence par la copie de la **pierre de Rosette** (l'original se trouve au British Museum, à Londres, depuis 1802) qui a révolutionné l'archéologie égyptienne. Trouvé en 1799 à Rosette (ar-Rachid, sur la branche ouest du delta du Nil), ce fragment de stèle porte, en deux langues et trois écritures (démotique, grec et hiéroglyphes), le texte d'un décret de Ptolémée V Épiphane datant de 196 av. J.-C. La comparaison des trois versions permit à Jean-François Champollion, égyptologue français, de déchiffrer l'écriture égyptienne. Si l'on projette d'aller voir les pyramides de Saqqarah, il ne faudra pas manquer la **statue de Djoser** (vers 2600 av. J.-C.) en calcaire peint, première statue royale grandeur nature. D'autres œuvres capitales sont conservées dans la **salle** consacrée à **Akhenaton** (1372-1354 av. J.-C.), le pharaon adorateur d'Aton, le disque solaire divinisé : il figure ici sous la forme de quatre statues colossales, à côté desquelles est exposée la très célèbre tête inachevée de **Néfertiti** en quartzite (*place al-Tahrir, www.egyptianmuseum.gov.eg/home.html; horaires : 9h-16h45*).

LA CITÉ DES MORTS

Derrière la Citadelle, dans la plaine semi-désertique qui va jusqu'aux collines de Muqattam, s'étend la Cité des morts, constituée de deux vastes nécropoles musulmanes qui s'étirent sur 12 km dans une succession ininterrompue de mausolées, de minarets et de coupoles. Cette zone, lieu privilégié pour la méditation des soufis (mystiques musulmans) au XIVe siècle, accueillit les sépultures de leurs cheikhs, puis celles des sultans mamelouks, de leurs familles et de leurs suites, et finit par devenir une véritable nécropole. Avec le boom démographique du Caire, l'exode rural et l'arrivée des réfugiés fuyant la zone du canal de Suez en 1967 et 1973, les tombeaux médiévaux – bâtis comme

de véritables demeures – sont peu à peu devenus des habitations pour les sans-abri, si bien que la Cité des Morts est aujourd'hui un lieu où les vivants et les morts cohabitent. Parmi les **complexes funéraires** les plus intéressants figurent ceux des sultans **Ibn Farak Barkouk, Barsbay** et **Qaytbay.** Le lieu est ouvert aux visites, mais il est conseillé d'y arriver en taxi et/ou accompagné par un guide (que l'on peut demander directement à l'hôtel).

LA MOSQUÉE SAYYIDNA AL-HUSSEIN

On n'y entre pas si l'on n'est pas musulman, mais cela vaut la peine de passer devant la mosquée la plus sacrée du Caire pour observer le flot de fidèles qui s'y rendent pour prier – plus de 10 000 le vendredi. L'édifice qui date de 1870 est venu remplacer un sanctuaire du XIIe siècle. Il doit son caractère sacré à la légende selon laquelle il abrite, dans ses souterrains, la tête d'Hussein Ibn Ali, petit-fils du Prophète, tué en 680 à la bataille de Kerbala.

LE MUSÉE COPTE

Le musée consacré à la culture des chrétiens d'Égypte fournit une riche documentation sur la vie dans la vallée du Nil, depuis le début de notre ère jusqu'à la période islamique. Il rassemble des objets et des œuvres d'art provenant des anciens monastères, églises et maisons coptes. Dans l'aile la plus ancienne du palais (1908) sont présentées des œuvres en bois, en verre et en céramique. Dans la plus récente (1947), des objets en pierre et en métal, ainsi que des manuscrits et des tapis. Parmi les pièces les plus prestigieuses figurent une **icône sur bois** récupérée dans l'église Sainte-Barbara et qui remonte au XVe siècle, une **tunique** du Ve siècle décorée de figures de danseurs, un fragment de **fresque** provenant du monastère Saint-Jérémie à Saqqarah (VIe-VIIe siècle) et une **aigle romaine** en **bronze** trouvée dans les fouilles de la forteresse de Babylone, dans le Vieux Caire, qui date du IIIe siècle (*Mar Girgis, www.coptic-cairo.com/museum.html; horaires : 9h-17h*).

326 EN HAUT - LE PALAIS MANIAL, SUR L'ÎLE DE RODA.

326 EN BAS À GAUCHE - LE MASQUE FUNÈBRE DE TOUTANKHAMON.

326 EN BAS À DROITE - LE MUSÉE ÉGYPTIEN.

327 EN HAUT - UNE VUE DE LA CITÉ DES MORTS.

327 AU CENTRE - LA MOSQUÉE DE SAYYIDNA AL-HUSSEIN.

327 EN BAS - LE MUSÉE COPTE.

Gizeh à dos de dromadaire

Une façon originale de visiter le site de Gizeh est de le faire à dos de dromadaire. Il n'est pas autorisé d'arriver avec les animaux jusqu'au pied des pyramides, mais une méharée dans les dunes de sable alentour est une expérience plaisante, surtout en fin de journée quand la pierre s'embrase aux derniers feux du soleil, tandis que le désert revêt de subtiles teintes pastel. Les parages fourmillent alors de chameliers proposant leurs montures : il vous suffira d'un peu de patience – n'oubliez pas de marchander le prix !

EXCURSION AU PLATEAU DE GIZEH

À 12 km au sud-ouest du centre du Caire se dressent les pyramides de Gizeh. C'est la seule des Sept Merveilles du monde à avoir survécu. Cet ensemble monumental est spectaculaire. Les anciens Égyptiens appelaient ce lieu *Amentit* (l'Ouest) et *Kherneter,* (la Nécropole). Outre les Pyramides et le Sphinx, le site comprend aussi toute une série de temples, les tombes de certains dignitaires de la IVe dynastie et trois petites pyramides qui abritent les sépultures des reines. On a retrouvé ici de nombreux objets essentiels pour reconstituer le mode de vie des anciens Égyptiens. Étant donné l'étendue du site, il est conseillé d'en faire la visite en taxi (2 ou 3 heures pour le tour complet). L'itinéraire part du flanc nord de la **pyramide de Kheops,** continue par les **tombes des dignitaires,** à l'ouest (suivant la trajectoire du soleil), pour arriver à la **pyramide de Khephren,** avant d'arriver au **Sphinx** et à la **pyramide de Mykerinos.** Des trois sépultures pharaoniques, la plus intéressante à visiter est celle de Mykerinos, d'autant plus qu'elle est la moins prise d'assaut par les touristes. Pour ce qui est de l'histoire du site, tous les édifices remontent à la IVe dynastie de l'Ancien Empire (2815-2400 av. J.-C.) et ont été construits vers 2500. L'un des premiers à étudier d'un peu près leur construction fut Bonaparte. Il fut à ce point fasciné par ces monuments qu'il voulut passer une nuit dans la chambre sépulcrale de Kheops : il en serait ressorti marqué à jamais. Quelques données factuelles, à présent : la pyramide de Kheops (Khoufou) mesure aujourd'hui 138,75 m de hauteur, mais elle en faisait initialement 146,60. Le carré de base mesure 230,37 m et l'ensemble comprend 2 300 000 blocs de calcaire d'un poids moyen de 2,5 tonnes. À l'intérieur se développe la **Grande Galerie** (47 m de longueur pour 8,48 m de hauteur) conduisant à la chambre funéraire du roi, dont les parois revêtues de granit rouge circonscrivent un espace de presque 6 m de hauteur. Dans cinq fosses disposées autour de la pyramide on a retrouvé 1 224 pièces de bois de cèdre qui, une fois chevillées, ont permis de reconstituer la **Barque solaire** qui fut probablement utilisée pour acheminer le corps embaumé du pharaon sur le Nil, depuis Memphis. La **pyramide de Khephren** (Kafrâ) mesurait initialement 143,50 m de hauteur (136,40 m aujourd'hui) pour une base de 215,25 m de côté ; celle de Mykerinos (Menkaourê) a 65,50 m de hauteur, pour un carré de base d'environ 103 m de côté. Le mystérieux **Sphinx,** sculpté directement dans un éperon rocheux, date de la même période et représenterait Khephren sous la forme d'un gigantesque félin à tête humaine, veillant sur la nécropole. On ignore presque tout de sa signification et de sa fonction : cette énigme ne fait d'ailleurs que renforcer l'étrange fascination qui en émane (*horaires : 8h-17h en été, 8h-16h en hiver. Après la visite intégrale du complexe de Gizeh, on peut éventuellement rester pour assister à l'un des spectacles Son & lumières qui se déroulent après 18h30; www.soundandlight.com.eg*).

LE VILLAGE PHARAONIQUE DE GIZEH

Une fois visité le site des pyramides, on peut aussi prendre, au quai de Shari el-Nil, un bateau pour l'île de Jacob où l'on entrera dans une machine à remonter le temps. Un authentique village de l'antique Égypte y est reconstitué. Le tour commence par le « canal de la Mythologie » qui permet de passer en revue les principales divinités égyptiennes. On passe ensuite dans le village où les visiteurs sont accueillis par des acteurs costumés qui les accompagnent à la découverte des habitations, des ateliers et des sanctuaires (*horaires : 9h-18h, en été jusqu'au coucher du soleil*).

328-329 - La pyramide et la nécropole de Gizeh.

328 en bas - Le Sphinx et son profil énigmatique.

LE BAZAR DU KHÂN AL-KHALILI

On doit l'existence de ce vaste marché à l'émir Garkas al-Khalili qui voulut faire édifier en 1382 un caravansérail sur les lieux des tombeaux des anciens califes fatimides. Seul marché du Caire à avoir conservé un authentique caractère populaire, c'est un véritable labyrinthe de ruelles tortueuses où il est facile – et tentant – de se perdre. Voix qui se mêlent aux modulations des muezzins, musiques populaires qui se fondent avec les rythmes contemporains, odeurs d'épices, ânes chargés de fruits, vendeurs qui poussent leurs charrettes à travers la foule... Des sons, des saveurs, des couleurs et des fragrances qui racontent l'histoire de tout un peuple : nourriture, vêtements, accessoires, encens, parfums, œuvres d'art en peinture, en marbre ou en albâtre, bijoux en or et en argent, vaisselle et ustensiles en cuivre ou en laiton. Mais on découvre aussi des monuments importants comme la **mosquée Sayyidna al-Hussein** et le **mausolée d'el-Ghouri,** à l'intérieur magnifiquement décoré, où l'on peut assister (gratuitement) tous les jours aux spectacles des confréries de derviches tourneurs. On s'arrêtera dans des cafés comme le **Nagib Mahfuz Café** *(el-Badistan Lane 5)* avec ses tables en plein air où l'on sert du thé ou du café turc à la cardamome.

Shopping

Tous ceux qui viennent visiter le Caire n'auront pas nécessairement envie de faire du shopping. Mais à partir du moment où l'on est dans le grand bazar du Khân al-Khalili ou dans les rues aux belles boutiques du quartier de Zamalek, il est assez difficile de s'en extraire rapidement et surtout d'en sortir les mains vides. La meilleure approche pour les achats est de ne pas manifester une curiosité excessive : on abordera l'étal d'un air détaché, sans avoir l'air d'être trop intéressé. Autrement, le commerçant penserait que l'affaire est déjà faite et il ne ferait aucun effort dans le marchandage. Car il faut garder présent à l'esprit qu'en Afrique du Nord, comme dans tout le Proche et le Moyen-Orient, le marchandage est la règle : le marchand se tiendra pour offensé si vous ne vous prêtez pas au jeu. Par exemple, si le prix demandé est de 100, vous proposerez 35 ou 40 et le marché finira par se conclure dans les 60. Parmi les boutiques de la ville, quelques bonnes adresses sont à retenir. Dans Zamalek, ***Nomad*** (Saraya el-Gezira 14, tél. 0227361917) *propose, au premier étage d'un beau palais d'époque, des sacs, des bijoux artisanaux en argent et pierres dures, des pantoufles de soie.* ***Dina Maghawary*** (El Sayed el Bakry Street 16, tél. 0227378210) *vend un vaste choix de bijoux d'or, d'objets d'art et de cachemires. Pour acheter du bon coton égyptien, on ira chez* ***Tanis*** (Giza Street 35, tél. 023 5730609). *Dans le* ***grand bazar de Khân al-Khalili,*** *les adresses de référence sont* ***Bedouin Shop*** (au n° 7, tél. 0228 96155) *qui vend de magnifiques bijoux bédouins, et* ***Atlas Silk*** (au n° 10, tél. 0225 906139) *qui propose de belles soieries précieuses.*

Où dormir

€€€€ Mena House Oberoi Hotel (historique). Installé dans une ancienne résidence de chasse de 1869, qui a été le quartier général des forces anglaises pendant la Seconde Guerre mondiale. Au moment de la réservation, il est conseillé de demander une chambre dans l'aile historique, pour avoir la vue sur les pyramides de Gizeh *(Pyramids' Road, tél. 0233 773222, www.oberoihotels.com).*

€€€ Cairo Marriott Hotel (royal). Sur l'île de Gezira, cet hôtel est en partie installé dans un ancien palais royal attribué en 1865 à l'impératrice Eugénie par le khédive Ismaïl, à l'occasion de l'inauguration du canal de Suez *(Saray el-Gezira Street, tél. 0227 283 000, www.marriott.com).*

€€ President Hotel (panoramique). Un hôtel trois-étoiles dans le quartier de Zamalek : confort basique dans les chambres, mais un bon service, avec restaurant traditionnel et bar, et un Sky Lounge d'où l'on peut admirer toute la ville *(Taha Hussein 22, Zamalek, tél. 0273 50718, www.presidenthotelcairo.com).*

Où manger

€€€ Nile Maxim (chic). À bord d'une élégante barge illuminée, on déguste des plats raffinés en flânant le long des rives du Nil. On lève l'ancre tous les soirs à 19 h 30 *(Saray el-Gezira, tél. 0227388888, www.maximrestaurants.com).*

€€ Le Pacha 1901 (original). Un palais flottant amarré le long du quai Saray el-Gezira, avec un choix d'au moins dix restaurants divers, de l'égyptien authentique à l'international, en passant par l'asiatique et bien d'autres *(Shari Saray el-Gezira, tél. 0227356730, www.lepacha.com).*

€ Abu Shakra (traditionnel). Ne quittez pas le Caire sans avoir goûté le kébab de Shakra. L'autre délicieuse spécialité de la maison est le pigeon farci *(Shari Qasr el-Ayni 69, tél. 02531611).*

Sorties et divertissements

Jackie's Joint. La discothèque la plus chic et la plus branchée de la ville depuis dix ans, dans le Nile Hilton Hotel *(place Tahrir).*

Windows on the World. Toujours dans un Hilton, mais cette fois au Ramses : on monte au 36e étage et on admire toute la ville en écoutant de la musique et en sirotant d'excellents cocktails *(Corniche el-Nil, tél. 025777444, www.hilton.com).*

Cairo Jazz Club. On peut réserver sa table sur le site du club selon le style de musique que l'on veut écouter. La programmation change d'une soirée à l'autre. Le samedi soir est, par exemple, réservé à la musique orientale live *(26th July Street 197, tél. 0233 459939, www.cairojazzclub.com).*

Pour d'autres informations : www.egypt.travel/index

330 - L'hôtel Marriott du Caire, sur l'île de Gezira.

331 - Le grand bazar du Khân al-Khalili.

CARPET
عوف

L'île de Djerba - *Tunisie*

« À Djerba, l'air est si doux qu'il empêche de mourir », écrivait Gustave Flaubert, après un séjour dans l'île. Djerba est en effet un lieu de vacances idéal toute l'année, parce que la température, même en hiver, ne descend jamais sous les 15 °C. En été, les brises marines tempèrent la chaleur du flamboyant soleil d'Afrique.
Les passionnés de l'île vantent ses paysages poudrés de sable blanc, ses palmiers ondulant sous le vent qui transporte des effluves du désert, la mer aux nuances infinies, les lagunes peuplées de flamants roses, les champs d'oliviers tordus et les petites maisons blanches typiques de la Méditerranée.
Les souvenirs mythologiques et littéraires rappellent le pays des Lotophages chanté par Homère dans *L'Odyssée*, une terre de rêves et d'oubli, capable d'envoûter quiconque parviendrait à la visiter. À l'écart de la côte sud de la Tunisie, non loin de la frontière avec la Libye voisine, Djerba est une île plate de 514 km^2, reliée à la terre ferme par un pont de 6 km (d'origine romaine) qui réunit El-Kantara (au sud-est) au continent.

Le chef-lieu de l'île est **Houmt Souk,** un des centres urbains les plus authentiques de Tunisie, avec les fascinantes architectures des fondouks (caravansérails) où s'arrêtaient les marchands de passage, au temps où l'île était un important carrefour commercial *(voit l'encadré Domaines fortifiés)*. On est charmé par les petits cafés en plein air, les échoppes proposant des produits artisanaux *(voir l'encadré Shopping au souk)*. Des traditions venues de loin se mêlent ici avec l'ancien patrimoine berbère qui

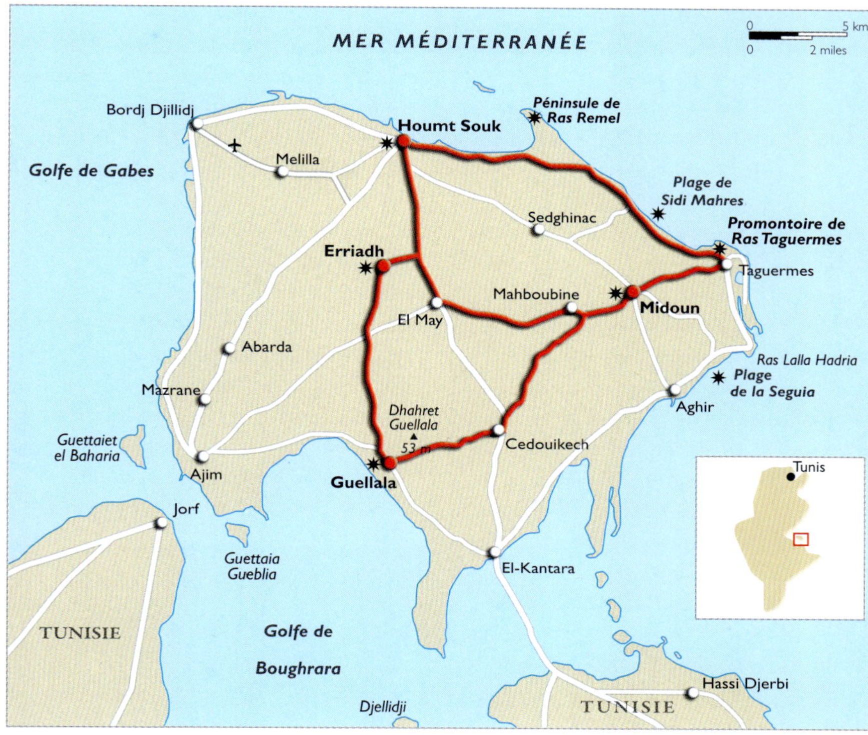

332-333 - L'ancien fort de Houmt Souk.

333 en bas - La mosquée de Zarzis.

perpétue musique et rituels d'origine africaine. À Djerba vit en effet une des dernières communautés d'**ibadites,** uniques représentants survivants du courant musulman du kharijisme : leur symbole est la **mosquée souterraine de Sedouikech** (XIIe siècle), avec ses coupoles blanches qui semblent sortir de la terre. Pour ce qui est de la communauté juive, aujourd'hui réduite à quelques centaines de personnes qui se retrouvent dans l'antique **synagogue d'El-Ghriba,** à **Erriadh,** sa présence dans l'île remonterait à 586 av. J.-C., ce qui en ferait la plus ancienne communauté hébraïque du monde, après Israël.
Le secteur touristique se trouve sur la côte est, à proximité de la seconde cité de l'île, **Midoun** – que l'on conseille de visiter le vendredi, jour de marché. Les hôtels les plus luxueux (avec plages privées, centres de thalassothérapie, restaurants et discothèques pour le soir) s'alignent le long des sables dorés de la **plage** de **Sidi Mahrès,** qui commence à la **péninsule de Ras Remel** pour s'achever au promontoire de **Ras Taguermès,** à la pointe est de l'île.

Comment se déplacer en ville :
L'aéroport de Djerba-Zarzis *se trouve à Melilla, localité située à 10 km à l'ouest de Houmt Souk. De très nombreux vols charters y atterrissent en été, en provenance directe des capitales européennes, ainsi que les appareils de la compagnie Sevenair de Tunis.*
Si l'on voyage par ses propres moyens, l'île est reliée par des ***bacs*** *depuis le port d'El-Djorf (sur le continent) jusqu'à celui d'Ajim (dans l'île) – départ toutes les 20 minutes de 6 h 30 à 21 h 30, puis toutes les heures ou toutes les 2 heures au cours de la nuit.*
*L'autre solution, en arrivant par le sud, est d'emprunter l'****ancienne route*** *construite par les Romains et qui relie le continent à El-Kantara. Une fois dans l'île, on aura le choix entre la* ***voiture,*** *les* ***cars*** *(en service de Houmt Souk à Guellala, avec des haltes dans les localités traversées) et les* ***taxis.***
On peut aussi louer un ***scooter*** *ou une* ***bicyclette,*** *mais on évitera toutefois de se déplacer pendant les heures de trop fort ensoleillement.*

Monnaie *: La monnaie officielle de la Tunisie est le* ***dinar tunisien.***

HOUMT SOUK

Seule agglomération véritable, Houmt Souk est aussi le chef-lieu administratif de l'île de Djerba, qui a réussi à garder son charme malgré les hordes de vacanciers. Les maisons blanchies à la chaux, les rues propres et les terrasses ombragées se mêlent aux traits moyen-orientaux des ruelles du souk, lieu idéal pour acquérir quelques souvenirs traditionnels comme le cabas en feuilles de palmier tressées ou le typique chapeau de paille rond à large bord, très utile pour se protéger du soleil.

Le **Borj Ghazi Mustapha** *(Bordj el-Kébir; horaires : 8h-19h, d'avril à mi-septembre; 9h30-16h30 le reste de l'année; de 9h à 15h30 pendant le Ramadan; fermeture le vendredi)*, est un ancien fort érigé par les Aragonais sur la côte, au XIIIe siècle, et restauré au XVe siècle par le sultan Abou Farès pour s'opposer aux forces espagnoles d'Alphonse V d'Aragon. En 1560, la forteresse – retombée aux mains des Espagnols – fut conquise par la flotte du corsaire turc Dragut (alias Turgut Reis) qui embrocha de sa propre épée quelque 6 000 Espagnols, avant de les faire décapiter pour édifier une effroyable tour des Crânes. Une colonne perpétue aujourd'hui, sur la plage, le souvenir de ces horreurs. On peut l'apercevoir en montant sur les bastions du fort, qui offrent par ailleurs une très jolie vue sur la nouvelle **marina** et sur l'**amphithéâtre** moderne qui accueille en été des spectacles musicaux de son et lumière. On admirera l'architecture islamique des trois plus belles mosquées de la ville : la **Zaouïa de Sidi Brahim el-Jamni** *(rue du 2 mars 1938)*, édifice du XVIIe siècle qui abrite le tombeau d'un saint, et en face, sur l'avenue Abdelhamid el-Kadhi, la **mosquée des Étrangers,** surmontée par une myriade de coupoles qui en font le plus curieux édifice de la ville. Sur la place d'Algérie se dresse la **mosquée des Turcs** (XVIIIe siècle), avec son fin minaret pointu d'allure ottomane (l'accès est interdit aux non-musulmans).

Pour entrer en contact avec la culture de l'île, on pourra aussi visiter le petit **musée des Arts et Traditions populaires**. Il est installé, à l'ombre des eucalyptus, dans une *zaouïa* (monument dédié à la vénération de saints personnages) consacrée à deux sages, Sidi Zitouni et Sidi Ameur. On y verra des costumes traditionnels aux vives couleurs, quelques manuscrits anciens, des malles en bois peint, de très nombreuses céramiques et de beaux travaux d'orfèvrerie dans la salle des bijoux, sous une coupole de terre cuite ornée de carreaux de céramique *(avenue Abdelhamid el-Kadhi, tél. 75 650 540; horaires : 8h-12h et 15h-19h, de mi-avril à mi-septembre; 9h30-16h30, le reste de l'année; fermeture le vendredi. Ouvert de 9h à 15h pendant le Ramadan)*.

Sports et activités

Que l'on désire se perfectionner dans un sport ou se lancer dans de nouvelles expériences, les clubs et les hôtels-clubs de l'île proposent de très nombreuses activités. ***Voile, kitesurf*** *et* ***canoë,*** *parmi d'autres activités nautiques, mais aussi* ***quad, cheval*** *ou* ***VTT*** *pour parcourir les immenses plages et les sentiers de la campagne de Djerba, ou encore* ***plongée*** *en eau peu profonde à la recherche des éponges et à la découverte des raies géantes...*

En outre, dans la région hôtelière de la côte de Djerba, à proximité des hôtels Yadis, Royal Garden et Plaza, se trouve un superbe terrain de ***golf*** *à 9 trous, enchâssé dans un paysage de palmiers, d'acacias et de collines de sable très fin* (on peut louer le matériel sur place).

Si vous voulez vous accorder une pause en regardant passer les gens, allez vous asseoir à la grande terrasse de la **pâtisserie Mihirsi** (rue Abdelhamid el-Kadhi), qui est la meilleure de la ville, juste derrière le marché central. La **pâtisserie Marhaba** sur la place Hedi-Chaker, ouverte jusqu'à 20 h, est célèbre pour ses glaces.

On peut prendre le temps de flâner dans la petite marina du port pour regarder les bateaux de pêche en partance. Les pêcheurs de Djerba ont une technique particulière, la *zriba,* qui consiste à planter sur les fonds marins des haies de palmiers qui font barrage dans le sens du flux. Les poissons sont ainsi dirigés vers les nasses qui les attendent, les poulpes, eux, sont pris au piège d'une succession de jarres.

Du port partent aussi des bateaux d'excursion – dont la forme rappelle celle des vaisseaux des anciens corsaires – vers l'**île des Flamants,** long banc de sable où l'on ramasse des coquillages tout en admirant les évolutions des échassiers.

ERRIADH

Appelé aussi Hara Seghira (Petit Ghetto), ce village situé à 7 km au sud de Houmt Souk est surtout connu pour la **synagogue d'El-Ghriba** *(horaires : du dimanche au vendredi, de 7 h 30 à 18 h).* C'est un but de pèlerinage pour tous les

Shopping au souk

Le nom même de la ville de ***Houmt Souk*** *signifie « quartier des marchands » : flâner dans les rues du souk, surtout les jours de marché (le lundi et le jeudi), mêlé à la foule des femmes enveloppées dans leur fouta et des hommes habillés de longues chemises grises et coiffés d'un chapeau de paille ou de palmes tressées, est une des expériences les plus plaisantes d'un séjour à Djerba. Les* ***bijoux,*** *pourtant élaborés avec des outils rudimentaires, sont d'un raffinement rare : ils sont généralement en filigrane d'argent, avec des émaux, des coraux ou des pierres dures enchâssées. Le souk des* ***tapis,*** *sur la petite place Monji-Bali, est installé dans un édifice ancien de style mauresque, avec un atelier où l'on peut voir encore des femmes tisser selon les méthodes d'autrefois. Pour les objets en* ***fer forgé,*** *on ira au souk des Ferronniers. Ne manquez pas, vers la fin de la matinée, la* ***criée du marché aux poissons*** *(sous les arcades du souk, à l'angle nord-est du marché central). C'est un spectacle à mi-chemin entre le théâtre et le folklore, où les vendeurs enfoncés dans des sièges aux allures de trône distillent des prix en faisant habilement monter les enchères. À quelque distance de là, les parfums si caractéristiques de l'île s'échappent du* ***marché aux épices.***

Sur la côte méridionale, le village de **Guellala** (voir plus haut) *est spécialisé dans le travail de la* ***céramique,*** *produite avec l'argile des carrières locales. Sur le tour actionné au pied, dans des ateliers plongés dans la pénombre, les jarres, les amphores et les brocs de toutes tailles prennent forme avant d'être séchés, puis cuits dans les fours.*

334 EN HAUT - LA TRADITIONNELLE ARCHITECTURE BLANCHE DE HOUMT SOUK.

334 EN BAS - BATEAUX ET AMPHORES UTILISÉS PAR LES PÊCHEURS DU PORT DE HOUMT SOUK.

335 EN HAUT - UNE ÉCHOPPE DE VENDEUR DE TAPIS À MIDOUN.

335 EN BAS - LES SUBLIMES PLAGES DE DJERBA.

juifs de Tunisie et du Maghreb à l'occasion de la fête de Lag Ba' Omer, au mois de mai. Elle a été reconstruite en 1920 sur le site où se trouvait la plus ancienne synagogue d'Afrique, fondée par une communauté arrivée à Djerba en 586 av. J.-C. La légende rapporte qu'elle fut édifiée sur le lieu où une pierre sacrée serait tombée du ciel, et que ses clefs remonteront au ciel quand le dernier juif quittera l'île. Le bâtiment blanc, aux fenêtres et aux portes bleues (dans le style tunisien classique), conserve aussi la plus ancienne Torah du monde.

GUELLALA

Ce petit village de la côte sud de l'île est populaire pour ses ateliers de céramique. Les poteries ont des formes assez rustiques et sont rarement décorées – ce sont essentiellement des objets de la vie quotidienne comme les jarres et les amphores utilisées pour la pêche. En se promenant dans le village, on pourra observer les artisans penchés sur leur travail dans de petits ateliers (le marché se tient le mercredi matin et le dimanche), et l'on arrive à l'entrée de la **caverne d'Ali Baba** (accès libre) où un Ali en chair et en os se glisse dans une énorme amphore pour expliquer au public comment le protagoniste de la fable a réussi à ne pas se faire prendre en se dissimulant de la même façon. Située à 1 km au sud de la bourgade, la petite **mosquée de Guellala** (XVe siècle), construite sur le littoral, est un lieu de rendez-vous traditionnel pour contempler les couchers de soleil qui embrasent l'île.

À 2 km, à l'est du village cette fois, le **musée de Guellala,** installé sur une hauteur, mérite une halte. Des scènes reconstituées avec des mannequins grandeur nature y racontent les divers épisodes de la vie locale – circoncision, mariage, danse soufi, travaux des champs, artisanat *(horaires : 7h-23h d'avril à octobre, 8h-18h d'octobre à mars)*. La **lagune** proche du village est une réserve d'oiseaux migrateurs.

Où dormir

€€€€ Radisson Blu Resort & Thalasso (luxe). Sur la belle plage de Sidi Mahrès, ce palais des Mille et Une Nuits présente un mélange d'art oriental et de luxe contemporain. Deux piscines – une de 1 100m^2, l'autre de 300 m^2 –, un magnifique centre de thalassothérapie doté de deux parcours marins, un gymnase, une discothèque, un court de tennis, un centre de fitness et la possibilité de pratiquer des sports aquatiques comme le windsurfing et le kitesurf (*Zone touristique, B.P. 712, tél. 757 57600, www.radissonblu.com/resort-djerba*).

€€€ Hôtel dar Dhiafa (hôtel-boutique). Dans le village d'Erriadh, un hôtel boutique installé dans un bâtiment traditionnel du centre historique à la décoration raffinée. Les 10 chambres et les 4 suites confortables contribuent au plaisir du voyage; plaisir augmenté par les délices des hammams, des deux piscines et d'un restaurant pour gourmets (*Dar Dhiafa 4146, Erriadh, tél. 756 771166, www.hoteldardhiafa.com*).

€€ Dar El Bhar (style tunisien). Au bord de la mer, sur la plage de Sidi Mahrès, un petit hôtel authentique, avec lits à baldaquin, patio à ciel ouvert et terrasses donnant sur la mer (*Sidi Mahrès, tél. 75671166*).

Où manger

€€ Restaurant Haroun (poisson). Ce restaurant de Houmt Souk est situé sur le pont d'un navire pirate. Le poisson à peine pêché est choisi par le client directement sur le présentoir et cuisiné de façon impeccable sur les conseils du chef (*port de pêche La Marsa, tél. 756 50488; www.restoharoun.com*).

€ Restaurant Central (traditionnel). Fréquenté par les insulaires, l'établissement sert des plats généreux à des prix intéressants (*avenue Habib-Bourguiba*).

€ Restaurant El Guestile (classique). Plats classiques de la cuisine tunisienne, servis sur la petite terrasse ou dans la cour intérieure qui embaume le jasmin (*21, rue Marsa-Ettefa*).

Pour d'autres informations :
Office national du tourisme tunisien, Houmt Souk, tél. 756 50016
Et aussi, en France : www.bonjour-tunisie.com et www.djerba.com

Domaines fortifiés

Surgissant au milieu des champs, réunis en petites bourgades ou isolés dans la campagne, ces blancs domaines fortifiés resplendissent au soleil, entourés de champs d'orge et d'arbres fruitiers qui poussent à l'ombre des palmiers dattiers. On les appelle ici des **menzel**. *Avec leurs coupoles rondes, leurs jardins intérieurs ordonnés et luxuriants, la blancheur de leurs murs interrompue seulement par les décorations en fer forgé qui ressemblent à des dentelles, ils confèrent un charme particulier aux paysages de Djerba. Il en reste peu dans l'île et ils sont tous situés dans l'intérieur, loin de la mer, disséminés le long de la route principale qui relie* **Ajim** *à* **Houmt Souk**, *ou encore dans le voisinage d'***El-May** *et de* **Mahboubine** *– cette dernière agglomération étant aussi célèbre pour sa* **mosquée turque** *du* XIXe *siècle. Ces menzel traduisent le besoin qu'avaient jadis les populations de se défendre contre les incursions ennemies, mais aussi contre l'impitoyable chaleur. À l'intérieur du domaine se trouve l'*huch *– la maison d'habitation proprement dite, blanchie à la chaux et semblable à un petit fortin sans fenêtres, avec des tourelles qui aspirent l'air chaud de l'été et protègent les angles les plus exposés. De nombreuses maisons possèdent une sorte d'*impluvium, *réservoir souterrain pour récupérer et conserver les eaux des rares pluies. Cette rareté explique la présence de nombreux* **puits**, *environ 2 500, qui vont chercher l'eau des nappes phréatiques. La structure des* **mosquées** *reflète aussi la nature défensive de l'architecture de Djerba – robustes, avec leurs minarets à plan carré semblables à des donjons, plus forteresses que lieux de prière. Les exemples les plus beaux se trouvent à* **El-May** *et au sud de Guellala. À Houmt Souk, on peut aussi admirer les* **fondouks**, *caravansérails cachés dans les rues de la vieille ville où s'arrêtaient les caravanes des marchands, sous l'Empire ottoman. Deux étages de galeries à arcades s'y déploient autour de vastes cours intérieures. Les commerçants occupaient les pièces du premier étage (appelées* gharfa*) tandis que les bêtes et les marchandises attendaient au rez-de-chaussée. Certaines de ces structures ont été transformées en hôtels et résidences de charme. À côté des menzel, des mosquées, des puits et des fondouks, l'île est célèbre pour ses* **ateliers de tissage**, *les* harout, *des bâtiments très simples, composés d'une grande salle rectangulaire voûtée en berceau et à demi enterrée pour garder une température intérieure supportable, été comme hiver. Les* **huileries** *sont construites sur le même principe : on les identifie dans le paysage par leurs coupoles blanches et aplaties qui dépassent à peine du terrain. L'une d'elles a été reconstituée, à* **Midoun,** *et la visite en est intéressante.*

336 EN HAUT - LA SYNAGOGUE D'EL-GHRIBA À ERRIADH.
336 AU CENTRE - LE MUSÉE DE GUELLALA.
336 EN BAS - LA CHAUDE AMBIANCE D'UN SALON DE THÉ.
337 - UNE MOSQUÉE FORTIFIÉE.

Marrakech - *Maroc*

Marrakech est la plus attirante des cités impériales du Maroc. La vie, scandée par les appels du muezzin, est très animée dans les ruelles étroites du souk où une foule incessante va et vient dans des effluves de parfums et d'épices. Au coucher du soleil, les murailles rouges s'embrasent avec à l'horizon la silhouette enneigée de l'Atlas. La place Jemaa el-Fna grouille de badauds attirés par des saltimbanques, des charmeurs de serpents et des conteurs. Dès que la nuit tombe, un immense restaurant de plein air s'installe alors sur la place. Mais, Marrakech, c'est aussi la mosquée Koutoubia et l'ancienne école coranique, et des lieux hors du temps comme le jardin Majorelle. Quelques jours dans cette ville permettent de se dépayser, de se promener et de découvrir un monde si proche et si différent à la fois.

Beaucoup en sont tombés amoureux – Winston Churchill, Marcello Mastroianni, Alain Delon – avant que la ville ne devienne une enclave du monde de la mode sur les traces d'Yves Saint-Laurent, qui acquit et restaura le magnifique **jardin Majorelle,** l'oasis tropicale de **Guéliz** (la ville nouvelle), tout en possédant une maison dans la **médina.** Cœur vibrant du vieux quartier arabe, inscrit par l'Unesco au patrimoine de l'humanité, celle-ci a été construite au XIe siècle et protégée par une muraille de pisé rouge. Longue de 19 km et haute de 6 à 8 m, elle est hérissée de 202 tours et percée de 9 portes d'entrée, dont deux au moins – **Bab Debbagh** et **Bab Agnaou** – sont d'origine.

À l'intérieur, on peut paresser à loisir sur la terrasse d'un **riad,** maison de ville typique distribuée autour d'un patio ouvert sur le ciel. Beaucoup sont aujourd'hui transformés en petits hôtels ou résidences de charme. On peut aussi baguenauder dans le dédale des **souks,** entre marchands de tapis ou d'épices, petites boutiques de babouches et habiles artisans du fer forgé. Ou bien encore visiter de magnifiques bâtiments et des palais en ruine comme celui d'**el-Badi**, édifié entre 1578 et 1603 pour Ahmed el-Mansour, sultan de la dynastie saadienne : un véritable labyrinthe de 365 salles, sur les tours duquel nichent aujourd'hui les cigognes *(horaires : 8h30-12h et 14h30-17h45)*. On peut encore, un peu plus au sud, dans le secteur de la casbah, aller admirer les **Tombeaux saadiens** que le même sultan fit édifier pour sa mère et ses proches, modèles du raffinement de l'art hispano-

338-339 - Crépuscule sur la place Jemaa el-Fna.

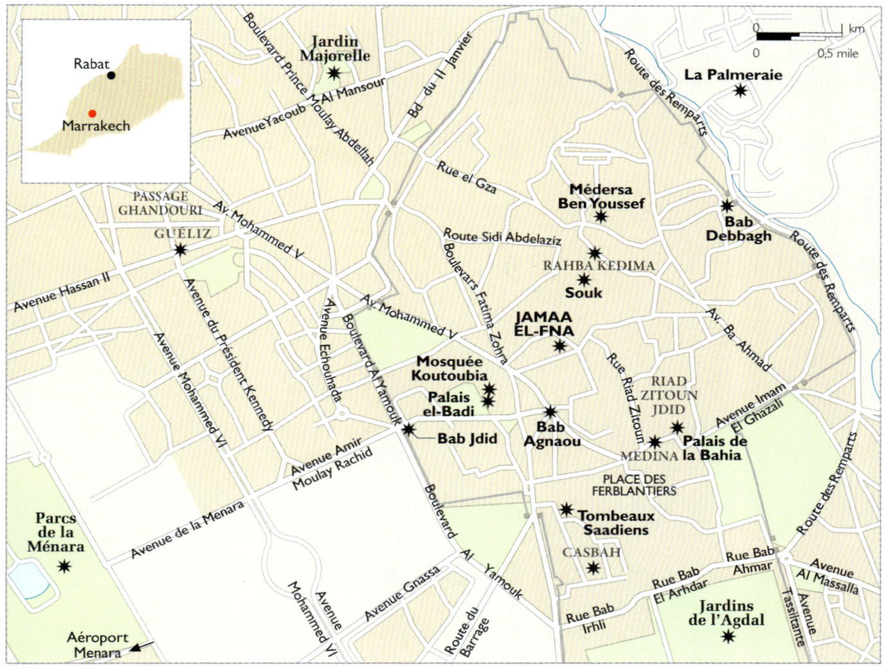

mauresque. Plus récent, en revanche, le **palais de la Bahia** (1880) est un bel exemple de résidence privée islamique. On y arrive depuis la place des Ferblantiers, en continuant vers le nord, là où se termine la rue Riad Zitoun. Ne pas manquer, pour finir, la **médersa Ben Youssef**, une magnifique école coranique. Il est facile de se perdre dans les ruelles de la médina et il vaut mieux recourir aux services d'un guide patenté (voir à l'office de tourisme ou à la réception de votre hôtel). Toutefois, les rues mènent souvent à la place **Jemaa el-Fna,** repérable grâce au minaret de la **mosquée Koutoubia.** De celle-ci, on aperçoit au loin la **chaîne de l'Atlas** – enneigée jusqu'à la fin du printemps – qui servit de défense naturelle en 1062, lorsque l'émir Abou Bekr et son cousin Youssef ben Tachfin plantèrent leurs tentes dans la plaine, donnant ainsi naissance à ce qui deviendrait bientôt la « ville rouge ». Youssef ben Tachfin réalisa aussi un merveilleux jardin – la **Palmeraie** – à l'extérieur de la médina. Il y installa un ingénieux système d'irrigation qui lui assure une végétation luxuriante, même en été.

Comment se déplacer en ville : *On atterrit à l'aéroport Menara (20 minutes en voiture). Dans la médina, on se déplace à pied, les rues et les ruelles étant très étroites. Les transports publics sont peu développés, le seul parcours utile aux touristes étant celui qui relie la médina à Guéliz : un peu long, mais plus économique qu'un taxi.*

Monnaie *: La monnaie officielle du Maroc est le* ***dirham marocain****.*

LE CRÉPUSCULE SUR LA PLACE JEMAA EL-FNA

Longtemps en terre battue, désormais dallée, la place Jemaa el-Fna est un étonnant théâtre à ciel ouvert. Grouillant dans la journée de marchands ambulants, de charmeurs de serpents, de jongleurs, d'acrobates, d'arracheurs de dents, de cracheurs de feu et de porteurs d'eau, elle se vide à mesure qu'elle prend les teintes rosées du couchant. Un peu avant, tandis que retentit l'appel du muezzin, les touristes vont prendre place à la terrasse du Café de France, un établissement colonial un peu désuet, mais qui permet d'assister au spectacle du crépuscule. De là, le regard embrasse le **minaret** (haut de 77 m) de la **mosquée Koutoubia** (ou **des Libraires,** interdite aux non-musulmans), construite en 1158, avec une profusion de décorations hispano-mauresques. La place se remplit entre-temps de fumées de cuisines improvisées. Une sorte de table ininterrompue à ciel ouvert se forme, constituée d'une soixantaine de gargotes proposant brochettes de poulet ou saucisses de mouton, abats aux épices ou escargots au court-bouillon, peut-être le plat le plus typique. Les végétariens devront chercher des solutions de rechange, par exemple avec un couscous de légumes.

LES TOMBEAUX SAADIENS

Les tombeaux de la dynastie impériale homonyme remontent à la fin du XVIe siècle. Les mausolées qui les abritent ont été bâtis sur ordre du sultan Ahmed el-Mansour à l'intérieur d'un magnifique jardin. Chef-d'œuvre de l'art hispano-mauresque, le premier se compose de trois salles décorées de bois sculpté, de stucs peints et dorés, de stalactites au plafond, avec des murs recouverts d'arabesques et de motifs géométriques. Le plafond de la salle la plus riche – qui abrite les tombes du Sultan et de ses trois successeurs – est soutenu par 12 colonnes en marbre de Carrare ; le second mausolée (où est enterrée sa mère) est moins somptueux *(au nord de la place des Ferblantiers ; horaires : 9 h-11 h 45 et 14 h 30-18 h).*

LE PALAIS DE LA BAHIA

C'est un des plus grands palais princiers de Marrakech, construit en 1880 par la famille Ba Ahmed sur un domaine de 8 ha, avec des jardins et des fontaines et un nombre de chambres qui augmentait au gré des caprices du vizir (et qui ne se présentent donc pas dans un ordre bien défini). On visite ainsi les **chambres de la Favorite,** la grande **salle du Conseil,** la **salle des Réceptions** et la **terrasse** qui ouvre sur un splendide panorama de la ville et des alentours. La **cour** intérieure est pavée d'une magnifique mosaïque de marbre et de *zellidj* (carreaux de céramique) ; le **jardin mauresque** embaume l'orange et le jasmin *(horaires : 8h45-11h45 et 14h45-17h45)*.

LA MÉDERSA BEN YOUSSEF

Comptant au nombre des monuments islamiques les plus importants de la cité, cette école coranique a été construite au XIVe siècle par le sultan Abou el-Hassan, puis reconstruite en 1565 par Moulay Abdallah. Elle accueille des expositions temporaires, mais permet surtout de comprendre comment vivaient alors les étudiants. Les petites cellules – comme dans un couvent – sont juste suffisantes pour l'étude, un repas frugal et le sommeil. Certaines d'entre elles exposent les objets utilisés pour la vie quotidienne – et l'on constate de grandes différences entre celles des étudiants citadins et celles des étudiants venus de la campagne. Au centre de la cour intérieure, très lumineuse, se trouve le bassin aux ablutions. La salle de prière est divisée en trois nefs par une double rangée de colonnes ornées de chapiteaux décorés *(horaires : 9h-17h)*.

LES COULEURS DU SOUK

« Il y a, dans les souks, du parfum, et de la fraîcheur, et de la variété dans les couleurs. » Ces mots d'Élias Canetti introduisent merveilleusement l'univers bariolé du **souk** de Marrakech, labyrinthe rempli d'étoffes, de paniers, de peaux et de babouches, dans lequel on se perd, étourdis par les cris des vendeurs.
La tradition veut que chaque activité artisanale ait une rue ou un quartier bien défini. Dans la réalité, tout n'est pas aussi clairement organisé. En partant de la place Jemaa el-Fna en direction de l'école coranique et en effectuant un parcours circulaire, on rencontre d'abord les vendeurs de céramique, puis, à l'entrée du **souk Smarine,** les marchands de tissus. Un peu plus loin, ce seront, sur la droite, les échoppes des herboristes et des apothicaires, aux étagères chargées de pots et fioles colorés, et où le commerçant explique les propriétés et les usages des remèdes naturels en vente, comme l'huile d'argan. Plus loin encore, dans le **souk Laghzal,** les femmes achètent de la laine brute, tandis que les marchands de la **place Rahba Kedima** proposent des graines. Plus loin, dans le **souk Zrabia,** marché aux esclaves jusqu'en 1912, on vend des tapis. On tourne ensuite à gauche dans la rue principale (le **souk el-Kbir**) pour arriver dans la section couverte occupée par la joaillerie, mais où l'on vend aussi des babouches et des vêtements. Dans le fond, on travaille le cuivre et le fer ; le secteur du **souk Chouari** est celui des vanniers et des sculpteurs sur bois de noyer ou de citronnier. Pour finir, dans le **souk des Teinturiers,** les écheveaux colorés mis à sécher offrent un spectacle bariolé. En flânant, on est tour à tour attiré par des tapis noués à la main, de superbes caftans, des lanternes de couleur, des sacs, des céramiques ou des instruments de musique. Les travaux des artisans du fer forgé sont particulièrement réputés *(horaires : 9h-19h. Certaines boutiques ferment aux heures des prières)*.

GUÉLIZ, LA VILLE NOUVELLE

La nouvelle ville se développe dans l'axe de l'avenue Mohammed V. Elle a connu un développement notable ces dernières années, parce que de nombreux Marrakchis y ont emménagé ou installé leurs activités. C'est la zone des grandes chaînes de magasins, mais aussi des galeries d'art et des ateliers d'artistes comme la **Matisse Art Gallery** qui expose les œuvres de peintres locaux et étrangers *(Guéliz, 43,*

passage Ghandouri, tél. 0524448326, www.matisseartgallery.com) ou comme **Yahya,** la boutique d'un styliste qui conçoit des lampes et des meubles contemporains tout en revisitant la tradition *(Guéliz, 49, passage Ghandouri, tél. 0524422776, www.yahyacreation.com)*. Des circuits thématiques dans les galeries d'art contemporain sont organisés pour les clients des riads du groupe Angsana Riads Collection *(voir plus loin)*.

LE JARDIN MAJORELLE ET AUTRES PARCS

Dans la ville nouvelle, le cadre splendide du **jardin Majorelle** a enchanté le couturier Yves Saint-Laurent qui l'a acquis et restauré. Il porte le nom du peintre et ébéniste français Louis Majorelle qui le conçut et le réalisa en 1924, en y plantant des espèces tropicales : palmiers, aloès, jacarandas, bananiers et bougainvillées luxuriantes. Il fit construire dans le jardin un atelier de couleur bleu cobalt, qui a été transformé en un petit **musée des Arts islamiques** : à côté d'œuvres de Majorelle, on peut y voir la collection privée de tapis, de céramiques et de mobiliers du défunt propriétaire *(boulevard Allal Al Fassi, www.jardinmajorelle.com ; horaires : 8h-17h)*.

Il est aussi plaisant de se promener dans les **jardins de la Menara,** plus de 100 ha d'oliveraie avec, en son centre, un énorme bassin du XIIe siècle, utilisé pour l'irrigation *(avenue el-Menara ; horaires : 8h30-18h)*.

Dans les **jardins de l'Agdal,** derrière le Palais royal, on cultive des oliviers, des figuiers et des abricotiers.

340 - La cour intérieure du palais de la Bahia.

341 en haut - Le grand bassin des jardins de la Menara.

341 en bas - Un vendeur de tapis dans le souk.

Le rite du thé à la menthe

Marchander est un art, mais il convient de se préparer à boire des litres et des litres de thé à la menthe. On le sert en le versant d'une certaine hauteur dans de petits verres ou gobelets décorés, en verre ou en cristal. Le thé est toujours très chaud et sucré ; on l'aromatise à l'aide de feuilles de menthe légèrement froissées afin qu'elles dégagent leur parfum (variantes : marjolaine, basilic ou fleur d'oranger). Accompagné de bonbons et de gâteaux aux amandes, le thé à la menthe est un rite demeuré inchangé depuis des siècles.

EXCURSION HORS DE LA VILLE : AÏT BENHADDOU

Sur l'ancienne piste caravanière qui reliait Marrakech à Ouarzazate, aujourd'hui route asphaltée mais toujours tortueuse, une fois franchi le col aride et venteux de **Tizi'n Tichka** (2 260 m), le plus haut col carrossable du Maroc, et après avoir traversé un paysage lunaire qui préfigure le désert, on arrive à **Aït Benhaddou** (170 km : prévoir une journée). Ce ksar fortifié du XVIIe siècle, inscrit par l'Unesco au patrimoine de l'humanité, a été construit sur une colline à des fins défensives. En témoignent les hautes murailles et les portes quasi dissimulées, qui sont fermées la nuit. Ne vous laissez pas abuser par une entrée monumentale avec deux tours : c'est un décor de cinéma ! On a tourné ici de nombreux films dont *Lawrence d'Arabie* (1962) et, plus récemment, *Gladiator* (2000). On accède au village, aujourd'hui presque désert, en traversant – à pied ou à dos de mulet – les maigres eaux de l'asif Mellah. Ne vivent plus là que quelques familles qui font visiter leurs maisons simples moyennant un peu de monnaie. On montera à travers les ruelles jusqu'au donjon de l'ancienne casbah, d'où l'on admirera le contraste rouge et vert de la terre et de la végétation, avec, à l'horizon, les neiges de l'Atlas.

Où dormir

€€€€€ La Mamounia (historique). Une institution qui appartient à la famille royale et qui était l'hôtel préféré de Winston Churchill. On pourrait se perdre dans l'immensité de ses jardins et de ses intérieurs... La restauration récente est signée Jacques Garcia et l'on reste sous le charme d'un luxe perceptible, mais jamais ostentatoire. Le restaurant Don Alfonso et le bar sont dirigés par le talentueux Emanuele Balestra. Cocktails réalisés avec les ingrédients du jardin *(40, avenue Bab Jadid, tél. 052 43888600, www.mamounia.com)*.

€€€€ Riad Dar Darma (raffiné). Caché dans les rues de la médina, le Dar Darma frappe par l'élégance et le goût raffiné de sa décoration. L'espace est réparti de façon à assurer le maximum d'intimité. Piscine en terrasse et apéritif au crépuscule *(11/12 trik [rue] Sidi Bohuarba, tél. 052 4380708, www.dardarma.com)*.

Le hammam, rite de beauté et de purification

On ne saurait quitter le Maroc sans avoir fait l'expérience d'un hammam – institution où se sépare le monde des hommes de celui des femmes. Ce rite de purification et de beauté se pratique dans trois salles et comprend plusieurs traitements. On passe d'abord du tepidarium au caldarium, pour éliminer par transpiration les toxines de la peau. Puis vient le lavage au savon noir, suivi d'un récurage énergique et d'un grand rinçage. Un peu de vapeur encore avant le massage à l'huile d'argan, des pieds à la nuque. On termine par un bon savonnage suivi d'une grande douche qui précède la relaxation accompagnée d'un thé à la menthe. On trouve souvent des hammams dans les hôtels : ils sont moins folkloriques que les hammams publics fréquentés par les autochtones. Parmi les plus beaux (et les plus chers) : Les **Bains de Marrakech** (2 Derb Sedra, Bab Agnaou, tél. 052 381428, www.lesbainsdemarrakech.com)*, dans la casbah ; et le spa impérial de l'* **Hôtel Jardin de la Koutoubia** (26 rue de la Koutoubia, tél. 052 43888000, www.lesjardinsdelakoutoubia.com)*. Pour le parcours complet, prévoyez au moins 2 heures.*

€€€ Riad Dar Zaouia (traditionnel). Le dernier ouvert (janvier 2011) des établissements de l'Angsana Riads Collection – qui en possède six dans la médina, tous à proximité des principales portes d'accès. Il n'y a que 6 chambres et une suite, aménagées en style marocain. On domine la ville depuis la terrasse. Pour dîner, on se rendra au Riad Si Saïd voisin. Parmi les commodités proposées, un téléphone portable pour appeler l'hôtel si l'on se perd dans les ruelles de la vieille ville ! *(1 Riad Zitoun Jdid, tél. 052 4388905, www.angsana.com).*

Où manger

€€ Café de la Poste (international). Cuisine française et marocaine à Guéliz (la nouvelle ville), dans ce restaurant bar international, aménagé avec des miroirs et des tables sombres, dans le style colonial. Agréable même pour un thé à la menthe ou pour un apéritif *(à l'angle du boulevard El Mansour Eddahbi et de l'avenue Imam Malik, tél. 052 433038, www.grandcafedelaposte.com).*

€€ Café littéraire Dar Chérifa (charme). Vous devrez demander l'aide d'un autochtone pour arriver dans ce lieu au charme très particulier. On y paresse, on y lit, on y mange de fabuleux couscous sur la terrasse, à demi allongé au soleil. Il vaut mieux réserver... *(8 Derb Charfa Lakbir, Mouassine, tél. 052 4385858).*

€€ Bistro thai (asiatique) À Guéliz (la nouvelle ville), dans un décor raffiné mêlant design et art asiatique, des plats thaïlandais savoureux et joliment présentés. Très agréable terrasse et service impeccable *(8 rue Oued El Makhazine, tél. 0524457311).*

€ KosyBar (panoramique). Depuis la terrasse, on domine la place des Ferblantiers, le palais el-Badi et ses nids de cigognes. Un établissement un peu touristique, mais agréable pour un plat rapide, une salade ou un sandwich. La soirée est plus élégante, dans les petites salles disposées sur deux étages *(47 place des Ferblantiers, tél. 052 4380324, www.kosybar.com).*

Sorties et divertissements

Comptoir Darna. Le dîner – cuisine marocaine ou internationale – s'agrémente d'un spectacle avec danse du ventre et folklore local. Au deuxième étage, musique live *(avenue Echouada Hivernage, tél. 052 4437702/10, www.comptoirmarrakech.com).*

Bo'zin. Restaurant et bar à cocktails, à l'ambiance élégante et sobre. Espaces intérieurs aménagés en style contemporain et jardin éclairé à la lueur des chandelles *(Douar Lahna, route de l'Ourika, tél. 052 4388012, www.bozin.com).*

Pachà. Discothèque dans le style des seventies, avec DJ et soirées à thème. Musique électro, progressive et deep house. Pour les amateurs de clubbing *(boulevard Mohammed V, tél. 052 4388400, www.pachamarrakech.com).*

Pour d'autres informations :
Office national du tourisme marocain, www.visitmorocco.com
Office national du tourisme de Marrakech, www.marrakech.travel

La gastronomie

La cuisine, au Maroc, se déguste lentement. On savoure les plats traditionnels dans le patio d'un riad ou sur une terrasse, dans la douce brise du soir. On commencera par les hors-d'œuvre : ***salade marocaine*** *et* ***mezzés de légumes,*** *généralement poivrons et aubergines. On poursuivra avec un* ***tajine,*** *de l'agneau ou du veau cuits à l'étouffée avec des légumes, ou par un* ***couscous,*** *composé de semoule de blé cuite à la vapeur, enrichie de beurre et accompagnée de diverses viandes et légumes – on peut ajouter des raisins secs et des pois chiches. Les gâteaux sont préparés à base de lait, d'œufs et de farine ou de riz, aromatisés de fleur d'oranger ou d'eau de rose. Et sous cent formes diverses. Tout en étant un pays islamique, où l'alcool est en principe interdit, le Maroc produit quelques vins appréciables, en particulier des* ***rosés*** *et des* ***blancs*** *à boire très frais. Parmi les breuvages sans alcool, et mis à part les excellents* ***jus d'orange*** *et limonades, on peut accompagner le repas avec du thé, du* ***jus de raisin,*** *du* ***jus de grenade*** *ou du lait d'amande.*

342 - L'entrée et l'intérieur du luxueux hôtel de la Mamounia.

343 - Un groupe d'hommes partagent un repas à Marrakech.

Index

Crédits photographiques

Laura Accomazzo : p. 178 à droite, 179 à gauche, 180
Peter Adams/Getty Images : p. 93 en bas
Sylvester Adams/Getty Images : p. 240 en bas
AIC/Photolibrary.com p. 203
Alessandro Albert/Getty Images : p. 223 en bas, 225 en bas
Glen Allison/Getty Images : p. 118 en bas
Cristina Arias/Getty Images : p. 38 en bas
Antonio Attini/Archivio White Star : p. 10-11, 11, 12-13, 13, 16-17, 19, 20-21, 20, 21 en haut, 21 en bas, 22 en haut, 22 en bas, 23 en haut, 48, 49, 50 en haut, 50 en bas, 51, 52 en haut, 52 en bas, 53 en haut, 126-127, 135 en bas, 158-159, 164, 164-165, 210-211, 214-215, 216-217, 220-221, 222 en bas, 223 en haut, 247, 254-255, 257 en bas, 258 en haut, 275, 276-277, 279, 308, 309 en bas, 310 en haut, 313, 326 en haut, 327 en haut, 327 au centre, 327 en bas
Manfred Bail/Photolibrary.com : p. 160
Franco Barbagallo/Archivio White Star : p. 46, 52 en haut, 54-55, 55, 63 en haut, 63 en bas, 64 en haut, 64 en bas, 66 en haut, 67, 72-73, 78-79
Scott e Barbour/Getty Images : p. 30-31
Scott R. Barbour/Getty Images : p. 35 en bas
Dennis Barnes/Photolibrary.com : p. 110-111
Dave Bartruff/Photolibrary.com : p. 92 en bas
Allan Baxter/Getty Images : p. 45
Beauty Photo Studio/Photolibrary.com : p. 319
Foto Beck/Photolibrary.com : p. 171 au centre
Nathan Bergeron Photography/Getty Images : p. 87
Emmanuel Berthier/Getty Images : p. 122
Marcello Bertinetti/Archivio White Star : p. 70 en bas, 74 en haut, 152-153, 153, 156 en haut, 213, 228 en haut, 238-239, 240 en haut, 241 en haut, 241 en bas, 245 en bas, 245 en haut à droite, 260-261, 261, 262-263, 264, 265 en haut, 265 en bas, 266, 268 en bas, 318-319, 326 à droite, 328-329
Gardel Bertrand/Photolibrary.com : p. 26
Louis Bertrand/Photolibrary.com : p. 218
Rieger Bertrand/Photolibrary.com : p. 316 en bas
Souvik Bhattacharya/Getty Images : p. 177
Jean du Boisberranger/Getty Images : p. 343
Tom Bonaventure/Getty Images : p. 68-69
Massimo Borchi/Archivio White Star : p. 103 en haut, 103 en bas, 108 au centre, 108 en bas, 109, 302 en bas, 303, 314-315
Livio Bourbon/Archivio White Star : p. 68, 72 en bas, 94, 94-95, 96-97, 97 en haut, 97 en bas, 239, 245 en haut à gauche
J Boyer/Getty Images : p. 65 en bas
Britain on View/Photolibrary.com : p. 102 en haut, 108 en haut
Buena Vista Images/Getty Images : p. 44, 70 en haut, 226-227
DEA/W.Buss/Getty Images : p. 141, 147 en haut, 148 en haut, 149 en haut, 196-197
Buss/Archivio Deagostini : p. 143
Wojtek Buss/Photolibrary. com : p. 243, Edy Buttarelli/ Photolibrary.com : p. 229 en haut, 230
Dea/R.Carnovalini/Getty Images : p. 282-283
Demetrio Carrasco/Photolibrary.com : p. 15
Arnaud Chicurel/Getty Images : p. 321 en bas
Cosmo Condina/Getty Images : p. 310 en bas
Anne Conway/Archivio White Star : p. 246-247, 248 en haut, 250, 250 en bas, 250-251, 252, 256 en haut, 270-271, 271, 273
Joe Cornish/Getty Images : p. 101, 116-117
Photo by cuellar/Getty Images : p. 40-41
G. Dagli Orti/Archivio Deagostini : p. 267 à droite
Ethel Davis/Getty Images : p. 116 en haut
Stuart Dee/Getty Images : p. 75 en haut
Michael DeFreitas/Photolibrary.com : p. 310-311
Araldo De Luca/Archivio White Star : p. 326 à gauche
A. De Gregorio/Archivio Deagostini : p. 268 au centre
Reinhard Dirscerl/Photolibrary.com : p. 320
Georgette Douwma/Getty Images : p. 321 en bas
NielsDK/Photolibrary.com : p. 134 en haut,136
Bernard van Dierendonck/Getty Images : p. 212
Patrick Dieudonne/Photolibrary.com : p. 110 en haut, 110 en bas
Francois Durand/Getty Images : p. 74 en bas
Ross Durant Photography/Getty Images : p. 262 au centre
Chad Ehlers/Getty Images : p. 129 en bas, 195 en haut
Wolfgang Ehn/Getty Images : p. 175 en haut
Michele Falzone/Getty Images : p. 190-191
Frank Fell/The Travel Library/ Photolibrary.com : p. 236-237
Malcom Fife/Getty Images : p. 107
Picture Finders/Getty Images : p. 142
Giuseppe Finocchiaro/Getty Images : p. 278 au centre
FB-Fisher/Photolibrary.com : p. 172 en haut
Fuse/Getty Images : p. 262 en bas
Gala/Photolibrary.com : p. 34
Bertrand Gardel/Getty Images : p. 335 en bas
Alfio Garozzo/Archivio White Star : p. 288-289, 290 en bas, 291 en haut, 291 en bas, 293, 294-295, 295, 296-297, 297 en haut, 297 au centre, 297 en bas, 298 en haut, 298 en bas, 298-299, 340, 341 en bas
Oliver Gerhard/Photolibrary.com : p. 157 en bas
German-images/Photolibrary.com : p. 85
Cesare Gerolimetto/Archivio White Star : p. 309 en haut
Valentina Giammarinaro : p. 249
Shai Ginott/Corbis : p. 312 en bas
Ruddy Gold/Marka : p. 24-25
Jorg Greuel/Getty Images : p. 36-37,73 en bas
George Grigoriou/Getty Images : p. 292
Itamar Grinberg : p. 306-307
Hackenberg/Photolibrary.com : p. 337
Amanda Hall/Gety Images : p. 92 en haut
Fraser Hall/Getty Images : p. 104
Robert Harding/Getty Images : p. 70-71, 170-171, 192-193
Luke Hayes/Photolibrary.com : p. 269 en haut
Norbert Eisele-Hein/Photolibrary. com : p. 316 en haut
Gavin Hellier/Getty Images : p. 32-33, 232-233, 305 à droite
Hughes Hervé/Photolibrary.com : p. 335 en haut
Tim Hibo/Getty Images : p. 120-121
Mikko Hyvarinen/Getty Images : p. 124
Ferdinand Hollweck/Photolibrary. com : p. 148 en bas
Simeone Huber/Getty Images : p. 144-145, 235, 236, 286
Cnabi Hugo/Photolibrary.com : p. 25 en bas
Tim Hurst/Getty Images : p. 79
Iisier/Getty Images : p. 18
Imagebroker/Photolibrary.com : p. 106-107
Pierre Jacques/Getty Images : p. 47 en bas, 58-59
Jiri/Photolibrary.com : p. 336 en bas
Jtb Photo/Photolibrary.com : p. 47 en haut, 202-203, 209, 245 au centre
Keenpress/Getty Images : p. 204 en bas
per gentile concessione di Kempinski : p. 317 en haut, 317 en bas
Howard Kingsnorth/Getty Images : p. 119
Katja Kreder/Photolibrary.com : p. 172 en bas
Raimund Kutter/Photolibrary.com : p. 266-267
Gérard Labriet/Photolibrary.com : p. 62 en bas
Siegfried Layda/Getty Images : p. 154, 178-179
Daniele La Monaca/Tips Images : p. 278 en bas
Javier Larrea/Photolibrary.com : p. 27 en haut
Thulin Lars/Getty Images : p. 125 en bas
Latitudestock/Getty Images : p. 116 en bas
Robin Laurance/Photolibrary.com : p. 182
Emma Lee/Getty Images : p. 65 en haut
Domingo Leiva/Getty Images : p. 19 en haut
Yadid Levy/Photolibrary.com : p. 189
Frans Lemmens/Getty Images : p. 88-89, 147 en bas
Pawel Libera/Photolibrary.com : p. 112-113
Marcello Libra/Archivio White Star : p. 132-133, 137 en haut, 159, 161, 163,166 en haut, 166 en bas, 167 en haut, 167 au centre, 167 en bas, 168,169, 186-187, 187, 197, 198, 199, 217, 284-285, 285, 307 au centre, 307 en bas
Peter Lilja/Getty Images : p. 122-123, 125 en haut
Quim Llenas/Getty Images : p. 39
Vincenzo Lombardo/Getty Images : p. 226, 278 en haut
Lorcan/Photolibrary.com : p. 118-119
Jerome Lorieau/Photolibrary.com : p. 105
Julian Love/Photolibrary.com : p. 330, 331
Images Etc Ltd/Getty Images : p. 82-83
Maisant Ludovic/Photolibrary.com : p. 156 en bas
Kay Maeritz/Photolibrary.com : p. 181, 183
Sites and photos/Samuel Magal/Getty Images : p. 14
Dozier Marc/Photolibrary.com : p. 61 en bas
Donatella Marmaggi/Marka : p. 29
Rainer Martini/Getty Images : p. 162
Rainer Martini/Photolibrary.com : p. 242 en bas
Rene Mattes/Photolibrary.com : p. 332-333
Federico Meneghetti/Photolibrary. com : p. 242-243
Eric Meola/Getty Images : p. 205 en bas
Hans-Peter Merten/Getty Images : p. 135 en haut
Dea/S.Montanari/Getty Images : p. 282
Martin Moos/Getty Images : p. 149 en bas
Chris Nash/Getty Images : p. 17
G. Nimatallah/Archivio Deagostini : p. 256 en bas
David Noton/Getty Images : p. 176 en haut
Richard Nowitz/Getty Images : p. 73 en haut
Nils-Johan Norenlind/Photolibrary. com : p. 133
G. Nimatallah/Arcivio Deagostini : p. 267 à gauche
Paul Panayiotou/Corbis : p. 290 en haut
Panoramic Images/Getty Images : p. 131
Parasola/Photolibrary.com : p. 336 au centre
Wysocki Pawel/Photolibrary.com : p. 333
Stuart Pearce/Marka : p. 27 en bas
Peter Phipp/Getty Images : p. 341 en haut
PhotoserviceElecta/AKG Images : p. 312 en haut
Jean-Pierre Pieuchot/Getty Images : p. 42
Andrea Pistolesi/Getty Images : p. 230-231
PNC/Getty Images : p. 38 en haut
Ed Pritchard/Getty Images : p. 100-101
Sergio Quaglia/Archivio White Star : p. 248 en bas
Radius Images/Photolibrary.com : p. 80
Jose Fuste Raga/Photolibrary.com : p. 210
Luciano Ramires/Archivio White Star : p. 53 en bas
Silwen Randerbrock/Photolibrary. com : p. 157 en haut
Christian Reister/Photolibrary.com : p. 155
Ghigo Roli/Photolibrary.com : p. 234
G. Roli/Archivio Deagostini : p. 242 au centre
Ellen Rooney/Photolibrary.com : p. 194
Axel Rosenberg/Getty Images : p. 173
Guido Alberto Rossi/Photolibrary. com : p. 60-61,225 en haut
Rufenach/Photolibrary.com : p. 219
Michael Runkel/Getty Images : p. 287
Jordi Sans/Photolibrary.com : p. 33 en bas
Karl F Schofmann/Photolibrary. com : p. 304, 305 à gauche
Ulli Seer/Getty Images p. 175 en bas
SGM/Photolibrary.com : p. 76-77, 134 en bas
Herbert Scholpp/Getty Images : p. 174
Martin Siepmann/Photolibrary.com : p. 28
Juan Silva/Getty Images : p. 41
Slow Images/Getty Images : p. 208-209, 259
Karin Smeds/Getty Images : p. 120
Patrick Somelet/Photolibrary.com : p. 58
G. Sosio/Archivio Deagostini : p. 242 en haut
Angelika Stern/Getty Images : p. 262 en haut
SuperStock/Getty Images : p. 91 en bas
Andreas Strauss/Getty Images : p. 176 en bas
Juergen Stumpe/Photolibrary.com : p. 76
Suetone Emilio/Photolibrary.com : p. 244
Edmund Sumner/Photolibrary.com : p. 99, 269 en bas
Dag Sundberg/Getty Images : p. 137 en bas
Tessahamburg/Photolibrary.com : p. 342 en haut
The Gallery Collection/Corbis : p. 228 en bas
The Image Bank/Getty Images : p. 195 en bas
The Print Collector/Photolibrary. com : p. 83
The travel Library Limited/ Photolibrary.com : p. 98, 265 au centre
Nicolas Thibaut/Photolibrary.com : p. 336 en haut, 342 en bas
Daniel Thierry/Photolibrary.com : p. 57
Francesco Tomasinelli/Tips Images : p. 222 en haut, 224
David C. Tomlinson/Getty Images : p. 43 en bas
Nico Tondini/Getty Images : p. 258 en bas
Travel ink/Getty Images : p. 23 en bas, 56, 334 en haut
Eye Ubiquitous/Photolibrary.com : p. 84, 229 en bas
S. Vannini/Archivio Deagostini : p. 268 en haut
Giulio Veggi/Archivio White star : p. 30, 33 en haut, 90-91, 114 en haut, 114 en bas, 115, 123 en haut, 123 en bas, 128 en haut, 128 en bas, 138-139, 140 en haut, 140 en bas, 144, 146-147, 150, 151, 184-185, 188, 192, 215, 221, 233, 253, 255, 257, 272, 274, 280 en haut, 280 en bas, 280-281, 300-301, 301, 302 en haut, 315, 322-323, 323, 328 en bas
Steve Vidler/Photolibrary.com : p. 2-3, 62 en haut
Stephane Viron/Photolibrary.com : p. 334 en bas
Visions Our Land/Getty Images : p. 338
Franz Waldhausl/Photolibrary.com : p. 204 en haut, 206
Richard Wareham/Photolibrary.com : p. 93 en haut
Scott S. Warren/Getty Images : p. 35 en haut
Webandpicture/Photolibrary.com : p. 129 en haut
Simon Winnall/Photolibrary.com : p. 118 au centre
Jakob Winter/Photolibrary.com : p. 207
Jeremy Woodhouse/Getty Images : p. 200-201
Konrad Wothe/Getty Images : p. 171 en bas
Ernst Wrba/Photolibrary.com : p. 201
Anna Yu/Getty Images : p. 127
Francesco Zanchi/Archivio White Star : p. 139
Walter Zerla/Photolibrary.com : p. 66 en bas

Auteurs :
Cinzia Rando : p. 24, 54, 60, 76, 82, 88, 100, 106, 120, 138, 170, 178, 190, 202, 208, 214, 220, 232, 246, 254, 270, 276, 306, 324, 332, 338
Elena Luraghi : p. 10, 16, 30, 36, 42, 48, 68, 94, 112, 126, 132, 144, 152, 158, 164, 184, 196, 226, 238, 260, 284, 288, 294, 300, 314, 318

Édition originale sous le titre 52 *Weekend da sogno*

Réalisation éditoriale : White Star pour National Geographic Italie
Traduction : Denis Canal

Édition française

Directrice éditoriale : Françoise Kerlo
assistée de : Barbara Astruc, Caroline Rondeau et Clémence Tafforin
Responsable d'édition : Valérie Langrognet
Assistante d'édition : Julie Drouet
Responsable de production : Alexandre Zimmowitch
Réalisation éditoriale : Véronique Cezard

ISBN : 978-2-84582-376-1
Dépôt légal : février 2012
Imprimé en Chine